孩 子 一 读 就 喜 欢 的

古文观止 ①

[清]吴楚材 [清]吴调侯◎选编
小行星工作室◎译注

北京时代华文书局

图书在版编目（CIP）数据

孩子一读就喜欢的古文观止.1/（清）吴楚材，（清）吴调侯选编；
小行星工作室译注. -- 北京：北京时代华文书局，2024.6
　　ISBN 978-7-5699-5491-3

　Ⅰ.①孩…　Ⅱ.①吴…②吴…③小…　Ⅲ.①《古文观止》—青少年读物　Ⅳ.
①H194.1-49

中国国家版本馆CIP数据核字(2024)第096543号

HAIZI YI DU JIU XIHUAN DE GUWEN GUANZHI 1

出 版 人：陈　涛
责任编辑：刘显芳
装帧设计：彭明军
责任印制：訾　敬

出版发行：北京时代华文书局 http://www.bjsdsj.com.cn
　　　　　北京市东城区安定门外大街138号皇城国际大厦A座8层
　　　　　邮编：100011　电话：010-64263661 64261528
印　　刷：三河市祥达印刷包装有限公司
开　　本：710 mm×1000 mm 1/16　　成品尺寸：170 mm×240 mm
印　　张：7　　　　　　　　　　　　字　　数：178千字
版　　次：2024年6月第1版　　　　 印　　次：2024年6月第1次印刷
定　　价：199.00元（全6册）

版权所有，侵权必究

本书如有印刷、装订等质量问题，本社负责调换，电话：010-64267955

前言

近年来，国学热正在我们身边悄然兴起，很多家长开始对孩子进行国学启蒙教育，希望孩子奠定扎实的国学根基，以此帮助孩子树立正确的道德观和价值观，接受经典国学教育，重拾中华传统文化。

本书的问世，正是希望为弘扬中华优秀传统文化略尽绵薄之力。《古文观止》由清代的吴楚材、吴调侯叔侄二人选编，是一部优秀的古文读物。

为了帮助孩子更好地理解《古文观止》一书，我们特意在书中加入了背景介绍、故事简介、译文、注释，并配有古代人物画像等插图，简明扼要地注释古文，画龙点睛地诠释作品的思想内涵，使孩子在阅读之余可以感受到文化宝藏的魅力，轻松闲逸地品味中国的文学经典。

本书编选的目的是：一、给孩子提供一个学习文言文的入门读物。如果能熟读本书中的大部分文章，就熟悉了文言文的词汇、语法现象和文章布局的道理，具备了大量文学知识，打下了阅读乃至写作文言文的基础。二、帮助孩子推陈出新。本书所选的故事反映了古代人的智慧和洞察力，让现代人以前所未有的眼光看待问题，从而解决问题。三、培养孩子德智体美劳综合素养。本书可以激发孩子的想象能力和思维能力，使孩子在德智体美劳方面得到全面的发展。四、提升孩子的文化修养。五、对收录进中学语文课本中的文章，我们尽量保持文字与课本一致，帮助同学们更好地学习语文课。阅读《古文观止》是一种给人以心灵熏陶的艺术活动，将古代文学与现代生活紧密结合，加深了孩子对历史的认知，同时也提升了孩子的文学修养。

总之，本书旨在通过精选的古文作品，帮助孩子更深入地汲取古代文学知识，同时也让孩子更好地了解中国传统文化，学习其中的礼仪和道德品质。我们相信，孩子熟读本书之后，将会对古文产生浓厚的兴趣和好奇心，从小在心中播下智慧的种子。

目录

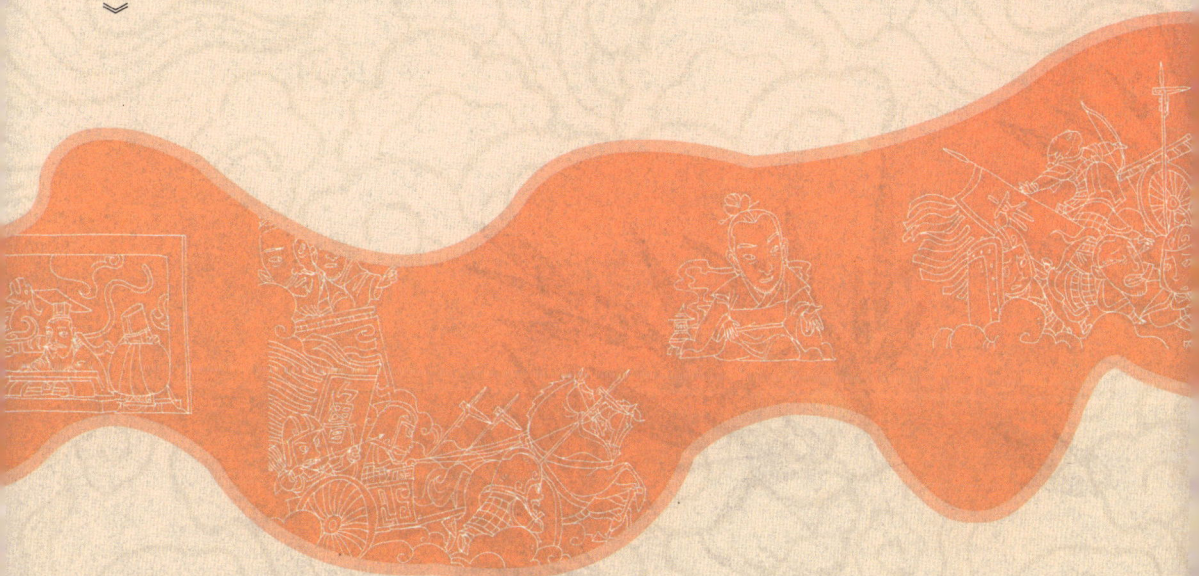

郑伯克段于鄢

— 《左传》 —

背景介绍

时　　间：公元前 722 年

人　　物：郑伯（即郑庄公）、共叔段

事件起因：周王室逐渐衰微，各诸侯国之间开始
了互相兼并的战争，各国内部统治者
之间也开始争夺权势。

简介

当时，郑国发生内乱。共叔段谋夺君位，被郑庄公
发现了。郑庄公巧施手段，采用欲擒故纵的手段使共叔段
得寸进尺，然后在鄢地打败了他。

初①，郑武公②娶于申，曰武姜，生庄公及共叔段。庄公寤生③，惊姜氏，故名曰寤生，遂恶之。爱共叔段，欲立之，亟请于武公④，公弗许。

及庄公即位，为之请制。公曰："制，岩邑⑤也，虢叔死焉。佗邑唯命。"请京，使居之，谓之京城大叔。

祭仲曰："都城过百雉⑥，国之害也。先王之制：大都不过参国⑦之一，中五之一，小九之一。今京不度，非制也。君将不堪。"公曰："姜氏欲之，焉辟害？"对曰："姜氏何厌之有！不如早为之所，无使滋蔓，蔓难图也。蔓草犹不可除，况君之宠弟乎！"公曰："多行不义，必自毙。子姑待之。"

既而大叔命西鄙⑧北鄙贰于己。公子吕曰："国不堪贰，君将若之何？欲与大

① 初：当初，从前。《左传》追述以前的事情常用这个词，这里指郑伯克段于鄢以前。② 郑武公：名掘突，郑桓公的儿子，郑国第二代君主。③ 寤（wù）生：难产的一种，出生时胎儿的脚先出来。寤：逆，不顺。④ 亟（qì）请于武公：屡次向武公请求。亟，屡次。于，介词，向。⑤ 岩邑：险要的地方。⑥ 祭：读Zhài，姓。雉：量词，长三丈，高一丈为一雉。⑦ 参（sān）：同"三"。国：此指国都。⑧ 鄙：偏远的城邑。

当初，郑武公从申国娶回一个妻子，名叫武姜，后生下庄公和共叔段两个儿子。庄公出生时难产，姜氏受到了惊吓，所以给他取名叫寤生，姜氏因此厌恶他。她偏爱共叔段，一心想立他做太子。她屡次向郑武公请求，武公都不答应。

等到庄公即位做了郑国国君的时候，姜氏又请求庄公把制邑封给共叔段。庄公说："制邑，是一个地势险要的地方，虢叔就死在那里。如果是封其他城邑，我一定会答应。"姜氏又替共叔段请求京邑做封地，庄公答应了，就让共叔段住在了那里，人们称他为"京城太叔"。

郑国的大夫祭仲对庄公说："分封的都城，如果城墙超过了三百方丈，那就会成为国家的祸害。先王的制度规定：大都邑的城墙不得超过国都的三分之一，中等都邑的城墙不超过五分之一，小都邑的城墙不超过九分之一。如今京邑的城墙不符合制度，恐怕对你有所不利。"庄公说："姜氏要这样，我又怎么能避开这种祸害呢？"祭仲回答说："姜氏哪里有满足的时候！不如早点给共叔段安排个居所，不要让祸根滋长蔓延，一旦滋长蔓延就很难对付了。蔓延的野草尚且不能够除尽，更何况是您宠爱的弟弟呢！"庄公说："不合道义的事情做多了，必然会自取灭亡。你姑且等着看看吧！"

过了不久，共叔段暗中拉拢郑国西部和北部的边邑，使它们忠于自己。大夫公子吕说："国家不能有两个国君，您打算怎么处理这件事？如果您打算把郑国交给太叔，就请您允

叔，臣请事之；若弗与，则请除之，无生民心。"公曰："无庸⑨，将自及。"

大叔又收贰以为己邑，至于廪延。子封曰："可矣，厚将得众。"公曰："不义不昵，厚将崩⑩。"

大叔完聚，缮甲兵，具卒乘，将袭郑。夫人将启之⑪。公闻其期，曰："可矣！"命子封帅车二百乘以伐京。京叛大叔段，段入于鄢。公伐诸鄢。五月辛丑，大叔出奔共。

书曰："郑伯克段于鄢。"段不弟，故不言弟；如二君，故曰克。称郑伯，讥失教也；谓之郑志。不言出奔，难之也。

遂真姜氏于城颍⑫，而誓之曰："不及黄泉，无相见也！"既而悔之。颍考叔为颍谷封人，闻之，有献于公。公赐之食，食舍肉。公问之。对曰："小人有母，皆尝小人之食矣，未尝君之羹，请

⑨ 无庸：意思是说不用除掉大叔。⑩ 厚：谓土地扩大。崩：山塌，这里指垮台、崩溃。⑪ 夫人将启之：夫人，指武姜。启之，给段开城门，即做内应。启，开门。⑫ 城颍：地名，在今河南临颍县西北。

许我侍奉他；如果不交给太叔，就请您除掉他，不要让郑国的老百姓产生疑虑。"庄公说："不用除掉他，他即将自取灭亡。"

共叔段又把郑国西部北部的边邑直接划入自己统辖的范围，而且扩展到了廪延。公子吕说："可以行动了！如果他的地域扩大了，他将得到更多老百姓的拥护。"庄公说："多行不义之事，老百不会亲近他，地方占得再大也必然会垮台。"

共叔段修筑城墙，集中民力、粮草，修缮盔甲兵器，准备好兵马战车，意图偷袭郑国国都。姜氏也准备为他打开城门做内应。庄公打听到共叔段偷袭郑国国都的日期，便说："可以行动了！"命令公子吕率领两百辆战车去讨伐京邑。京邑的百姓背叛了共叔段。共叔段逃到了鄢城。庄公又追到鄢城去讨伐他。五月二十三日，共叔段又逃往共国。

《春秋》上记载说："郑伯克段于鄢。"共叔段不遵守做弟弟的本分，所以不用"弟"字。他跟庄公如同是两国国君在争斗，所以说是"克"。直称庄公为郑伯，是讥讽他对弟弟的失教，表示这样的结果正是庄公的意愿。不说太叔"出奔"，是难于下笔的缘故。

此后，郑庄公便把姜氏安置到了城颍，并发誓说："不到黄泉，不再见面。"不久他就后悔了。有个叫颍考叔的人，是颍谷掌管疆界的官吏，听说庄公有悔意，便借机进献礼品。庄公赐给他饭食，他吃饭时故意把肉留下。庄公问他为什么要这样。他回答说："我家中有母亲，我吃的东西她都尝过，就是没尝过君王赐给的肉

以遗之。"公曰："尔有母遗，繄我独无！"**⑬**颍考叔曰："敢问何谓也？"公语之故，且告之悔。对曰："君何患焉？若阙地及泉，隧而相见，其谁曰不然？"公从之。公入而赋："大隧之中，其乐也融融**⑭**！"姜出而赋："大隧之外，其乐也泄泄。"遂为母子如初。

君子曰：颍考叔，纯孝也。爱其母，施及庄公。《诗》曰："孝子不匮，永锡尔类。"其是之谓乎！

注释

⑬ 遗（wèi）：给。繄（yī）：助词，唯。**⑭** 融融：同下文的"泄泄"（yìyì），都用来形容快乐自得的心情。

羹，请您允许我把肉带回去让母亲尝尝。"庄公说："你有母亲可以孝敬，唯独我没有！"颍考叔说："请问您这话是什么意思？"庄公就把他对母亲发的誓言告诉了他，并且告诉他自己很后悔。颍考叔回答说："在这件事上您又担心什么呢？只要您挖条地道见到了泉水，在里面与您母亲相见，谁说这就不是黄泉相见呢？"庄公听从了他的话。庄公走进隧道去见姜氏，赋诗说："隧道里面，母子相见，多么和乐自得啊！"姜氏走出隧道时，也赋诗说："隧道外面，母子相见，多么舒畅快乐啊！"于是，恢复了以往的母子关系。

君子说：颍考叔是一位纯正的孝子。他不仅孝顺自己的母亲，而且把这种孝心推广到郑庄公身上。《诗经》上说："孝子的孝心没有穷尽，上天永远把孝子的孝心分赐给他的同类。"大概说的就是这种情况吧！

周郑交质

— 《左传》 —

背景介绍

时　　间：公元前 720 年

人　　物：郑庄公、周平王

事件起因：郑国在周平王东迁后一直尽心辅佐，所以
初期和周天子关系良好。然而后期周平王
又宠信他人，关系开始恶化。

简介

　　周平王借助郑国的力量才得以东迁，所以郑武公、郑庄公父子掌握了东周的部分权力。但周平王又想把一部分权力交给西虢公，郑庄公很生气。因此，周平王想通过交换人质来缓解矛盾，取得对方的信任，但此举并没有使双方和睦相处，郑国接连不断地骚扰导致周、郑关系破裂。

郑武公、庄公为平王卿士。王贰于虢①，郑伯怨王。王曰："无之。"故周郑交质。王子狐为质②于郑，郑公子忽为质于周。

王崩，周人将畀③虢公政。四月，郑祭足④帅师，取温之麦。秋，又取成周之禾。周郑交恶⑤。

君子曰：信不由中⑥，质无益也。明恕⑦而行，要之以礼，虽无有质，谁能间⑧之？苟有明信⑨，涧溪沼沚之毛⑩，蘋蘩蕴藻之菜，筐筥锜釜之器，潢污行潦⑪之水，可荐⑫于鬼神，可羞⑬于王公，而况君子结二国之信，行之以礼，又焉用质？《风》有《采蘩》《采蘋》，《雅》有《行苇》《泂酌》，昭忠信也。

郑武公、郑庄公先后担任周平王的执政大臣。周平王想把一部分权力分给西虢公，为此郑庄公怨恨周平王。周平王辩解说："没有此事。"于是，双方为了取得互信，便交换人质。周平王的儿子狐在郑国做人质，郑庄公的儿子忽在周朝做人质。

周平王驾崩后，周王室又准备让西虢公掌政。四月，郑国大夫祭仲率领军队强行收割了周王室温地的麦子，秋天，又强收了成周的谷子。由此，周、郑互相怨恨。

君子说：如果诚信不发自内心，质押也没有用。如果开诚布公互相谅解地行事，并受礼的约束，就算没有人质，谁又能离间他们呢？如果确实有诚信，彼此了解，山涧溪流中的野草，蕨类水藻这样的野菜，竹筐铁锅一类的器具，低洼处沟渠中的水，都可以用来供奉鬼神，进献给王公为食，更何况是君子缔结的两国之间的信约，按礼去行事，又哪里用得着人质呢？《国风》中有《采蘩》《采蘋》，《大雅》中有《行苇》《泂酌》，这些诗讲的都是忠信的道理啊！

❶ 王贰于虢（Guó）：周平王想把一部分权力分给虢公执掌。虢，指西虢公，周王室的执政大臣。❷ 质：人质，派往对方作抵押的人，一般是国君或贵族之后。❸ 畀（bì）：给予，授予。❹ 祭（zhài）足：即祭仲，郑国大夫。❺ 交恶（wù）：互相怨恨。交：互相。恶：怨恨。❻ 中：同"衷"，内心。❼ 明恕：坦诚地体谅。❽ 间（jiàn）：离间。❾ 明信：坦诚地信任。❿ 毛：野草。⓫ 潢：积水池。污：积水。行潦：路上的积水。⓬ 荐：享祭，祭祀。⓭ 羞：进献。

石碏谏宠州吁

— 《左传》 —

背景介绍

时　　间：公元前 720 年

人　　物：石碏（卫国大夫，碏读 què）、州吁（卫庄公的一个宠妾所生的儿子）

事件起因：针对卫庄公对公子州吁过于宠溺而促使其走向邪路的事情进行了规劝进谏。

简介

　　西周时期奉行嫡长子继承制，庶子必须尊重长子，目的在于解决权位的继承问题，稳定社会的秩序。卫庄公宠爱庶子，为以后家族的政治动乱埋下了隐患。因此，石碏便向卫庄公提出劝谏：教子以义方，防患于未然。

卫庄公娶于齐东宫得臣之妹[1]，曰庄姜。美而无子，卫人所为赋《硕人》[2]也。又娶于陈，曰厉妫，生孝伯，蚤死。其娣戴妫[3]生桓公，庄姜以为己子。公子州吁，嬖人[4]之子也。有宠而好兵，公弗禁，庄姜恶之。

石碏谏曰："臣闻爱子，教之以义方[5]，弗纳于邪。骄奢淫佚，所自邪也。四者之来，宠禄过也。将立州吁，乃定之矣；若犹未也，阶[6]之为祸。夫宠而不骄，骄而能降，降而不憾，憾而能眕[7]者，鲜矣。且夫贱妨贵，少陵长，远间亲，新间旧，小加[8]大，淫破义，所谓六逆也。君义，臣行，父慈，子孝，兄爱，弟敬，所谓六顺也。去顺效逆，所以速祸也。君人者，将祸是务去，而速之，无乃不可乎？[9]"

弗听。其子厚与州吁游，禁之，不可。桓公立，乃老。

卫庄公娶了齐庄公的女儿、东宫得臣的妹妹为夫人，名叫庄姜。她很美却没有生子，她就是卫国人作《硕人》诗赞美的那个人。卫庄公又从陈国娶了一位夫人，名叫厉妫，生了儿子孝伯，夭折了。跟她陪嫁来的妹妹戴妫又生了桓公，庄姜便把桓公当做自己的儿子来抚养。公子州吁，是庄公宠妾所生的儿子，很得庄公的宠爱。州吁喜欢玩弄兵器，庄公却不阻止，庄姜因此很讨厌他。

卫国大夫石碏劝谏庄公说："我听说爱自己的儿子，就应该以正确的礼法来教导约束他，不让他走上邪路。骄傲、奢侈、淫乐、放荡都是邪恶的根源。这四种习气的产生，是宠爱、给予过分的缘故。如果要立州吁做太子，那就要赶快确定下来；如果还没有确定，又如此溺爱他，这样做会逐步酿成祸乱。受宠爱而不骄傲，骄傲而能受屈，受屈而又不怨恨，有怨恨而又能忍耐，这样的人太少了啊。况且，低贱的妨碍高贵的，年少的欺凌年长的，疏远的离间亲近的，新来的挑拨旧有的，权势低的超越权势高的，淫乱破坏道义，这就叫做六逆。国君行事合乎道义，臣子服从命令，父亲慈爱儿子，儿子孝顺父亲，哥哥爱护弟弟，弟弟敬重哥哥，这就叫做六顺。舍弃顺礼而效法逆礼，这就是招致祸害的根由。作为国君应该致力除掉祸害，现在却加速祸害的到来，这样做恐怕不可以吧？"

庄公不听其劝谏。石碏的儿子石厚和州吁交往，石碏加以阻止，但石厚不听从。于是等到卫桓公即位，石碏就告老还乡了。

[1] 卫：国名，姬姓，在今河南淇县一带。齐：国名，姜姓，在今山东北部、中部地区。 [2]《硕人》：《诗经·卫风》中的一篇，歌颂庄姜的美丽。 [3] 妫：读 Guī，姓。娣（dì）：妹妹。古代诸侯娶嫁女，常常妹妹随嫁。 [4] 嬖（bì）人：指宠妾。 [5] 义方：为人行事的规范。 [6] 阶：阶梯，引申为导引、酿成。 [7] 眕（zhěn）：克制。 [8] 加：欺凌、侵犯。 [9] 无乃不可乎：恐怕不可以吧。

臧僖伯谏观鱼

— 《左传》 —

背景介绍

时　　间：公元前 718 年春天
人　　物：臧僖伯：字子臧（zāng），谥号为僖，
　　　　　故史称僖伯。鲁孝公的儿子、鲁惠公的
　　　　　兄弟、鲁隐公的伯父
事件起因：臧僖伯谏鲁隐公去棠地观看捕鱼。

简介

　　讲述了鲁隐公想去棠地观看捕鱼，贤臣臧僖伯认为鲁隐公这种行为不符合君主的礼仪，所以反对他去。而鲁隐公却借口要巡查边境，执意要去。

原文

　　春❶，公❷将如❸棠❹观鱼❺者。

　　臧僖伯❻谏曰："凡物不足以讲❼大事❽，其材不足以备器用，则君不举❾焉。君将纳❿民于轨物⓫者也。故讲事以

译文

　　春天，隐公准备到棠地去看渔民捕鱼。

　　臧僖伯进谏说："只要物品不能用到讲习祭祀、军事等大事上，材料不能制作礼器和兵器，国君就不要接触它了。国君是把民众引向社会规范

注释

❶ 春：指鲁隐公五年（前 718）春季。❷ 公：指鲁隐公。❸ 如：往。❹ 棠（Táng）：也写作唐，鲁国邑名，在今山东鱼台县东。❺ 鱼：捕鱼。❻ 臧（zāng）僖伯：伯为排行，僖是谥号。❼ 讲：讲习，训练。❽ 大事：指祭祀和军事。❾ 举：指行动。❿ 纳：纳入。⓫ 轨物：法度和准则。

度⑫轨量⑬谓之'轨'；取材以章⑭物采谓之'物'。不轨不物，谓之乱政。乱政亟⑮行，所以败也。故春蒐⑯、夏苗⑰、秋狝⑱、冬狩⑲，皆于农隙以讲事也。三年而治兵，入而振旅⑳，归而饮至，以数军实。昭文章，明贵贱，辨等列，顺少长，习威仪也。鸟兽之肉不登于俎㉑，皮革齿牙、骨角毛羽不登于器，则君不射㉒，古之制也。若夫山林㉓川泽㉔之实，器用之资㉕，皂隶㉖之事，官司之守，非君所及也。"

公曰："吾将略地㉗焉。"遂往，陈㉘鱼而观之。僖伯称疾㉙不从。

书曰："公矢㉚鱼于棠。"非礼也，且言远地也。

和行为准则的人。所以，讲习大事以法度为准则进行衡量，就叫做'轨'，选取材料以显示它的文彩，就叫做'物'。不合乎轨和物的，就叫做乱政。屡屡乱政，就是败亡的原因。所以，春、夏、秋、冬的狩猎活动，都是在农闲时节进行，并趁这个机会讲习军事。每三年演练一次，回国后都要对军队进行休整。还要到宗庙进行祭告，宴饮庆贺，清点军用器物和猎获物。文彩要鲜艳，贵贱分明，等级井然，少长有序，这都是讲习大事的威仪啊！鸟兽的肉不能放到祭祀用的器具里，皮革、牙齿、骨角和毛羽不能用来制作军事器物，因此这样的鸟兽，君主就不会去射它，这是自古以来的规矩。至于山林川泽的物产，一般器物的材料，这都是仆役们去忙活，有关官吏按职分去管理的事，不是君主所应涉足的事。"

隐公说："我准备到那里去巡视。"于是他就去了棠地，让渔民把各种渔具都摆出来捕鱼，他在那里观赏。僖伯推说生病了没有随同前往。

《春秋》上说："隐公在棠地观赏捕鱼。"意思是这种做法是不符合礼法的，还表示棠离国都远。

注释

⑫ 度（duó）：计量。⑬ 量：轨则，法度。⑭ 章：通"彰"，彰明，发扬。⑮ 亟（qì）：多次，屡次。⑯ 春蒐（sōu）：指春天打猎。⑰ 夏苗：指夏天打猎，谓捕猎伤害庄稼的禽兽。⑱ 秋狝（xiǎn）：指秋天打猎。⑲ 冬狩：指冬天打猎。狩，围守，谓冬天各种禽兽都已长成，可以不加选择地加以围猎。⑳ 振旅：整顿军队。㉑ 俎（zǔ）：古代盛祭品的礼器。㉒ 射：激矢及物曰射。㉓ 山林：材木樵薪之类。㉔ 川泽：菱芡鱼龟之类。㉕ 资：材资也。㉖ 皂隶：本指奴隶，这里指做各种杂务的仆役。㉗ 略地：到外地巡视。㉘ 陈：陈设。㉙ 称疾：推说有病。㉚ 矢：通"施"，实施，陈设。

郑庄公戒饬守臣

— 《左传》 —

背景介绍

时　　间：公元前 733 年

人　　物：郑庄公（春秋初期政治家，周代郑国第 3 位国君）

事件起因：诸侯国之间，以强凌弱是常见的现象。此时的郑庄公"挟天子以令诸侯"，郑国在他的带领下日渐强盛。

简介

鲁国、齐国、郑国联合起来攻克了许国，然后将许国的地盘交给郑国管制，而郑庄公老谋深算，在攻克许国后，将臣子留守许国看守，并对守许地的臣子作了两次训戒。本文充分展示了郑庄公的精明强干和缜密的思路。

秋七月，公会齐侯、郑伯伐许。庚辰，傅于许①。颍考叔取郑伯之旗蝥弧以先登，子都自下射之，颠②。瑕叔盈又以蝥弧登，周麾③而呼曰："君登矣！"郑师毕登。壬午④，遂入许。许庄公奔卫。齐侯以许让公。公曰："君谓许不共⑤，故从君讨之。许既伏其罪矣，虽君有命，寡人弗敢与闻。"乃与郑人。

郑伯使许大夫百里奉许叔以居许东偏⑥。曰："天祸许国，鬼神实不逞⑦于许君，而假手于我寡人。寡人唯是一二父兄不能共亿⑧，其敢以许自为功乎？寡人有弟⑨，不能和协，而使糊其口于四方，其况能久有许乎？吾子其奉许叔以抚柔此民也，吾将使获⑩也佐吾子。若寡人得没于地，天其以礼悔祸于许，无宁兹许公复奉其社稷。唯我郑国之有请谒

① 庚辰（gēngchén）：即七月一日。傅：同"附"。迫近，谓兵临城下。② 蝥（máo）弧：旗帜名。子都：郑大夫，与颍考叔有过冲突。颠：从城墙上坠下（而死）。③ 瑕（xiá）叔盈：郑大夫。周麾：向四面挥动旗帜。④ 壬午：即七月三日。⑤ 共：同"供"。供奉，供职。⑥ 东偏：东部边境。⑦ 逞（chěng）：快意，满意。⑧ 共亿：犹言相安，和谐。⑨ 弟：指共叔段。⑩ 获：公孙获，郑大夫。

秋天七月，鲁隐公和齐侯、郑伯一起讨伐许国。在初一这一天，三国的军队逼近许国城下。颍考叔举着郑庄公的旗子，第一个登上了城墙，公孙子都从下面射他，颍考叔从城墙上跌下来死了。瑕叔盈再一次举起郑庄公的旗子爬上城墙，向四面挥舞着旗帜并大喊道："国君登城啦！"郑国的军队全部登上城墙。到了初三，便攻入了许国都城内。许庄公逃到卫国去了。齐侯要把许国让给鲁隐公。鲁隐公说："由于您说许国不交纳贡物和不履行诸侯职责，所以才随您讨伐它。现在许国已经受到应有的惩罚了，虽然您有命令，我也不敢听取。"于是就把许国让给了郑庄公。

郑庄公派许国大夫百里侍奉许庄公的弟弟许叔，住在许国的东部边境。郑庄公说："许国的祸来自上天，连鬼神也不满意许君，所以上天借我的手来惩罚它。我自己家里人都不能团结好，哪敢拿打败许国作为自己的功劳呢？我有个弟弟，他叫共叔段，到现在还不能和睦相处，以至于他到处流浪，在四方奔走寄食，又怎么能长久占有许国呢？你配合许叔安抚这里的百姓，我会派公孙获来协助你。如果我能得到善终而长眠于地下，上天对降祸许国反悔了，难道许公就不能再次掌管他的国家吗？所以，当我郑国有求于许国时，希望许国能像亲家一样，屈尊帮助郑国。千万不能帮助他族，使他族居住在这里，来和我国争夺这地方。我的子孙连挽救郑国的危亡都顾不上，又怎么能祭祀许国的山川呢？我之所以让你住在这

焉，如旧昏媾⑪，其能降以相从也。无滋他族实逼处此，以与我郑国争此土也。吾子孙其覆亡之不暇，而况能禋祀许乎？寡人之使吾子处此，不惟许国之为，亦聊以固吾圉⑫也。"乃使公孙获处许西偏，曰："凡而器用财贿，无置于许。我死，乃亟⑬去之。吾先君新邑于此，王室而既卑矣，周之子孙日失其序⑭。夫许，大岳⑮之胤⑯也。天而既厌周德矣，吾其能与许争乎？"

君子谓：郑庄公于是乎有礼。礼，经国家，定社稷，序人民，利后嗣者也。许无刑⑰而伐之，服⑱而舍之，度德而处之，量力而行之，相时而动，无累后人，可谓知礼矣。

里，不只是为许国着想，也是为了稳固我们郑国的边防啊。"于是又派公孙获驻扎在许国的西境，郑庄公对他说："凡是你的钱财器具，不要放在许国。如果我死了，你就马上离开许国！我的先父在这里新建了城邑，周王室的地位权力一天天衰败，周的子孙也一天天地失掉了地位。许国是太岳的后代。上天既然放弃了周朝的运气了，我们是周的子孙后代，怎么能和许国相争呢？"

君子认为：郑庄公处理这件事是符合礼制的。礼制可以治理国家，稳定政权、地位，安抚老百姓，并有利于后世子孙。许国不守法度和礼制就去讨伐它，伏罪了就宽恕它，衡量自己的德行去处理问题，估量自己的实力去做事，看准形势而后再行动，不连累到后人，可以说郑庄公是知礼了。

注释

⑪ 昏媾（gòu）：昏同"婚"。互相结亲。 ⑫ 圉（yǔ）：边境。
⑬ 亟（jí）：急。 ⑭ 序：历代相承的功业。 ⑮ 大岳：即太岳，传说尧舜时的四方部落首领，掌四岳祭祀。 ⑯ 胤：后代。
⑰ 无刑：即不法，不守法度。 ⑱ 服：服罪。

臧哀伯谏纳郜鼎
—《左传》—

背景介绍

时　　间：公元前 710 年
人　　物：鲁桓公、臧哀伯
事件起因：公元前 710 年的春天，宋国太宰华父督杀死了司马孔父嘉，并占有了他的妻子。宋殇公知道后很生气，华父督很害怕，于是把宋殇公也杀了，立了宋庄公。为了取得各国的默许，开始对各国行贿。

简介

　　华父督从宋国取得郜国的大鼎，送给了鲁桓公，鲁桓公将大鼎安放在太庙里。鲁国大夫臧哀伯认为这样做"非礼"，会导致官员腐败，国家败亡，于是对桓公进行劝谏。

夏四月，取郜❶大鼎于宋，纳于大庙，非礼也。

臧哀伯❷谏曰："君人者，将昭德塞违，以临照百官，犹惧或失之，故昭令德以示子孙。是以清庙❸茅屋，大路越席❹，大羹不致❺，粢食不凿❻，昭其俭也；衮❼、冕❽、黻、珽❾，带、裳、幅❿、舄⓫，衡、纮、纮、綖⓬，昭其度也；藻、率⓭、鞞、鞛⓮，鞶、厉⓯、游、缨⓰，昭其数也；火、龙、黼、黻⓱，昭其文也。五色比象，昭其物也；钖、鸾、和、铃⓲，昭其声也；三辰旂旗⓳，昭其明也。夫德，俭而有度，登降有数。文物以纪之，声明以发之，以临照百官，百官于是乎戒惧，而不敢易纪律。今灭德立违，而置其赂器于大庙，以明示百官。百官象⓴

在夏天四月份，鲁桓公从宋国取得郜国的大鼎，把大鼎安放在太庙里，这是不合礼制的。

臧哀伯规劝说："作为百姓心目中的君主，要发扬好的德行，不能违背礼制，用来昭示百官，还怕后代遗忘而不能将礼制世代相守，因此，又显扬最美好的道德文化，给子孙记取。太庙用茅草做屋顶，祭天地用草席做垫子，祭祀用的肉汁不用调味，黍稷、糕饼等祭祀用品不用好米，这些都是为了昭示大家要节俭。像礼服、礼帽、玉笏、束带、下衣等，冠上的横簪、冠旁的填绳、系冠的带子、鞋子等装饰，也是用来明示等级上的差别。佩巾上画的水藻，佩刀上的玉饰，鞶带上的垂饰，旌旗的飘带等装饰，这些都是用来表示尊卑的等级。服装上所绣的龙形、弓形等花纹，这些都是为了区分纹彩上的差别。用绿黄红白黑五种颜色画各种形象，都是用来表示物体的象征意义。用钖、车横铃、车前铃等铃声，是用来表示声音的节奏。旌旗上画日、月、星辰，是用来表示光明。所以道德礼制是要节俭有度，增减有定数，

❶郜（Gào）：国名，在今山东成武东南。❷臧哀伯：鲁国大夫，即文末的臧孙达。❸清庙：即太庙。❹大路：天子祭祀时用的车。越席：蒲草席。❺大（tài）羹：古代祭祀时用的肉汁。不致：不放调味品。❻粢（zī）食：此处特指祭祀用的谷物。凿：对谷物精细加工。❼衮（gǔn）：古代帝王及上公穿的绘有龙纹的礼服。❽冕：古代帝王及上公所戴的礼帽。❾黻（fú）：古代祭服的蔽膝，用熟皮做成。珽（tǐng）：古代帝王所持的玉笏，又称大圭。❿幅：缠腿的布。⓫舄（xì）：重木底鞋，古时最尊贵的鞋，多为帝王或大臣穿。⓬衡、纮（dàn）、纮（hóng）、綖（yán）：古代冠冕上的四种装饰品。⓭藻、率（lù）：古代放置圭、璋等玉器的垫子。⓮鞞（bǐng）、鞛（běng）：刀鞘和刀鞘上近口处的饰物。⓯鞶（pán）、厉：古代衣服上的大带。⓰游：通"旒"，旌旗上的飘带。缨：马鞅。⓱黼（fǔ）、黻（fú）：古代礼服上所绣的花纹图案。⓲钖（yáng）、鸾（luán）、和、铃：古代车马旌旗上的四种响铃。⓳三辰：指日、月、星。旂旗：有铃铛的旗子。⓴象：效仿。

之,其又何诛焉?国家之败,由官邪也,官之失德,宠赂章也。郜鼎在庙,章㉑孰甚焉?武王克商,迁九鼎于雒邑㉒,义士犹或非之,而况将昭违乱之赂器于大庙。其若之何?"公不听。

周内史闻之,曰:"臧孙达其有后于鲁乎!君违,不忘谏之以德。"

注释

㉑ 章:通"彰",表彰,彰明。㉒ 雒邑:位于河南省洛阳县西。为周代的王城。

用图纹形象、声音、颜色这些制度来彰显它,这是用来昭示百官。因此,百官会更加慎重,不敢违背这些制度。现在反而违背了这些道德制度,树立坏榜样,将受贿的郜鼎放在太庙里,还展示给百官。如果百官也这样做,君王又拿什么定他们的罪呢?国家衰败的原因在于官吏不走正道。官员失德,都是因为偏宠和贿赂得到提倡。放在太庙的郜鼎,不就是在提倡受贿吗?在周武王灭商的时候,把九鼎移到了雒邑,还有义士说他做得不对,何况你把违反礼制、受贿的物品放在太庙里,这怎么可以呢?"桓公不听。

周天子的内史听说了这件事,他说:"臧孙达的后代大概会在鲁国世代享受爵禄吧!国君违背了礼制,他能用正确的话进行规劝。"

季梁谏追楚师

— 《左传》 —

背景介绍

时　　间：公元前 706 年

人　　物：季梁（政治家、军事家、思想家，开儒
　　　　　家学说先河的重要学者）

事件起因：楚征伐随。

简介

　　楚武王出兵侵略随国，假装派使臣薳（Wěi）章与随国和谈，随国也派了少师去议和。楚国大臣斗伯比建议楚武王故意懈怠军容，以麻痹少师。少师回国后告诉随侯，随侯便想攻打楚军，大臣季梁及时制止，他劝随侯不要轻举妄动，向随侯阐述了"民为神主，先民后神"的道理。随侯最终听取了季梁的意见，整顿随国。楚国不敢侵犯了。

楚①武王侵随②，使薳章③求成焉，军于瑕④以待之。随人使少师董⑤成。斗伯比⑥言于楚子曰："吾不得志于汉东⑦也，我则使然。我张⑧吾三军，而被吾甲兵，以武临之，彼则惧而协以谋我，故难间也。汉东之国，随为大。随张，必弃小国。小国离，楚之利也。少师侈，请羸师⑨以张之。"熊率且比曰："季梁⑩在，何益？"斗伯比曰："以为后图。少师得其君。"王毁军而纳少师。

少师归，请追楚师。随侯将许之。季梁止之曰："天方授楚。楚之羸，其诱我也，君何急焉？臣闻小之能敌大也，小道大淫⑪。所谓道，忠于民而信于神也。上思利民，忠也，祝史⑫正辞，信也。今民馁而君逞欲，祝史矫举以祭，臣不知其可也。"公曰："吾牲牷肥腯⑬，粢盛⑭丰备，何则不信？"对曰："夫民，神之主也。是以圣王先成民而后致力于

楚武王侵略随国，派薳章去谈判和解的事。军队驻扎在随国的瑕地，等待谈判结果。随国人派少师主持谈判。斗伯比对楚王说："我们不能占领汉水以东，是我们自己造成的。我们把军队全部摆列出来，把甲衣、兵器都装备起来，在汉水东岸耀武扬威，汉东各国很害怕，就会联合起来对付我们，所以很难把它们分开。在汉水以东，随国算是最大的。如果随国张扬起来，一定会抛弃那些小国家。如果小国分开了，对咱们楚国就更有利。随国的少师，一向狂妄自大，请摆出老弱士卒给他看，使他更加傲慢。熊率且比说："随国还有个季梁在呢，这样有什么作用呢？"斗伯比回答说："以后肯定会有用处的呀！少师很受国君的宠信啊。"于是楚武王故意损坏自己的军容，接待少师。

少师回去之后，果然请求追击楚军。随侯即将答应他的时候，季梁阻止说："楚国现在正在运气好的阶段。楚军显得这么弱，是在骗我们，君王为什么要这么着急出兵呢？臣还听说，小国之所以能抗拒大国，是因为小国得道而大国邪恶。什么是道呢？就是对百姓忠实，对神灵诚信。国君经常考虑如何利民，就是忠实。祝官和史官向神灵祭告，就是诚信。现在的人民在饿肚子，而君王在

注释

①楚：楚国。②随：随国，故地在今湖北随州一带。③薳章：楚大夫。④瑕：随地。⑤董：督察，主持。⑥斗伯比：楚大夫。⑦汉东：指汉水以东的小国。⑧张：张开，展示。⑨羸师：故意使军队装出衰弱样子。⑩季梁：随国的贤臣。⑪淫：邪恶。⑫祝史：管理祭祀的官吏。⑬牲牷（shēng quán）：纯色而完整的牛、羊、猪。腯（tú）：肥壮。⑭粢（zī）盛：盛在祭器里供神用的谷物。黍、稷叫粢，装进器皿之后叫盛。

神。故奉牲以告曰：'博硕肥腯。'谓民
力之普存也，谓其畜之硕大蕃滋也，谓
其不疾瘯蠡^⑮也，谓其备腯咸有^⑯也。奉
盛以告曰：'洁粢丰盛'，谓其三时^⑰不
害而民和年丰也。奉酒醴^⑱以告曰：'嘉
栗旨酒'，谓其上下皆有嘉德而无违心
也。所谓馨香，无谗慝也。故务其三
时，修其五教，亲其九族^⑲，以致其禋
祀^⑳。于是乎民和而神降之福，故动则有
成。今民各有心，而鬼神乏主，君虽独
丰，其何福之有？君姑修政而亲兄弟之
国，庶免于难。"随侯惧而修政，楚不
敢伐。

⑮ 瘯蠡（cù luǒ）：六畜所患皮
肤病。⑯ 咸有：兼备而无所缺。
⑰ 三时：指春、夏、秋三个农忙
季节。⑱ 醴（lǐ）：甜酒。⑲ 九族：
上自高、曾、祖、父，下至子、孙、曾、玄，
加上本身。⑳ 禋祀（yīn sì）：诚心祭祀。

吃喝享乐，祝官和史官也在祭神时虚
报功德，我不知道这样的小国如何能
抵抗大国！"随侯说："我上供的牲
畜纯正，膘肥肉壮，祭器里的黍稷
也很丰富，怎么不诚信呢？季梁说：
"人民才是鬼神的主人"。圣明的君
主总是先把人民的事情办好，再祭祀
鬼神。所以在进献祭品时就祷告说：
'请看献上的牲畜多么肥壮啊！'这
是说人民财力普遍富有，饲养的牲畜
高大肥壮，繁殖很快，没有疾病，备
用的牲畜也非常充分！在奉上黍稷时
就可以祷告说：'请看我们献上的黍
稷多么洁净而丰盛啊！'这是说今年
的春夏秋都没有灾害，请看我国人民
多么和睦，收成多么丰盛啊。在献甜
酒时祷告说：'请尝尝我们用好米酿
成的美酒吧，这是说请看在全国上下
都有良好的品德，没有人干坏事！所
谓芳香远闻，不只说祭品，也是说人
没有邪恶之心。因此，能够忠心从事
春、夏、秋的农作，讲习五教，亲和
九族，虔敬地祭祀鬼神。于是人民都
很和睦，鬼神也就赐福于我们，所以
事情很容易就能获得成功。如今，百
姓各有自己的心事，鬼神也就缺了主
人，就只凭您的祭礼丰盛，怎么会得
到福佑呢？您还是先整顿内政，和周
边小国搞好关系，也许可以避免灾祸
吧。"随侯感到害怕，于是就开始整
顿内政，因此，楚国不敢攻打了。

曹刿论战

— 《左传》 —

背景介绍

时　　间：公元前 684 年

人　　物：鲁庄公、曹刿

事件起因：公元前 686 年，齐国的国君被暗杀，国君之位空缺。齐国的两位公子（公子纠和公子小白）分别从鲁国、莒国赶回齐国争夺继承权，最后公子小白先到齐国，继承了君位。在公子纠和公子小白争夺继承权的过程中，鲁国国君支持了公子纠，所以公子小白上位后，率军攻打鲁国。

简介

　　齐国攻打鲁国，引发了长勺之战。曹刿在此次战争中为鲁国出谋划策，并在战争中运用灵活的战术击退了强大的齐军。

十年❶春，齐师❷伐我❸。公❹将战，曹刿请见❺。其乡人曰："肉食者❻谋之，又何间❼焉？"刿曰："肉食者鄙❽，未能远谋。"乃❾入见。

问："何以战❿？"公曰："衣食所安，弗敢专也，必以分人⓫。"对曰："小惠未遍⓬，民弗从也。"公曰："牺牲玉帛⓭，弗敢加⓮也，必以信。"对曰："小信未孚⓯，神弗福⓰也。"公曰："小大之狱⓱，虽不能察⓲，必以情⓳。"

鲁庄公十年的春天，齐国军队攻打鲁国，鲁庄公准备应战。这时，鲁国的曹刿请求拜见鲁庄公。曹刿的同乡却说："掌权的人会谋划的，你为什么要参与进去呢？"曹刿说："在位的人目光短浅，缺少见识，不能深谋远虑。"于是，曹刿上朝拜见鲁庄公。

曹刿问庄公："您凭什么能打这一仗？"庄公说："衣服、食品等生活用品，我不敢自己专享，一定要拿出来分给别人。"曹刿回答说："这种小恩小惠只有少数人能得到好处，老百姓是不会给您卖命的。"庄公说："祭祀用的牛、羊、猪、玉器和丝织品，我不敢谎报，要凭着真诚告诉神。"曹刿回答说："这点儿小诚

注释

❶ 十年：鲁庄公十年（公元前684年）。 ❷ 齐师：齐国的军队。 ❸ 伐我：攻打鲁国。 ❹ 公：这里指鲁庄公。
❺ 曹刿（guì）请见：曹刿请求见（庄公）。 ❻ 肉食者：指居高位、享俸禄的人。 ❼ 间（jiàn）：参与。
❽ 鄙：鄙陋，目光短浅。 ❾ 乃：于是，就。 ❿ 何以战：就是凭借什么作战？以，用，凭，靠。 ⓫ 衣食所安，弗敢专也，必以分人：衣食这类养生的东西，不敢独自享用，一定把它分给别人。 ⓬ 遍：遍及，普遍。
⓭ 牺牲玉帛：古代祭祀用的祭品。牺牲，祭祀用的猪、牛、羊等。玉，玉器。帛，丝织品。 ⓮ 加：虚报。
⓯ 小信未孚：小信用未能让神灵信服。孚，使人信服。 ⓰ 福：赐福，保佑。 ⓱ 狱：案子、案件。 ⓲ 察：明察。 ⓳ 情：事实。

对曰："忠之属也⑳。可以一战㉑。战则请从㉒。"

公与之乘㉓，战于长勺㉔。公将鼓之。刿曰："未可。"齐人三鼓。刿曰："可矣。"齐师败绩㉕。公将驰㉖之。刿曰："未可。"下视其辙㉗，登轼㉘而望之，曰："可矣。"遂逐㉙齐师。

既克㉚，公问其故。对曰："夫战，勇气也㉛。一鼓作气㉜，再而衰㉝，三而竭㉞。彼竭我盈㉟，故克之。夫大国，难测也，惧有伏㊱焉。吾视其辙乱，望其旗靡㊲，故逐之。"

意，不足以被神信任，神不会保佑您的。"庄公说："大大小小的案件，我即使不能一一查清楚，也要依据事实来处理。"曹刿回答说："这是尽了你的本职工作，是为百姓做好事的表现。可以就凭这点跟齐国打一仗。还请您允许我跟您一起去迎战。"

庄公同曹刿共坐一辆战车，在长勺跟齐国交战。庄公准备击鼓，让士兵冲过去。曹刿说："还不行。"当齐军敲了三次鼓之后，曹刿才说："进攻。"结果，齐国的军队大败。庄公准备向齐军追去，曹刿说："还不行。"曹刿下车观察齐军走过的车轮印，又登上车前的横木眺望齐军，接着说："可以了。"鲁军就开始追击齐国军队。

打了胜仗之后，庄公问曹刿这样做的原因。曹刿说："打仗是靠勇气的。在第一次击鼓时，士兵们勇气十足；第二次击鼓时，勇气有点衰退；第三次击鼓时，勇气就消失了。他们没有了勇气，而我军的勇气正旺盛，所以才战胜了他们。至于大国是怎么用兵的，不好琢磨，怕有伏兵埋伏。我发现他们的车轮印子很乱，还看到他们的旗子也东倒西歪的，所以才敢让军队追击敌人。"

⑳忠之属也：尽力做好分内的事。忠，尽力，属，种类。㉑可以一战：可以凭借这个条件打一仗。可，可以。以，凭借。㉒战则请从：请允许我一起去应战。从，随行，跟从。㉓公与之乘：鲁庄公和曹刿共坐一辆战车。㉔长勺：鲁国地名，今山东莱芜东北。㉕败绩：大败。㉖驰：驱车追赶。㉗辙：车轮碾出的印记。㉘轼：古代车前做扶手的横木。㉙遂逐：于是就追赶。㉚既克：已经战胜。㉛夫战，勇气也：作战，靠的是勇气。㉜一鼓作气：第一次击鼓能振作士气。作，振作。㉝再而衰：第二次勇气低落。㉞三而竭：第三次勇气消失。㉟彼竭我盈：他们的勇气已尽，我们的勇气正旺盛。彼，指齐军。盈，充沛，这里指士气旺盛。㊱伏：埋伏。㊲靡（mǐ）：倒下。

齐桓公伐楚盟屈完

— 《左传》 —

背景介绍

时　间：公元前 656 年

人　物：齐桓公，齐国第 16 位国君，春秋五霸之首，屈完，芈姓，屈氏，名完，中国春秋时期楚国大夫

事件起因：参与侵蔡的有齐、鲁、宋、陈、卫、郑、许、曹等诸侯国军队。

简介

　　齐桓公在打败蔡国之后，又联合诸侯国攻打楚国。在大兵压境的情况之下，楚成王先派使者到齐军中质问齐桓公为何要侵犯楚国，随后又派屈完到齐军中进行交涉，最终达成和解，订立盟约。

原文

　　春，齐侯[1]以诸侯之师侵蔡。蔡溃，遂伐楚。楚子使与师言曰："君处北海，寡人处南海，唯是风马牛不相及也。不虞君之涉吾地也，何故？"管仲[2]对曰：

注释

❶ 齐侯：齐桓公。 ❷ 管仲：齐国大夫，曾辅佐齐桓公，春秋时著名政治家。

译文

　　鲁僖公四年的春天，齐桓公率领诸侯联军入侵蔡国，蔡军被打垮而逃散了，接着又去进攻楚国。楚成王派使者向齐军说："贵国处在北海，而我国处在南海，就算牛马走失也不会跑到对方境内，我怎么也想不到君侯却到了我们的国土上，这是什么原因呢？"管仲回答说："从前召康公命令我们的先祖太公说：'五等诸侯和九州之长，如果有罪过，你都可以去讨伐他们，好辅佐周王室。'还赐给我的先祖可讨伐的范围：东至

"昔召❸康公命我先君太公曰：'五侯九伯，女实征之，以夹辅周室！'赐我先君履：东至于海，西至于河，南至于穆陵，北至于无棣❹。尔贡包茅不入，王祭不共，无以缩酒❺，寡人是征。昭王南征而不复，寡人是问。"对曰："贡之不入，寡君之罪也，敢不共给？昭王之不复，君其问诸水滨！"师进，次于陉❻。

夏，楚子使屈完如师。师退，次于召陵。齐侯陈诸侯之师，与屈完乘而观之。齐侯曰："岂不谷❼是为？先君之好是继。与不谷同好，何如？"对曰："君惠徼❽福于敝邑之社稷，辱收寡君，寡君之愿也。"齐侯曰："以此众战，谁能御之？以此攻城，何城不克？"对曰："君若以德绥❾诸侯，谁敢不服？君若以力，楚国方城以为城，汉水以为池❿，虽众，无所用之。"

屈完及诸侯盟。

大海，西至黄河，南至穆陵，北至无棣。你们应该进贡的包茅没有缴纳，以至于天子祭祀品缺乏供应，也没办法向神敬酒。我为此过来征讨。还有周昭王南巡，到了楚国没有回去，我也是因此过来追问此事。"使者回答道："贡品还没有送去，这是国君的罪过，怎么敢不供给呢？至于昭王南征未返，您还是到汉水边去问吧。"于是，齐军继续前进，在陉地驻扎。

夏天，楚成王派屈完前往诸侯军中商讨议和。诸侯联军向后撤退，在召陵驻扎。齐桓公让诸侯的联军摆开阵势，与屈完同乘一辆战车检阅队伍。齐桓公说："诸侯们难道是为我而来的吗？不过是为了继续与我国先君建立的友好关系罢了，楚国也同我建立友好关系怎么样？"屈完回答说："感谢您的恩惠，为我的国家求福，有劳君侯收纳我国国君，这也是我国国君的愿望。"齐桓公说："我用这么庞大的队伍去打仗，有谁能阻挡得了？用这样的军队去攻城，什么样的城墙不能攻下来？"屈完回答说："君侯如果是用仁德来安抚诸侯，哪个诸侯敢不服从您？君侯如果使用武力来解决问题，楚国有方城山作为城墙，有汉水作为护城河，恐怕您的军队再庞大也没用。"

于是，屈完和诸侯订立了盟约。

❸召：Shào，姓。九伯：九州之长。 ❹河：黄河。穆陵：地名，即今山东临朐县南的穆陵关。无棣：齐国的北境，在今山东无棣县附近。 ❺缩酒：祭祀时把酒倒在成捆的青茅上渗下去，就像神饮了酒一样。一说为滤酒。 ❻陉（xíng）：山名，在今河南偃城东南。 ❼不谷（gǔ）：不善，诸侯谦称。 ❽徼（yāo）：求。 ❾绥（suí）：安抚。 ❿方城：楚地山名，在今河南叶县附近，为楚与中原国家的边境地带。城：城墙。池：护城河。

宫之奇谏假道
— 《左传》 —

背景介绍

时　　间：公元前 655 年

人　　物：晋献公，春秋时期晋国第 19 任君主，晋武公之子，在位 26 年

　　　　　虞仲，虞国国君的祖先

事件起因：晋献公向虞国行贿，以借道为名，行灭国之实。

简介

　　晋国再次向虞国借路，去攻打虢国。宫之奇向虞公进谏，分析其中利弊，阻拦虞公给晋国借路。但虞公不听劝阻，答应了晋国借路的要求。结果虞国被灭，虞公被俘虏。

晋侯复假道于虞以伐虢❶。宫之奇❷谏曰："虢，虞之表❸也；虢亡，虞必从之。晋不可启❹，寇不可玩❺，一之为甚，其❻可再乎？谚所谓'辅车❼相依，唇亡齿寒'者，其虞、虢之谓也。"

公曰："晋，吾宗❽也，岂害我哉？"对曰："大伯、虞仲，大王之昭❾也。大伯不从，是以不嗣。虢仲、虢叔，王季之穆也，为文王卿士，勋在王室，藏于盟府❿。将虢是灭⓫，何爱于虞！且虞能亲于桓、庄乎？其爱之也？桓庄⓬之族何罪？而以为戮，不唯逼⓭乎？亲以宠⓮逼，犹尚害之，况以国乎？"

公曰："吾享祀丰絜⓯，神必据我⓰。"对曰："臣闻之，鬼神非人实亲，惟德是依。故《周书》曰：'皇天无亲，惟德是

晋献公再次向虞国借路，去攻打虢国。宫之奇进谏说："虢国是咱们虞国的屏障，如果虢国灭亡了，虞国也一定跟着灭亡。不能让晋国起贪心，对侵略者也不能放松警惕。第一次已经很过分了，还要再来第二次？谚语说'辅车相依，唇亡齿寒'，说的大概就是虞国和虢国这种情况吧。"

虞公说："晋国与我国同宗，难道会加害于我们吗？"宫之奇回答说："太伯、虞仲是太王的长子和次子，由于太伯不听从父命，因此太王不让他继承王位。虢仲、虢叔他们都是王季的下一代，是文王的执掌国政的大臣，在王室中有功劳，受封的典策还藏在盟府里。现在连虢国都要灭掉了，对虞国还有什么爱惜的呢？再说晋献公与虞国的亲缘关系，能比桓叔与庄伯更亲近吗？桓叔与庄伯这两个家族有什么过错？晋献公却把他们杀害了，还不是因为对自己有威胁才这样做的吗？连近亲都能因为威胁到自己而加害于他们，更别说对一个邻国了。"

虞公说："我的祭品丰盛又干净，

❶ 虢（Guó）：国名，西虢。 ❷ 宫之奇：虞国大夫。 ❸ 表：外表，这里指屏障。 ❹ 启：启发，这里指启发晋的贪心。 ❺ 玩：轻视、玩忽的意思。 ❻ 其：反诘语气词，难道。 ❼ 辅：面颊。车：牙床骨。 ❽ 宗：同姓，同一宗族。 ❾ 大伯、虞仲：周始祖太王的长子和次子。昭：古代宗庙制度，始祖的神位居中，其下则左昭右穆。 ❿ 盟府：主持盟誓、典策的官府。 ⓫ 将虢是灭：将灭虢。 ⓬ 桓庄：桓叔与庄伯，桓叔是晋献公曾祖，庄伯是桓叔的儿子。晋献公诛灭了桓叔和庄公的子孙。 ⓭ 以为戮（lù）：把他们当作杀戮的对象。逼：威胁的意思。 ⓮ 亲：指献公与桓庄之族的血统关系。宠：在尊位，指桓庄之族的高位。 ⓯ 絜（jié）：同"洁"。 ⓰ 据我：依从我，即保佑我。

辅⑰。'又曰:'黍稷⑱非馨,明德惟馨⑲。'又曰:'民不易物,惟德繄物⑳。'如是,则非德,民不和,神不享矣。神所冯依㉑,将在德矣。若晋取虞,而明德㉒以荐馨香,神其吐之乎?"

弗听,许晋使。宫之奇以其族行,曰:"虞不腊㉓矣。在此行也,晋不更举矣。"冬,晋灭虢,师还,馆㉔于虞,遂袭虞,灭之。执㉕虞公。

⑰ 辅:辅佐,这里指保佑。⑱ 黍稷:泛指五谷。⑲ 馨:浓郁的香气。⑳ 易物:改变祭品。繄(yī):是。㉑ 冯(píng):同"凭"。㉒ 明德:美德。㉓ 腊(zhà):岁终祭祀百神。这里用作动词,指举行腊祭。㉔ 馆:驻扎,住。㉕ 执:逮捕,俘虏。

神一定会保佑我。"宫之奇回答说:"我听说,鬼神不是那么随便亲近某些人的,而是会亲近有德行的人。所以《周书》里都有记载:'上天对于人没有远近之分,只会保佑有德行的人。'又说:'五谷不算有香气,只有美德才能让人感到芳香。'还说:'大家拿来祭祀的东西都是相同的,不过只有品德好的人的祭品,才是真正的祭品。'所以,没有德行,百姓就不会安定,神灵也不会享用了。神灵所能依靠的就是德行了。如果晋国消灭虞国,能崇尚德行,以芳香的祭品奉献给神灵,神灵难道不会接受吗?"

虞公不听,答应了晋国借路的要求。宫之奇带全族人离开了虞国。他说:"虞国等不到年终的祭祀了。晋国只需这一次行动,就能导致虞国灭亡,不必再出兵了。"冬季,晋国消灭了虢国。晋军回师时,驻守在虞国,乘机袭击了虞国,灭掉了它,还俘虏了虞公。

齐桓下拜受胙

— 《左传》—

背景介绍

时　　间：公元前 651 年
人　　物：齐桓公、周襄王
事件起因：葵丘会盟。

简介

　　葵丘之盟确立了齐桓公在诸侯中的霸主地位。本文写周天子派使者赐胙肉以示对齐桓公的尊敬，在诸侯面前，齐桓公谦恭有礼，下拜受胙。

会于葵丘①，寻②盟，且修好，礼也。王使宰孔赐齐侯胙③，曰："天子有事于文、武，使孔赐伯舅胙。"齐侯将下拜。孔曰："且有后命。天子使孔曰：'以伯舅耋④老，加劳⑤，赐一级，无下拜。'"对曰："天威不违颜咫尺⑥，小白余敢贪天子之命，无下拜？恐陨越⑦于下，以遗天子羞。敢不下拜？"下，拜，登，受。

齐桓公在葵丘与各国诸侯会盟，重申原来的盟誓，并且进一步发展友好关系，这是合乎礼的。周襄王派宰孔赏赐齐侯一块祭肉。宰孔说："天子祭祀了文王、武王，特派我来赏赐伯舅一块祭肉。"齐侯将要下阶拜谢。宰孔说："且慢，后面还有别的诏令。天子让我告诉您：'因为伯舅年纪已老，加上有功劳于王室，特赐爵一级，不必下阶拜谢。'"齐桓公回答说："上天的威严距离我的颜面不过咫尺，小白我岂敢贪受天子之命而不下阶跪拜？我唯恐因自大而遭受灾殃，致使天子为此蒙羞。"于是，齐桓公便下阶，拜谢，登堂，恭受祭肉。

注释

① 葵丘：在今河南兰考县境内。② 寻：同"燖"，把冷了的东西重新温一温，这里指重申过去的盟约。③ 胙（zuò）：祭祀用的肉。周王赐给异姓诸侯祭肉，是一种优礼。④ 耋（dié）：年七十为耋。⑤ 加劳：加上有功劳于王室。周襄王因得齐桓公的支持，才能继承王位。⑥ 咫尺：形容很近。咫，八寸。⑦ 陨越：倒下去，坠落。这里指遭受天谴。

阴饴甥对秦伯

— 《左传》 —

背景介绍

时　　间：公元前 645 年

人　　物：秦穆公、阴饴甥

事件起因：秦晋韩原之战，秦穆公俘虏了晋惠公，阴饴甥作为晋国的大臣，试图说服秦穆
　　　　　公释放晋惠公。

简介

　　文中阴饴甥通过小人和君子的设喻，借小人代表国内强硬一派，表明了晋国坚定不屈
的斗志，又借君子代表国内和平一派，用礼义感动秦穆公，使他不得不作出让步。

十月，晋阴饴甥会秦伯❶，盟于王城❷。

秦伯曰："晋国和乎？"对曰："不和。小人耻失其君而悼丧其亲❸，不惮征缮以立圉也❹。曰：'必报仇，宁事戎狄❺。'君子爱其君而知其罪，不征缮以待秦命❻。曰：'必报德，有死无二❼。'以此不和。"

秦伯曰："国谓君何？"对曰："小人戚❽，谓之不免；君子恕，以为必归。小人曰：'我毒❾秦，秦岂归君？'君子曰：'我知罪矣，秦必归君。'贰而执之，服而舍❿之，德莫厚焉，刑莫威焉。服者怀德，贰者畏刑，此一役也，秦可以霸。纳而不定，废而不立，以德为怨，秦不其然。'"秦伯曰："是吾心也。"改馆⓫晋侯，馈⓬七牢焉。

鲁僖公十五年十月，晋国的阴饴甥会见秦伯，两国在王城结盟。

秦穆公问晋大夫："你们晋国内部意见一致吗？"晋大夫说："不一致。小人为失去国君而感到耻辱，又因为丧失亲人而感到悲伤，不惜征集财赋修治兵器，做战争准备，并且还要拥立太子姬圉继任国君。他们回答说：'宁肯侍奉戎狄，也要报这个仇。'君子虽然爱护自己的国君，但也知道国君做了错事。他们为了防止小人们伤害秦国，也在做战争准备，同时等待秦国的命令。他们说：'宁愿跟小人们拼了，也要报答秦国的恩德。'这样，意见就不一致了。"

秦穆公又问晋大夫："晋国人觉得你们的国君怎么样？"晋大夫说："小人有点发愁，认为国君免不了被秦国处罚；君子比较宽心，认为他一定会回来。小人说：'我们对秦国那么无情，秦国怎么会把国君还给我们？'君子说：'我们已经认罪了，秦国一定会还我们国君的。'他背叛了，就该抓起来；他认罪了，就会放回来。没有比这更厚的恩德了，也没有比这更威严的刑罚了。服从的人会感恩怀德，有二心的人，也会害怕刑罚。这一仗能得到这种效果的话，秦国可真就称霸了。要不然的话，当初帮他回国登位，又没有让他安于其位；后来废了他的君位，又没有为晋国确立新的国君，导致原来施的恩德，反而变成了仇恨，秦国应该不会这样做吧！"秦穆公回答说："你讲的正是我想的。"于是换住所来招待晋惠公，并馈赠了牛羊猪各七头，以示尊敬。

❶ 阴饴（yí）甥：晋大夫，名饴，甥，指他为晋侯的外甥。秦伯：指秦穆公。❷ 王城：在今陕西朝邑县西南。❸ 小人：这里指不信任秦穆公的人。君：指晋惠公。名夷吾。❹ 惮（dàn）：怕。征：征集财赋。缮：修治兵器。圉：晋惠公的儿子。❺ 戎狄（róngdí）：戎狄是先秦时期华夏部落对中国北方、西北等地部落的统称。❻ 待秦命：等待秦国作出送回晋惠公的决定。意思是反对抛弃晋惠公而立公子圉为国君。❼ 必报德，有死无二：报答秦国对晋的恩德，至死没有二心。❽ 戚：忧愁、悲哀。❾ 毒：毒害，得罪。❿ 贰（èr）：背叛。舍：释放。⓫ 改馆：换个住所、改用国君之礼相待。⓬ 馈：赠送。

子鱼论战

— 《左传》 —

背景介绍

时　　间：公元前 638 年

人　　物：宋襄公、子鱼

事件起因：宋襄公出兵攻打依附于楚国的郑
国。楚国发兵攻打宋国救郑国。
十一月，宋、楚两国在泓水交战。

简介

　　宋襄公是春秋五霸之一，实际上缺乏威望，不是个霸才。这篇文章讲述了泓水之战，由于宋襄公指挥不当，对敌作战时还满口仁义道德，墨守成规。大司马子鱼建议抓住战机，攻敌不备，但宋襄公坚持迂腐教条，拒绝接受子鱼的正确意见，结果导致宋军大败。子鱼的英明远见与宋襄公的迂腐固执形成鲜明对比，成为历史上的著名典故。

楚人伐宋以救郑。宋公①将战，大司马②固谏曰："天之弃商久矣，君将兴之，弗可赦③也已。"弗听。

及楚人战于泓。宋人既成列，楚人未既济④。司马曰："彼众我寡，及其未既济也，请击之。"公曰："不可。"既济而未成列⑤，又以告。公曰："未可。"既陈⑥而后击之，宋师败绩。公伤股，门官歼焉。

国人皆咎公。公曰："君子不重伤，不禽二毛。古之为军也，不以阻隘也。寡人虽亡国之余，不鼓不成列。"

注释

① 宋公：宋襄公，名兹父。② 大司马：掌管军政、军赋的官职，这里指公孙固。③ 赦（shè）：原谅，饶恕。④ 济：渡河。⑤ 成列：排成战斗阵势。⑥ 陈：同"阵"，这里作动词，即摆好阵势。

楚国人攻打宋国用以援救郑国。宋襄公准备迎战。大司马公孙固劝阻说："上天抛弃商朝已经很久了，君主现在要复兴它，这种违背上天的罪过是不可饶恕的啊。"宋襄公不听从他的劝谏。

宋军和楚军在泓水交战。宋军摆好了战斗的阵势，而楚军还没有全部渡过泓水。司马说："对方兵多，我方兵少，趁楚军还没有全部渡过泓水，请您下令进攻他们。"宋襄公说："不行。"等到楚军全部渡过河但还没有摆好战斗阵势时，司马再次请求宋襄公下令攻击他们。宋襄公说："不行。"等楚军摆好阵势以后，宋军才发动进攻，结果宋军大败，宋襄公大腿受伤，门官也阵亡了。

国人都责备宋襄公。宋襄公说："君子不伤害已经受伤的敌人，不俘虏头发已经斑白的敌人。古代的用兵之道，不凭借险隘的地形攻击敌人。我虽然是亡国者（商朝）的后裔，但也不会下令攻击尚未列队的敌军。"

子鱼曰："君未知战。勍⑦敌之人，隘而不列，天赞我也。阻而鼓之，不亦可乎？犹有惧焉。且今之勍者，皆吾敌也。虽及胡耇⑧，获则取之，何有于二毛？明耻教战⑨，求杀敌也。伤未及死，如何勿重？若爱重伤，则如勿伤；爱其二毛，则如服焉。三军以利用也⑩，金鼓以声气也。利而用之，阻隘可也，声盛致志，鼓儳⑪可也。"

⑦ 勍（qíng）：强而有力，勍敌即"劲敌"。⑧ 胡耇（gǒu）：年纪很大的人。胡，年老。⑨ 明耻：使认识什么是耻辱。教战：教授作战技能。⑩ 三军：春秋时，诸侯大国有三军，即上军，中军，下军。这里泛指军队。用：施用，这里指作战。⑪ 儳（chán）：不整齐。这里指没有摆成阵势的军队。

子鱼说："主公不懂得怎样作战啊。强大的敌人因地势险阻而未摆好阵势，这是上天在帮助我们。我们趁着敌方被地势阻挡而进攻他们，不也是可以吗？就这样还怕不能取胜呢。况且当前那些强者都是我们的敌人。即使是年纪很大的老人，能停虏的也全都抓回来，那些头发斑白的人又有什么值得去怜惜的呢？使战士认识什么是耻辱，教导士兵如何作战，都是为了杀敌。敌人受了伤却还没有死，为什么不能再次杀害他们呢？如果不忍心再次去杀害那些受伤的敌人，那还不如刚开始就不杀伤他们；如果怜惜那些头发斑白的敌人，那还不如向他们屈服。军队凭借有利时机进行战斗，用击鼓来助长声势。抓住有利的时机就使用，在险要的地方攻击敌人也是可以的。既然盛大的金鼓声充分鼓舞起了士兵的战斗意志，那么攻击未成列的敌人也是可以的。"

寺人披见文公

— 《左传》 —

背景介绍

时　　间：公元前 636 年

人　　物：晋文公、秦穆公、寺人披

事件起因：晋国大臣吕甥、郤芮密谋纵火烧死晋文公。

简介

　　本文出自《左传·僖公二十四年》。文章中，寺人披向晋文公禀报了吕甥、郤芮的阴谋，并成功说服晋文公避免了即将发生的祸乱。左丘明通过这个故事，宣扬了为君者的美德和臣子的忠诚，也展现了他对历史事件和人物的深入洞察。

吕、郤畏逼❶，将焚公宫而弑❷晋侯。寺人披请见❸。公使让❹之，且辞焉，曰："蒲城之役，君命一宿，女❺即至。其后余从狄君以田渭滨，女为惠公来求杀余，命女三宿，女中宿❻至。虽有君命，何其速也？夫袪❼犹在，女其行乎！"对曰："臣谓君之入也，其知之❽矣。若犹未也，又将及难❾。君命无二，古之制也。除君之恶，唯力是视❿。蒲人、狄人，余何有焉？今君即位，其无蒲、狄乎！齐桓公置射钩⓫，而使管仲相。君若易之，何辱命焉？行者甚众，岂唯刑臣？"公见之，以难告。

晋侯潜⓬会秦伯于王城。己丑晦，公宫火。瑕甥、郤芮不获公，乃如河上，秦伯诱⓭而杀之。

吕甥、郤芮害怕受到迫害，想要焚烧晋文公的宫室并杀了他。寺人披请求面见晋文公。文公派人责备他且不愿意见他，说："你带人到蒲城害我，君王让你第二天赶到，你马上就到了。后来我逃到狄国同狄国国君到渭河边狩猎，你替惠公谋杀我，惠公命你三天后赶到就行，你却第二天就到了。虽然都有君王的命令，怎么这么快？我在蒲城被你砍断的那只衣袖还在呢。你走吧！"披回答说："小臣觉得君王这次回来大概已经懂得了应该怎么做国君。如果还不懂的话，估计您还会再遇到灾难。对君王的命令没有二心，这是古代的制度。除去君王所憎恨的人，自己要尽最大的力量。您当时是蒲人还是狄人，跟我有什么关系？现在您当了国君，难道就不会再发生在蒲城和狄国那样的事了吗？齐桓公抛弃了射钩之仇，反而让管仲辅佐自己，您如果轻视我的意见，哪里烦劳您下命令呢？这样，要走的人就更多了，怎么可能只有臣一个人？"于是，文公接见了披，披把将要发生的叛乱报告了文公。

晋文公和秦穆公秘密在秦国的王城商量应付的对策。在三月的最后一天，晋文公的宫室果然被烧了。瑕甥、郤芮没能抓到文公，于是逃跑到黄河边上，最后是秦穆公诱捕他们，把他们杀了。

❶ 吕、郤（xì）：即吕甥（也叫瑕甥）、郤芮。二人都是晋惠公、晋怀公的旧臣。畏逼：害怕遭受迫害。
❷ 弑（shì）：古时子杀父、臣杀君为弑。❸ 见：谒见。寺人披：指叫披的寺人，寺人为内官，即后来的宦官，身体受过阉割，故下文自称"刑臣"。❹ 让：斥责。❺ 一宿：隔一夜。女：同"汝"，你。❻ 中宿：隔两夜。
❼ 袪（qū）：衣袖。❽ 之：指为君之道。❾ 及难：遭遇灾难。❿ 唯力是视：指看自己力量多大，就尽多大力量。⓫ 齐桓公置射钩：管仲曾射中齐桓公革带上的钩，齐桓公不记怨恨，任用其为相。置：释，放下。
⓬ 潜：秘密地。⓭ 诱：诱骗。

介之推不言禄

— 《左传》 —

背景介绍

时　　间：公元前 636 年

人　　物：介之推、晋文公

事件起因：春秋时期，晋国发生内乱，晋文公被迫流亡国外，介之推跟随晋文公流亡，不离不弃。晋文公回国后，对功臣进行奖赏，但是遗漏了介之推。

简介

　　介之推是随从晋文公流亡国外的功臣，曾割股给晋文公充饥，备尝艰辛。但晋文公登基后，封赏功臣，介之推没有像其他人那样向晋文公求取封赏，而是隐居绵山。介之推认为晋文公返国为君，是天意，功臣不应贪功求赏。

晋侯赏从亡者，介之推❶不言禄，禄亦弗及。

推曰："献公之子九人，唯君在矣。惠、怀❷无亲，外内弃之。天未绝晋，必将有主。主晋祀者，非君而谁？天实置之，而二三子❸以为己力，不亦诬乎？窃人之财，犹谓之盗，况贪天之功以为己力乎？下义其罪，上赏其奸，上下相蒙，难与处矣。"其母曰："盍❹亦求之？以死，谁怼❺？"对曰："尤❻而效之，罪又甚焉。且出怨言，不食其食。"其母曰："亦使知之，若何？"对曰："言，身之文也；身将隐，焉用文❼之？是求显也。"其母曰："能如是乎？与汝偕隐。"遂隐而死❽。

晋侯求之不获，以绵上为之田，曰："以志吾过，且旌❾善人。"

晋文公赏赐曾经跟随他流亡国外的人，介之推不称功求赏，因此赏赐也没有他的份儿。

介之推说："献公有九个儿子，现在只有文公还在世。惠公、怀公没有团结众人的能力，国外诸侯、国内臣民都厌弃他们。上天不灭绝晋国，就必定会有新君主。主持晋国祭祀的人，不是文公又会是谁？这实在是上天要立他为君，那些跟他逃亡的人却认为是自己的功劳，这不是欺弄人吗？偷窃别人的钱财，都被称之为盗贼，何况是贪上天的功劳，而认为是自己的功劳呢？臣子将这种欺骗当做道义，君王也对欺骗者给予赏赐，上下互相欺瞒，我难以跟他们相处啊！"他母亲说："你为何不去要赏赐呢，这样死了又能埋怨谁呢？"介之推回答说："我明知这种行为是罪过，现在却又让我去效仿他们，那罪过就加重了。况且我已经口出怨言，不能再享用他的俸禄。"他母亲说："那么也应该让国君知道这件事，怎么样？"介之推回答说："言语，是身体的装饰；身体都要隐藏了，还用装饰吗？这样是乞求显贵啊。"他母亲说："你能够这样做吗？那我同你一起去隐居。"于是就隐居山林，直到死去。

晋文公一直在寻找他们，但一直没找到，就把绵上的田作为介之推的祭田，说："用这来记下我的过失，并且用来表彰正直的人。"

❶ 介之推：晋国人，曾割自己腿上的肉以食文公。 ❷ 献公：晋文公的父亲。君：指晋文公。惠：晋惠公。怀：晋怀公。惠公是文公的弟弟，怀公是惠公的儿子。 ❸ 二三子：相当于现在讲的"那几位"，指跟随晋文公逃亡国外的人。 ❹ 盍（hé）：何不。 ❺ 怼（duì）：埋怨，怨恨。 ❻ 尤：过失，罪过。 ❼ 文：修饰，装饰。此处有"表白"之意。 ❽ 遂隐而死：传说晋文公因寻找不到隐居在山里的介之推，就放火焚山，想借此让介之推出来，谁知介之推宁死也不出山，焚身于火海之中。 ❾ 旌（jīng）：表扬，表彰。

展喜犒师
— 《左传》 —

背景介绍

时　　间：公元前 634 年

人　　物：展喜（鲁国大夫）、齐孝公

事件起因：齐孝公率军攻打鲁国，齐强鲁弱，又适逢鲁国发生饥荒，根本无力抵挡，形势十分危急。

简介

　　齐孝公兴师伐鲁，鲁僖公却派大夫展喜出城犒劳齐师。展喜机智善辩，从容应对，最终取得了外交上的胜利，使齐孝公收兵还师，从而解救了国家的危难。

原文

　　齐孝公伐我北鄙❶。公使展喜❷犒师，使受命于展禽❸。

　　齐侯未入竟❹，展喜从之，曰："寡君闻君亲举玉趾❺，将辱❻于敝邑，使下

译文

　　齐孝公讨伐鲁国北部边境。鲁僖公派展喜去犒劳齐军，让他向展禽请教怎么办好。

　　齐孝公还未进入鲁国国境，展喜出境迎上去，说："我们国君听说君侯亲自驾临，将要屈尊光临我国，

注释

❶齐孝公：齐桓公之子，名昭。我：指鲁国。鄙：边境。❷公：鲁僖公。展喜：鲁大夫。❸展禽：展喜的哥哥。名获，字子禽，谥号惠。据传食邑于柳下，又称柳下惠。❹竟：同"境"。这里指鲁国国境。❺亲举玉趾：尊称别人出行的敬辞。趾，代指脚。❻辱：蒙受耻辱。和上句一起是恭维对方表示自谦的话。

臣犒执事❼。"齐侯曰:"鲁人恐乎?"
对曰:"小人恐矣,君子则否。"齐侯
曰:"室如县罄❽,野无青草,何恃而不
恐?"对曰:"恃先王之命。昔周公、大
公股肱❾周室,夹辅成王,成王劳之,而
赐之盟,曰:'世世子孙无相害也!'载
在盟府,太师❿职之。桓公是以纠合诸
侯,而谋其不协,弥缝其阙,而匡救其
灾,昭旧职也。及君即位,诸侯之望曰:
'其率⓫桓之功!'我敝邑用不敢保聚⓬,
曰:'岂其嗣世九年⓭,而弃命废职,其
若先君何?君必不然。'恃此以不恐。"
齐侯乃还。

就派遣下臣来犒劳您的左右侍从。"
齐孝公问:"鲁国人害怕吗?"展喜
回答道:"小人害怕了,君子没有。"
齐孝公说:"家中空无一物,田野里
没有青草,凭什么不害怕?"展喜
回答道:"凭着先王的命令。从前周
公、姜太公是周王室的肱股大臣,在
成王左右辅佐,成王慰劳他们,就与
他们订立了盟约,说:'世世代代子
孙不要互相侵犯。'这个盟约藏在盟
府里,由太师掌管。桓公因此联合诸
侯,解决他们之间的不和谐,弥补他
们的缺失,挽救他们的灾难,彰显过
去的职责。等到您即位,诸侯们盼望
道:'他会继承桓公的功业吧。'我国
因此不敢聚众保城,说:'难道他即位
九年,就丢弃了先王的遗命,废弃了
职责。他怎么对先君交代呢?君侯一
定不会这样。'凭着这个才不害怕。"
于是,齐孝公就带军队返回了。

❼执事:君王左右的办事人员。❽室如县(xuán)罄(qìng):
形容家中空无一物。县,挂。罄,一种乐器,形状像曲尺。
❾周公:周武王的弟弟,名旦。大公:即姜太公吕望。股肱:
大腿和胳膊,比喻得力辅臣。这里用作动词。❿太师:掌管
国家典籍的官员。⓫率:遵循,继承。⓬用:以,因为。保
聚:保城聚众。⓭嗣(sì)世九年:齐孝公于鲁僖公十八年(前
642)即位,至僖公二十六年(前634)伐鲁,共九年。

烛之武退秦师

— 《左传》 —

背景介绍

时　　间：公元前 630 年
人　　物：晋文公、秦穆公、郑文公、烛之武
事件起因：晋国联合秦国，共同讨伐郑国。

简介

　　郑国危在旦夕，郑文公派能言善辩的烛之武前去说服秦伯退兵。烛之武巧妙地勾起秦穆公对秦、晋之间矛盾的记忆，向秦伯分析了当时的形势，说明了保存郑国对秦有利、灭掉郑国对秦不利的道理，终于说服了秦伯。

晋侯、秦伯①围郑，以其无礼于晋，且贰②于楚也。晋军函陵，秦军氾南。

佚之狐③言于郑伯曰："国危矣，若使烛之武见秦君，师必退。"公从之。辞曰："臣之壮也，犹不如人；今老矣，无能为也已。"公曰："吾不能早用子，今急而求子，是寡人之过也。然郑亡，子亦有不利焉。"许之。

夜缒而出，见秦伯，曰："秦、晋围郑，郑既知亡矣。若亡郑而有益于君，敢以烦执事。越国以鄙远④，君知其难也。焉用亡郑以倍⑤邻？邻之厚，君之薄也。若舍郑以为东道主⑥，行李之往来，共其乏困，君亦无所害。且君尝为晋君赐矣，许君焦、瑕，朝济而夕设版焉⑦，君之所知也。夫晋，何厌之有？既东封郑，又欲肆其西封，若不阙秦，将焉取

晋文公和秦穆公联合围攻郑国，就因为郑文公曾经对晋文公无礼，而且暗中与晋国的对头楚国勾勾搭搭同时又依附楚国。晋军驻扎在函陵，秦军驻扎在氾水之南。

郑国大夫佚之狐对郑文公说："郑国处于危险之中，如果让烛之武去拜见秦穆公，一定能说服秦军撤退。"郑文公听从了他的建议。烛之武却推辞说："我年轻的时候，尚且比不上别人；现在老了，更不能有什么作为了。"郑文公说："我早先没有重用您，如今到了危急关头才来求您，这是我的过错。但是郑国如果灭亡了，对您也不利啊！"于是烛之武不再推辞，答应了他。

夜晚，烛之武就用绳子缚住身体从城上坠下去。拜见秦穆公，烛之武说："秦、晋两国围攻郑国，郑国人已经知道要灭亡了。如果灭掉郑国对您有利，那么就烦劳您的军队了。越过邻国把远方的郑国作为自己的边邑，您知道肯定很困难。您为何要灭掉郑国而去增强邻国的实力呢？增强了邻国的实力，等于是削弱了秦国的实力啊。如果您放弃围攻郑国，让它成为东方道路上的主人，贵国的使者来来往往，郑国也可以随时供给他们缺少的东西，这对您也没有什么害处。况且您曾经给予过晋国恩惠，晋文公又许诺把焦、瑕两座城池送给您，可是他早上刚渡过黄河回国，晚上就修筑防御工事，这些您是知道的。晋国哪里会有知足的时候呢？等它把东边的疆界扩展到郑国，又会想扩张它西边的疆界。如果不侵害秦国，他又到哪里去夺取土地呢？损害秦国而有利于晋国，请君王好

①晋侯：晋文公。秦伯：秦穆公。②贰：有二心，这里是勾结的意思。③佚（yì）之狐：郑国大夫。④鄙：边疆，这里作动词用。远：偏远的地方（指郑国）。⑤倍：增厚，增强。⑥东道主：东方道路上招待宿食的主人。因为郑在秦东，所以这么说。⑦朝济而夕设版焉：（晋文公）早上渡过黄河（回国），晚上就筑城防御。济，渡河。设版，指筑墙。版，筑土墙用的夹板。

之？阙❽秦以利晋，唯君图之。"秦伯说❾，与郑人盟。使杞子、逢孙、杨孙戍之，乃还。

子犯请击之。公曰："不可。微❿夫人之力不及此。因人之力而敝⓫之，不仁；失其所与，不知；以乱易整⓬，不武。吾其还也。"亦去之。

好考虑这件事。"秦穆公很高兴，随即与郑国结成联盟，并委派杞子、逢孙、杨孙帮助戍守郑国，自己率军回国去了。

晋大夫子犯请求袭击秦军。晋文公说："不行！如果没有秦国国君的力量，我们就到不了今天这地位。依靠别人的力量取得成功之后又反过来去侵犯他，这是不仁义的；失去友好邻邦，这是不明智的；用战乱来代替和睦，这是不勇武的。我们还是撤回去吧。"于是晋军也撤离了郑国。

注释

❽ 阙（quē）：损害，侵害。❾ 说（yuè）：同"悦"，欢喜，高兴，此指赞同。❿ 微：非，没有。⓫ 敝：败坏、损害之意。⓬ 乱：动乱，指关系破裂，互相攻战，整：友好和睦。

蹇叔哭师

— 《左传》 —

背景介绍

时　　间：公元前 627 年

人　　物：秦穆公、蹇叔

事件起因：烛之武退秦军后，秦穆公派遣杞子等人
　　　　　驻扎在郑国。秦穆公轻信杞子从郑国送
　　　　　来的情报，兴师动众远袭郑国。

简介

　　本文讲述了秦、晋殽之战前，秦国老臣蹇叔在秦国大军出征郑国之前对秦穆公进行劝阻的事。

原文

　　杞子①自郑使告于秦曰："郑人使我掌其北门之管②，若潜③师以来，国可得也。"穆公访诸蹇叔。蹇叔曰："劳师以袭远，非所闻也。师劳力竭，远主备之，无乃不可乎？师之所为，郑必知之。勤而无所，必有悖心。且行千里，其谁不知？"公辞焉，召孟明、西乞、白乙，使出师于东门之外。蹇叔哭之，曰："孟子④！吾见师之出而不见其入也！"公使谓之曰："尔何知？中寿⑤，尔墓之木拱⑥矣！"

　　蹇叔之子与师，哭而送之，曰："晋人御师必于殽⑦。殽有二陵焉：其南陵，夏后皋之墓也；其北陵，文王之所辟风雨也。必死是间，余收尔骨焉！"秦师遂东。

注释

① 杞（qǐ）子：秦国大夫，留在郑国帮助戍守的将领。② 管：钥匙。③ 潜：秘密地。④ 孟子：即孟明。"子"是古代对男子的美称。⑤ 中寿：六七十岁。⑥ 拱：两手合抱。⑦ 殽（xiáo）：同"崤"，山名。崤山有两陵，南陵和北陵，相距三十五里，地势险要。

译文

　　秦国大夫杞子从郑国派人密告秦穆公说："郑国人让我掌管他们国都北门的钥匙，如果此时秦国秘密派军队前来攻打郑国，定能占领郑国。"秦穆公为此事来征询蹇叔的意见。蹇叔说："让军队跋山涉水去进攻远方的国家，这是我从来没听说过的事情。军队长途跋涉，到达郑国时必定精疲力竭，而远方的郑国又有防备，这大概不可行吧？我们的军队如此兴师动众，郑国一定会察觉。让士兵们辛苦一场却一无所得，他们一定会有怨恨之心。况且，军队要远行千里，还有谁会不知道呢？"

　　秦穆公却不听蹇叔的劝告。他召集孟明、西乞和白乙三位将领，命令他们率兵从东门出师。蹇叔为他们而哭，说："孟明啊！我只能看着秦军出师，却看不到秦军回师了！"秦穆公派人对蹇叔说："你懂什么！你已活到六七十岁了，你坟墓（古人预为坟墓）上种的树该长到两手合抱粗了！"

　　蹇叔的儿子也在出征的队伍中。他哭着送儿子，说："晋军必定在崤山阻击我们的军队。崤山共有两座山：南面那座是夏王皋的坟墓；北面那座是周文王当年避雨之地。你一定要在这两山之间丧命，到时候我就去那里给你收尸骨！"于是，秦国的军队就向东出发了。

郑子家告赵宣子

— 《左传》 —

背景介绍

时　　间：公元前 610 年

人　　物：晋侯、子家（郑国执政大臣）、赵宣子（晋国执政大臣）

事件起因：针对郑国所处的艰难处境，郑国执政大臣子家给晋国执政大臣赵宣子写了一封信，言明如果晋国再逼迫，郑国将铤而走险，拼死一搏。

简介

　　这是郑晋外交斗争的一个回合。郑国处于晋楚两强之间，在夹缝中生存，但是晋国对此还很不满意。于是，郑国的执政大臣子家给晋国的执政大臣赵宣子写了这封信。利用大国间的矛盾，罗列事实，批评晋的苛刻要求，甚至以决裂相警告，最终迫使晋让步。

晋侯合诸侯于扈，平宋也。于是①晋侯不见郑伯，以为贰于楚也。

郑子家使执讯②而与之书，以告赵宣子，曰："寡君即位三年，召蔡侯而与之事君③。九月，蔡侯入于敝邑以行，敝邑以侯宣多④之难，寡君是以不得与蔡侯偕，十一月，克减侯宣多，而随蔡侯以朝于执事。十二年六月，归生佐寡君之嫡夷⑤，以请陈侯⑥于楚，而朝诸君。十四年七月，寡君又朝以蒇⑦陈事。十五年五月，陈侯自敝邑往朝于君。往年⑧正月，烛之武往朝夷⑨也；八月，寡君又往朝。以陈、蔡之密迩⑩于楚，而不敢贰焉，则敝邑之故也。虽敝邑之事君，何以不免？在位之中，一朝于襄⑪，而再见于君。夷与孤之二三臣相及于绛⑫，虽我小国，则蔑⑬以过之矣。今大国曰：'尔未逞吾志⑭。'敝邑有亡⑮，无以加焉。

晋侯在扈地会合诸侯，目的是为了平定宋国内乱。当时晋侯不肯和郑伯相见，认为郑国既服从晋国又投靠楚国。

郑国的大夫子家派遣执讯员给晋国的执政大夫赵宣子送了一封信，信中说："我们国君即位的第三年，就邀请蔡侯和他一起侍奉贵国国君。当年九月，蔡侯进入我国准备和我们国君一同前去贵国，但由于我国发生了因侯宣多而造成的祸难，我们国君因此不能和蔡侯同行。十一月，稍稍平定了侯宣多，我们就随同蔡侯朝觐执事。十二年六月，归生辅佐我们国君的太子夷，到楚国请求同意陈侯一起朝见贵国国君。十四年七月，我们国君又到贵国朝见，以完成陈国朝晋的事情。十五年五月，陈侯从我国前去朝见贵国国君。去年正月，烛之武陪同太子夷前往朝见贵国国君。八月，我们国君又前去朝见。陈、蔡两国紧紧挨着楚国而不敢对贵国有二心，那是由于我国的缘故。为什么即便我国这样侍奉贵国国君，还不能免于祸患呢？你们在位的君主当中，我们朝见过一次贵国先君襄公，两次朝见贵国国君。夷和我们君主的几个臣下相继来到晋都绛城，我们虽然是小国，这样做也没有哪个国家能超过

① 是：这个时候。② 执讯：掌管通讯的官。③ 蔡侯：蔡庄公。君：指晋襄公，晋灵公之父。④ 侯宣多：郑大夫，因帮助郑穆公继位而恃宠专权。⑤ 寡君之嫡夷：郑太子，名夷，字子蛮，即后来的郑灵公。⑥ 陈侯：陈共公。这里说的是为陈国朝见晋国的事而请命于楚国。⑦ 蒇（chǎn）：完成。⑧ 往年：去年，指郑穆公十七年，鲁文公十六年，前611年。⑨ 烛之武往朝夷：指烛之武陪同太子夷朝见晋国。⑩ 密迩：贴近，靠近。⑪ 襄：指晋襄公。⑫ 绛（jiàng）：晋国都。在今山西翼城东南。⑬ 蔑：无，不能。⑭ 逞：施展，快意。志：欲望，心愿。⑮ 有亡：唯有灭亡。

古人有言曰：'畏首畏尾，身其余几？'又曰："鹿死不择音⑯。'小国之事大国也，德，则其人也⑰；不德，则其鹿也。铤而走险，急何能择？命之罔极⑱，亦知亡矣，将悉敝赋以待于鄗⑲，唯执事命之。文公二年，朝于齐。四年，为齐侵蔡，亦获成⑳于楚。居大国之间，而从于强令㉑，岂其罪也？大国若弗图㉒，无所逃命。"

晋巩朔行成于郑㉓，赵穿、公婿池为质焉㉔。

了吧。现在你作为大国还说：'你们没有让我快意。'我国唯有等待灭亡，再不能增加一点什么了。古人曾说：'头也怕尾也怕，身子还能剩下多少呢？'又说：'鹿在临死前发不出好听的声音。'小国服侍大国，大国以德相待，那就会像人一样，不是以德相待，那就会像鹿一样。铤而走险，急迫的时候哪里还能选择？贵国要求无度，我们也知道面临灭亡了，只好征发全部军队和军用物资在鄗地等待，任凭你执政命令我们吧。文公二年，我国到齐国朝见。四年，因为齐国攻打蔡国，我们也只能与楚国谈和。处于齐、楚两大国之间而屈从于压力，难道是我们的罪过吗？大国如果不谅解，我们将无处逃避性命了。"

赵宣子看完信后派巩朔到郑国和谈，赵穿、公婿池也到郑国当了人质。

⑯ 鹿死不择音：鹿临死时叫不出好听的声音。一说，"音"通"荫"，意谓鹿在生死关头，顾不上选择庇荫之处。⑰ 则其人也：就以人道相事。⑱ 命之罔极：指晋国的要求没有定准，反复无常。罔，无。极，定准，标准。⑲ 悉敝赋：尽征军队与军需物资。赋，这里指军队，因古代按田赋出兵。鄗：地名。位于晋郑交界处。⑳ 成：和解，讲和。㉑ 强令：强硬的号令。大国施加压力，强制执行。㉒ 图：考虑，体谅。㉓ 巩朔：晋大夫，也称士庄伯、现伯。行成：达成和解。㉔ 赵穿、公婿池：均为晋大夫。质：人质。

王孙满对楚子

— 《左传》 —

背景介绍

时　　间：公元前 606 年

人　　物：王孙满（周大夫，周共王的玄孙）、楚子（楚庄王熊旅）

事件起因：春秋时期，诸侯争霸，楚庄王凭借强大的武力吞并了周围的一些小国，耀武扬威地陈兵于周天子的境内。

简介

　　这篇文章记录了楚庄王在周朝炫耀兵力，问鼎的轻重和大小来挑战周朝。王孙满用"在德不在鼎"反驳了楚庄王。

楚子伐陆浑之戎❶，遂至于雒，观兵❷于周疆。定王使王孙满劳楚子，楚子问鼎之大小轻重焉。对曰："在德不在鼎。昔夏之方有德也，远方图物❸，贡金九牧，铸鼎象物，百物而为之备，使民知神奸。故民入川泽山林，不逢不若❹。螭魅罔两❺，莫能逢之。用能协于上下，以承天休❻。桀有昏德，鼎迁于商，载祀六百。商纣暴虐，鼎迁于周。德之休明❼，虽小，重也；其奸回昏乱，虽大，轻也。天祚明德，有所厎❽止。成王定鼎于郏鄏，卜世三十，卜年七百，天所命也。周德虽衰，天命未改。鼎之轻重，未可问也。"

❶ 陆浑之戎：西北少数民族的一支，原居今甘肃敦煌一带，后迁居到河南洛水流域。❷ 观兵：检阅军队，这里有耀武扬威的意思。❸ 图物：描绘各地的奇异事物。❹ 不若：不顺，不利之物。❺ 螭魅（chīmèi）罔两：山林水泽中的精灵妖异。❻ 天休：上天赐予的福分。❼ 休明：美好光明。❽ 厎（dǐ）：终止。

楚庄王讨伐陆浑之戎，于是来到洛河，在周王朝的边境上摆开阵势炫耀军力。周定王派大夫王孙满前来慰问楚庄王。楚庄王趁机问起了九鼎的大小和轻重。王孙满回答说："统治天下在于德行，而不在于有鼎。从前夏代实行德政的时候，远方的人就把他们当地的各种奇异之物绘制成图，进献给夏王，九州之长也把金属品贡献上来。禹王用这些金属铸成九鼎，还在上面描绘出各种奇异的图像，使百姓懂得哪些是神明，哪些是邪恶的东西。所以百姓进入山川沼泽时，就不会碰到不顺利的事情。山川木石的鬼怪，百姓也不会碰到。因此才能使上下团结，以领受上天赐予的福分。夏桀昏乱无德，九鼎便被迁到商朝，经历了六百年。商纣王暴虐无道，九鼎又被迁到周朝。如果天子德行美好光明，九鼎虽小，但也无法迁走。如果天子行为昏乱，九鼎再大，也可以迁走。上天保佑德行好的人也是有限度的。成王将九鼎固定安放在王城郏鄏的时候，曾经占卜，周朝可以传世三十代，历年七百，这是上天的安排。虽然现在周朝的德行衰落了，天命还未更改。九鼎的轻重，您就不必过问了。"

齐国佐不辱命

— 《左传》 —

背景介绍

时　　间：公元前 589 年

人　　物：齐顷公、宾媚人（齐国佐）、晋国人

事件起因：鞌之战齐军战败，晋军追击齐军。齐国想要和谈。

简介

在鞌之战中，齐军战败，晋军追击，齐国派遣国佐和谈。国佐经过激烈交涉，最终幸不辱命，和谈成功了。

晋师从齐师，入自丘舆❶，击马陉❷。齐侯使宾媚人赂以纪甗、玉磬与地❸，"不可，则听客之所为。"

宾媚人致赂，晋人不可，曰："必以萧同叔子为质，而使齐之封内尽东其亩❹。"对曰："萧同叔子非他，寡君之母也，若以匹敌❺，则亦晋君之母也。吾子布大命于诸侯，而曰必质其母以为信，其若王命❻何？且是以不孝令也。《诗》曰：'孝子不匮，永锡尔类。'若以不孝令于诸侯，其无乃非德类也乎？先王疆理天下，物土之宜，而布其利❼。故《诗》曰：'我疆我理，南东其亩。'今吾子疆理诸侯，而曰'尽东其亩'而已，唯吾子戎车是利，无顾土宜，其无乃非先王之命也乎？反先王则不义，何以为盟主？其晋实有阙❽！四王之王也，树德而济同欲❾焉，五伯之霸也，勤而抚

晋军追击齐军，从丘舆深入齐国境内，攻打齐国的马陉。齐顷公派遣宾媚人进献纪国的甗、玉磬和土地前去求和，还叮嘱说："他们若不答应，随他们怎么办吧。"

宾媚人将礼物献给晋国人，晋国人果然不肯讲和，说："必须要萧同叔子做人质，而且还要使齐国境内的所有土地田垄改成东西方向。"宾媚人回答说："萧同叔子不是别人，那就是我们国君的母亲啊；比照两国地位来看，也就是晋国国君的母亲。您向诸侯发布命令说一定要用晋国国君的母亲做人质，以作为换得信任的条件，这样您将先王的命令置于何地？而且是用不孝号令诸侯。《诗经》中说：'孝子的孝心没有穷尽，上天会将孝子的孝心永远分赐给他的同类。'如果用不孝号令诸侯，这恐怕不是施恩德于同类吧？先王划定疆界，治理土地，要看土地适宜种植什么，然后再种植合适的农作物。所以《诗》中说：'我划定疆界，治理土地，使田垄有的顺着南北方向，有的顺着东西方向。'如今您划分诸侯的土地，却说'将田垄全部改为东西走向'，只顾有利于您的战车出入，不

❶ 丘舆（yú）：地名，齐国境内，在今山东益都县内。 ❷ 马陉（xíng）：地名，齐邑名，在益都县的西南。 ❸ 宾媚人：齐国上卿，即国佐。甗（yǎn）：是一种礼器。玉磬：乐器。纪：古国名。为齐所灭。纪甗玉磬，是齐灭纪时所得到的珍宝。 ❹ 尽东其亩：田垄全改为东西方向，以后晋国的兵车出入齐境便于通行。 ❺ 匹敌：对等，这里指国君的地位平等。 ❻ 王命：先王的遗命。 ❼ "先王"一句：疆理，指对田地的划分与治理。物：考察，察看。布：分布。 ❽ 阙：缺点，过失。 ❾ 济：满足的意思。同欲：共同的欲望。

之，以役王命。今吾子求合诸侯，以逞无疆之欲。《诗》曰：'敷政优优，百禄是遒[10]。'子实不优，而弃百禄，诸侯何害焉？不然，寡君之命使臣，则有辞矣。曰'子以君师辱于敝邑，不腆敝赋[11]，以犒[12]从者，畏君之震，师徒挠败[13]。吾子惠徼[14]齐国之福，不泯其社稷，使继旧好，唯是先君之敝器、土地不敢爱。子又不许，请收合余烬[15]，背城借一[16]。敝邑之幸，亦云从也，况其不幸，敢不唯命是听？'"

[10] 百禄：百福，各种福禄。遒：积聚。 [11] 不腆（tiǎn）敝赋：不强大的军队。腆，丰厚。赋，军用物资。 [12] 犒：本指慰劳军队，这里是一种外交辞令，意思是与晋人作战。 [13] 挠败：挫折失败。 [14] 徼（yāo）：同"邀"，求取，祈求。 [15] 余烬：指残余的军队。 [16] 背城借一：背靠着城，再打一仗。意即在城下决一死战。

顾土地的自然条件，这恐怕不是先王的遗命吧？违反先王的命就是不义，这样还怎么做盟主呢？这实在是晋国的过失啊！四王统一天下的时候，树立德行，完成大家共同的心愿。五伯称霸诸侯的时候，勤勤恳恳，安抚诸侯，执行先王的遗命。现在您想联合诸侯，却一心只想满足自己没有限度的欲望。《诗》说：'实行平和的政策，各种福禄都会汇聚起来。'您现在实行的政策不平和，自己抛弃了各种福禄，对诸侯又有什么害处呢？如果您不肯讲和，我国国君已在我来之前吩咐我说：'您率领军队来到我们的国土上，我们以微薄的军力来与您作战。由于畏惧您的威严，我们的军队遭到了挫败。承蒙您为求取齐国的福佑，没有灭掉我们的国家，使我们能够保持旧日的友好关系，因此，我们国君绝不吝惜自己的宝物和土地。但您又不答应，那就请您允许我们收集残兵败将，在我国城下决战。即使我国侥幸打胜了，以后还是会听从您的命令；倘若不幸战败，那就更加不敢不听从您的命令了！'"

楚归晋知罃

— 《左传》 —

背景介绍

时　　间： 公元前 588 年

人　　物： 楚王、知罃

事件起因： 公元前 597 年楚国和晋国爆发了
邲之战。晋国荀首射杀楚国连尹
襄老、俘获公子榖臣。

简介

　　这篇文章主要讲述了晋国请求用公子榖臣与连尹襄老的尸首交换知罃这个事件发生的经过。

原文

　　晋人归楚公子榖臣与连尹襄老之尸于楚，以求知罃。于是荀首佐中军①矣，故楚人许之。

　　王送知罃，曰："子其怨我乎？"对曰："二国治戎，臣不才，不胜其任，以为俘馘②。执事不以衅鼓③，使归即戮，

译文

　　晋人计划将楚国公子榖臣和连尹襄老的遗体归还给楚国，以此要求换回知罃。当时荀首已经升任晋国中军副帅，所以楚国答应了晋国的要求。

　　楚王在送知罃回国的时候，问他说："您怨恨我吗？"知罃回答说："两国交战，下臣没有才能，不能担当重任，所以做了俘虏。您的兵将没有杀掉我，并且让我回晋国去接受诛戮，这是您的恩惠啊。下臣实在

注释

❶ 中军：古代军事编制，分为左、中、右三军，主帅一般亲率中军。 ❷ 俘馘（guó）：俘虏。馘，战争中割下敌人尸首的右耳朵，来记战功。 ❸ 衅鼓：古代的一种祭礼，用血来涂抹钟鼓，这里是杀掉的意思。

君之惠也。臣实不才，又谁敢怨？"王曰："然则德我乎？"对曰："二国图其社稷，而求纾④其民，各惩其忿，以相宥⑤也，两释累囚，以成其好。二国有好，臣不与及，其谁敢德？"王曰："子归，何以报我？"对曰："臣不任受怨，君亦不任受德。无怨无德，不知所报。"王曰："虽然，必告不穀。"对曰："以君之灵，累臣⑥得归骨于晋，寡君之以为戮，死且不朽。若从君之惠而免之，以赐君之外臣首，首其请于寡君，而以戮于宗，亦死且不朽。若不获命，而使嗣宗职，次及于事⑦，而帅偏师以修封疆，虽遇执事，其弗敢违。其竭力致死，无有二心，以尽臣礼，所以报也。"王曰："晋未可与争。"重为之礼而归之。

没有才能，又敢怨恨谁呢？"楚王说："那么你感激我吗？"知罃回答说："两国为了国家大业，希望能减轻百姓痛苦，所以彼此抑止自己的愤怒而互相原谅，双方都释放战俘，以结成友好。两国的友好，下臣不曾参与谋划，我又感激谁呢？"楚王说："你回去以后，用什么报答我？"知罃回答说："下臣无所怨恨，君王也不受恩德。没有怨恨，没有恩德，我不知道该怎样报答。"楚王说："即使是这样，你也应该把您的想法告诉我。"知罃回答说："如果承蒙你的恩惠，我能够活着回到晋国，即使我们国君将我处死，我也是死而不朽了。如果承蒙您的恩惠，我没有被处死，而是把我赐给君王的外臣荀首，荀首再向国君请命，将我处死在家里宗庙中，我也死而不朽。如果国君不杀我，而让我继承先祖的职位，继续在军中任职，率领军队治理边疆，即使碰到君王的文武官员，我也不敢违抗我国军令。我会竭尽全力作战，绝无二心，以尽到为臣的职责，这就是我要报答您的。"楚王说："晋国，是不能和它较量的。"于是就为知罃举行了隆重的仪式，然后送他回国。

④ 纾（shū）：宽舒，这里是解除苦难的意思。⑤ 宥（yòu）：原谅，宽恕。
⑥ 累臣：被俘虏的人，这里是知罃的谦称。⑦ 次及于事：事，军事，这里指担任军事职位。

吕相绝秦

— 《左传》 —

背景介绍

时　　间：公元前 579 年

人　　物：吕相、秦桓公

事件起因：秦、晋交恶，晋国派使臣吕相到秦国宣布与之绝交。

简介

这篇文章主要记录了吕相代晋厉公跟秦国绝交，吕相在绝交信中历数秦穆、康、桓三王和晋献、惠、文、襄、景五君的事，结构严谨，步步紧逼。

原文

晋侯使吕相绝秦，曰："昔逮我献公及穆公相好，勠力同心❶，申之以盟誓，重之以昏姻❷。天祸晋国，文公如齐，惠公如秦。无禄，献公即世。穆公不忘旧德，俾我惠公用能奉祀于晋。又不能成大勋，而为韩之师。亦悔于厥心❸，用集❹我文公，是穆之成也。

译文

晋厉公派遣大夫吕相去跟秦国绝交，说："从前我国献公和你们穆公一直非常友好，两国齐心协力，还把这种关系用盟约誓言重申，用婚姻来巩固。不料，上天有意降灾祸给晋国，文公逃奔齐国，惠公逃往秦国。不幸的是，献公去世了。秦穆公不忘昔日的恩情而使惠公继承君位。可惜秦穆公没有支持惠公完成大业，反而发动了韩原之战。事后，穆公也很后悔，于是支持文公回国为君，这都是秦穆公的功劳。

注释

❶ 勠（lù）力同心：齐心协力。勠，并力。 ❷ 重之以昏姻：用婚姻的形式巩固这种友好关系。申、重：意思均为重复、再加以。昏：同"婚"。 ❸ 厥（jué）心：他的心里。厥：他。 ❹ 集：成就，支持。

"文公躬擐甲胄⑤，跋履山川，逾越险阻，征东之诸侯，虞、夏、商、周之胤而朝诸秦，则亦既报旧德矣。郑人怒君之疆场，我文公帅诸侯及秦围郑。秦大夫不询于我寡君，擅及郑盟。诸侯疾之，将致命于秦。文公恐惧，绥靖诸侯。秦师克还，无害，则是我有大造于西⑥也。

"无禄，文公即世，穆为不吊，蔑死我君，寡我襄公，迭⑦我殽地，奸绝我好，伐我保城，殄灭我费滑⑧，散离我兄弟，挠乱我同盟，倾覆我国家。我襄公未忘君之旧勋，而惧社稷之陨，是以有殽之师。犹愿赦罪于穆公。穆公弗听，而即楚谋我。天诱其衷⑨，成王陨命，穆公是以不克逞志于我。

"穆、襄即世，康、灵即位。康公我之自出，又欲阙剪⑩我公室，倾覆我社稷，帅我蟊贼⑪，以来荡摇我边疆，我是

"文公披甲戴盔，跋山涉水，历尽艰难险阻，征伐东方诸侯，使虞、夏、商、周的后代都来朝见秦国，这算是报答秦穆公昔日的恩德了。郑国人惹秦国边境的人生气，文公便率领诸侯和秦国军队一起去围攻郑国。秦国大夫没有和文公商量，就擅自与郑国订立盟约。诸侯对此心怀痛恨，决心与你们拼命决战，文公担心秦国受损，便说服了诸侯，秦国军队才得以回国，没有受到危害，这也是我们对秦国很大的恩德了吧！

"不幸文公去世，秦穆公却没有前来吊唁，这是轻视文公，欺侮襄公，接着你们又袭击我们的殽地，断绝同我们的友好，攻打我们的城池，灭掉我们的邻邦滑国，离间我们兄弟国的关系，扰乱我们的盟邦，颠覆我们的国家。我们襄公没有忘记穆公昔日的恩情，但又害怕国家遭受灭亡，因此才会有殽地之战。我们希望穆公宽免我们的罪过，但穆公不接受，反而拉拢楚国来谋害我们。上天保佑我国，使楚成王丧命，进而使穆公侵犯我国的阴谋未能得逞。

"秦穆公、晋襄公去世，秦康公和晋灵公即位。康公是我们晋献公的外甥，但他居然想削弱我们的公室，颠覆我们的国家，他率公子雍一起扰乱我们的边境，于是我们才有了令狐

注释

⑤ 躬擐（huàn）甲胄（zhòu）：亲自穿着铠甲、戴着头盔。躬，亲自。擐，穿。⑥ 造：功劳。西：指秦国，在晋国之西。⑦ 迭（yì）：同"轶"，指突然袭击。⑧ 费滑：滑国，费是滑国都城，所以也称"费滑"。⑨ 天诱其衷：上天引导他们的意愿。诱，引导。⑩ 阙剪：阙，同"掘"，挖掘。剪，削弱。⑪ 蟊（máo）贼：原指吃禾苗的害虫，这里比喻危害国家和人民的人，指晋文公的儿子公子雍。

以有令狐之役。康犹不悛❷，入我河曲，伐我涑川，俘我王官，翦我羁马，我是以有河曲之战。东道之不通，则是康公绝我好也。

"及君之嗣也，我君景公引领西望曰：'庶抚我乎？'君亦不惠称盟。利吾有狄难，入我河县，焚我箕、郜，芟夷我农功❸，虔刘❹我边陲，我是以有辅氏之聚。君亦悔祸之延，而欲徼福于先君献、穆，使伯车来命我景公曰：'吾与女同好弃恶，复修旧德，以追念前勋。'言誓未就，景公即世。我寡君是以有令狐之会。君又不祥，背弃盟誓。白狄及君同州，君之仇雠❺，而我之昏姻也。君来赐命曰：'吾与女伐狄。'寡君不敢顾昏姻，畏君之威，而

之战。康公虽然战败，但还不肯悔改，又入侵我国河曲一带，攻打我们的涑川，劫掠我们的官吏，夺取我们的马匹，又导致了河曲之战。秦国人无法向东通过晋国，正是因为康公断绝了同我们的友好关系。

"等到您即位之后，我们景公怀着殷切的希望说：'秦国总算要抚慰我国了吧！'不料，您也不肯施舍，也不打算与我国盟约，却利用我国与狄国作战之时，进攻我们黄河地区，焚烧我箕、郜两地，抢割我国的农作物，杀害我边疆的百姓，因此才有辅氏之战。您也为我们两国战祸蔓延而感到懊悔，希望向两国的献公、穆公求福，所以您派遣伯车传令给我们景公说：'我们和你们合好，抛弃前嫌，恢复昔日我们友好的关系，一起来追念先王的功业吧！'盟约还未达成，景公就去世了。我们厉公与您在令狐举行了盟誓。您又产生了不善之心，背弃了盟约。白狄和你们同处雍州，是君王的仇敌，却是我们的亲戚。您传令给我们说：'我要和你们一起进攻白狄！'我们国君不敢顾念我们与白狄之间的姻亲关系，又畏惧君王的威严，便遵从了您的命令。可是您又和白狄私好，对他们说：'晋国要来

❷ 悛（quān）：悔改。❸ 芟（shān）夷：毁坏。农功：农作物。❹ 虔刘：杀戮的意思。❺ 仇雠（chóu）：仇敌。

受命于使。君有二心于狄，曰：'晋将伐女。'狄应且憎，是用告我。楚人恶君之二三其德⑯也，亦来告我曰：'秦背令狐之盟，而来求盟于我，昭告昊天上帝、秦三公、楚三王曰："余虽与晋出入，余唯利是视。"不榖恶其无成德，是用宣之，以惩不一。诸侯备闻此言，斯是用痛心疾首，昵就⑰寡人。寡人帅以听命，唯好是求。君若惠顾诸侯，矜哀寡人，而赐之盟，则寡人之愿也。其承宁⑱诸侯以退，岂敢徼乱？君若不施大惠，寡人不佞，其不能以诸侯退矣。敢尽布之执事，俾执事实图利之。"

注释

⑯ 二三其德：主意不定，反复无常。

⑰ 昵就：亲近。

⑱ 承宁：宁静，平息。

攻打你们了。'白狄口头上对你们示好，心里却憎恶你们的做法，所以他们将这些告诉了我们。楚国人讨厌您这种反复无常的行为，也派人来告诉我们说：'秦国背叛令狐之盟，来与我们结盟，他们向着昊天上帝、秦国的三位先公和楚国的三位先王宣誓说：'我们虽然同晋国有往来，但纯粹是为了利益。'我国主厌恶秦国这种心无诚意的做法，所以公开了此事，以惩罚你们反复无常的行为。诸侯听到这番话，感到心痛不已，因此更加亲近我国主。如今我国主率领诸侯一起听从您的命令，只是希望与您真正和好。您如果愿意照顾各诸侯，并且怜悯我们，赐我们缔结盟誓，这是我们的心愿，这样我们也好去安抚其他诸侯，让他们撤兵，如此他们怎敢自求战乱呢？您如果不愿意施恩于我们，我们国君也没有什么才能，怕是无法劝诸侯们撤兵。这些话我全都跟您讲了，请您仔细地考虑其中的利害关系吧！"

驹支不屈于晋

—《左传》—

背景介绍

时　　间：公元前 559 年

人　　物：范宣子（晋国执政大臣）、戎子驹支（姜戎族首领）

事件起因：范宣子仗着晋国强大，仗着自己的先君曾有恩于姜戎，对驹支气势汹汹，把晋国霸主地位的动摇归咎于驹支。

简介

　　《左传》对一些谋臣说客辞令艺术的记录，极具艺术性，尤其是那些谋臣在外交中实话实说、以直取胜的史实令人叹为观止。这篇文章记录的就是戎子驹支以事实说话，驳倒范宣子责难的事。

会于向①。将执戎子驹支②。

范宣子亲数诸朝③，曰："来！姜戎氏！昔秦人迫逐乃祖吾离于瓜州④，乃祖吾离被苫盖、蒙荆棘⑤以来归我先君。我先君惠公有不腆⑥之田，与女剖分⑦而食之。今诸侯之事我寡君不如昔者，盖言语漏泄，则职女之由⑧。诘朝之事，尔无与焉。与，将执女。"

对曰："昔秦人负恃其众，贪于土地，逐我诸戎。惠公蠲⑨其大德，谓我诸戎是四岳之裔胄⑩也，毋是翦弃⑪。赐我南鄙⑫之田，狐狸所居，豺狼所嗥，我诸戎除翦其荆棘，驱其狐狸豺狼，以为先君不侵不叛之臣，至于今不贰。昔文公与秦伐郑，秦人窃与郑盟，而舍戍⑬焉，于是乎有殽之师⑭。晋御其上，戎亢⑮其下，

晋国和诸侯各国在向地集会。晋国打算拘捕戎子驹支。

晋国大夫范宣子亲自在朝堂上责备他，说："过来，姜戎氏！从前秦国人把你的祖父吾离从瓜州驱赶走。你的祖父吾离身披蓑衣、头戴草帽来归附我国先君。我国先君惠公拥有并不丰厚的田地，还和你们平分来养活你们。现在诸侯侍奉我国国君不如以前，是因为说话泄漏机密，应当是因为你造成的。明天早晨的诸侯会见，你不要参加了。如果参加，就把你抓起来。"

戎子驹支回答说："从前秦国人仗着他人们多，贪求土地，驱逐我们各部戎人。惠公显示了他的恩德，认为我们各部戎人都是四岳的后代，不能去除丢弃。赐给我们南部边境的田地，那里狐狸居住、豺狼嗥叫，我们各部戎人砍伐那里的荆棘，驱除那里的狐狸豺狼，作为不侵犯不背叛先君的臣下，直到如今忠诚不二。从前文公和秦国攻打郑国，秦国人私下和郑国结盟在那里安排了戍守的军队，因此就有了殽地的战役。当时晋国在前边抵御，戎人在后边进攻，秦国的军

① 会于向：指晋国召集诸侯在向商讨如何对付楚国一事。向，吴地名。在今安徽怀远。② 戎子驹支：姜戎族首领，名驹支。③ 范宣子：士匄，当时晋国的执政大臣。数：列举罪状，责备。朝：指盟会时设立的朝堂。④ 乃：你。瓜州：地名。在今甘肃敦煌。⑤ 被：同"披"。苫盖：草编的遮盖物。蓑衣。蒙：冒，戴着。荆棘：这里指用荆棘条编成的帽子。⑥ 腆：丰厚，多。⑦ 女：通"汝"，你。剖分：平分。⑧ 职：当。女之由：即"由女"，因为你。⑨ 蠲（juān）：显示。⑩ 四岳：传说为尧、舜时四方部落首领。裔胄：后代。⑪ 翦（jiǎn）弃：灭绝。⑫ 鄙：边疆。⑬ 舍戍（shù）：留下戍守的人。舍，安置。⑭ 殽（xiáo）之师：秦穆公趁晋文公去世，出兵伐郑，在殽地遭到晋人伏击，全军覆没，即殽之战。此战戎人出兵帮助晋国。⑮ 亢：同"抗"，抵挡。

秦师不复，我诸戎实然。譬如捕鹿，晋人角之，诸戎掎⑯之，与晋踣⑰之。戎何以不免？自是以来，晋之百役，与我诸戎相继于时，以从执政，犹殽志也，岂敢离逖⑱？今官之师旅无乃实有所阙，以携诸侯，而罪我诸戎。我诸戎饮食衣服不与华同，贽币⑲不通，言语不达，何恶之能为？不与于会，亦无瞢⑳焉。"赋《青蝇》而退。

宣子辞㉑焉，使即事于会，成恺悌㉒也。

队全军覆没，实在是我们各部戎人使他们这样的。这就如同捕鹿，晋国人抓住角，各部戎人拖住腿，和晋国人合力把它扑倒。戎人为什么还不能免于罪责？从那时以来，晋国的多次战役，我们各部戎人都及时紧跟而上，时时追随贵国执政，如同殽地战役的态度一样，哪里敢有违背？现在你们的执政者恐怕是有过失，因而使诸侯有了二心，反倒加罪于我们各部戎人。我们各部戎人饮食衣服和中原不同，礼仪使者不相往来，言语不通，能够做什么坏事呢？不参加会见，也没有什么可烦闷的。"赋了《青蝇》这首诗便退了下去。

范宣子表示歉意，让他参加会见的事务，也成全自己平易而不听谗言的美名。

⑯掎（jǐ）：拉住。⑰踣（bó）：跌倒。⑱离逖（dàng）：疏远，违背。⑲贽（zhì）币：见面时赠送的财物。⑳瞢（méng）：烦闷。㉑辞：道歉。㉒成恺悌：这里是不信谗言的意思。《诗经·小雅》中有"岂弟君子，无信谗言"之句，岂弟即恺悌，平易近人。

祁奚请免叔向

—《左传》—

背景介绍

时　　间：公元前 552 年

人　　物：叔向、祁奚、范宣子

事件起因：范宣子和栾氏是政敌，栾盈出
逃楚国。范宣子没有抓到栾盈，
就把栾氏余党羊舌虎杀了，还
囚禁了他的哥哥叔向。

简介

这篇文章主要介绍了祁奚为国家社稷而说服范宣子，救了叔向。

原文

栾盈出奔楚。宣子杀羊舌虎[1]，囚
叔向。

人谓叔向曰："子离[2]于罪，其为不
知乎？"叔向曰："与其死亡若何？《诗》
曰：'优哉游哉，聊以卒岁。'知也。"

乐王鲋见叔向，曰："吾为子请。"
叔向弗应，出，不拜。其人皆咎叔向。

译文

晋国大夫栾盈出逃到楚国。范
宣子杀了羊舌虎，囚禁了叔向。

有人对叔向说："你受这样的
罪，恐怕是由于自己不够明智吧？"
叔向说："跟那些死了的和逃跑的相
比又怎么样呢？《诗》说：'快乐无
忧地度过剩下的岁月！'这才是明
智啊。"

乐王鲋去见叔向说："我去为您
求情。"叔向没有回答，乐王鲋离开
时，叔向也没有拜谢他的好意。旁人

注释

[1] 羊舌虎：即叔虎，叔向之异母弟，与栾盈同党。 [2] 离：同"罹"，遭遇。

叔向曰："必祁大夫。"室老 ❸ 闻之，曰："乐王鲋言于君无不行，求赦吾子，吾子不许。祁大夫所不能也，而曰必由之，何也？"叔向曰："乐王鲋，从君者也，何能行？祁大夫外举不弃仇，内举不失亲，其独遗我乎？《诗》曰：'有觉德行，四国顺之。'夫子，觉者 ❹ 也。"

晋侯问叔向之罪于乐王鲋。对曰："不弃其亲，其有焉 ❺ 。"

于是祁奚老矣，闻之，乘驲 ❻ 而见宣子，曰："《诗》曰：'惠我无疆，子孙保之。'《书》曰：'圣有谟勋 ❼ ，明征定保。'夫谋而鲜过，惠训不倦者，叔向有焉，社稷之固也。犹将十世宥之，以劝能者。今壹不免其身，以弃社稷，不亦惑乎？鲧殛而禹兴，伊尹放大甲而相之，卒无怨色。管蔡为戮，周公右王。若之何其以虎也弃社稷？子为善，谁敢不勉，多杀何为？"宣子说，与之乘，以言诸公而免之。不见叔向而归，叔向亦不告免焉而朝。

都责备叔向，叔向说："只有祁大夫才能救我。"他的家臣之长听到这话就说："乐王鲋在君主面前说的话没有不被采纳的。他想去求君王赦免您，您却不答应。祁大夫得不到国君宠信，您却说必须他才能救你。这是为什么呢？"叔向说："乐王鲋是顺从君主的人，他求情怎么能行？而祁大夫举荐人才外不避仇，内不避亲，难道他会唯独丢弃我不管吗？《诗》说：'有正直德行之人，天下人都会顺从'。祁大夫就是这样的人啊！"

晋平公向乐王鲋询问叔向的罪责时，乐王鲋说："叔向这个人是不会抛弃亲人的。"

这时候，祁奚已经告老还乡了，听说这件事之后，便乘着驿站的马车来见范宣子，说："《诗》说：'祖先给予我们无穷的恩惠，子孙后代永远享用吧。'《尚书》说：'圣贤有谋略和功勋，应该对他的安定和保佑有明显的表示。'出谋划策而少有过失，给人许多教益而不知疲倦，只有叔向这样的人才能使国家得以稳固。即使他的十代子孙有过错都应该宽恕，以此勉励那些有能力的人。如今因为一件小事就惩治他，不顾国家前途，这难道不是糊涂吗？鲧被诛杀，而他的儿子禹却兴起；伊尹起初曾放逐太甲，后来又辅佐太甲为相，太甲终无怨色；管叔、蔡叔被杀，而他们的兄长周公却辅佐成王。我们怎么能因为羊舌虎的缘故抛弃整个国家呢？如果您与人为善，谁还敢不竭力，为何要多杀人呢？"范宣子听了这番话，很高兴，便同祁奚一起坐车去见晋平公，劝说晋平公赦免了叔向。祁奚也没有去见叔向就回家去了，叔向也没有向祁奚说自己脱罪，直接就去朝见晋平公。

❸ 室老：古时卿大夫家中有家臣，家臣之长称室老。❹ 觉者：正直的人。❺ 其有焉：叔向有不弃亲人的品质，亲人指羊舌虎。❻ 驲（rì）：古代驿站用车。❼ 谟勋（móxūn）：谋略和功勋。

子产告范宣子轻币

— 《左传》 —

背景介绍

时　　间：公元前 549 年

人　　物：子产、范宣子

事件起因：春秋时期，霸主国经常以各种名义向各诸侯小国征收贡品，给小国造成了沉重的负担。

简介

　　晋国为盟主，范宣子主持晋国政事。他对各诸侯国加重征收贡献晋国的财物。郑简公到晋国朝会，郑大夫子西陪同前往，子产让子西捎带书信，用来劝告范宣子。

范宣子为政，诸侯之币①重，郑人病②之。

二月，郑伯③如晋。子产④寓书于子西，以告宣子，曰："子为晋国，四邻诸侯，不闻令德而闻重币。侨⑤也惑之。侨闻君子长国家者，非无贿⑥之患，而无令名⑦之难，夫诸侯之贿聚于公室⑧，则诸侯贰，若吾子赖⑨之，则晋国贰。诸侯贰则晋国坏，晋国贰则子之家坏。何没没⑩也？将焉用贿？夫令名，德之舆⑪也；德，国家之基也。有基无坏，无亦是务乎？有德则乐，乐则能久。诗云：'乐只⑫君子，邦家之基。'有令德也夫！'上帝临女，无贰尔心。'有令名也夫！恕思以明德，则令名载而行之，是以远至迩⑬安。毋宁使人谓子，子实生我，而谓'子浚⑭我以生'乎？象有齿以焚其身，贿也。"宣子说，乃轻币。

范宣子执政，诸侯缴纳的贡品很重，郑国人犯了愁。

二月，郑简公到晋国去。子产托子西带去一封信，告诉范宣子，说："您治理晋国，周围的诸侯没有听说您的美德，只听说您收很重的贡品，我感到困惑。我听说掌管国家和家室事务的君子，不是为没有财货担忧，而是为没有美名而担忧。诸侯的财货聚集在晋国国君的宗室，那么诸侯就会离心。如果您依赖这些财物，那么晋国人就会离心。诸侯离心，那么晋国就要受到损害了；晋国人离心，那么您的家室就会收到损害。为什么沉迷不悟呢？贪图得来的财物有什么用呢？好的名声是传播德行的车子；德行是国和家的基础。有基础就不至于衰败，您不也应当致力于这方面吗？有了德行就会快乐，快乐就能长久。《诗经》中说道：'快乐的君子，是国和家的基石。'这说的是有美德啊！《诗经》说：'上天注视着你，不要使你的心背离'，这说的是有美名啊！用宽恕的心来发扬德行，美名就会载着德行走向四方，因此远方的人闻风而至，近处的人也安下心来。宁可让人说，'您确实养活了我们'，还是宁可让人说'您榨取了我们来养活自己'呢？象有牙齿而毁灭了它自身，就是由于象牙贵重的原故。"范宣子看了很高兴，于是减轻了诸侯的贡品。

①币：这里指诸侯向盟主晋国进献的贡品。②病：忧虑。③郑伯：郑简公。④子产：即公孙侨，字子产。⑤侨：子产自称。⑥贿：财物。⑦令名：好的名声。⑧公室：指晋君。⑨赖：凭借。⑩没没：沉溺，贪恋。⑪舆：车子。⑫只：语助词，没有意义。⑬迩：近。⑭浚：榨取。

晏子不死君难

—《左传》—

背景介绍

时　　间：公元前 548 年

人　　物：晏婴，字仲，史称"晏子"，春秋时期齐国著名政治家、思想家、外交家

事件起因：齐庄公因为与崔杼之妻私通而被杀的事。

简介

本文记叙了晏子对待此事的态度：既不为君而死，也不因他而逃亡。在他看来，无论国君和臣子，都应为国家负责。如果国君失职，臣子就不必为他尽忠。这种态度被史家认为是符合礼仪的，在当时很有进步意义。

崔武子见棠姜而美之，遂取之。庄公通焉。崔子弑之。

晏子立于崔氏之门外。其人曰："死乎？"曰："独吾君也乎哉，吾死也？"曰："行乎？"曰："吾罪也乎哉？吾亡也？"曰："归乎？"曰："君死，安归？君民者，岂以陵❶民？社稷是主。臣君者，岂为其口实❷？社稷是养。故君为社稷死，则死之，为社稷亡，则亡之。若为己死，而为己亡，非其私昵，谁敢任之？且人有君❸而弑之，吾焉得死之？而焉得亡之？将庸何归？"门启而入，枕尸股而哭。兴，三踊❹而出。人谓崔子："必杀之！"崔子曰："民之望也，舍之得民。"

崔武子见到棠姜，觉得她很美，便娶了她。齐庄公和棠姜私通。崔武子就杀了齐庄公。

晏子站在崔武子家门外。他的随从说："你要去为国君殉难吗？"晏子说："是我一个人的国君吗，我为什么要去死？"随从说："那么你要逃走吗？"晏子说："是我的罪过吗，我为什么要逃走？"随从说："那么你要回去吗？"晏子说："国君已经死了，回哪儿去？作为百姓的君主，难道是让他以地位来凌驾于百姓之上的吗？本来是让他主持国政的。作为君主的臣子，难道是为了自己的俸禄？本来是让他扶持国家的。所以国君为了国家而死，那么臣下就跟着他去死；国君为了国家而逃亡，那么臣下就跟着他逃亡。如果国君是为自己而死，或为自己而逃亡，不是国君私下宠爱亲近的人，谁敢承担这个责任？况且别人受到国君的信任又杀了他，我怎能为国君而死？怎能为国君而逃亡？但是我又回到哪儿去呢？"门开了，晏子就进去，头枕在尸首的大腿上大声地哭。然后站起来，踩了三次脚才走出去。有人对崔武子说："一定要杀了他。"崔武子说："他是百姓所仰望的人，放了他能得到民心。"

❶ 陵：超越，凌驾。❷ 口实：口中的食物，指俸禄。❸ 人：指崔杼。有君：指受到君王的宠信。❹ 踊（yǒng）：跳，这里指因悲痛而跺脚。

季札观周乐

— 《左传》 —

背景介绍

时　　间：公元前 544 年
人　　物：吴国公子季札
事件起因：吴国公子季札奉命出使鲁国。

简介

　　季札为了替新任国君余祭谋求友好，奉命出使鲁国。到鲁国时，季札请求演示、观赏周王室的音乐歌舞。

原文

　　吴公子札来聘，请观于周乐。使工为之歌《周南》《召南》❶，曰："美哉！始基❷之矣，犹未也，然勤而不怨矣！"为之歌《邶》《鄘》《卫》❸，曰："美哉，渊乎！忧而不困者也。吾闻卫康叔、武公之德如是。是其《卫风》乎？"为之歌《王》，曰："美哉！思而不惧，其

译文

　　吴国的公子季札去访问鲁国，并请求观赏周王室风格的乐舞。鲁国派乐工为他演唱《周南》《召南》。季札听后赞叹道："好啊！周朝教化百姓的开端有了，虽然还没有明显成效，但已经反映出百姓勤劳而无怨恨的情绪。"为他演唱《邶风》《鄘风》《卫风》，季札说："好啊，音调深沉、忧郁，但不困惑！我听说卫国的康叔和武公的品德就是如此，这是卫国的乐歌吧？"为他演唱《王

注释

❶ 《周南》《召南》：采自周、召地方的诗。周、召是周公、召公的封地，在这里是《诗经》中国风部分的乐调名称。❷ 始基：有开端。❸ 《邶（bèi）》《鄘》《卫》：采自三地的诗。

周之东乎？"为之歌《郑》，曰："美哉！其细④已甚，民弗堪也。是其先亡乎？"为之歌《齐》，曰："美哉！泱泱⑤乎，大风也哉！表东海者，其大公乎？国未可量也。"

为之歌《豳》⑥，曰："美哉，荡乎！乐而不淫，其周公之东乎？"为之歌《秦》，曰："此之谓夏声⑦。夫能夏则大，大之至也，其周之旧乎？"为之歌《魏》，曰："美哉，沨沨⑧乎！大而婉，险而易行。以德辅此，则明主也！"为之歌《唐》，曰："思深哉！其有陶唐氏之遗民乎？不然，何忧之远也？非令德之后，谁能若是？"为之歌《陈》，曰："国无主，其能久乎？"自《郐》以下，无讥⑨焉。

为之歌《小雅》，曰："美哉！思而不贰，怨而不言，其周德之衰乎？犹有先王之遗民焉。"为之歌《大雅》，曰："广哉，熙熙⑩乎！曲而有直体，其文王之德乎？"

风》，季札说；"好啊！有所怀念但没有畏惧，这就是周室东迁以后的乐歌吧？"为他演唱《郑风》，季札说："好啊！只是太烦琐，恐怕百姓受不了这种政治呀，这是此国先灭亡的征兆吧？"为演唱《齐风》，季札说："好啊！声音宏大，反映出大国的气魄。不愧为东海诸侯的表率，这是太公的国家？它的前途是不可限量的。"

为他演唱《豳风》，季札说："好啊！声音多坦荡呀！欢乐而有节制，这是周公东征的乐歌吧？"为他演唱《秦风》，季札说："这是雅声，能够传承华夏正统，气势自然是非常宏大的，大到极致了！这是周室旧地的乐歌吧？"为他演唱《魏风》，季札说："好啊！轻灵飘逸，宏大而委婉，险峻而容易行走。如果有贤德的人辅佐，就一定会成为明君！"为他演唱《唐风》，季札说："思虑深远！这里有陶唐氏的遗民吧！不然的话，为何有如此深远的忧思呢？如果不是有德之人的后代，谁能如此？"为他演唱《陈风》，季札说："国家如果没有明君，还能够维持长久吗？"自演唱《郐风》以后，季札便不加评论了。

为他演唱《小雅》，季札说："好啊！忧思却无叛离之心，怨恨却不言明，这是周朝衰败时期的乐曲吧？不过还有先王的遗民存在。"为他演唱《大雅》，季札说："声音多宽广啊！多么和美啊！委婉曲折却又刚直，这不就是周文王的盛德吗！"

④ 细：乐曲烦琐细碎，象征着郑国政令过于烦琐。 ⑤ 泱泱：深广宏大的样子。 ⑥《豳（bīn）》：采自豳地的乐歌。 ⑦ 夏声：正声，雅声，华夏的声调。 ⑧ 沨沨（fēng）：指音节轻盈飘逸。 ⑨ 讥：评论。 ⑩ 熙熙：和美融洽的样子。

为之歌《颂》，曰："至矣哉！直而不倨，曲而不屈，迩而不逼，远而不携，迁而不淫，复而不厌，哀而不愁，乐而不荒，用而不匮，广而不宣，施而不费，取而不贪，处而不底，行而不流。五声⑪和，八风⑫平，节有度，守有序。盛德之所同也。"

见舞《象箾》⑬《南籥》者，曰："美哉，犹有憾。"见舞《大武》者，曰："美哉，周之盛也，其若此乎。"见舞《韶濩》者，曰："圣人之弘也。而犹有惭德，圣人之难也。"见舞《大夏》者，曰："美哉，勤而不德，非禹，其谁能修之？"见舞《韶箾》者，曰："德至矣哉！大矣如天之无不帱⑭也，如地之无不载也！虽甚盛德，其蔑⑮以加于此矣。观止矣。若有他乐，吾不敢请已。"

为他演唱《颂》，季札说："这是最高境界啊！正直但不倨傲，委婉但不屈从；亲近但不侵犯，疏远但不离心；变化却又有节制，反复但不使人厌倦；哀伤但不愁怨，快乐但不荒废；供人取用但不匮乏，广大但不张扬；施舍但不浪费，索取但不贪婪；静处但不停滞，行动但不放荡。五音相和，八风协调；节奏富有韵律，乐器配合有序。这样的乐曲，与圣贤之人的美德是相同的啊。"

看到表演《象箾》《南籥》舞时，季札说："好啊！但还有不足的地方。"看到表演《大武》舞时，季札说："好啊！周朝的盛世，大概就是这个样子吧！"看到表演《韶濩》舞时，季札说："体现出圣人的宏大气象，但是仍有不完善的地方，看来圣人要做到尽善尽美也不容易啊！"看到表演《大夏》舞时，季札说："好啊！为了百姓勤奋工作却又不自恃有功，不是禹还能有谁有这样的功德呢？"看到表演《韶箾》舞时，季札说："这是最美的德行！真伟大啊，如同苍天无不覆盖，如同大地无不承载！即使有再大的功德，恐怕也无法超越他了。我观赏的乐舞已经尽善尽美了！要是还有其他乐曲，我也不敢再请求观赏了。"

⑪五声：宫、商、角、徵、羽。⑫八风：金、石、丝、匏（páo）、竹、土、革、木。⑬《象箾》：是一种武舞的名称，此舞执竿而舞，像作战时击刺的动作。⑭帱（dào）：覆盖。⑮蔑：无、没有。

子产坏晋馆垣

— 《左传》 —

背景介绍

时　间：公元前 542 年
人　物：子产、晋平公
事件起因：郑国子产陪同郑简公到晋国朝聘，晋平公托故不见。晋国作为盟主，对郑国这个诸侯小·国态度轻慢，宾馆简陋狭窄，使郑国带去纳贡的礼物无法安置。

简介

　　春秋末年，郑国作为处于晋、楚两个大国之间的弱小国家，在夹缝中求生存，经常是夏朝晋而冬朝楚，处境十分艰难。但在子产任执政大臣之后，郑国在内政外交上取得了很大的成绩。本文便是子产在受到晋平公怠慢时的处置方式与对答辞令。

原文

　　子产相①郑伯以如晋，晋侯以我丧②故，未之见也。子产使尽坏其馆③之垣而纳车马焉。士文伯让④之，曰："敝邑以政刑之不修，寇盗充斥，无若诸侯之属⑤辱在寡君者何，是以令吏人完⑥客所馆，

译文

　　子产陪同郑简公到晋国去，晋平公因为鲁国有丧事的缘故，没有接见他们。子产派人把馆舍的围墙全都拆毁，把自己的车马放进去。晋国大夫士文伯责备子产说："我国由于政事和刑罚没有搞好，到处是盗贼，不知道该怎么对付辱临敝国的诸侯属官，

注释

① 相：辅助。② 我丧：指鲁襄公之丧。③ 馆：接待外宾的馆舍。④ 士文伯：晋国大夫士伯瑕，名匄（gài）。让：责备。⑤ 无若：即无奈。属：臣属。⑥ 完：修缮。

高其闬闳❼，厚其墙垣，以无忧客使。今吾子坏之，虽从者能戒，其若异客何？以敝邑之为盟主，缮完葺❽墙，以待宾客，若皆毁之，其何以共命❾？寡君使匄请命。"对曰："以敝邑褊小，介于大国，诛求无时❿，是以不敢宁居，悉索敝赋，以来会时事。逢执事之不闲，而未得见，又不获闻命，未知见时，不敢输币，亦不敢暴露。其输之，则君之府实⓫也，非荐陈之，不敢输也；其暴露之，则恐燥湿之不时而朽蠹，以重敝邑之罪。侨闻文公之为盟主也，宫室卑庳⓬，无观台榭，以崇大诸侯之馆，馆如公寝。库厩缮修，司空以时平易⓭道路，圬人以时塓⓮馆宫室；诸侯宾至，甸设庭燎，仆人巡宫；车马有所，宾从有代，巾车脂辖，隶人、牧、圉各瞻其事，百官之属各展其物。公不留宾，而亦无废事，忧乐同之，事则巡⓯之，教其不知，而恤其不足。宾至

因此派了官员修缮来宾住的馆舍，馆门造得很高，围墙修得很厚，使宾客使者不会感到担心。现在您拆毁了围墙，虽然您的随从能够戒备，但是别的宾客怎么住呢？由于敝国是诸侯的盟主，修建馆舍围墙，用来接待宾客。如果把围墙都拆了，怎么能满足宾客的要求呢？我们国君派我来寻问你们拆墙的理由。"子产回答说："敝国国土狭小，处在大国的中间，大国责求我们交纳贡物没有定时，所以我们不敢安居度日，只有搜寻敝国的全部财物，以便随时前来朝见贵国。碰上贵国执政者没有空，没能见到，又没有得到命令，不知道朝见的时间。我们不敢进献财物，又不敢把它们存放在露天。进献之后，那就成了贵国君王府库中的财物，但不经过进献的仪式，是不敢进献的。如果把礼物放在露天里，又怕日晒雨淋而腐烂生虫，加重敝国的罪过。我听说晋文公从前做盟主时，宫室低小，没有门阙和台榭，却把接待宾客的馆舍修得十分高大，馆舍像国君的寝宫一样。仓库和马棚修得很好，司空按时平整道路，工匠按时粉刷馆舍房间；诸侯的宾客来到，甸人点起庭院中的火把，仆人巡视客舍；存放车马也有地方，宾客的随从有代劳的人员，管理车辆

❼ 闬闳（hàn hóng）：馆舍的大门。 ❽ 缮完葺（qì）：修缮。 ❾ 共命：供应满足大家的需求。共，通"供"。 ❿ 诛求：责求。无时：没有定时。 ⓫ 府实：府库中的财产物品。 ⓬ 庳（bì）：矮小。 ⓭ 平易：修理，整修。 ⓮ 圬人：泥瓦匠人。塓（mì）：粉刷。 ⓯ 巡：安抚。

如归，无宁菑⑯患，不畏寇盗，而亦不患燥湿。今铜鞮⑰之宫数里，而诸侯舍于隶人，门不容车，而不可逾越；盗贼公行，而夭厉⑱不戒；宾见无时，命不可知，若又勿坏，是无所藏币以重罪也。敢请执事：将何所命之？虽君之有鲁丧，亦敝邑之忧也，若获荐币，修垣而行，君之惠也，敢惮勤劳！"文伯复命。赵文子⑲曰："信，我实不德，而以隶人之垣以赢⑳诸侯，是吾罪也。"使士文伯谢不敏焉。

晋侯见郑伯，有加礼，厚其宴好而归之。乃筑诸侯之馆。

叔向曰："辞之不可以已也如是夫！子产有辞，诸侯赖之，若之何其释辞也？《诗》曰：'辞之辑矣，民之协矣；辞之怿矣，民之莫矣。'其知之矣。"

注释

⑯无宁：非但没有。菑：同"灾"。⑰铜鞮：春秋时晋国地名，在今山西沁县境内，晋平公曾在此修筑了一座规模很大的宫室。⑱夭厉：指瘟疫。⑲赵文子：晋大夫赵武。⑳赢：受，接受，接待。

的官员给车轴加油，打扫房间的，伺养牲口的，各自照看自己份内的事，各部门的属官要检查招待宾客的物品。文公从不让宾客们多等，也没有被延误了的事；与宾客同忧共乐，出了事就即安抚查明，有不懂的地方就指教，有所求就加以接济。宾客来到这里就好像回到家里一样，哪里会有灾患啊；不怕有人抢劫偷盗，也不用担心干燥潮湿。现在晋侯的铜鞮宫方圆数里，却让诸侯宾客住在像奴仆住的房子里，车辆进不了大门，又不能翻墙而入；盗贼公然横行，瘟疫难防；接见宾客没有定时，召见命令也不知何时发布，如果还不拆毁围墙，就没有地方存放礼品，我们的罪过就要加重。斗胆请教您：您对我们有什么指示？虽然贵国遇上鲁国丧事，可这也是敝国的忧伤啊。如果能让我们早一些献上礼物，我们会把围墙修好了再走，这是贵君的恩惠，我们哪敢害怕辛劳？"士文伯回去报告了。赵文子说："的确是这样。我们实在不注重培养德行，用像奴仆住的房舍来接待诸侯，这是我们的过错啊。"于是，他派士文伯前去道歉，承认自己不明事理。

晋平公隆重地接见了郑简公，宴会和礼品也非常丰厚，然后让郑简公回国。晋国接着建造了接待诸侯国宾客的馆舍。

叔向说："辞令不能废弃就是这样的啊！子产善于辞令，诸侯依靠他的辞令得到了很多好处，为什么要放弃辞令呢？《诗·大雅·板》中说："'言语平和顺耳，百姓才能融洽；言语动听，百姓才能安宁。'子产能懂得这个道理啊。"

子产论尹何为邑

— 《左传》 —

背景介绍

时　间：公元前 542 年

人　物：子皮、子产

事件起因：郑国上卿子皮打算委任家臣尹何做自己封邑的长官，让他边干边学，成为有用的人才。子产对此提出不同意见，于是两人展开了对话。最终子皮听取了子产的意见。

简介

文章讲述了子产说服子皮不要任命年轻家臣治理封邑的事情。子产向子皮阐明了对没有管理经验的年轻人委以重任的危害，应该让年轻人尹何积累丰富的知识和经验后再去从政。

原文

子皮欲使尹何为邑❶。子产曰："少，未知可否。"子皮曰："愿❷，吾爱之，不吾叛也。使夫往而学焉，夫亦愈知治矣。"子产曰："不可。人之爱人，求利之也。今吾子爱人则以政，犹未能操

译文

子皮想让尹何治理他的封邑。子产说："尹何还年轻，不知他能否胜任。"子皮说："这个人谨慎老实，我喜爱他，他一定不会背叛我的。让他到那里学习一下，就会更加懂得治理政事的方法。"子产说："不行。一个人如果真正喜爱某人，那就应该让某人得到好处。现在您喜爱一个人，就想让他来管理政事，这就如同让一个还不会拿刀的人去割肉一样，多半会割伤自己。您的所谓爱人，只不过是伤害人家罢了，那么以后谁还

注释

❶ 子皮：郑卿公孙舍之子，名罕虎。为邑：治理封邑。❷ 愿：谨慎老实。

刀而使割也，其伤实多。子之爱人，伤之而已，其谁敢求爱于子？子于郑国，栋也。栋折榱❸崩，侨将厌❹焉，敢不尽言？子有美锦，不使人学制❺焉，大官、大邑，身之所庇也，而使学者制焉，其为美锦不亦多乎？侨闻学而后入政，未闻以政学者也。若果行此，必有所害。譬如田猎，射御贯❻，则能获禽❼，若未尝登车射御，则败绩❽厌覆是惧，何暇思获？"子皮曰："善哉！虎不敏。吾闻君子务知大者、远者，小人务知小者、近者。我，小人也。衣服附在吾身，我知而慎之，大官、大邑，所以庇身也，我远而慢之。微❾子之言，吾不知也。他日我曰：'子为郑国，我为吾家，以庇焉，其可也。'今而后知不足。自今请虽吾家，听子而行。"子产曰："人心之不同如其面焉，吾岂敢谓子面如吾面乎？抑心所谓危，亦以告也。"子皮以为忠，故委政焉，子产是以能为郑国。

❸榱：屋椽。❹厌：通"压"。❺制：裁剪。❻贯：熟习，熟练。❼禽：同"擒"。❽败绩：指车辆崩坏。❾微：无，没有。

敢求得您的喜爱呢？您在郑国如同房屋的栋梁，栋梁折断了，屋椽自然要崩塌，我也会被压在屋子底下，因此怎敢不把自己的全部想法说出来呢！譬如您有一块美丽的锦缎，您一定不肯让人用它来练习裁剪衣服。大官、大邑，都是身家性命的寄托，却让一个正在学习的人来操持。大官大邑与美丽的锦缎相比，不是更加贵重吗？我只听说过学好了然后才去管理政事，没听说用治理政事的方式来让他学习。如果真这么做，一定会受到危害。比方打猎吧，射箭、驾车这一套熟练了，才能擒拿住猎物；假若从来就没有登过车、射过箭和驾过车，总是为车辆崩坏发生事故而提心吊胆，那么，哪里还顾得上获取猎物呢？"子皮说："太好了！我这个人很笨。我听说过，君子总是努力使自己懂得那些重大的长远的事情，小人总是使自己懂得那些微小的眼前的事情。我是个小人啊！衣服穿在我身上，我知道加以爱惜的；大官、大邑，这是身家性命寄托，我却认为是遥远的事情而忽视它。假如没有您这番话，我是不会懂得这个道理的。从前我说过：'您治理郑国，我治理我的封地，在您的庇荫之下，还是可以把封地治理好的。'从现在起才知道，这样做还是不够的。从今以后我请您允许，在治理我的封地时，也要听您的意见行事。"子产说："人心的不同，就像人的面貌一样。我怎敢说您的面貌同我的一样呢？不过我心里认为危险的事情，还是要奉告的。"子皮认为子产非常忠实，所以就把郑国的政事委托给他。子产因此才能治理郑国。

子产却楚逆女以兵

— 《左传》 —

背景介绍

时　　间：公元前 541 年

人　　物：子产、子羽、公子围

事件起因：楚国假借在郑国娶亲时偷袭郑国，结果被郑国子产瓦解了阴谋。

简介

郑国与楚国交界，是中原诸侯的屏障。占有了郑国，楚国就有了对外扩张的跳板。楚公子围抱着不可告人的目的，借到郑国聘问、迎亲的机会，想要袭击郑国国都。这一阴谋被郑国识破，子产派使者子羽前去与楚国人交涉，子产一边做军事准备，一边与楚国进行外交斗争，终于使郑国化险为夷，取得了胜利。

楚公子围聘❶于郑，且娶于公孙段氏。伍举为介❷。将入馆，郑人恶之，使行人子羽与之言，乃馆于外。

既聘，将以众逆❸。子产患之，使子羽辞曰："以敝邑褊小，不足以容从者，请墠❹听命。"令尹使太宰伯州犁对曰："君辱贶❺寡大夫围，谓围：'将使丰氏抚有而室❻。'围布几筵，告于庄、共之庙而来。若野赐之❼，是委君贶于草莽也！是寡大夫不得列于诸卿也！不宁唯是，又使围蒙其先君，将不得为寡君老，其蔑以复矣。唯大夫图之！"子羽曰："小国无罪，恃❽实其罪。将恃大国之安靖己，而无乃包藏祸心以图之。小国失恃而惩诸侯，使莫不憾者，距❾违君命，而有所壅塞不行是惧！不然，敝邑，馆人之属也，其敢爱丰氏之祧？"

伍举知其有备也，请垂櫜❿而入。许之。

楚国公子围到郑国访问，同时迎娶公孙段的女儿为妻。伍举担任副使。他们正准备进入城内馆舍，郑国人怀疑他们有诈，派行人子羽同他们交涉，于是就让他们住在城外的馆舍。

访问结束以后，公子围准备带领众多的人前去迎亲。子产担心这件事，派子羽推辞说："由于敝国地方狭窄，容纳不下随从的人，请容许我们在城外修整祭祀的场地，并且听从您的命令！"公子围派太宰伯州犁回答说："蒙贵国君主赏赐敝国大夫公子围，告诉围说：'将让丰氏做你的妻室。'公子围摆设了祭筵，在庄王、共王的宗庙祭告后才来。如果在城外办婚礼，这是将君主的赏赐抛在了草丛里！这就使敝国大夫不能置身于卿大夫们的行列了！不仅是这样，又使围欺骗自己的先君，将不能再做敝国国君的大臣，恐怕也无法向敝国国君复命了。希望大夫考虑这件事！"子羽说："小国没有罪，依靠大国才真正是它的罪过，本来打算依靠大国安定自己，又害怕有人包藏祸心来谋害自己。敝国唯恐小国失去依靠，致使诸侯心怀戒备，使他们莫不怨恨大国，抗拒大国君主的命令，从而使大国的命令受到阻碍，无法施行。要不是这个原因，敝邑就像大国的宾馆一样，怎么敢爱惜丰氏的祖庙？"

伍举知道郑国有了防备，就请求让迎亲队伍垂下箭囊入城。郑国同意了。

❶ 公子围：楚令尹，后为王，即灵王。聘：访问。❷ 介：副使。❸ 逆：此指迎亲。❹ 墠（shàn）：郊外祭祀的场地。❺ 贶（kuàng）：赠送，赏赐。❻ 抚有而室：就是做妻室。而，同"尔"，你。❼ 若野赐之：意谓在城外举行婚礼。❽ 恃：指依靠大国而自己无防备。❾ 距：同"拒"，拒绝及违抗。❿ 櫜（gāo）：古代盛放衣甲或弓箭的袋子。

子革对灵王

— 《左传》 —

背景介绍

时　　间：公元前 530 年

人　　物：楚灵王、子革（郑国郑穆公之孙）

事件起因：楚灵王野心勃勃，贪得无厌，子革却顺着他，三问三答，都随声附和，其实他是欲擒先纵，选择一个适当时机，用周穆王的故事，击中楚灵王要害，使他内心震动，坐卧不安。最终楚灵王羞愧难当。

简介

　　贪婪的楚灵王即位后，与吴国多次交战，先后灭了陈、蔡两个诸侯国，又修筑了东西不羹两座大城用来威慑中原，终于在会盟中压倒晋国，重新成为霸主。重成霸主的他欲望大涨，从郑国逃难到楚国的子革利用巧妙的语言暗讽灵王的贪婪行为。

楚子狩①于州来，次②于颍尾，使荡侯、潘子、司马督、嚣尹午、陵尹喜帅师围徐以惧吴。楚子次于乾溪，以为之援。雨雪③，王皮冠，秦复陶④，翠被，豹舄⑤，执鞭以出。仆析父从。

右尹子革夕⑥。王见之，去冠、被，舍鞭，与之语，曰："昔我先王熊绎与吕伋、王孙牟、燮父、禽父并事康王，四国皆有分，我独无有。今吾使人于周，求鼎以为分，王其与我乎？"对曰："与君王哉！昔我先王熊绎辟在荆山，筚路蓝缕⑦以处草莽，跋涉山林以事天子，唯是桃弧、棘矢以共御王事。齐，王舅也，晋及鲁、卫，王母弟也。楚是以无分，而彼皆有。今周与四国服事君王，将唯命是从，岂其爱⑧鼎？"王曰："昔我皇祖伯父昆吾⑨，旧许是宅。今郑人贪赖⑩其田，而不我与。我若求之，其与我乎？"对曰："与君王哉！周不爱鼎，郑

楚灵王到州来冬猎阅兵，驻扎在颍尾，派荡侯、潘子、司马督、嚣尹午、陵尹喜率领军队包围徐国以恐吓吴国。楚王驻扎在乾溪，作为他们的后援。下雪了，楚王戴皮帽，穿秦国羽衣，翠鸟羽毛的披肩，豹皮鞋，握鞭而出。仆析父跟随着。

子革傍晚进见，楚王会见他，脱去帽子、披风，丢掉鞭子，和他谈话，说："从前我们先王熊绎与齐国的吕伋、卫国的王孙牟、晋国的燮父、鲁国的伯禽同时事奉周康王，四国都有分赐的宝器，唯独我国没有。现在我派人到周室，要求将九鼎作为分赐给我国的宝器，周王会给我吗？"子革回答说："会给君王啊！从前我们先王熊绎在偏僻的荆山地方，柴车破衣，居于草野，跋涉山林，侍奉天子，只有这桃木做的弓、枣木做的箭来供奉王室大事之用。齐国是周王的舅父；晋及鲁、卫是周王的同母兄弟。楚国因此没有分赐到宝器，而他们都有。现在周室与上述四国都服侍君王，将会唯命是从，怎么会吝惜九鼎？"楚王说："从前我们的远祖伯父昆吾，住在许国旧地。现在郑国人贪图那里的田地有利，而不给我们。我们如果向他们要求，会给我们吗？"子革回答说："会给君王啊！周室不吝惜九鼎，郑国岂敢吝惜

❶楚子：楚灵王。狩：冬猎。❷次：驻扎。❸雨（yù）雪：下雪。❹秦复陶：秦国所赠的羽衣，可防雨雪。❺豹舄（bàoxì）：豹皮做的鞋子。❻右尹：职官名。夕：傍晚进见。❼筚（bì）路蓝缕：比喻开创艰难。筚路，柴车，荆竹所制。蓝缕，衣服破烂。❽爱：吝惜，舍不得。❾皇祖伯父昆吾：楚国远祖季连之兄名昆吾，因有伯父之称。❿贪赖：贪利。

敢爱田？"王曰："昔诸侯远我而畏晋，今我大城陈、蔡、不羹，赋皆千乘，子与有劳焉，诸侯其畏我乎？"对曰："畏君王哉！是四国⑪者，专⑫足畏也。又加之以楚，敢不畏君王哉？"

工尹路请曰："君王命剥⑬圭以为鏚柲，敢请命。"王入视之。

析父谓子革："吾子，楚国之望也。今与王言如响，国其若之何？"子革曰："摩厉⑭以须，王出，吾刃将斩矣。"

王出，复语。左史倚相趋过，王曰："是良史也，子善视之！是能读三坟、五典、八索、九丘。"对曰："臣尝问焉，昔穆王欲肆其心⑮，周行天下，将皆必有车辙马迹焉。祭公谋父作《祈招》之诗以止王心，王是以获没于祇宫。臣问其诗，而不知也，若问远焉，其焉能知之？"王曰："子能乎？"对曰："能。其诗曰：'祈招之愔愔⑯，式昭德音。思

田地？"楚王说："从前诸侯疏远我国而畏服晋国，现在我们大力修筑陈、蔡、东西不羹四个城邑，兵赋都达到兵车一千辆，你参与其事是有功劳的，诸侯会畏服我们吗？"子革回答说："会畏服君王啊！仅仅这四大城邑，已足以使人畏服了，再加上楚国，怎么会不畏服君王！"

这时工尹路请示说："君王命令破开圭玉来装饰斧柄，冒昧请君王指示。"楚灵王进去察看。

析父对子革说："您是楚国有声望的人，现在和君王说话好像回声一样应和，国家怎么办？"子革说："我磨砺刀刃以待时机，君王出来，我的刀刃就将砍下去了。"

楚王出来，又接着谈话。左史倚相从面前小步快速走过，楚王说："这个人是好史官，你要好好待他。这个人能读三坟、五典、八索、九丘这样的古书。"子革回答说："下臣曾经问过他，从前周穆王想要随心所欲，走遍天下，要使天下都留有他的车辙马迹。祭公谋父作了《祈招》篇来制止穆王的贪心。穆王因此能在祇宫寿终正寝。下臣问他《祈招》诗句，他却不知道。如果问年代久远的事，他怎能知道？"楚王说："你能吗？"子革回答说："能。那首诗说：'祈招安详和平，表现了美德的声音。想起

⑪ 国：此指大都大邑。⑫ 专：唯独，仅仅。⑬ 剥：割，裂，破开。⑭ 摩厉：即"磨砺"，在磨刀石上磨刀。⑮ 穆王：周穆王。肆：不受拘束，放纵。⑯ 愔愔（yīn）：安详和平。

我王度，式如玉，式如金。形民之力^❶，而无醉饱之心。'"

王揖而入，馈^❶不食，寝不寐，数日。不能自克，以及于难^❶。

仲尼曰："古也有志^❷：'克己复礼，仁也。'信^❷善哉！楚灵王若能如是，岂其辱于乾溪？"

我们君王的气度，似玉，似金。量度百姓的力量，而没有像醉饱一样的贪心。"

楚王作了一揖就进去了，有好几天，不进餐，躺下睡不着，还是不能自己克制，以致遇到祸难。

孔子说："古时有记载说：'克制自己，回到礼仪上来，这就是仁。'确实是这样啊！楚灵王如果能像这样，岂会在乾溪受辱？"

注释

⓱ 形民之力：指量度百姓的能力。形，通"型"。⓲ 馈：进餐。⓳ 以及于难：指翌年楚灵王为公子比所逼迫，自缢而死。⓴ 志：记载。㉑ 信：确实。

子产论政宽猛

— 《左传》—

背景介绍

时　　间：公元前 522 年

人　　物：子产、子太叔、孔子

事件起因：郑国的子产病了，他有点不放心，将自己多年总结下来的"宽猛相济"的政治
　　　　　经验传授给太叔，想让他继续施行。

简介

　　这篇文章围绕着"宽猛相济"这一主张进行讲解。子产首先提出这一主张，太叔实施这一主张，而孔子对这一主张很是赞赏。

郑子产有疾①，谓子大叔②曰："我死，子必为政。唯有德者能以宽服民，其次莫如猛。夫火烈，民望而畏之，故鲜③死焉；水懦弱，民狎而玩④之，则多死焉，故宽难。"疾数月而卒。

大叔为政，不忍猛而宽。郑国多盗，取人于萑苻之泽⑤。大叔悔之，曰："吾早从夫子，不及此。"兴徒兵⑥以攻萑苻之盗，尽杀之，盗少止。

仲尼曰："善哉！政宽则民慢⑦，慢则纠之以猛，猛则民残⑧，残则施之以宽。宽以济⑨猛，猛以济宽，政是以和。《诗》曰：'民亦劳止，汔可小康。惠此中国，以绥四方⑩。'施之以宽也。'毋从诡随，以谨无良。式遏寇虐，惨不畏明⑪。'纠之以猛也。'柔远能迩，以定

郑国的子产病了。他对子太叔说："我死以后，您必然执政。只有道德高尚的人才能用宽大的政策来使百姓服从，其次就没有比刚猛更合适的了。火猛烈，百姓看着害怕，所以很少有人死于火；水软弱，百姓轻慢而和它嬉戏，所以很多人就死在水里，所以宽大的政策难以实施。"病了几个月以后子产死了。

太叔执政，不忍心严厉而实行宽大政策。结果郑国盗贼很多，聚集在萑苻泽里。太叔后悔了，说："我早点听从夫子的话，就不会到这一步的。"发动步兵攻打萑苻泽的盗贼，把他们全部杀掉，盗贼的攻击才稍微被遏止。

孔子说："好啊！政策宽大百姓就怠慢，怠慢就要用刚猛的措施来纠正，刚猛就会使百姓受到伤害，受到伤害就再实施宽大的政策。用宽大调剂刚猛，用刚猛调剂宽大，政事因此而和谐。《诗经》中说：'百姓已经很辛劳了，可以让他们稍稍安康；赐恩给城中百姓，用以安抚四方。'这是实施宽大。'不要放纵假装附和的

①疾：病。②子大叔：游吉。郑简公、郑定公时为卿，后继子产执政。③鲜：少。④狎（xiá）：轻慢。玩：忽略。⑤取：通"聚"，聚集。萑苻（huánfú）之泽：泽名。因葭苇丛生而便于藏身。⑥徒兵：步兵。⑦慢：怠慢。⑧残：伤害。⑨济：弥补，引申为调节。⑩"民亦劳止"以下四句：出自《诗经·大雅·民劳》。汔，其。⑪"毋从诡随"以下四句：欺诈叫诡，善变叫随。从，放纵。谨，约束。无良，即无良之人，恶人。式，应该。惨，曾，从来。明，明文规定的法律。

我王⑫。'平之以和也。又曰：'不竞不絿，不刚不柔，布政优优，百禄是遒⑬。'和之至也。"及子产卒，仲尼闻之，出涕曰："古之遗爱也。"

⑫ 柔远能迩，以定我王：安抚远方，善待近处，以使我王安定。柔，安抚。能，亲善。⑬ "不竞不絿"以下四句：出自《诗经·商颂·长发》。絿，急。优优，温和宽厚的样子。遒，聚集。

人，以防范不良之徒。应当制止侵夺残暴，暴徒们从来不怕法度。'这是用刚猛来纠正违法行为。'平等地对待远方，温柔地对待近处，以使我王安定。'这是用和谐来使国家平静。又说：'不争斗不急躁，不刚猛不柔弱，施政从容不迫，所有的福祉汇集过来。'这是和谐的最高境界。"等到子产死去，孔子听到消息，流着眼泪说："他具有古人仁爱的遗风啊。"

吴许越成

— 《左传》 —

背景介绍

时　　间：公元前 494 年

人　　物：吴王夫差、伍员

事件起因：吴王夫差击败越国，越王勾践派大夫文
种向夫差求和，夫差想要答应，但遭到
了大夫伍子胥的反对。

简介

　　文章的中心是突出伍子胥的忠谏。伍子胥指出，越国一旦休养生息，强大后就会对吴国造成很大的威胁。他劝谏夫差斩草除根，但夫差不听从伍子胥的忠告，同意越国求和，最终导致了吴国的灭亡。

原文

　　吴王夫差败越于夫椒，报槜李[1]也。遂入越。越子以甲楯五千保于会稽，使大夫种因吴太宰嚭以行成[2]。吴子将许之。

译文

　　吴王夫差率兵在夫椒打败了越军，为在槜李之战中丧命的父亲报了仇。随后，吴军趁势攻入越国。越王勾践率领五千披甲执盾的兵士守住会稽，并派大夫文种通过吴国的太宰嚭向吴王求和。吴王想要答应文种的求和。

注释

[1] 槜（zuì）李：在今浙江嘉兴市。公元前 496 年，吴王阖庐带兵攻打越国，在槜李被越军打败，阖庐受伤身亡。 [2] 嚭（pǐ）：春秋末吴王夫差的宠臣，楚大夫伯州犁之孙，奔吴为太宰。行成，议和的意思。

伍员曰："不可。臣闻之：'树德莫如滋，去疾莫如尽。'昔有过浇杀斟灌以伐斟郭，灭夏后相。后缗方娠[3]，逃出自窦，归于有仍，生少康焉，为仍牧正。惎浇能戒之[4]。浇使椒求之，逃奔有虞，为之庖正，以除其害。虞思于是妻之以二姚[5]，而邑诸纶，有田一成，有众一旅。能布其德，而兆其谋，以收夏众，抚其官职；使女艾谍浇，使季杼诱豷，遂灭过、戈，复禹之绩。祀夏配天，不失旧物。今吴不如过，而越大于少康，或将丰之，不亦难乎？勾践能亲而务施，施不失人，亲不弃劳，与我同壤而世为仇雠。于是乎克而弗取，将又存之，违天而长寇雠，后虽悔之，不可食[6]已。姬之衰也，日可俟[7]也。介在蛮夷，而长寇雠，以是求伯，必不行矣。"

弗听。退而告人曰："越十年生聚，而十年教训，二十年之外，吴其为沼乎！"

[3] 后缗（mín）方娠：后缗，夏后相之妻，有仍氏之女。方娠，正怀孕。[4] 惎（jì）：憎恨，怨毒。戒：戒备。[5] 二姚：虞思的两个女儿。有虞氏是舜的后代，姓姚。[6] 不可食：无法后悔，不能挽救。食，吃下，引申为消除。[7] 俟（sì）：等待。

伍员说："不行！臣听说：'树立品德莫如枝繁叶茂，扫除祸害必须干净彻底'。古时过国的浇，杀死斟灌又攻打斟郭，最后灭了夏王相。而相的妻子缗当时正身怀有孕，她从城墙的小洞里逃走，回到有仍，生下了少康。少康长大后做了有仍的牧正，他对浇痛恨至极，并时刻提防他。浇派臣子椒四处搜寻少康的下落，少康便逃奔到虞国，在那里做了庖正，这才躲避了杀身之祸。后来虞思又把两个女儿嫁给他，还把纶邑封给他，土地方圆十里，有百姓五百人。他布施德政，开始着手准备复国的谋划，召集夏朝人民的余部，安抚他们，并给他们官做。同时他派女艾去浇那里做间谍，派季杼去引诱浇的弟弟豷，于是灭掉了过国和戈国，复兴了夏禹的功业。重新祭祀夏的祖先以配享天帝，保持了夏朝当年的典章制度。现在的吴国比不上过国，而越王勾践却强于少康，上天如果让越国强盛起来，岂不成了吴国的重大威胁了吗？勾践这个人能够亲近百姓，且善施恩惠。他施恩惠不遗漏任何一个人，亲近下属不遗弃下属每一份劳苦。越国与我国土地相连而且世代有仇。这个时候我们战胜了他，不但不加以消灭，反而打算保全他，这真是违背天意而助长敌寇，以后即使后悔也来不及了！姬姓的衰亡指日可待呀。我国处在蛮夷之间，却又让仇敌恣意强大，用这样的方式谋霸业，显然是行不通的啊！"

吴王不听。伍员退下了，告诉别人说："越国用十年时间聚集财富，再用十年时间教化百姓、训练军队，二十年后，吴国的宫殿恐怕要变成池沼了！"

祭公谏征犬戎

— 《国语》 —

背景介绍

时　　间：公元前 964 年

人　　物：祭（Zhài）公谋父（fǔ）、周穆王

事件起因：周穆王穷兵黩武，多次劳师远征，攻打犬戎。

简介

《国语》是我国最早的一部国别体史书。本文讲述周穆王穷兵黩武，大臣祭公谋父不满穆王的这种做法，极力劝谏，但穆王不听，最终自取其辱。

原文

穆王将征犬戎❶，祭公谋父谏曰："不可！先王耀德不观兵。夫兵戢而时动❷，动则威。观则玩，玩则无震。是故周文公之《颂》曰：'载戢干戈，载櫜弓矢。我求懿德，肆于时夏。允王保之。'先王之于民也，茂正其德而厚❸其性，阜其财求，而利其器用，明利害之乡，以文

译文

周穆王想要征伐犬戎，祭公谋父劝阻说："不行！先王历来弘扬道德而不炫耀武力。军队在平时要养精蓄锐，只有必要的时候才动用，一旦动用就要显示出强大的威力。如果只是为了炫耀武力，就会导致被轻视，而被轻视就会使军队丧失震慑作用。所以周文公所作的《颂》中说：'收好戈与盾，藏好弓与箭，我王讲求美德，望其传遍华夏。相信我王能永远保持这种美德。'先王对于百姓，总是鼓励他们

注释

❶ 犬戎：古代戎族的一支，犬是其族图腾。❷ 戢（jí）：收藏，聚集。❸ 茂：意思是指导子民讲求美德。厚：使其敦厚。

修之，使务利而避害，怀德而畏威。故能保世以滋大。

"昔我先世后稷❹，以服事虞、夏。及夏之衰也，弃稷弗务。我先王不窋用失其官，而自窜于戎、翟之间。不敢怠业，时序其德，纂修其绪❺，修其训典；朝夕恪勤，守以惇笃，奉以忠信；奕世载德，不忝❻前人。至于武王，昭前之光明，而加之以慈和，事神保民，莫不欣喜。商王帝辛，大恶于民，庶民弗忍，欣戴武王，以致戎于商牧。是先王非务武❼也，勤恤民隐而除其害也。

"夫先王之制：邦内甸服，邦外侯服，侯卫宾服，夷蛮要服，戎翟荒服。甸服者祭，侯服者祀，宾服者享，要服者贡，荒服者王。日祭、月祀、时享、岁贡、终王，先王之训也。有不祭则修意，有不祀则修言，有不享则修文，有不贡则修名，有不王则修❽德，序成而有

❹ 后稷：专管农事的官员。周的第一代祖先姬弃为后稷之职，下文不窋（zhú）是后稷姬弃的儿子。❺ 纂（zuǎn）修其绪：纂，同"缵"，继承，承续。绪，指世代相承的事业。❻ 不忝（tiǎn）：不辱没。❼ 务武：崇尚、从事武力。❽ 不王：不臣服。修：检查。

端正德行，修心养性，满足他们丰富的物质需求，使他们有称心的器物用具，对他们讲明利害所在，同时对他们以礼乐加以教养，务必使他们从事有利的事情而避免有害的事情，并且心怀仁德、畏惧天威。正因如此，先王的基业才能世代相承，并且日渐壮大。

"从前我们先王相继担任后稷之职，尽心尽力服侍虞、夏两朝。到夏朝衰落之后，便丢弃了这个职位，不再致力于农业生产。我们先王不窋在丢弃了职位后逃奔到戎、狄一带。他不敢懈怠旧业，时时宣扬先祖的美德，继续完成先祖的大业，认真学习祖先的训令和典章；一天到晚都谨慎勤劳，无一时不敦厚、不忠信，用纯朴笃实的态度加以保持，用忠诚信实的态度加以奉行，世世代代继承祖先的功德，不曾玷污先人。武王即位以后，继续以仁慈、和善的心将先人美德发扬光大，又加以仁慈平和，侍奉神灵，保佑人民，人神无不为此欣喜。而那时的商纣王暴虐成性，百姓无法继续忍受，甘愿拥戴武王，也因此导致了商郊牧野之战。但这并不是武王崇尚武力，而是体恤民众疾苦，为民除害啊。

"先王的制度是：王畿以内五百里的地方称甸服，王畿以外五百里的地方称侯服，侯服以外至卫服以内的地方称宾服，宾服以外的蛮、夷地方称要服，要服以外的戎、狄地方称荒服。甸服之地要供天子日祭所需，侯服之地要供天子月祀所需，宾服要供天子四季所需要的，要服要供天子岁贡，荒服要在天子即位当天朝贡一次。这日祭、月祀、时享、岁贡以及终王的规矩是先王留下的训导。如果有不供日祭的，天子就检查自己内心

不至则修刑。于是乎有刑不祭，伐不祀，征不享，让不贡，告不王。于是乎有刑罚之辟❾，有攻伐之兵，有征讨之备，有威让之令，有文告之辞。布令陈辞而又不至，则又增修于德，无勤民于远。是以近无不听，远无不服。

"今自大毕、伯仕之终也，犬戎氏以其职来王，天子曰：'予必以不享征之，且观之兵。'其无乃废先王之训，而王几顿❿乎？吾闻夫犬戎树惇⓫能帅旧德，而守终纯固⓬，其有以御我矣！"

王不听，遂征之，得四白狼、四白鹿以归。自是荒服者不至。

❾辟：法律，法令。❿几顿：几，差不多。顿，败坏的意思。⓫树惇（dūn）：树立敦厚的德行。⓬守终纯固：守终，坚守终生入朝一次。纯固，专一。

是否有不足之处；有不供月祭的，就检查自己的言论是否有不当的地方；有不按季献祭品的，就检查自己的法令是否有不合适的地方；有不进岁贡的，就检查那些尊卑名号是否有不妥的地方；有不朝见的，就检查自己的德行。如果一一都做到了，还有不遵守礼制的，就修治自己的刑法。于是，就刑罚不供日祭之人，讨伐不供月祀的人，征伐不按季献祭品的人，谴责不纳岁贡的人，警告不朝见的人。所以，也就有了刑罚的制度，有了征讨的军队，有了攻打的武力，有了谴责的命令，有了警告的文辞。如果宣布法令、昭告文辞之后，还有不遵守礼制的，天子就应该再修治自己的德行，而绝不能轻易劳民远征。这样，近处的诸侯没有不听从的，远方的诸侯也没有不服从的。

"自从大毕、伯仕两位首领去世以后，犬戎的君王一直依照先王礼制以荒服的规定来朝见天子，您却说：'我一定要用不享的罪名去征讨犬戎，用来展现军队的神威。'这难道不是违背先王的遗训，使保持王业的制度也遭到破坏吗？我听说犬戎的首领树立敦厚的德行，遵循先人的美德，保持朝拜的礼节。这样一来，他们在道义上已经能抵抗我们了。"

周穆王不听祭公谋父的劝谏，依然领兵前去讨伐犬戎，结果只得到四匹白狼、四只白鹿回来。从此以后，那些荒服的诸侯就不再来朝见天子了。

召公谏厉王止谤
—《国语》—

背景介绍

时　　间：公元前 842 年

人　　物：周厉王、召（Shào）公

事件起因：周厉王是我国历史上有名的暴君，他的暴政引起了国人的强烈不满，百姓纷纷指责他。

简介

　　本文记载了周厉王被逐的过程。周厉王暴虐成性，面对百姓的口出怨言，他不但不悔改，反而变本加厉，以刑杀来压制百姓对他的指责。召公清醒地看到了潜在的危险，便规劝周厉王不要壅民之口，而应"宣之使言"，但周厉王不听，最终被国人从国君的宝座上拉下来，流放到了外地。

原文

　　厉王虐，国❶人谤王。召公告曰："民不堪命❷矣！"王怒，得卫巫❸，使监谤者，以告，则杀之。国人莫敢言，道路以目。

注释

❶ 国：指周王室直接管辖的区域。　❷ 不堪命：是说国人受不了厉王的暴虐了。　❸ 巫：古时以降神事鬼为职业的人。

译文

　　周厉王暴虐，国内的百姓纷纷指责他。召公告诉厉王说："百姓已经忍受不了您的暴政啦！"厉王恼羞成怒，于是找来一个卫国巫师，叫他去监视那些口出怨言的人。只要被巫师报告的人，厉王便将他们杀掉。从此，国内的百姓不敢再说话，在路上相遇时也只能互递眼神。厉王为此感到高兴，便告诉召公说："我能制止百姓对我的指责了，他们都不敢口出怨言了。"

王喜，告召公曰："吾能弭谤矣，乃不敢言。"召公曰："是障之也。防民之口，甚于防川。川壅而溃，伤人必多，民亦如之。是故为川者决之使导，为民者宣④之使言。故天子听政，使公卿至于列士献诗，瞽献典⑤，史献书，师箴，瞍⑥赋，矇⑦诵，百工谏，庶人传语，近臣尽规，亲戚补察。瞽、史教诲，耆、艾⑧修之，而后王斟酌焉，是以事行而不悖。民之有口也，犹土之有山川也，财用于是乎出，犹其有原隰衍沃⑨也，衣食于是乎生。口之宣言也，善败于是乎兴。行善而备败，所以阜⑩财用、衣食者也。夫民虑之于心而宣之于口，成而行⑪之，胡可壅也？若壅其口，其与能几何？"

王弗听，于是国人莫敢出言，三年，乃流王于彘。

④ 宣：引导，开放。 ⑤ 瞽（gǔ）：盲艺人，这里指乐官太师。献曲，此言乐官进献反映民意的歌典。 ⑥ 瞍（sǒu）：没有瞳仁的盲人。 ⑦ 矇（méng）：有瞳仁而看不见东西的盲人。 ⑧ 耆（qí）、艾：古称六十岁以上人的人为"耆"，五十岁以上的人为"艾"。这里指朝中老臣。 ⑨ 原隰（xí）衍沃：原，高且平坦的土地。隰，地势低而潮湿的洼地。衍，低而平坦的土地。沃，肥美的土地。 ⑩ 阜：增加，增多。 ⑪ 行：指自然而然地流露。

召公说："这是封堵了他们的嘴。堵百姓的嘴，比堵塞洪水还危险。河水被堵塞，就会一溃千里，受伤害的人一定更多，封堵百姓的嘴也是如此。所以，治理河道的人，应该懂得疏导洪水，使它畅通无阻；治理百姓的人，要引导他们畅所欲言。所以天子处理国家大事，要让公卿大夫直到底层的士人都敢于献诗讽谏，盲艺人敢于献乐曲，史官敢于献史籍，少师敢于献箴言，瞍者敢于朗诵，矇者敢于吟唱，各色工匠勇于进谏，百姓的意见都能够传达给天子，近臣能够悉心规劝，亲戚能够以正纠偏，乐官能够教诲不倦，朝中老臣能够进行劝诫，最后天子斟酌裁决，只有这样，政事才能得以施行，且不违背情理。百姓有嘴，犹如大地上有山有水一样，财富、器物都从这里生产出来；又犹如大地上有高原、洼地、平川和沃野一样，衣服、食物都从这里生产出来。百姓的议论，就是国家治理成败的反映，国家政事的善恶成败也才能够从这里反映出来。实施百姓赞成的，防备百姓反对的，这是增加财富、器物、衣服、食物的好办法。百姓心里想什么，就用嘴巴说，这是他们内心想法的自然流露，怎么能封堵他们的嘴呢？如果封堵他们的嘴，那这个国家还能够维持多久呢？"

厉王不听召公的劝告，自此以后，国内的百姓都不敢说话。三年后，厉王就被放逐到了彘地。

襄王不许请隧

— 《国语》 —

背景介绍

时　　间：	公元前 634 年
人　　物：	晋文公、周襄王
事件起因：	周襄王在晋文公的帮助下恢复王位。

简介

　　襄王拿块土地酬谢晋文公。晋文公辞谢，要求襄王允许他死后埋葬用天子的隧礼，襄王没有答应。晋文公的请求本有看轻周王室的意思，而周襄王则回答他，没有做天子，就不能有天子的葬礼。全篇没有一句直接拒绝，但句句都在说不能允许的理由，阐明了对古代宗法礼仪制度的尊重。

原文

　　晋文公既定襄王于郏，王劳❶之以地，辞，请隧❷焉。

　　王弗许，曰："昔我先王之有天下也，规方千里以为甸服，以供上帝山川百神之祀，以备百姓兆民之用，以待不庭、不虞❸之患，其余以均分公侯伯子男，使

译文

　　晋文公帮助周襄王在郏地恢复王位，襄王用田地作酬劳。晋文公辞谢，请求襄王允许他死后埋葬用天子的隧礼。

　　襄王不答应，说："过去我先王掌管天下，划出方圆一千里的地方作为甸服，用来供奉上帝以及山川诸神，满足百姓兆民的日常需要，以及应付不来进贡的外敌和各种意外的事件。其余的土地则平均分配给公、侯、伯、子、男，使他们都有安乐的

注释

❶ 劳：犒劳，酬劳。　❷ 隧：天子葬礼，开地通路，诸侯无。　❸ 不庭：不来朝见，指不服从周天子的势力。不虞：意外的灾难事件。虞，考虑，意料。

各有宁宇④，以顺及天地，无逢其灾害。先王岂有赖⑤焉，内官不过九御，外官不过九品，足以供给神祇而已，岂敢厌纵其耳目心腹以乱百度⑥？亦唯是死生之服物采章⑦，以临长⑧百姓而轻重布之，王何异之有？

"今天降祸灾于周室，余一人仅亦守府⑨，又不佞以勤叔父，而班⑩先王之大物以赏私德，其叔父实应且憎，以非余一人。余一人岂敢有爱也？先民有言曰：'改玉改行⑪。'叔父若能光裕⑫大德，更姓改物⑬，以创制天下，自显庸⑭也，而缩取备物⑮以镇抚百姓，余一人其流辟于裔土⑯。何辞之有与？若犹是姬姓也，尚将列为公侯，以复先王之职，大物其未可改也。叔父其茂⑰昭明德，物将自至，余敢以私劳变前之大章⑱，以忝天下？其若先王与百姓何？何政令之为也？若不然，叔父有地而隧焉，余安能知之？"

文公遂不敢请，受地而还。

居所，以顺应天地之道，免遭灾害。先王还有什么私利呢？天子宫内不过九等姬妾，宫外不过九等官员，足以用来供奉天地神明的祭祀罢了，怎么敢完全放纵耳目心腹之欲来扰乱法度？也只有在这丧葬及衣服器物的花纹和颜色等方面有所不同，以便君临天下、分别尊卑罢了，除此之外，作为天子，和其他人又有什么不同呢？

"现在上天给周王朝降下灾祸，我只是守着先王的遗产，加上自己无能，以致烦劳了叔父，如果分赐先王的大礼给您，用来报答您的恩惠，恐怕叔父您接受了我的赏赐之后，也会不满，甚至责备我。否则，我岂敢有所吝惜呢？从前有句话说：'改换佩玉，就要相应改换步伐。'叔父假若能发扬光大您的美德，改变姓氏和服色，创建并掌管天下，显示出自己的功绩，而接受天子的完备礼仪，以此来统治和安抚百姓，那么我将逃到边远荒凉的地方，对此我还有什么可说的呢？如果叔父仍保持姬姓，位列公侯，以恢复先王规定的职分，那么，天子所用的大礼就不可更改了。叔父还是努力发扬德行吧，您所需要的事物自然会来的。我岂敢因酬私德而改变先王的制度，从而玷辱了天下？又如何对得起先王和百姓？又如何推行政令？否则，叔父有的是土地，就是开通墓道举行隧礼，我又从何知道呢？"

晋文公于是不敢请隧礼，接受赏赐的土地，回国去了。

④ 宁宇：安宁的居处。⑤ 赖：利，盈余。⑥ 厌：足，完全。百度：各种法度。⑦ 服物采章：服装用品的花纹和颜色。⑧ 临长：统治。⑨ 府：收藏国家文书的地方。这里指先王遗留的法令规章。⑩ 班：分。⑪ 改玉改行（xíng）：古代人佩玉以控制步行节奏，身份不同，行走快慢有异，所以说换佩玉，等于是改变身份。⑫ 光裕：发扬，弘扬。光，广。裕，宽。⑬ 更姓改物：指改朝换代。更姓，建立新朝。改物，改历法，易服色。⑭ 庸：功用。⑮ 缩取备物：指援引天子的葬仪等。缩，引。备物，完备的礼仪。⑯ 流辟：流放。裔土：偏远地区。⑰ 茂：勉力，努力。⑱ 大章：即服物采章的制度。

单子知陈必亡

— 《国语》 —

背景介绍

时　　间：公元前 601 年
人　　物：单（Shàn）子（周王朝的一位卿士）
事件起因：单襄公受周定王委派，前去宋国、楚国等国聘问。

简介

本文记载的是单子路过陈国时，亲眼目睹了陈国的腐败现象和混乱局面，面对国事荒废的陈国而发出感慨。

定王使单襄公聘于宋❶，遂假道于陈，以聘于楚。火❷朝觌❸矣，道茀❹不可行也。候❺不在疆，司空不视涂，泽不陂，川不梁，野有庾积，场功未毕，道无列树，垦田若蓺，膳宰不致饩❻，司里不授馆，国无寄寓，县无旅舍。民将筑台于夏氏。及陈，陈灵公与孔宁、仪行父南冠以如夏氏，留宾弗见。

单子归，告王曰："陈侯不有大咎，国必亡。"王曰："何故？"对曰："夫辰角❼见而雨毕，天根❽见而水涸，本见而草木节解，驷见而陨霜，火见而清风戒寒。故先王之教曰：'雨毕而除道，水涸而成梁，草木节解而备藏，陨霜而冬裘具，清风至而修城郭宫室。'故《夏令》曰：'九月除道，十月成梁。'其时儆曰：'收而场功，偫而畚挶❾，营室之中，土功其始，火之初见，期于司里。'

❶ 定王：周定王。单（shàn）襄公：名朝，定王的卿士。❷ 火：即二十八宿中的心宿，是一颗恒星。❸ 觌（dí）：见，看见。❹ 道茀：野草塞路。❺ 候：整治道路、迎送宾客的小官。❻ 饩（xì）：赠送给他人的粮食或饲料等。❼ 辰角：辰，同"晨"。角，星名。❽ 天根：星名。❾ 偫（zhì）：准备。畚挶（běn jū）：都是用来盛物品的器具。

周定王派单襄公访问宋国，事后又向陈国借道去访问楚国。那时，清晨已经能见到火星，是夏历十月了，道路上杂草丛生，根本无法行走。负责迎送宾客的人也不在边境迎候，司空不巡视道路，水泽不修堤坝，河流不架桥梁，田野中还堆放着粮食，谷场的农事还没有完毕，道路两旁没有种植树木，田里的庄稼长得稀稀拉拉，膳夫不给宾客供应食物，里宰不给宾客安排住处，都邑内没有客房，郊县里没有旅舍。老百姓还要去为夏氏修筑楼台。到了陈国都城，陈灵公与大臣孔宁、仪行父都穿戴着楚国式的服饰到夏氏家玩乐，丢下宾客不接见。

单襄公回朝后，向周定王报告说："陈侯即使不遭受灾难，陈国也一定要灭亡。"周定王问："这是什么原因啊？"单襄公答道："当角星在早晨出现时，表示雨水会结束；天根在早晨出现时，表示河水即将干涸；氐星在早晨出现时，表示草木将会凋落；房星在早晨出现时，表示要降霜了；火星在早晨出现时，表示天气已冷，该准备过冬了。所以先王的教导说：'雨水结束便修整道路，河水干涸便修造桥梁，草木凋谢便储藏粮食，霜降来临就准备好冬衣，寒风吹起就修整城郭宫室。'所以《夏令》说：'九月整修道路，十月架桥设梁。'还提醒人们说：'结束场院的农活，准备好搬运土石的器具，当营室之星见于中天时，就开始营造房屋，当火星初次出现时，到司里那里集合。'这就是先王不费钱财而向老百姓广施恩惠的原因啊。如今在陈

此先王所以不用财贿，而广施德于天下者也。今陈国火朝觌矣，而道路若塞，野场若弃，泽不陂障，川无舟梁，是废先王之教也。

"周制有之曰：'列树以表道，立鄙食❿以守路，国有郊牧，疆有寓望，薮有圃草，囿有林池，所以御灾也，其余无非谷土，民无悬耜，野无奥草。不夺民时，不蔑民功。有优无匮，有逸无罢。国有班事⓫，县有序民。'今陈国道路不可知，田在草间，功成而不收，民罢丁逸乐，是弃先王之法制也。

"周之《秩官》有之曰：'敌国宾至，关尹以告，行理以节逆之，候人为导，卿出郊劳，门尹除门，宗祝执祀，司里授馆，司徒⓬具徒，司空⓭视途，司寇⓮诘奸，虞人入材，甸人积薪，火师监燎，水师监濯，膳宰致飧，廪人献饩，司马陈刍，工人展车，百官以物至，宾入如

国，早晨已能见到火星了，但道路却堵塞不通，农村的谷场也已被废弃，湖泊不修堤坝，河流不架桥梁，这是荒废先王的教导啊。

"周代的制度规定：'种植树木，用以标明道路的远近，郊外提供食宿，用以款待往来的旅客，都城的近郊有专设的牧场，边境有接待宾客的设施，洼地里有茂盛的水草，园苑中有林木和池塘，这都是用来抵御灾害的啊，其余的地方没有不种植五谷的，百姓没有闲置的农具，田野没有丛生的杂草。不耽误农时，不浪费人民的劳力。这样才能使百姓生活富裕而不穷困，安逸而不疲惫。都城中的土木工程都在有次序地进行，郊外的民众也轮番劳作。'而现在的陈国，道路无法辨认，农田杂草丛生，庄稼熟了无人收割，百姓由于陈侯的享乐而疲于劳作，这是抛弃了先王的法规制度啊。

"周的《秩官》篇说：'地位相等国家的宾客来访，守关的官员便要向上报告，国君还派人手持符节前去迎接，候人引路，卿士到郊外慰劳，守门的人清扫门庭，管祭祀的人陪同宾客行祭礼，司里安排住处，司徒调派仆役，司空视察道路，司寇盘查奸盗，虞人供应木材，甸人运送燃料，火师监察照明材料，水师料理盥洗的事情，膳宰进送熟食，廪人献奉粮米，马夫准备好牲口的饲料，工人检修车辆，百官各自送来供应的物品，客人来访如同回到了家里。这样，宾客不分贵贱等级，没有不感到满意的。如果是大国的使臣来到，接待的规格就提高一个等级，更为恭敬。如

❿ 鄙食：郊外每隔一段距离就有简陋的庐舍提供饮食。⓫ 班事：指做事情有条有理。⓬ 司徒：西周开始设置，是掌管国家土地、人口和财务的官员。⓭ 司空：官职名，掌管工程建设。⓮ 司寇：官职名，掌管刑狱、纠察等事。

归。是故小大莫不怀爱。其贵国之宾至，则以班加一等，益虔。至于王使，则皆官正莅事，上卿监之。若王巡守，则君亲监之。'今虽朝也不才，有分族于周，承王命以为过宾于陈，而司事莫至，是蔑先王之官也。

"先王之令有之曰：'天道赏善而罚淫，故凡我造国，无从匪彝[15]，无即慆淫，各守尔典，以承天休。'今陈侯不念胤续之常，弃其伉俪妃嫔，而帅其卿佐以淫于夏氏，不亦渎姓[16]矣乎？陈，我大姬[17]之后也。弃衮冕而南冠以出，不亦简彝乎？是又犯先王之令也。

"昔先王之教，茂帅其德也，犹恐殒越。若废其教而弃其制，蔑其官而犯其令，将何以守国？居大国之间，而无此四者，其能久乎？"

六年，单子如楚。八年，陈侯杀于夏氏。九年，楚子入陈。

果是天子的使臣来到，则由各部门的长官监督办理，让上卿监察他们。如果是天子下来巡视，则要国君亲临督察。'如今我虽然没有什么才能，但也算是周王的亲族，是奉天子之命，作为宾客而途经陈国，然而主管的官员却没有一个前来接待，这是蔑视先王的官员啊。

"先王的法令中说：'上天是奖励善良的，惩罚邪恶的，所以凡由我们周室治理的国家，就不允许违背法令，不迁就怠惰放纵，每个人都遵守自己的职分，来承受上天的赐福。'如今陈侯不顾念历代相承的法度，抛弃他的妃嫔们，而带领下属到夏氏那里去恣意淫乐，这难道不是亵渎妨姓吗？陈侯是我们大姬的后裔，却丢弃自己的礼服而穿戴楚地的服饰外出，这难道不是怠慢常法吗？这又是违背先王的政令啊。

"过去，人们对于先王的教导，总是努力遵行，还恐怕有所差池。像这样荒废先王的教导、抛弃先王的法度、蔑视先王的官员、违背先王的政令，又拿什么来巩固国家政权呢？处在大国之间，却又不仰仗先王的教导、法度、官员、政令，难道还能长久吗？"

周定王六年，单襄公访问楚国。定王八年，陈灵公被夏征舒杀害。定王九年，楚庄王便进入陈国。

[15] 匪彝：违反常规。匪，同"非"。彝，法度，常规。 [16] 渎姓：亵渎同姓。夏氏是妨姓，陈也是妨姓，因此称"渎姓"。 [17] 大姬：周武王的女儿，为西周初年陈国开国君主胡公满的配偶。

展禽论祀爰居

— 《国语》 —

背景介绍

时　　间：公元前 643 年
人　　物：展禽、臧文仲
事件起因：在我国古代，人们对祭祀非常重视，认为它是和兵戎一样的国家大事。

简介

　　本文记述的是展禽根据传统的祭祀标准，从政治角度批评臧文仲祭祀海鸟的故事。这不但说明他对圣王礼制熟悉，也表明他为官敢于直谏。

海鸟曰"爰居",止于鲁东门之外二日。臧文仲①使国人祭之。展禽②曰:"越哉,臧孙之为政也!夫祀,国之大节也,而节,政之所成也。故慎制祀以为国典。今无故而加典,非政之宜也。

"夫圣王之制祀也,法施于民则祀之,以死勤事则祀之,以劳定国则祀之,能御大灾则祀之,能捍大患则祀之。非是族也,不在祀典。昔烈山氏之有天下也,其子曰柱,能植百谷百蔬。夏之兴也,周弃继之,故祀以为稷。共工氏之伯九有也,其子曰后土,能平九土,故祀以为社。黄帝能成命③百物,以明民共财。颛顼④能修之,帝喾能序三辰以固民,尧能单⑤均刑法以议民,舜勤民事而野死,鲧障供水而殛死,禹能以德修鲧之功,契为司徒而民辑⑥,冥勤其官而水死,汤以宽治民而除其邪,稷勤百谷而山死,文王以文昭,武王去民之秽。故有虞氏禘⑦黄帝而祖⑧颛顼,郊尧而宗舜;

有一只海鸟名叫"爰居",在鲁国国都东门外已经停留两天了。执政大夫臧文仲命令国都里的百姓前去祭祀它。展禽说:"臧文仲治理政事太越礼了!祭祀,是国家的重大礼节,而这重大的礼节,则是政治成功的基础。所以应当慎重地制定祀典并将其作为国家的常法。而现在无故增加祀典,这显然不是治理政事的适宜之法。

"圣明的先王制定祀典的准则:但凡能够施行法令而受到百姓拥护之人,祭祀他;但凡努力王事而以身殉国之人,祭祀他;但凡因功劳卓著而使国家安定之人,祭祀他;但凡能够抵御重大灾害之人,祭祀他;但凡能够排除重大祸患之人,祭祀他。不是这几类的,不在祀典之内。从前神农氏拥有天下,他的后代名叫柱,柱能种植各种谷物和菜蔬。后来夏朝兴起,周的始祖弃继承了柱的事业,所以人们把他当做谷神祭祀他。共工氏称霸九州,他的后代名叫后土,后土能够治理九州的土地,所以人们把他当做土神祭祀他。黄帝能够给各种事物命名,并能教化百姓使之共享财产;颛顼能够继承并光大黄帝的事业;帝喾能够根据日月星辰的变化规律而制定历法,使百姓安定;尧能够公平实施刑法,使百姓有法可依;舜能够勤政爱民,以致身死苍梧之野;鲧因治理洪水而被处死;禹能以德行接替鲧的事业,继续治理洪水;契任司徒而使百姓和睦相处;冥为政勤勉而死于水中;汤从宽治理百姓并替他们除掉暴君夏桀;后稷致力于农事而死在山间;文王以文德昭著;武王伐纣为民除害。所以,有虞氏禘祭黄帝

① 臧文仲:鲁国的大夫臧孙氏。② 展禽:即柳下惠,名获,字禽。鲁大夫。③ 成命:命名,定名。④ 颛顼(Zhuān xū):传说中上古时代的首领,高阳氏。⑤ 单:同"殚",竭尽全力。⑥ 契(Xiè):商的始祖。辑:和睦。⑦ 禘:古代天子祭祀祖先的大典。⑧ 祖:祭祀开国的祖先。

夏后氏禘黄帝面祖颛顼，郊鲧而宗禹；商人禘舜而祖契，郊冥而宗汤；周人禘喾而郊稷，祖文王而宗武王。幕，能帅颛顼者也[9]，有虞氏报焉；杼，能帅禹者也，夏后氏报焉；上甲微，能帅契者也，商人报焉；高圉、太王，能帅稷者也，周人报焉。凡禘、郊、祖、宗、报，此五者，国之典祀也。

"加之以社稷山川之神，皆有功烈于民者也。及前哲令德之人，所以为民质也；及天之三辰，民所以瞻仰也；及地之五行，所以生殖也；及九州名山川泽，所以出财用也。非是，不在祀典。

"今海鸟至，己不知而祀之，以为国典，难以为仁且知矣。夫仁者讲功，而知者处物。无功而祀之，非仁也；不知而不问，非知也。今兹海其有灾乎？夫广川之鸟兽，恒知而避其灾也。"

是岁也，海多大风，冬暖。文仲闻柳下季之言，曰："信吾过也。季子之言，不可不法也。"使书以为三策[10]。

[9] 幕：上古人名，颛顼的后代，舜的祖先。下文的杼、上甲微、高圉、太王均是人名。帅：遵循的意思。[10] 策：古代写字用的竹片或木片。

而祖祭颛顼，郊祭尧而宗祭舜；夏后氏禘祭黄帝而祖祭颛顼，郊祭鲧而宗祭禹；商朝人禘祭帝喾而祖祭契，郊祭冥而宗祭汤；周朝人禘祭帝喾而郊祭后稷，祖祭文王而宗祭武王。幕能够遵循颛顼的规矩，有虞氏便为他举行报祭；季杼能够遵循夏禹的规矩，夏后氏便为他举行报祭；上甲微能够遵循殷契的规矩，商朝人便为他举行报祭，高圉、太王能够遵循后稷的规矩，周朝人便为他们举行报祭。禘、郊、祖、宗、报，这五种祭祀，就是国家的祭祀大典。

"加上土神、谷神、山川之神，都是对百姓有功德的；还有那些前代有智慧和有美德的人，都是百姓学习的榜样；天上的日月星辰，都是百姓所仰望的；地上的金木水火土，都是万物赖以生长繁殖的；九州的大山川泽，都是赖以出产财富的。除此之外，则不在国家的祀典之内。

"现在，一只海鸟飞来，自己不知道它的来历就去祭祀它，甚至将其列为国家的大典，这确实很难被认为是仁爱和智慧了。仁者善于评价功劳，智者善于处理事物。海鸟对于民众毫无功绩而去祭祀它，算不上是仁；不知道祭祀的制度却又不请教他人，算不上是智。现在这一带海上恐怕要发生灾害了吧？那些大河里的鸟兽，总是预先知道并躲避即将到来的灾害的。"

这一年，海上常起暴风，冬天也很暖和。臧文仲听了展禽的话说："确实是我的错啊！展先生的话，不可不牢记啊！"并让属下把他的话写了三份存留起来。

里革断罟匡君

— 《国语》 —

背景介绍

时　　间：鲁宣公在位期间，公元前 608 年—公元前 591 年

人　　物：鲁宣公、里革（鲁国大夫）

事件起因：鲁宣公不顾时令，下网捕鱼。

简介

　　里革当场割破鱼网，强行劝阻。鲁宣公也虚心接受批评，及时改正自己的错误。中国自古以来，对于有益于人类的鸟兽虫鱼，总是采取有节制的捕获策略。本文借里革之口对此作了很好的阐述。鲁宣公不懂得这个道理，受到里革的批评，但他勇于改正错误的精神是值得肯定的。

宣公夏滥于泗渊❶，里革断其罟❷而弃之，曰："古者大寒降，土蛰发，水虞于是乎讲罛罶❸，取名鱼❹，登川禽❺，而尝之寝庙❻，行诸国人，助宣气也。鸟兽孕，水虫成，兽虞于是乎禁罝罗❼，矠鱼鳖以为夏槁❽，助生阜也❾。鸟兽成，水虫孕，水虞于是乎禁罜䍠❿，设阱鄂⓫，以实庙庖⓬，畜⓭功用也。且夫山不槎蘖⓮，泽不伐夭⓯，鱼禁鲲鲕⓰，兽长麑麌⓱，鸟翼鷇卵⓲，虫舍蚔蝝⓳，蕃庶物也，古之训也。今鱼方别孕，不教鱼长，又行网罟，贪无艺也⓴。"

公闻之曰："吾过而里革匡我⓯，不亦善乎！是良罟也，为我得法。使有司藏之，使吾无忘谂⓲。"师存侍，曰："藏罟不如置里革于侧之不忘也。"

夏天，鲁宣公在泗水深处撒下渔网捕鱼，里革割断了他的渔网扔掉了，说："古时候，大寒过去之后，土中蛰伏的虫子逐渐苏醒，水虞在这个时候安排大网竹笼去捕捉大鱼、龟鳖等，拿去在宗庙祭祀，同时这种办法也在百姓中间施行，这有助于散发春天的阳气。当鸟兽孕育，水中生物长成之时，兽虞便禁止张网捕兽捕鸟，只许刺取鱼鳖做成干肉夏天吃，这是帮助鸟兽的生长。到鸟兽长成，水中生物进入孕育季节，水虞就禁止细眼渔网入水，只设陷阱捕捉走兽，以充实祖庙的祭品和庖厨的美味，这是为了储存物产，以备享用。至于山中不砍伐新生的枝条，水边不割取幼嫩的小草，不捕小鱼，不捉小鹿，捕鸟时要留下雏鸟和鸟卵，捕虫时要放开幼虫，以让万物繁衍，这是古人的教导。现在鱼类正是孕育的时候，不让鱼儿长大，还要设网捕捉，实在是贪得无厌！"

宣公听到这番话后说："我错了，里革纠正我，不是很好吗？这个破了的渔网真好，它使我得到了很好的教训。让主管官吏把它保存好，使我不会忘记这一番规劝。"乐师存侍立在宣公之旁，说："保存渔网，不如将里革放在您身旁，那就更不会忘记了。"

❶ 滥：浸渍。这里指下网。 ❷ 罟（gǔ）：捕鱼网。 ❸ 水虞：掌水产及相关政令的官员。讲：布置，安排。罛（gū）：大渔网。罶（liǔ）：捕鱼篓。 ❹ 名鱼：大鱼。 ❺ 川禽：鳖蜃之类。 ❻ 尝：一种祭祀，以应时的新鲜食品率先祭供祖先。寝庙：宗庙。 ❼ 兽虞：掌鸟兽及相关政令的官员。罝：捕兔网。罗：捕鸟网。 ❽ 矠（zé）：刺取。槁：指把鱼、鳖的肉晒干。 ❾ 阜：生长。 ❿ 罜䍠（dúlú）：小孔渔网。 ⓫ 鄂：埋有尖木桩的陷阱。 ⓬ 庙庖：宗庙、厨房。 ⓭ 畜：通"蓄"，储著，积蓄。 ⓮ 槎：砍伐。蘖：从被砍过的树上新生出的枝条。 ⓯ 夭：新生的稚嫩小草。 ⓰ 鲲：鱼子。鲕：鱼苗。 ⓱ 长：使……存活，生长。麑（ní）：小鹿。麌（yǎo）：小麋鹿。 ⓲ 翼：成，长成。鷇（kòu）：初生小鸟。 ⓳ 蚔（chí）：蚁的幼虫。蝝（yuán）：蝗的幼虫。 ⓴ 艺：极限，限度。 ㉑ 匡：纠正。 ㉒ 谂（shěn）：劝告，规劝。

敬姜论劳逸

— 《国语》 —

背景介绍

时　　间：春秋晚期

人　　物：公父文伯、敬姜（春秋时期杰出女性，与孔子为同时代人物）

事件起因：文伯在朝做官，出于关心，想让母亲颐养天年。

简介

　　文伯母亲敬姜主张劳动重要，反对好逸恶劳。辛勤劳作会使国家日益兴旺；贪图享乐会葬送文伯前程，甚至使国家覆灭。敬姜的一番长论，是希望自己做高官的儿子忠于职守，在做好本职工作的同时，一定要谨记勤俭节约，不要贪图安逸。

公父文伯[1]退朝，朝其母，其母方绩，文伯曰："以歜之家而主犹绩，惧干[2]季孙之怒也，其以歜为不能事主乎！"

其母叹曰："鲁其亡乎！使僮子备官[3]而未之闻邪？居，吾语女。昔圣王之处民也，择瘠土而处之，劳其民而用之，故长王天下。夫民劳则思，思则善心生；逸则淫，淫则忘善；忘善则恶心生。沃土之民不材，淫也；瘠土之民莫不向义，劳也。是故天子大采朝日，与三公、九卿，祖识地德；日中考政，与百官之政事、师尹惟旅[4]、牧、相宣序民事，少采[5]夕月，与太史、司载纠虔天刑[6]，日入监九御，使洁奉禘、郊之粢盛，而后即安。诸侯朝修天子之业命，昼考其国职，夕省其典刑，夜儆[7]百工，使无慆淫，而后即安。卿大夫朝考其职，昼讲其庶政，夕序其业，夜庀其家事，而后即安。士朝受业，昼而讲贯，夕而习复，夜而计

公父文伯退朝之后，去看望他的母亲，他的母亲正在纺线，文伯说："像我公父歜这样的人家还要母亲亲自纺线，这恐怕会冒犯季孙的吧，他会觉得我公父歜不愿意孝敬母亲吧！"

他的母亲叹了一口气说："鲁国要灭亡了吧！让你这样的顽童充数做官却不把做官之道讲给你听？坐下来，我讲给你听。过去圣贤的国王为老百姓安置居所，选择贫瘠之地让百姓定居下来，使百姓劳作，发挥他们的才能，因此君主就能够长久地统治天下。老百姓要劳作才会思考，有思考才能产生求好向善的心愿；闲散安逸会导致人们过度享乐，人们过度享乐就会忘记积极上进；不上进就会产生邪念。居住在沃土之地的百姓不成材，是因为过度享乐啊。居住在贫瘠土地上的百姓，没有不讲道义的，是因为他们勤劳啊。因此天子穿着五彩花纹的衣服隆重地祭祀太阳，让三公九卿，熟习农业生产，中午考察政务，交代百官要做的事务。京都县邑各级官员在牧、相的领导下，安排事务使百姓得到治理。天子穿着三彩礼服祭祀月亮，和太史、司载详细记录天象；日落便督促嫔妃们，让她们清洁并准备好禘祭、郊祭的各种谷物及器皿，然后才休息。诸侯们清早听取天子布置事务和训导，白天完成他们所负责的日常政务，傍晚反复检查有关典章和法规，夜晚警告众官，告诫他们不要过度享乐，然后才休息。卿大夫清早统筹安排政务，白天与属僚商量处理政务，傍晚梳理一遍当天的事务，夜晚处理他的家事，然后才休息。贵族青年清早接受早课，白天讲习所学知识，傍晚复习，夜晚反省自己有无过错直到没有什么不满意的地

[1] 公父文伯：即公父（fǔ）歜（chù），鲁大夫，其母为敬姜。
[2] 干：冒犯。 [3] 僮子，即童子，敬姜用母亲口吻称呼公父文伯。备官：居官，做官。 [4] 祖：熟习、知晓。地德：土地的特性，指适宜生长的农作物。师尹：大夫官。惟：与。旅：众士。 [5] 少采：三彩礼服。 [6] 太史：掌管史书及星历的官员。纠：恭。虔：敬。天刑：天体运行的法则。 [7] 儆：警诫，训诫。

过无憾，而后即安。自庶人以下，明而动，晦而休，无日以怠。王后亲织玄纮[8]，公侯之夫人加之纮、綖[9]，卿之内子为大带，命妇成祭服，列士之妻加之以朝服，自庶士以下，皆衣其夫。社而赋事[10]，烝而献功[11]，男女效绩，愆则有辟，古之制也。君子劳心，小人劳力，先王之训也。自上以下，谁敢淫心舍力？

"今我，寡也，尔又在下位，朝夕处事[12]，犹恐忘先人之业，况有[13]怠惰，其何以避辟？吾冀而朝夕修我曰：'必无废先人。'尔今曰：'胡不自安？'以是承君之官，余惧穆伯之绝祀也。"

仲尼闻之曰："弟子志之，季氏之妇不淫[14]矣。"

方，然后才休息。从平民以下，日出而作，日落而息，没有一天懈怠的。王后亲自编织冠冕上用来系玉的黑色丝带，公侯的夫人还要编织系于颌下的冠带以及覆盖冠上的装饰品。卿的妻子做腰带，所有贵妇人都要亲自做祭祀服装。各种士人的妻子，还要做朝服。普通百姓，都要给丈夫做衣服穿。春分之后祭祀土地接着开始耕种，冬季祭祀时献上谷物和牲畜，男女展示自己的劳动成果，有过失就要避开不能参加祭祀。这是上古传下来的制度！君王操心，小人出力，这是先王的遗训啊。自上而下，谁敢懈怠偷懒呢？

如今我守了寡，你又做官，早晚做事，尚且担心丢弃了祖宗的基业。倘若又懈怠懒惰，那怎么躲避得了罪责呢！我希望你早晚提醒我说：'一定不要废弃先人的传统。'你今天却说：'为什么不自己图安逸啊？'以你这样的态度承担君王的官职，我恐怕你父亲穆伯要绝后了啊。"

仲尼听说这件事后说："弟子们记住，季家的老夫人不贪图安逸。"

[8] 玄纮（dàn）：古代冠冕两旁用来悬玉的黑色丝带。 [9] 纮（hóng）：古代冠冕系在颌下的带子。綖（yán）：古代覆盖在冠冕上的装饰。 [10] 社：社祭，在春天举行。赋事：指安排农桑一类的事。 [11] 烝：烝祭，在冬天举行。献功：献祭收获之物。 [12] 处事：办事，做事。 [13] 有：通"又"。 [14] 淫：贪图安逸。

孩子一读就喜欢的

古文观止 ❷

[清]吴楚材 [清]吴调侯◎选编

小行星工作室◎译注

5d 北京时代华文书局

图书在版编目（CIP）数据

孩子一读就喜欢的古文观止.2/（清）吴楚材，（清）吴调侯选编；小行星工作室译注 . -- 北京：北京时代华文书局，2024.6

ISBN 978-7-5699-5491-3

Ⅰ . ①孩… Ⅱ . ①吴… ②吴… ③小… Ⅲ . ①《古文观止》—青少年读物 Ⅳ .① H194.1-49

中国国家版本馆 CIP 数据核字 (2024) 第 096583 号

HAIZI YI DU JIU XIHUAN DE GUWEN GUANZHI 2

出 版 人：陈　涛
责任编辑：刘显芳
装帧设计：彭明军
责任印制：訾　敬

出版发行：北京时代华文书局 http://www.bjsdsj.com.cn
　　　　　北京市东城区安定门外大街 138 号皇城国际大厦 A 座 8 层
　　　　　邮编：100011　电话：010-64263661 64261528
印　　刷：三河市祥达印刷包装有限公司
开　　本：710 mm×1000 mm　1/16　　　成品尺寸：170 mm×240 mm
印　　张：7　　　　　　　　　　　　　字　　数：180 千字
版　　次：2024 年 6 月第 1 版　　　　　印　　次：2024 年 6 月第 1 次印刷
定　　价：199.00 元（全 6 册）

版权所有，侵权必究

本书如有印刷、装订等质量问题，本社负责调换，电话：010-64267955

目录

叔向贺贫

— 《国语》 —

背景介绍

时　　间：公元前541年

人　　物：叔向、韩宣子

事件起因：宣子忧贫。

简介

　　本文写韩宣子因财富匮乏而发愁，大夫叔向反而向他道贺。这一"愁"一"贺"向读者阐述了贫不足忧的道理，并指出应重视个人的道德修养，没有德行而愈富有则祸害愈大，有德行则可以转祸为福。

原文

　　叔向见韩宣子，宣子忧贫，叔向贺之。宣子曰："吾有卿之名而无其实[1]，无以从二三子[2]，吾是以忧，子贺我，何故？"

译文

　　叔向去见韩宣子，宣子正为自己贫困而忧虑，叔向却向他道贺。宣子说："我有晋卿的虚名，却没有它的实利，无法与其他卿大夫们交往，我正为这个发愁，你却向我道贺，这是为什么呢？"

注释

❶ 实：指作为卿应该得到的各种利益。 ❷ "无以"一句：意思是家里贫穷，没有供给宾客往来的费用，不能跟晋国的卿大夫交往。

1

对曰："昔栾武子无一卒之田，其宫不备其宗器，宣其德行、顺其宪则，使越于诸侯。诸侯亲之、戎狄怀之，以正晋国。行刑不疚[3]，以免于难。及桓子，骄泰奢侈、贪欲无艺[4]、略则行志[5]、假货居贿，宜及于难，而赖武之德，以没其身。及怀子，改桓之行，而修武之德，可以免于难，而离桓之罪，以亡于楚。夫郤昭子，其富半公室[6]，其家半三军，恃其富宠，以泰于国。其身尸于朝，其宗灭于绛。不然，夫八郤，五大夫、三卿，其宠[7]大矣，一朝而灭，莫之哀也，惟无德也。

"今吾子有栾武子之贫，吾以为能其德矣，是以贺。若不忧德之不建，而患货之不足，将吊不暇，何贺之有？"

宣子拜，稽首[8]焉，曰："起也将亡，赖子存之，非起也敢专承[9]之，其自桓叔以下，嘉[10]吾子之赐。"

叔向回答说："当初栾武子没有百人的田产，家里连祭祀的器具都不完备，但他却能够宣扬美德、遵从法规，使名声远播于诸侯。诸侯亲近他、戎狄也归附他，因此晋国才能够安定下来。他执行法度没有任何过失，因此自己也没有遭受灾难。到了桓子，他骄纵奢侈、贪得无厌、为所欲为，放债取利，本应该遭受灾难，但他依靠父亲的余荫而得以善终。到了怀子，改掉他父亲桓子的恶行，一心学习他祖父武子的德行，本可以凭此免于祸难，但却由于受到父亲桓子恶行的连累，结果只能逃亡到楚国。那个郤昭子，他的财产抵得上半个晋国，他家里的人手抵得上一半三军，他依仗自己的财富和势力，在晋国不可一世。结果他被在朝堂上陈尸示众，他的宗族也在绛邑被灭绝。如果不是这样，那八个郤姓的，有五个做大夫、三个做公卿，权势够大的了，可是一旦全族被诛，没有人会同情他们，就是因为他们没有德行。

"如今你有栾武子的清贫，我觉得你能够继承他的德行，所以我要祝贺你。如果你不忧虑没有树立德行，而只担心财产，那我要表示哀怜还来不及，又有什么祝贺可言呢？"

宣子倒身下拜，并向叔向叩头说："我在走向灭亡的时候，全靠你拯救了我。不仅仅是我蒙受你的恩德，就是先祖桓叔以后的子孙，也要感激你的教诲啊。"

❸ 行刑不疚：刑，国家的法律规则。疚，害病，忧虑。❹ 艺：限度。❺ 略则行志：略，触犯。则，国家法律。志，贪私的心意。❻ 富半公室：公室，是指国家。半，是……的一半，作动词用。❼ 宠：尊贵荣华。❽ 稽（qǐ）首：叩头至地。❾ 专承：独自承受你的教诲。❿ 嘉：感激的意思。

王孙圉论楚宝

— 《国语》 —

背景介绍

时　　间：公元前 511 年—公元前 475 年，晋定公
　　　　　在位期间
人　　物：王孙圉、赵简子
事件起因：赵简子向楚国使者王孙圉询问楚宝。

简介

　　王孙圉沉着机智地回答说，楚国视为宝贝的是对国家和人民有益的人才和物产，而非叮当作响、徒有其表的美玉。在春秋时期，外交也是一种战场，运用好外交辞令甚至能获得在战争中得不到的荣耀。楚国使臣王孙圉在晋国的宴席上议论楚国珍宝的谈话就是一个典型的事例。

原文

　　王孙圉聘于晋，定公飨[1]之。赵简子鸣玉以相[2]，问于王孙圉曰："楚之白珩犹在乎？"对曰："然。"简子曰："其为宝也，几何矣？"

译文

　　王孙圉在晋国访问，晋定公设宴招待他，赵简子佩带着能发出鸣响的玉，站在一旁担任赞礼官。他问王孙圉说："楚国的白珩还在吗？"王孙圉回答说："在。"简子说："它被你们当做宝贝有多久了？"

注释

[1] 定公：晋定公姬午。飨（xiǎng）：用酒食招待客人。　[2] 相（xiàng）：相礼，帮助国君执行礼仪。

曰："未尝为宝。楚之所宝者，曰观射父，能作训辞，以行事于诸侯，使无以寡君为口实❸。又有左史倚相，能道训典，以叙百物，以朝夕献善败于寡君，使寡君无忘先王之业；又能上下说乎鬼神，顺道❹其欲恶，使神无有怨痛于楚国。又有薮❺曰云连徒洲，金、木、竹、箭之所生也，龟、珠、角、齿、皮、革、羽、毛，所以备赋❻，以戒不虞者也，所以共币帛❼，以宾享于诸侯者也。若诸侯之好币具，而导之以训辞，有不虞之备，而皇神相之，寡君其可以免罪于诸侯，而国民保焉。此楚国之宝也。若夫白珩，先王之玩也，何宝焉？

"围闻国之宝，六而已：圣能制议百物，以辅相国家，则宝之；玉足以庇荫嘉谷，使无水旱之灾，则宝之；龟足以宪臧否❽，则宝之；珠足以御火灾，则宝之；金足以御兵乱，则宝之；山林薮泽足以备财用，则宝之。若夫哗嚣之美，楚虽蛮夷，不能宝也。"

王孙围说："没将它当成宝贝。楚国所当成宝的，叫观射父，他擅长辞令，到诸侯各国去办事，能使人家没法拿我们的国君做话柄。还有左史倚相，能够说出先王的训导和典章，陈述各种事物，朝夕将成败的经验和教训告诉国君，使国君不忘记先王的基业；还能上下取悦鬼神，顺应它们的好恶，使神不会对楚国有怨怼。还有叫做云连徒洲的多草之湖，是金属、木材、竹、箭杆所生产的地方，龟甲、珍珠、兽角、象牙、兽皮、犀牛皮、羽毛、牦牛尾，用于军备，以防范意外事件；这类产物，可以作为礼物，供招待和馈赠诸侯之用。如果各诸侯对礼品感到满意，再加之贤相们的训导和外交辞令，有对患难的防备，有皇天神灵相辅佑，那么我国君王就能够免于各诸侯国之罪责，国民也得到了保障。这些才是楚国的宝贝。至于白珩，这只是先王的玩物，怎么称得上是宝呢？

"我听说所谓国家的宝，只有六种而已：圣贤能够掌握和评判万事万物，以辅佐国家的，可以当作宝贝；庇护赐福使五谷丰登的宝玉，使国家没有水旱的灾难，可以当作宝贝；准确布告福祸的龟壳，可以当作宝贝；用来抵御火灾的珍珠，可以当作宝贝；防御兵乱的金属，可以当作宝贝；供给财政用度的山林湿地沼泽，可以当作宝贝。至于那些叮当作响的美玉，楚国虽然是野蛮偏远的国家，不可能将它当作宝物的。"

❸ 观射父（Guàn yìfǔ）：楚国大夫。口实：话柄。❹ 顺道：顺应。道，同"导"。❺ 薮（sǒu）：长水草的沼泽地。❻ 赋：兵赋。这里指军备财物。❼ 共：通"供"。币帛：古人用来赠送的礼品。❽ 臧否（zāngpǐ）：善恶，吉凶。

诸稽郢行成于吴

— 《国语》 —

背景介绍

时　　间：公元前 494 年

人　　物：文种、诸稽郢

事件起因：越王勾践再次被吴王夫差打败。

简介

　　吴王夫差大败越军于夫椒，但却允许越王勾践议和，保留了越国。此后，夫差再度兴兵攻讨越国。勾践采用文种的计谋，再次派诸稽郢卑辞厚礼向夫差求和。诸稽郢不辱使命，利用夫差目光短浅和好虚名的弱点，最终求和成功。越国有了等待复仇的机会。

吴王夫差起师伐越，越王勾践①起师逆之江。

大夫种乃献谋曰："夫吴之与越，唯天所授，王其无庸战。夫申胥、华登简服吴国之士于甲兵，而未尝有所挫也。夫一人善射，百夫决拾②，胜未可成。夫谋必素见③成事焉，而后履之，不可以授命④。王不如设戒，约辞行成，以喜其民，以广侈⑤吴王之心。吾以卜之于天，天若弃吴，必许吾成而不吾足也，将必宽然有伯⑥诸侯之心焉。既罢⑦弊其民，而天夺之食，安受其烬，乃无有命矣。"

越王许诺，乃命诸稽郢行成于吴，曰："寡君勾践使下臣郢不敢显然布币⑧行礼，敢私告于下执事曰：'昔者越国见祸，得罪于天王⑨，天王亲趋玉趾，以心孤⑩勾践，而又宥赦之。君王之于越也，繄⑪起死人而肉白骨也。孤不敢忘天灾，

吴王夫差起兵攻打越国，越王勾践发兵在江边迎战。

大夫文种献计说："吴国和越国，都听命于天，大王您可以不用作战。伍子胥、华登练出来的吴国士兵，从来没打过败仗。一人精于射箭，就会有百人拉起弓弦，我们没把握取胜。凡是谋划一件事情，必须预见到成功才实行，决不可轻易送命。君王不如保全兵力，严守阵地，低声下气求和，让吴民高兴，让吴王一天天骄傲自大起来。我们可由此占卜天意，果真天弃吴国，吴人定会答应议和，不把我国放在眼里，而放心大胆去中原争霸。等吴国百姓疲弊了，再遇上天灾欠收，我们稳稳当当地去收拾残局，吴国就失去上天的眷顾了。"

越王同意文种的意见了，派诸稽郢向吴求和，说："敝国君主勾践，派遣小臣诸稽郢前来，不敢公然献上玉帛，在天王驾前行礼，只好私下向天王左右的官员说：'从前，越国遭遇祸患，得罪了天王，天王亲自前来讨伐，本已归罪勾践，后又宽恕了他。天王对我越国的恩德，等于让死人复活，让白骨生肌，勾践既不敢忘记天降的灾祸，又怎敢忘记天王的厚赐呢？如今勾践既因无德而重遭天祸，我们这些草野的鄙贱之人，又怎

注释

① 越王勾践：春秋时越国国君。前494年，吴攻越，勾践战败，屈身事吴，卧薪尝胆，积蓄力量，终于在前473年举兵灭吴。② 决拾：射箭。③ 素见：预料到，预见。④ 授命：送命，致命。⑤ 广侈（chǐ）：张大，使骄傲自大。⑥ 伯（bà）：通"霸"，称霸。⑦ 罢：疲弊。⑧ 布币：陈列玉璧束帛等礼品。⑨ 天王：天子。⑩ 孤：通"辜"，归罪。⑪ 繄（yī）：乃，就是。

其敢忘君王之大赐乎？今勾践申祸无良，草鄙之人，敢忘天王之大德，而思边陲之小怨，以重得罪于下执事？勾践用帅二三之老，亲委[12]重罪，顿颡于边。今君王不察，盛怒属兵，将残伐越国。越国固贡献之邑也，君王不以鞭箠使之，而辱军士使寇令焉。勾践请盟：一介嫡女，执箕帚以晐姓[13]于王宫；一介嫡男，奉槃匜[14]以随诸御。春秋贡献，不解于王府。天王岂辱裁之？亦征诸侯之礼也。'

"夫谚曰：'狐埋之而狐搰[15]之，是以无成功。'今天王既封殖越国，以明闻于天下，而又刈亡之，是天王之无成劳也。虽四方之诸侯，则何实以事吴？敢使下臣尽辞，唯天王秉[16]利度义焉！"

敢忘记天王的大德，去计较边疆的小冲突，以至再次得罪天王的左右呢？勾践因此率领几个老臣，亲自承担重罪，在边境上叩着响头。天王未了解详情，勃然大怒，出兵讨伐。越国本来就是向天王称臣进贡的城邑啊，天王不用鞭子驱使它，却使您尊贵的将士执行御敌的命令，因此勾践请求盟约：今送来一个亲生的女儿，在王宫拿着簸箕扫帚；还送来一个亲生的儿子，捧着盘子和脸盆，服侍天王。春秋两季，向天王的府库进贡，决不丝毫懈怠。天王难道还要御驾亲征吗？这也是天子征伐诸侯之礼呀。'

"谚语说：'狐狸埋下它，又掘出来，所以劳而无功。'如今天王既已扶植了越国，您的明智已传遍天下，倘又消灭它，这会使天王的努力没有成果。四方的诸侯如何信服吴国呢？恕下臣冒昧把话说清楚，请天王就利和义两方面多加权衡吧！"

注释

[12] 委：归，承担。 [13] 晐（gāi）：具备。姓：谓纳女于天子。 [14] 槃匜（pányí）：盥洗用具。槃，同"盘"。 [15] 搰（hú）：掘。 [16] 秉：权衡。

申胥谏许越成

—《国语》—

背景介绍

时　　间：公元前 494 年
人　　物：申胥、吴王
事件起因：越国派使向吴国求和。

简介

大臣申胥谏阻吴王答应越国的求和，最后谏阻失败，吴国同意与越国讲和。

原文

吴王夫差乃告诸大夫曰："孤❶将有大志于齐，吾将许越成，而无拂❷吾虑。若越既改，吾又何求？若其不改，反行❸，吾振旅❹焉。"

译文

吴王夫差于是对大夫们说："我准备攻打齐国，因此会答应同越国讲和，希望大家不要反对我的想法。如果越王真心服从我，我没什么意见。如果他不知道悔改，等我回来，再派军队去征讨他。"

注释

❶ 孤：王侯的自谦之词。 ❷ 拂（fú）：违背。 ❸ 反：同"返"，指伐齐回来。 ❹ 振旅：整顿部队。

申胥谏曰："不可许也。夫越⑤非实忠心好吴也，又非慑⑥畏吾甲兵之强也。大夫种⑦勇而善谋，将还玩⑧吴国于股掌之上，以得其志。夫固知君王之盖⑨威以好胜也，故婉约⑩其辞，以从⑪逸王志，使淫乐于诸夏⑫之国，以自伤也。使吾甲兵钝弊⑬，民人离落⑭，而日以憔悴，然后安受吾烬。夫越王好信以爱民，四方归之，年谷时熟，日长炎炎，及吾犹可以战也。为虺弗摧，为蛇将若何？"

吴王曰："大夫奚隆于越？越曾足以为大虞乎？若无越，则吾何以春秋曜吾军士？"乃许之成。将盟，越王又使诸稽郢辞曰："以盟为有益乎？前盟口血未干，足以结信矣。以盟为无益乎？君王舍甲兵之威以临使之，而胡重于鬼神而自轻也。"吴王乃许之，荒成不盟。

申胥劝说道："您不能同越国讲和。越国不是真的和吴国友好交往，也是真的害怕我们强大的武力。大夫文种勇敢又善于谋略，他会把吴国玩弄于手掌之中，以此来实现他平生的抱负。他知道您好抖威风，又争强好胜，所以故意说一些好听的话，以此来放纵君王的心意，激发您称霸中原诸国的欲望，让您沉浸在征服各诸侯国的快乐之中，使您自己伤害自己。他想使我们的军队在争霸中疲惫不堪，人民离散漂泊，国力日益削弱，然后他们就能轻轻松松地收拾我们的残局。越王信用好又爱惜民众，周围各国都归顺他，越国每年的粮食收成都很好，百姓日子过得蒸蒸日上。趁我们还能跟他们打仗的时候，就应该抓住时机摧毁它。小蛇不消灭掉，等它真成为大蛇了，该怎么对付？"

吴王回答说："你为什么这么看重越国？越国什么时候开始变成这么大的隐患了？如果没有越国，我怎么可能在春、秋季节来炫耀我国的军事力量？"于是，吴王同意与越国讲和。准备举行盟誓时，越王又派诸稽郢来推脱说："盟誓有用吗？上次歃血为盟时留在嘴边的血还没干，足以表明信义了。盟誓没有用吗？您舍弃武力来和我们订立盟约，为什么看重鬼神而轻视自己呢？"于是吴王同意了，只是讲和，没有立下盟誓。

⑤越：指越国。⑥慑：恐惧，害怕。⑦种：越大夫文种。⑧还：转动。玩：玩弄。⑨盖：崇尚。⑩婉约：委婉而谦卑。⑪从：同"纵"。⑫诸夏：中原的其他诸侯国，如晋、齐、鲁、宋、郑、卫等。⑬钝：不利。弊：困。⑭离落：离散。

春王正月

— 《公羊传》 —

背景介绍

时　　间：公元前122年

人　　物：鲁隐公

事件起因：本篇是《公羊传》的第一篇，《公羊传》是孔子的再传弟子公羊高为解释《春秋》
　　　　　一书所作，阐述了尊崇王道、维护社会秩序和统一局面的思想。

简介

　　本篇解释了《春秋》经文开头一句"元年春王正月"的含义。文中讲述了鲁惠公去世以后，
鲁国上下关于立何人为君而出现的争论。

"元年"者何？君之始年也。"春"者何？岁之始也。"王"者孰谓？谓文王也。曷为先言"王"而后言"正月"？王正月也。何言乎"王正月"？大一统也。

公❶何以不言"即位"？成公意也。何成乎公之意？公将平国而反之桓。曷为反之桓？桓幼而贵，隐长而卑，其为尊卑也微，国人莫知。隐长又贤，诸大夫扳❷隐而立之。隐于是焉而辞立，则未知桓之将必得立也。且如桓立，则恐诸大夫之不能相❸幼君也。故凡隐之立，为桓立也。隐长又贤，何以不宜立？立嫡，以长不以贤；立子，以贵不以长。桓何以贵？母贵也。母贵，则子何以贵？子以母贵，母以子贵。

❶公：指鲁隐公，《春秋》未书隐公即位。❷扳（pān）：同"攀"，引，这里是拥戴的意思。❸相：辅助、辅佐。

"元年"是什么意思呢？元年就是国君即位当年。"春"又是什么意思呢？春是一年开始的季节。"王"指的是何人呢？王是指周文王。为什么先说"王"而后说"正月"，这是为了说明是周王朝的正月。为什么说是"周王朝的正月"？这是为了尊崇周天子的一统天下。

为什么隐公不说"即位"？这是为了成全隐公的意愿。为什么说是成全隐公的意愿？因为隐公计划将国家治理好之后，再把君位还给桓公。为什么要还给桓公？因为桓公虽然年幼，却地位尊贵，隐公虽然年长，却地位卑微，只是他们之间尊卑的差别很小，国人都不知道。隐公年长而有德行，众大夫拥戴隐公而立他为国君。隐公在这时要是推辞即位，就不知道桓公是否一定能立为国君了。如果桓公立为国君，又恐怕众大夫不能辅佐年幼的君主。所以，总而言之，隐公的即位，正是为了桓公将来的即位。隐公年长且贤良，为什么不宜立为国君呢？因为立嫡子，凭年长不凭德行；立太子，凭尊贵不凭年长。桓公为什么地位尊贵呢？就是因为他的母亲尊贵。母亲尊贵，为什么儿子就尊贵呢？因为儿子凭借母亲而尊贵，母亲凭借儿子而尊贵。

宋人及楚人平

— 《公羊传》—

背景介绍

时　　间：公元前 597 年

人　　物：司马子反、华元

事件起因：春秋中期，各诸侯国之间战争频繁，给民众带来了巨大灾难。宋国是位于中原东部的中等实力的诸侯国，竭力抵抗强大的楚国的侵犯。

简介

　　本文反映了楚国某些大夫的厌战情绪，以及他们对人民悲惨遭遇的同情，从一个侧面揭示了儒家所说的"春秋无义战"的战争性质。通篇用对话口气，重复之中又有变化，颇为传神。

外平不书，此何以书？大❶其平乎己也。何大其平乎己？庄王围宋，军有七日之粮尔！尽此不胜，将去而归尔。于是使司马❷子反乘堙❸而窥宋城。宋华元亦乘堙而出见之。司马子反曰："子之国何如？"华元曰："惫矣！"曰："何如？"曰："易子而食之，析❹骸而炊之。"司马子反曰："嘻！甚矣惫！虽然，吾闻之也，围者柑❺马而秣❻之，使肥者应客。是何子之情也？"华元曰："吾闻之：君子见人之厄则矜之，小人见人之厄则幸之。吾见子之君子也，是以告情于子也。"司马子反曰："诺，勉❼之矣！吾军亦有七日之粮尔！尽此不胜，将去而归尔。"揖而去之。

反于庄王。庄王曰："何如？"司马子反曰："惫矣！"曰："何如？"曰："易子而食之，析骸而炊之。"庄王曰："嘻！甚矣，惫！虽然，吾今取此，然后而归尔。"司马子反曰："不可。臣已告之矣，

鲁国以外的诸侯国停战讲和，《春秋》都不记载，这次楚、宋两国讲和之事为何又要记载呢？这是赞扬华元和司马子反两国大夫的自作主张。为什么要赞扬他们的自作主张呢？楚庄王率兵围攻宋国，而楚军只剩下七天的口粮！如果吃完军粮还不能取胜，楚军便撤兵回国。于是，楚庄王派司马子反登土山去窥探宋国的动静。恰巧宋国的华元也登土山并见到了子反。子反说："你们国家的情况怎么样？"华元说："已经疲惫不堪了啊！"子反又问："疲惫到什么程度了呢？"华元说："百姓们交换孩子将他们杀死吃掉，劈开尸骨烧火做饭。"子反说："哎呀！真严重，疲惫到这种程度！尽管这样，但我之前有所耳闻，被围的军队总是让马儿衔着木棍，不让马儿吃饱，还用肥马接待客人。而您为什么对我吐露真情呢？"华元说："我听说君子看到他人受苦就会心生怜悯，小人看见他人受苦就会幸灾乐祸。我看您是位君子，所以把实情告诉了您。"司马子反说："嗯，努力防守吧！我们军中也只有七天的军粮，如果吃完军粮还不能取胜，我们就打算回国了。"说罢，拱了拱手就离开了。

司马子反回到楚庄王那里。庄王说："情况如何？"司马子反说："已经疲惫不堪了啊！"庄王问："怎么个疲惫法？"回答："百姓们交换孩子

❶ 大：重，看重。此处引申为赞扬。 ❷ 司马：官名，掌管兵事。 ❸ 乘堙（yīn）：登上土堆。堙，筑土为山，用以瞭望。 ❹ 析：劈开。 ❺ 柑（qián）：同"钳"。 ❻ 秣（mò）：喂马。 ❼ 勉：努力。

军有七日之粮尔。"庄王怒曰："吾使子
往视之，子曷为告之？"司马子反曰：
"以区区❽之宋，犹有不欺人之臣，可以
楚而无乎？是以告之也。"庄王曰："诺，
舍而止。虽然，吾犹取此，然后归尔。"
司马子反曰："然则君请处于此，臣请归
尔。"庄王曰："子去我而归，吾孰与处
于此？吾亦从子而归尔。"引师而去之。
故君子大其平乎己也。此皆大夫也。其称
"人"何？贬。曷为贬？平者在下也。

注释

❽ 区区：形容很小。

将他们杀死吃掉，劈开尸骨烧火做
饭。"庄王说："哎呀！真严重，疲
惫到这种程度！但我还是要攻下宋国
再回去。"司马子反说："恐怕不行，
我已告诉他们，我军也只有七天的口
粮了。"庄王大怒："我让你前去探
听情况，你怎么倒向对方泄露我们的
军机？"司马子反说："就凭小小的
宋国，尚且有不肯骗人的大臣，难道
堂堂楚国就没有吗？所以我向他们说
了实情。"庄王说："嗯，那就筑好
营房然后住下，虽然军情暴露了，但
我还是要攻下宋国再回去。"司马子
反说："既然如此，那您就住下好啦，
但请允许我回去。"庄王说："你丢
下我独自回去，我和谁住在这儿呢？
我和你一同回去算了。"于是庄王带
领全军退出宋国。因此君子就赞扬两
国大夫自作主张讲和。这两个人都是
大夫，为什么《春秋》又只称之为
"人"呢？这其中含有贬低意味。为
何要贬低他们呢？因为他们作为臣子
私下讲和。

吴子使札来聘

—《公羊传》—

背景介绍

时　　间：公元前 544 年

人　　物：公子札（吴王寿梦的小儿子，古以伯、仲、叔、季排行，因此以"季子"为字。《史记》称他"季札"）

事件起因：吴国季札认为，国君的传位顺序是父传子，拒绝以弟的身份接替兄长的国君之位。

简介

文章开头，将季札让国的事迹引了出来。中间写吴王阖庐弑君，将王位交给季札，季札不肯接受。结尾以评论总结，回应篇首提问，阐明《春秋》之义，赞扬季札的美德。

吴无君、无大夫，此何以有君、有大夫？贤①季子也。何贤乎季子？让国②也。其让国奈何？谒③也、余祭④也、夷昧⑤也，与季子同母者四。季子弱而才，兄弟皆爱之，同欲立之以为君。谒曰："今若是迮而与季子国，季子犹不受也。请无与子而与弟，弟兄迭为君，而致国乎季子。"皆曰："诺⑥。"故诸为君者，皆轻死为勇，饮食必祝曰："天苟有吴国，尚⑦速有悔于予身。"故谒也死，余祭也立；余祭也死，夷昧也立；夷昧也死，则国宜之季子者也。

季子使而亡⑧焉。僚⑨者，长庶也，即之。季子使而反，至而君之尔。阖庐⑩曰："先君之所以不与子国而与弟者，凡为季子故也。将从先君之命与，则国宜之季子者也；如不从先君之命与，则我宜立者也。僚恶得为君乎？"于是使专

吴国没有国君，也没有大夫，这里为什么要提到有国君、有大夫呢？因为季子表现出贤者的风范。为什么认为表现出贤者风范呢？因为他辞让了君位。季札让国是怎么一回事呢？原来，谒、余祭、夷昧和季子四个人是同母所生。季子年少而有才，兄弟几个都喜欢他，都想立他为国君。大哥谒说："现在如果着急把君位传给季子，季子不会接受。所以，先不要将君位直接传给儿子，而应该先传给弟弟，兄弟轮着做国君，顺其次序就能将君位传于季子。"大家都说："好。"所以，做国君都不怕死，表现得很勇敢，吃饭时也祝告说："如果上天能保全吴国，还希望把灾难降到我身上。"所以谒死了，接着余祭即位；余祭死了，夷昧即位；夷昧死了，君位就传给季子了。

这个节骨眼上，季子却找借口去他国而不愿意回来。僚是各兄弟中年龄最大的，他即了位。季子回来就拜僚为国君。阖庐说："先君没有把君位传给儿子而传给了弟弟，都是因为季子的原因。要是按照先君的命令，君位是应该传给季子的；如果不按照先君的命令，我就应该当这个国君。僚怎么可能做国君呢？"于是派专诸把僚杀了，然后将君位

注释

①贤：用作动词。 ②让国：辞让国君之位。 ③谒：寿梦长子，一作"遏"，号诸樊。 ④余祭：寿梦次子，《左传》记其名一作"戴吴"，马王堆三号墓出土帛书《春秋事语》作"余蔡"。 ⑤夷昧：寿梦三子。《左传》作"夷末"，《史记》作"余昧"。 ⑥诺：好。 ⑦尚：佑助。 ⑧使而亡：出使在外，自我流亡。 ⑨僚：《公羊传》这里说他是"长庶"，即吴王寿梦妾所生的长子，季札的异母兄。 ⑩阖庐：公子光即吴王位后的号，《史记》说他是诸樊之子，《世本》说他是夷昧之子。

诸⑪刺僚，而致国乎季子⑫。季子不受，曰："尔弑吾君，吾受尔国，是吾与尔为篡也。尔杀吾兄，吾又杀尔，是父子兄弟相杀，终身无已也。"去之延陵⑬，终身不入吴国。故君子以其不受为义，以其不杀为仁。

贤季子，则吴何以有君、有大夫？以季子为臣，则宜有君者也。"札"者何？吴季子之名也。春秋贤者不名⑭，此何以名？许夷狄者，不一而足也⑮。季子者，所贤也，曷为不足乎季子？许人臣者必使臣，许人子者必使子也⑯。

⑪ 专诸：伍子胥为公子光找到的勇士。⑫ 致国乎季子：把王位给季札。⑬ 延陵：春秋吴邑，今江苏常州。季札食邑于此，所以又号"延陵季子"。⑭ 不名：不直称名。对人表示尊敬，就称其字而不称名。⑮ 不一而足：不因为一事一物就认为够条件了。与今义不同。⑯ 这两句的意思是，作为人臣，季札应该为僚报仇，作为人子，季札应该服从父亲的安排作国君。

给了季子。季子不接受，说："你杀了我的主君，我接受你的君位，岂不是我跟你一起篡夺君位了。你杀了我的兄长，我又来杀你，不就成了父子兄弟相互残杀，终身没有完结了。"于是季子离开国都到了延陵，终身再也不进吴国都城。所以君子认为他没有接受君位是正义的行为，没有杀害侄子，表现出了他的仁慈。

表彰季子贤，为什么提出吴国有国君、有大夫呢？主要是因为季子是臣子，也就应该有国君。"札"是什么呢？是季子的名字。《春秋》里对贤者不称呼其名，为什么这里叫"季札"呢？因为季札是夷狄的人，对夷狄之人进行表扬，不能因为在某一个方面做得好就满意了。季子这个人，在《春秋》里被当作贤者，为什么又对他不满意？因为赞同他会作臣子的话，一定要使他完全合乎一个好臣子；赞同他是个好儿子的话，一定要让他像个好儿子。

17

虞师晋师灭夏阳

——《榖梁传》——

背景介绍

时　　间：公元前 658 年

人　　物：晋献公、荀息（晋大夫）、虞公、宫之奇（虞大夫）

事件起因：晋献公准备伐虢，听从荀息的计策，用重礼贿赂虞公。

简介

　　虞公没有听取宫之奇不要上当的建议，最后导致自己国家的灭亡。虞国地处晋、虢之间，虞公没有明白唇亡齿寒的道理，反而帮助晋献公伐虢，最终引火烧身。

非国而曰"灭"，重夏阳也。虞无师，其曰"师"，何也？以其先晋，不可以不言师也。其先晋何也？为主乎灭夏阳也。夏阳者，虞、虢之塞邑也，灭夏阳而虞、虢举矣①。

虞之为主乎灭夏阳。何也？晋献公欲伐虢，荀息曰："君何不以屈产之乘②、垂棘之璧，而借道乎虞也？"公曰："此晋国之宝也。如受吾币③，而不借吾道，则如之何？"荀息曰："此小国之所以事大国也。彼不借吾道，必不敢受吾币。如受吾币，而借吾道，则是我取之中府而藏之外府④，取之中厩而置之外厩也⑤。"公曰："宫之奇存焉，必不使受之也。"荀息曰："宫之奇之为人也，达心而懦⑥，又少长于君。达心则其言略，懦则不能强谏，少长于君，则君轻之。且夫玩好在耳目之前⑦，而患在一国之后，此中知⑧以上乃能虑之。臣料虞君，中知以下也。"公遂借道而伐虢。

不是国家而说"灭"，这是重视夏阳。虞国没有动用军队进攻夏阳，《春秋》用了"师"字，这是为什么呢？因为在晋国出兵前，虞国实际上就已经在攻打夏阳了，不能不用"师"字。为什么说它在晋国出兵前就攻打夏阳了呢？是因为它是灭亡夏阳的主谋。夏阳是虞国和虢国边界上的城邑，灭掉了夏阳，虞国和虢国也就可以攻下来了。

说虞国是灭掉夏阳的主谋，这是为什么呢？晋献公打算讨伐虢国，荀息说："国君为什么不用屈地出产的骏马和垂棘出产的玉璧，向虞国借道呢？"晋献公说："这些都是晋国的宝物。如果虞国接受了我的礼物，却又不借道给我，那该怎么办呢？"荀息说："这里有小国侍奉大国的难处。它不借道给我们，就一定不敢接受我们的礼物。如果接受了我们的礼物，又借道给我们，那么，我们只不过是把美玉从宫中的库房里取出来藏在宫外的库房里，把良马从宫内的马厩中牵出来放在宫外的马厩而已。"晋献公说："宫之奇还在虞国任职呢，他一定不会让国君接受这礼物的。"荀息说："宫之奇的为人，虽然心里明白但性情懦弱，又比虞君大不了几岁。心里明白，说话就简略；性情懦弱，就不会坚决劝谏；比虞君大不了几岁，国君就不会尊重他。况且珍宝就在面前，而灾祸却在另一个国家灭亡之后，这是中等智力以上的人才能想到的。我料定虞国国君是个中等智力以下的人。"于是，晋献公就向虞国借道去讨伐虢国。

① 举：拔取，攻占。② 乘：四马为一乘。这里指马。③ 币：馈赠的财物。④ 中府：宫中仓库。外府：宫外仓库。⑤ 中厩（jiù）：宫中的马棚。外厩：宫外的马棚。⑥ 达心：心里明白通达。⑦ 玩好（hào）：玩赏之物。⑧ 知：同"智"。

宫之奇谏曰："晋国之使者，其辞卑而币重，必不便于虞。"虞公弗听，遂受其币而借之道。宫之奇又谏曰："语曰：'唇亡则齿寒。'其斯之谓与？"挈其妻子以奔曹❾。

献公亡虢，五年，而后举虞。荀息牵马操璧而前曰："璧则犹是也，而马齿加长矣❿。"

宫之奇进谏道："晋国的使者言辞谦卑，礼物十分贵重，一定会对虞国不利。"虞公不听，接受了晋国送来的礼物，借道给了晋国。宫之奇又进谏道："古语说'唇亡则齿寒'，岂不就说的这件事吗？"宫之奇带上他的妻子儿女一起逃到曹国去了。

晋献公灭掉了虢国，五年以后又占领了虞国。荀息牵着良马、捧着玉璧来到晋献公跟前说："玉璧还是老样子，马却变老了。"

注释

❾ 挈：带领。妻子：妻子和儿女。 ❿ 马齿加长：马的牙齿随年增长，马齿加长，指马的岁数增加。

晋献公杀世子申生

— 《礼记》 —

背景介绍

时　　间：公元前 656 年

人　　物：申生、重耳

事件起因：晋国发生骊姬乱政的事。

简介

　　此篇记述申生在被谗蒙冤的情况下，为奉行"忠孝"，甘受骊姬诬陷，在面临死亡时的心理状态。不申辩以伤君父之心，不出奔以暴扬君父之过，宁可选择自杀，从容就死，是后世宋儒宣扬的"父要子死，子不得不死"的典型。

晋献公将杀其世子申生。公子重耳❶谓之曰："子盖❷言子之志于公乎？"世子曰："不可。君安骊姬，是我伤公之心也。"曰："然则盖行乎？"世子曰："不可。君谓我欲弑君也。天下岂有无父之国哉？吾何行如之？"

使人辞于狐突❸曰："申生有罪，不念伯氏❹之言也，以至于死，申生不敢爱其死。虽然，吾君老矣，子少❺，国家多难。伯氏不出而图吾君，伯氏苟出而图❻吾君，申生受赐而死。"再拜稽首，乃卒。是以为恭世子也。

晋献公将要杀掉他的太子申生。公子重耳对申生说："你为什么不把自己心中的想法向君主表白呢？"太子说："不行。君主有了骊姬才感到幸福，我讲出真相就会伤君主的心。"公子重耳说："那你为什么不逃走呢？"太子说："不行，君主会说我想要谋害他。天下难道有无父的国家吗？再说我能够逃到哪里呢？"

于是太子申生派人去向狐突辞别，说："申生有罪，没有听从您的忠告，以致弄得性命不保，申生不敢贪生怕死。但是，我们君主年纪已老，爱子奚齐年纪还小，国家将会多灾多难。您又不肯为君出谋划策，您如果肯为君主谋划政事，申生虽死也感激您的恩惠。"于是行了再拜稽首的礼节，然后自杀了。因此他被谥为"恭世子"。

注释

❶ 重耳：申生的异母弟，后为晋文公。❷ 盖（hé）：同"盍"，为什么。❸ 狐突：晋国的臣子，申生的老师。❹ 伯氏：即指狐突。鲁闵公二年，晋献公派遣申生伐东山时，狐突曾劝他趁此机会逃到别的地方去，申生没有听从。❺ 子少：指骊姬的儿子奚齐，年纪还小。❻ 图：策划，谋划。

曾子易箦

— 《礼记》 —

背景介绍

时　　间：公元前 435 年

人　　物：曾子（春秋末年思想家）、曾元、童子

事件起因：曾子临终之际担心自己的行为有违礼节。

简介

　　曾子逼着儿子换掉了不符合自己身份和地位的席子。更换席子的做法，表现了曾子恪守礼法的坚定信念和知错必改的精神，更体现儒家礼法至上的观念。

曾子❶寝疾，病。乐正子春❷坐于床下，曾元、曾申❸坐于足，童子隅坐而执烛。

童子曰："华而睆❹，大夫之箦❺与？"子春曰："止！"曾子闻之，瞿然❻曰："呼！"曰："华而睆，大夫之箦与？"曾子曰："然。斯季孙❼之赐也，我未之能易也。元，起易箦。"曾元曰："夫子之病革❽矣，不可以变。幸而至于旦，请敬易之。"曾子曰："尔之爱我也不如彼！君子之爱人也以德，细人之爱人也以姑息❾。吾何求哉？吾得正而毙焉，斯已矣。"举扶而易之，反席未安而没❿。

曾子卧病在床，病情危急。他的弟子子春坐在床侧，曾元、曾申坐在曾子脚旁，童子坐在角落里拿着蜡烛。

童子说："又精美又光洁，这是大夫用的竹席吧？"子春说："住口！"曾子听到童子的话，吃惊地说："喔！"童子又说："又精美又光洁，这是大夫用的竹席吧？"曾子说："是的。这是季孙送给我的，我还没来得及把它换下来。元，你扶我起来，把席子换掉。"曾元说："您的病情危急，不宜挪动身子。请等到天亮，一定给您换掉。"曾子说："你对我的爱不如那个童子！君子爱人就成全他的德行，小人爱人就迁就他的过失。我还有什么可求的呢？只要能死得合乎正礼，也就足够。"大家抬起曾子，更换竹席，他回到席子上，还没躺安稳就死了。

注释

❶ 曾子：名参，字子舆，春秋时鲁国人，是孔子的弟子。
❷ 乐正子春：子春是曾子的弟子，官任乐正。乐正，公室乐官。❸ 曾元、曾申：都是曾参的儿子。❹ 睆（huǎn）：光亮。
❺ 大夫之箦：箦华美而光洁，是大夫所用，曾子未曾为大夫，因此僮仆有此问。箦，竹席。❻ 瞿（jù）然：惊骇时瞪大眼睛的样子。❼ 季孙：鲁大夫。❽ 革（jí）：通"亟"，危急。❾ 细人：小人。姑息：无原则的迁就。
❿ 没（mò）：死。

有子之言似夫子

— 《礼记》 —

背景介绍

时　　间：战国前期
人　　物：曾子、有子、子游
事件起因：有子问曾子是否从夫子那里听到过失去官
　　　　　职后该如何做的事情，接下来有子、曾子、
　　　　　子游分别对夫子的话表达了自己的看法。
　　　　　由于三人思考角度不同，三人也对夫子
　　　　　的话有着不同的理解。

简介

　　本文记叙的是孔子的弟子对"丧欲速贫，死欲速朽"的含义的探讨。对同一句话，弟子们有着不同的理解。有子能够不片面、不孤立地去判断，而且和孔子的一贯言行相联；子游能够根据孔子讲话的背景，针对的问题进行分析；曾子则是句句照搬，孤立、片面地理解。

原文

　　有子问于曾子曰："问丧于夫子乎❶？"曰："闻之矣。'丧欲速贫，死欲速朽'。"有子曰："是非君子之言也。"曾子曰："参也闻诸夫子也。"有子又曰："是非君子之言也。"曾子曰："参也与子游闻

译文

　　有子问曾子说："你从夫子那里听说过如何对待失去职位的事情吗？"曾子说："我听到过。'失去职位要快点穷，死了要快点腐烂。'"有子说："这不是君子说的话。"曾子说："我这是从夫子那里听来的。"有子又说："这不是君子说的话。"曾子说："我是和子游一起听到这样说的。"

注释

❶ 问：通"闻"。丧：丧失。这里指失去官职。夫子：古时对男子的尊称，弟子亦称老师为夫子。

之。"有子曰："然。然则夫子有为言之也❷。"

　　曾子以斯言告于子游。子游曰："甚哉,有子之言似夫子也!昔者夫子居于宋,见桓司马自为石椁❸,三年而不成。夫子曰:'若是其靡也,死不如速朽之愈也❹。'死之欲速朽,为桓司马言之也。南宫敬叔反,必载宝而朝。夫子曰:'若是其货也❺,丧不如速贫之愈也。'丧之欲速贫,为敬叔言之也。"

　　曾子以子游之言告于有子。有子曰:"然!吾固曰非夫子之言也。"曾子曰:"子何以知之?"有子曰:"夫子制于中都❻,四寸之棺,五寸之椁,以斯知不欲速朽也。昔者夫子失鲁司寇,将之荆❼,盖先之以子夏,又申❽之以冉有。以斯知不欲速贫也。"

　　有子说:"这样啊,夫子是有所指才这样说的吧。"

　　曾子把有子的话告诉了子游。子游说:"有子的话真像是夫子说的!从前,夫子住在宋国时,看见桓司马为自己做石椁,三年还没有做好。夫子就说:'像这样奢侈,死了不如快点腐烂的好。'死了要快点腐烂,是针对桓司马说的话。南宫敬叔失去职位以后离开鲁国,回国必定载着珠宝去朝拜国君。夫子说:'像这样行贿,丢了官之后还不如很快变穷更好。'失去职位要快点穷,是针对南宫敬叔说的。"

　　曾子将子游的话告诉有子,有子说:"是这样。我本来就说了这不是夫子的话。"曾子说:"您是怎么知道的呢?"有子说:"夫子任中都宰的时候,制定了棺厚四寸、椁厚五寸的制度,我因此知道夫子不希望人迅速腐烂。从前,夫子失去鲁国司寇的职位时,打算前往楚国。他先派了子夏去说明意图,然后又派冉有去了解情况,所以我知道夫子不希望失去官职以后很快就贫穷。"

❷ 有为:有所为,有目的,有针对性。❸ 桓司马:即桓魋(tuí),宋国司马,掌管军事。椁(guǒ):棺材外面的大棺,古时棺木内为棺,外为椁。❹ 愈:更好,较好。❺ 货:用财物收买别人,行贿。❻ 制于中都:指孔子任中都宰。❼ 司寇:官名。掌管刑狱。孔子曾任鲁国司寇,后去职。荆:楚国。❽ 申:再,重复。

公子重耳对秦客

— 《礼记》 —

背景介绍

时　　间：公元前 651 年
人　　物：重耳、秦穆公、舅犯（狐偃）
事件起因：晋献公死时，秦穆公劝重耳借此机会回国继位。

简介

　　公子重耳由于受骊姬的陷害，在晋献公在世时流亡国外。公元前 651 年，晋献公去世，晋国无主，秦穆公派使者到重耳处吊唁，并试探他是否有乘机夺位的意思。狐偃认为时机不成熟怕授人话柄，于己不利，让重耳谢绝了秦穆公的好意，最终得到秦穆公的赞许。

晋献公之丧，秦穆公使人吊公子重耳❶，且曰："寡人闻之：'亡国恒于斯，得国恒于斯。'虽吾子俨然在忧服之中，丧亦不可久也，时亦不可失也，孺子其图之。"以告舅犯❷。舅犯曰："孺子其辞焉。丧人无宝，仁亲以为宝。父死之谓何？又因以为利，而天下其孰能说❸之？孺子其辞焉。"

公子重耳对客曰："君惠吊亡臣重耳。身丧父死，不得与于哭泣之哀，以为君忧。父死之谓何！或敢有他志，以辱君义？"稽颡而不拜，哭而起，起而不私❹。

子显以致命于穆公，穆公曰："仁夫，公子重耳！夫稽颡而不拜，则未为后❺也，故不成拜。哭而起，则爱父也。起而不私，则远利也。"

晋献公去世了，秦穆公派人慰问公子重耳，并且传达自己的话说："寡人听说：'失去国家常常在这个时候，得到国家常常在这个时候。'虽然您恭敬严肃，在忧伤的服丧期间，但落魄也不可太久，时机也不可失去啊，希望您考虑一下吧！"重耳将这事告诉舅舅子犯。舅舅子犯说："还是辞谢吧。流亡在外的人没有值得宝贵的东西，可珍贵的只有仁爱和亲情。父亲死去这是何等重大的事情啊？还要用这事来谋利，那么天下谁能拥护你呢？您还是辞谢他的好意吧。"

公子重耳对秦穆公使者说："承蒙君王恩惠，吊唁流亡之臣重耳。我逃亡在外，在父亲死去居丧的时候，不能参与丧礼哭泣哀悼，劳烦国君操心了。父亲死去这是多大的事情！我哪里还有其他的图谋来辜负您来慰问我的情义啊？"重耳跪下叩头，却不行拜谢礼；哭着起身，起身后也不跟秦国来的客人私下交谈。

子显复命将事情告诉秦穆公，秦穆公说："仁人啊，公子重耳！叩拜但不拜谢宾客，是他没以晋国君主的继承人而自居，所以没有行拜谢礼。哭着起身，就表示哀悼父亲。起身与宾客不私谈，就表示不愿谋求个人利益。"

❶ 秦穆公：春秋时秦国国君。吊：吊唁，安慰。❷ 舅犯：狐偃，字子犯，重耳的舅父。❸ 说：同"悦"，高兴，拥戴。❹ 私：私下谈话。❺ 后：君，国君。

28

杜蒉扬觯

— 《礼记》 —

背景介绍

时　　间：公元前 533 年

人　　物：晋平公、杜蒉

事件起因：晋国大夫知悼子去世还未下葬，晋平公就在停殡期间宴饮，有悖于当时的礼制。

简介

　　本文写晋国厨师杜蒉用巧妙的方式向国君指出他的过错，以便尽到臣子辅佐君王的责任。他心忧国事，值得肯定，而晋平公能纳厨师之谏，知错即改，可以称得上是位明君。

知悼子❶卒，未葬，平公饮酒，师旷、李调侍，鼓钟。杜蒉自外来，闻钟声，曰："安在？"曰："在寝。"杜蒉入寝，历阶而升，酌曰："旷饮斯！"又酌曰："调饮斯！"又酌，堂上北面坐饮之。降，趋而出。

平公呼而进之，曰："蒉！曩❷者尔心或开❸予，是以不与尔言。尔饮旷，何也？"曰："子卯不乐❹。知悼子在堂，斯其为子卯也大矣！旷也，太师也。不以诏，是以饮之也。""尔饮调，何也？"曰："调也，君之亵臣也❺。为一饮一食忘君之疾，是以饮之也。""尔饮，何也？"曰："蒉也，宰夫❻也，非刀匕是共，又敢与知防，是以饮之也。"平公曰："寡人亦有过焉，酌而饮寡人。"杜蒉洗而扬觯。公谓侍者曰："如我死，则必毋废斯爵也！"

至于今，既毕献，斯扬觯，谓之"杜举"。

知悼子死了，还没有下葬。晋平公就在宫内饮酒作乐，师旷、李调在旁陪侍，击钟演奏乐曲。杜蒉从外面进来，听到钟声，说："国君在哪？"有人说："在寝宫。"杜蒉前往寝宫，循阶登堂，斟了杯酒道："师旷干了这杯！"又斟上酒道："李调干了这杯！"再次斟上酒，在殿堂上面朝北坐下干了酒。随后走下台阶，快步走了出去。

平公喊他进来，说："蒉，刚才你心里或许是想要开导我，所以没有跟你说话。你罚师旷喝酒，是为什么啊？"杜蒉说："子日和卯日君上不得演奏乐曲。现在知悼子的棺柩还在堂上停放，这事与子日、卯日相比更严重了！师旷，身为太师，他不告诉您这个情况，所以要罚他喝酒啊。""你罚李调喝酒，又是为什么呢？"杜蒉说："李调，是您亲幸的近臣。为贪图吃喝而忘记了君主的忌讳，所以要罚他喝酒啊。""那么你罚自己喝酒，又是为什么呢？"杜蒉说："我杜蒉，是个厨师，不去专门料理餐具饮食，却敢干预了解和防范错误的事，所以要罚自己喝酒。"平公说："我也有过错啊，斟酒来罚我吧。"杜蒉洗干净酒器，斟上酒，然后高高举起酒杯。平公对侍从们说："如果我死了，千万不要丢弃这酒杯啊。"

直到现在，晋国的国宴上，主人在敬酒完毕之后，都要高举酒杯，这叫做"杜举"。

注释

❶ 知（zhì）悼子：知盈，春秋时晋国大夫，系出荀氏，也称荀盈。 ❷ 曩（nǎng）：以往，从前。 ❸ 开：启发，开导。 ❹ 子卯不乐：据说夏桀以乙卯日死，商纣以甲子日死，后代君主引以为戒，以子卯日为国君的忌日，不准饮酒奏乐。 ❺ 亵：亲近，狎近。 ❻ 宰夫：厨师。

晋献文子成室

— 《礼记》 —

背景介绍

时　　间：公元前 548 年

人　　物：赵武（晋国正卿）、张老（晋国大夫张孟）

事件起因：晋国大夫赵武升任正卿，新建的宫室落成，晋国的大夫们前往致贺。

简介

　　赵氏从晋文侯时起成为晋国的一个大族，以其历代事晋侯有功勋，在晋景公三年，晋国司寇屠岸贾勾结诸将军构罪族灭赵氏，赵武的母亲怀着身孕躲进宫中，后来生下赵武，也就是有名的"赵氏孤儿"。15 年后冤案才得以昭雪。赵武在晋平公十年担任正卿，执掌国政。

晋献文子成室❶，晋大夫发焉❷。张老曰："美哉轮焉❸，美哉奂焉❹。歌于斯❺，哭于斯，聚国族于斯❻。"

文子曰："武也，得歌于斯，哭于斯，聚国族于斯，是全要领以从先大夫于九京也❼。"北面再拜稽首。君子谓之善颂、善祷。

晋国大臣赵武的新居落成，晋国的大夫们前往送礼庆贺。张老说："多么高大，多么华丽。既可以在这里奏乐祭祀，又可以在这里举行葬礼，还可以在这里与国宾、宗族聚会。"

赵武说："我赵武能够在这里歌舞祭祀，在这里举行丧礼，在这里与国宾、宗族聚会，这样我就可以保全我的身首，从而跟随先大夫一起葬于九原了。"说完，就面向北面叩头拜谢。当时的君子称赞他们二人一个善于赞美祝福，一个善于祈祷免祸。

注释

❶ 成室：新居落成。❷ 发：送礼庆贺。❸ 轮：轮困，屈曲盘旋而上的样子，引申为高大。❹ 奂：同"焕"，鲜明，光亮，引申为华丽。❺ 歌：古代祭祀时奏乐唱诗，此以"歌"代指祭祀。❻ 国族：国宾与宗族。
❼ 全要领：指不受腰斩、砍头之刑罚。要，同"腰"。领，颈。要、领是古代的两种死刑，即腰斩和砍头。

苏秦以连横说秦

— 《战国策》—

背景介绍

时　　间：战国时期

人　　物：苏秦（战国时期著名纵横家）、秦惠王、
　　　　　赵王（赵肃侯）

事件起因：苏秦最初主张连横，想帮助秦国攻打六
　　　　　国，秦惠王不用他，他就转而主张合纵，
　　　　　造成六国联合、共同抗秦的局面。

简介

　　战国时期诸侯林立，尔虞我诈，一批谋臣策士周旋其间，纵横驰骋，朝秦暮楚，以逞
其智能，获取功名，苏秦正是这个时期纵横家的代表人物。

苏秦始将连横说①秦惠王曰："大王之国，西有巴、蜀、汉中之利，北有胡貉、代马之用，南有巫山、黔中之限，东有崤②、函之固。田肥美，民殷富，战车万乘，奋击③百万，沃野千里，蓄积饶多，地势形便，此所谓天府，天下之雄国也。以大王之贤，士民之众，车骑之用，兵法之教，可以并诸侯，吞天下，称帝而治。愿大王少④留意，臣请奏其效。"

秦王曰："寡人闻之，毛羽不丰满者不可以高飞，文章⑤不成者不可以诛罚，道德不厚者不可以使民，政教不顺者不可以烦⑥大臣。今先生俨然⑦不远千里而庭教之，愿以异日。"

苏秦起先主张连横，劝秦惠王说："大王的国家，西面有巴、蜀、汉中的富饶，北面有胡地的貉皮、代地的良马可以利用，南面有巫山、黔中作为屏障，东面有崤山、函谷关这样坚固的门户。耕田肥美，百姓富足，战车有万辆，战士有百万，沃野千里，财富丰足，地理形势便利，这正是人们所谓的天府，天下的强国啊。凭着大王的贤明、兵士百姓的众多、车马的效用、兵法的教习，可以兼并诸侯，吞灭天下，称帝王而统治诸侯。希望大王稍加注意，我请求来陈述怎么实现这个目标。"

秦惠王回答说："我听说，鸟雀羽毛不丰满的不能高飞上天，法令条文不完备便不能用来实施刑罚，道德行为不深厚的不能驱使百姓，政令教化不和便不能差遣大臣。现在，先生认认真真不远千里来朝廷赐教于我，不过就这件事还是改日再说吧。"

① 说（shuì）：劝说。② 崤（xiáo）：通"崤"，崤山。③ 奋击：这里指奋力作战的将士。④ 少：稍。⑤ 文章：指法令。⑥ 烦：调遣。⑦ 俨然：庄重认真的样子。

苏秦曰："臣固❽疑大王之不能用也。昔者神农伐补遂，黄帝伐涿鹿而禽❾蚩尤，尧伐骦兜，舜伐三苗，禹伐共工，汤伐有夏，文王伐崇，武王伐纣，齐桓任战而霸天下。由此观之，恶❿有不战者乎？古者使车毂❶击驰，言语相结，天下为一；约从连横，兵革不藏；文士并饬❷，诸侯乱惑；万端俱起，不可胜理；科条既备，民多伪态；书策稠浊❸，百姓不足；上下相愁，民无所聊❹；明言章❺理，兵甲愈起；辩言伟服，战攻不息；繁称文辞，天下不治；舌弊耳聋，不见成功；行义约信，天下不亲。于是，乃废文任武，厚养死士，缀甲厉兵❻，效

苏秦说："我本来就怀疑大王是不会采用我的主张的。从前，神农讨伐补遂，黄帝讨伐涿鹿因而擒杀蚩尤，唐尧讨伐骦兜，虞舜讨伐三苗，夏禹讨伐共工，商汤讨伐夏桀，周文王讨伐崇侯虎，周武王讨伐殷纣王，齐桓公运用武力称霸天下。由此看来，哪有不用战争手段的呢？古时候，各国使臣的车驾往来频繁，车毂相击。他们以言语相互结交，使天下成为一体；后来实行约纵连横的策略，战争就不停息了；文士都巧饰辞令，各国诸侯疑惑而无所适从；各种事端层出不穷，却无法清理；规章制度虽已完备，百姓却多是虚情假意；文书政令多而混乱，百姓却愈加贫困；君臣上下都在发愁，民众无所依从；话语讲得明白清楚，道理讲得冠冕堂皇，战争却更为频繁；穿着讲究服饰的文士虽然善辩，但争战攻伐仍未停息；旁征博引，讲华丽的言辞，天下因此不得治理；发言者说烂了舌头，听讲者听聋了耳朵，也并未产生什么效果；提倡道义，约以诚信，但

❽ 固：本来。 ❾ 禽：同"擒"。 ❿ 恶（wū）：哪里。 ❶ 毂（gǔ）：车轮中央的圆木。这里指车乘。 ❷ 饬：通"饰"，巧饰。 ❸ 稠浊：又多又乱。 ❹ 聊：依靠。 ❺ 章：明显。 ❻ 缀：连缀，缝制。厉：同"砺"，磨砺。

胜于战场。夫徒处而致利，安坐而广地，虽古五帝、三王、五霸，明主贤君，常欲坐而致之，其势不能，故以战续之。宽则两军相攻，迫则杖戟相撞，然后可建大功。是故兵胜于外，义强于内；威立于上，民服于下。今欲并天下，凌万乘⑰，诎⑱敌国，制海内，子元元，臣诸侯，非兵不可！今之嗣主，忽于至道⑲，皆惛⑳于教，乱于治，迷于言，惑于语，沉于辩，溺于辞。以此论之，王固不能行也。"

⑰凌：超过。万乘：一万辆战车。这里指大国。⑱诎（qū）：屈服。⑲至道：最重要的道。这里指战争。⑳惛（hūn）：糊涂，不明事理。

天下仍不能和睦相处。于是，各国便废弃文治，采用武力，以丰厚的待遇豢养勇猛敢死之士，备好铠甲，磨好兵器，在战场上角逐胜负。想不花力气等待能获得利益，安然而坐便开拓疆土，即使古代的五帝、三王、五霸以及那些明主贤君也常想实现而无法办到的，所以他们还是转而用战争去求取。两军对垒，距离远的就摆开阵势对打，距离近的便短兵相接，只有这样做才能建树大功业。因此，对外军队取得了胜利，对内因行仁义而强大；只有国君在上面把威望树立起来，百姓才会在下面服从。现在要想吞并天下，凌驾于大国之上，使敌国屈服，控制海内，抚育百姓，臣服诸侯，非用武力不可！现今在位的君主，忽视这一根本道理，在教化民众上糊涂，在治理国家上混乱，迷惑于花言巧语，沉溺于诡辩文辞。像这样看来，大王是不会采纳我的主张了。"

说秦王书十上而说不行，黑貂之裘敝，黄金百斤尽，资用乏绝，去秦而归，羸縢履蹻㉑，负书担囊，形容枯槁，面目黧黑，状有愧色。归至家，妻不下纴㉒，嫂不为炊。父母不与言。苏秦喟然叹曰："妻不以我为夫，嫂不以我为叔，父母不以我为子，是皆秦之罪也。"乃夜发书，陈箧㉓数十，得太公《阴符》之谋，伏而诵之，简练㉔以为揣摩。读书欲睡，引锥自刺其股，血流至足，曰："安有说人主不能出其金玉锦绣，取卿相之尊者乎？"期年㉕，揣摩成，曰："此真可以说当世之君矣。"

苏秦劝说秦王的奏章多次呈上，但他的主张最终未被采纳。黑貂皮袍穿破了，一百斤黄金花光了，钱财没有了，他只好离开秦国回家去。他绑着裹腿，穿着草鞋，背着书箱挑着行囊，面容憔悴，脸色黝黑，面有愧色。回到家中，妻子不走下织机迎接他，嫂子不给他做饭，父母不和他讲话。苏秦长叹道："妻子不把我当丈夫，嫂子不把我当小叔，父母不把我当儿子，这都是我苏秦的罪过啊。"于是苏秦连夜找书，摆开了几十只书箱，找到了姜太公的《阴符》一书，便埋头诵读，并反复选择、熟习、研究、体会。读书困乏昏昏欲睡的时候，他便拿锥子刺自己的大腿，以致鲜血一直流到脚跟。他说："哪有游说君主而不能让他拿出金玉锦绣，使自己取得卿相之尊的人呢？"坚持了一年，终于研究成功，他自己说："这下我确信能够说服当今的国君了！"

注释

㉑羸：通"累"，缠绕。縢：绑腿。蹻：草鞋。㉒纴（rèn）：织布帛的丝缕。这里指织机。㉓箧（qiè）：箱子。㉔简：选择。练：熟习。㉕期（jī）年：一周年。

于是乃摩燕乌集阙，见说赵王于华屋之下，抵掌而谈㉖，赵王大说，封为武安君。受相印，革车百乘，锦绣千纯㉗，白璧百双，黄金万镒，以随其后，约从散横，以抑强秦。故苏秦相于赵而关不通。

当此之时，天下之大，万民之众，王侯之威，谋臣之权，皆欲决苏秦之策。不费斗粮，未烦一兵，未战一士，未绝一弦，未折一矢，诸侯相亲，贤于兄弟。夫贤人任而天下服，一人用而天下从。故曰：式㉘于政，不式于勇；式于廊庙之内，不式于四境之外。当秦之隆，黄金万镒为用，转毂连骑，炫熿于道；山东之国，从风而服，使赵大重。且夫苏秦特穷巷掘门、桑户棬枢之士耳㉙，伏轼撙衔㉚，横历天下，庭说诸侯之主，杜左右之口，天下莫之伉。

于是，苏秦便以燕乌集阙般的说辞，在华丽的宫殿中拜见并劝说赵王。他击掌侃侃而谈。赵王听了，十分高兴，封苏秦为武安君，授给他相印，又给他兵车百辆，锦绣千匹，白璧百对，黄金万镒，让他带着来联合六国，拆散连横，以便抑制强大的秦国。所以苏秦在赵国为相期间，秦军从函谷关向东征讨的路便被阻塞了。

在这时候，尽管天下广大，百姓众多，王侯威严，谋臣权变，但都要被苏秦的策略所决定。不费一斗粮食，不劳一个兵卒，没有一个战士参加打仗，没断过一根弓弦，没折过一支箭，就使六国诸侯相互亲睦胜过兄弟。贤人在位就能使天下人信服，一位贤人用事就能使天下人服从。所以说：要在政治上而不是武力上用力气；要在朝廷决策上而不是周边争战上用力气。当苏秦尊显的时候，黄金万镒任凭他使用，随从的车骑络绎不绝，走在路上风光显耀；崤山以东的国家，有如风吹草偃般地听从苏秦的指挥，从而使赵国的威望也大大增强。况且苏秦只不过是个居于穷巷陋室里的读书人罢了，但他却能伏在车轼之上，牵着马的勒头，横行于天下，在朝堂上游说各国诸侯，堵塞左右大臣的嘴巴，普天之下没有谁能和他抗衡。

㉖摩：揣摩，模仿。燕乌集阙：燕乌，乌鸦的一种。这里以乌集宫阙之状，比喻博喻宏辞、纵横开阖的说辩艺术。抵（zhǐ）：侧手击。抵掌：击掌（表示高兴或兴奋）。㉗纯（tún）：古代计量单位。匹。㉘式：用。㉙特：只，不过。掘门：凿墙为门。掘，通"窟"，洞穴。桑户：桑木为门板。棬枢：用卷起来的树枝作门枢。㉚轼：车前横木。撙衔：驭马使之就范。撙，控制。衔，马勒。

将说楚王，路过洛阳，父母闻之，清宫除道，张乐设饮，郊迎三十里。妻侧目而视，倾耳而听；嫂蛇行匍伏，四拜自跪而谢。苏秦曰："嫂，何前倨而后卑也？"嫂曰："以季子之位尊而多金。"苏秦曰："嗟乎！贫穷则父母不子，富贵则亲戚畏惧。人生世上，势位富贵，盖㉛可以忽乎哉？"

注释

㉛ 盖（hé）：通"盍"，何。

苏秦打算去游说楚王，经过洛阳。他的父母听到这一消息，便收拾房屋，清扫道路，设置乐队，摆设酒席，在郊外三十里处迎接他。他的妻子不敢正面看他，侧着耳朵听他说话；他的嫂子像蛇一样在地上匍匐，朝他拜了四拜，跪着自己认错。苏秦问道："嫂子，为什么你过去那样趾高气扬，而现在又这么低声下气呢？"他的嫂子回答："因为现在你地位尊贵而且很有钱。"苏秦叹道："唉！贫穷的时候连父母都不把我当儿子看待，有钱有势了连亲人也害怕。可见，人生在世，对于权势地位荣华富贵，怎么可以忽视啊！"

司马错论伐蜀

— 《战国策》 —

背景介绍

时　　间：公元前 316 年

人　　物：司马错（战国中期秦国名将，历仕秦惠
　　　　　文王、秦武王、秦昭襄王三朝）

事件起因：秦王想利用巴蜀发生战乱之机，兴兵伐
　　　　　蜀，不料韩师侵犯秦境。

简介

　　本文记叙了战国时秦国关于外交军事的一场论争，围绕如何成就秦国霸业，究竟应该
"伐韩"还是"伐蜀"展开的争辩。秦国大将司马错主张伐蜀，而张仪主张攻韩，秦王采
纳了司马错的意见，一举灭蜀，为秦国的富强奠定了坚实的基础。

司马错与张仪①争论于秦惠王前。司马错欲伐蜀，张仪曰："不如伐韩。"王曰："请闻其说。"

对曰："亲魏善楚，下兵三川②，塞轘辕③、缑氏之口，当屯留之道，魏绝南阳，楚临南郑，秦攻新城、宜阳，以临二周之郊，诛周主之罪，侵楚魏之地。周自知不救，九鼎宝器必出。据九鼎，按图籍④，挟天子以令天下，天下莫敢不听，此王业也。今夫蜀，西僻之国也，而戎狄之长也，弊兵劳众⑤，不足以成名，得其地，不足以为利。臣闻：'争名者于朝，争利者于市。'今三川、周室，天下之市朝也，而王不争焉，顾⑥争于戎狄，去王业远矣。"

司马错曰："不然。臣闻之：'欲富国者，务广其地；欲强兵者，务富其民；欲王者，务博其德。三资⑦者备，而王随

司马错和张仪在秦惠王面前争论。司马错主张讨伐蜀国，张仪说："不如讨伐韩国。"秦惠王说："我愿意听听你们各自的见解。"

张仪回答说："我们应笼络好魏、楚两国，然后出兵三川，堵住轘辕、缑氏两个出口，挡住屯留的险道，让魏国断绝通往南阳之路，楚国出兵南郑，我军则攻击新城和宜阳，逼近东西两周的郊外，声讨周君的罪过，从而趁机削弱楚、魏两国的土地。周王室知道自己已在劫难逃，必会献出九鼎传国宝器。我们可以凭借九鼎，掌握地图和钱粮账簿，威逼周天子，以天子名义号令天下，没有谁敢不从，这才是统治天下的大业啊。如今的蜀国，只是西边一个偏僻的国家，是戎狄聚集之地，讨伐蜀国会使我们的士兵疲惫，百姓劳苦，不足以成就威名，得到了那里的土地，也说不上有多少利益。我听说有这样一句话：'要争威名的到朝廷上争，要争利益的到市场上争。'现在的三川地区和周王室，正是争取威名之地，而大王却不去争夺，反而回头去争夺戎狄之地，这与建立帝王大业太远了。"

司马错说："不对。我听说有这样一句话：'要使国家富裕，就必须扩大土地，要使军队强大，就必须让百姓富足，要想称王业，就必须普遍

❶ 司马错：战国时秦将，秦惠王更元九年率军克蜀。张仪：战国时魏国人，著名纵横家。❷ 三川：古郡名，战国时韩宣王置，因境内有黄河、伊水、洛水三水而得名。❸ 轘（huán）辕：山名，在今河南偃师东南，山路险阻。❹ 按图籍：按，查点。图，地图。籍，钱粮账簿。❺ 弊：疲惫，这里做动词用。❻ 顾：却，反而。❼ 资：有利条件。

41

之矣。'今王之地小民贫,故臣愿从事于易。夫蜀,西僻之国也,而戎狄之长也,而有桀纣之乱。以秦攻之,譬如使豺狼逐群羊也。取其地足以广国也,得其财足以富民,缮兵不伤众,而彼已服矣。故拔一国,而天下不以为暴;利尽西海,诸侯不以为贪。是我一举而名实两附,而又有禁暴止乱之名。今攻韩劫天子,劫天子,恶名也,而未必利也,又有不义之名。而攻天下之所不欲,危!臣请谒❽其故:周,天下之宗室也;韩,周之与国也。周自知失九鼎,韩自知亡三川,则必将二国并力合谋,以因乎齐赵而求解乎楚、魏。以鼎与楚,以地与魏,王不能禁。此臣所谓危,不如伐蜀之完❾也。"惠王曰:"善!寡人听子。"

卒❿起兵伐蜀,十月取之,遂定蜀,蜀主更号为侯,而使陈庄相蜀。蜀既属,秦益强富厚,轻诸侯。

施行德政。这三个条件具备了,也就可以称王于天下了。'现在秦国土地狭小、百姓贫困,所以我希望先从容易办的事情做起。蜀国是西边偏僻的国家,是戎狄聚集之地,而且像桀纣一样混乱。用秦国的军队去攻打它,就如同让豺狼追逐羊群一样容易。夺取了它的土地,就能够扩大秦国的土地,得到它的财产,才能够使百姓富足,用兵又不伤害百姓,就会使蜀国顺从降服了。因此,夺取了一个蜀国,而天下人并不认为我们横暴;获得了蜀国的财物,诸侯国也不会认为我们贪婪。这样我们用兵一次就能名利双收,又能得到制止暴乱的好名声。如果我们现在去攻打韩国,劫持周天子,劫持周天子会落得罪恶的名声,而且未必有利可图,还要承担不义之名。进攻天下人都不敢进攻的地方,这是很危险的啊!请让我讲明其中的缘由:周王室,现在还是天下的宗室;韩国,是周国的友国。如果周天子自己知道要失去九鼎,韩国自己知道要失去三川,那么周、韩两国一定会齐心协力,依靠齐国和赵国,同时向楚、魏两国求援,以解除危机。周朝如果将九鼎送给楚国,韩国如果将土地送给魏国,对此您是无法能阻止的。这就是我所说的危险,攻打韩国远不如攻打蜀国那样万无一失。"秦惠王听后说:"说得对!我听从您的意见。"

最后,秦国起兵进攻蜀国,花了近十个月时间攻克了蜀国,将蜀国的君主改称为侯,并派陈庄去辅佐蜀侯。蜀国归附秦国以后,秦国日益富裕强大,也就更加容易挑战诸侯各国了。

❽谒:禀告,陈说。 ❾完:妥当,万全之意。 ❿卒:终于。

范雎说秦王

— 《战国策》 —

背景介绍

时　间：公元前 271 年

人　物：范雎（jū, 魏国人，因游说秦昭王而拜为相）、秦王（秦昭王）

事件起因：范雎初次见秦昭王。

简介

　　范雎随秦使王稽由魏入秦后，登上秦国的政治舞台，面临的是"内专秦权，外恶诸侯"的太后、穰侯等，范雎如果不排挤出太后、穰侯等，自己便不能立身于秦国，所以他虽知此行非常危险，也只有从万死中求一生之计。开始时他对秦昭王唯唯诺诺、欲言又止，以试探秦昭王的真实心意，然后一步步告诉秦昭王自己对秦国国事的见解，从而引起秦昭王的重视。

原文

　　范雎至，秦王庭迎范雎，敬执宾主之礼，范雎辞让。是日见范雎，见者无不变色易容[1]者。秦王屏[2]左右，宫中虚无人。秦王跪而进曰："先生何以幸教寡

译文

　　范雎来到秦国宫廷，秦昭王在宫前的庭内迎接他，对他恭敬地采用了宾主礼节，范雎也表示谦让。就在当天秦昭王接见了范雎，看到当时情景的人没有不惊讶失色的。秦昭王屏退左右的人，殿中没有别人了。秦昭

注释

[1] 变色易容：改变常态。色，脸色。容，面容。　[2] 屏：使退避。

人？"范雎曰："唯唯。"有间，秦王复请，范雎曰："唯唯。"若是者三。秦王跽③曰："先生不幸教寡人乎？"

范雎谢曰："非敢然也。臣闻昔者吕尚之遇文王也，身为渔父而钓于渭阳之滨耳。若是者，交疏也。已一说而立为太师，载与俱归者，其言深也。故文王果收功于吕尚，卒擅④天下而身立为帝王。即使文王疏吕望而弗与深言，是周无天子之德，而文、武无与成其王也。今臣，羁旅⑤之臣也，交疏于王，而所愿陈者，皆匡君臣之事，处人骨肉之间。愿以陈臣之陋忠，而未知王心也，所以王三问而不对者是也。

"臣非有所畏而不敢言也，知今日言之于前，而明日伏诛⑥于后，然臣弗敢畏也。大王信行臣之言，死不足以为臣患，亡不足以为臣忧，漆身而为厉⑦，被发而为狂，不足以为臣耻。五帝之圣而死，三王之仁而死，五霸之贤而死，乌获之

王跪着请求说："先生用什么来赐教我呢？"范雎说："嗯嗯。"过了一会儿，秦昭王再次请教，范雎仍然只是应了一声："嗯嗯。"如此反复三次。秦昭王长跪着说："先生不愿意指教我吗？"

范雎向秦王谢罪说："我不敢这样呀。我听说，当初吕尚遇到周文王的时候，只是垂钓于渭水北岸的一个渔翁而已。像这种情况，关系可说是生疏的。结果他通过一次交谈就被立为太师，与周文王同车而归，这是由于他们言谈深切的缘故。所以周文王也果然在吕尚的辅佐下取得了成功，终于据有天下成为帝王。假如当初周文王因为跟吕尚生疏而不同他深谈，这样周室还不具备产生天子的德行，而文王、武王也就不能成为帝王了。如今的我，不过是客居他乡的人，我和大王的交往很疏浅，而我要陈述的却都是纠正国君偏差错失的事，又夹在您的至亲骨肉之间。我本愿意表达对您的忠诚，可是我不知道大王的心意，大王再三问我我都没回答，就是因为这个原因啊。

"我不是因为有什么害怕而不敢讲话。即使明知今天把话讲出来，明天就会被处死，但我也不敢因此而畏惧。大王果真能够采纳我的主张的话，死亡不足以成为我的顾虑，流亡不足以成为我的忧虑，浑身涂漆遍

③ 跽（jì）：古人席地而坐，两膝着地，臀部贴在脚后跟上。臀部不贴脚跟为跪，跪而挺身直腰即为跽，也就是长跪。④ 擅：拥有。⑤ 羁旅：长期旅居他乡。⑥ 伏诛：伏法，被杀死。⑦ 漆身：用漆涂身。古代一种刑法。厉：通"疠（癞）"，癞疮。

力而死，奔、育之勇而死。死者，人之所必不免。处必然之势，可以少有补于秦，此臣之所大愿也，臣何患乎？

"伍子胥橐❽载而出昭关，夜行而昼伏，至于菱水❾，无以糊其口，膝行蒲伏❿，乞食于吴市，卒兴吴国，阖闾为霸。使臣得进谋如伍子胥，加之以幽囚不复见，是臣说之行也，臣何忧乎？箕子、接舆，漆身而为厉，被发而为狂，无益于殷、楚。使臣得同行于箕子、接舆，漆身可以补所贤之主，是臣之大荣也，臣又何耻乎？

"臣之所恐者，独恐臣死之后，天下见臣尽忠而身蹶⓫也，是以杜口裹足，莫肯即⓬秦耳。足下上畏太后之严，下惑奸臣之态；居深宫之中，不离保傅⓭之手，终身暗惑，无与照奸，大者宗庙灭覆，小者身以孤危。此臣之所恐耳！若夫穷辱之事，死亡之患，臣弗敢畏也。臣死而秦治⓮，贤于生也。"

体生癞、披头散发成为狂人，也不足以成为我的耻辱。五帝这样的圣人死了，三王这样的仁人死了，五霸这样的贤人死了，乌获这样的力士死了，孟奔、夏育这样的勇士死了。死，是人不能避免的。处于这样一种必然趋势之中，可以对秦国稍有补益，这便是我的最大的心愿了，我还有什么值得担心的呢？

"伍子胥藏在袋子里逃出昭关，黑夜赶路，白天潜伏，来到菱水，没有吃的，就跪着爬行，到吴市上讨饭，最终振兴了吴国，阖闾成为霸主。假如我能像伍子胥那样进献谋略，即使把我囚禁起来终生不能再见到大王，只要我的主张得到施行，我又有什么值得担忧的呢？箕子、接舆全身涂漆，遍体生癞，披头散发成为狂人，但对殷朝和楚国毫无益处。假如我与箕子、接舆有同样遭遇可对我认为贤明的君主有所帮助，这便是我最大的荣耀了，我又有什么耻辱呢？

"我所怕的，只是在我死以后，天下人看到我尽忠而被杀，因此便闭口不言，裹足不前，不肯再到秦国来了。大王对上畏惧太后的威严，对下被奸臣的伪装所迷惑；住在深宫之中，不能摆脱权臣的制约，始终受到蒙蔽，没人帮助您洞察奸邪，这样下去，大则王室覆灭，小则会使您身陷孤立危险的境地，这才是我所害怕的问题啊！至于个人穷困受辱的事情，

❽橐（tuó）：口袋。❾菱（líng）水：即溧水。这里指江苏溧阳一带。❿蒲伏：犹"匍匐"。⓫蹶（jué）：跌到。这里指死亡。⓬即：靠近，走向。⓭保傅：古代辅导天子及诸侯子弟的官员。⓮治：治理得好，指强盛起来。

秦王跪曰："先生是何言也！夫秦国僻远，寡人愚不肖，先生乃幸至此，此天以寡人恩[15]先生，而存先王之庙也。寡人得受命于先生，此天所以幸先王而不弃其孤也。先生奈何而言若此！事无大小，上及太后，下至大臣，愿先生悉以教寡人，无疑寡人也。"范雎再拜，秦王亦再拜。

注释

[15] 恩（hùn）：扰乱。

死亡流放的祸患，我是不敢害怕的。我死了秦国却能治理好，这便胜过我活着了。"

秦王跪着说："先生这是什么话呢！秦国地处偏僻荒远之地，我又愚昧无能，先生竟然能光临此地，这是上天让我来烦扰先生，从而使先王的宗庙得以留存啊。我能得到先生的教诲，这是上天眷顾先王，而不肯遗弃他的后人啊。先生怎么能这样说呢！不论事情大小，上涉及太后，下涉及大臣，希望先生全都教导我，不要怀疑我。"范雎向秦王拜了两拜，秦王也向范雎拜了两拜。

邹忌讽齐王纳谏

— 《战国策》 —

背景介绍

时　　间：公元前 355 年

人　　物：邹忌、齐威王

事件起因：战国之际，各国间的兼并战争，各统治阶层内部新旧势力的斗争，以及民众风
起云涌的反抗斗争，都异常激烈。

简介

　　齐相邹忌虽然气质潇洒，容貌俊美，但不及城北徐公俊美，可妻、妾、客都称赞他胜
过徐公。邹忌经过认真观察思考之后，发现自己受到了蒙蔽，他以自身的生活感悟劝谏齐
威王广开言路，改革弊政，从而收到了良好的效果。

邹忌修①八尺有余，而形貌昳丽②。朝服衣冠，窥镜，谓其妻曰："我孰与城北徐公美？"其妻曰："君美甚，徐公何能及君也？"城北徐公，齐国之美丽者也。忌不自信，而复问其妾曰："吾孰与徐公美？"妾曰："徐公何能及君也？"旦日，客从外来，与坐谈，问之客曰："吾与徐公孰美？"客曰："徐公不若君之美也。"明日，徐公来，孰③视之，自以为不如。窥镜而自视，又弗如远甚。暮寝而思之，曰："吾妻之美我者，私我也；妾之美我者，畏我也；客之美我者，欲有求于我也。"

邹忌身高八尺多，容貌潇洒有风度。一天早晨，他穿上朝服，戴上帽子，一边照着镜子打量自己，一边对妻子说："我和城北的徐公比，谁漂亮？"妻子说："您漂亮极了，徐公哪能跟您比呢！"城北徐公，是齐国有名的美男子。邹忌自己不相信比徐公漂亮，便又问他的妾说："我和徐公比，谁漂亮？"妾说："徐公哪能比得上您呢！"第二天，有位客人从外地来，邹忌和他坐着闲谈，在交谈中他问客人："我和徐公比，谁漂亮？"客人说："徐公不如您漂亮啊！"过了一天，徐公来访，邹忌仔细打量徐公，觉得自己根本不如徐公漂亮。又对着镜子端详自己，更觉得比徐公差远了。晚上，他躺在床上反复思考这件事情，悟道："妻子说我漂亮，是偏爱我；妾说我漂亮，是害怕我；客人说我漂亮，是有求于我啊！"

注释

① 修：长，指身高。② 昳（yì）丽：同"逸"，潇洒漂亮，有风度。
③ 孰视：仔细看。孰，这里同"熟"。

于是入朝见威王，曰："臣诚知不如徐公美。臣之妻私臣，臣之妾畏臣，臣之客欲有求于臣，皆以美于徐公。今齐地方千里，百二十城。宫妇左右，莫不私王；朝廷之臣，莫不畏王；四境之内，莫不有求于王。由此观之，王之蔽甚矣。"王曰："善❹。"乃下令："群臣吏民能面刺寡人之过者，受上赏；上书谏寡人者，受中赏；能谤讥于市朝，闻寡人之耳者，受下赏。"令初下，群臣进谏，门庭若市；数月之后，时时而间进；期年❺之后，虽欲言，无可进者。燕、赵、韩、魏闻之，皆朝于齐。此所谓战胜于朝廷。

于是，邹忌就上朝去见齐威王，说："我确实知道自己不如徐公漂亮。我的妻子偏爱我，我的妾害怕我，我的客人有求于我，所以他们都说我比徐公漂亮。如今齐国领土方圆一千里，城池一百二十座。后妃、近臣，没有一个不偏爱大王的；文武百官，没有不害怕大王的；全国各地，没有一个不想求助于大王的。由此看来，大王受的蒙蔽太严重了。"齐威王说："说得对。"于是就下令："无论朝廷大臣、地方官吏和平民百姓，能够当面指出我的过失的，给予上等赏赐；能上书规劝的，给予中等赏赐；能在公共场所批评我，并让我听到的，给予下等赏赐。"命令刚下达，文武百官纷纷进谏，门庭若市；几个月之后，还断断续续有人进谏；一年以后，即使想说，也提不出什么意见了。燕、赵、韩、魏各国知道了这件事，都来朝见齐国。这就是人们所说的，治理好本国的朝政，不用武力就能战胜诸侯。

❹ 善：表赞赏的词，有道理，说得对。 ❺ 期年：一整年。

颜斶说齐王

— 《战国策》 —

背景介绍

时　　间：齐宣王在位时期，公元前 320 年—公元前 301 年

人　　物：颜斶（战国时齐国高士）、齐王（齐宣王）

事件起因：反映了战国时期一些士子自甘清贫，不畏权贵的品德和精神。

简介

　　这篇文章写士人颜斶与齐宣王的对话，争论国君与士人谁尊谁卑的问题。颜斶作为一个普通士子，面对地位尊贵的君主，不贪慕权势，最终在人格上战胜了齐宣王。

齐宣王见颜斶❶，曰："斶前！"斶亦曰："王前！"宣王不说。左右曰："王，人君也。斶，人臣也。王曰'斶前'，斶亦曰'王前'，可乎？"斶对曰："夫斶前为慕势❷，王前为趋士❸。与使斶慕势，不如使王为趋士。"王忿然作色曰："王者贵乎？士贵乎？"对曰："士贵耳，王者不贵。"王曰："有说❹乎？"斶曰："有。昔者秦攻齐，令曰：'有敢去柳下季陇五十步而樵采者❺，死不赦。'令曰：'有能得齐王头者，封万户侯，赐金千镒。'由是观之，生王之头，曾不若死士之垄也。"

齐宣王会见颜斶，说："颜斶过来！"颜斶也说："大王过来！"宣王很不高兴。侍奉齐王的大臣们说："大王是一国之君，你只是臣民。大王说'颜斶过来！'你也说，'大王过来！'这样可以吗？"颜斶回答说："我上前是贪慕权势，大王上前是礼贤下士。与其让我贪慕权势，倒不如让大王礼贤下士。"齐宣王愤怒地板起脸说："做王的尊贵还是做士的尊贵呢？"颜斶回答说："士者尊贵，王者并不尊贵。"齐宣王说："可有什么道理吗？"颜斶说："有。从前秦国进攻齐国时，秦王下令说：'有谁胆敢在柳下季坟墓周围五十步以内砍柴的，判以死罪，不予赦免。'又下令说：'有谁能砍得齐王头颅的，封万户侯，赐金千金。'由此看来，活着的齐王的脑袋，还不如已死的柳下季的坟墓受人尊敬呢。"

注释

❶ 颜斶（chù）：齐国隐士。 ❷ 慕势：贪慕权势，趋奉势力。
❸ 趋士：接近、亲近士人。 ❹ 说：说法，根据，道理。 ❺ 柳下季：春秋时鲁国人。姓展，名禽，食邑于柳下。樵采：打柴。

宣王曰："嗟乎！君子焉可侮哉，寡人自取病耳！愿请受为弟子。且颜先生与寡人游，食必太牢⑥，出必乘车，妻子衣服丽都。"颜斶辞去曰："夫玉生于山，制⑦则破焉，非弗宝贵矣，然太璞不完。士生乎鄙野，推选则禄焉，非不尊遂⑧也，然而形神不全。斶愿得归，晚食以当肉，安步以当车，无罪以当贵，清静贞正以自虞⑨。"则再拜而辞去。

君子曰："斶知足矣，归真反璞⑩，则终身不辱。"

齐宣王说："唉！君子怎么可以欺侮呢，这是我自取其辱啊！我真心希望您收下我这个学生吧。如果先生与我交往，我将以上等宴席招待您，外出备有高级车马供您使用，妻子儿女也都衣着华丽。"颜斶辞谢道："璞玉产生在深山中，如果加以雕琢就会被损坏，并不是它不贵重，只是璞玉已经不完整了。士人出生于偏僻乡野之地，被人举荐就做官接受俸禄，不是说他的身份地位不够尊贵，而是他原本作为士人的精神面貌没法保持了。我情愿回归山林，以粗茶淡饭代替美味佳肴，以步行代替乘车，不因做官而获罪，也可算是富贵，内心纯洁、行为正直，正可自得其乐。"于是向齐宣王拜了两拜，辞别而去。

君子评论道："颜斶懂得知足常乐的真谛了，他舍弃物欲的诱惑，回到了自己纯真质朴的生活中，这样，他终身都不会受侮辱了。"

⑥ 太牢：古代帝王、诸侯祭祀时，以一牛、一羊、一豕为太牢。这里泛指美味佳肴。⑦ 制：加工，雕琢。⑧ 尊遂：富贵显达。遂，遂愿。⑨ 虞：同"娱"，快乐。⑩ 反璞：同"返"，回去。这里是还原本貌的意思。

冯谖客孟尝君

— 《战国策》 —

背景介绍

时　　间：齐湣王在位时期，公元前 301 年—公元前 294 年
人　　物：孟尝君、冯谖（xuān）
事件起因：孟尝君是"战国四公子"之一，手下养着许多门客，冯谖就在其中。

简介

　　本文记叙了出身贫贱的冯谖为了报答知遇之恩，巧妙地为孟尝君设计了"三窟"：一是焚券买义，帮助他收买人心；二是借梁王之力威逼齐王就范，帮助孟尝君复位；三是请立齐国宗庙于薛地，保护孟尝君长久平安。冯谖见机而动，运筹谋划，充分表现了他多谋善断的政治远见和聪明才智。

齐人有冯谖者，贫乏不能自存，使人属孟尝君❶，愿寄食门下。孟尝君曰："客何好？"曰："客无好也。"曰："客何能？"曰："客无能也。"孟尝君笑而受之，曰："诺。"

左右以君贱之也，食以草具❷。居有顷❸，倚柱弹其剑，歌曰："长铗，归来乎！食无鱼！"左右以告。孟尝君曰："食之，比门下之客。"居有顷，复弹其铗，歌曰："长铗，归来乎！出无车！"左右皆笑之，以告。孟尝君曰："为之驾，比门下之车客。"于是，乘其车，揭❹其剑，过其友，曰："孟尝君客我！"后有顷，复弹其剑铗，歌曰："长铗，归来乎！无以为家！"左右皆恶之，以为贪而不知足。孟尝君问："冯公有亲乎？"对曰："有老母。"孟尝君使人给其食用，无使乏。于是冯谖不复歌。

后孟尝君出记，问门下诸客："谁习计会，能为文收责❺于薛者乎？"冯谖

齐国有个叫冯谖的人，穷得不能养活自己，就托人告诉孟尝君，愿意在孟尝君门下做食客。孟尝君问："这人有什么爱好？"来人说："他没什么爱好。"孟尝君问："这人有什么才能？"来人说："他没什么才能。"孟尝君笑着答应了，说："好吧。"

孟尝君身边的人认为孟尝君看不起冯谖，就给他吃粗劣的食物。过了不久，冯谖倚靠在门柱上，用手指敲击着他的佩剑唱道："长剑啊，我们回去吧，这儿没有鱼吃啊。"手下的人把这件事告诉了孟尝君。孟尝君说："给他鱼吃，像其他门客一样。"过了不久，冯谖又敲击着他的佩剑，唱道："长剑啊，我们回去吧，这儿出门连车都没有。"手下的人都笑话他，又把这件事告诉了孟尝君。孟尝君说："给他车坐，像其他门客一样。"于是，冯谖坐上他的车，高举着他的剑去拜访他的朋友，说："孟尝君待我像客人一样。"这以后又过了不久，冯谖又敲击起他的剑，唱道："长剑啊，我们回去吧！在这儿无法养家。"手下的人都很厌恶他，认为他贪得无厌。孟尝君问："冯公还有什么亲人吗？"他回答说："有位老母亲。"孟尝君派人送给冯母吃的用的，让她什么都不缺。自此，冯谖不再敲剑唱歌了。

后来有一天，孟尝君出示了记账本，问他的门客："谁熟悉会计工

❶ 属：同"嘱"，托告，致意。孟尝君：战国时齐人，姓田名文。其父田婴曾任齐相，受封于薛。田文为田婴庶子，因其负责接待宾客，享誉诸侯，诸侯请以田文为嗣，田婴许之。❷ 草具：粗劣的饭食。❸ 居有顷：过了不久。❹ 揭：高高地举着。❺ 责：同"债"，债务。

署曰："能。"孟尝君怪之，曰："此谁也？"左右曰："乃歌夫'长铗归来'者也！"孟尝君笑曰："客果有能也！吾负之，未尝见也。"请而见之，谢曰："文倦于事，愦于忧，而性懧⑥愚，沉于国家之事，开罪于先生。先生不羞，乃有意欲为收责于薛乎？"冯谖曰："愿之！"于是约车治装⑦，载券契而行，辞曰："责毕收，以何市而反？"孟尝君曰："视吾家所寡有者。"

驱而之薛，使吏召诸民当偿者，悉来合券⑧。券遍合，起矫命，以责赐诸民⑨，因烧其券，民称万岁。

长驱到齐，晨而求见。孟尝君怪其疾也，衣冠而见之，曰："责毕收乎？来何疾也？"曰："收毕矣。""以何市而反？"冯谖曰："君云：'视吾家所寡有者'，臣窃计：君宫中积珍宝，狗马实外厩，美人充下陈⑩。君家所寡有者以义耳！窃以为君市义。"孟尝君曰："市义

作，能够到薛地为我收债呢？"冯谖签了名说："我能。"孟尝君对此感到奇怪，问道："这是谁呀？"手下的人说："就是那个唱'长剑啊，我们回去吧！'的人。"孟尝君笑着说："这位客人果真有才能，我慢待了他，还没有与他见过面呢！"孟尝君请来冯谖见了面。孟尝君向他致歉说："我被政务弄得精疲力竭，心烦意乱；加上我生性懦弱鲁钝，整天忙于国事，怠慢了您，而您却并不见怪，愿意去薛地为我收债吗？"冯谖说："我愿意。"于是，就准备车马，整理行装，运载着契约去收债，临行的时候，冯谖问："收完债后，买些什么东西回来呢？"孟尝君说："你就看我家缺少什么就买什么吧。"

冯谖赶车到了薛地，让手下把欠债的百姓找来核对债款，债券都核对完之后，他站起来，假传孟尝君的命令，把债都赏赐给百姓，然后烧掉了他们的债券，百姓都高呼万岁。

冯谖驱车马不停蹄地赶回齐国，一大清早就来求见孟尝君。孟尝君因为他回来这么快感到很奇怪，穿戴整齐后去接见他，问道："债收完了？怎么回来得这么快？"冯谖说："收完了。"孟尝君又问："买了些什么带回来了？"冯谖说："您说'看我家里缺少什么就买什么'，我私下考虑，您府中积满了珍宝，良犬骏马挤满了外面的牲口棚，后庭又有许多美

⑥懧（nuò）：同"懦"。⑦约车治装：拉马套车，整理行装。约，约束，捆扎。⑧合券：验对债券。古代的契据常用竹木等刻成，分为左右两半，借贷双方各持其半，作为凭信，对证时，将两半合一，称之为合券。
⑨责赐诸民：假传孟尝君的命令，把债都赏赐给百姓。⑩下陈：古代统治阶级堂下陈放礼品，站列婢妾的地方。

奈何？"曰："今君有区区之薛，不拊爱子其民⑪，因而贾利⑫之。臣窃矫君命，以责赐诸民，因烧其券，民称万岁，乃臣所以为君市义也。"孟尝君不说，曰："诺！先生休矣！"

后期年，齐王谓孟尝君曰："寡人不敢以先王之臣为臣！"孟尝君就国于薛。未至百里，民扶老携幼，迎君道中终日。孟尝君顾谓冯谖："先生所为文市义者，乃今日见之！"

冯谖曰："狡兔有三窟，仅得免其死耳。今有一窟，未得高枕而卧也，请为君复凿二窟。"孟尝君予车五十乘，金五百斤，西游于梁。谓梁王曰："齐放其大臣孟尝君于诸侯，先迎之者，富而兵强。"于是，梁王虚上位，以故相为上将军，遣使者、黄金千斤、车百乘，往聘孟尝君。冯谖先驱，诫孟尝君曰："千金，重币也；百乘，显使也。齐其闻之矣！"梁使三反⑬，孟尝君固辞不往也。

女。您府中缺少的是'义'而已！所以我就私自做主为您买了'义'。"孟尝君问："买'义'是怎么个买法？"冯谖说："现在您只有一块小小的薛地，却不爱护那里的百姓，只是用商人的手段向他们谋取利益。所以我假托您的命令，把债款都赐给百姓，并且烧了他们的债券，百姓都高呼万岁呢，这就是我给您买的'义'啊。"孟尝君听完后，很不高兴，说："好吧，先生算了吧。"

过了一年，齐王对孟尝君说："我不敢把先王的大臣当做自己的臣子！"孟尝君只好回到薛地去。在距离薛地还有一百里的地方，百姓扶老携幼，早已在路上迎接孟尝君，整整等了一天。孟尝君回头对冯谖说："我今天总算看到先生为我买的'义'了。"

冯谖说："聪明的兔子有三个洞穴，这样才能逃避猎人和猛兽的袭击。现在您只有一个洞穴，还不能高枕无忧啊，我请求为您再建两个洞穴。"孟尝君给他五十辆车和五百斤黄金，西行去游说梁国。冯谖对梁王说："齐王把他的大臣孟尝君放逐到诸侯国去了，先迎接他的诸侯，肯定国富兵强。"于是梁王空出宰相的位置，把原来的宰相封为上将军，并派使者带着千斤黄金，赶着百辆车子去薛地聘请孟尝君。冯谖则派人赶在梁国使者前面告诉孟尝君："黄金千斤，

注释

⑪ 拊爱子其民：拊，同"抚"，抚爱。子其民，爱民如子。⑫ 贾利：求取利益。⑬ 三反：反，同"返"，往返多次。

　　齐王闻之，君臣恐惧，遣太傅赍[14]黄金千斤，文车二驷，服剑一，封书谢孟尝君曰："寡人不祥，被于宗庙之祟，沉于谄谀之臣，开罪于君，寡人不足为[15]也。愿君顾先王之宗庙，姑返国统万人乎？"冯谖诫孟尝君曰："愿请先王之祭器，立宗庙于薛。"庙成，还报孟尝君曰："三窟已就，君姑高枕为乐矣！"

　　孟尝君为相数十年，无纤介之祸者，冯谖之计也。

14 赍（jī）：携带，拿着。 15 不足为：不值得辅佐的意思。

这是很厚重的聘礼了；百辆车子，这是显赫的使节啊。齐王很可能会听说这件事。"梁国使者往返多次，孟尝君坚决推辞不去赴任。

　　齐王听说了这件事，君臣上下恐慌不安，便派太傅拿着千斤黄金，驾着绘有文采的四马拉的车两辆，带上一把佩剑，写了一封书信，向孟尝君表示歉意，说："由于我不好，遭受祖宗降下的灾祸，偏信了阿谀奉承的小人，我是不值得您辅佐的。但希望您顾念齐国先王的宗庙，暂且回国来治理百姓如何？"冯谖告诉孟尝君说："希望您向齐王请求，用先王传下来的祭器，在薛地建立宗庙。"宗庙建成后，冯谖回去向孟尝君说："三个洞穴已经建好，您可以无忧无虑地享乐了！"

　　孟尝君在齐国做了几十年宰相，没有遭到丝毫祸患，这都是使用冯谖良策的结果啊。

赵威后问齐使

— 《战国策》—

背景介绍

时　　间：在公元前 266 年—公元前 264 年间

人　　物：赵威后（赵惠文王妻）、齐国使者

事件起因：赵惠文王死后，其子孝成王立，但是因年幼由赵威后执政。

简介

　　齐王使者问候赵威后，信函还没有拆开，赵威后就连续发问，先岁、民，后王；后四问又继续追问齐国三位贤才与有德之士，以及一位"率民出于无用"的隐士。全文体现了她的民本位思想以及对士人的作用、价值的清醒认识。

齐王使使者问赵威后。书①未发，威后问使者曰："岁亦无恙耶②？民亦无恙耶？王亦无恙耶？"使者不说，曰："臣奉使使威后，今不问王，而先问岁与民，岂先贱而后尊贵者乎？"威后曰："不然，苟无岁，何有民？苟无民，何有君？故有问舍本而问末者耶？"

乃进而问之曰："齐有处士曰钟离子，无恙耶？是其为人也，有粮者亦食③，无粮者亦食；有衣者亦衣④，无衣者亦衣。是助王养其民者也，何以至今不业⑤也？叶阳子无恙乎？是其为人，哀鳏寡，恤孤独，振⑥困穷，补不足。是助王息⑦其民者也，何以至今不业也？北宫之女婴儿子无恙耶？撤其环瑱⑧，至老不嫁，以养父母。是皆率民而出于孝情者也，胡为至今不朝⑨也？此二士弗业，一女不朝，何以王齐国，子万民乎？於陵子仲尚存乎？是其为人也，上不臣于王，下不治其家，中不索⑩交诸侯。此率民而出于无用者，何为至今不杀乎？"

齐王派使臣去问候赵威后。书信还没有拆开，赵威后就问使臣："今年的收成好吗？百姓好吗？齐王好吗？"使臣有点不高头，说："我奉了齐王之命出使到威后您这里，现在您不先问候齐王，却先问收成和老百姓，难道卑贱的居先，尊贵的反而居后吗？"赵威后说："不是这样。如果没有收成，哪会有百姓？如果没有百姓，哪会有国君？因此哪里有不问根本而问末节的呢？"

于是赵威后进一步问道："齐国有个处士叫钟离子，他好吗？这个人的为人啊，有粮食的他给食物吃，没粮食的他也给食物吃；有衣服的他给衣服穿，没衣服的他也给衣服穿。这是个帮助国君养活百姓的人啊，为什么到现在他还没有做官成就功业呢？叶阳子还好吧？这个人的为人啊，同情那些鳏夫和寡妇，帮助孤儿和没有子女的人，救济贫困潦倒的人，补给缺衣少食的人。这是个能够帮助国君养育百姓的人啊，为什么直到现在还没有做官成就功业呢？北宫家的女儿婴儿子还好吧？她摘去首饰，到老不嫁，来奉养父母。她是个引导百姓尽孝心的人啊，为什么直到现在还没让她上朝呢？这样的两个贤士还没有做官，一个孝女还没上朝，靠什么统治齐国、抚育百姓呢？於陵的子仲还活着吗？这个人的为人啊，上不向君主称臣，下不搞好他的家庭关系，中不求结交诸侯。这是个引导百姓不为国家所用的人，为什么到现在还不杀了他呢？"

① 书：书信。② 岁：年成，收成。恙：灾，病。③ 食：给人吃。④ 衣：拿衣服给人穿。⑤ 业：成就功业，做官。⑥ 振：同"赈"，赈济。⑦ 息：繁殖。⑧ 环瑱（tiàn）：女子的装饰用品。环，指耳环、手镯。瑱，作耳饰的玉。⑨ 朝：上朝接受召见。古代妇女有封号的才能上朝。⑩ 索：求。

庄辛论幸臣

— 《战国策》—

背景介绍

时　　间：公元前 278 年
人　　物：庄辛（楚庄王后代）
事件起因：楚襄王在郢都失守逃到成阳后，庄辛对襄王进行劝诫。

简介

　　庄辛见到楚襄王，大胆直言，规劝襄王若淫逸奢靡，不顾国政，郢都必危。襄王没有听从庄辛的劝告，庄辛预料楚国必亡，于是避祸于赵国。果然楚国几乎遭到亡国之祸。于是，楚王派人招回了庄辛，庄辛层层深入地告诫楚襄王为王的道理。楚襄王封庄辛为成陵君，并用庄辛的计策重新收复了淮北之地。

　　臣闻鄙语曰："见兔而顾犬，未为晚也；亡羊而补牢❶，未为迟也。"臣闻昔汤、武以百里昌，桀、纣以天下亡。今楚国虽小，绝长续短❷，犹以数千里，岂特❸百里哉？

　　王独不见夫蜻蛉乎❹？六足四翼，飞翔乎天地之间，俛啄蚊虻❺而食之，仰承甘露而饮之，自以为无患，与人无争也。不知夫五尺童子，方将调饴胶丝❻，加己乎四仞之上，而下为蝼蚁食也！

　　夫蜻蛉其小者也，黄雀因是以❼。俯噣白粒❽，仰栖茂树，鼓翅奋翼。自以为无患，与人无争也。不知夫公子王孙，左挟弹，右摄丸，将加己乎十仞之上，以其类为招。昼游乎茂树，夕调乎酸咸，倏忽之间，坠于公子之手。

　　夫雀其小者也，黄鹄因是以。游乎江海，淹❾乎大沼，俯噣鳝鲤，仰啮菱

　　我听俗话说："见兔顾犬，不算晚；亡羊补牢，不算迟。"臣过去听说，从前商汤和周武王依靠百里之地而兴盛起来，夏桀和商纣虽拥有天下却最终灭亡。现在楚国虽小，但是截长补短，还有几千里，何止一百里土地呢？

　　大王难道没有见过蜻蜓吗？六只脚四只翅膀，在天地间飞来飞去，低头啄蚊虫和飞虻吃，仰头接甜美的露水喝，它自以为没有灾难，和谁也没有争夺，可是不知道那些五尺高的小孩子，正在调糖浆粘网丝，把它从两三丈高的地方粘下来，喂蝼蛄和蚂蚁吃！

　　蜻蜓还是小的呢，黄雀也是这样。它低头啄米粒吃，仰头在枝叶繁茂的树枝上栖息，展翅奋飞，自以为没有什么灾难，和谁也没有争夺。可是没想到那些公子哥儿正左手拿着弹弓，右手安着弹丸，准备把它从七八丈高的地方射下来，正把黄雀作为弹射的目标。白天还在树林中游玩，晚上已经被人调上酸咸佐料做成菜肴了，很快就丧命于公子哥儿之手。

　　黄雀还是小的呢，天鹅也是这样。它在江海上遨游，栖息在水池

❶亡：失掉，丢了。牢：养牲畜的圈。这里指羊圈。❷绝：截断。续：连接。❸岂特：何止。❹独：难道，表示反问。蜻蛉：即蜻蜓。❺俛：同"俯"，低头，屈身。虻：一种飞蝇。❻饴：用麦芽制成的糖浆。胶：动词，粘。❼因：如同。是：这。以：通"已"，句末语助词。❽噣：同"啄"，鸟啄食。白粒：白米粒。❾淹：栖息。

衡❿，奋其六翮⓫，而凌清风，飘摇乎高翔。自以为无患，与人无争也。不知夫射者，方将修其碆⓬卢，治其矰缴⓭，将加己乎百仞之上。被礛磻⓮，引微缴，折清风而抎⓯矣。故昼游乎江湖，夕调乎鼎鼐⓰。

夫黄鹄其小者也，蔡灵侯之事因是以。南游乎高陂⓱，北陵⓲乎巫山，饮茹溪之流，食湘波之鱼，左抱幼妾，右拥嬖⓳女，与之驰骋乎高蔡之中，而不以国家为事。不知夫子发方受命乎灵王，系己以朱丝而见之也。

蔡灵侯之事其小者也，君王之事因是以。左州侯，右夏侯，辇从鄢陵君与寿陵君，饭封禄⓴之粟，而载方府之金，与之驰骋乎云梦之中，而不以天下国家为事。而不知夫穰侯方受命乎秦王，填黾塞之内，而投㉑己乎黾塞之外。

边，低头啄食鳝鱼鲤鱼，仰头咀嚼菱叶荇菜，展开有力的翅膀，驾着清风，在高空飞翔。它自以为没有什么灾难，和谁也没有争夺。可是没想到那射手正在修理弓和箭头，整理系有丝绳的箭，要在七八十丈高的空中射中它，它带着锐利的箭头，拖着箭的细丝绳，从清风之中坠地而死。所以白天还在湖畔中游玩的天鹅，晚上已被放进炊具里了。

天鹅还是小的呢，蔡灵侯的事也是这样。他南游高坡，北登巫山，喝着茹溪的泉水，吃着湘水中的鱼，左抱年轻的爱妾，右搂宠爱的美女，和她们一起奔驰在高蔡的路上，不把国家大事放在心上。可是不知道子发刚接受楚灵王的命令，正要用红绳子把他捆绑起来去见楚王。

蔡灵侯的事还是小的呢，君王您的事也是这样。您身边左有州侯，右有夏侯，辇车后面跟着鄢陵君和寿陵君。吃着各封邑进奉来的粮食，载着四方府库缴纳国库的钱财，同他们驰马游乐于云梦泽，而不把国家安危当作正事。您哪知道穰侯正接受秦王的命令，已出兵占领黾塞之内，而把君王您赶到黾塞之外去了！

❿ 菱（líng）衡：菱叶和荇菜。 ⓫ 六翮（hé）：鸟翅的六根主羽。这里代指鸟翅膀。 ⓬ 碆（bō）卢：弓箭。碆，石箭头。卢，黑色的弓。 ⓭ 矰缴（zēngzhuó）：系着丝绳的箭。矰，射鸟的箭。缴，系箭的丝绳。 ⓮ 礛：同"碆"，石箭头。 ⓯ 抎：通"陨"，陨坠。 ⓰ 鼎鼐（nài）：古代烹煮食物的器具。鼐，一种大鼎。 ⓱ 陂（bēi）：山坡。 ⓲ 陵：登。 ⓳ 嬖（bì）：宠爱。 ⓴ 饭：动词，吃。封：封邑。 ㉑ 投：抛弃，驱逐。

触詟说赵太后

— 《战国策》 —

背景介绍

时　　间：公元前 265 年

人　　物：赵太后（赵威后）、触詟（zhé，赵国大臣）

事件起因：赵惠文王去世，赵太后掌握国家大权。秦国趁机攻击赵国，连克赵国三座城池，形势十分危急，只有联合齐国抵抗秦国才是最佳计策，但齐国提出要让赵太后的少子长安君当人质，才肯出兵救赵国。

简介

　　文中记叙了赵国老臣触詟从容无畏，巧谏赵太后的事，最终使赵太后心悦诚服地将长安君送到齐国做人质，从而解除了赵国面临的大危机，长安君也为国立了功。

原文

　　赵太后新用事❶，秦急攻之，赵氏求救于齐。齐曰："必以长安君为质，兵乃出。"太后不肯，大臣强谏。太后明谓❷左右："有复言令长安君为质者，老妇必唾其面！"

译文

　　赵太后刚刚执政，秦国就猛烈进攻赵国，赵国向齐国求救。齐王说："必须将长安君送来作人质，我们才能出兵。"赵太后不答应，大臣们竭力劝说。太后明确地对左右大臣们说："有谁再说让长安君去做人质，我就冲他脸上吐唾沫！"

注释

❶ 赵太后：即赵威后，赵惠文王之妻，赵孝成王之母。用事：当权，执掌政事。❷ 明谓：这里是下明令给左右大臣们听。

左师触詟愿见，太后盛气而揖之。入而徐趋❸，至而自谢曰："老臣病足，曾不能疾走，不得见久矣。窃自恕，而恐太后玉体之有所郄❹也，故愿望见。"太后曰："老妇恃辇❺而行。"曰："日食饮得无衰乎？"曰："恃鬻耳。"曰："老臣今者殊不欲食，乃自强步，日三四里，少益嗜食，和于身。"曰："老妇不能。"太后之色少解。

左师公曰："老臣贱息舒祺，最少，不肖，而臣衰，窃爱怜之，愿令得补黑衣之数，以卫王宫。没死以闻❻。"太后曰："敬诺。年几何矣？"对曰："十五岁矣。虽少，愿及未填沟壑而托之。"太后曰："丈夫亦爱怜其少子乎？"对曰："甚于妇人。"太后曰："妇人异甚。"对曰："老臣窃以为媪之爱燕后，贤于长安君。"曰："君过矣！不若长安君之甚。"左师公曰："父母之爱子，则为之计深远。媪之送燕后也，持其踵❼，为之

左师触詟请求谒见太后，太后怒气冲冲地等着他。触詟进宫以后，以趋走的样子慢慢迈着小碎步，到了太后跟前请罪说："老臣的脚有点毛病，实在不能快走，很久没能拜见您了。我私下里宽恕自己，却又担心太后身体欠安，所以想来探望您。"太后说："我依靠车子走路。"触詟说："每天的饮食有没有减少？"太后说："也就是喝点粥罢了。""老臣现在胃口不好，于是就勉强自己散步，每天走三四里路，才能稍微增加点食欲，调养一下身体。"太后说："我可做不到。"太后的怒容消解了一些。

左师公说："我的儿子舒祺，年纪最小，不成材，而我渐渐老了，心里也越发疼爱他，希望能让他充当侍卫来保卫王宫，我冒着死罪把这个请求禀告太后。"太后说："行，我答应你。他多大了？"左师公说："十五岁了。可能还小，但希望在我没死的时候把他先拜托给您。"太后说："男人也爱怜小儿子吗？"触詟说："比女人更爱。"太后笑着说："女人特别疼爱小儿子。"左师公说："我私下认为，您爱女儿燕后胜过长安君。"太后说："你错了！我对燕后的爱远远不及长安君。"左师公说："父母疼爱子女，就会为他们做长远打算。您老人家送燕后出嫁的时候，跟在她的后面为她哭泣，为她嫁得远

❸ 徐趋：徐，慢慢地。趋，小步急走。 ❹ 郄（xì）：同"隙"，病，不舒适。 ❺ 恃辇：恃，依靠，依赖。辇，宫廷里用人拉的车子。 ❻ 没（mò）死：冒着死的危险。以闻：把事情诉您。 ❼ 持其踵：握住燕后的脚后跟，此指紧紧跟在她身后。

泣，念悲其远也，亦哀之矣！已行，非弗思也，祭祀必祝之，祝曰：'必勿使反。'岂非计久长，有子孙相继为王也哉？"太后曰："然。"

左师公曰："今三世以前，至于赵之为赵，赵王之子孙侯者，其继有在者乎？"曰："无有。"曰："微独❽赵，诸侯有在者乎？"曰："老妇不闻也。""此其近者祸及身，远者及其子孙。岂人主之子孙则必不善哉？位尊而无功，奉厚而无劳，而挟重器❾多也。今媪尊长安君之位，而封以膏腴之地，多予之重器，而不及今令有功于国；一旦山陵❿崩，长安君何以自托于赵？老臣以媪为长安君计短也，故以为其爱不若燕后。"太后曰："诺，恣君之所使之。"于是为长安君约⓫车百乘，质于齐，齐兵乃出。

子义闻之曰："人主之子也，骨肉之亲也，犹不能恃无功之尊，无劳之奉，以守金玉之重也，而况人臣乎！"

而伤心！燕后出嫁后，您不是不想念她，每逢祭祀的时候总为她祈祷，祝福说：'祖宗保佑，一定不要让她回来。'这不就是为她做长远打算，希望她的子孙在燕国称王吗？"太后说："的确是这样。"

左师公说："从现在往前推三代，到赵国建国的时候，赵国君主的子孙被封侯的，他们的继承人还有保住侯爵的吗？"太后说："没有。"触詟说："不只是赵国，其他诸侯的子孙被封侯的，他们的继承人还有保住侯爵的吗？"太后说："我没听说过。"触詟说："这正是因为封侯者近则自身遭了祸，远则将祸患累及到他们的子孙身上。难道身居高位的人的子孙一定没有才德吗？只是因为他们地位尊贵却没有建立功勋，俸禄丰厚却未尝有所操劳，还拥有无数的财富。今天您给了长安君尊贵的地位，赐予他肥沃的土地，还有无数的财富，却不趁现在这个机会让他为国立功，有朝一日您老人家去世，长安君凭什么使自己在赵国安身立命？老臣认为您为长安君考虑得太少了，所以说您对他的爱不如对燕后的爱多。"太后说："好吧，任凭您派遣他到什么地方去。"于是为长安君准备了一百辆车子，到齐国去做人质，齐国于是出兵救赵国。

子义听到这件事后说："君王的儿子，有着骨肉之亲，尚且不能依靠没有功勋的尊贵地位，没有贡献的厚禄，来保住富贵，更何况是做臣子的呢！"

❽ 微独：不仅，不只。　❾ 重器：指象征国家权力和财富的器物。此指金、玉、珠、宝、钟鼎等贵重器物。
❿ 山陵：比喻国君，这里指赵太后。　⓫ 约：治，备。

鲁仲连义不帝秦

— 《战国策》 —

背景介绍

时　　间：公元前 258 年

人　　物：平原君（赵孝成王之叔，当时为赵相）、辛垣衍、鲁仲连（齐国隐士）

事件起因：鲁仲连游历到赵国，正赶上秦国围赵之邯郸，鲁仲连坚持正义，力主抗秦，反
　　　　　对投降，并和魏国派到赵国的"尊秦派"辛垣衍展开了一场激烈的论争。

简介

　　赵孝成王六年（公元前 260 年），秦军在长平大败赵军，秦将白起坑杀赵国士兵四十
多万。后来，为了扩张疆土，秦军包围了赵国的都城邯郸。秦昭襄王得知魏国打算出兵救赵，
写信恐吓魏王。于是魏王派魏将辛垣衍秘密潜入邯郸，想通过赵相平原君赵胜说服赵孝成
王一起尊秦为帝，以屈辱换和平。

秦围赵之邯郸。魏安釐王使将军晋鄙救赵。畏秦，止于荡阴，不进。

魏王使客将军辛垣衍间入邯郸❶，因❷平原君谓赵王曰："秦所以急围赵者，前与齐闵王争强为帝，已而复归帝，以齐故。今齐闵王益❸弱，方今唯秦雄天下，此非必贪邯郸，其意欲求为帝。赵诚发使尊秦昭王为帝，秦必喜，罢兵去。"平原君犹豫未有所决。

此时鲁仲连适游赵，会秦围赵，闻魏将欲令赵尊秦为帝，乃见平原君，曰："事将奈何矣？"平原君曰："胜也何敢言事！百万之众折于外，今又内围邯郸而不去。魏王使客将军辛垣衍令赵帝秦，今其人在是，胜也何敢言事？"鲁仲连曰："始吾以君为天下之贤公子也，吾乃今然后知君非天下之贤公子也。梁客辛垣衍安在？吾请为君责而归之。"平原君曰："胜请为召而见之于先生。"

平原君遂见辛垣衍曰："东国有鲁连先生，其人在此，胜请为绍介而见之于

秦军围困赵国的邯郸。魏国安釐王派将军晋鄙去援救赵国。但晋鄙惧怕秦国，停在荡阴，不敢前进。

魏王派客将军辛垣衍暗中潜入邯郸，想通过平原君跟赵王说："秦国之所以加紧围困赵国，是因为以前秦王和齐闵王争强称帝，不久又取消帝号，是因为齐取消帝号的缘故。如今齐国日益衰弱，只有秦国称雄天下，它这次军事行动并非一定要得到邯郸，真正意图是求取帝号。赵国如能派遣使臣尊秦昭王为帝，秦王一定高兴，就会撤兵离开邯郸。"平原君犹豫，拿不定主意。

这时候鲁仲连恰巧在赵国作客，正遇上秦军围困赵国，听说魏国大将要让赵国尊秦王为帝，于是去见平原君，说："事情打算怎么办呢？"平原君说："我赵胜怎么敢对此事发表意见呢？百万大军战败在外，如今秦军又深入国内围困邯郸而不撤兵。魏王派客将军辛垣衍来让赵王尊秦王为帝，现在此人还在这里。我怎么敢对此事发表意见？"鲁仲连说："以前我以为您是当今天下的贤明公子，我现在才知道您不是天下的贤公子啊。魏国客人辛垣衍在哪里？请让我替您责问他，让他回去。"平原君说："请让我把他招来见先生。"

平原君于是去见辛垣衍，说："齐国有位鲁仲连先生，他现在正在这里，我请求为您介绍，让他来见将军。"辛垣衍说："我听说过鲁仲连先生是齐国的高士啊。我是魏王的臣

❶ 客将军：其他国家人而在本国做将军。间入：悄悄地进入。 ❷ 因：通过。 ❸ 益：更加。

将军。"辛垣衍曰:"吾闻鲁连先生,齐
国之高士也。衍,人臣也,使事有职。
吾不愿见鲁连先生也。"平原君曰:"胜
已泄之矣。"辛垣衍许诺。

　　鲁仲连见辛垣衍而无言。辛垣衍曰:
"吾视居此围城之中者,皆有求于平原
君者也。今吾视先生之玉貌,非有求于
平原君者,曷④为久居此围城中而不去
也?"鲁仲连曰:"世以鲍焦无从容而死
者,皆非也,今众人不知,则为一身。
彼秦,弃礼义、上首功⑤之国也。权使其
士,虏使其民。彼则肆然而为帝,过而
遂正⑥于天下,则连有赴东海而死耳,吾
不忍为之民也!所为见将军者,欲以助
赵也!"辛垣衍曰:"先生助之奈何?"
鲁仲连曰:"吾将使梁及燕助之。齐、楚
固助之矣。"辛垣衍曰:"燕则吾请以从
矣。若乃梁,则吾乃梁人也,先生恶能
使梁助之耶?"鲁仲连曰:"梁未睹秦称
帝之害故也!使梁睹秦称帝之害,则必
助赵矣。"辛垣衍曰:"秦称帝之害将奈

子,使臣有自己的职责。我不想去见
鲁仲连先生。"平原君说:"我已经
把您在这里的消息泄露给他了。"辛
垣衍答应了。

　　鲁仲连见了辛垣衍却没有说话。
辛垣衍说:"我看住在这围城里面的
人,都是有求于平原君的。现在我观
察先生的尊容,却不像是有求于平原
君的人,为什么久留这被围之城而不
走呢?"鲁仲连说:"世上那些认为
鲍焦是由于没有豁达胸襟而自杀的
人,都错了。现在一般人不了解实际
情况,就认为他是为了自身利益而
死。那秦国是个抛弃礼义而崇尚斩首
之功的国家,玩弄权术来役使它的士
人,像对待奴隶一样驱使它的普通百
姓。如果秦王肆无忌惮地称帝,甚至
竟然统治天下,那么我鲁仲连只有去
跳东海而死了,我不能忍受做它的臣
民!我之所以来见将军,是想帮助赵
国。"辛垣衍说:"先生怎么样帮助
赵国呢?"鲁仲连说:"我准备让魏
国和燕国帮助赵国,齐国、楚国本
来就帮助它了。"辛垣衍说:"燕国,
我愿意让它听从您。至于魏国,我就
是魏国人,先生怎能让魏国帮助赵国
呢?"鲁仲连说:"这是由于魏国没
有看清秦国称帝的害处。如果魏国看
清了秦国称帝的害处,那就一定会帮
助赵国了。"辛垣衍说:"秦国称帝
的害处将会怎样呢?"鲁仲连说:"从
前齐威王曾经施行仁义,率领天下诸
侯朝拜周天子。周国贫穷微弱,诸侯

④ 曷:为何。⑤ 上首功:崇尚斩首之功。上,崇尚,看重。⑥ 过而:甚而。遂:竟。正:通"政",统治。

何？"鲁仲连曰："昔齐威王尝为仁义矣，率天下诸侯而朝周。周贫且微，诸侯莫朝，而齐独朝之。居岁余，周烈王崩，诸侯皆吊，齐后往。周怒，赴❼于齐曰：'天崩地坼❽，天子下席，东藩之臣田婴齐后至，则斮❾之！'威王勃然怒曰：'叱嗟！而母婢也！'卒为天下笑。故生则朝周，死则叱之，诚不忍其求也。彼天子固然，其无足怪。"

辛垣衍曰："先生独未见夫仆乎？十人而从一人者，宁❿力不胜，智不若邪？畏之也！"鲁仲连曰："然梁之比于秦若仆邪？"辛垣衍曰："然。"鲁仲连曰："然则吾将使秦王烹醢⓫梁王！"辛垣衍快然不悦，曰："嘻！亦太甚矣，先生之言也！先生又恶能使秦王烹醢梁王？"鲁仲连曰："固也！待吾言之。昔者，鬼侯、鄂侯、文王，纣之三公也。鬼侯有子⓬而好，故入之于纣，纣以为恶，醢鬼侯。鄂侯争之急，辩之疾⓭，故脯鄂侯。

没有一个去朝拜的，而只有齐国去朝拜。过了一年多，周烈王去世了，诸侯都去吊唁，齐王去晚了。周人恼怒，讣告送到齐国说：'周天子逝世犹如天崩地裂，新继位天子移居草庐苦席守丧，东方藩臣田婴齐竟敢迟到，应杀了他。'齐威王勃然大怒，说：'呸！你妈也不过是奴婢罢了！'结果成了天下笑柄。在天子活着时候朝拜他，死了就叱骂，这实在是忍受不了天子的苛求啊。那周天子本来就是这样，他随便作威作福没什么奇怪的。"

辛垣衍说："先生您难道没有看见过奴仆吗？十个奴仆听从一个主人，难道是力气胜不过、智慧不如他吗？是怕他呀！"鲁仲连说："这样说来，魏国比起秦国来，就像奴仆对主人吗？"辛垣衍说："是的。"鲁仲连说："既然这样，我将要让秦王烹杀魏王，把他剁成肉酱。"辛垣衍很不高兴地说："咳！先生也太过分了！先生又怎能让秦王烹杀魏王把他剁成肉酱呢？"鲁仲连说："当然能啊，等我说说其中的道理吧！从前鬼侯、鄂侯、周文王是商纣的三公。鬼侯有个女儿长得漂亮，所以就把她进献给纣，纣认为她丑陋，就把鬼侯剁成了肉酱。鄂侯为鬼侯辩护得激烈，纣王就把鄂侯做成了肉干。周文王听到了这事，长叹一声，纣因此把周文王拘禁在牖里的监牢中一百天，还想

❼ 赴：同"讣"，报丧。 ❽ 坼（chè）：裂开。 ❾ 斮（zhuó）：斩。 ❿ 宁：难道。 ⓫ 烹醢（hǎi）：古代的酷刑。烹，下油锅。醢，剁成肉酱。 ⓬ 鬼侯：又作"九侯"。子：古时对子女的通称。这里指女儿。 ⓭ 辨：通"辩"。疾：急。

文王闻之，喟然⑭而叹，故拘之于羑里之
库百日，而欲令之死。曷为与人俱称帝
王，卒就脯醢之地也？

　　"齐闵王将之⑮鲁，夷维子执策而从，
谓鲁人曰：'子将何以待吾君？'鲁人曰：
'吾将以十太牢待子之君。'夷维子曰：
'子安取礼而来待吾君？彼吾君者，天
子也！天子巡狩，诸侯辟舍，纳管键⑯，
摄衽抱几⑰，视膳于堂下。天子已食，退
而听朝也。'鲁人投其籥⑱，不果⑲纳，
不得入于鲁。将之薛，假涂于邹⑳。当是
时，邹君死，闵王欲入吊，夷维子谓邹
之孤曰：'天子吊，主人必将倍㉑殡柩，设
北面于南方，然后天子南面吊也。'邹之
群臣曰：'必若此，吾将伏剑而死。'故
不敢入于邹。邹、鲁之臣，生则不得事
养，死则不得饭含，然且欲行天子之礼于
邹、鲁之臣，不果纳。今秦万乘之国，梁
亦万乘之国，俱据万乘之国，交有称王之
名。睹其一战而胜，欲从而帝之，是使三

杀了他。为什么跟人家同样称帝称
王，结果反而落到被作成肉干、剁成
肉酱的下场呢？

　　"齐闵王准备到鲁国去，夷维子
拿着马鞭随行，对鲁国人说：'你们准
备用什么礼节来接待我们的国君？'
鲁国人说：'我们将用十太牢款待您
的国君。'夷维子说：'你们从哪里
取这样的礼节款待我们的国君的？我
们的国君，是天子。天子来视察，诸
侯应离开自己居住的宫室，交出锁
和钥匙，披起衣襟，捧起几案，到
堂下侍候天子用膳。等天子用餐完
毕，才敢告退，回自己的朝堂听政
办公。'鲁国人闭关上锁，不予接
纳，齐闵王不能进入鲁国。齐闵王将
到薛国去，向邹国借道。当时邹国国
君刚死，齐闵王打算进去吊唁。夷维
子跟邹国国君的儿子说：'天子来吊
丧，丧主一定要背对灵柩，让灵柩头
朝北，摆在靠南边位置，然后天子到
靠北位置面朝南来致吊。'邹国的众
臣说：'如果一定要这样，我们将横
剑自杀。'所以齐闵王不敢进入邹
国。邹、鲁的臣子们，国君生时不能
亲身侍候奉养，死后也得不到隆重葬
礼，然而齐闵王想对邹、鲁的臣子
行天子的礼节时，被他们拒绝。现
在秦国是拥有万辆战车的大国，魏
国也是拥有万辆战车的大国，同样
是拥有万辆战车的大国，彼此都有
称王的名分。看见秦国打了一次胜

⑭ 喟（kuì）然：叹息的样子。⑮ 之：往。⑯ 管键：指钥匙和锁。⑰ 摄衽（rèn）：披起衣襟。抱几：捧着几案。⑱ 投其籥（yuè）：指闭关上锁。籥，通"钥"，锁。⑲ 果：成为事实，常以"不果"二字连用。⑳ 假：借。涂：同"途"，道路。㉑ 倍：通"背"。

晋之大臣不如邹、鲁之仆妾也。

"且秦无已[22]而帝，则且变易诸侯之大臣；彼将夺其所谓不肖，而予其所谓贤；夺其所憎，而予其所爱；彼又将使其子女谗妾为诸侯妃姬，处梁之宫，梁王安得晏然而已乎？而将军又何以得故宠乎？"

于是辛垣衍起，再拜谢曰："始以先生为庸人，吾乃今日而知，先生为天下之士也！吾请去，不敢复言帝秦！"

秦将闻之，为却军五十里。适会公子无忌夺晋鄙军以救赵击秦，秦军引[23]而去。

于是平原君欲封鲁仲连。鲁仲连辞让者三，终不肯受。平原君乃置酒，酒酣，起，前，以千金为鲁仲连寿。鲁仲连笑曰："所贵于天下之士者，为人排患、释难、解纷乱而无所取也。即[24]有所取者，是商贾之人也。仲连不忍为也。"遂辞平原君而去，终身不复见。

仗，就打算就此尊秦王为帝，这样看来，三晋的大臣不如邹、鲁的奴婢了。

"秦国贪心不止，果真称帝的话，就会更换诸侯的大臣；它还将剥夺它认为不好的人的权力，而给予它认为好的人；剥夺它所厌恶的人的权力，而给予他所喜欢的人；它又会让它的女儿和善于搬弄是非的侍妾来做诸侯的妃子，住在魏国的宫中，魏王还能平安无事吗？将军你又凭什么能够得到原来的地位呢？"

于是辛垣衍站起来，向鲁仲连拜了两拜，道歉说："开始我以为先生是平凡人，现在我才知道先生是天下的高士啊！我请求离开这里，不敢再说尊秦称帝的事了。"

秦国将军听说这件事后，为此退兵五十里。恰好赶上魏国公子无忌夺了晋鄙的军权来援救赵国，攻击秦军，秦军就撤退离开了。

于是平原君打算封赏鲁仲连。鲁仲连再三推辞，始终不肯接受。平原君就设下酒宴，酒喝到兴头上，平原君起身上前，献上千金为鲁仲连祝寿。鲁仲连笑着说："天下之士所以可贵，在于能替人排忧解难，消除祸乱而无所索取。如果有什么索取，那就成了商人了，我鲁仲连可不愿这样做。"于是辞别平原君离开赵国，终身不再见面。

[22]已：止。[23]引：撤退。[24]即：如果。

鲁共公择言

— 《战国策》 —

背景介绍

时　　间：公元前 356 年

人　　物：梁王魏婴（魏惠王）、鲁共公（鲁国国君）

事件起因：鲁共公在梁王魏婴宴席上向梁王祝酒致辞。

简介

　　战国时期，一些强大的诸侯国国君常常将附庸国国君召集在一起，饮宴娱乐，以显示其强大。此次鲁、卫、宋、郑等诸侯小国的国君朝见梁王，梁惠王让鲁共公祝酒，鲁共公在祝酒辞中，以巧妙的引证劝导梁惠王，告诫他消除侈靡淫乐，不然有亡国之虞。

梁王魏婴觞①诸侯于范台。酒酣，请鲁君举觞。鲁君兴②，避席择言曰："昔者，帝女令仪狄作酒而美，进之禹，禹饮而甘之，遂疏仪狄，绝旨③酒，曰：'后世必有以酒亡其国者。'齐桓公夜半不嗛④，易牙乃煎、熬、燔、炙⑤，和调五味而进之，桓公食之而饱，至旦不觉，曰：'后世必有以味亡其国者。'晋文公得南之威，三日不听朝，遂推南之威而远之，曰：'后世必有以色亡其国者。'楚王登强台而望崩山，左江而右湖，以临彷徨⑥，其乐忘死，遂盟⑦强台而弗登，曰：'后世必有以高台、陂池亡其国者。'今主君之尊⑧，仪狄之酒也；主君之味，易牙之调也；左白台而右闾须，南威之美也；前夹林而后兰台，强台之乐也。有一于此，足以亡其国。今主君兼此四者，可无戒与？"梁王称善相属。

梁惠王魏婴在范台请诸侯宴饮，酒兴正浓时，请鲁共公举杯，鲁共公站起身，离开坐席，选好恰当的话题说："从前，夏禹的女儿让仪狄酿酒，味道很好，奉送给禹，禹喝了觉得很甜美，于是疏远了仪狄，戒了美酒，说：'后世一定会有因为饮酒而亡国的。'齐桓公半夜里感到饥饿，易牙就煎熬烧烤，调和各种美味进献给齐桓公，桓公吃得很饱，一觉睡到天亮还没醒，说：'后世一定会有因为贪图美味而亡国的。'晋文公得了南威，三天都没上朝听政，于是就推开了南威，疏远了她，说：'后世一定会有因为贪恋女色而亡国的。'楚王登上强台观赏崩山风景，左边是大江，右边是大湖，流连徘徊，快乐至极，于是发誓不再登上强台，说：'后世一定会有因为迷恋高台池沼山水风光而亡国的。'现在君王您的酒樽里，是仪狄酿造的那种美酒；君王您的食物，是易牙烹调的那般美味；您左边的白台、右边的闾须，都是南威般的美女；前面有夹林后面有兰台，是和强台一样的快乐。这四件事里只要有一样，就足以亡国。现在主君您兼有这四件，能不警惕吗？"梁惠王听了，连声称鲁共公说得好。

① 觞：饮酒器。这里指宴饮。范台：梁国的台观。② 兴：站起来。③ 旨：味美。④ 嗛（qiè）：通"慊"，满足。⑤ 燔（fán）、炙（zhì）：烤。⑥ 彷徨：流连忘返的样子。或作"方湟"，水名。⑦ 盟：起誓。⑧ 尊：酒器。亦作"樽"。

唐雎说信陵君

— 《战国策》 —

背景介绍

时　　间：公元前 257 年
人　　物：唐雎（魏国人）、信陵君（魏无忌，
　　　　　魏昭王之子）
事件起因：信陵君窃符救赵。

简介

　　魏安釐王二十年（公元前 257 年），信陵君让魏王宠爱的如姬从宫中窃得调兵虎符，杀了晋鄙，救了赵国。赵孝成王与平原君商量，打算将五个城邑封给信陵君。信陵君听说这件事，自以为有功而面有骄色，于是唐雎劝他不要自以为有德于人而居功自傲，而应该更为谦虚谨慎。

信陵君杀晋鄙，救邯郸，破秦人，存赵国，赵王自郊迎。唐雎谓信陵君曰："臣闻之曰：事有不可知者，有不可不知者；有不可忘者，有不可不忘者。"信陵君曰："何谓也？"对曰："人之憎我也，不可不知也；吾憎人也，不可得而知也。人之有德于我也，不可忘也；吾有德于人也，不可不忘也。今君杀晋鄙，救邯郸，破秦人，存赵国，此大德也。今赵王自郊迎，卒❶然见赵王，愿君之忘之也。"信陵君曰："无忌谨受教。"

信陵君杀了晋鄙，救下邯郸，打败了秦军，保住了赵国。赵王亲自到郊外迎接信陵君。唐雎对信陵君说："我听说：事情有不可知道的，有不可不知道的；有不可忘掉的，有不可不忘掉的。"信陵君问："你说的是什么意思呢？"唐雎回答说："别人憎恨我，不可以不知道；我憎恨别人，就不可以让人知道。别人对我有恩德，不可以忘掉；我对别人有恩德，不可以不忘掉。现在您杀了晋鄙，救了邯郸，打败秦军，保住了赵国，这是对赵国的大恩德。现在赵王亲自到郊外迎接您，当您一下子见到赵王，我希望您忘掉这件事。"信陵君说："我一定谨遵您的指教。"

注释

❶ 卒：通"猝"，急促、匆忙的样子。

唐雎不辱使命
— 《战国策》 —

背景介绍

时　　间：公元前 225 年
人　　物：秦王（秦始皇嬴政）、唐雎（安陵国的臣子）
事件起因：秦王想用欺诈的手段吞并安陵（魏的附庸小国）。

简介

　　面对秦国的威胁，安陵君派唐雎出使秦国。文章以短小的篇幅生动地再现了唐雎与秦王之间的唇枪舌剑，颂扬了唐雎忠于使命、不畏强暴、誓死捍卫国家利益的精神。

秦王使人谓安陵君曰："寡人欲以五百里之地易安陵，安陵君其许寡人！"安陵君曰："大王加惠，以大易小，甚善。虽然，受地于先王，愿终守之，弗敢易！"秦王不说。安陵君因使唐雎使于秦。

秦王谓唐雎曰："寡人以五百里之地易安陵，安陵君不听寡人，何也？且秦灭韩亡魏，而君以五十里之地存者，以君为长者，故不错意①也。今吾以十倍之地，请广于君，而君逆寡人者，轻寡人与？"唐雎对曰："否，非若是也。安陵君受地于先王而守之，虽千里不敢易也，岂直五百里哉？"

秦王怫然怒，谓唐雎曰："公亦尝闻天子之怒乎？"唐雎对曰："臣未尝闻也。"秦王曰："天子之怒，伏尸百万，流血千里。"唐雎曰："大王尝闻布衣之怒乎？"秦王曰："布衣之怒，亦免冠徒跣②，以头抢地耳。"唐雎曰："此庸夫之

秦王派人对安陵君说："我想用方圆五百里的土地来换取安陵，希望安陵君一定要答应！"安陵君说："承蒙大王给予恩惠，拿大块土地换取小的土地，真是太好了。但这是先王遗留下来的封地，我希望终生守护它，不敢拿它作交换！"秦王很不高兴。安陵君便派遣唐雎出使到秦国去。

秦王对唐雎说："我想用方圆五百里的土地来换取安陵，安陵君却不肯，这是为什么呢？况且，秦国灭掉韩国，亡了魏国，安陵却凭借方圆五十里的土地能幸存下来，这是因为我把安陵君看作忠厚的长者，没有打他的主意。现在我用安陵十倍的土地去请安陵君扩大他的领土，可他却违背我的意愿，这不是轻视我吗？"唐雎回答说："不，不是这样。安陵君继承先王的封地，只是想守护它，即使是方圆千里的土地也不敢交换，何况只是五百里的土地呢？"

秦王勃然大怒，对唐雎说："你听说过天子发怒吗？"唐雎回答说："我没有听说过。"秦王说："天子发怒，会有百万人死亡，鲜血流淌千里。"唐雎说："大王曾听说过平民发怒吗？"秦王说："平民发怒，无非是摘掉帽子，光着脚，拿脑袋撞地罢了。"唐雎说："这是庸碌之人的

❶ 错意：错，同"措"。措意，放在心上。 ❷ 徒跣（xiǎn）：赤脚而行。

怒也，非士之怒也。夫专诸之刺王僚也，彗星袭月；聂政之刺韩傀也，白虹贯日；要离之刺庆忌也，苍鹰击于殿上❸。此三子者，皆布衣之士也，怀怒未发，休祲❹降于天，与臣而将四矣。若士必怒，伏尸二人，流血五步，天下缟素❺，今日是也。"挺剑而起。

秦王色挠❻，长跪而谢之曰："先生坐！何至于此！寡人谕矣❼：夫韩、魏灭亡，而安陵以五十里之地存者，徒以有先生也。"

发怒，不是有识之士的发怒。从前，专诸刺杀吴王僚的时候，彗星的光芒侵袭月亮；聂政刺杀韩傀的时候，白色长虹横穿太阳；要离刺杀庆忌的时候，苍鹰扑到宫殿之上。他们三个人都是普通百姓身份的壮士，心里的愤怒还没发泄，上天就降示了征兆。现在加上我就是四个人了。如果有壮士真的发了怒，就会有两个人的尸体倒下，血流五步远，天下百姓都将穿上白色孝服，今天的情形就是这样。"说完，唐雎拔剑挺立，怒对秦王。

秦王顿时面色沮丧，直起腰向唐雎道歉说："先生请坐，何必这样呢！我明白了：韩、魏两国会灭亡，独有安陵君凭借方圆五十里的土地幸存下来，就是因为有先生您啊。"

注释

❸ 苍鹰击于殿上：苍鹰飞到殿上搏击。 ❹ 休祲（jìn）：休，吉兆。祲，不祥之气。 ❺ 缟（gǎo）素：缟，白绢。素，白绸。缟素指丧服。 ❻ 色挠：脸色沮丧下来。挠，屈服。 ❼ 谕：明白。

乐毅报燕王书

— 《战国策》 —

背景介绍

时　　间：公元前 279 年

人　　物：乐毅（燕国将领）、燕惠王

事件起因：燕昭王用乐毅为上将军，联合五国的军队攻破齐国。后来燕国中了齐国的反间
计，乐毅被迫出逃，齐人大破燕军。燕惠王因而写信给乐毅，乐毅写这封信来
回答。

简介

　　这篇文章前半部分是史官的叙述，交代了燕惠王害怕乐毅帮助赵国乘机攻打燕国，自
己不深切悔悟，承认过失，反而责怪乐毅不该离燕。为此，引出后半部分乐毅对燕昭王的
一片赤诚和对燕惠王误信谗言的遗憾。

昌国君乐毅为燕昭王合五国之兵而攻齐，下七十余城，尽郡县之以属燕。三城未下，而燕昭王死。惠王即位，用齐人反间，疑乐毅，而使骑劫代之将。乐毅奔赵，赵封以为望诸君。齐田单诈骑劫，卒败燕军，复收七十余城以复齐。

燕王悔，惧赵用乐毅乘燕之敝①以伐燕。燕王乃使人让②乐毅，且谢之曰："先王举国而委将军，将军为燕破齐，报先王之仇，天下莫不振动，寡人岂敢一日而忘将军之功哉？会先王弃群臣，寡人新即位，左右误寡人。寡人之使骑劫代将军，为将军久暴露于外，故召将军且休计事。将军过听，以与寡人有隙③，遂捐④燕而归赵。将军自为计则可矣，而亦何以报先王之所以遇将军之意乎？"

望诸君乃使人献书报燕王曰："臣不佞⑤，不能奉承先王之教，以顺左右之心，恐抵斧质之罪⑥，以伤先王之明，而又害于足下之义，故遁逃奔赵。自负以

昌国君乐毅，替燕昭王联合五国的军队去攻打齐国，攻克了七十多座城池，把它们全部设为郡县归属燕国。还有三座城没有攻下，而燕昭王去世了。燕惠王即位，中了齐人的反间计，怀疑乐毅，便派骑劫代替乐毅统兵。乐毅逃到赵国，赵王封他为望诸君。齐国人田单用计欺骗骑劫，最终打败燕军，又收回七十多座城池，恢复了齐国的领土。

燕惠王后悔了，害怕赵国任用乐毅乘燕国疲敝的时候攻打燕国。燕惠王于是派人责备乐毅，并且向他表示歉意，说："先王把整个国家托付给将军，将军为燕国攻破齐国，报了先王的仇，天下人无不受到震动，我哪有一天忘记将军的功劳呢？不幸先王抛弃群臣而去，我刚刚即位，左右之人蒙骗了我。我之所以派骑劫代替将军您，是因为将军长期风餐露宿在外，所以召回将军暂且休息，共议国事。将军误信流言，以致与我有了隔阂，就抛弃燕国而投奔赵国。将军为自己打算是可以的，然而又用什么来报答先王对将军的知遇之恩呢？"

望诸君乐毅于是派人呈上书信回答燕王说："臣没有才智，不能奉承先王的教导，来顺从您左右大臣的心意，恐怕回到燕国触犯死罪，以致有损先王的知人之明，而又害您蒙上不义的名声，所以逃奔赵国。自己甘愿承担不贤的罪名，所以不敢解释。如

①敝：败，疲困。②让：责怪。③隙：裂痕，此处意为怨仇。④捐：抛弃。⑤不佞（níng）：不才。佞，有才智。⑥抵：冒犯。斧质之罪：杀身之罪。斧质，是斩人的刑具。质，通"锧"，腰斩所用底座。

不肖之罪，故不敢为辞说。今王使使者数❼之罪，臣恐侍御者之不察先王之所以畜幸❽臣之理，而又不白于臣之所以事先王之心，故敢以书对。

"臣闻贤圣之君，不以禄私其亲，功多者授之；不以官随其爱，能当者处之。故察能而授官者，成功之君也；论行而结交者，立名之士也。臣以所学者观之，先王之举错❾，有高世之心，故假节于魏王，而以身得察于燕。先王过举，擢❿之乎宾客之中，而立之乎群臣之上，不谋于父兄，而使臣为亚卿。臣自以为奉令承教，可以幸无罪矣，故受命而不辞。

"先王命之曰：'我有积怨深怒于齐，不量轻弱，而欲以齐为事。'臣对曰：'夫齐，霸国之余教而骤胜之遗事也，闲⓫于甲兵，习于战攻。王若欲伐之，则必举天下而图之。举天下而图之，莫径于结赵矣。且又淮北、宋地，楚、魏之所同愿也。赵若许约，楚、魏、宋尽

今大王派使者列数我的罪过，我恐怕侍候您的人不理解先王栽培和厚爱我的理由，而且也不明白我之所以事奉先王的心意，所以才敢写这封信作答。

"我听说圣贤的君主，不拿爵禄私自授予亲信的人，而是授给功劳多的人；不拿官职随意赐予喜爱的人，而是让能够胜任的人担当。所以考察才能而授予官职的，是能成就功业的君主；根据品行来结交朋友的，是能树立名声的贤士。我凭所学知识进行观察，先王的举措，有高于世俗的理想，所以我才借为魏王出使的机会，得以亲自来燕国接受考察。先王过分抬举我，把我从宾客中提拔起来，安置在群臣之上，不曾与大臣们商量，就任命我为亚卿。我自以为奉行命令、秉承教导，就可以幸免获罪了，所以接受任命而没推辞。

"先王命令我说：'我跟齐国有积怨深仇，哪怕国力轻微弱小，也打算把齐作为攻伐对象。'我回答说：'齐国，保持着霸主之国的遗留教化，而且有屡打胜仗的经验，熟悉军事，习惯征战。大王如果想讨伐齐国，就必须发动各国共同去对付它。要想发动各国去对付它，没有比结盟赵国更便捷的了。况且，齐国的淮北和宋地，是楚国、魏国都想得到的地方。赵国如果答应了，楚国、魏国、宋国尽力，以四国之力攻齐，就可以

❼ 数：数说，列举。❽ 畜：养。幸：宠信。❾ 举错：举措。错，通"措"。❿ 擢（zhuó）：提拔。⓫ 闲：通"娴"，熟悉。

力，四国攻之，齐可大破也。'先王曰：'善！'臣乃口受令，具符节，南使臣于赵。顾反命⑫，起兵随而攻齐，以天之道、先王之灵，河北之地，随先王举而有之于济上。济上之军，奉令击齐，大胜之。轻卒锐兵，长驱至国。齐王逃遁走莒，仅以身免。珠玉财宝，车甲珍器，尽收入燕。大吕陈于元英，故鼎反乎历室，齐器设于宁台。蓟丘之植，植于汶篁⑬。自五伯以来，功未有及先王者也。先王以为顺于其志，以臣为不顿⑭命，故裂地而封之，使之得比⑮乎小国诸侯。臣不佞，自以为奉令承教，可以幸无罪矣，故受命而弗辞。

"臣闻贤明之君，功立而不废，故著于春秋；蚤知⑯之士，名成而不毁，故称于后世。若先王之报怨雪耻，夷万乘之强国，收八百岁之蓄积，及至弃群臣之日，遗令诏后嗣⑰之余义，执政任事之

大破齐国了。'先王说：'好！'我于是接受命令，准备好符节，南行出使到赵国。回来复命之后，接着就发兵攻齐。依靠上天的保佑和先王的英明，黄河以北的地方，随先王进兵全部为燕国所有了，直到济水边上。济水边上的军队奉命进击齐军，大败齐军。士卒轻装，武器锐利，长驱直入齐都。齐王逃到莒城，仅只身走脱。齐国的珠玉财宝、车甲珍器，统统归于燕国。齐国的大吕巨钟陈列在燕国的元英殿，燕国原先被掠走的大鼎又回到历室宫，齐国的祭器陈列在宁台，蓟都郊外的树苗移栽到了齐国汶水的竹园里。从五霸以来，功业没有谁比得上先王的。先王觉得已经如愿以偿，认为臣没有贻误使命，所以分出土地封赏我，使我的地位相当于小国诸侯。我没有才能，自以为奉行命令，承受教导，就可以幸免获罪了，所以接受了分封而没推辞。

"我听说贤明的君王，功业建立而不再废弛，所以被载入史册；有预见的贤士，成就名声而不让它败坏，所以被后世称颂。像先王那样报仇雪恨，踏平万乘强国，收缴齐国八百年来积聚的财富，到他离世的时候，还给继位子孙留下遗训，而执政任事的大臣，因此能遵循法令，教导庶子，并推行于平民百姓，这些功业都

⑫ 顾：还。反命：复命。⑬ 篁（huáng）：种竹子的田。⑭ 顿：停顿，耽误。⑮ 比：比照，相当于。⑯ 蚤知：先知。蚤，通"早"。⑰ 令诏：命令与训示。后嗣：继承者。

臣，所以能循法令，顺庶孽⑱者，施及萌隶⑲，皆可以教于后世。臣闻善作者，不必善成，善始者，不必善终。昔者伍子胥说听乎阖闾，故吴王远迹至于郢。夫差弗是也，赐之鸱夷而浮之江。故吴王夫差不悟先论之可以立功，故沉子胥而弗悔。子胥不蚤见主之不同量，故入江而不改。

"夫免身全功，以明先王之迹者，臣之上计也。离毁辱之非，堕先王之名者，臣之所大恐也。临不测之罪，以幸为利者，义之所不敢出也。

"臣闻古之君子，交绝不出恶声；忠臣之去也，不洁其名。臣虽不佞，数奉教于君子矣。恐侍御者之亲左右之说，而不察疏远之行也，故敢以书报，唯君之留意焉。"

可以教育后世。我听说，善于创造不一定善于完成，好的开端不一定有好的结束。从前，伍子胥的言说被吴王阖闾接受，所以阖闾能远征到楚国郢都。吴王夫差却不这样，他将伍子胥赐死后装入皮囊，投于江中。吴王夫差不懂伍子胥的预见可以为吴国建立功业，所以把伍子胥投入江中而不后悔。伍子胥没能及早发现两位君主气量不同，所以至死也没有改变自己的态度。

"使自身免于祸患，保全破齐的功名，用以表明先王的业绩，是我的上策。自身遭受诋毁和侮辱的错误处置，损害先王的英名，是我最害怕的。面临不可测的罪名，却以侥幸心理求取私利，从道义上讲，我不敢这样做。

"我听说古代的君子，与人断绝关系时也不恶语伤人，忠臣含冤离开故国，也不为自己的名声辩白。我虽不才，也曾多次受教于君子。恐怕大王您听信左右的话，而不体察我这被疏远者的行为，所以斗胆用书信作答，希望您多加考虑。"

⑱顺：通"训"，教导。庶孽：妾生子。⑲施及：达于。萌隶：百姓。

谏逐客书

— 《李斯》 —

背景介绍

时　　间：公元前 237 年
人　　物：秦王（嬴政）、李斯
事件起因：韩国派水利专家郑国到秦国，建议秦国开凿水渠，真实目的是消耗秦国的财力、人力，事发之后王室贵族主张驱逐客卿。

简介

　　本文是一篇针对秦王逐客令而写的奏章。文章立意高远，始终围绕秦王统一天下的大目标正反论证，举例说明利害关系，说明用客卿强国的重要性。最后秦王嬴政收回逐客的成命，恢复了李斯的官职。作者李斯，秦政治家、文学家。楚国上蔡人，受教于荀子，于公元前 247 年由楚入秦，受到秦王器重，拜为客卿。

秦宗室❶大臣皆言秦王曰："诸侯人来事秦者，大抵为其主游间于秦耳，请一切逐客。"李斯议亦在逐中。

斯乃上书曰："臣闻吏议逐客，窃以为过矣。

"昔穆公求士，西取由余❷于戎，东得百里奚❸于宛，迎蹇叔于宋，求丕豹、公孙支于晋。此五子者，不产于秦，而穆公用之，并国二十❹，遂霸西戎。孝公用商鞅之法，移风易俗，民以殷盛，国以富强，百姓乐用，诸侯亲服，获楚、魏之师，举地千里，至今治强。惠王用张仪之计，拔三川之地，西并巴蜀，北收上郡，南取汉中，包九夷❺，制鄢、郢，东据成皋之险，割膏腴之壤，遂散六国之从，使之西面事秦，功施到今。昭王得范雎，废穰侯，逐华阳，强公室，杜私门，蚕食诸侯，使秦成帝业。此四君者，皆以客之功。由此观之，客何负

秦国的宗室大臣们都向秦王政进言："诸侯各国的人来投效秦国，大多是为了替其君主在秦国游说离间罢了，请下令把所有外来的客卿统统驱逐出境。"李斯也在被驱逐名单里。

于是他向秦王上书说："我听说官吏们都在商议驱逐客卿这件事，我私下认为这样做是错误的。

"从前秦穆公寻求贤士，从西戎招募了由余，从东边的宛地得到了百里奚，又从宋国迎来了蹇叔，还从晋国招来了丕豹、公孙支。这五位贤人，并不生长在秦国，而秦穆公却重用他们，结果吞并了二十多个小国，使秦称霸西戎。秦孝公采用商鞅的新法，移风易俗，百姓富足，国家因此富强，百姓乐于为国效力，诸侯各国亲近服从，打败了楚、魏两国的军队，攻取了上千里的土地，使国家至今还保持着安定强盛的局面。秦惠王采纳张仪的计策，攻占三川地区，向西吞并了巴、蜀两国，向北收取了上郡，向南夺取了汉中，并吞了九夷各部，控制着鄢、郢两城，向东占据了成皋天险，割取了大片肥田沃土，于是瓦解了六国的合纵，使他们都向西事奉秦国，功效一直延续到今天。昭王得到范雎，废黜了穰侯，驱逐了华阳君，加强了王室的权力，遏制豪门贵族的势力，逐步侵吞诸侯领土，使

注释

❶宗室：王室，与君主同一祖宗的贵族。❷由余：原是西戎派到秦国的使臣，秦穆公看重他的才能，用计使之归秦。❸百里奚：春秋楚人，原是虞国奴隶，秦穆公闻其名，用五张羊皮赎他，用为相。❹并国二十：指用由余之计而攻占的西戎二十部落。❺九夷：泛指当时楚国少数民族地区。

于秦哉！向使四君却客而不内，疏士而不用，是使国无富利之实，而秦无强大之名也。

"今陛下致昆山之玉，有随和⁶之宝，垂明月之珠，服太阿之剑，乘纤离⁷之马，建翠凤之旗⁸，树灵鼍⁹之鼓。此数宝者，秦不生一焉，而陛下说之，何也？必秦国之所生然后可，则是夜光之璧，不饰朝廷，犀象之器，不为玩好，郑、卫之女，不充后宫，而骏良不实外厩，江南金锡不为用，西蜀丹青不为采。所以饰后宫、充下陈、娱心意、说耳目者，必出于秦然后可，则是宛珠之簪、傅玑之珥、阿缟之衣、锦绣之饰，不进于前，而随俗雅化、佳冶窈窕赵女不立于侧也。夫击瓮叩缶，弹筝搏髀⑩，而歌呼呜呜、快耳目者，真秦之声也；郑、卫、桑间⑪，《昭》《虞》⑫《武》《象》者，异国之乐也。今弃击瓮而就郑卫，退弹筝而取《昭》《虞》，若是者何也？快意当

秦国成就帝王大业。这四位君主都凭借了客卿的功劳。由此看来，客卿们有什么对不住秦国的地方呢！如果四位君主拒绝客卿而不予接纳，疏远贤士而不加任用，那就不会使秦国得到富强的实效，秦国也不会有强大的名声了。

"如今陛下得到了昆仑山的美玉，拥有了随侯珠、和氏璧之类宝物，悬挂着夜光珠，佩带着太阿剑，乘着纤离骏马，竖着翠凤旗，陈设着灵鼍鼓。这么多的宝物，没有一种是秦国出产的，而陛下却最喜欢它们，这是为什么呢？如果一定要是秦国出产的东西才可以使用，那么夜光玉璧就不能装饰在宫廷，犀角、象牙的器具就不能赏玩，郑、卫之地的美女就不该住满后宫，好马就不该充实宫外的马圈，江南地区的金锡就不能使用，西蜀一带的丹青就不能用来装饰。如果用来装饰后宫、充当侍妾、赏心快意、怡目悦耳的一切都必须是出产于秦国才可用的话，那么用宛珠装饰的簪子、缀有珠玑的耳饰、细缯素绢的衣裳、织锦刺绣的服饰，就不能进献到您的面前，那些时髦优雅、艳丽多姿的赵国女子，就不能侍立在你的身旁。那敲击瓦器，弹筝拍腿，同时呜呜呀呀地歌唱，来快活耳目的，才是秦国的地道声乐；而郑、卫之地的民间俗乐，《昭》《虞》《武》《象》之类，

⑥ 随：指随侯珠。和：指和氏璧。 ⑦ 纤离：骏马名。 ⑧ 翠凤之旗：装饰有翠凤羽毛的旗帜。翠凤，一种珍奇的鸟。 ⑨ 鼍（tuó）：鳄鱼。 ⑩ 搏髀：拍着大腿打拍子。 ⑪ 桑间：卫国濮水边上的一地，相传是青年男女聚会唱歌之地。 ⑫ 《昭》《虞》：相传是歌颂虞舜的音乐。

前，适观而已矣。今取人则不然。不问可否，不论曲直，非秦者去，为客者逐。然则是所重者在乎色、乐、珠、玉，而所轻者在乎人民也。此非所以跨海内、制诸侯之术也。

"臣闻地广者粟多，国大者人众，兵强则士勇。是以泰山不让土壤，故能成其大，河海不择细流，故能就其深，王者不却众庶，故能明其德。是以地无四方，民无异国，四时充美，鬼神降福，此五帝、三王⑬之所以无敌也。今乃弃黔首以资敌国，却宾客以业诸侯，使天下之士退而不敢西向，裹足不入秦，此所谓'借寇兵而赍盗粮'者也。

"夫物不产于秦，可宝者多；士不产于秦，而愿忠者众。今逐客以资敌国，损民以益仇，内自虚而外树怨于诸侯，求国之无危，不可得也。"

秦王乃除逐客之令，复李斯官。

都是别国的音乐。如今陛下舍弃了敲击瓦器的音乐，而去追求郑卫国的音乐，舍弃了弹筝而采取《昭》《虞》之乐，这是为什么呢？只不过是图称心如意，适合需要罢了。现在用人却不这样。不问是否可用，不论是非曲直，凡不是秦国的就得离去，凡是客卿就得驱逐。这样做，就说明陛下重的是女色、声乐、珍珠、美玉，而所轻视的是人啊。这不是用来统一天下、制服诸侯的办法啊。

"我听说田地广袤的粮食多，国家大的人口众，军队强大的将士骁勇。因此，泰山不拒绝泥土，所以才能那样高大，江河湖海不舍弃细流，所以才能那样深广，帝王不嫌弃百姓，所以才能彰明他的恩德。因此，土地不分东西南北，百姓不论异国他邦，所以一年四季都会富裕美好，天地鬼神也都会来降赐福运，这就是五帝、三王无可匹敌的缘故。如今却抛弃百姓来帮助敌国，排斥客卿来事奉诸侯，使天下的贤士退却而不敢西进，裹足不敢前来秦国，这就叫做'借武器给敌寇，送粮食给盗贼'啊。

"物品不是秦国出产的，但珍贵的很多；贤士不出生于秦国的，但愿意效忠的很多。如今驱逐客卿来资助敌国，减少百姓而增加敌国的力量，对内削弱自己，而对外在诸侯国树立怨恨，要想国家没有危难，是不可能的啊。"

秦王于是废除逐客令，恢复了李斯的官职。

⑬ 五帝：黄帝、颛顼（Zhuānxū）、帝喾（Kù）、尧、舜为五帝。三王：指夏禹、商汤、周文王武王。

卜居

— 《楚辞》 —

背景介绍

时　　间：约公元前 301 年

事件起因：屈原第二次流放汉北。

简介

文章记叙屈原被逐，"三年不得复见"，为此心烦意乱，不知所从，于是前去问卜，并提出了如何为人处世这样严肃的问题。借设为问答之语，以宣泄作者愤世嫉俗之情。作者屈原，名平，字原，战国后期楚国爱国诗人。

原文

屈原既放，三年不得复见。竭知尽忠，而蔽障[1]于谗。心烦虑乱，不知所从。乃往见太卜郑詹尹曰："余有所疑，愿因先生决之。"詹尹乃端策拂龟曰："君将何以教之？"

译文

屈原被放逐之后，有三年时间未能见到楚王。他对国家尽忠尽职，却被谗言诽谤，使他与楚王阻隔。他心烦意乱，不知道如何是好，于是前去拜见太卜郑詹尹，对他说："我心中有很多疑惑，希望先生能帮助解决。"詹尹就摆正蓍草，拂去龟甲上的灰尘，说："不知先生有何见教？"

注释

❶ 蔽障：遮蔽阻隔。这里指屈原遭谗被楚王疏远隔绝。

屈原曰："吾宁悃悃款款❷，朴以忠乎，将送往劳来，斯无穷乎？宁诛锄草茆以力耕乎，将游大人以成名乎？宁正言不讳以危身乎，将从俗富贵以偷生乎？宁超然高举以保真乎，将呧訾栗斯❸喔咿嚅唲❹以事妇人乎？宁廉洁正直以自清乎，将突梯❺滑稽、如脂如韦以絜楹乎？宁昂昂若千里之驹乎，将氾氾若水中之凫，与波上下，偷以全吾躯乎？宁与骐骥亢轭❻乎，将随驽马之迹乎？宁与黄鹄比翼乎，将与鸡鹜争食乎？此孰吉孰凶？何去何从？世溷浊而不清：蝉翼为重，千钧为轻；黄钟毁弃，瓦釜❼雷鸣；谗人高张❽，贤士无名。吁嗟默默兮，谁知吾之廉贞？"

詹尹乃释策而谢曰："夫尺有所短，寸有所长；物有所不足，智有所不明；数有所不逮，神有所不通。用君之心，行君之意。龟策诚不能知此事！"

屈原说："我是诚恳朴实、忠心耿耿呢，还是要四处交结逢迎来摆脱困境呢？我是垦荒除草、勤于耕作呢，还是结交权贵来成就名声呢？我是直言不讳使自己遭受危险呢，还是流于世俗与富人结交而苟且偷生呢？我是超然隐居来保全自己的本性呢，还是阿谀逢迎、强颜欢笑来巴结那个妇人呢？我是廉洁正直以保持清白呢，还是圆滑随俗，去阿谀奉承呢？我是昂然站立如同日行千里的骏马呢，还是如同一只漂泊不定的野鸭，随波逐流而保全自己的身躯呢？我是与良马并驾齐驱呢，还是追随驽马的足迹呢？我是与天鹅比翼齐飞呢，还是与鸡鸭相互争食呢？这些选择哪是吉哪是凶啊？到哪里去？从何处来？世道如此浑浊不清：蝉翼沉重，千钧轻微；贵重的黄钟被毁，低贱的瓦罐却响如雷鸣；谗言献媚的人嚣张跋扈，贤良之士却默默无闻。唉，还是沉默吧，有谁能了解我的廉洁忠贞呢？"

于是，詹尹放下蓍草，向屈原致谢道："尺有显得短的时候，寸有显得长的时候；事物有它不足的地方，人的智慧也有无法明了的时候；打卦占卜也有难以预料的事情，神灵也有它无法洞察的时候。您还是凭您自己的心智，实行您的意愿吧。龟壳、蓍草实在不知道如何为你解决这些事啊！"

❷ 悃悃（kǔn）款款：忠实诚恳，以真心待人。❸ 呧訾（zǐ）：阿谀奉承。栗斯：小心奉承的样子。❹ 喔咿嚅唲（ruér）：强颜欢笑的样子。❺ 突梯：圆滑诡诈。❻ 亢轭：并驾齐驱。轭，车辕前面用来驾马的曲木。❼ 瓦釜：这里比喻庸人、小人。❽ 高张：居高位而气焰嚣张。

宋玉对楚王问
—《楚辞》—

背景介绍

时　　间：在公元前 298 年—公元前 263 年间
人　　物：楚王、宋玉
事件起因：宋玉遭受楚国宗室贵族的排挤和谗害，没有选择用死来抗争，而是为自己辩解。

简介

　　本文记叙的是宋玉对楚王责难的精彩辩白。宋玉通过回答楚王的问题，借助比喻和对比手法，表达自己孤芳自赏和才智不被当时人了解的实况。文中多次提起歌曲名，保存了重要的音乐史料。作者宋玉，又名子渊，战国时鄢城人，楚国辞赋作家。

楚襄王问于宋玉曰:"先生其有遗行[1]与?何士民众庶不誉[2]之甚也?"

宋玉对曰:"唯,然,有之。愿大王宽其罪,使得毕其辞。

"客有歌于郢中者。其始曰《下里》《巴人》,国中属[3]而和者数千人。其为《阳阿》《薤露》,国中属而和者数百人。其为《阳春》《白雪》,国中属而和者不过数十人。引商刻羽,杂以流徵[4],国中属而和者,不过数人而已。是其曲弥高,其和弥寡[5]。

"故鸟有凤而鱼有鲲。凤凰上击九千里,绝[6]云霓,负苍天,足乱浮云,翱翔乎杳冥[7]之上。夫藩篱之鷃,岂能与之料天地之高哉?鲲鱼朝发昆仑之墟,暴[8]鬐于碣石,暮宿于孟诸。夫尺泽之鲵,岂能与之量江海之大哉?

"故非独鸟有凤而鱼有鲲也,士亦有之,夫圣人瑰意琦行[9],超然独处,世俗之民,又安知臣之所为哉?"

楚襄王问宋玉说:"先生也许有不检点的行为吧?为什么士人百姓都不说你的好呢?"

宋玉回答说:"是,是这样的,确实有这样的事。请大王宽恕我的罪过,允许我把心中的话说完。

"有一位在郢都唱歌的客人,他开始唱《下里》《巴人》时,都城中附和着跟他唱的有几千人。后来唱《阳阿》《薤露》时,能附和着跟他唱的人还有几百人。等到他唱《阳春》《白雪》时,能附和着跟他唱的就只有几十个人了。最后,当他引用商声,刻画羽声,又夹杂运用流动的徵音时,全城中能附和着跟他唱的就只剩下几个人了。这样看来,歌曲越是高雅,能够附和的人就越少。

"所以鸟类中有凤凰,鱼类中有鲲鱼。凤凰拍打着翅膀飞上九千里,穿越云霓,背负着苍天,用脚拨乱飘动的云,飞翔在极其高远的天空。而在那篱笆间穿梭的小雀,又怎么能了解天地的广阔呢!鲲鱼清晨从昆仑山脚出发,中午在碣石山畔晒脊背,傍晚在孟诸投宿。那一只来深水塘里的小鱼,又怎么能和鲲鱼一样测量长江大海的广阔呢?

"所以不只是鸟类中有凤凰,鱼类中有鲲鱼,士人中也有高人雅士,圣人有宏大的志向和高尚的品德,卓尔不群,那些平庸的人又怎能了解我的所作所为呢?"

[1] 遗行:指不检点的行为。 [2] 不誉:不认为…好。 [3] 属:接续,连续,这里是跟随的意思。 [4] 杂以流徵(zhǐ):比喻唱曲子时唱得音调板眼准确。 [5] 弥:愈,更加。 [6] 绝:超越。 [7] 杳冥:指极高极远看不清的地方。 [8] 暴:晒的意思。 [9] 瑰意琦行:卓异的思想和不平凡的行为。瑰,奇伟。琦,美好。

五帝本纪赞

— 《史记》 —

背景介绍

时　　间：司马迁创作《史记》期间，约公元前 108 年—公元前 91 年

事件起因：《史记》的首篇为《五帝本纪》，《五帝本纪赞》是司马迁为首篇作的赞语。

简介

　　本文主要讲述了"本纪"的史料来源以及作者的见解。这种"赞"是《史记》主要作者司马迁首创的史书体例，一直被后世史书沿用。

太史公曰：学者多称五帝，尚❶矣。然《尚书》独载尧以来，而百家言黄帝，其文不雅驯❷，荐绅先生❸难言之。孔子所传《宰予问五帝德》及《帝系姓》，儒者或不传。余尝西至空峒，北过涿鹿，东渐于海，南浮江淮矣。至长老皆各往往称黄帝、尧、舜之处，风教固殊❹焉。总之，不离古文者近是。予观《春秋》《国语》，其发明《五帝德》《帝系姓》章❺矣，顾弟❻弗深考，其所表见皆不虚。《书》缺有间矣，其轶乃时时见于他说。非好学深思，心知其意，固难为浅见寡闻道也。余并论次，择其言尤雅者，故著为本纪书首。

太史公说：学者们常常谈到五帝，但五帝的时代距今已经很久远了。然而《尚书》中也只记载了唐尧以后的历史，而诸子百家谈论黄帝，他们的记述也都不太可靠，就算是有地位的长者也难以说清楚历史的事实。孔子传下来的《宰予问五帝德》和《帝系姓》，有的儒家多不传授学习。我曾经西到崆峒山，北越涿鹿山，东到大海，南过江淮，各地的长者都在谈论黄帝、尧、舜的遗址，但这些地方的风俗教化彼此并不相同。总的看来，不违背古籍所记载的为接近历史的真实情况。我看《春秋》《国语》，它们阐述《五帝德》《帝系姓》的内容很清楚，只是学者们没有深入考察，其实他们所记载的内容都不是毫无根据的。《尚书》里有很多散失的篇章，它所缺失的内容常常在其他的著作中可以看到。如果不是喜欢学习、深入思考，领会这些书的旨意的人，本来就很难与见识浅薄的人说清楚。我将各种关于五帝的材料综合编定起来，选择其中最为正确可靠的，写成《五帝本纪》，作为全书首篇。

注释

❶ 尚：同"上"，久远。❷ 雅驯：事有根据。雅，准确。驯，同"训"规范。即合理之意。❸ 荐绅先生：指有地位的人。❹ 风教固殊：风俗教化彼此不同。❺ 章：同"彰"，明白、显著。❻ 顾弟：但是。弟，同"第"，只是。

项羽本纪赞

—《史记》—

背景介绍

时　　间：司马迁创作《史记》期间，约公元前
　　　　　108年—公元前91年
事件起因：本篇是司马迁为《史记·项羽本纪》
　　　　　写的赞语，列在该篇末尾。赞语是司
　　　　　马迁在《史记》重要篇章之后，以"太
　　　　　史公曰"的口气议论、总结或补充的
　　　　　文字。

简介

　　秦末群雄蜂起，逐鹿天下。项羽本来没有尺寸之地，却在短短的三年时间里，成为天
下霸主。然而仅仅过了五年，他便败在刘邦的手下。在《项羽本纪赞》中，作者既肯定了
项羽的胆略与才智，同时也严肃地批评了项羽的残酷暴虐、刚愎自用。

太史公曰：吾闻之周生曰"舜目盖重瞳子"，又闻项羽亦重瞳子[1]。羽岂其苗裔邪？何兴之暴也！夫秦失其政，陈涉首难，豪杰蜂起，相与并争，不可胜数。然羽非有尺寸[2]，乘势起陇亩[3]之中，三年，遂将五诸侯灭秦，分裂天下而封王侯，政由羽出，号为"霸王"。位虽不终，近古以来未尝有也。及羽背关怀楚，放逐义帝而自立，怨王侯叛己，难矣。自矜功伐，奋其私智而不师古，谓霸王之业欲以力征经营天下，五年卒亡其国，身死东城，尚不觉寤而不自责，过矣。乃引"天亡我，非用兵之罪也"，岂不谬哉！

太史公说：我听周生讲过"舜的眼睛可能有两个瞳孔"，又听说项羽也有两个瞳孔。项羽难道是舜的后代？项羽的兴起是多么迅猛啊！秦国政治衰败，陈涉首先起义反秦，各路豪杰也蜂拥而起，相互争夺天下，参加的人数也数不清。但是项羽没有尺寸之地，趁着时势兴起于民间，三年的时间，就率领五国诸侯的军队灭掉了秦国，然后分割天下，封王封侯，所有政令都由项羽发布，号称"霸王"。虽然项羽的王位没有维持多久，但自古以来还不曾有过他这样的人物。等到项羽因怀念楚地而放弃关中、回到故乡楚地，流放义帝而自立为王，再来抱怨各路王侯背叛自己，就太勉强了。自己夸耀功劳，逞弄个人的聪明才智，而不效法古人，以为霸王的事业只要通过武力征伐就能统治天下，不过五年就使国家灭亡，自己也死在东城，尚且至死不悟，还不肯引咎自责，这当然是错误的。竟然还说"是天要灭亡我，并不是我用兵的罪过"，难道不是很荒唐吗！

注释

[1] 重瞳子：双瞳人。后人以重瞳为帝王之相。　[2] 尺寸：一点点凭借，指土地或权力。
[3] 陇亩：田间，民间。

秦楚之际月表

— 《史记》 —

背景介绍

时　　间：司马迁创作《史记》期间，约公元前
108 年—公元前 91 年

事件起因："表"是按照年月以表格的形式编撰
各时期的历史事件，这是司马迁在《史
记》中独创的一种史书体例。

简介

《史记》中共有 10 篇表，本文是第 4 篇的序言。"秦楚之际"是指秦二世在位时期和项羽统治时期。此一时期尽管时间极短，但发生的历史事件纷纭复杂，故按月来记述，称之为"月表"。

原文

太史公读秦楚之际，曰："初作难，发于陈涉；虐戾灭秦，自项氏；拨乱诛暴，平定海内，卒践❶帝祚，成于汉家。五年之间，号令三嬗❷，自生民以来，未始有受命若斯之亟❸也。

译文

太史公研读关于秦汉时期的历史，说道："最早发难起义的是陈涉；用武力灭秦的关键人物是项羽；拨乱反正，诛除暴虐，平定天下，最终登上帝位完成大业的是汉刘邦。五年的时间，发号施令的人就变更了三次，在华夏历史上，还未有过承受天命的人变化如此快的。

注释

❶ 卒践：卒，最终。践，登。 ❷ 嬗（shàn）：转换，变更。 ❸ 亟（jí）：急促，快。

"昔虞、夏之兴，积善累功数十年，德洽百姓，摄行政事，考之于天，然后在位。汤、武之王，乃由契、后稷❹，修仁行义十余世。不期而会孟津八百诸侯，犹以为未可，其后乃放弑。秦起襄公，章于文、缪❺，献、孝之后，稍以蚕食六国，百有余载，至始皇乃能并冠带之伦。以德若彼，用力如此，盖一统若斯之难也！

"秦既称帝，患兵革不休，以有诸侯也，于是无尺土之封，堕坏名城，销锋镝，锄豪杰，维❻万世之安。然王迹之兴，起于闾巷❼，合从讨伐，轶❽于三代。乡❾秦之禁，适足以资贤者为驱除难耳，故愤发其所为天下雄，安在无土不王？此乃传之所谓大圣乎？岂非天哉？岂非天哉？非大圣孰能当此受命而帝者乎？"

❹ 契（xiè）：传说中商的始祖。后稷：传说中周的始祖。 ❺ 缪：同"穆"，即秦穆公。 ❻ 维：同"惟"，思考，计度。 ❼ 闾巷：街巷，此处借指民间。意为刘邦出身卑贱。 ❽ 轶：超过。 ❾ 乡：同"向"，以前，过去。

"当初虞舜、夏禹兴起的时候，他们积累善行和功德长达几十年，他们广使恩德润泽百姓，参与治理国家政事，考查了天意，然后才得以即位。商汤、周武称王于天下，都是由于他们的祖先契和后稷开始便讲求仁政、实行仁义，经历了十几代。到周武王时竟然未经预先邀约，就有八百诸侯到孟津相会，他们还认为时机不到，不可轻易夺取王位，直到后来才杀死了殷纣王。秦朝起始于秦襄公，兴盛于秦文公、秦穆公，到秦献公、秦孝公之后，便逐步吞并六国的土地，经历了一百多年以后，直到秦始皇时才有能力消灭其他诸侯。像虞、夏、汤、武那样实行政德，像秦国那样使用武力才能成功，可见统一天下如此之艰难！

"秦始皇称帝之后，他担忧如果有诸侯存在，将来战争无法休止，所以就废除了分封土地的制度，不再给功臣亲族尺寸土地的封赏，同时还毁坏著名的城池，销毁兵器，铲除各地豪强，希望能维持万世帝业的安宁。然而帝王的功业，兴起于民间，各地英雄豪杰互相联合进攻秦国，气势超过了三代。过去秦国的种种弱化武力的禁令，正好帮助贤能的人去扫除困难，所以贤者奋发图强，成为了天下的英雄，怎么能说没有土地的人便不能成为帝王呢？这不就是传说中的大圣人吗？这难道不是天意吗？这难道不是天意吗？如果不是大圣人，又有谁能在乱世承受天命而称王呢？"

高祖功臣侯者年表

— 《史记》 —

背景介绍

时　　间：司马迁创作《史记》期间，约公元前 108 年—公元前 91 年

事件起因：汉高祖刘邦封功臣为侯，但列侯都很快衰微。衰弱的原因是诸侯子嗣们富贵
　　　　　后骄逸，往往犯法亡国。

简介

　　此表记录了汉初功臣的业绩及其家族的兴盛衰亡，是研究西汉开国史和汉初政治史不
可多得的史料。

太史公曰："古者人臣功有五品：以德立宗庙、定社稷曰勋❶；以言曰劳；用力曰功；明其等曰伐❷；积日曰阅。封爵之誓曰：'使河如带，泰山若厉❸，国以永宁，爰及苗裔。'始未尝不欲固其根本，而枝叶稍陵夷❹衰微也。"

余读高祖侯❺功臣，察其首封所以失之者，曰："异哉所闻！《书》曰'协和万国'，迁于夏、商，或数千岁。盖周封八百，幽、厉之后，见于《春秋》。《尚书》有唐、虞之侯、伯，历三代千有余载，自全以蕃❻卫天子，岂非笃于仁义、奉上法哉？汉兴，功臣受封者百有余人。天下初定，故大城名都散亡，户口可得而数者十二三，是以大侯不过万家，小者五六百户。后数世，民咸归乡里，户益息❼，萧、曹、绛、灌之属或至四万，小侯自倍，富厚如之。子孙骄溢，忘其先，淫嬖❽。至太初，百年之间，见❾侯五，

太史公说："古时大臣的功绩分为五个等级：凭德行开创帝业、安定国家的，称作勋；凭借言论立下功绩的，称作劳；凭武力立下功绩的，称作功；使功劳等级显著的，称作伐；凭借资历长短的，称作阅。汉立之初封爵时的誓词说：'即使黄河变得像衣带一样细，泰山平得像磨刀石一样，各个封国也永享安宁，恩泽子孙后代。'朝廷最初不是不想使封国的根基牢固，但很多封国后来还是渐渐地衰落了。"

我阅读了高祖分封诸侯的有关史料，考察了起初被封后来失去爵位的原因，说："分封的传闻跟实际情况不相同啊！《尚书》说：'尧以前的各封国都和睦相处'，直到夏、商时期，约有几千年。周朝时分封了八百诸侯，经历了幽王、厉王的乱世之后，在《春秋》上还能看到关于他们的记载。《尚书》记载的唐尧、虞舜分封的侯、伯，经历了夏、商、周三代，也有一千多年，仍能自我保全、充当周王室的屏障，难道不是因为他们能坚守仁义、遵行天子的法令吗？汉朝兴起，受到封赏的功臣有一百多人。当时天下刚刚安定，大的城市和有名的都城里的人口大都流散逃亡去了，留下来的户口实际上只有十分之二三，所以，大侯的封邑不超过一万家，小侯的封邑只有五六百家。后

❶宗庙：帝王、诸侯等祭祀祖宗的庙宇。这里指帝业。社稷：土神和谷神，是国家的象征。❷伐：同"阀"，功绩。❸厉：同"砺"，磨刀石。❹稍：逐渐。陵夷：由盛转衰。❺侯：封赏，此处用作动词。❻蕃：通"藩"，屏障。❼息：滋生，繁育。❽淫嬖：放纵邪恶。❾见：同"现"，现存的。

余皆坐法陨命亡国，耗矣。罔[10]亦少密焉，然皆身无兢兢[11]于当世之禁云。"

居今之世，志[12]古之道，所以自镜[13]也，未必尽同。帝王者各殊礼而异务，要以成功为统纪，岂可绲[14]乎？观所以得尊宠及所以废辱，亦当世得失之林[15]也，何必旧闻？于是谨其终始，表见其文，颇有所不尽本末，著其明，疑者阙之。后有君子，欲推而列之，得以览焉。

注释

[10] 罔：同"网"，法禁之网。[11] 兢兢：小心谨慎的样子。[12] 志：记。[13] 镜：借鉴。[14] 绲（gǔn）：缝合，如今天说给布滚边的意思，比喻混同为一。[15] 林：同类事例的聚合汇总。

来经过几代，老百姓都慢慢返回故里，户口越来越多，萧何、曹参、周勃、灌婴的封户，有的多达四万家，小侯的封户也增加了一倍，其财富也不断积累。但是，封国的子孙骄横过度，忘了祖先创业的艰难，行为邪恶放纵起来了。到了太初年间，一百年之内，现存的侯只剩下五个，其余的全都因为犯法而丧命亡国，一下子全都完了。朝廷的法禁之网对他们也稍微严厉了些，但是，那些人失去封爵都是因为没有小心谨慎地遵守当时的法令。"

生活在今天这个社会，汲取古代的道理，引以为鉴，不必强求和古人完全相同。做帝王的，各自都有不同的礼法和政务，关键在于以成就功业为原则，怎能完全一样呢？观察这些诸侯由得到尊宠到遭受贬黜、凌辱的原因，也正是当世政治得失的道理所在，为什么一定要依据古代的传闻呢？于是，我认真地考察了诸侯王废立的经过，并用表格来反映文字记载，许多事情难以说清本末的，就只记下那些比较可信的材料，对有疑问的地方就空着。后世如果有人想推究并论列他们的事迹本末的，可以参阅这里的表。

孔子世家赞

— 《史记》 —

背景介绍

时　　间：司马迁创作《史记》期间，约公元前 108 年—公元前 91 年

事件起因：孔子做过司寇，喜欢周游列国，一生主要从事讲学和著述，是春秋时期的思想
家、教育家，儒家学派的创始人。孔子不是世袭封爵的王侯，但司马迁为了突
出孔子学术思想对后世的影响，破例推崇，将其列入"世家"。

简介

　　《孔子世家》是《史记》三十世家之一，为孔子所立的传，记载孔子的生平和思想。
本文为司马迁在全传最后所写的赞语。赞语认为孔子以道德学问受到后人的景仰，表达了
司马迁对孔子的敬仰和向往之情。

太史公曰："《诗》有之：'高山仰止，景行❶行止。'虽不能至，然心向往之。余读孔氏书，想见其为人。适❷鲁，观仲尼庙堂、车服、礼器，诸生以时习礼其家，余低回留之，不能去云。天下君王至于贤人众矣，当时则荣，没则已焉。孔子布衣，传十余世，学者宗之。自天子王侯，中国言六艺者，折中❸于夫子，可谓至圣矣！"

太史公说："《诗经》中有句话说：'巍峨的高山可以仰望，宽广的大道可以循着前进。'我虽然不能达到这个境界，但是心中一直向往它。我读孔子的书，在心中揣测他的为人。到了鲁国之后，我参观了孔子的祠堂、车子、衣服和礼器，看见许多儒生按时在他家里演习礼仪，对此我徘徊留恋，舍不得离去。天下的君王以及历代贤人，实在是很多，他们在世时那么荣耀，但死后也就没有什么痕迹了。孔子只是个平民，但他的学说已经流传了十几代，读书人都尊崇他。从天子王侯往下，中国讲六艺的人，都以孔子的学说作为准则，孔子可以称得上是至高无上的圣人了！"

注释

❶ 景行：大路。 ❷ 适：到。 ❸ 折中：取正，用以判断事物正确与否的标准。

外戚世家序

— 《史记》 —

背景介绍

时　　间：司马迁创作《史记》期间，约公元前 108 年—公元前 91 年

事件起因：作者陈述三代的得失，论证后妃对国家治乱的影响。

简介

本文是《史记·外戚世家》的序。《史记》中的外戚指帝王的后妃及其亲族。

自古受命帝王及继体守文之君，非独内德茂也，盖亦有外戚之助焉。夏之兴也以涂山，而桀之放也以妹喜。殷之兴也以有娀，纣之杀也嬖妲己。周之兴也以姜原及大任，而幽王之禽也淫于褒姒。故《易》基《乾》《坤》，《诗》始《关雎》，《书》美釐降❶，《春秋》讥不亲迎❷。夫妇之际，人道之大伦也。礼之用，唯婚姻为兢兢❸。夫乐调而四时和。阴阳之变，万物之统也，可不慎与？人能弘道，无如命何。甚哉，妃❹匹之爱，君不能得之于臣，父不能得之于子，况卑下乎？既合矣，或不能成子姓，能成子姓矣，或不能要其终❺，岂非命也哉？孔子罕称命，盖难言之也。非通幽明❻之变，恶❼能识乎性命哉？

自古以来承受天命的开国帝王和那些继承先帝政体，遵守先帝成法的君主，不仅是因为他自身品德高尚，大都也有外戚的辅助。夏朝的兴起，因为夏禹娶了涂山氏之女，而夏桀的被放逐，是因为妹（mò）喜。商朝的兴起，是因有了有娀氏之女简狄，而纣王被诛杀，因为过分宠幸妲己。周朝的兴起，和姜嫄、大任有关，而幽王被擒，是因过于宠幸褒姒。所以，《易》以《乾卦》《坤卦》为基础，《诗经》以《关雎》开篇，《尚书》赞美尧将两个女儿下嫁给舜，《春秋》讥讽不亲自迎娶娶。夫妇之间的关系，是人类社会中最重要的伦理。礼的应用，唯独在婚姻问题上特别谨慎。要是能把音乐调理得和谐了，四时才能协调起来。阴阳的变化，是万物纲领，怎么能不重视呢？人能够弘扬道义，却奈何不了天命。夫妇之间的爱重要啊，君主不能从臣下那里得到，父亲也不能从儿子那里得到，更何况处于卑贱地位的人呢？夫妻合欢以后，也许不能孕育子孙，就算能够孕育子孙，也许还不能白头偕老，难道这不是天命吗？孔子很少谈论天命，大概是因为难以谈明白吧。不能通晓阴阳的变化，怎能懂得人性与天命的道理呢？

❶釐（lí）：料理。降：下嫁。 ❷亲迎：古代婚嫁，新婚必亲至女家迎娶。 ❸兢兢：小心谨慎的样子。 ❹妃（pèi）：匹配，婚配。 ❺要（yāo）其终：指白头偕老。要，求得。 ❻幽明：阴阳，天地间的根本力量。 ❼恶（wū）：怎么。

伯夷列传

—《史记》—

背景介绍

时　　间：司马迁创作《史记》期间，约公元前 108 年—公元前 91 年

事件起因：作者以"考信于六艺""折衷于夫子"的史料处理原则，在论赞之中，夹叙伯夷和叔齐的事迹，赞颂他们的高风亮节。

简介

　　文章借助伯夷、叔齐的善行，和所谓暴戾凶残、横行天下的盗跖做比照，以操行不轨，违法犯禁的人和审慎小心、有崇高正义感的人做比照，从而抒发了天道与人事相违背的现实，对"天道无亲，常与善人"的"名言"给予强烈质疑。

夫学者载籍极博，犹考信于六艺。《诗》《书》虽缺，然虞、夏之文可知也。尧将逊位，让于虞舜，舜、禹之间，岳牧咸荐，乃试之于位，典职数十年，功用既兴，然后授政，示天下重器。王者大统，传天下若斯之难也。而说者曰：尧让天下于许由，许由不受，耻之逃隐；及夏之时，有卞随、务光者。此何以称焉？太史公曰：余登箕山，其上盖有许由冢云。孔子序列古之仁圣贤人，如吴太伯、伯夷之伦详矣。余以所闻，由、光义至高，其文辞不少概见[1]，何哉？

孔子曰："伯夷、叔齐，不念旧恶，怨是用希。""求仁得仁，又何怨乎？"余悲伯夷之意，睹轶诗可异焉。其传曰：伯夷、叔齐，孤竹君之二子也。父欲立叔齐，及父卒，叔齐让伯夷。伯夷曰："父命也。"遂逃去。叔齐亦不肯立而逃之。国人立其中子。于是伯夷、叔齐闻西伯昌善养老，"盍往归焉！"及至，西伯卒，

世上记事的书籍虽然很多，但学者们仍然以"六艺"——《诗》《书》《礼》《乐》《易》《春秋》等经典为征信的凭据。《诗经》《尚书》虽然有残缺，但是记载虞、夏的文字还是可以看到的。尧快退位时，让帝位给虞舜，舜和后来的禹，都是由四方诸侯长和州牧们推荐出来的，在各自的职位上接受考验，掌管执政几十年，功效非常显著之后，才把帝位禅让给他们，这样表明帝王的权力是天下重器。帝王是天下主宰，政权的转移是如此之难啊。可是却有传言说：尧曾把天下让给许由，许由不肯接受，以为是一种耻辱而逃走隐居起来；夏朝时，又有卞随和务光这样不肯接受禅让的人。根据什么这么说呢？太史公说：我曾登上箕山，山上据说有许由的坟墓。孔子历数古代的仁人、圣人、贤人，对吴太伯和伯夷等讲得很详细。我认为传闻中的许由、务光，他们的道德都为至为高尚，为什么经书中记述他们的文辞却难以看到，这是为什么呢？

孔子说："伯夷、叔齐不记旧日的仇怨，因此心中少有怨恨。"又说："他们寻求仁而且如愿以偿，又有什么可怨恨的呢？"我对伯夷的用意深感悲痛，但看到那些逸诗又感到诧异。有关他们的传记这样说道：伯夷、叔齐，是孤竹君的两个儿子。他们的父亲想让叔齐继位，等父亲死后，叔齐将王位让给伯夷。伯夷说："这是父亲的遗命啊。"于是就逃掉了。叔齐也不肯即位而逃走了。国人只好立孤竹君的第二个儿子为王。这时，伯夷、叔齐听说西伯昌能关心老人，抚养老人，就说："为什么我

[1] 少：稍微，略微。概：梗概，略。

武王载木主，号为文王，东伐纣。伯夷、叔齐叩马而谏曰："父死不葬，爰及干戈，可谓孝乎？以臣弑君，可谓仁乎？"左右欲兵之，太公曰："此义人也。"扶而去之。武王已平殷乱，天下宗周，而伯夷、叔齐耻之，义不食周粟，隐于首阳山，采薇而食之。及饿且死，作歌，其辞曰："登彼西山兮，采其薇矣。以暴易暴兮，不知其非矣。神农、虞、夏忽焉没兮，我安适归矣？于嗟徂❷兮，命之衰矣！"遂饿死于首阳山。由此观之，怨邪非邪？

或曰："天道无亲，常与善人。"若伯夷、叔齐，可谓善人者非邪？积仁絜行如此而饿死！且七十子之徒，仲尼独荐颜渊为好学，然回也屡空，糟糠不厌❸，而卒蚤夭。天之报施善人，其何如哉？盗跖日杀不辜，肝人之肉，暴戾恣睢❹，聚党数千人，横行天下，竟以寿终，是遵何德哉？此其尤大彰明较著❺者也。若至近世，操行不轨，专犯忌讳，而终身逸

注释

❷徂（cú）：通"殂"，死。　❸厌：饱足。　❹恣睢：任意肆虐。睢：恣意。　❺彰明较著：四字同义，明显，显著。

们不去投奔西伯呢！"到了周地，西伯已经死了，武王用车载着西伯的神主，追谥为文王，率军东进去征伐商纣。伯夷、叔齐拉住武王的马进谏说："父亲死了还没安葬，就动起干戈，这能叫孝吗？以臣子的身份诛杀君王，这能叫仁德吗？"旁边的卫士想杀死他们，姜太公吕尚说："他们可是义士啊！"便让人把他们扶走了。武王摧毁了殷商的暴虐统治，天下都归附了周，而伯夷、叔齐却认为这是很可耻的事，为了表示对殷商的忠义，不肯再吃周朝的粮食，隐居在首阳山中，靠着采食薇菜充饥。饿到要死了的时候，他们作了一首歌，歌辞是："登上那首阳山啊，来食那山坡上的薇菜呀。用暴戾代替暴戾啊，还不知道那是错误的呀。神农、虞舜、夏禹这样的圣君很快就消失了呀，我们能到哪里呢？唉，我们快死了啊，命运衰微呀！"就在首阳山饿死了。由此看来。他们是有怨恨还是没有怨恨呢？

有人说："天道并不对谁特别偏爱，但通常是帮助善良人的。"像伯夷、叔齐这样的，可不可以称为善人呢？积累仁德、洁身自好这样的人竟然还饿死了！并且，孔子的七十位贤弟，唯独颜回最好学。然而颜回常常为贫穷所困扰，连酒糟谷糠一类的食物都吃不饱，终于过早地去世了。上天对善人的报应，又怎么样呢？盗跖每天都杀害无罪的人，吃人肝，残暴凶狠，任意妄为，聚集同伙几千人，横行天下，竟然寿终正寝，这是遵行了什么道德呢？这些是最大的也是最显著的事例呀。到了近代，有些人行为不合规范，总是违法犯纪，反

乐，富厚累世不绝。或择地而蹈之，时
然后出言，行不由径，非公正不发愤，而
遇祸灾者，不可胜数也。余甚惑焉，傥所
谓天道，是邪非邪？

子曰："道不同，不相为谋。"亦
各从其志也。故曰："富贵如可求，虽执
鞭之士，吾亦为之。如不可求，从吾所
好。""岁寒，然后知松柏之后凋。"
举世混浊，清士乃见。岂以其重若彼，
其轻若此哉？

"君子疾没世而名不称焉。"贾子
曰："贪夫徇财[6]，烈士徇名，夸者死权，
众庶冯生[7]。"同明相照，同类相求。"云
从龙，风从虎，圣人作而万物睹。"伯
夷、叔齐虽贤，得夫子而名益彰；颜渊
虽笃学，附骥尾而行益显。岩穴之士，
趋舍有时，若此类名堙灭而不称，悲夫！
闾巷之人，欲砥行立名者，非附青云之
士，恶能施于后世哉[8]！

[6] 徇财：为财而死。徇，通"殉"。 [7] 众庶：大众。冯：
同"凭"，依仗。这里引申为看重。 [8] 恶（wū）：何。施（yì）：
延续。

倒能终身安逸享乐，富贵优裕，一代
一代地传下去。有些人先择好地方再
迈脚，看准时机再讲话，走路只走正
道，不是公正的事情不肯发愤去做，
却仍然惹祸，这种情形多得简直数
也数不清。我为此困惑，如果说这
就是所谓的天道，那么这是天道呢，
还是不是天道呢？

孔子说："遵循的原则不同，无
法在一起商量事情。"就是说各自
按照自己的意愿行事罢了。所以又
说："富贵如果能够求得，就是为人
驾驭车马，我也愿意去干；如果不能
求得，那还是按照我自己的喜好去干
吧！""到了一年中寒冷的时节，才
知道松树、柏树是最后落叶的。"当
全天下都浑浊黑暗的时候，清白的人
才能显露出来。难道是因为他们把道
德看得重，却把富贵看得轻吗？

孔子又说："君子最怕死后名声
不被人们传扬。"贾谊说："贪得无
厌的人为追求钱财而不惜一死，胸怀
大志的人为追求名节而不惜一死，作
威作福的人为追求权势而不惜一死，
众生只顾惜自己的生命。"同样能发
光的东西才能彼此辉映，同一类的事
物才能彼此吸引。"云随龙而生，风
随虎而起，圣人出现，万物才被人发
现。"伯夷、叔齐虽然贤明，由于得
到了孔子的赞扬，名声才更加响亮；
颜回虽然好学，由于追随孔子，品德
的高尚才更加明显。隐居在山岩洞穴
中的贫士，他们出仕与退隐也都很注
重原则，有一定的时机，但这类人的
名声却堙没而不被人提起，真是可悲
呀！民间百姓，要想磨炼操行而树立
名声的，如果不依靠德高望重的贤
人，怎么可能让自己的名声流传于后
世呢！

孩子一读就喜欢的

古文观止 ③

[清]吴楚材 [清]吴调侯◎选编
小行星工作室◎译注

北京时代华文书局

图书在版编目（CIP）数据

孩子一读就喜欢的古文观止 . 3 /（清）吴楚材，（清）吴调侯选编；
小行星工作室译注 . -- 北京：北京时代华文书局，2024.6
ISBN 978-7-5699-5491-3

Ⅰ . ①孩… Ⅱ . ①吴… ②吴… ③小… Ⅲ . ①《古文观止》—青少年读物 Ⅳ .
① H194.1-49

中国国家版本馆 CIP 数据核字 (2024) 第 096542 号

HAIZI YI DU JIU XIHUAN DE GUWEN GUANZHI 3

出 版 人：陈 涛
责任编辑：刘显芳
装帧设计：彭明军
责任印制：訾 敬

出版发行：北京时代华文书局 http://www.bjsdsj.com.cn
　　　　　北京市东城区安定门外大街 138 号皇城国际大厦 A 座 8 层
　　　　　邮编：100011　电话：010-64263661 64261528
印　　刷：三河市祥达印刷包装有限公司
开　　本：710 mm × 1000 mm　1/16　　成品尺寸：170 mm × 240 mm
印　　张：8　　　　　　　　　　　　字　　数：205 千字
版　　次：2024 年 6 月第 1 版　　　　印　　次：2024 年 6 月第 1 次印刷
定　　价：199.00 元（全 6 册）

版权所有，侵权必究

本书如有印刷、装订等质量问题，本社负责调换，电话：010-64267955

目录

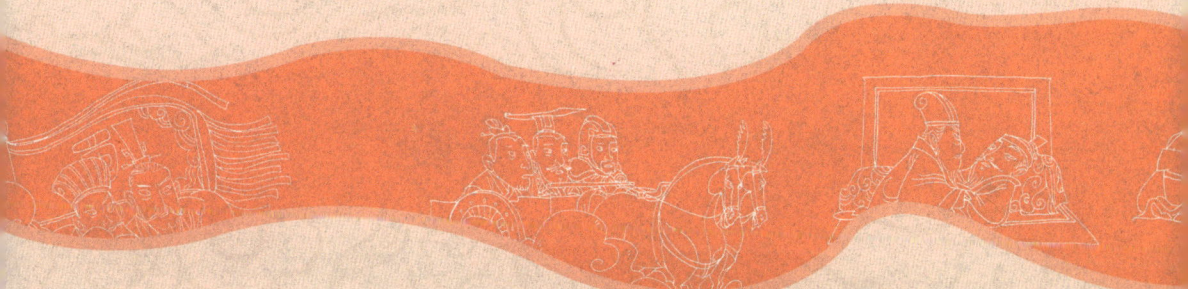

管晏列传

— 《史记》 —

背景介绍

时　　间：春秋时期
人　　物：管仲，生年不详，卒于公元前 645 年；晏婴，生年不详，卒于公元前 500 年
事件起因：司马迁因"李陵之祸"身受腐刑，无人为他说情，于是写了"管鲍之交"，借以抒发胸怀。

简介

　　该篇是《史记》列传的第二篇，是春秋时期管仲、晏婴的合传。通过介绍人物之间的轶事来展现人物性格，借以抒发作者对他们的敬仰之情，以及知己难遇的叹息。

管仲夷吾者，颍上人也。少时常与鲍叔牙游，鲍叔知其贤。管仲贫困，常欺鲍叔，鲍叔终善遇之，不以为言。已而[1]鲍叔事齐公子小白，管仲事公子纠。及小白立为桓公，公子纠死，管仲囚焉。鲍叔遂进管仲。管仲既用，任政于齐，齐桓公以霸，九合诸侯，一匡天下，管仲之谋也。

管仲曰："吾始困时，尝与鲍叔贾[2]，分财利多自与，鲍叔不以我为贪，知我贫也。吾尝为鲍叔谋事而更穷困，鲍叔不以我为愚，知时有利不利也。吾尝三仕三见逐于君，鲍叔不以我为不肖，知我不遭时也。吾尝三战三走，鲍叔不以我怯，知我有老母也。公子纠败，召忽死之，吾幽囚受辱，鲍叔不以我为无耻，知我不羞小节而耻功名不显于天下也。生我者父母，知我者鲍子也。"

鲍叔既进管仲，以身下之。子孙世禄于齐，有封邑者十余世，常为名大夫。天下不多管仲之贤而多鲍叔能知人也。

管仲，名夷吾，是颍上人。他年轻时常和鲍叔牙交往，鲍叔牙深知他的贤明。管仲家境贫困，常占鲍叔牙的便宜，鲍叔牙始终对他不错，不因这类事而有所怨言。后来鲍叔牙侍奉齐国公子小白，管仲侍奉公子纠。等到小白被立为齐桓公以后，公子纠被杀害，管仲被囚禁起来。鲍叔牙就向齐桓公举荐管仲。管仲被任用后，在齐国执政，齐桓公依靠他成就霸业，多次召集诸侯会盟，使天下归正于一，都是靠着管仲的谋略。

管仲说："我当初贫困时，曾和鲍叔牙经商，分财利时总是多分给自己，鲍叔牙不认为我贪婪，他是知道我家里贫困。我曾替鲍叔牙谋划事情，结果使他更加穷困，鲍叔牙不认为我愚笨，他知道时机有利有不利。我曾经多次做官却多次被君主免职，鲍叔牙不认为我没有才能，他知道我没有遇到好时机。我曾经多次作战多次战败逃跑，鲍叔牙不认为我胆小，他知道我有老母在堂。公子纠失败后，召忽为他自杀身亡，我也被囚禁起来蒙受耻辱，鲍叔牙不认为我不知羞耻，他知道我不以小节为耻，而以功名不能显扬于天下为耻。生我的是父母，了解我的是鲍叔啊！"

鲍叔牙推荐了管仲以后，甘心处于管仲之下。他的子孙世代在齐国享受俸禄，得到封地的有十几代，他们多数是名望很高的大夫。天下的人并不称赞管仲的贤能，却赞美鲍叔牙能够识别人才。

[1] 已而：不久。 [2] 贾（gǔ）：做生意，做买卖。

管仲既任政相齐，以区区之齐在海滨，通货积财，富国强兵，与俗同好恶。故其称曰："仓廪③实而知礼节，衣食足而知荣辱，上服度则六亲固。""四维④不张，国乃灭亡。""下令如流水之源，令顺民心。"故论卑而易行，俗之所欲，因而予之，俗之所否，因而去之。

其为政也，善因祸而为福，转败而为功。贵轻重，慎权衡。桓公实怒少姬，南袭蔡，管仲因而伐楚，责包茅⑤不入贡于周室。桓公实北征山戎，而管仲因而令燕修召公之政。于柯之会，桓公欲背曹沫之约，管仲因而信之，诸侯由是归齐。故曰："知与之为取，政之宝也。"

管仲富拟于公室，有三归、反坫⑥，齐人不以为侈。管仲卒，齐国遵其政，常强于诸侯。后百余年而有晏子焉。

管仲出任齐国宰相以后，凭着在东海之滨的小小齐国，流通货物，积聚财富，使得国富兵强，与世俗的好恶相同。所以，他在《管子》一书中称述说："粮仓满了，百姓才知道礼节；衣食富足了，百姓才能分辨荣辱；君主的作为合乎法度，'六亲'才能得以稳固。""礼、义、廉、耻四大纲维得不到张扬，国家就会灭亡。""国家下达政令就像水从源头向下流，让它顺应民心。"所以政令符合下情就容易推行，百姓想要的，就给他们，百姓反对的，就废除掉。

管仲处理政务，善于转祸为福，转败为胜。他重视事情的轻重缓急，谨慎地权衡利弊得失。齐桓公实际上是因为怨恨少姬改嫁，南下攻打蔡国，管仲趁机进攻楚国，责备楚国长期不向周王室进贡青茅。桓公实际上是为了救援燕国而北伐山戎，管仲就趁机责令燕国恢复向周王朝进贡的召公善政。在柯地和鲁国会盟时，桓公想要违背与曹沫订下的盟约，不想归还齐国侵占的鲁国土地，管仲就趁机要桓公信守诺言，诸侯因此都归服齐国。所以说："懂得给予正是为了取得的道理，这是治理国家的法宝啊。"

管仲富得可以与齐君的财富相比，他府里筑了只有诸侯才可享有的三归台和反坫，但是齐国人并不认为这有多么奢侈。管仲逝世后，齐国仍旧遵循他的政策，一直比其他诸侯国强盛。此后过了一百多年，齐国又出了个晏婴。

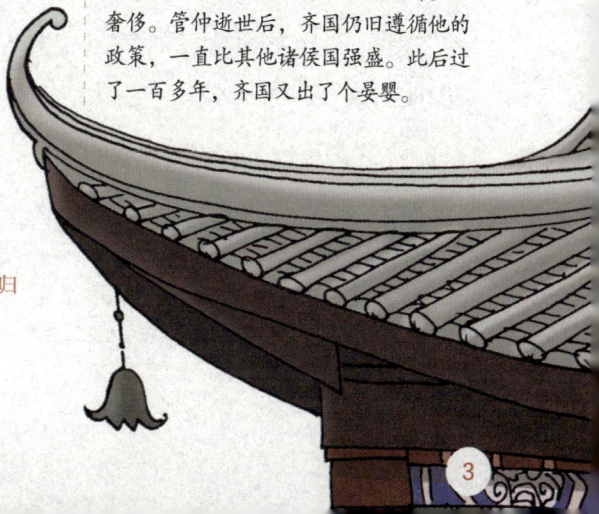

③ 仓廪（lǐn）：粮仓。④ 四维：指礼、义、廉、耻。
⑤ 包茅（máo）：裹成捆的青茅，祭祀时在上边洒酒。
⑥ 三归：供游赏用的三座高台。反坫（diàn）：堂屋两柱间设土台放置酒器。按照礼制，只有诸侯才享有三归和反坫。

晏平仲婴者，莱之夷维人也。事齐灵公、庄公、景公，以节俭力行重于齐。既相齐，食不重肉[7]，妾不衣帛。其在朝，君语及之，即危言[8]；语不及之，即危行[9]。国有道，即顺命；无道，即衡命[10]。以此三世显名于诸侯。

越石父贤，在缧绁[11]中。晏子出，遭之涂，解左骖赎之，载归。弗谢，入闺，久之。越石父请绝。晏子戄然[12]，摄衣冠谢曰："婴虽不仁，免子于厄，何子求绝之速也？"石父曰："不然。吾闻君子诎于不知己而信于知己者[13]。方吾在缧绁中，彼不知我也。夫子既已感寤[14]而赎我，是知己；知己而无礼，固不如在缧绁之中。"晏子于是延入为上客。

晏子为齐相，出，其御[15]之妻从门间而窥其夫。其夫为相御，拥大盖，策驷马[16]，意气扬扬，甚自得也。既而归，其妻请去。夫问其故，妻曰："晏子长不

晏平仲，名婴，是齐国莱地夷维人。他辅佐过齐灵公、庄公、景公三代国君，凭着节约俭朴和办事尽力的作风而受到齐国人的敬重。他做了齐国宰相之后，吃饭不吃两样肉菜，妻妾不穿绸缎衣裳。在朝廷上，国君说话涉及到他，他就直言回答；国君的话没有涉及他，他就谨慎行事。国君有道时，他就听从命令；国君无道时，他就对命令斟酌着去办。因此，他接连三朝都在诸侯中名声显扬。

越石父是个贤才，正在囚禁之中。晏子外出，在路上遇到他，就解下马车的左骖马把他赎了出来，用车拉他回家。到家后晏子没有向越石父告辞，就进了内室，很久都没出来。越石父请求与他绝交。晏子大吃一惊，便整理好衣冠出来对越石父道歉说："我晏婴虽然没有仁德，也总算帮您脱离了困境，为什么您这么快就要求和我绝交呢？"越石父说："不是这样的，我听说君子会在不了解自己的人那里受到委屈，而会在了解自己的人那里受到礼待。当我在囚禁中，那些人不了解我。夫子您既然清楚我的为人把我赎了出来，那就是知己了；既是知己却对我无礼，实在不如在囚禁中。"于是晏子邀请他进门待为贵宾。

晏子在齐国做宰相时，有一回出门，车夫的妻子从门缝偷看自己的

[7] 重肉：两道肉菜。 [8] 危言：直言。 [9] 危行：谨慎行事。 [10] 衡命：权衡利害得失而行动。 [11] 缧（léi）绁（xiè）：拘系犯人的绳索。这里指拘捕。 [12] 戄（jué）然：惊异的样子。 [13] 诎（qū）：委屈。信：通"伸"，伸展。 [14] 感寤（wù）：即"感悟"。这里指理解。 [15] 御：驾驶马车。这里指赶马车的人。 [16] 策：鞭打，鞭策。驷马：拉一辆车的四匹马。

满六尺，身相齐国，名显诸侯。今者妾观其出，志念深矣，常有以自下者。今子长八尺，乃为人仆御，然子之意自以为足，妾是以求去也。"其后夫自抑损。晏子怪而问之，御以实对，晏子荐以为大夫。

太史公曰：吾读管氏《牧民》《山高》《乘马》《轻重》《九府》及《晏子春秋》，详哉其言之也。既见其著书，欲观其行事，故次其传。至其书，世多有之，是以不论，论其轶事。

管仲世所谓贤臣，然孔子小⑰之。岂以为周道衰微，桓公既贤，而不勉之至王⑱，乃称霸哉？语曰："将顺其美，匡救其恶，故上下能相亲也。"岂管仲之谓乎？

方晏子伏庄公尸哭之，成礼然后去，岂所谓"见义不为，无勇"者邪？至其谏说，犯君之颜，此所谓"进思尽忠，退思补过"者哉？假令晏子而在，余虽为之执鞭，所忻慕焉。

⑰ 小：小看。⑱ 至王：实行王道。

丈夫。她丈夫替宰相驾车，坐在大车盖下，挥动鞭子赶着四匹马，神气十足，洋洋自得。之后车夫回到家，他的妻子就请求离开他，丈夫问她为什么，妻子说："晏子身高不足六尺，却做了齐国的宰相，名声在诸侯当中传扬。今天我看到他出门，思虑深远，态度还常常那么谦和。而你身高八尺，给人家做车夫，但你却心满意足，我因此要求离开你。"此后车夫就变得谦卑起来了。晏子感到奇怪，就问他，车夫如实告诉了晏子，晏子便荐举他做了大夫。

太史公说：我阅读了管仲的《牧民》《山高》《乘马》《轻重》《九府》和《晏子春秋》，这些书中都讲得非常详尽。我看过他们的著作以后，就想知道他们的所作所为，所以编写了他们的传记。至于他们的著作，世间到处都能找到，因此这里不再论述，只记载他们的佚事。

管仲是世人所说的贤臣，然而孔子小看他。难道是孔子认为周王室衰微，桓公既然贤明，管仲却不勉励他推行王道而只辅佐他称霸吗？《孝经·事君》上说："要顺势助成君子的美德，挽救他的过错，君臣上下就能亲近了。"这大概就是说的管仲吧？

晏子伏在庄公尸体上哭吊他，完成了礼节之后离开，这难道就是所谓"见义不为，就是没有勇气"的表现吗？至于他直言进谏，敢于冒犯国君的威严，这正是所谓"在朝就想到竭尽忠心，在野就想到弥补过失"的人啊！假如晏子仍然健在，我就算是为他执鞭做车夫，也是我所高兴和十分向往的啊！

屈原列传

— 《史记》 —

背景介绍

时　　间：屈原约生于公元前 340 年，卒于公元前 278 年

人　　物：屈原、楚怀王

事件起因：司马迁推崇屈原正确的政治主张和高尚的人格；同时也推崇屈原在语言艺术上的高深造诣。

简介

　　本文是《史记·屈原贾生列传》中有关屈原的部分，也是现存关于屈原生平的最完整的史料，是研究屈原生平和楚国史的重要依据。

屈原者，名平，楚之同姓也。为楚怀王左徒。博闻强志，明于治乱①，娴于辞令。入则与王图议国事，以出号令；出则接遇宾客，应对诸侯。王甚任之。

上官大夫与之同列，争宠而心害其能。怀王使屈原造为宪令，屈平属②草稿未定，上官大夫见而欲夺之，屈平不与③。因谗之曰："王使屈平为令，众莫不知。每一令出，平伐④其功，曰以为'非我莫能为'也。"王怒而疏屈平。

屈平疾王听之不聪也，谗谄之蔽明也，邪曲之害公也，方正之不容也，故忧愁幽思而作《离骚》。"离骚"者，犹离忧也。夫天者，人之始也；父母者，人之本也。人穷则反本，故劳苦倦极，未尝不呼天也；疾痛惨怛，未尝不呼父母也。屈平正道直行，竭忠尽智以事其君，谗人间之，可谓穷矣。信而见疑，忠而被谤，能无怨乎？屈平之作《离骚》，盖自怨生也。《国风》好色而不淫，《小雅》怨诽而不乱。若《离骚》者，可谓兼之矣。上称帝喾，下道齐桓，中述汤、武，以刺

屈原，又名屈平，是楚王的同姓。任楚怀王的左徒。他见多识广，记忆力强，清楚治理国家的道理，擅长外交辞令。屈原在内与楚怀王商讨国家大事，发号施令，对外接待别国使者，回答诸侯各国使者的问题。楚怀王很信任他。

上官大夫和屈原同朝做官。想要争到怀王的宠信，因而忌妒屈原的才能。怀王叫屈原制定国家法令，屈原刚写出草稿尚未定稿，上官大夫看见了就想把草稿强取为己有，屈原不同意，因此他就在怀王面前毁谤屈原说："君王叫屈原制定法令，人所共知，每发布一项法令，屈原就夸耀自己的功劳，说'没有我就做不到'。"怀王很生气，因而疏远了屈原。

屈原痛恨怀王听信谗言，不能分辨是非，被毁谤和谄媚蒙蔽而所见不明，品行不正的小人损害国家，端方正直的人不被容纳，所以忧愁苦闷而写了《离骚》。"离骚"，就是说遭到忧患。上天，是人的起源；而父母，是人的根本。人的处境困难就想回到本源，所以劳苦疲惫时，没有不呼叫上天的；病痛哀伤时，没有不呼叫父母的。屈原刚正端直，竭尽忠忱和智慧辅佐国君，邪恶的小人却来离间他们的君臣关系，可以说处境是很困窘了。诚信而被猜疑，忠诚却被诽谤，能没有怨恨吗？屈原作《离骚》，是由怨恨引起的。《诗经·国风》多写男女之情却不过分，《诗经·小雅》有很多指责政事的言论，但不以下犯上。至于《离骚》，可以说兼有《国

① 治乱：政治安定和动荡，指国家治乱的道理。② 属（zhǔ）：撰写。③ 与：赞同。④ 伐：夸耀。

7

世事。明道德之广崇，治乱之条贯，靡不毕见。其文约，其辞微，其志洁，其行廉。其称文小而其指⑤极大，举类迩而见义远。其志洁，故其称物芳；其行廉，故死而不容。自疏濯淖⑥污泥之中，蝉蜕于浊秽，以浮游尘埃之外，不获世之滋垢，皭然泥而不滓者也⑦。推此志也，虽与日月争光可也。

屈平既绌⑧，其后秦欲伐齐，齐与楚从亲⑨。惠王患之，乃令张仪佯去秦，厚币委质事楚⑩，曰："秦甚憎齐，齐与楚从亲，楚诚能绝齐，秦愿献商於之地六百里。"楚怀王贪而信张仪，遂绝齐，使使如秦受地。张仪诈之曰："仪与王约六里，不闻六百里。"楚使怒去，归告怀王。怀王怒，大兴师伐秦。秦发兵击之，大破楚师于丹、淅，斩首八万，虏楚将屈匄，遂取楚之汉中地。怀王乃悉发国中兵，以深入击秦，战于蓝田。魏闻之，袭楚至邓。楚兵惧，自秦归。而齐竟怒不救楚，楚大困。

风》《小雅》的特点。（他）远古称颂帝喾，近世称颂齐桓公，中间讲述商汤、周武王，用以讽刺当时政事。阐明道德的崇高、世事治乱的准则，无不完全表现出来。他的文字简约，语辞深微，志趣高洁，行为廉正。所引事物微小而主旨深远广大，所列事物近在眼前而寓意深远。他志趣高洁，所以作品中多用美人芳草作比喻；行为廉正，所以至死不为苟且取容。自动远离脏水和污泥，像蝉那样脱皮去污，而遨游在尘埃之外，没有染上尘世的污垢，洁白干净，出污泥而不染。推究屈原的这种志行，即使和日月争光也是可以的。

屈原被罢了官，后来秦国想攻打齐国，齐国和楚国合纵结亲，秦惠王对此担忧，于是叫张仪假意离开秦国，带着丰厚的礼物去献给楚王，对怀王说："秦国非常憎恨齐国，而齐与楚合纵结亲，楚国如果真能和齐国绝交，秦国愿意献出商於之地六百里给楚国。"楚怀王起了贪心，信了张仪的话，于是和齐国绝交，派使者去秦国接受土地。张仪欺骗使者说："我和楚王约定的是六里，没听说是六百里。"楚国使者生气地离开了，回到楚国报告怀王。怀王怒气冲天，大规模出动军队去讨伐秦国。秦国发兵反击，在丹、淅一带大败楚军，斩杀楚军八万人，俘虏了楚国大将屈匄，于是侵占了楚国所属的汉中之地。楚

⑤指：通"旨"，指文章的主旨。⑥濯（zhuó）淖（nào）：污水泥沼。⑦皭（jiào）然：洁白干净的样子。泥：出污泥。滓：污染。⑧绌：通"黜"，指被罢免官职。⑨从亲：合纵结亲。从，同"纵"。⑩委：呈献，进献。质：通"贽"，礼物。

明年，秦割汉中地与楚以和。楚王曰："不愿得地，愿得张仪而甘心焉。"张仪闻，乃曰："以一仪而当汉中地，臣请往如楚。"如楚，又因厚币用事者臣靳尚，而设诡辩于怀王之宠姬郑袖。怀王竟听郑袖，复释去张仪。是时屈平既疏，不复在位，使于齐，顾反⑪，谏怀王曰："何不杀张仪？"怀王悔，追张仪，不及。

其后诸侯共击楚，大破之，杀其将唐眜。

时秦昭王与楚婚，欲与怀王会。怀王欲行，屈平曰："秦，虎狼之国，不可信。不如毋行。"怀王稚子子兰劝王行："奈何绝秦欢？"怀王卒行。入武关，秦伏兵绝其后，因留怀王，以求割地。怀王怒，不听。亡走赵，赵不内⑫。复之秦，竟死于秦而归葬。

长子顷襄王立，以其弟子兰为令尹。楚人既咎子兰以劝怀王入秦而不反也。屈平既嫉之，虽放流，眷顾楚国，系心怀王，不忘欲反，冀幸⑬君之一悟，俗

⑪ 顾反：回来。顾，还。反，同"返"，返回。 ⑫ 内：接纳，收容。 ⑬ 冀幸：心存万一的希望。

怀王于是调发了全楚国的军队，深入秦地攻打秦国，两国军队在蓝田大战。魏国听说了，趁机袭击楚国一直打到邓地。楚军害怕后路被截断，只得从秦国撤军。齐国因为怀恨楚国，不来援救，楚国处境极端困窘。

第二年，秦国割让汉中与楚讲和。楚王说："我不要汉中地，但愿得到张仪才甘心。"张仪知道后，就说："以我一个张仪去抵汉中之地，我请求到楚国去。"到了楚国，他又用丰厚的礼品贿赂当权的大臣靳尚，让他在怀王的宠姬郑袖面前巧言诡辩。怀王竟然听信了郑袖，又释放了张仪。当时屈原已被疏远，不在朝中任职，出使在齐国，回国后，劝谏怀王说："为什么不杀张仪？"怀王悔之不及，派人去追杀张仪却没有追上。

后来，各国诸侯联合攻打楚国，大败楚军，杀掉了楚国大将唐眜。

这时秦昭王与楚国通婚，想约请怀王会面。怀王想去，屈原说："秦国是贪婪凶狠的虎狼之国，不可轻信，还是不去为好。"怀王的小儿子子兰劝怀王出行，他说："为什么要断绝和秦国的友好关系？"怀王最终前往。一进入武关，秦国的伏兵就断绝了怀王的后路，扣留了怀王，要求割让土地。怀王很愤怒，没有答应。他逃亡到赵国，赵国不敢接纳。怀王只好回到秦国，最终死在秦国，灵柩运回楚国安葬。

怀王的长子顷襄王即位，任命他的弟弟子兰为令尹。楚国人都抱怨子兰，因为他劝怀王入秦而导致怀王最终未能回来。屈原也为此怨恨子兰，虽然被流放了，仍然眷恋楚国，惦念怀王，念念不忘返回朝廷，总抱着国君万一觉悟、政局有朝一日得到改变

之一改也。其存君兴国而欲反覆之，一篇之中三致志焉。然终无可奈何，故不可以反。卒以此见怀王之终不悟也。人君无愚、智、贤、不肖，莫不欲求忠以自为，举贤以自佐；然亡国破家相随属，而圣君治国累世而不见者，其所谓忠者不忠，而所谓贤者不贤也。怀王以不知忠臣之分，故内惑于郑袖，外欺于张仪，疏屈平而信上官大夫、令尹子兰，兵挫地削，亡其六郡，身客死于秦，为天下笑。此不知人之祸也。《易》曰："井渫[14]不食，为我心恻，可以汲。王明，并受其福。"王之不明，岂足福哉？

令尹子兰闻之，大怒，卒使上官大夫短[15]屈原于顷襄王，顷襄王怒而迁[16]之。

屈原至于江滨，被发行吟泽畔[17]，颜色憔悴，形容枯槁。渔父见而问之曰："子非三闾大夫欤？何故而至此？"屈原曰："举世混浊而我独清，众人皆醉而我独醒，是以见放。"渔父曰："夫圣人者，不凝滞于物，而能与世推移。举世混浊，

的期望。屈原关怀君王，想振兴国家，想彻底改变楚国的形势。《离骚》一篇中就再三表达了这种想法。然而终究无可奈何，所以屈原未能回到都城。由此看出怀王始终没有觉悟。作为国君，不论是愚昧或聪明，贤明或昏庸，无一不想求得忠良、贤能的大臣辅佐自己，然而国破家亡的事接连发生，而圣明君主好好治理国家的情景却许多世代都没有出现，这是因为所谓的忠良并不忠良，贤能并不贤能啊。怀王不知道忠臣的职责，所以在内被郑袖迷惑，在外被张仪蒙骗，疏远屈原而信任上官大夫、令尹子兰。兵力受挫，国土被割去六郡，自己也死在秦国，为天下人所耻笑。这就是不能知人善任带来的恶果。《易经》上说："井水已经淘干净了，却没人来喝，让人心里感到难过，因为井水是可以汲饮的嘛。君主如果贤明，明白这个道理，那么天下都会得到福佑。"怀王如此糊涂，哪里还谈得上福佑呢？

令尹子兰听说屈原对他很不满后非常恼怒，终于唆使上官大夫在顷襄王面前诋毁屈原。顷襄王发怒，就放逐了屈原。

屈原到了江滨，披散着头发在水边边走边吟诗，他面容憔悴，身体消瘦。一个渔父见了问他："您不是三闾大夫吗？怎么到了这里？"屈原说："全天下混浊，只有我是清白的，所有人都沉醉，只有我是清

[14] 渫（xiè）：掏去污泥。 [15] 短：毁谤。 [16] 迁：流放，放逐。 [17] 被：同"披"。行吟：一边走，一边吟咏。

10

何不随其流而扬其波？众人皆醉，何不铺其糟而啜其醨⑱？何故怀瑾握瑜，而自令见放为？"屈原曰："吾闻之，新沐者必弹冠，新浴者必振衣。人又谁能以身之察察⑲，受物之汶汶⑳者乎？宁赴常流而葬乎江鱼腹中耳，又安能以皓皓之白，而蒙世之温蠖乎？"乃作《怀沙》之赋。……于是怀石，遂自投汨罗以死。

屈原既死之后，楚有宋玉、唐勒、景差之徒者，皆好辞而以赋见称；然皆祖屈原之从容辞令，终莫敢直谏。其后楚日以削，数十年，竟为秦所灭。

自屈原沉汨罗后百有余年，汉有贾生，为长沙王太傅，过湘水，投书以吊屈原。

太史公曰："余读《离骚》《天问》《招魂》《哀郢》，悲其志。适长沙，观屈原所自沉渊，未尝不垂涕，想见其为人。及见贾生吊之，又怪屈原以彼其材，游诸侯，何国不容，而自令若是！读《服鸟赋》，同生死，轻去就，又爽然自失矣。"

醒的，因此被放逐了。"渔翁说："所谓的圣人，不受外界事物的束缚，而能够随着世俗变化。全天下混浊，您怎么不随大流而掀起更大的浊浪？所有人都沉醉，您怎么不跟着吃点酒糟喝点薄酒呢？何苦要坚守美玉般的品质，导致自己被放逐呢？"屈原说："我听说，才洗过头的人一定要弹去冠上的灰尘才戴，才洗过澡的人一定要抖掉衣服上的尘土才穿。谁能让自己清白的身躯，蒙受外物的污染呢？我宁肯跳进那汤汤江水，葬身鱼腹，怎能使自己高洁的品质，去蒙受世俗的尘垢呢？"就作了《怀沙》赋。于是就抱着石头，投入汨罗江而死。

屈原死后，楚国有宋玉、唐勒、景差这些人，他们都爱好文学，以辞赋受人称道。然而他们只能效法屈原的委婉文辞，始终不敢向君王直言进谏。此后楚国领土一天天缩减，几十年后，竟然被秦国灭掉了。

从屈原自沉汨罗江之后过了一百多年，汉朝出了个贾谊，被贬为长沙王的太傅，路过湘水时，写了篇《吊屈原赋》投进湘水中，以此哀悼屈原。

太史公说：我阅读《离骚》《天问》《招魂》《哀郢》等作品，为屈原的志向不能实现感到悲伤。我到长沙，观看了屈原抱石自沉的湘水，未尝不流下眼泪，追怀他的为人。看到贾谊凭吊他的文章，又奇怪屈原如果凭着他的才能，游说各国诸侯，哪国不会接纳他呢？却让自己落到这样的结局！我读到贾谊著的《鹏鸟赋》，他将生死看作同样的事情，认为被贬和任用是不重要的，我又不禁惘然若失了。

⑱铺（bū）：吃。醨：薄酒。⑲察察：洁净的样子。⑳汶（mén）汶：浑浊的样子。

酷吏列传序

—《史记》—

背景介绍

时　　间：司马迁创作《史记》期间

事件起因：汉代放松了秦朝的苛刻律法，注重用道德来治理国家。

简介

　　本文是《酷吏列传》的序，引用了孔子和老子的言论，对比了秦末与汉初的吏治，同时表明了司马迁反对严刑峻法，实行德政的主张。

孔子曰："道①之以政，齐之以刑，民免而无耻。道之以德，齐之以礼，有耻且格。"老氏称："上德不德，是以有德，下德不失德，是以无德。""法令滋章，盗贼多有。"太史公曰：信哉是言也！法令者治之具，而非制治清浊之源也。昔天下之网尝密矣，然奸伪萌起，其极也，上下相遁，至于不振。当是之时，吏治若救火扬沸，非武健严酷，恶能胜其任而愉快乎？言道德者，溺其职②矣。故曰："听讼，吾犹人也，必也使无讼乎"，"下士闻道大笑之"。非虚言也。汉兴，破觚而为圜③，斲雕④而为朴，网漏于吞舟之鱼，而吏治烝烝，不至于奸，黎民艾安⑤。由是观之，在彼不在此。

① 道：同"导"，引导。② 溺其职：失职，不尽职。
③ 觚（gū）：棱角。圜（yuán）：同"圆"。④ 斲（zhuó）雕：雕琢。⑤ 艾（yì）安：平安。艾，治理。

孔子说："用政令来引导百姓，用刑法来整顿百姓，百姓只能免于犯罪却没有廉耻之心。用道德来教导，用礼数来治理，百姓就既懂得羞耻又能使人心归服。"老子说："最有道德的人不标榜自己的道德，因此才能真正有道德；无德之人标榜自己不失道德，因此并不是真的有道德。""法令越严酷，盗贼反倒越来越多。"司马迁说：真像孔子和老子说的这样啊！法令是治理的工具，但不是使天下大治，变浊为清的本源。从前天下的法令也曾严密，但是奸恶欺诈的事接连不断，最严重的时候，上下互相推诿，以致于国家不能振兴。那时候，官吏治理法律事务，就像抱薪救火、扬汤止沸一样事无补，如果不采取强硬残酷的办法，如何能胜任其职而心情愉快呢？一味主张以道德来治理的，就是失职了。所以说："审理诉讼案件，我跟别人一样，不同的是我尽力使诉讼不再发生"，"下愚之人听人讲起'道'就加以讥笑"，这不是假话。汉朝兴起，破除秦的苛刻律法使之宽厚圆融，铲除奸诈恶俗使之返璞归真，法令之网疏得能把可吞下船只的鱼漏掉，但是官吏的政绩却蒸蒸日上，人民也不再有犯禁的事发生，百姓生活安稳。由此看来，治理国家的关键在于用道德而不是用严苛的法令。

游侠列传序
—《史记》—

背景介绍

时　　间：司马迁创作《史记》期间

事件起因：游侠的社会价值从产生开始就饱受争议，受到了强烈的抨击。

简介

　　《游侠列传》是一篇专门为汉代游侠写的传记。游侠是民间一群除暴安良、讲信义、救危扶难的英雄好汉。司马迁对他们的高尚品质表现出无限的仰慕，对汉代统治者及上流社会加在游侠身上的迫害表现出极大的愤慨，对他们的不幸结局倾注了极大的同情。

韩子曰："儒以文乱法，而侠以武犯禁。"二者皆讥，而学士多称于世云。至如以术取宰相、卿大夫，辅翼其世主，功名俱著于《春秋》，固无可言者。及若季次、原宪，闾巷人也，读书怀独行君子之德，义不苟合当世，当世亦笑之。故季次、原宪终身空室蓬户，褐衣疏食不厌[1]。死而已四百余年，而弟子志[2]之不倦。今游侠，其行虽不轨于正义，然其言必信，其行必果，已诺必诚，不爱其躯，赴士之厄困，既已存亡死生[3]矣，而不矜其能，羞伐其德，盖亦有足多[4]者焉。

且缓急，人之所时有也。太史公曰：昔者虞舜窘于井廪，伊尹负于鼎俎，傅说匿于傅险，吕尚困于棘津，夷吾桎梏，百里饭牛，仲尼畏匡，菜色陈、蔡。此皆学士所谓有道仁人也，犹然遭此菑[5]，况以中材而涉乱世之末流乎？其遇害何可胜道哉！

韩非子说："儒生利用学术扰乱国家的法度，而游侠使用武力违犯国家的禁令。"这两种人都受到讥评，然而儒生还是多受世人称道。至于那些凭借权术做到宰相、卿大夫，辅佐当世君主的人，其功名都已写进历史，这些就没有什么可多说的。至于季次、原宪，他们都是里巷百姓，一心埋头读书，谨守着独善其身的君子风范，坚持道义而不肯随波逐流，世俗对他们却持讥笑的态度。所以，季次、原宪终其一生住在简陋的茅屋草舍，连布衣粗饭都得不到满足。他们已经死去四百多年了，但弟子们却依然怀念着他们。如今的游侠，他们的行为虽然不合乎国家的正道，但是他们说话一定讲信用，行事一定有结果，已经承诺的事情必定要兑现，不惜以自己的身家性命去解脱别人的困境，他们在解救别人脱难以后，并不夸耀自己的能耐，羞于宣扬自己的功德，或许他们也有值得称颂的地方。

况且，危难的困境是人们时不时就遇到的。太史公说：从前，虞舜曾受困于淘井和修理仓库之时，伊尹曾背着鼎锅和砧板去做厨师，傅说也曾隐没在傅岩为人筑墙，吕尚也曾受困于棘津，管仲曾是阶下之囚，百里奚曾帮别人喂牛，孔子在匡地生命曾受到威胁，还在陈、蔡断了粮而饿得面显菜色。这些都是儒生所说的有道德的仁义之士，他们尚且遭受如此灾难，何况是仅有中等才能又处在乱世中的下层人呢？他们遇到的灾害怎能说得完呢！

[1] 厌：满足。[2] 志：怀念。[3] 存亡死生：使遇害将亡者得以生存，使仗势害人者死，指打抱不平。[4] 多：赞美，称道。[5] 菑：同"灾"，灾祸，灾害。

鄙人有言曰："何知仁义，已飨⑥其利者为有德。"故伯夷丑周，饿死首阳山，而文、武不以其故贬王；跖、蹻暴戾，其徒诵义无穷。由此观之，"窃钩者诛，窃国者侯，侯之门，仁义存"，非虚言也。

今拘学或抱咫尺之义，久孤于世，岂若卑论侪俗⑦，与世浮沉而取荣名哉？而布衣之徒，设取予⑧、然诺，千里诵义，为死不顾世，此亦有所长，非苟而已也。故士穷窘而得委命，此岂非人之所谓贤豪间者邪？诚使乡曲之侠，予季次、原宪比权量力，效功于当世，不同日而论矣。要以功见⑨言信，侠客之义又曷可少⑩哉？

古布衣之侠，靡得而闻已。近世延陵、孟尝、春申、平原、信陵之徒，皆因王者亲属，借于有土卿相之富厚，招天下贤者，显名诸侯，不可谓不贤者矣。比如顺风而呼，声非加疾，其势激

乡下的人有这样的话："哪能知道什么是仁义呢？谁给我好处谁就是有德的人。"因此，伯夷以帮周朝做事为可耻，不吃周粟而饿死在首阳山上，但是周文王、周武王的声誉并不因此受到影响。盗跖、庄蹻残暴乖戾，但是他们的同伙却永远称颂他们的仁义。由此看来，"偷了衣带钩的被斩首，窃国大盗却封王封侯，只有在王侯门内，才有所谓的仁义存在"，这话可真是不假。

如今一些拘泥于教条的学者死守着狭隘的道义，长期被世俗所孤立，这样能比得上降低论调、迎合世俗，审时度势取得名望和荣誉的人呢？但是，那些平民出身的游侠，注重取得与给予的原则、信守诺言，因此，义气传到千里之外，并且为义气勇于献身、不顾世人的议论，这也是他们的长处，不是随便就能做到的。所以陷入穷困窘迫之时的人，常常托身给游侠，这些游侠难道不是人们所说的贤士豪杰吗？假如把民间这些游侠与季次、原宪等儒生的权力和影响以及他们对当时社会的贡献相比较的话，二者是不可相提并论的。总之，要从功绩的显著、说话的信用来看，游侠的义气又怎能小看了呢？

古代民间的游侠，已经无从听闻了。近代的延陵季子、孟尝君、春申君、平原君、信陵君等人，都是国君的亲戚，凭借着有封地、卿相的大量财产，招揽天下贤人，在诸侯之间声名显赫，不能说他们不是贤能的人。这好比顺风呼喊，声音并没有加快，但风势激荡会使声音传播得更远。说到民间的游侠，他们修养德行、磨砺名节，名声在天下传扬，人

⑥飨：同"享"，受到。⑦侪（chái）俗：混同于世俗。⑧设取予：重视取得和给予。设：建立，这里指重视。⑨见：同"现"，显著。⑩少：轻视，鄙视。

也。至如闾巷之侠，修行砥名，声施⑪于天下，莫不称贤，是为难耳。然儒、墨皆排摈不载。自秦以前，匹夫之侠，湮灭不见，余甚恨⑫之。以余所闻，汉兴有朱家、田仲、王公、剧孟、郭解之徒，虽时扞当世之文罔⑬，然其私义，廉洁退让，有足称者。名不虚立，士不虚附。至如朋党宗强比周⑭，设财役贫，豪暴侵凌孤弱，恣欲自快，游侠亦丑之。余悲世俗不察其意，而猥以朱家、郭解等令与豪暴之徒同类而共笑之也。

们无不称颂他们的贤能，这是很难得啊。然而，儒家、墨家都排斥游侠，不肯记载到著作中。先秦民间游侠的事迹就都埋没不见了，我为此深感遗憾。我所听说的游侠，汉朝兴起以来，有朱家、田仲、王公、剧孟、郭解等人，虽然他们时常触犯当时的法令，但是他们在个人的道德上，廉洁谦逊，有值得称道的地方。他们的盛名不是凭空建立的，士人对他们的依靠也并不是毫无根据的。至于那些结党营私的人和豪强狼狈为奸，倚仗着财富奴役贫民，依仗势力侵害欺凌那些势孤力弱的人，放纵私欲只图自己痛快，游侠也认为这些行为是丑陋的。我感到痛心的是，世俗不了解游侠的心意，却随便把朱家、郭解等游侠与豪强暴徒视为同类而加以讥笑。

注释

⑪ 施：及。这里指传遍。⑫ 恨：遗憾。⑬ 扞（hàn）：触犯。文罔：法网。⑭ 比周：互相勾结。

滑稽列传

—《史记》—

背景介绍

时　　间：战国时期

人　　物：淳于髡、优孟

事件起因：战国时期，有的君主会蓄养善于逗乐、表演的弄臣。弄臣的地位比较低下。尽管如此，他们侍奉在君主左右，为君主解闷开心，这就决定了其特定的优势。

简介

　　"滑稽"一词的意思是指那些善于以讽喻的语言和表演性的行为来劝谏君主的人物。《滑稽列传》是专门记叙滑稽人物的传记，表彰的是一批能言善辩、机智幽默的人物，其中包括战国时齐国的淳于髡、楚国的优孟等，本文只选了淳于髡传。司马迁将滑稽与"六艺"相提并论，高度评价了滑稽人物，也反映了司马迁不同凡俗的价值观。

孔子曰："六艺于治一也。《礼》以节人，《乐》以发和，《书》以道事，《诗》以达意，《易》以神化，《春秋》以道义。"太史公曰：天道恢恢❶，岂不大哉！谈言微中，亦可以解纷。

淳于髡❷者，齐之赘婿❸也。长不满七尺，滑稽多辩，数使诸侯，未尝屈辱。齐威王之时，喜隐，好为淫乐长夜之饮，沉湎不治，委政卿大夫。百官荒乱，诸侯并侵，国且危亡，在于旦暮，左右莫敢谏。淳于髡说之以隐曰："国中有大鸟，止王之庭，三年不蜚又不鸣，王知此鸟何也？"王曰："此鸟不飞则已，一飞冲天；不鸣则已，一鸣惊人。"于是乃朝诸县令长七十二人，赏一人，诛一人，奋兵而出。诸侯振惊，皆还齐侵地。威行三十六年。语在《田完世家》中。

威王八年，楚大发兵加齐。齐王使淳于髡之赵请救兵，赍金百斤，车马十驷。淳于髡仰天大笑，冠缨索绝❹。王

孔子说："六经在治国方面所起的作用是相同的。《礼》是用来规范人们行为的，《乐》是用来发挥和谐作用的，《书》是用来记载历史大事的，《诗》是用来表达思想情感的，《易》是用来表现天地万物变化的，《春秋》是用来阐明天下道义的。"太史公说：天道广阔无垠，难道还不算宽广吗？谈话含蓄微妙而中肯，也可以解除纷扰。

淳于髡是齐国的一个赘婿。个子不到七尺，说话诙谐善辩，屡次出使诸侯国，从没有受到过屈辱。齐威王在位时喜欢说隐语，也喜欢通宵达旦地饮酒作乐，沉溺于酒色之中而不理朝政，把政事委托给卿大夫。官吏们懈怠混乱，诸侯国都来侵犯，齐国面临危险将要灭亡，就在旦夕之间了，威王的近臣没有一个敢于直言相劝。淳于髡用隐语来劝说："国都中有只大鸟，栖息在大王的宫廷里，三年既不飞也不叫，大王您知道这鸟为的是什么吗？"齐王说："此鸟不飞则已，一飞就直冲云霄；不叫则已，一叫就震惊世人。"于是齐威王上朝召集各县的长官七十二人，当众奖励了一个，处死了一个，重振军威发兵出战。诸侯都感到震惊，纷纷归还了所侵占的齐国土地。从此齐威王的声威持续了三十六年。这事记在《史记·田敬仲完世家》中。

❶ 恢恢：广阔无垠的样子。 ❷ 淳于髡（kūn）：人名，复姓淳于，名髡。 ❸ 赘（zhuì）婿：旧时男子到女家结婚，称为赘婿。 ❹ 冠缨：系在颌下的帽带。索：尽。

曰："先生少之乎？"髡曰："何敢！"王曰："笑岂有说乎？"髡曰："今者臣从东方来，见道傍有禳田⑤者，操一豚蹄，酒一盂，祝曰：'瓯窭满篝⑥，污邪满车，五谷蕃熟，穰穰满家。'臣见其所持者狭而所欲者奢，故笑之。"于是齐威王乃益赍黄金千镒，白璧十双，车马百驷。髡辞而行，至赵，赵王与之精兵十万，革车千乘。楚闻之，夜引兵而去。

威王大说，置酒后宫，召髡赐之酒，问曰："先生能饮几何而醉？"对曰："臣饮一斗亦醉，一石亦醉。"威王曰："先生饮一斗而醉，恶能饮一石哉！其说可得闻乎？"髡曰："赐酒大王之前，执法在傍，御史在后，髡恐惧俯伏而饮，不过一斗径醉矣。若亲有严客，髡帣韝鞠跽⑦，侍酒于前，时赐馀沥，奉觞上寿，数起，饮不过二斗径醉矣。若朋友交游，久不相见，卒然相睹，欢然道故，私情

齐威王八年（前371），楚国发兵大举进攻齐国。齐威王派淳于髡到赵国去请救兵，让他带上黄金百斤、四驾马车十辆作为赠礼。淳于髡仰天大笑，笑得系在冠帽上的带子都断了。齐威王说："先生是嫌礼物少吗？"淳于髡说："怎么敢呢！"齐威王说："那你的笑有什么道理吗？"淳于髡说："刚才臣子从东方来，看见路旁有人祭祀祈求丰收，他手里拿着一只猪蹄，一杯酒，祷告说：'狭小的高坡上粮食装满笼，易涝的低洼田粮食装满车，五谷茂盛丰收，粮仓满满。'我见他所拿的祭品很少而想要得到的东西却很多，所以在笑他呢。"于是齐威王就把赠礼增加到黄金千镒，白璧十双，四驾马车一百辆。淳于髡辞别动身，到了赵国。赵王借给他精兵十万，战车一千辆。楚国听到这个消息，连夜撤兵离去。

齐威王非常高兴，在后宫摆设宴席，召见淳于髡，赏他酒喝。齐威王问道："先生喝多少酒才会醉？"淳于髡回答说："臣子喝一斗也醉，喝一石也醉。"威王说："先生喝一斗就醉了，怎么还能喝一石呢？能给我讲讲其中的奥妙吗？"淳于髡说："在大王面前饮您赏赐的酒，旁边有执法官，后边有监察人员，我心里害怕，伏在地上喝酒，不过一斗就醉了。假如有父母亲的客人光临，我用袖套束住长袖，或弯腰或跪着，在席前侍奉他们喝酒，不时赏我点剩酒，我举杯祝寿，多次起身应酬，喝不到两斗也就醉了。如果是朋友故交，久未见面，突然相见了，高兴地说起往事，互诉衷情，这样可以喝大概五六斗才

⑤禳（ráng）田：祭祀谷神、土地神，以求得丰收。⑥瓯窭（ōulóu）：狭小的高地。篝（gōu）：竹笼。⑦帣（juǎn）：同"卷"。韝（gōu）：袖套。鞠：弯曲。跽（jì）：长跪，双膝着地，上身挺直。

相语，饮可五六斗径醉矣。若乃州闾之会，男女杂坐，行酒稽留，六博投壶❽，相引为曹，握手无罚，目眙❾不禁，前有堕珥，后有遗簪，髡窃乐此，饮可八斗而醉二参。日暮酒阑，合尊促坐，男女同席，履舄❿交错，杯盘狼藉，堂上烛灭，主人留髡而送客。罗襦襟解，微闻芗泽⓫，当此之时，髡心最欢，能饮一石。故曰酒极则乱，乐极则悲，万事尽然。"言不可极，极之而衰，以讽谏焉。齐王曰："善！"乃罢长夜之饮，以髡为诸侯主客。宗室置酒，髡尝在侧。

❽ 六博：古代一种行棋赌博的游戏。投壶：古代宴会的一种竞赛游戏，方法是用箭投入壶中，以投中多少来决胜负。❾ 目眙（chì）：直视的意思。❿ 履舄（xì）：鞋子。⓫ 芗（xiāng）泽：泛指香气。芗，同"香"。

醉。如果是乡里间的节日盛会，男女杂坐在一起，互相喝酒，慢慢地喝着，玩六博、投壶的游戏，互相招呼着称兄道弟，握了异性的手不受责罚，彼此直视也不受禁止，前有掉下的耳饰，后有遗落的发簪，我私心喜欢这种场面，即使喝到八斗也才有两三分醉意。等到天色已晚，酒席将散，大家端着酒杯，相挨而坐，男女同席，众人的鞋子纵横交错，杯盘散乱而放，厅堂上的蜡烛熄灭了，主人留下我而送走了其他客人。女子把薄罗衫的衣襟解开了，微微地闻到她们身上的香气，这时候我心里最欢快，就能喝到一石酒。所以说，饮酒过分了就会做出乱七八糟的事，行乐到极点就会生悲，万事都是这样。"说的意思是不能走极端，走极端就会转向衰微。淳于髡以此来规劝威王。齐威王说："说得好！"于是就取消了通宵达旦的酒宴，并任命淳于髡为接待诸侯的宾礼官。每逢王室宗族举办酒宴，淳于髡时常在旁作陪。

货殖列传序
—《史记》—

背景介绍

时　　间：司马迁创作《史记》期间
事件起因：西汉时期，社会经济发展，商人势力崛起。

简介

　　《史记·货殖列传》是我国史籍中第一篇经济史专作。"货殖"是经商致富的意思。文章指出，只有各行各业密切结合，才能国富民强。文中举了姜太公治齐的案例，说明致富的关键在于因地制宜加强贸易流通。全文夹叙夹议，文笔流畅，比喻恰当，对人物的描写栩栩如生。

《老子》曰："至治之极，邻国相望，鸡狗之声相闻，民各甘其食，美其服，安其俗，乐其业，至老死不相往来。"❶必用此为务，輓近世涂❷民耳目，则几无行矣。

太史公曰：夫神农❸以前，吾不知已。至若《诗》《书》所述虞、夏以来，耳目欲极声色之好，口欲穷刍豢❹之味，身安逸乐，而心夸矜势能之荣。使俗之渐民久矣，虽户说以眇论❺，终不能化。故善者因之，其次利道❻之，其次教诲之，其次整齐之，最下者与之争。

夫山西饶材、竹、穀、垆、旄❼、玉石，山东多鱼、盐、漆、丝、声色，江南出楠、梓、姜、桂、金、锡、连❽、丹沙❾、犀、瑇瑁❿、珠玑⓫、齿、革，龙门⓬、碣石⓭北多马、牛、羊、旃⓮、裘、筋⓯角，铜、铁则千里往往山出棋置。此其

《老子》说："太平盛世到达极盛的时候，邻近国家的居民能彼此望得见，鸡和狗的叫声也能听得见，百姓们都认为自家的食物最香甜，自己的服装最漂亮，本地的习俗最安适，自己的职业最快乐，到死都不会互相往来。"如果把这个定为目标的话，到了近代，就等于堵塞了老百姓的耳目，（实际上）是行不通的。

太史公说：神农氏以前的情况，我无法知晓。至于像《诗经》《尚书》所述的虞、夏以来的情况，人们要听到最美妙的音乐、看到最美丽的女色，嘴里还要吃遍牲畜肉的美味，身体要安于舒服、快乐的环境，精神上还要夸耀自己有权势、有才干的光荣，使这种风气影响民心已经很久了，即使用像老子这样精妙的言论去挨家挨户劝导，终究也不能让他们改变。所以，最好的办法是听其自然，其次是因势利导，接着进行教育，最后是制定规章制度来整顿。而最坏的做法是与百姓争利。

太行山往西出产木材、竹子、楮木、野麻、旄牛尾和玉石，太行山往东盛产鱼、盐、漆、丝和音乐、女色，江南出产楠木、梓木、生姜、桂皮、金、锡、铅、朱砂、犀牛角、玳瑁、珠玑、象牙、皮革，龙门山和碣石山往北盛产马、牛、羊、毛毡、毛

❶ "至治之极……至老死不相往来"：引自《老子》。❷ "輓近世"句：輓，通"晚"。涂，堵塞。❸ 神农：传说中的远古帝王。❹ 刍豢（huàn）：指牲畜的肉。❺ 眇：同"妙"。❻ 道：同"导"。❼ 旄：旄牛，其尾有长毛，可供旗帜装饰之用。❽ 连：铅矿石。❾ 丹沙：同"丹砂"，矿物名，俗称朱砂。❿ 瑇（dài）瑁（mào）：龟类，其甲为名贵的装饰品。⓫ 玑：不圆的珠子。⓬ 龙门：山名。在今山西稷山县和陕西韩城县之间。⓭ 碣石：山名，在今河北昌黎县西北。⓮ 旃：同"毡"。⓯ 筋：兽筋。

23

大较也。皆中国人民所喜好，谣俗被服饮食、奉生送死之具也。故待农而食之，虞⑯而出之，工而成之，商而通之。此宁有政教发征期会哉？人各任其能，竭其力，以得所欲。故物贱之征贵，贵之征贱，各劝其业，乐其事，若水之趋下，日夜无休时，不召而自来，不求而民出之。岂非道之所符而自然之验邪⑰？

《周书》⑱曰："农不出则乏其食，工不出则乏其事，商不出则三宝绝，虞不出则财匮少。"匮少而山泽不辟⑲矣。此四者，民所衣食之原⑳也。原大则饶，原小则鲜。上则富国，下则富家，贫富之道，莫之夺予，而巧者有余，拙者不足。故太公望㉑封于营丘，地潟卤，人民寡，于是太公劝其女功，极技巧，通鱼盐，则人物归之，繦至㉒而辐凑。故齐冠带衣履天下，海岱之间敛袂而往朝焉。其后

⑯ 虞：掌管山林川泽出产的官，此指开发山林川泽的人。
⑰ 邪：同"耶"。⑱ 周书：周代文诰，今已不存。⑲ 辟：开辟，开拓。⑳ 原：同"源"。㉑ 太公望：即姜尚，相传他姓姜，名尚，字子牙，其先人封在吕地，故又称吕尚。
㉒ 繦至：像绳子串着的钱似的接连而来。

皮、兽筋、兽角，铜、铁则分布在千里之外的地方，遍山都是，密如棋子。这是大概的情况。这些都是中原人所喜好的东西，老百姓习惯上会用来穿衣吃饭，养生送死所需的东西。所以说靠农民的耕种才有吃的，靠虞人供给山川中的物产，靠工匠做各种器具，靠商人经商使粮、物、器等流通起来。这难道需要发布命令和定期集会约束他们吗？人们都发挥自己的优势干适合自己的工作，尽力满足自己的欲望。所以，物价贱了就到贵的地方去卖东西，物价贵了就到便宜的地方去买东西，人们各自勉力于自己的本业，以自己的工作为乐趣，就像水往低处流一样，日夜不停，都不用召唤他们，他们自己就会来了，不用去求而人们就把东西生产出来了。这难道不是符合自然发展规律吗？

《周书》说："农民不种地，粮食就会缺乏；工匠不生产，器具就会缺乏；商人不经商，粮食、器物、财货就会断流；虞人不经营山林川泽，财物就会变少。"财物少了，山林川泽就开发不了了。农、工、商、虞这四个方面，是人民穿衣吃饭的来源。来源大人民的生活就富足，来源小人民的生活就贫困。上至使国家富强，下至使人民富裕，经济规律，无人可以夺走或赐予，聪明、机智的人会资产充足，而愚笨的人总会不足。姜太公封在营丘时，那里的土地都是盐碱地，劳力却很少。于是姜太公就鼓励妇女纺线织布，使她们施展技能，打通鱼盐运输的渠道。这样，其他地方的人和物就像钱串和车轮辐条一样都聚集到齐国。所以，齐国生产的帽子、带子、鞋子等到处都是，从东海到泰山之间的诸侯，都恭恭敬敬地来齐国朝见。后来，齐国慢慢衰弱，管

齐中衰，管子修之，设轻重九府，则桓公以霸，九合诸侯，一匡天下，而管氏亦有三归，位在陪臣[23]，富于列国之君。是以齐富强至于威、宣[24]也。

故曰："仓廪实而知礼节，衣食足而知荣辱。"礼生于有而废于无。故君子富，好行其德；小人富，以适其力。渊深而鱼生之，山深而兽往之，人富而仁义附焉。富者得势益彰，失势则客无所之，以而不乐，夷狄益甚。谚曰："千金之子，不死于市。"此非空言也。故曰："天下熙熙，皆为利来；天下壤壤[25]，皆为利往。"夫千乘之王，万家之侯，百室之君，尚犹患贫，而况匹夫编户[26]之民乎！

仲治理齐国，修改政策，设立了主管货币的九个官府部门。齐桓公就借此机会成就霸业，多次召集诸侯，匡正天下，而管仲自己也修筑了三归台，地位仅是陪臣，却比各国的君主还要富。因此，齐国的富强一直延续到齐威王、齐宣王时期。

所以说："粮仓充足，百姓才会懂得礼节；衣食丰足，百姓才会知道荣辱。"礼产生于富有，而废弃于贫穷。所以，君子富了，才会愿意施恩德；小人富了，才能合理安排自己的劳力。水深了鱼自然会聚集；山林深了野兽才会出没；人富有了，仁义自然就会依附于他。富有的人得到优势，他的名声就更显赫；一旦失势，就没有客人会再来了，因而心情变糟，表现得像夷狄那样野蛮的情况更为突出。俗话说："家有千金的人，不会因为犯法而在闹市被处死。"这不是空话啊。所以说："天下的人熙熙攘攘，都是为利而来，为利而往。"国君有兵车千辆，诸侯有万户封地，大夫有百室封邑，他们还担心贫穷呢，更何况编入户口册内的平民百姓呢！

[23] 陪臣：春秋时诸侯的大夫对周天子自称为"陪臣"。
[24] 威、宣：威，齐威王，名婴齐，田桓公之子。宣，齐宣王，名辟疆，威王之子。[25] 壤壤：通"攘攘"，纷乱的样子。[26] 编户：编入户籍。

太史公自序

—《史记》—

背景介绍

时　　间：司马迁创作《史记》完成时

人　　物：司马迁

事件起因：此时《史记》的写作已基本完成，司马迁在创作的过程中，形体和精神受到摧残，心情也发生了很大变化。

简介

　　本文利用对话的形式，叙写编撰《史记》的目的和作者的一系列遭遇，揭示作者忍辱负重的博大胸襟和强烈的历史使命感，抒发了郁结于胸的悲愤不平之气。

太史公曰："先人有言：'自周公卒五百岁而有孔子。孔子卒后至于今五百岁，有能绍明世[1]，正《易传》，继《春秋》，本《诗》《书》《礼》《乐》之际。'意在斯乎！意在斯乎！小子何敢让焉！"

上大夫壶遂曰："昔孔子何为而作《春秋》哉？"太史公曰："余闻董生曰：'周道衰废，孔子为鲁司寇，诸侯害之，大夫壅之。孔子知言之不用，道之不行也，是非二百四十二年之中，以为天下仪表，贬天子，退诸侯，讨大夫，以达王事而已矣。'子曰：'我欲载之空言，不如见之于行事之深切著明也。'夫《春秋》，上明三王之道，下辨人事之纪[2]，别嫌疑，明是非，定犹豫，善善恶恶，贤贤贱不肖，存亡国，继绝世，补敝起废，王道之大者也。《易》著天地、阴阳、四时、五行，故长于变；《礼》经纪人伦，故长于行；《书》记先王之事，故长于政；《诗》记山川、溪谷、禽兽、草木、牝牡、雌雄，故长于风；《乐》乐所以立，

太史公说："先父曾经说过：'周公死后五百年才有了孔子，孔子死后至今也有五百年了，有谁能够继承圣明世代的事业，修正《易经》，续写《春秋》，探求《诗》《书》《礼》《乐》之间本原而著述呢？'他将希望寄托在我的身上啊！寄托在我的身上啊！小子怎么敢推辞呢？"

上大夫壶遂说："从前，孔子为什么要写《春秋》呢？"太史公说："我听董仲舒说：'周王朝的制度衰败，孔子出任鲁国的司寇，诸侯以他为危害，大夫们排挤他。孔子知道他的建议不会被采用，政治主张也不可能被推行，因而评定了二百四十二年历史的功过是非，作为天下行事的标准，贬抑天子，斥退诸侯，声讨大夫，以阐明王道。'孔子说：'我与其空泛地记载我的主张，不如用历史事实来体现更为深刻、明显。'《春秋》这部书，对上则阐明了夏禹、商汤、周文王的治世之道，对下则辨明了为人处世的伦理纲常，分清了疑惑难明的事物，判明了是非的界限，确定了犹豫难定的事，褒扬了善良，贬斥了邪恶，尊敬贤人，鄙薄不肖，保存了亡国的历史，延续了已断绝的世系，修补了弊政，振兴了衰废，这都是王道的重要内容。《易经》昭示天地、阴阳、四时、五行的相互关系，所以长于表明变化。《礼仪》规定了人与人之间的关系，所以长于指

[1] 绍明世：绍，继承。明世，太平盛世。 [2] 纪：纲纪，伦理纲常。

故长于和;《春秋》辩是非,故长于治人。是故《礼》以节人,《乐》以发和,《书》以道事,《诗》以达意,《易》以道化,《春秋》以道义。

"拨乱世反之正,莫近于《春秋》。《春秋》文成数万,其指❸数千。万物之散聚,皆在《春秋》。《春秋》之中,弑君三十六,亡国五十二,诸侯奔走不得保其社稷者不可胜数。察其所以,皆失其本已。故《易》曰:'失之毫厘,差以千里。'故曰:'臣弑君,子弑父,非一旦一夕之故也,其渐久矣。'故有国者不可以不知《春秋》,前有谗而弗见,后有贼而不知。为人臣者不可以不知《春秋》,守经事❹而不知其宜,遭变事而不知其权❺。为人君父而不通于《春秋》之义者,必蒙首恶之名。为人臣子而不通于《春秋》之义者,必陷篡弑之诛,死罪之名。其实皆以为善,为之不知其义,被之空言而不敢辞。夫不通礼义之旨,至于君不君,臣不臣,父不父,子不子。君

导行为。《尚书》记载古代帝王的事迹,所以长于指导政事。《诗经》记述山川、溪谷、禽兽、草木、雌雄的状况,所以长于教化。《乐记》使人乐在其中,所以长于调和性情。《春秋》明辨是非,所以长于治理百姓。因此,《仪礼》是用来节制人的行为的,《乐记》用来调和人的性情,《尚书》用来指导政事,《诗经》用来表达内心情意,《易经》用来阐明变化,《春秋》用来说明天下正义。

"如果把一个混乱的社会引导到正确的轨道上,没有比《春秋》更合适的了。《春秋》全书有数万字,精华亦有数千,万事万物的成败、聚散都在《春秋》之中。《春秋》一书中,记载臣杀国君的有三十六起,亡国的有五十二个,诸侯四处逃奔仍不能保全其国家社稷的数不胜数。观察他们之所以如此,都是因为失去了王道之本。所以《易经》中说:'失之毫厘,差之千里。'所以说:'臣子杀死君王,儿子杀死父亲,不是一朝一夕才这样的,而是长时间逐渐发展形成的。'因此,为君者不可以不知晓《春秋》,否则,当面有小人进献谗言而自己却看不出,背后有窃国之贼也不知道。做臣子的不可以不懂《春秋》,否则,处理日常事务就不知道如何采取适宜的办法,遇到出乎意料的事也不会用变通的权宜之计去对付。身为国君或身为人父,如果不知晓《春秋》的要旨,一定会蒙受罪魁祸首的恶名。作为臣下和儿子的,如果不知晓《春秋》的大义,必定会陷入篡位杀父的诛戮中,得到该死的罪名。他们都以为自己在干好事,只是因为不懂《春秋》大义,受到别人

❸ 指:同"旨",要旨。❹ 经事:日常的事情。经,平常,日常。❺ 权:随机应变。

不君则犯，臣不臣则诛，父不父则无道，子不子则不孝。此四行者，天下之大过也。以天下之大过予之，则受而弗敢辞。故《春秋》者，礼义之大宗也。夫礼禁未然之前，法施已然之后；法之所为用者易见，而礼之所为禁者难知。"

壶遂曰："孔子之时，上无明君，下不得任用，故作《春秋》，垂空文以断礼义，当一王之法。今夫子上遇明天子，下得守职，万事既具，咸各序其宜，夫子所论，欲以何明？"太史公曰："唯唯，否否，不然。余闻之先人曰：'伏羲至纯厚，作《易》八卦。尧舜之盛，《尚书》载之，礼乐作焉。汤武之隆，诗人歌之。《春秋》采善贬恶，推三代之德，褒周室，非独刺讥而已也。'汉兴以来，至明天子，获符瑞，建封禅，改正朔⑥，易服色⑦，受命于穆清⑧，泽流罔极，海外殊俗，重译款塞⑨，请来献见者不可胜道。臣下百官力诵圣德，犹不能

⑥改正朔：指使用新历法。⑦易服色：改变车马、祭牲的颜色。⑧穆清：肃穆清和，指天命。⑨款塞：叩开边塞的门。款，叩，敲。

毫无根据的谴责也不敢反驳。由于不知晓礼义的要旨，以至于君王不像君王，臣子不像臣子，父亲不像父亲，儿子不像儿子。君不像君，大臣就会犯上作乱，臣不像臣，就会遭到杀身之祸，父不像父，就是没有伦理道德，子不像子，就是不孝敬父母。这四种行为，是天下的大过错。如果把天下最大的过错加给他们，他们也只有接受而不敢推托。所以《春秋》这本书，是礼义的根本宗旨。礼的作用是在坏事发生前就加以禁止，法的作用是在坏事发生后加以处置。法的作用显而易见，而礼的防止作用就很难被人们所理解。"

壶遂说："孔子的时代，国家没有英明的国君，下层的贤士不被重用，孔子这才作《春秋》，依靠文章来判明什么是礼仪，作为周王朝的法典。现在您上有英明的君主，在下享有职位，万事已经具备，各项事情也都按照秩序进行着，您现在论述这些，是要说明什么道理呢？"太史公说："嗯嗯，不不，不是这样的。我听先父说过：'伏羲时极其纯朴厚道，他创作了《周易》的八卦；唐尧、虞舜时代的昌盛，《尚书》上也有记载，礼、乐就是那时作的；商汤、周武王时代的兴隆，诗人就来歌颂。《春秋》褒善抑恶，推崇夏、商、周三代的盛德，褒扬周王朝，不仅仅是讽刺而已。'汉代兴国以来，直至当今的圣明之君，得到了上天的祥瑞，举行封禅，使用了新历法，改变了车马、祭牲的颜色，受命于上天，恩泽遍及远方，海外风俗不同的国家，辗转几重翻译到中国边关来，请求前来进献物品、拜见天子，这样的事多得

29

宣尽其意。且士贤能而不用，有国者之
耻；主上明圣而德不布闻，有司之过也。
且余尝掌其官，废明圣盛德不载，灭功
臣世家贤大夫之业不述，堕⑪先人所言，
罪莫大焉。余所谓述故事，整齐其世
传，非所谓作也，而君比之于《春秋》，
谬矣。"

于是论次其文。七年而太史公遭李
陵之祸，幽于缧绁⑫。乃喟然而叹曰："是
余之罪也夫。是余之罪也夫！身毁不用
矣！"退而深惟曰："夫《诗》《书》隐
约者⑬，欲遂其志之思也。昔西伯拘羑
里，演《周易》；孔子厄陈、蔡，作《春
秋》；屈原放逐，著《离骚》；左丘失明，
厥有《国语》；孙子膑脚，而论兵法；不
韦迁蜀，世传《吕览》；韩非囚秦，《说
难》《孤愤》；《诗》三百篇，大抵贤圣
发愤之所为作也。此人皆意有所郁结，不
得通其道也，故述往事，思来者。"于是
卒述陶唐以来，至于麟止，自黄帝始。

注释

⑪ 堕：丢弃。⑫ 缧（léi）绁（xiè）：捆绑犯人的绳索，
这里借指监狱。⑬ 隐约：意旨隐晦，文辞简约。

数不胜数。文武百官极力颂扬圣上的
功德，但还是不能把其中的意义阐述
透彻。况且，贤士不被重用，这是国
君的耻辱；天子英明而他的德政没被
广为流传，这是史官的过错。何况我
曾担任过太史令，抛开皇上英明的德
政不去记载，埋没功臣、诸侯、贤大
夫的功绩而不去记述，忘记先父生前
的嘱托，没有比这罪过更大的了。我
所说的记述过去的事，只是整理、记
录他们的世系传记，并不是所谓的创
作，而您将它与孔子的《春秋》相提
并论，这就错了。"

于是，我将有关资料加以编排，
整理成文。写了七年之后，太史公因
"李陵事件"而大祸临头，被囚禁在
监狱中。于是喟然长叹："这是我的罪
过啊！这是我的罪过啊！身体已经残
废，不会被任用了。"事后又进一步
深思道："《诗经》和《尚书》意旨隐
晦，文辞简约，这都是作者想要表达他
们内心的思想。当初西伯侯被拘禁在
羑里，推演了《周易》。孔子被困于陈
国和蔡国后，写了《春秋》。屈原被放
逐，创作了《离骚》。左丘明双目失明，
后来才有了《国语》。孙膑遭受了膑刑
后，论述了兵法。吕不韦被贬蜀地，世
上才能够流传他的《吕氏春秋》。韩非
子被囚禁在秦国，因而写出了《说难》
《孤愤》。《诗经》三百余篇，大多都是
圣贤之人为了抒发胸中的愤懑之情而创
作的，这些人都是心中怀有忧愁郁结之
情，不能得到发泄，所以追述往事，寄
希望于后人。"这样，我终于编写出从
黄帝开始，经陶唐，直到武帝猎获白麟
那一年的通史。

报任安书

— 《史记》 —

背景介绍

时　　间：公元前 90 年，一说为公元前 93 年

人　　物：任安、李陵

事件起因：任安是司马迁的朋友，曾写信给司马迁，希望司马迁为朝廷推荐人才；另一说，公元前 91 年任安遭遇刑罚，写信求司马迁搭救自己。

简介

　　《报任安书》是司马迁写给友人任安的回信。作者在信中以激愤的心情，饱满的感情，陈述了自己的不幸遭遇，抒发了为著作《史记》而不得不忍辱负重的痛苦心情。

太史公①牛马走司马迁再拜言，少卿足下：

曩者②辱赐书，教以慎于接物，推贤进士为务。意气勤勤恳恳，若望仆不相师，而用流俗人③之言。仆非敢如是也。仆虽罢驽④，亦尝侧闻⑤长者之遗风矣。顾自以为身残处秽⑥，动而见尤，欲益反损，是以独抑郁而无谁语。谚曰："谁为为之？孰令听之？"盖钟子期死，伯牙终身不复鼓琴。何则？士为知己者用，女为悦己者容。若仆大质已亏缺矣，虽才怀随和⑦，行若由夷⑧，终不可以为荣，适足以见笑而自点⑨耳。书辞宜答，会东从上来，又迫贱事，相见日浅，卒卒⑩无须臾之间得竭指意。今少卿抱不测之罪，涉旬月，迫季冬⑪，仆又薄⑫从上雍，恐卒然不可为讳⑬，是仆终已不得舒愤懑以晓左右，则长逝者魂魄私恨无穷。请略陈固陋。阙然久不报，幸勿为过。

像牛马一样供您驱使的司马迁，恭敬地再拜并回复您的书信，少卿足下：

前些日子承蒙您屈尊给我写信，教导我待人接物要谨慎，以推举有能耐的人、引荐人才为己任，情意、态度十分真诚，好像在埋怨我没有遵从您的教诲，而是随了世俗之人的意见。我不敢这样做。虽然我平庸无能，但也曾听到过前辈遗留下来的品格风尚。只是我觉得自己的身体已遭受摧残，又处于污浊的环境中，稍有行动都会受到指责，本来觉得能对事情有所增益，反而自己却遭到不利，所以我很郁闷而不能向人诉说。俗话说："为谁去做，让谁来听？"钟子期死后，伯牙便一辈子不再弹琴。这是为什么呢？因为贤人之士喜欢被了解自己的人所用，女子愿意为喜欢自己的人而打扮。像我这样的人，身体已经残疾，就算我的才华有随侯珠、和氏璧那样宝贵，我的品行有许由、伯夷那样高尚，也不能引以为荣，反而会自取其辱。您的来信我本来应该及时答复，恰巧我跟随皇上东巡回来，接着又有很多繁琐的事情，和您见面的日子很少，我又特别忙，没有空闲来表达心意。现在您遭到难以预料的罪名，再过一个月，就到冬末，我又该陪皇上去雍地了，恐怕您突然就会有不幸的事发生，我就最终也不能抒发愤懑让你了解，而死去的人因为得不到回信也会抱着无穷的遗憾。请让我向您陈述我浅陋的意见。这么久没有回信给您，希望您不要责怪。

① 太史公：钱穆认为，《史记》原名是《太史公》。 ② 曩（nǎng）者：从前。 ③ 流俗人：世俗之人。
④ 罢驽：比喻才能低下。罢，同"疲"。驽（nú），劣马。 ⑤ 侧闻：从旁听说。 ⑥ 身残处秽（huì）：指因受宫刑而身体残缺，兼与宫官贱役杂处。 ⑦ 随、和：随侯之珠和和氏之璧，是战国时的珍贵宝物。 ⑧ 由、夷：许由和伯夷，西周早期被推为品德高尚的人。 ⑨ 点：玷污。 ⑩ 卒卒：同"猝猝"，匆匆忙忙的样子。
⑪ 季冬：冬季的第三个月，即十二月。 ⑫ 薄（bó）：迫近。 ⑬ 不可为讳：不能避讳，指任安死。

仆闻之：修身者，智之符也；爱施者，仁之端也；取予者，义之表也；耻辱者，勇之决也；立名者，行之极也。士有此五者，然后可以托于世，而列于君子之林矣。故祸莫憯于欲利，悲莫痛于伤心，行莫丑于辱先，诟莫大于宫刑。刑余之人，无所比数，非一世也，所从来远矣。昔卫灵公与雍渠同载，孔子适陈；商鞅因景监见，赵良寒心；同子参乘，袁丝变色；自古而耻之。夫中材之人，事关于宦竖⑭，莫不伤气，而况于慷慨之士乎？

如今朝廷虽乏人，奈何令刀锯之余荐天下之豪俊哉！仆赖先人绪业，得待罪⑮辇毂下，二十余年矣。所以自惟⑯，上之，不能纳忠效信，有奇策材力之誉，自结明主；次之，又不能拾遗补阙，招贤进能，显岩穴之士；外之，不能备行伍，攻城野战，有斩将搴⑰旗之功；下之，不能累日积劳，取尊官厚禄，以为宗族交游光宠。四者无一遂，苟合取容，无所短长之效，可见于此矣。向者，仆

注释

⑭ 竖：供役使的小臣。后泛指卑贱者。⑮ 待罪：谦辞，指做官。⑯ 惟：思虑。⑰ 搴（qiān）：拔取。

我听过这样的说法：加强自身的修养，是智慧的积累；乐善好施，是仁德的开端；索取与给予得当，是道义的体现；耻于受侮辱，是勇敢的先决；树立好名声，是品行的最高准则。有志之士能有这五种品德，才能在社会中立足，进入君子的行列。所以，祸患没有比贪图私利更悲惨的了，悲哀没有比心灵受创更痛苦的了，行为没有比让祖先受辱更丑恶的了，耻辱没有比遭受宫刑更严重了。遭受过宫刑的人，无法与常人相提并论，这不是某一朝代的事，而是由来已久了。以前卫灵公和太监雍渠同坐一辆车子，孔子就会感到羞耻，于是离开卫国到陈国去；商鞅经由景监引荐而面见秦孝公，贤士赵良感到很寒心；太监赵同子陪汉文帝坐在车上，袁盎就不高兴。自古至今，人们对宦官都是有偏见的。就连一个中等才能的人，遇到涉及宦官的事，没有不感到羞辱的，何况是情怀豪迈的人呢？

现如今朝廷虽然缺乏人才，怎么会让一个受过宫刑的人来推荐豪杰之士呢！我继承父亲留下来的余业才能在京城任职，到现在已经二十多年了。平日自己寻思，对上，我没能对君王尽忠与信诚，没能得到有奇策和才能的声誉，以求皇上的赏识；其次，不能给皇上收拾遗漏，补正缺失，进选贤人和能人，使隐居山林的贤士声明显扬；对外，不能站在军队中，攻城野战，以建立斩将夺旗的功劳；对下，我不能每日积累功劳，谋得高官厚禄，成为宗族和朋友的荣耀和宠幸。这四个方面没有哪一方面做出成绩，我只能有意地迎合皇上的心意，以保全自己的地位。我没有些微

亦尝厕下大夫之列，陪奉外廷末议，不以此时引维纲，尽思虑，今已亏形为扫除之隶，在阘茸[18]之中，乃欲仰首伸眉，论列是非，不亦轻朝廷，羞当世之士邪？嗟乎！嗟乎！如仆尚何言哉！尚何言哉！

　　且事本末未易明也。仆少负[19]不羁之才，长无乡曲之誉。主上幸以先人之故，使得奉薄伎[20]，出入周卫[21]之中。仆以为戴盆何以望天，故绝宾客之知[22]，忘室家之业，日夜思竭其不肖之才力，务一心营职，以求亲媚于主上。而事乃有大谬不然者。

　　夫仆与李陵俱居门下，素非能相善也，趋舍[23]异路，未尝衔杯酒、接殷勤之欢。然仆观其为人，自奇士，事亲孝，与士信，临财廉，取予义，分别有让，恭俭[24]下人，常思奋不顾身，以循国家之急。其素所蓄积也，仆以为有国士之风。夫人臣出万死不顾一生之计，赴公家之难，斯已奇矣。今举事一不当，而全躯保妻子之臣随而媒

的建树，可以从这些方面看出来。以前，我也曾置身于下大夫的行列，在朝堂上发表些不值一提的意见。那时我没有利用这个机会申张纲纪，竭尽思虑，到现在身体残废而成为打扫污秽的奴隶，处在卑贱者中间，还想昂首扬眉，评论是非，不就是轻视朝廷、羞辱了当世的君子们吗？唉！唉！像我这样的人，还能说什么呢？还能说什么呢？

　　况且，事情的前因后果是不容易弄明白的。我年轻时没有出众的才能，长大后得不到乡里的推誉，幸亏皇上因为我父亲是太史令，使我能够奉献微薄才能，出入宫禁之中。我认为头上顶着盆子怎么能望天，所以断绝了宾客的往来，忘掉了家室的事务，日夜都在考虑全部献出自己微不足道的才干和能力，致力于本职事务，以求得皇上的信任和宠幸。但是，事情与愿望违背太大大，不是原先所料想的那样。

　　我和李陵都在朝中为官，向来并没有多少交往，追求和反对的目标也不相同，从不曾在一起举杯饮酒，互相表示友好的感情。但是我观察李陵的为人，确是个守节操的不平常之人。孝顺父母讲孝道，对待士人守信用，遇到钱财很廉洁，或取或予都合乎礼义，能分别长幼尊卑，谦让有礼，谦卑自约，礼贤下士，总是考虑着为国家事业奋不顾身。他历来积铸

[18] 阘（tà）茸：下贱之人。 [19] 负：缺少，没有。 [20] 奉薄伎：贡献微薄的才能。奉，贡献。 [21] 周卫：周密的护卫，即宫禁。 [22] 知：了解。引申为往来，交往。 [23] 趋舍：向往和废弃。 [24] 俭：约束，克制，不放纵。

蘖㉕其短，仆诚私心痛之。且李陵提步卒不满五千，深践戎马之地，足历王庭㉖，垂饵虎口，横挑强胡㉗，仰亿万之师，与单于连战十有余日，所杀过当，虏救死扶伤不给。旃㉘裘之君长咸震怖，乃悉征其左右贤王，举引弓之人，一国共攻而围之。转斗千里，矢尽道穷，救兵不至，士卒死伤如积。然陵一呼劳军，士无不起，躬自流涕，沫血饮泣，更张空眷㉙，冒白刃，北向争死敌者。

陵未没时，使有来报，汉公卿王侯皆奉觞上寿㉚。后数日，陵败书闻，主上为之食不甘味，听朝不怡。大臣忧惧，不知所出。仆窃不自料其卑贱，见主上惨怆怛悼，诚欲效其款款之愚㉛。以为李陵素与士大夫绝甘分少，能得人之死力，虽古之名将，不能过也。身虽陷败，彼观其意，且欲得其当而报于汉。事已无可奈何，其所摧败，功亦足以暴于天下矣。仆怀欲陈之，而未有路，适会召问，

㉕媒蘖（niè）：酒曲。这里是酝酿的意思。蘖，通"蘗"。㉖王庭：匈奴单于居处的王庭。㉗胡：指匈奴。㉘旃（zhān）：毛毡。旃通"毡"。㉙眷（quān）：弩弓。㉚上寿：这里指祝捷。㉛怛：悲痛。款款：忠诚的样子。

的品德，我认为有国士的风度。做人臣的，出于万死而不顾一生的考虑，奔赴国家的危难，这已经是很少见的了。现在他行事一有不当，而那些只顾保全自己性命和妻室儿女利益的臣子们，随机夸大过错，陷人于祸，我确实从内心感到沉痛。况且李陵带领的兵卒不满五千，深入敌人军事要地，到达单于的王庭，好像在老虎口上垂挂诱饵，勇猛地向强大的胡兵四面挑战，面对亿万敌兵，同单于连续作战十多天，杀伤的敌人超过了自己军队的人数，使得敌人连救死扶伤都顾不上。匈奴君长都感到十分震惊，便征调左、右贤王，出动了所有会开弓放箭的人，举国上下，共同攻打李陵并包围他。李陵转战千里，箭都射完了，进退之路已经断绝，救兵不来，士兵死伤成堆。但是，当李陵振臂一呼，鼓舞士气的时候，兵士没有不奋起的，他们流着眼泪，一个个满脸是血，强忍悲泣，拉开空的弓弦，冒着白光闪闪的刀锋，向北拼死杀敌。

当李陵的军队尚未覆没的时候，使者曾给朝廷送来捷报，朝廷的公卿王侯都举杯为皇上庆贺。几天以后，李陵兵败的消息传来，皇上为此而食不知味，处理朝政也不高兴。大臣们都很忧虑害怕，不知如何是好。我私下里并未考虑自己的卑贱，见皇上悲伤痛心，实在想奉献诚恳的愚昧见解。我认为李陵向来与将士们同甘共苦，能够换得士兵们拼死效命的行动，即使是古代名将恐怕也没能超过的。他虽然身陷重围，兵败投降，但看他的意思，是想寻找机会报效汉朝。事情已经到了无可奈何的地步，但他摧垮、打败敌军的功劳，也足以

即以此指推言陵之功，欲以广主上之意，塞睚眦³²之辞。未能尽明，明主不深晓，以为仆沮³³贰师，而为李陵游说，遂下于理³⁴。拳拳之忠，终不能自列，因为诬上，卒从吏议。家贫，货赂不足以自赎，交游莫救视，左右亲近不为一言。身非木石，独与法吏为伍，深幽囹圄³⁵之中，谁可告诉者！此真少卿所亲见，仆行事岂不然乎？李陵既生降，隤其家声，而仆又佴之蚕室³⁶，重为天下观笑。悲夫！悲夫！事未易一二为俗人言也。

仆之先人非有剖符丹书之功，文史星历³⁷，近乎卜祝之间，固主上所戏弄，倡优所畜，流俗之所轻也。假令仆伏法受诛，若九牛亡一毛，与蝼蚁何以异？而世又不与能死节者比，特以为智穷罪极，不能自免，卒就死耳。何也？素所自树立使然也。人固有一死，或重于泰山，或轻于鸿毛，用之所趋异也。太上不辱先，其次不辱身，其次不辱理色，

向天下人显示他的本心了。我内心打算向皇上陈述上面的看法，而没有得到适当的机会，恰逢皇上召见，询问我的看法，我就根据这些意见来论述李陵的功劳，想以此来宽慰皇上的胸怀，堵塞那些攻击、诬陷的言论。我没有完全说清我的意思，圣明的君主不深入了解，认为我是攻击贰师将军，而为李陵辩解，于是将我交付狱官处罚。我虔敬和忠诚的心意，始终没有机会陈述和辩白，因而被定了诬上的罪名，皇上最终认准了法吏的判决。我家境贫寒，微薄的钱财不足以拿来赎罪，朋友们谁也不出面营救，皇帝左右的亲近大臣又不肯替我说一句话。我血肉之躯本非木头和石块，独自与执法的官吏打交道，被拘禁在深牢大狱中，我向谁去诉说内心的痛苦呢！这些，正是少卿所亲眼看见的，我的所作所为难道不正是这样吗？李陵投降以后，败坏了他的家族名声，而我接着被关在蚕室，更被天下人所耻笑，可悲啊！可悲！这些事情是不容易逐一地向俗人解释的。

我的祖先没有剖符丹书的功劳，不过是职掌文献、历史、天文、历法，地位接近于卜官和祝官一类，本是皇上所戏弄并当作优伶来畜养的人，是世俗所轻视的。假如我伏法被杀，那好像是九牛的身上失掉一根毛，同死去一只蝼蛄、蚂蚁又有什么区别？而世俗又不把我和那些死于气节的人相提并论，只会认为我是智尽

³² 睚（yá）眦（zì）：怒目相视。 ³³ 沮：毁坏。 ³⁴ 理：掌司法之官。 ³⁵ 囹（líng）圄（yǔ）：监狱。
³⁶ 隤（tuí）：坠落，败坏。佴（èr）：停留。 ³⁷ 文、史、星、历：史籍和天文历法，都属太史令掌管。

其次不辱辞令，其次诎体受辱，其次易服受辱，其次关木索、被箠楚[38]受辱，其次剔毛发、婴金铁受辱，其次毁肌肤、断肢体受辱，最下腐刑[39]极矣！传曰："刑不上大夫。"此言士节不可不勉励也。猛虎在深山，百兽震恐，及在槛阱[40]之中，摇尾而求食，积威约之渐也。故士有画地为牢，势不可入；削木为吏，议不可对，定计于鲜也。今交手足，受木索，暴肌肤，受榜[41]箠，幽于圜墙之中，当此之时，见狱吏则头抢地，视徒隶则心惕息[42]。何者？积威约之势也。及以至是，言不辱者，所谓强颜耳，曷足贵乎！且西伯[43]，伯也，拘于羑里；李斯，相也，具于五刑；淮阴[44]，王也，受械于陈；彭越[45]、张敖[46]，南面称孤，系狱抵罪；绛侯[47]诛诸吕，权倾五伯，囚于请

无能、罪大恶极、不能免于死刑，而终于走向死路的啊！为什么会这样呢？这是我向来所从事的职业以及地位，使人们会这样地认为。人固然都有一死，但有人的死得比泰山还重，有人的死却比鸿毛还轻，这是因为他们死的原因和目的不同。一个人最重要的是不污辱祖先，其次是自身不受侮辱，再次是不使自己的颜面受辱，再次是不因别人的言语而受辱，再次是被捆绑而受辱，再次是穿上囚服受辱，再次是戴上脚镣手铐、被杖击鞭笞而受辱，再次是被剃光头发、颈戴枷锁而受辱，再次是毁坏肌肤、断肢截体而受辱，最下等的是腐刑，侮辱到了极点！古书说"刑罚不施加于大夫以上"，这是说士大夫的气节不可不磨砺。猛虎生活在深山之中，百兽都震恐，等到它落入陷阱或被关进笼子时，就只得摇着尾巴向人乞求食物，这是人不断地使用威力和约束而逐渐使它驯服的。所以，士人看见画地为牢而决不进入，面对削木而成的假狱吏也决不同他对答，这是由于早有主意，事先就态度鲜明。现在我的手脚交叉，被木枷锁住、绳索捆绑，皮肉暴露在外，受着棍打和鞭笞，关在牢狱之中。在这种时候，看见狱吏就叩头触地，看见牢卒就恐惧喘息。这是为什么呢？是狱吏威力的长期施加所造成的。事情已经到了这种地步，却说自己没有受辱，那就是人们常说的厚脸皮了，有什么值得尊贵的呢！况且，像西伯姬昌，是诸侯的领袖，曾被拘禁在羑里；李斯是丞相，也受尽了五刑；淮阴侯韩信被封为王，却在陈地被戴上刑具；彭越、张敖都是南面称王的人，被捕入狱并定

[38] 箠（chuí）楚：刑杖。 [39] 腐刑：即宫刑。 [40] 槛阱：牢笼陷阱。 [41] 榜（péng）：鞭打。 [42] 惕息：恐惧的样子。 [43] 西伯：即周文王，为西方诸侯之长。 [44] 淮阴：指淮阴侯韩信。 [45] 彭越：汉高祖的功臣。 [46] 张敖：汉高祖功臣张耳的儿子，袭父爵为赵王。 [47] 绛（jiàng）侯：汉初功臣周勃，封绛侯。

室[48]；魏其[49]，大将也，衣赭衣，关三木；季布为朱家钳奴；灌夫受辱于居室。此人皆身至王侯将相，声闻邻国，及罪至罔加[50]，不能引决自裁，在尘埃之中。古今一体，安在其不辱也？由此言之，勇怯，势也，强弱，形也，审矣，何足怪乎？夫人不能早自裁绳墨之外，以稍陵迟，至于鞭箠之间，乃欲引节，斯不亦远乎！古人所以重施刑于大夫者，殆为此也。

夫人情莫不贪生恶死，念父母，顾妻子，至激于义理者不然，乃有所不得已也。今仆不幸，早失父母，无兄弟之亲，独身孤立，少卿视仆于妻子何如哉？且勇者不必死节，怯夫慕义，何处不勉焉！仆虽怯懦，欲苟活，亦颇识去就之分矣，何至自沉溺缧绁之辱哉！且夫臧获婢妾，犹能引决，况仆之不得已乎？所以隐忍苟活，幽于粪土之中而不辞者，恨私心有所不尽，鄙陋没世，而文采不表于后世也。

下罪名；绛侯周勃曾诛杀诸吕，一时间权力大于春秋五霸，也被囚禁在请罪室中；魏其侯窦婴是一员大将，也穿上了赭色的囚衣，戴上木枷、手铐和脚镣三种刑具；季布以铁圈束颈卖身给朱家当了奴隶；灌夫被拘于居室而受屈辱，这些人都身到了王侯将相的地位，声名传扬到邻国，等到犯了罪而法网加身的时候，不能以自杀的方式自己裁决，落入尘埃之中。古今都一样，哪里有不受辱的呢？照这样说来，勇敢或怯懦，都是势位所造成的，强或弱，也是形势所决定，确实是这样，有什么奇怪的呢？人不能在法律制裁之前就自杀，以致慢慢受挫而颓唐，到了身受杖打鞭抽的时候，才想到为气节而死，这不是晚了点吗！古人之所以慎重地对大夫用刑，主要是因为这个缘故。

人之常情，没有谁不贪生怕死的，都挂念父母，顾虑妻室儿女。至于那些激愤于正义公理的人当然不是这样，这里有迫不得已的情况。如今我很不幸，早早地失去双亲，又没有兄弟互相爱护，独身一人，孤立于世，少卿你看我对妻室儿女又怎样呢？况且一个勇敢的人不一定要为名节去死，怯懦的人仰慕大义，又何处不能勉励自己呢？我虽然怯懦软弱，想苟活在人世，但也颇能区分生与死的界限，哪会自甘沉溺于牢狱生活而忍受屈辱呢？再说奴隶婢妾尚且可以自杀，何况像我到了这样不得已的地步！我之所以忍受着屈辱苟且活下来，陷在污浊的监狱之中却不肯死的原因，是遗憾我心愿未了，卑贱无聊地死了，我的文章就不能在后世显露。

[48] 请室：大臣犯罪等待判决的地方。[49] 魏其：大将军窦婴，汉景帝时被封为魏其侯。[50] 罔（wǎng）加：受到法令的制裁。罔，同"网"，即刑法。

古者富贵而名摩灭，不可胜记，唯倜傥非常之人称焉。盖文王拘而演《周易》；仲尼厄而作《春秋》；屈原放逐，乃赋《离骚》；左丘失明，厥有《国语》；孙子膑脚，《兵法》修列；不韦迁蜀，世传《吕览》；韩非囚秦，《说难》《孤愤》；《诗》三百篇，大底贤圣发愤之所为作也。此人皆意有郁结，不得通其道，故述往事，思来者。乃如左丘无目，孙子断足，终不可用，退而论书策，以舒其愤，思垂空文以自见。

仆窃不逊，近自托于无能之辞，网罗天下放失[51]旧闻，略考其行事，综其终始，稽其成败兴坏之纪，上计轩辕，下至于兹，为十表、本纪十二、书八章、世家三十、列传七十，凡百三十篇，亦欲以究天人之际，通古今之变，成一家之言。草创未就，会遭此祸，惜其不成，已就极刑而无愠色[52]。仆诚以著此书，藏诸名山，传之其人，通邑大都，则仆偿前辱之责，虽万被戮，岂有悔哉？然此可为智者道，难为俗人言也。

古时候，生前富贵但名字磨灭不传的人，多得数不清，只有那些卓异、不平常的人才在世上著称。周文王被拘禁而推演《周易》；孔子受困窘而作《春秋》；屈原被放逐，才写了《离骚》；左丘明失去视力，才有《国语》；孙膑被截去膝盖骨而编写出《兵法》；吕不韦被贬谪蜀地，后世才流传着《吕览》；韩非被囚禁在秦国，写出《说难》《孤愤》；《诗经》三百篇，大都是一些圣贤们抒发愤懑而作的。这些都是人们感情有压抑郁结不解的地方，不能实现其理想，所以记述过去的事迹，让将来的人了解他的志向。就像左丘明没有了视力，孙膑断了脚，终生不能被人重用，便退隐著书立说来抒发他们的怨愤，希望文章流传后世使后人能了解自己。

我私下里也自不量力，近来用我那不高明的文辞，收集天下散失的历史传闻，粗略地考订其事实，综述其事实的本末，推究其成败盛衰的道理，上自黄帝，下至于当今，写成十篇表、十二篇本纪、八篇书、三十篇世家、七十篇列传，一共一百三十篇，也是想探求天道与人事之间的关系，贯通古往今来世道盛衰变迁的脉络，成为一家之言。刚开始草创还没有完毕，恰恰遭遇到这场灾祸，我痛惜这部书不能完成，因此便接受了最残酷的刑罚而不敢有怒色。如果我写完了这部书，能够把它藏进名山，传给可传的人，再让它流传进都市之中，那么，我便抵偿了以前受侮辱而苟活的亏欠，即便是让我千次万次地被侮辱，又有什么后悔的呢！然而，这些只能向有见识的人诉说，却很难向世俗之人讲清楚啊！

[51] 放失：同"放佚"。散失。 [52] 愠（yùn）：怒。

且负下未易居，下流多谤议。仆以口语遇遭此祸，重为乡党所戮笑㊸，以污辱先人，亦何面目复上父母之丘墓乎？虽累百世，垢弥甚耳！是以肠一日而九回㊹，居则忽忽若有所亡，出则不知其所往。每念斯耻，汗未尝不发背沾衣也！身直为闺阁之臣㊺，宁得自引深藏岩穴邪？故且从俗浮沉，与时俯仰，以通其狂惑。今少卿乃教以推贤进士，无乃与仆私心剌谬乎？今虽欲自彫琢，曼辞以自饰㊻，无益，于俗不信，适足取辱耳。要之，死日然后是非乃定。书不能悉意，略陈固陋。谨再拜。

㊸ 戮笑：辱笑。　㊹ 九回：九转。形容痛苦之极。
㊺ 闺阁（gé）：宫禁。　㊻ 曼辞：美饰之辞。

而且，背着侮辱的罪名不易立身当世，地位卑贱的人往往被人诽谤和议论。我因为多嘴说了几句话而遭遇这场大祸，又被乡里之人、朋友羞辱和嘲笑，污辱了祖宗，又有什么面目再到父母的坟墓上去祭扫呢？即使是到百代之后，这污垢和耻辱只会更加深重啊！因此痛苦之情难以抑制，肠中百转千回，坐在家中，精神恍恍忽忽，好像丢失了什么；出门则不知道往哪儿走。每当想到这件耻辱的事，冷汗没有不从脊背上冒出来而沾湿衣襟的。我是宫中的臣仆，怎么能够自己引退，在山林岩穴深深地隐居呢？所以只得随俗浮沉，跟着形势进退，来显示自己的狂乱和糊涂。如今少卿竟教导我要推贤进士，这难道不是与我自己的愿望相违背的吗？现在我虽然想自我雕饰一番，用美好的言辞来为自己开脱，这也没有好处，因为世俗之人是不会相信的，只会使我自讨侮辱啊。简单地说，人死后才能定功论过。书信是不能完全表达心意的，只是略为陈述我愚执浅陋的意见罢了。恭敬地拜两拜。

高帝求贤诏
— 《汉书》 —

背景介绍

时　　间：公元前 196 年

事件起因：汉高祖刘邦，在秦朝担任泗水亭
长，他在秦朝末年起义，用三杰，
定三秦，消灭项羽，最后登上帝
位，建立汉朝。

简介

本文是刘邦称帝十一年二月发布的诏书。他在位期间，继承秦制，实行中央集权制，
重农抑商，奖励农业生产，对当时的社会经济、文化发展作出了贡献。

盖闻王者莫高于周文[1]，伯者莫高于齐桓，皆待贤人而成名。今天下贤者智能，岂特古之人乎？患在人主不交故也，士奚由进[2]？今吾以天之灵，贤士大夫，定有天下，以为一家。欲其长久，世世奉宗庙亡绝也。贤人已与我共平之矣，而不与吾共安利之，可乎？贤士大夫有肯从我游者，吾能尊显之。布告天下，使明知朕意。

御史大夫昌下相国，相国酂侯下诸侯王[3]，御史中执法下郡守。其有意称明德者，必身劝，为之驾，遣诣相国府，署行义年[4]。有而弗言，觉免。年老癃病[5]，勿遣。

听说古代帝王中没有能超过周文王的，诸侯霸主中没有能超过齐桓公的，他们都是依靠贤能之士的帮助才成就功名的。如今贤者的智能，难道只有古人才具备吗？主要问题在于国王不结交贤士，贤能之士又能通过什么途径得到推荐呢？现在我凭借上天的保佑和贤士大夫的帮助，才平定了天下，完成统一大业。我想要它长治久安，世世代代供奉宗庙。贤人们已经与我一起平定了天下，却不与我一起使它安定兴盛，这怎么可以呢？贤士大夫有愿意跟我交往的，我一定会让他们拥有显贵的地位。现在把我的旨意公告天下，使大家都明白知道我的心意。

这个诏书由御史大夫周昌传达给丞相，丞相萧何传达给各诸侯王，御史中执法传达给各郡守。那些确实称得上德行贤明的人，郡守一定要亲自去劝说，为他们驾车，并送他们到相国府，记录他们的品行、仪表、年龄。如果有贤人却没有举荐的，一经发觉，就免除其郡守的官职。年老和体弱多病的人，就不要送来了。

[1] 周文：指周文王姬昌。 [2] 奚由：从何，通过什么途径。 [3] 酂（Cuó）侯：指萧何。西汉时官居丞相，封酂侯。 [4] 署（shǔ）行义年：记录品行、仪表、年龄。署，记录。义，同"仪"，包括相貌、身高等。 [5] 癃（lóng）：腰部弯曲，背部隆起，这里泛指疾病。

文帝议佐百姓诏

— 《汉书》 —

背景介绍

时　　间：公元前163年

事件起因：汉文帝刘恒是一位体贴民间疾苦的皇帝，当水旱灾害造成粮食短缺时，他迫切寻找解决办法。

简介

这篇文章属于诏令类的古文。诏书中探求民众疾苦的原因，体现了帝王对百姓疾苦的关心。

间❶者数年比❷不登❸，又有水旱疾疫之灾，朕甚忧之。愚而不明，未达其咎❹。意者朕之政有所失而行有过与？乃天道有不顺，地利或不得，人事多失和，鬼神废不享与？何以致此？将百官之奉养或费，无用之事或多与？何其民食之寡乏也？

夫度❺田非益寡，而计民末❻加益，以口量地，其于古犹有余，而食之甚不足者，其咎安在？无乃百姓之从事于末，以害农者蕃❼？为酒醪❽以靡谷者多，六畜之食焉者众与？细大之义❾，吾未能得其中。其与丞相、列侯、吏二千石、博士议之，有可以佐百姓者，率意远思，无有所隐。

近年来，连续数年农作物收成不好，又有水灾和旱灾以及疾病带来的灾害，我非常担心啊。我愚钝也不够明智，不知道哪里出了问题。我想，是我的政策上有失误，行为上有过错吧？还是天意不顺、没有得到合适的地利、人事不够协调，或者是鬼神抛弃人间而不享用祭品呢？为什么会到这个地步呢？是不是百官的俸禄花费太大了，没用的事做得太多了？为什么人民的粮食会不够呢？

经过丈量，田地也不比以前少，经过统计，人口也没有增加，按人口均分土地，比古时还要多，但粮食却很匮乏，到底是哪里出了问题了呢？难道是百姓从事商业的太多了而损害了农业？还是酿酒浪费了很多粮食，家禽和牲畜吃掉了很多粮食？大大小小的原因，还是没弄明白问题所在，所以，我要与丞相、列侯、俸禄二千石的官吏和博士们讨论这些问题，想想帮助老百姓的办法，用心思考，不要有所隐瞒。

注释

❶ 间：近、近来。 ❷ 比：连续。 ❸ 登：作物的成熟和收获。 ❹ 咎：灾祸、祸根，也可引申为过失。 ❺ 度（duó）：量、计算，此处为丈量土地。 ❻ 末：指工商业。古有士、农、工、商的顺序，商排最末位。
❼ 蕃：繁多。 ❽ 醪（láo）：浊酒。
❾ 义：道理，意义。

景帝令二千石修职诏

— 《汉书》 —

背景介绍

时　　间：公元前 142 年

事件起因：汉景帝刘启在位期间，削诸侯封地，平定七国之乱，巩固中央集权，勤俭治国，发展生产，他统治时期与其父汉文帝统治时期合称为文景之治。

简介

本诏令指出官吏们依仗着权势做坏事是导致百姓饥寒的原因，因而打算整顿吏治，并要求二千石的高级官员各修其职、忠于职守，表明了刘启有一个比较清醒的政治头脑。

雕文刻镂❶，伤农事者也；锦绣纂组❷，害女红者也。农事伤，则饥之本也；女红❸害，则寒之原也。夫饥寒并至，而能无为非❹者寡矣。朕亲耕，后亲桑，以奉宗庙粢盛❺祭服，为天下先。不受献，减太官，省徭赋❻，欲天下务农蚕，素有畜积，以备灾害；强毋攘弱，众毋暴寡，老耇❼以寿终，幼孤得遂长❽。今岁或不登，民食颇寡，其咎安在？或诈伪为吏，吏以货赂为市，渔夺百姓，侵牟❾万民。县丞，长吏也，奸法与盗盗，甚无谓也。其令二千石修其职。不事官职耗乱❿者，丞相以闻，请⓫其罪。布告天下，使明知朕意。

在器物上雕刻花纹图形，对农业生产有损害；对衣饰刺绣花纹，编织精致美丽的丝带，对妇女们纺织有所伤害。农业生产遭到损害，就是人民饥饿的根源；妇女们纺织受到伤害，就是百姓寒冷的根源。饥寒同时出现，是很少有人不做坏事的。我亲自种地，皇后亲自种桑养蚕，为的是给祖庙祭祀时提供祭品和祭服，为天下人民做个表率。我不接受人们进献的物品，减少膳食，减少徭役和赋税，想要天下人努力种田和养蚕，保持积蓄，以此防备灾害。要求不要以强欺弱，以多欺少，使老人能长寿，小孩和孤儿们能健康成长。今年收成不好，人民的粮食很少，原因在哪里呢？是不是有些奸诈虚伪的人担任了官职，官吏用权力交易财物，抢夺百姓，侵害人民。县丞，是县吏中的首领，他们用法律干坏事，与强盗结伙抢夺，实在无理。要求二千石官员们严格履行自己的职责，对于不忠于职守、行为昏乱的郡守，丞相要把他们的情况报告给我，追究他们的罪责。将这道命令宣告天下，让大家知道我的意思。

注释

❶雕文刻镂：指在器物上雕刻文采。镂，雕刻。❷纂（zuǎn）组：赤色丝带。纂，音"转"。❸女红：指妇女纺织、刺绣、缝纫等。❹为非：做坏事。❺粢盛（zī chéng）：古时盛在祭器内以供祭祀的谷物。❻省徭（yáo）赋：减少徭役和赋税。省，节省。徭赋，也作"徭赋"，指徭役赋税。❼耇（qí）：古称六十岁。❽遂长：成长。❾侵牟：贪取。侵，剥削、侵蚀。牟，夺取。❿耗乱：昏乱不明。⓫请：定。

武帝求茂材异等诏

— 《汉书》 —

背景介绍

时　　间：公元前106年

事件起因：汉武帝之前的官员选拔制度，主要是"世官制"，但这个制度不利于选贤用能。因此，求才心切的汉武帝号召天下英才都来为国效力。

简介

本文是汉武帝选拔社会人才颁布的诏书。文章强调了建设国家需要挖掘人才，还提出了选拔原则和细节。

原文

盖有非常之功，必待非常之人，故马或奔踶❶而致千里，士或有负俗之累而立功名。夫泛驾❷之马，跅弛❸之士，亦在御之而已。其令州郡察吏民有茂材异等可为将相及使绝国者❹。

译文

要建立不同平凡的功业，必须依靠特殊的人才。有的马奔驰踢人，它却能日行千里；被人们所讥讽的人士却能建立功名。这些不驯服的马和放荡不羁的人，关键在于如何驾驭他们而已。我命令：各州、郡要及时发现在官吏和百姓中具备优秀才能，可担任将相或者出使国外的人才。

注释

❶ 奔踶（dì）：奔驰、踢人。意谓不驯服。 ❷ 泛（fěng）驾：把车子弄翻，指不受驾驭。 ❸ 跅（tuò）弛：放纵不羁。 ❹ 绝国：极为辽远的邦国。

过秦论（上）

— 贾谊 —

背景介绍

时　　间：公元前139年

事件起因：贾谊洞察了西汉王朝潜伏的危机，他为了调和各种矛盾，使西汉王朝长治久安创作了这篇文章。

简介

本文是《过秦论》的上篇。论述了秦始皇统治秦朝时的过失，从中总结出秦朝得天下的形势，以及秦朝速亡的主要原因和教训。

原文

秦孝公据崤函之固❶，拥雍州之地，君臣固守以窥周室，有席卷天下，包举宇内，囊括四海之意，并吞八荒之心。当是时也，商君佐之，内立法度，务耕织，修守战之具，外连衡而斗诸侯❷。于是秦人拱手而取西河之外。

译文

秦孝公依据崤山和函谷关的险要地势，占有了雍州的土地，君臣们牢牢地守着，暗中探查周王朝的虚实，怀有席卷天下、包举宇内、征服四海的壮志，并吞天下的野心。当时，秦孝公有商鞅辅佐，对内建立了各种法令制度，鼓励发展农耕纺织，修造用于攻守的战斗武器装备；对外采纳连横的策略，使诸侯各国互相争斗。这样，秦国不费吹灰之力就夺取了黄河以西的土地。

注释

❶ 秦孝公：秦献公之子。他任用商鞅，实行变法，使秦国强大起来。据：依据，占有。❷ 连衡：秦国采用的一种离间六国的战略，即让各国分别与秦国联合，从而各个击破。也称"连横"。

原文

　　孝公既没，惠文、武、昭襄蒙故业，因遗策，南取汉中❸，西举巴、蜀，东割膏腴之地，北收要害之郡。诸侯恐惧，会盟而谋弱秦，不爱珍器重宝肥饶之地，以致天下之士，合从缔交，相与为一。当此之时，齐有孟尝，赵有平原，楚有春申，魏有信陵。此四君者，皆明智而忠信，宽厚而爱人，尊贤而重士，约从离衡，兼韩、魏、燕、楚、齐、赵、宋、卫、中山之众。于是六国之士，有宁越、徐尚、苏秦、杜赫之属为之谋，齐明、周最、陈轸、召滑、楼缓、翟景、苏厉、乐毅之徒通其意，吴起、孙膑、带佗、兒良、王廖、田忌、廉颇、赵奢之伦制其兵，尝以十倍之地，百万之众，叩关而攻秦。秦人开关而延敌，九国之师，逡巡而不敢进。秦无亡矢遗镞❹之费，而天下诸侯已困矣。于是从散约败，争割地而赂秦。秦有余力而制其弊，追亡逐北，伏尸百万，流血漂橹❺；因利乘便，宰割天下，分裂山河。强国请服，弱国入朝。延及孝文王、庄襄

注释

❸汉中：今陕西西南一带。　❹镞（zú）：箭头。　❺橹（lǔ）：大盾牌。

译文

　　秦孝公去世后，惠文王、武王、昭襄王继承祖上的基业，继续遵循孝公的策略，兼并南边的汉中，攻占西边的巴蜀，割取东边肥沃的土地，收取北边重要的州郡。各诸侯国因此而恐惧，于是他们集会结盟，想要削弱秦国。他们不惜用贵重的器具、珍贵的宝物和肥沃的土地来招致天下有志之士，联合各国，缔结盟约，结成一个整体。这一时期，齐国有孟尝君，赵国有平原君，楚国有春申君，魏国有信陵君。这四位君子，都是办事明智而又讲求信义的人，对人宽厚、友爱，尊重贤能人士，他们一起约定以"合纵"策略拆散秦的"连横"，同时联合韩、魏、燕、楚、齐、赵、宋、卫、中山各国的力量。于是，六国中有宁越、徐尚、苏秦、杜赫等为他们出谋划策，齐明、周最、陈轸、召滑、楼缓、翟景、苏厉、乐毅等人为他们互通信息，吴起、孙膑、带佗、兒良、王廖、田忌、廉颇、赵奢等人为他们统领军队。他们曾经凭借比秦国大十倍的土地，发动数百万大军，闯进函谷关，攻打秦国。秦国人开关迎战，九国的将领却躲避逃跑，不敢前进入关。秦国没有破费一支箭、一个箭头，天下诸侯就已经陷入困境了。于是"合纵"拆散，盟约解除。诸侯们争着割让土地贿赂秦国。这使得秦国更是行有余力，抓住各诸侯国的弱点，乘机追杀败逃的敌军，消灭上百万的士兵，流淌的血让盾牌都漂起来了。秦国趁机席卷天下，分裂山河。这样，强国请求臣服于秦国，弱国则直接赶到秦国来朝拜。延续到孝文王、庄襄王的时候，他们在位的时间不长，

王，享国之日浅❻，国家无事。

及至始皇，奋六世之余烈，振长策而御宇内，吞二周而亡诸侯，履❼至尊而制六合❽，执敲扑以鞭笞天下，威振四海。南取百越之地，以为桂林、象郡；百越之君❾，俯首系颈，委命下吏。乃使蒙恬北筑长城而守藩篱，却❿匈奴七百余里；胡人不敢南下而牧马，士不敢弯弓而报怨。于是废先王之道，焚百家之言，以愚黔首⓫；隳名城，杀豪杰；收天下之兵，聚之咸阳，销锋镝，铸以为金人十二，以弱天下之民。然后践华为城，因河为池，据亿丈之城，临不测之渊，以为固。良将劲弩守要害之处，信臣精卒陈利兵而谁何⓬。天下已定，始皇之心，自以为关中之固，金城千里，子孙帝王万世之业也。

始皇既没，余威震于殊俗。然陈涉瓮

没有什么重大事件。

到秦始皇的时候，他继续发展先辈遗留下来的功业，挥动长鞭驰骋天下，吞并东、西二周，灭掉了诸侯六国，登上至高无上的天子地位统治天下，他动用酷烈的刑罚镇压民众，气势威震四海。他向南攻取百越领土，设置桂林郡和象郡。百越的君主都低头受缚，听命于秦国的下级官吏。于是派蒙恬在北方修筑长城守卫国土，把匈奴赶到七百里以外。从此，匈奴人不敢再南下放牧马群，胡兵也不敢挑起报复的战争。这时候，秦始皇废弃了先王的仁爱治国之道，焚烧了诸子百家的著作，想以此来使百姓愚昧。他下令毁掉坚固的城池，屠杀六国的豪杰，收取天下的兵器，集中在咸阳，销熔刀箭，铸造了十二个铜人，以此来削弱天下百姓的反抗力量。然后，他又以华山为城墙，顺势把黄河当做护城河，凭借亿丈之高的华山，加上深不可测的护城河，用这天险作为坚固的屏障。还派优秀的将领，手持硬弓，守卫险要之地；让忠信的大臣率领精锐的士兵，拿着锋利的武器，盘问出入关卡的行人。天下已经平定，秦始皇的心中自以为关中固若金汤，犹如千里金城，成为子孙后代万世称帝的基业了。

秦始皇去世后，他的余威犹在，依旧震慑着边远地区。

❻浅：这里是时间短的意思。❼履：登上。❽六合：天地与四方，指整个天下。❾百越：古时我国南方地区越族部落的总称。❿却：退，打退。⓫黔首：秦始皇称帝后，称百姓为黔首。黔，黑色。⓬谁何：指塞卒盘问出入关卡者身份。

牖绳枢之子，氓隶之人，而迁徙之徒也；才能不及中人，非有仲尼、墨翟之贤，陶朱、猗顿之富；蹑足行伍之间，而倔起阡陌之中，率疲弊之卒 ⑬，将数百之众，转而攻秦；斩木为兵，揭竿为旗，天下云集响应，赢粮而景从 ⑭。山东豪俊遂并起而亡秦族矣。

且夫天下非小弱也，雍州之地，崤函之固，自若也。陈涉之位，非尊于齐、楚、燕、赵、韩、魏、宋、卫、中山之君也；锄櫌 ⑮棘矜，非铦于钩戟长铩也 ⑯；谪戍之众，非抗于九国之师也；深谋远虑，行军用兵之道，非及乡时之士也。然而成败异变，功业相反，何也？试使山东之国与陈涉度长絜大 ⑰，比权量力，则不可同年而语矣。然秦以区区之地，致万乘之势，序八州而朝同列，百有余年矣；然后以六合为家，崤函为宫；一夫作难而七庙隳，身死人手，为天下笑者，何也？仁义不施而攻守之势异也。

陈涉只不过是个用瓦盆当窗、用绳子系门枢的穷小子，是身份低微、去服兵役的士卒，才能比不上中等之辈，没有孔子、墨翟那样的贤能，也没有陶朱、猗顿那样的财富；他只是置身于军队的底层，在村野之间勉力起事，率领疲惫的士兵，指挥几百人的队伍辗转攻打秦朝。他们砍下树木当兵器，举起竹竿当旗帜，振臂一呼，应者云集，农民们背着粮食跟随他一同作战，崤山以东的豪杰一齐行动起来，消灭了秦朝。

秦国的天下并没有缩小和削弱，雍州的地势、崤山和函谷关的险固，还是与从前一样；陈涉的地位，也比不上齐、楚、燕、赵、韩、魏、宋、卫、中山各国的君主尊贵；他手中的锄头和榔头，并不比钩戟长矛锋利；被贬到边境充军的士卒，也比不上九国的军队；深谋远虑、行军用兵的策略，也比不上从前六国的谋士，可是成败的结果却发生了变化，功业也正好完全相反。如果让崤山以东的诸侯国和陈涉比较优长短缺、权力大小，也是不可等量齐观的。当初秦国凭借一块小小地盘，发展到有万乘兵车的国力，使诸侯各国前来朝拜，已经一百多年了。此后，秦国才统一四海成一家天下，把崤山、函谷关变成自家宫室。不料陈涉一人起兵发难，秦朝就灭亡了，皇子皇孙也性命不保，成为天下的笑柄。这是为什么呢？是因为不施行仁政，而天下攻守的形势不同了啊！

⑬ 疲：疲惫。⑭ 赢粮而景从：赢，担负。景从，如影子一样随从、跟从。景，同"影"。⑮ 櫌（yōu）：平整土地的一种农具，形如榔头。⑯ 铦（xiān）：锋利。铩（shā）：长矛。⑰ 度长絜（xié）大：量长短，比粗细。度，用作动词。絜，衡量，比较。

治安策一

— 贾谊 —

背景介绍

时　　间: 公元前173年

事件起因: 西汉开国之初大肆地分封诸侯, 带来了诸侯割据势力同中央政权的矛盾对立。

简介

　　本文是西汉文学家贾谊创作的一篇奏疏, 主要写了文帝时潜在或明显的多种社会危机以及社会各阶层之间的种种矛盾, 针对这令人忧心的一切, 贾谊富有针对性地一一指明相应对策和补救措施。

夫树国❶固，必相疑之势，下数被❷其殃，上数爽❸其忧，甚非所以安上而全下也。今或亲弟谋为东帝，亲兄之子西乡而击，今吴又见告❹矣。天子春秋鼎盛，行义未过❺，德泽有加焉，犹尚如是，况莫大❻诸侯，权力且十此者乎！

然而天下少安，何也？大国之王幼弱未壮，汉之所置傅相方握其事。数年之后，诸侯之王大抵皆冠，血气方刚，汉之傅❼相称病而赐罢，彼自丞尉以上遍置私人，如此，有异淮南、济北之为邪？此时而欲为治安，虽尧舜不治。

黄帝曰："日中必熭❽，操刀必割。"今❾令此道顺，而全安甚易；不肯早为，已乃堕❿骨肉之属而抗刭⓫之，岂有异秦之季世⓬乎？夫以天子之位，乘今之时，因天之助，尚惮以危为安，以乱为治，假设陛下居齐桓之处，将不合诸侯而匡⓭天下乎？臣又知陛下有所必不能矣。假设天

如果诸侯国强大，一定会造成天子与诸侯国之间相互猜忌的局面，在下的诸侯国经常遭殃，在上的中央朝廷经常担忧。这实在不是安定朝廷、保全诸侯的方法。如今皇上的亲弟弟图谋在东方称帝，亲侄子向西袭击朝廷，现在吴国谋反又被告发了。现在天子年富力强，施行仁政，德行、道义没有过失，道德恩泽遍施天下，他们尚且如此，况且最大的诸侯的权力比这类诸侯国还要大十倍呢！

如今天下还比较安稳，这是为什么呢？因为大国的诸侯王年纪尚小还未成年，朝廷安置在那里的太傅、丞相掌管着政事。几年后，年纪较小的诸侯王长大成人，血气方刚，而汉朝的太傅、丞相不得不称病告老还乡了，而诸侯王就要在丞、尉以上的官职中普遍安插自己的亲信，这样，他们的行为同淮南王、济北王的行为有什么不同呢？到那时，想求得天下安定，即使是唐尧、虞舜在世也没办法治理了。

黄帝说："到了中午太阳好的时候一定要晒东西，拿着刀子一定要宰割牲畜。"如果按照这个道理处理事情，上全下安很容易做到。如果不能早点行动，到时候就要连累亲人，毁掉骨肉，这跟秦朝末年的局势有什么区别？身居天子的地位，趁着现在有利时机，借助上天的保佑，尚且担

❶ 树国：建立诸侯国。❷ 被：遭受。❸ 爽：担心。❹ 见告：被告发。句指吴王刘濞抗拒朝廷法令而被告发。❺ 行义未过：行为得宜，没有过失。❻ 莫大：最大。❼ 傅：指朝廷为年幼诸侯设的太傅、少傅。❽ 熭（wèi）：暴晒。❾ 今：如果。❿ 堕：毁弃。⓫ 抗刭（jǐng）：杀头。⓬ 季世：末年。⓭ 匡：正。

下如曩时[14]，淮阴侯尚王楚，黥布王淮南，彭越王梁，韩信王韩，张敖王赵，贯高为相，卢绾王燕，陈豨在代，令此六七公者皆亡恙[15]，当是时而陛下即天子位，能自安乎？臣有以知陛下之不能也。天下殽乱[16]，高皇帝与诸公并起，非有仄室[17]之势以豫席之也。诸公幸者乃为中涓[18]，其次厪得舍人[19]，材之不逮[20]至远也。高皇帝以明圣威武即天子位，割膏腴[21]之地以王诸公，多者百余城，少者乃三四十县，德至渥也[22]。然其后七年之间，反者九起。陛下之与诸公，非亲角[23]材而臣之也，又非身封王之也[24]，自高皇帝不能以是一岁为安，故臣知陛下之不能也。

然尚有可诿[25]者，曰疏[26]。臣请试言其亲者[27]。假令悼惠王王齐，元王王楚，中子王赵，幽王王淮阳，共王王梁，灵王王燕，厉王王淮南，六七贵人皆亡恙，

[14] 曩（nǎng）时：从前，以往。 [15] 亡（wú）恙：无病。亡，同"无"。 [16] 殽乱：混乱。殽，同"淆"。 [17] 仄室：侧室。 [18] 中涓：皇帝近侍官员。 [19] 舍人：门客。樊哙等曾为刘邦舍人。 [20] 不逮：不及。 [21] 膏腴：肥沃。 [22] 渥：浓，厚。 [23] 角：比较才能。 [24] 身封：亲自分封。 [25] 诿：推诿，推托。 [26] 疏：疏远。 [27] 亲者：指同姓诸侯王。

心把危险当做安全，错把混乱当做平静，如果陛下处在齐桓公的情境之下，难道不会联合诸侯匡正天下吗？我知道陛下一定不得不那么做的。如果国家的局势还跟之前一样，淮阴侯韩信仍在楚国为王，黥布在淮南为王，彭越在梁国为王，韩王信在韩国为王，张敖在赵国为王，贯高做赵国的相，卢绾在燕国为王，陈豨还在代国，如果这六七位王公还在的话，这时候陛下做天子，能感到安全吗？我觉得陛下不会感到安全的。天下混乱，高祖和王公们共同起事，并没有皇帝侧室之子的亲近势力作为凭借。这些王公们运气好的就成了亲近的侍从，其次的仅当个管理宫中事务的官员，是因为他们的才能相差极远。高祖凭着他的圣明威武做了天子，割出肥沃的土地封这几位为王，封地多的有一百多个城，少的也有三四十个县，恩德非常丰厚，然而在接下来的七年中，反叛汉朝的事发生了九次。陛下您与当今的王公们，不是亲自量才授予他们官职的，又没有亲自封他们当诸侯王。即使高祖都不能求得一年的安宁，所以我知道陛下也做不到这一点。

不过，上面这些情况还有可以推托的理由，就说是"关系疏远"。请允许我谈谈那些亲属诸侯王的情况。如果让悼惠王在齐国为王，楚元王在楚国为王，高皇帝的儿子如意在赵国为王，幽王在淮阳为王，恭王在梁国为王，灵王在燕国为王，厉王

当是时陛下即位，能为治乎？臣又知陛下之不能也。若此诸王，虽名为臣，实皆有布衣昆弟❷❽之心，虑亡不帝制而天子自为者。擅爵人，赦死罪，甚者或戴黄屋，汉法令非行也。虽行不轨如厉王者，令之不肯听，召之安可致乎！幸而来至，法安可得加！动一亲戚，天下圜视而起，陛下之臣虽有悍如冯敬者，适启其口，匕首已陷其胸矣。陛下虽贤，谁与❷❾领此？故疏者必危，亲者必乱，已然之效❸⓿也。其异姓负强而动❸❶者，汉已幸胜之矣，又不易其所以然。同姓袭是迹而动，既有征❸❷矣，其势尽又复然。姝祸之变未知所移，明帝处之尚不能以安，后世将如之何！

屠牛坦❸❸一朝解十二牛，而芒刃❸❹不顿者，所排击剥割，皆众理解也。至于髋髀❸❺之所，非斤则斧。夫仁义恩厚，人主之芒刃也；权势法制，人主之斤斧也。

在淮南国为王，这几个贵人都还在的话，这时候陛下做皇帝，能使天下太平吗？我知道陛下是做不到的。像这些诸侯王，名义上是臣子，其实他们都抱着与陛下就像老百姓中的兄弟关系的想法，大概没有不想行皇帝之礼、自己做皇帝的。他们擅自把爵位封给别人，赦免他人死罪，甚至还有人乘坐天子专用的黄屋车，不执行汉朝的法令。即使执行了，像厉王那样不守法的人，命令他都不听从，一旦召见他，又怎么能把他招来呢！就算把他召来了，法令又怎么能施加给他呢？触动了一个亲戚，天下诸侯都会怒目而起。陛下的臣子中算有冯敬那样勇敢的人，但是他刚一开口揭发诸侯王的不法行为，匕首就刺进他的胸膛了。陛下虽贤明，但是与谁一起治理这些人呢？所以疏远的诸侯王必定危险，关系较近的诸侯王一定会作乱，这已经是可见的事实。那些异姓诸侯王自恃强大并发动叛乱，汉朝战胜他们算是侥幸了，却又不改变造成叛乱的制度。同姓诸侯王也用这种方法发动叛乱，已有征兆了，形势又恢复到了以前的情形！灾难还不知道会有什么样的变化，圣明的天子处在这样的情势中尚且不能使国家安宁，后代又该怎么办！

屠牛坦一早晨宰十二头牛，而他的刀刃并没有变钝，是因为他用屠刀捅剥切割，都是沿着关节缝隙下刀。碰到胯骨、大腿骨的地方，就用斧头砍。仁义恩厚好比君王手中的刀；权

❷❽ 布衣昆弟：像老百姓中的兄弟关系。 ❷❾ 谁与：与谁。 ❸⓿ 效：结果。 ❸❶ 负强而动：凭恃强大发动暴乱。 ❸❷ 征：征象，兆头。 ❸❸ 屠牛坦：春秋时的宰牛人。 ❸❹ 芒刃：锋刃。 ❸❺ 髋（kuān）：上股与尻之间的大骨。髀（bì）：大腿骨。髋髀泛指动物体中的大骨。

今诸侯王皆众髋髀也，释斤斧之用，而欲婴以芒刃，臣以为不缺则折。胡不用之淮南、济北？势不可也。

臣窃迹前事，大抵强者先反。淮阴王楚最强，则最先反；韩信倚胡，则又反；贯高因赵资，则又反；陈豨兵精，则又反；彭越用梁㊱，则又反；黥布用淮南，则又反；卢绾最弱，最后反。长沙乃在二万五千户耳，功少而最完㊲，势疏㊳而最忠，非独性异人也，亦形势然也。曩令樊、郦、绛、灌据数十城而王㊴，今虽已残亡可也；令信、越之伦列为彻侯而居，虽至今存可也。

然则天下之大计可知已。欲诸王之皆忠附，则莫若令如长沙王；欲臣子之勿菹醢㊵，则莫若令如樊、郦等；欲天下之治安，莫若众建诸侯而少其力。力少则易使以义㊶，国小则亡邪心。令海内之势如身之使臂，臂之使指，莫不制从。诸侯之君不敢有异心，辐凑并进而归命天

势、法制就像是君王的斧头。现在的诸侯王就像是髋骨、股骨，如果不用斧头，而要用锋利刀刃去分开的话，我认为利刃不是出现缺口就是被折断。为什么不把仁义恩厚用在反叛的淮南王、济北王身上呢？因为形势不容许！

我私下里考察以前的事情，大多是势力强的诸侯王先反叛。淮阴侯在楚国为王，势力最强，最先反叛；韩王信有匈奴撑腰，反叛了；贯高借助了赵国的资助，反叛了；陈豨武器精良，反叛了；彭越凭借梁国的实力，反叛了；黥布凭借淮南的实力，也反叛了；卢绾势力最弱，最后反叛。长沙王吴芮只有二万五千封户，功劳少却保全了下来，关系远却对汉朝最忠心；这只是由于性情不同，也是形势使他这样做。如果从前让樊哙、郦商、周勃、灌婴占据几十个城称王，今天他们家族已经因作恶而破残衰亡，也是有可能的。如果让韩信、彭越等人只居于通侯的地位，他们的后代能活到今天，也是有可能的。

既然这样，那么治理天下的策略就可以知道了。要想诸侯王都忠心归附汉朝，最好让他们像长沙王一样；要想让诸侯们不遭受杀身之祸，最好让他们像樊哙、郦商那样；要想天下安定，最好建立更多的诸侯国减弱他们的势力。势力弱小了，就用信义管理他们，国土小，就不会产生邪

㊱ 用梁：利用封为梁王的势力。㊲ 完：保全。㊳ 势疏：与皇帝关系疏远。㊴ 樊：舞阳侯樊哙（kuài）。郦：曲周侯郦商。绛：绛侯周勃。灌：颍阴侯灌婴。㊵ 菹醢（zūhǎi）：把人杀死剁成肉酱。㊶ 使以义：使之遵守朝廷法纪。

子，虽在细民，且知其安，故天下咸知陛下之明。割地定制，令齐、赵、楚各为若干国，使悼惠王、幽王、元王之子孙毕以次各受祖之分地，地尽而止，及燕、梁他国皆然。其分地众而子孙少者，建以为国，空而置之，须其子孙生者，举使君之。诸侯之地，其削颇入汉者，为徙其侯国及封其子孙也，所以数偿之。一寸之地，一人之众，天子亡所利焉，诚以定治而已，故天下咸知陛下之廉。地制一定，宗室子孙莫虑不王[42]，下无倍畔之心[43]，上无诛伐之志，故天下咸知陛下之仁。法立而不犯，令行而不逆，贯高、利几之谋不生，柴奇、开章之计不萌，细民乡[44]善，大臣致顺，故天下咸知陛下之义。卧赤子天下之上而安，植遗腹，朝委裘[45]，而天下不乱，当时大治，后世诵圣。一动而五业附，陛下谁惮而久不为此[46]？

天下之势方病大瘇[47]。一胫之大几如要，一指之大几如股，平居[48]不可屈信，

[42] 莫虑不王：不愁不做王。[43] 倍畔：背叛。倍，通"背"。
[44] 乡：向。[45] 朝：朝拜。委裘：亡君留下的衣冠。[46] 谁惮：惮谁，顾忌什么。谁，何。[47] 瘇（zhǒng）：腿脚浮肿。[48] 平居：平时。

念。这样一来，全国的形势就像身体带动手臂，手臂带动手指似的，没有不服从的。诸侯国的君主不敢有异心，就像辐条凑集向轴心一样听命于天子，即使是普通老百姓，也知道这样安定。这样，天下人就都知道陛下的圣明。分土地，确定诸侯国的大小规格，把齐、赵、楚三个诸侯国分成多个侯国，使悼惠王、幽王、元王的子孙，全部按照次序各自继承祖上的领地，直到把领地分完。对燕、梁等其他王国也是如此。有些地多人少的，也都分成多个侯国，先空置着，等他们有了子孙，再封子孙当侯。诸侯王的封地，因犯罪削减而划入朝廷管辖的，就迁移他们的国都，等到要封他的后代时，按削地的面积数量补偿。它们的一寸土、一口人，皇帝也不会要，只是为了安定太平罢了。这样天下都知道陛下的廉洁。封地制度一旦确定，宗室子孙不会担心自己当不上诸侯王，臣子也不会有背叛的想法，皇帝也没有讨伐的想法。所以天下就都知道陛下的仁德。法令制定了没有人触犯，政策推行了没有人抵触。贯高、利几一类的阴谋不会出现，柴奇、开章那样的诡计不会发生。百姓向善，大臣恭顺，所以天下就都知道陛下的道义。这样，幼主当政天下也会非常安定；立遗腹子做天子，让臣子朝拜先帝的衣冠，天下也不会混乱。这样就可以天下太平，后代称颂陛下的圣明。采取这样的一个措施，就能成就上述五方面功业，陛下还担心什么而久久不这样做呢？

当今天下的形势像人的腿脚得了严重的浮肿病：小腿粗得像腰围，脚指粗得像大腿。平时都没办法伸屈自

一二指搐⁴⁹，身虑无聊⁵⁰。失今不治，必为锢疾⁵¹，后虽有扁鹊，不能为已。病非徒瘅也，又苦跖盭⁵²。元王之子，帝之从弟也；今之王者，从弟之子也。惠王之子，亲兄子也，今之王者，兄子之子也。亲者⁵³或亡分地以安天下，疏者⁵⁴或制大权以逼天子，臣故曰非徒病瘅也，又苦跖盭。可痛哭者，此病是也。

如，一两个指头抽搐，就担心整个身体没有依靠。错过治疗的最佳时期，最后将成为疑难杂症，以后就算有扁鹊那样的神医，也无能为力。这个病不只有腿脚浮肿，最难受的是脚掌扭折不能走动。楚元王的儿子是陛下的堂弟，如今在位的楚王是堂弟的儿子。齐悼惠王的儿子是陛下亲哥的儿子，当今的齐王是陛下哥哥的孙子。亲近的皇族还没有领地来使天下安定，关系疏远的皇族却控制大权而对天子构成威胁。所以我说毛病不仅是得了浮肿病，还有脚掌扭折了不能走动。我前面说的可以为之痛哭的，就是这个病啊。

49 搐（chù）：抽搐。 50 无聊：无所依赖。 51 锢疾：积久不易治的病症。 52 跖盭（zhìlì）：脚掌扭折。
53 亲者：指文帝的子弟。 54 疏者：指从弟、兄子之子。

58

论贵粟疏

— 晁错 —

背景介绍

时　　间：公元前168年
事件起因：汉文帝即位后实施了"与民休息"的政策，注重农桑发展，有效促进了农业的繁荣和商业的兴起。然而，随着商业的快速发展，也带来了"谷贱伤农"的问题，从而加剧了阶级矛盾的激化。

简介

　　本文是晁错向汉文帝提出的关于重视粮食储备、发展农业生产的奏疏。晁错一贯主张推行政治改革，实行"重农抑商"政策，他认为国家要想安定，必须重视农业，抑制商业。经过文帝和景帝两朝的推行，农业生产得到了较大的发展，边防也得以巩固。

圣王在上而民不冻饥者，非能耕而食①之，织而衣②之也，为开其资财之道也。故尧、禹有九年之水，汤有七年之旱，而国无捐瘠者，以畜积多而备先具也。今海内为一，土地人民之众不避禹、汤，加以亡天灾数年之水旱，而畜积未及者，何也？地有遗利，民有余力，生谷之土未尽垦，山泽之利未尽出也，游食之民未尽归农也。民贫，则奸邪生。贫生于不足，不足生于不农，不农则不地着③，不地着则离乡轻家。民如鸟兽，虽有高城深池，严法重刑，犹不能禁也。

夫寒之于衣，不待轻暖；饥之于食，不待甘旨；饥寒至身，不顾廉耻。人情一日不再食则饥，终岁不制衣则寒。夫腹饥不得食，肤寒不得衣，虽慈母不能保其子，君安能以有其民哉！明主知其然也，故务民于农桑，薄赋敛，广畜积，以实仓廪，备水旱，故民可得而有也。

圣明的君王在位之时，百姓不受冻挨饿，这不是因为君王能够亲自耕种粮食给百姓吃，亲自纺织衣服给百姓穿，而是因为他能开辟创造财富的道路。所以尽管尧、禹时期连续发生九年水灾，商汤时期连续七年干旱，但是国内并没有被抛弃的和饿瘦的人，那是因为国家有充足的积蓄，事先做好了准备。如今全国统一，土地人民数量之多并不比禹、汤时期少，而且并没有遭到过连续的干旱水灾，然而国家的储备却比不上禹、汤时期，这是什么原因呢？因为土地没有完全开发，百姓劳力没有完全发挥，生长谷物的田地还没有完全开垦，山林湖沼的资源还没有充分利用，在外游荡的人还没有全部回乡从事农业生产。百姓贫困就会产生邪恶的行为。贫困是由于物产不丰富，物产不丰富是由于不从事农业生产，不从事农业生产就不会安居乡土，不安居乡土就会远走他乡。百姓像鸟兽一样四散，即使有高大的城墙、深不可测的护城河，严法重刑也是不能阻止他们的啊。

人受冻的时候，对于衣着不会奢求轻暖舒适；饥饿的时候，不会等着有了珍馐美味才吃；忍饥挨饿的时候，人们就不会顾忌廉耻了。人之常情是，一天两餐不吃就会饥饿，整年不做衣就会挨冻。那么，肚子饥饿时没有充饥的，身上寒冷时没有御寒的，即使是慈母，也不能保全她的儿女，君王又怎能留住他的百姓呢？圣明的君主明白这个道理，所以致力于让百姓从事农业生产，植桑养蚕，减轻赋税，增加积蓄，以便充实仓库，防备水旱灾害，这样才能得到民心拥有人民。

注释

① 食（sì）：给人吃。② 衣（yì）：给人穿。③ 地着：附着于土地。

民者，在上所以牧之❹，趋利如水走下，四方无择也。夫珠玉金银，饥不可食，寒不可衣，然而众贵之者，以上用之故也。其为物轻微易藏，在于把握，可以周海内而亡饥寒之患。此令臣轻背其主，而民易去其乡，盗贼有所劝，亡逃者得轻资也。粟米布帛生于地，长于时，聚于力，非可一日成也。数石之重，中人弗胜，不为奸邪所利，一日弗得而饥寒至。是故明君贵五谷而贱金玉。

今农夫五口之家，其服役者不下二人，其能耕者不过百亩，百亩之收不过百石。春耕，夏耘，秋获，冬藏，伐薪樵，治官府，给徭役。春不得避风尘，夏不得避暑热，秋不得避阴雨，冬不得避寒冻，四时之间无日休息。又私自送往迎来，吊死问疾，养孤长幼在其中。勤苦如此，尚复被水旱之灾，急征暴虐，赋敛不时，朝令而暮改。当其有者半贾而卖❺，亡者取倍称之息，于是有卖田宅、鬻子孙以偿债者矣。而商贾大者积

百姓如何，要看君王如何管理，他们本身追逐利益，如同水往低处流，不分东西南北。那些珠玉、金银，饿了不能充饥，冷了不能御寒，但是大家都很珍视它，这是君王需要用它们的缘故。这些东西重量轻、体积小，容易收藏，拿在手中可以周游四海，更不会担心会遭受饥寒。这会使得臣子很容易背弃他们的君王，百姓轻易地离开他们的家乡，盗贼受到鼓励，逃亡者也便于携带财物。粮食和布匹原料都生长在地里，生长要有一定的季节，收获又要花很大气力，这不是一天就能长成的。几石重的粮食，连中等体力的人都扛不动，所以它不会被坏人所利用，可是一天没有粮食布匹，就会挨饿受冻。所以，圣明的君主重视五谷而看轻金银财宝。

如今一个农夫家有五口人，为公家服役的不少于两人，每户能够耕作的土地不到一百亩，一百亩土地的粮食收入也不过一百石。春天耕种，夏天锄草，秋天收获，冬天贮藏；还要砍柴，修缮官府房屋，服劳役；春天不能躲避风尘，夏天不能躲避暑热，秋天不能躲避阴雨，冬天不能躲避寒冻，一年四季没有一天休息。其间还得忙于私人之间的送往迎来，吊祭死者，慰问病人、赡养孤老、养育幼儿。这些费用都包括在内。如此劳累，还要遭受水旱之灾，官府急征暴敛，不按时征收赋税，早上下达的命令，傍晚又要更改。交税的时候，百

注释

❹ 牧：管理。封建时代统治者将管理百姓称作"牧"。 ❺ 贾：同"价"，价格。

贮倍息，小者坐列贩卖，操其奇赢❻，日游都市，乘上之急，所卖必倍。故其男不耕耘，女不蚕织，衣必文采，食必粱肉，亡农夫之苦，有阡陌之得。因其富厚，交通王侯，力过吏势，以利相倾，千里游敖，冠盖相望，乘坚策肥，履丝曳缟❼。此商人所以兼并农人，农人所以流亡者也。今法律贱商人，商人已富贵矣；尊农夫，农夫已贫贱矣。故俗之所贵，主之所贱也；吏之所卑，法之所尊也。上下相反，好恶乖迕❽，而欲国富法立，不可得也。

方今之务，莫若使民务农而已矣。欲民务农，在于贵粟。贵粟之道，在于使民以粟为赏罚。今募天下入粟县官，得以拜爵，得以除罪。如此，富人有爵，农民有钱，粟有所渫❾。夫能入粟以受爵，皆有余者也。取于有余，以供上用，则贫民之赋可损，所谓损有余、补不足，令出而民利者也。顺于民心，所补者三：一曰主用足，二曰民赋少，三曰劝农功。

姓有粮食时只得半价卖掉粮食；没有粮食的百姓，就只好用加倍的利息去借贷。于是，就发生了卖田卖屋，卖子孙来还债的事情了。而那些商人们，大的囤积货物年取成倍的利润，小的开设店铺买卖，拿着多余的物资和利润，成天在集市转悠，趁着朝廷急需的时候，就用翻倍的价格高价出售。所以，商人家中男的不耕种土地，女的不养蚕织布，但是他们穿的一定是华丽的衣服，吃的一定是细粮和肉。他们没有经受农民那样的辛苦，却有田地的收成。他们依仗钱财丰富，勾结王侯，势力超过官吏，相互倾轧炫耀，他们四处遨游，一路上高贵衣冠和豪华车盖相望不绝。他们乘坐坚固的车子，骑着肥壮的马，穿着丝靴，披着绸衣。这就是商人兼并农民土地，导致农民流离失所的原因。现在的法律轻视商人，可是商人已经很富贵了；法律尊重农民，可是农民已经很贫贱了。一般人尊重的，正是君主所轻视的，一般官吏所轻贱的，正是法律所尊重的。君王和百姓正好相反，好恶颠倒，这样还想使自己的国家富强，法律生效，是不可能的啊。

如今当务之急，莫过于促使百姓从事农业生产。而想要使百姓愿意从事农业生产，关键在于提高粮食的价格。提高粮食价格的办法，在于使百姓用粮食来求赏免罚。现在募集天下人向官府纳粮，就可以得到爵位，

❻ 操其奇赢：囤积居奇，投机倒把。奇赢，高额利润。❼ 履丝曳缟（gǎo）：穿着丝鞋，披着丝织长衣。曳，拖，披。缟，白色的丝织品。❽ 乘迕：相违背。❾ 渫（xiè）：散出，分散。

今令民有车骑马一匹者❿，复卒三人。车骑者，天下武备也，故为复卒⓫。神农之教曰⓬："有石城十仞，汤池百步，带甲百万，而无粟，弗能守也。"以是观之，粟者，王者大用⓭，政之本务。令民入粟受爵至五大夫以上，乃复一人耳，此其与骑马之功相去远矣。爵者，上之所擅，出于口而无穷；粟者，民之所种，生于地而不乏。夫得高爵与免罪，人之所甚欲也。使天下人入粟于边，以受爵免罪，不过三岁，塞下之粟必多矣。

注释

❿ 车骑马：装备齐全有战车和鞍的马。⓫ 复卒：免除兵役。
⓬ 神农：传说中上古社会的部族首领。⓭ 大用：最重要的物资。

或是赎罪。这样，富人享有爵位，农民有钱财，粮食也可以得到合理分散。那些能够纳粮得到爵位的人，都是富裕的人。从富人手里索取粮食供朝廷使用，贫民可以减轻赋税。这就是所谓的损有余而补不足的办法，此令一出，百姓就能得到好处。顺应民心，好处有三：一是国君需用的物资充足，二是农民的赋税减少，三是鼓励了农业生产。现在的法令规定：百姓有一匹战马的，可以免除家中三个人的兵役。战马是国家的军事装备，所以可以使人免除兵役。神农氏有遗教说："即便有高达七八丈的石砌城墙，有宽达百步的沸水护城河，有上百万人全副武装的军队，但没有粮食还是守不住的。"由此看来，粮食才是君王最重要的物资，是国家政务之本。让百姓交纳粮食得到爵位，到五大夫以上才能免除一个人的兵役，这与交纳战马的实效，相差太远了。赐封爵位，是皇帝所独有的权利，可以开口无穷无尽地赏赐给他人；粮食，是农民种出来的，生长在土地中，也不会缺乏。能得封很高的爵位，还能用来赎罪，是人们非常渴望的事。如果让天下百姓都向官府交纳粮食运到边塞，以此封爵和赎罪。那么不超过三年，边塞军队中粮食就一定会多起来。

狱中上梁王书

— 邹阳 —

背景介绍

时　　间：在公元前 149 年—公元前 144 年间

人　　物：邹阳、梁孝王

事件起因：梁孝王想继承景帝之位，但袁盎等大臣反对，于是他谋划杀袁盎等大臣，邹阳持反对意见。孝王旧臣羊胜、公孙诡乘隙进谗。孝王发怒，将邹阳打入大牢，想要杀他。这封书信是邹阳在狱中写的。

简介

　　文章用事实举例，运用比喻，纵横议论，刻画了一个个面对死亡不盲从不苟合的形象，揭示了君王信谄谀则危、任忠信则兴的道理，具有借鉴警示意义。

邹阳从梁孝王游。阳为人有智略，忼慨不苟合，介于羊胜、公孙诡之间。胜等疾阳，恶之孝王。孝王怒，下阳吏，将杀之。阳乃从狱中上书曰：

臣闻忠无不报❶，信不见疑❷，臣常❸以为然，徒虚语耳。昔荆轲❹慕燕丹之义，白虹贯日，太子畏❺之；卫先生为秦画长平之事，太白食昴，昭王疑之。夫精变天地，而信不谕两主❻，岂不哀哉！今臣尽忠竭诚，毕议愿知❼，左右不明，卒从吏讯，为世所疑。是使荆轲、卫先生复起，而燕、秦不寤也！愿大王熟察之。

昔玉人献宝，楚王诛之；李斯竭忠，胡亥极刑。是以箕子阳狂，接舆❽避世，恐遭此患也。愿大王察玉人、李斯之意，而后楚王、胡亥之听，毋使臣为箕子、接舆所笑。臣闻比干❾剖心，子胥鸱夷❿，臣始不信，乃今知之。愿大王熟察，少加怜焉。

邹阳给梁孝王做门客。他人聪明而有谋略，志向远大，不与流俗苟合，地位和羊胜、公孙诡相当。羊胜等人嫉妒他，在孝王面前说他的坏话。梁孝王很生气，把邹阳打入大牢想要杀他。邹阳从狱中上书给梁孝王，写道：

臣子听说忠心会有回报，诚信就不会被怀疑，臣子曾经非常相信，现在才发现都是空话。从前荆轲仰慕燕太子丹的义气，以至于感动了上天，出现了白虹横贯太阳的景象，太子丹却担心他不去秦国；卫先生为秦国策划灭赵的计划，上天呈现太白星进入昴宿的吉相，而秦昭王却怀疑他。精诚使天地出现了异象，忠信却不被理解，难道不可悲吗？现在臣子竭尽忠诚向您说出全部想法，希望您了解，而您不明白臣子的意思，结果使臣子遭到牢狱之灾，被世人怀疑。即使让荆轲、卫先生重生，燕太子丹、秦昭王仍然不觉悟。希望大王深思明察。

从前怀玉之人卞和献宝，被楚王砍掉双脚；李斯尽忠于秦国，却被胡亥处以刑法。因此箕子装疯卖傻，接舆逃避尘世，都是害怕遭到这种祸害。希望大王体察卞和、李斯的心意，不要像楚王和胡亥那样听信小人的谗言，不要使臣子为箕子和接舆所嘲笑。臣子听说比干被挖了心、伍子胥被装在皮口袋里扔进钱塘江，臣子一开始还不信，现在知道了这是真的。愿大王仔细审察，稍加怜惜。

❶ 忠无不报：对人忠诚的人，没有不得好报。❷ 信不见疑：做人诚实的人，不会受到怀疑。❸ 常：通"尝"，曾经。❹ 荆轲：战国末卫人，后入燕国，好读书击剑，嗜酒善歌。❺ 畏：引申为担心。❻ 谕：明白，了解。❼ 愿知：希望能为主上所知晓。❽ 接舆：春秋时代楚国隐士，人称楚狂，曾劝孔子避世隐居。❾ 比干：商纣王的叔父，因纣王荒淫，极力劝谏，被纣王剖心而死。❿ 鸱（chī）夷：皮制的袋。

语曰:"有白头如新,倾盖如故。"何则?知与不知也。故樊於期逃秦之燕,借荆轲首以奉丹事;王奢⑪去齐之魏,临城自刭以却齐而存魏。夫王奢、樊於期非新于齐、秦而故于燕、魏也,所以去二国死两君者,行合于志,慕义无穷也。是以苏秦不信于天下,为燕尾生;白圭⑫战亡六城,为魏取中山。何则?诚有以相知也。苏秦相燕,人恶之燕王,燕王按剑而怒,食以駃騠;白圭显于中山,人恶之于魏文侯,文侯赐以夜光之璧。何则?两主二臣,剖心析肝相信,岂移于浮辞哉!

故女无美恶,入宫见妒;士无贤不肖,入朝见嫉。昔司马喜膑脚于宋,卒相中山;范雎拉胁折齿于魏,卒为应侯。此二人者,皆信必然之画,捐朋党之私,挟孤独之交,故不能自免于嫉妒之人也。是以申徒狄蹈雍之河,徐衍负石入海,不容于世,义不苟取比周于朝以移主上之心。故百里奚乞食于道路,缪公委之以政;甯

俗话说:"有人相处到老,相互还是很陌生;有人陌路相遇,就像老朋友一样。"为什么呢?关键在于理解和不理解啊。所以樊於期从秦国逃到燕国,用自己的头交给荆轲来帮助太子丹;王奢离开齐国投奔魏国,上城楼自杀来退齐军保卫魏国。王奢、樊於期与齐、秦并不是新交,与燕、魏也没有旧谊,他们离开之前的国家,为后面的国君效死,是因为行为与志向相合,仰慕道义的心情无比深厚。因此苏秦不被天下各国信任,却对燕国守信不移;白圭为中山国作战连续失去六座城,到了魏国却能为魏攻取中山国。这是为什么?确实是因为君臣之间相互信任啊。苏秦做燕相时,有人向燕王说他的坏话,燕王发怒,反而把贵重的马肉给苏秦吃。白圭攻下中山国后非常显贵,有人向魏文侯说他坏话,魏文侯却赐给白圭夜光璧。为什么呢?君主和臣子互相敞开心扉、肝胆相照,他们的关系岂能为流言蜚语所动摇!

女子无论美丑,到了王宫就会遭到妒嫉,士子无论贤不贤,到了朝廷就会遭人排挤。从前,司马喜在宋国受了膑刑,后来做了中山国的丞相;范雎在魏国被打断了肋骨、打掉了牙齿,后来在秦国封了应侯。这两个人都深信必然能实现的筹划,抛弃结党营私的心,怀着孤芳自赏的态度与人打交道,所以不能避免成为受嫉妒的人。就因为这样,申徒狄自投雍水,徐衍背着石头跳进海。他们不为世所容,却坚守正义,不肯在朝廷里

⑪ 王奢:战国时齐大臣,因得罪齐王,逃到魏国。 ⑫ 白圭:战国初中山国之将,因连失六城,中山国君要治他死罪,他逃到魏国,魏文侯厚待他,于是他助魏攻灭了中山国。

戚饭牛车下，桓公任之以国。此二人者，岂素宦于朝，借誉于左右，然后二主用之哉？感于心，合于行，坚如胶漆，昆弟不能离，岂惑于众口哉？故偏听生奸，独任成乱。昔鲁听季孙之说逐孔子，宋任子冉之计囚墨翟。夫以孔、墨之辩，不能自免于谗谀，而二国以危。何则？众口铄金，积毁销骨也。秦用戎人由余而伯中国，齐用越人子臧而强威、宣。此二国岂系于俗、牵于世，系奇偏之浮辞❸哉？公听并观，垂明当世。故意合则胡越为兄弟，由余、子臧是矣；不合则骨肉为仇敌，朱、象、管、蔡是矣。今人主诚能用齐、秦之明，后宋、鲁之听，则五伯不足侔，而三王易为也。

是以圣王觉寤，捐子之❹之心，而不说❺田常之贤，封比干之后，修孕妇之墓，故功业覆于天下。何则？欲善亡厌也。夫晋文亲其仇❻，强伯诸侯；齐桓

❸ 浮辞：虚假不实之辞。❹ 子之：战国时燕王哙的相。❺ 说：通"悦"。❻ 亲其仇：晋文公重耳为公子时，其父晋献公听信骊姬的话，派宦者寺人披杀重耳，重耳跳墙逃脱，寺人披斩下他的衣袖。

同流合污，苟取功名，以蒙蔽君主的心。所以百里奚在路上讨饭，秦穆公却让他参与政事；宁戚在车下喂牛，而齐桓公却把治国的重任交给他。这两个人难道是因为常在朝廷里做官，靠左右之人替他说好话，才受到他们君主的重用吗？主要还是因为他们与君主心意相通，行为相合，君臣之间的关系密切，像兄弟一样无法把他们分开，又怎么会被众人之口所迷惑呢？所以偏听偏信，就会产生奸邪，独断独行就要产生祸乱。从前鲁国君主只听季孙氏的话，赶走了孔子，宋国君主只听子冉的计谋，囚禁了墨子。以孔子、墨翟的能言善辩，还不能使自己免于坏人的诬陷，致使鲁、宋两国陷入危险境地。这是什么原因呢？也许就是众人的流言蜚语足以使金属融化，无数诽谤堆积起来足以使骨头被销毁。秦国任用戎人由余而称霸中原，齐国任用越人子臧而使威王、宣王得以强盛。这两个国家的做法，难道是被俗情所拘泥、被世人所牵制，束缚于偏执片面的主张吗？只要公平公正地听取意见，从各方面进行观察，就会出现英明的政治。所以心意相合，则西戎人和越国人都可以当兄弟，由余、子臧就是例子；心意不合就算是骨肉同胞也可能成为仇敌，丹朱、象、管叔、蔡叔就是例子。如今国君如果真能采用齐国和秦国的明智做法，不要像宋君、鲁君那样只听一面之词，那么，您不但可以超过五霸，还能与三王比肩。

因此圣明的君王明白，抛弃掉子之那种忠心，不喜欢田常那种贤才，而像周武王那样封赏比干的后人，为遭纣王残害的孕妇修墓，丰功伟绩才覆盖天下。为什么呢？是因为他们行善的心无法满足。晋文公亲近往日的仇人，终于称霸于诸侯；齐桓公任用

用其仇，而一匡天下。何则？慈仁殷勤，诚加于心，不可以虚辞借也。至夫秦用商鞅之法，东弱韩、魏，立强天下，卒车裂之；越用大夫种❶之谋，禽劲吴而伯中国，遂诛其身。是以孙叔敖三去相而不悔，於陵子仲❶辞三公为人灌园。今人主诚能去骄傲之心，怀可报之意，披心腹，见情素❶，堕肝胆，施德厚，终与之穷达，无爱于士，则桀之犬可使吠尧，跖之客可使刺由，何况因万乘之权、假圣王之资乎！然则荆轲湛七族，要离燔妻子，岂足为大王道哉！

臣闻明月之珠、夜光之璧，以暗投人于道，众莫不按剑相眄❷者。何则？无因而至前也。蟠木❷根柢，轮囷离奇，而为万乘器者，以左右先为之容也。故无因而至前，虽出随珠❷和璧，只怨结而不见德；有人先游，则枯木朽株，树功而不忘。今夫天下布衣穷居之士，身在贫羸❷，虽蒙尧、舜之术，挟伊、管之辩，

过去的敌人，从而成就一匡天下的霸业。为什么呢？是因为他们慈善仁爱，待人恳切，心地真诚，不是用虚假的言辞来替代的。至于秦国采用商鞅的变法，东边削弱韩、魏，顿时强盛于天下，结果却把商鞅五马分尸了。越王采用大夫文种的策略，征服了强劲的吴国而称霸中原，结果又诛杀了文种。因此孙叔敖三次从楚国离开相位也不会后悔，於陵子仲推辞掉三公的聘任去为别人浇灌菜园。当今的君主真要去掉骄傲的心，怀着让人愿意报效的诚意，坦露心胸，真情实意，披肝沥胆，厚施恩德，始终与人能同甘苦，待人不吝啬，那么就可以让夏桀的狗冲着尧狂吠，可以让盗跖的部下行刺许由。更何况凭着君主的权势，借着圣王的地位呢！这样看来，那么荆轲被灭七族，要离烧死妻子儿女，还有必要对大王细说吗？

臣听说，如果将明月之珠、夜光之璧在夜里扔在路上，大家见了没有不按剑察看周围情况的。为什么呢？因为它们无缘无故地出现在面前。弯曲的树根非常曲折难看，可它成了国君的贵重物品，这是因为了解君王的人已经事先对它加以装饰。所以，无缘无故得到的东西即便是随侯珠、和氏璧，也只能使人结下怨恨而不是感恩。只要有事先推荐的，即使是枯木朽株，也可以建立功勋而不为人所忘记。现在，天下的穷居之士，贫穷病弱，他们即使学到了尧、舜那样的能力，具有伊尹、管仲那样的口才，怀

❶ 大夫种：春秋时越国大夫文种。❶ 於陵子仲：即陈仲子，战国时齐人。❶ 素：通"愫"，真诚。❷ 眄（miǎn）：斜视。❷ 蟠木：弯曲盘旋的树木。❷ 随珠：随侯的夜明珠。❷ 羸：瘦弱。

怀龙逢[24]、比干之意，而素无根柢之容，虽竭精神，欲开忠于当世之君，则人主必袭[25]按剑相眄之迹矣。是使布衣之士不得为枯木朽株之资也。是以圣王制世御俗，独化于陶钧[26]之上，而不牵乎卑乱之语，不夺乎众多之口。故秦皇帝任中庶子蒙嘉之言以信荆轲，而匕首窃发；周文王猎泾渭，载吕尚归，以王天下。秦信左右而亡，周用乌集而王。何则？以其能越拏拘之语，驰域外之议，独观乎昭旷[27]之道也。今人主沉谄谀之辞，牵帷幄之制，使不羁之士与牛骥同皁，此鲍焦所以愤于世也。

臣闻盛饰入朝者不以私污义，底厉名号者不以利伤行。故里名"胜母"，曾子不入；邑号"朝歌"，墨子回车。今欲使天下寥廓之士笼于威重之权，胁于位势之贵，回面污行，以事谄谀之人，而求亲近于左右，则士有伏死堀穴岩薮之中耳，安有尽忠信而趋阙[28]下者哉！

着龙逢、比干般的真诚，可是他们没有像树根那样经过装饰，他们尽管用尽精力，愿意向君主表达忠心，但君主必定要握着剑柄怒目斜视来对待他们了。这就使普通士人不能起到枯木朽株的作用了。因此，圣明的君主治理天下，像陶工运转制陶的转轮一样，独自掌握大权而不受小人的话所影响，不为大家的话所动摇。所以秦始皇听了中庶子蒙嘉的话，信任荆轲，就发生了用匕首刺杀的事件；周文王在泾渭打猎，把吕尚载回朝中，称王天下。秦因信任他身边的人而亡国，而周则因为任用偶遇的贤人而成就了王业，这是什么道理呢？因为周文王能够辨别出那些狭隘的言论，听取辖区以外的议论见解，用他的慧眼看到了那光明正大的治国的道理。当今君主沉溺于阿谀奉承的言语中，受到妃妾近臣的牵制，使得有才之士受到牛马一样的待遇，这就是鲍焦愤世嫉俗的缘故啊。

臣听说服饰庄重上朝的大臣，不能因私情而玷污道义，修养品德、注重名声的人，不能因为私利损害德行。所以遇到名为"胜母"的地方，曾子不肯进去；遇到称为"朝歌"的城市，墨子掉头就走。现在要使天下胸怀大志的士子，被威权者所笼络、被有地位势力的贵族所胁迫改变态度，玷污品行，去服侍那些阿谀奉承的人来接近君主，那么，士人只有隐居山林和湖沼直到老死罢了，怎么还会有对君主尽忠心，而朝见君主的人呢！

[24] 龙逢（páng）：关龙逢，夏末贤臣，因忠谏夏桀，被囚杀。[25] 袭：因袭。[26] 陶钧：制陶器所用的转轮。比喻造就、创建。[27] 昭：光明。旷：宽广。[28] 阙下：宫阙之下，喻指君王。

上书谏猎

— 司马相如 —

背景介绍

时　　间：在公元前 135 年—公元前 118 年间

人　　物：司马相如、汉武帝

事件起因：汉武帝虽雄才大略，但也迷信神仙，奢侈靡费，沉湎于游猎活动。于是司马相如上书劝谏汉武帝注意安全，免伤玉体。

简介

　　这篇文章是司马相如针对当时皇帝爱好田猎而写的谏函。劝说皇帝注意安全，免伤玉体，收到良好的艺术效果。

相如从上至长杨猎。是时天子方好自击熊豕，驰逐野兽。相如因上疏谏曰：

臣闻物有同类而殊能者，故力称乌获❶，捷言庆忌❷，勇期贲、育。臣之愚，窃以为人诚有之，兽亦宜然。今陛下好陵阻险，射猛兽，卒然遇逸材之兽，骇不存之地，犯属车之清尘，舆不及还辕，人不暇施巧，虽有乌获、逢蒙之技不得用，枯木朽株尽为难矣。是胡越起于毂下，而羌夷接轸❸也，岂不殆哉！虽万全而无患，然本非天子之所宜近也。

且夫清道而后行，中路而驰，犹时有衔❹橛之变。况乎涉丰草，骋丘虚，前有利兽之乐，而内无存变之意，其为害也不难矣！夫轻万乘之重不以为安，乐出万有一危之涂以为娱，臣窃为陛下不取。

盖明者远见于未萌，而知者避危于无形，祸固多藏于隐微而发于人之所忽者也。故鄙谚曰："家累千金，坐不垂堂。"此言虽小，可以喻大。臣愿陛下留意幸察。

司马相如跟着汉武帝到长杨宫打猎。那时汉武帝喜欢亲自搏击熊和野猪，经常驱车骑马进行追赶，司马相如上书劝谏说：

我听说有些事物虽然同类，但能力却超常，所以同样是勇士，要数乌获力气大，要数庆忌最敏捷，要数孟贲、夏育最勇猛。以臣子愚陋的看法，我觉得人类确实有这种现象，野兽也一样。如今陛下喜欢涉足险峻难行之地，射猎猛兽，万一遇上了凶猛的野兽，让它在绝境下被惊骇，扑袭皇上的车驾，车辆来不及掉头，身边的武将卫士来不及应对，即使有乌获、逢蒙一样的能耐也派不上用场，逃避躲闪时树木都会成为障碍。这种情形就像胡兵、越卒突然从车底涌出，羌人、夷骑在车后追赶，这难道不危险吗！就算是防护措施周全没有危险，天子也不应该接近这类事。

天子外出时，即使派人先清理了道路而后行走，在大道中间行驶，还会发生马咬断嚼子、车子散架的意外事故。更何况走在茂密的丛林中，驰骋在原野上，只顾眼前猎杀野兽的乐趣，而心中却没有对发生意外的防备，这样的情况下很容易发生灾祸！轻视天子无比尊贵的躯体，不顾安全，喜欢在有万分之一危险的地方玩耍，我自己觉得陛下这样做是不可取的。

但凡英明的人都能够在事情尚未发生之前就有预测，有智慧的人能在危险来到之前就避开，灾祸往往隐藏在隐蔽而不易被发现的地方，往往都是发生在人们疏忽大意的时候。所以俗话说："家中富有千金，不坐在屋檐的下方。"此话虽然说的是小事，也可以用来比喻大的事情。臣希望陛下注意明察这一点。

❶ 乌获：战国时的大力士。 ❷ 庆忌：春秋时吴王僚之子。
❸ 轸（zhěn）：车厢底框。 ❹ 衔：马嚼子。

答苏武书

— 李陵 —

背景介绍

时　　间：公元前 91 年

人　　物：李陵、苏武

事件起因：李陵攻打匈奴时因兵少无援被迫投降。与当时被扣压在匈奴的苏武数次相见。苏武归汉后，修书劝李陵归汉，李陵写此书作为回答。

简介

　　这是远在匈奴的李陵给归国的苏武的一封书信，信中讲述了李陵转战千里，败降匈奴的经过。这封信的主旨是为自己的投降行为辩解。同时，写自己对故土依依难舍的苦恋之情，以及自己经历坎坷的伤痛。

子卿足下：

勤宣令德，策名清时，荣问休畅，幸甚，幸甚！远托异国，昔人所悲，望风怀想，能不依依？昔者不遗，远辱还答，慰诲勤勤，有逾骨肉，陵虽不敏，能不慨然？

自从初降，以至今日，身之穷困，独坐愁苦。终日无睹，但见异类。韦韝毳幕❶，以御风雨；羶肉酪浆，以充饥渴；举目言笑，谁与为欢？胡地玄冰❷，边土惨裂，但闻悲风萧条之声。凉秋九月，塞外草衰。夜不能寐，侧耳远听，胡笳互动❸，牧马悲鸣，吟啸成群，边声四起。晨坐听之，不觉泪下。嗟乎子卿，陵独何心，能不悲哉！

与子别后，益复无聊。上念老母，临年❹被戮；妻子无辜，并为鲸鲵❺；身负国恩，为世所悲。子归受荣，我留受辱，命也如何？身出礼义之乡，而入无知之俗；违弃君亲之恩，长为蛮夷之域，伤

子卿足下：

您勤勤恳恳地宣扬美德，在清明太平的时代出仕做官，美好的声誉远扬四方，真是值得庆幸啊！我流落在异国，从前的人也引以为悲伤。遥望故乡，怀念故人，怎能不令人留恋呢？以前承蒙您不嫌弃我，从远方给我写信，殷勤地安慰、教诲我，超过了骨肉之情。我虽然愚钝，又怎能不感动？

自从我归降匈奴至今，一直穷困潦倒，独自坐着愁闷苦恼。整天看不见别的，只看到些异族人。我戴着皮制袖套，住着毛毡帐篷，靠它们来抵御风雨；吃着带有腥膻气味的肉，喝着奶酪浆，用它们来充饥解渴。举目四望，谁能和我共同欢乐？匈奴之地冰封雪积，边塞上的土被冻裂，只能听到悲哀萧条的风声。深秋九月，塞外的草木凋零了，夜晚睡不着觉，侧耳倾听，胡笳声此起彼伏，牧马悲哀地嘶叫，各种各样的声音交织，在边塞四处响起。清晨坐起来听着这些声音，禁不住流下泪水。唉！子卿，我难道是铁石心肠，怎么能够不悲伤呢？

同您分别以后，我就更加觉得无聊，想到我的母亲，在垂暮之年还被杀戮；妻子、儿女没有罪过，也一起惨遭杀害。我自己辜负了汉朝的恩德，被世人所悲叹。您回到汉朝后享受荣誉，我留在匈奴蒙受耻辱，这是

❶ 韦：皮革。韝（gōu）：臂套。毳（cuì）：鸟兽细毛。幕：毡帐。 ❷ 玄冰：冰厚则色黑。形容冰结得厚实，极言天气寒冷。 ❸ 胡笳（jiā）：古代流行于塞外和西域的一种管乐器。 ❹ 临年：达到一定的年龄。此处指已至暮年。 ❺ 鲸鲵：鲸雄曰鲸，雌曰鲵。原指凶恶之人，此处借指被牵连诛戮的人。

已！令先君之嗣，更成戎狄之族，又自悲矣。功大罪小，不蒙明察，孤负陵心区区之意。每一念至，忽然忘生。陵不难刺心以自明，刎颈以见志，顾国家于我已矣，杀身无益，适足增羞，故每攘臂忍辱❻，辄复苟活。左右之人，见陵如此，以为不入耳之欢，来相劝勉。异方之乐，只令人悲，增忉怛耳。

嗟乎子卿，人之相知，贵相知心。前书仓卒，未尽所怀，故复略而言之。昔先帝授陵步卒五千，出征绝域，五将失道，陵独遇战。而裹万里之粮，帅徒步之师；出天汉之外，入强胡之域；以五千之众，对十万之军；策疲乏之兵，当新羁之马。然犹斩将搴❼旗，追奔逐北，灭迹扫尘，斩其枭帅，使三军之士视死如归。陵也不才，希当大任，意谓此时，功难堪矣。

匈奴既败，举国兴师，更练精兵，强逾十万，单于临阵，亲自合围。客主

命中注定，有什么办法呢？我出生在讲究礼义的地方，却进入了对礼义茫然无知的社会。背弃了君王、父母的恩德，长期生活在蛮夷的区域，真是伤心极了！使先父的后代，变成了戎狄的族人，这也是我感到悲痛的事。我在与匈奴作战中功大罪小，却不能得到汉朝君主的圣明理解，辜负了我诚挚的心意，每当想到这里，恍惚中仿佛失去了对生存的留恋。我不难剖出心来表明自己的纯洁，自刎来表明我的志向，但国家对我已经恩断义绝，自杀毫无益处，只会增加羞辱，所以常常因忍辱而攘臂愤慨，苟且地活在世上。周围的人见我这样，就用不能入耳的欢乐曲调来劝慰、勉励我。可是，异国的音乐，只能令人悲伤，增加忧愁罢了。

唉，子卿！人与人的相互了解，以互相知心为贵。先前写的一封信由于是匆忙写成，没有充分表达我的心情，所以再简略地谈谈。当初先帝授予我步兵五千，出征遥远的匈奴，其他五名将领迷失道路，我独自与匈奴交战。带着供征战万里的粮草，率领着徒步行军的部队，远出国境，深入强劲匈奴的疆土，以五千士兵，对付十万敌军；指挥疲惫困乏的队伍，抵挡养精蓄锐的马队。依然还斩杀敌人的将领，夺取他们的军旗，追赶败退逃遁的敌人。就像消除痕迹，扫除尘土一样，斩杀敌人的勇将，使全军将士都能视死如归。我虽然没有什么能耐，但希望能够担当重任，内心暗自以为，此时的战功是其他情况下所难以超越的了。

匈奴兵败后，全国军事动员，再练精兵，人数超过十万。单于亲临阵前，指挥对我军的合围。敌我双方的

❻ 攘臂：捋起袖口，露出手臂，是准备劳作或搏斗的动作。
❼ 搴（qiān）：拔取。

之形，既不相如；步马之势，又甚悬绝。疲兵再战，一以当千，然犹扶乘创痛，决命争首。死伤积野，余不满百，而皆扶病，不任干戈，然陵振臂一呼，创病皆起，举刃指虏，胡马奔走。兵尽矢穷，人无尺铁，犹复徒首奋呼，争为先登。当此时也，天地为陵震怒，战士为陵饮血❽。单于谓陵不可复得，便欲引还，而贼臣教之，遂使复战，故陵不免耳。

　　昔高皇帝以三十万众，困于平城。当此之时，猛将如云，谋臣如雨，然犹七日不食，仅乃得免。况当陵者，岂易为力哉？而执事者云云，苟怨陵以不死。然陵不死，罪也。子卿视陵，岂偷生之士而惜死之人哉？宁有背君亲，捐妻子而反为利者乎？然陵不死，有所为也，故欲如前书之言，报恩于国主耳，诚以虚死不如立节，灭名不如报德也。昔范蠡不殉会稽之耻，曹沫不死三败之辱，卒复勾践之仇，报鲁国之羞。区区之心，窃慕此耳。何图志未立而怨已成，计未从而骨肉受刑，此陵所以仰天椎心而泣血也❾。

❽ 饮血：犹言饮泣。形容极度悲愤。❾ 椎（chuí）心、泣血：形容极度悲伤。椎，用椎打击。泣血，悲痛无声的哭。

形势已不能相比，步兵与骑兵的形势对比更是悬殊。疲惫的士兵再次战斗，一人要敌千人，但还扶着兵车，忍着创伤之痛，奋勇争先。死伤的士兵遍地都是，剩下的不到百人，而且都伤痕累累，已经无力拿起兵器，但是，只要我振臂一呼，重伤和轻伤的士兵都一跃而起，拿起兵器杀向敌人，吓得敌骑狼狈逃跑。最后兵尽箭绝，手无寸铁，仍然不戴盔帽、高呼杀敌，争着冲上前去。在这个时候，天地为我震怒，战士为我饮血吞泪。单于认为不可能再俘获我，便要领兵撤退，不料叛逃的邪臣出卖军情，于是单于重新对我作战，所以我的失败是不能避免的了。

　　过去高皇帝率领三十万大军，被匈奴围困在平城。那时，军中猛将如云，谋臣如雨，然而还是断粮七天，最后只不过免于被俘虏。何况像我这样的人，难道容易有所作为吗？然而执政的人却议论纷纷，一味怨责我未能以死殉国。不过我未以死殉国，的确是罪过；但您看我是苟且偷生容惜一死的人吗？是背离君亲、抛弃妻儿，反而以为对自己有利的人吗？我之所以不死，是因为想有所作为，本来是想如前一封信上所说，想要向皇上报恩罢了。我实在是觉得无谓地死去不如树立名节，身死名灭不如报答恩德。前代范蠡不因为会稽山投降之耻而殉国，曹沫不因为三战三败之辱而自杀，最终范蠡报了越王勾践之仇，曹沫报了鲁国的耻辱。我小小的心思就是暗自景仰他们的作为。怎么能料到志向没有实现，怨恨却已结成，计谋没有施行，而骨肉已经遭到诛杀，这是我仰天椎心而哭出血泪来的原因呀。

足下又云："汉与功臣不薄。"子为汉臣，安得不云尔乎？昔萧樊囚絷，韩彭菹醢⑩，晁错受戮，周魏见辜⑪。其余佐命立功之士，贾谊亚夫之徒，皆信命世之才，抱将相之具，而受小人之谗，并受祸败之辱，卒使怀才受谤，能不得展。彼二子之遐举，谁不为之痛心哉？陵先将军，功略盖天地，义勇冠三军⑫，徒失贵臣之意，到身绝域之表。此功臣义士所以负戟而长叹者也，何谓不薄哉？

且足下昔以单车之使，适万乘之虏⑬，遭时不遇，至于伏剑不顾，流离辛苦，几死朔北之野。丁年奉使，皓首而归，老母终堂，生妻去帷⑭，此天下所希闻，古今所未有也。蛮貊之人⑮尚犹嘉子之节，况为天下之主乎？陵谓足下当享茅土之荐，受千乘之赏，闻子之归，赐不过二百万，位不过典属国，无尺土之封，加子之勤。而妒功害能之臣，尽为

您又说道："汉朝给有功之臣的待遇并不菲薄。"您是汉朝之臣，怎能不这样说呢？过去萧何、樊哙被拘捕囚禁，韩信、彭越被剁成肉酱，晁错被杀，周勃、魏其侯被判罪，其他辅佐国君建立功勋的人，如贾谊、周亚夫等人，都确定是当时杰出的人才，怀有将相的才能，却遭受小人的诽谤，遭到迫害、屈辱，最终使他们受到诽谤，才能无法施展。他们二人的遭遇，谁不为之痛心呢？我已故的祖父李广，身任将军，功劳才略笼盖天地，义节勇武冠绝三军，只是因为不屑迎合当朝权贵的心意，结果在边远的疆场自杀。这是功臣义士身负戈戟而长叹的原因啊，怎么能说待遇不薄呢？

您过去凭着单车使者的身份出使到强大的匈奴，因为时运不佳，竟至按剑自刎，不顾性命；颠沛流离，含辛茹苦，差点死在北方的荒野。壮年奉命出使，满头白发才回去，老母在家中亡故，妻子也改嫁离去。这是天下很少听到，从古到今没有的。蛮夷之人尚且还称赞您的节气，何况是天下的君主呢？我认为您应当享受封领地、受千辆兵车的赏赐。可是听说您回国后，受到的赏赐不过二百万钱，职位不过典属国之职，也没有尺寸土地的封赏，奖励您多年来对国家的效

⑩ 菹醢（zūhǎi）：剁成肉酱，是古代一种残酷的死刑。⑪ 见：受。辜：罪。⑫ 冠：在……之中居第一位，作动词用。⑬ 万乘：一万辆车。古代以万乘称君主。文中指武力强盛的大国。虏：古代对少数民族的贬称，此指匈奴。⑭ 去帷：改嫁。去，离开。⑮ 蛮貊（mò）：泛指少数民族，这里指匈奴。貊，古代对居于东北地区少数民族的称呼。

万户侯，亲戚贪佞之类，悉为廊庙宰。子尚如此，陵复何望哉？

且汉厚诛陵以不死，薄赏子以守节，欲使远听之臣望风驰命，此实难矣，所以每顾而不悔者也。陵虽孤恩，汉亦负德。昔人有言："虽忠不烈，视死如归。"陵诚能安，而主岂复能眷眷乎？男儿生以不成名，死则葬蛮夷中，谁复能屈身稽颡❶⑥，还向北阙，使刀笔之吏弄其文墨邪？愿足下勿复望陵。

嗟乎子卿，夫复何言？相去万里，人绝路殊。生为别世之人，死为异域之鬼，长与足下生死辞矣。幸谢故人，勉事圣君。足下胤子无恙，勿以为念。努力自爱，时因北风，复惠德音。李陵顿首。

忠。而那些排斥功臣、扼杀人才的朝臣，都成了万户侯，皇亲国戚和贪婪奸佞的人，都成了朝廷政权的主宰。您尚且如此，我还有什么希望呢？

而且汉朝对于我未能以死殉国就严加诛戮，对于您的坚守节操又只给予微薄的奖赏，这样做还想叫远方的臣民急切地投奔效命，这实在是太难了，这正是我每当想到这些事而不悔恨的原因啊。我虽然辜负了汉朝的恩情，但汉朝也愧对了我的功劳。前人说过这样的话："虽然忠诚而未能死节，也能做到视死如归。"就算我能甘心地死去，然而皇上还能对我有念念不忘之情吗？男子汉活着不能成就英名，死了就让他埋葬在异族之中吧，谁还能屈身叩头，回到汉廷，听凭那些刀笔吏舞文弄墨随意发落呢？希望您不要再对我抱希望了。

唉，子卿！还有什么话可说？相隔万里之遥，人的身份不同，走的道路也迥然相异。活着时是另一世间的人，死后便成了异国鬼魂。我和您永诀，生死都不得相见了。请代我向老朋友们致意，希望他们勉力事奉圣明的君主。您的儿子很好，不要以此挂念。愿您努力自爱，更期盼您时常依托北风的方便不断给我来信。李陵叩头致礼。

⑯ 稽颡（qǐsǎng）：叩首，以额触地。颡，额。

尚德缓刑书

— 路温舒 —

背景介绍

时　　间：公元前 74 年
人　　物：路温舒、汉宣帝
事件起因：汉宣帝曾有过牢狱之灾，并在民间长
　　　　　大，对于吏治情况以及百姓生活有一
　　　　　定的了解。

简介

　　文章揭露了封建法制的残忍手段，突出了滥施刑狱的危害性，最后再从正面提出自己的愿望：希望宣帝广开言路，废除狱吏。

原文

　　昭帝❶崩，昌邑王贺废，宣帝初即位，路温舒上书，言宜尚德缓刑。其辞曰：

　　臣闻齐有无知之祸，而桓公以兴；晋有骊姬之难，而文公用伯；近世赵王不终，诸吕作乱，而孝文为太宗。由是观之，祸乱之作，将以开圣人也。故桓文扶微兴坏，尊文武之业，泽加百姓，

译文

　　汉昭帝逝世后，昌邑王刘贺被废黜，宣帝登上皇位。路温舒上书，主张崇尚德治缓解刑罚。书中说：

　　我听说齐国有公孙无知杀襄公的事，齐桓公才能够兴起；晋国有骊姬进谗的灾难，文公才能称霸；赵王没有到老就死了，吕氏家族发动叛乱，孝文帝成为太宗皇帝。由此推断，祸乱的到来会为圣人创造机会。所以齐桓公、晋文公扶助弱小的国家，振兴衰败的旧业，尊崇周文王、

注释

❶ 昭帝：汉昭帝，名刘弗陵，武帝少子。

功润诸侯，虽不及三王，天下归仁焉。文帝永思至德，以承天心，崇仁义，省刑罚，通关梁，一❷远近，敬贤如大宾，爱民如赤子，内恕❸情之所安而施之于海内，是以囹圄❹空虚，天下太平。夫继变化之后，必有异旧之恩，此贤圣所以昭天命也。往者，昭帝即世而无嗣，大臣忧戚，焦心合谋，皆以昌邑尊亲，援❺而立之。然天不授命，淫乱其心，遂以自亡。深察祸变之故，乃皇天之所以开至圣也。故大将军受命武帝，股肱❻汉国，披肝胆，决大计，黜亡义，立有德，辅天而行，然后宗庙以安，天下咸宁。

臣闻《春秋》正❼即位，大一统❽而慎始也。陛下初登至尊，与天合符，宜改前世之失，正始受命❾之统，涤烦文，除民疾，存亡继绝，以应天意。

❷一：统一。 ❸恕：宽容，宽厚。 ❹囹圄（língyǔ）：牢狱。 ❺援：援用旧例。 ❻股肱：股，大腿；肱，手臂。比喻像左膀右臂一样匡扶国家，即辅佐的意思。 ❼正：把……看得很正统、正规。古代帝王新即位，都要改变历法，也叫"改正朔"。"正"是一年的开始，"朔"是一月的开始。 ❽大一统：重视天下统一的事业。大，尊重，重视。 ❾始受命：指初即位。

武王的业绩，给百姓带来恩泽，功德惠及诸侯，虽然赶不上夏禹、商汤和周文王，但天下人都归服于他们的仁政。孝文帝常常想怎样才能具备高的德行来承受天意，他推崇仁义，减刑罚，开放关卡桥梁，远近一视同仁，尊重贤人和对待贵宾一样，爱护百姓和爱护小孩一样，他把内心觉得安适的事情推行到全国，因此监狱里没有犯人，天下太平。大凡经历政局动乱之后，一定会给人们带来不一样的恩惠，这是贤明的圣人显示天意的方式。从前，昭帝去世时没有儿子，大臣们非常担心、着急，他们共同认为昌邑王地位尊贵血统亲近，推荐他做皇帝，但是老天不授命，让他心生淫乱自取灭亡。深入地分析祸患发生的原因，也是上天借机会为圣明的君主出现开辟条件。所以大将军霍光接受武帝的命令，辅佐议朝，披肝沥胆，废除不讲仁义的人，扶持有德行的人为帝，辅助上天行事，从此朝廷才能安定，天下才安定。

我听说《春秋》讲帝王即位之初就要改变历法，为的是尊崇天下统一，慎重地对待新朝的开始。陛下刚登上皇位，符合天意，应纠正上一代的过错，继承帝业时要谨慎对待做的每一件事，废除繁琐的法令，为老百姓解决疾苦，保留良好的传统，以此来顺应天上的旨意。

我听说秦朝有很多过失，其中有一条到现在还有，就是重用司法的官吏。在秦朝，轻视文学，推崇武士精神，看不起主张仁义的人，尊崇判案的官吏，正直的话语被认为是诽谤，阻止犯错误的话被说成妖言，所以，那些儒生在当时就没有被重用，忠良

臣闻秦有十失，其一尚存，治狱之吏是也。秦之时，羞文学，好武勇，贱仁义之士，贵治狱之吏，正言者谓之诽谤，遏过⑩者谓之妖言，故盛服先王⑪不用于世，忠良切言皆郁于胸，誉谀之声日满于耳，虚美熏心，实祸蔽塞，此乃秦之所以亡天下也。方今天下，赖陛下恩厚，亡金革⑫之危、饥寒之患，父子夫妻勠力⑬安家，然太平未洽者，狱乱之也。夫狱者，天下之大命也，死者不可复生，断者不可复属。《书》曰："与其杀不辜，宁失不经⑭。"今治狱吏则不然，上下相驱，以刻为明，深者获公名，平者多后患。故治狱之吏皆欲人死，非憎人也，自安之道在人之死。是以死人之血流离于市，被刑之徒比肩而立，大辟⑮之计岁以万数，此仁圣之所以伤也。太平之未洽，凡以此也。夫人情安则乐生，痛则思死，棰楚⑯之下，何求而不得？故因人不胜痛，则饰辞以视之；吏治者利

恳切的话语都堆积在心里，阿谀奉承的声音充斥君主的耳朵，虚伪的夸赞迷惑君主，而真正的祸患被掩盖住了，这就是秦朝失去天下的原因。如今天下依赖陛下的厚恩，没有战争之乱和饥饿寒冷之忧，一家人齐心协力过好日子。但没有实现天下太平，是刑狱之灾扰乱社会的缘故。刑狱是天下最重要的事情，人一旦被处死就不能复活，一旦被砍断了肢体就不能再接起来。《尚书》上说："与其杀死无罪的人，宁可不按常规办事而失误。"现在主管刑狱的官史不是这样的，上下相互督促，把苛刻当作严明，严厉判案的得到公正的名声，公平判案的最后祸患很多。所以，官吏都想把人置于死地，并不是因为他们恨这些人，而是他们为了自保就会置人于死地。因此死人的血在街上流淌着，受刑的人一个挨着一个站着，死刑的统计数算起来都有数万个。这也是推行仁义的圣人感到可悲的原因。天下太平不能完全实现，就是因为这引起的。人之常情是，生活安逸的时候人们就会觉得很快乐，痛苦的时候就想要死，在严刑拷打下，有什么口供得不到呢？所以，罪犯受不了这种痛苦，就开始用假话招供，判案的官吏认为这样做对自己有利，就用这种方法给他们定下某种罪名，明确说出他们的罪状，结案时担心案子报上去后会被退回来，于是便违法罗织罪状，加上罪名，等到上级复核结果

⑩ 遏过：防止过失。⑪ 盛服先王：先王，指夏禹、商汤、周文王等行仁义道德的帝王。⑫ 金革：兵革，这里指战争。⑬ 勠（lù）力：并力，尽力。⑭ 宁失不经：语出《尚书·大禹谟》。不经，不合常规。⑮ 大辟：死刑。⑯ 棰楚：古代刑具。棰，木棍。楚，荆杖。

其然，则指道以明之；上奏畏却⑰，则锻练而周内⑱之。盖奏当之成，虽咎繇⑲听之，犹以为死有余辜。何则？成练⑳者众，文致㉑之罪明也。是以狱吏专为深刻，残贼而亡㉒极，偷㉓为一切，不顾国患，此世之大贼也。故俗语曰："画地为狱议不入；刻木为吏期不对。"此皆疾吏之风，悲痛之辞也。故天下之患，莫深于狱；败法乱正，离亲塞道，莫甚乎治狱之吏。此所谓一尚存者也。

臣闻乌鸢㉔之卵不毁，而后凤凰集；诽谤之罪不诛，而后良言进。故古人有言："山薮藏疾，川泽纳污，瑾瑜匿恶，国君含诟㉕。"唯陛下除诽谤以招切言，开天下之口，广箴㉖谏之路，扫亡秦之失，尊文武之德，省法制，宽刑罚，以废治狱，则太平之风可兴于世，永履和乐，与天亡极。天下幸甚！

上善其言。

时，就算是咎繇来审，也会认为处死都抵偿不了囚犯的罪过。为什么呢？因为判案的官吏给他们广列罪名，按律所定的罪名也很明白。因此，判案的官吏苛刻严峻地、无止境地残害他人，为了一时的裁决而结案，不顾给国家带来的祸患，这是世上最大的灾害。所以俗话说："在地上画一个牢笼，人们也不进去；面对着木头做的狱吏，也不与它对话。"这些都是人们痛恨狱吏的民谣，悲切沉痛的议论。所以，天下的祸害，没有什么能比得上法官判案更严峻的。败坏法纪，扰乱是非，离散亲人，堵塞道义，没有比负责判案的官吏更厉害的。这就是前文所说的秦朝至今还存在的秦朝十大过失之一。

我听说，乌鸦老鹰下的蛋不会被毁坏，然后才有凤凰飞来；犯了诽谤罪的人没有受到惩罚，才有人向朝廷说出有益的话。所以，古人有种说法："山林水泽中会隐藏着毒害人的东西，河流湖泊中容纳污秽的东西，美玉中隐藏着瑕斑，国君能容忍辱骂。"希望陛下能够除去诽谤人的罪名，招纳恳切的言论，让天下人都敢说话，扩大人们规劝、进谏的途径，清除造成秦朝灭亡的过失，尊崇周文王、周武王的德行，减少法律条文，放宽刑罚，废掉（不合理的）刑狱，那么天下就会出现太平，人们就会长期和平、快乐，和上天一样没有穷尽，那样的话，人民就太幸运了。

皇上认为路温舒的意见很好。

⑰ 却：批驳退回。⑱ 周：周密。内：同"纳"，接纳。⑲ 咎繇（gāoyáo）：即皋陶。舜时建立法律设立监狱的臣子。⑳ 成练：构成各种罪名。㉑ 文致：文饰而使人获罪。㉒ 贼：败坏，伤害。亡：无。㉓ 偷：苟且，马马虎虎。㉔ 乌：乌鸦。鸢：老鹰。㉕ 诟：耻辱。这四句话出于《左传·宣公十五年》。薮：生长着很多草的湖泽。瑾瑜：美玉。㉖ 箴：劝戒，劝告。

报孙会宗书

— 杨恽 —

背景介绍

时　　间：在公元前 61 年—公元前 54 年间
人　　物：杨恽、孙会宗
事件起因：杨恽与太仆戴长乐关系不和睦，因遭戴长乐弹劾，被剥夺爵位，免职归乡。

简介

书中记载了杨恽失去爵位闲在家里，以财自娱。他的朋友孙会宗为此担忧，写信劝诫他。杨恽心里不服，便写了这封回书。全信写得情怀勃郁，锋芒毕露。

恽既失爵位家居，治产业，起室宅，以财自娱。岁余，其友人安定太守西河孙会宗，知略士也，与恽书谏戒之，为言大臣废退，当阖门惶惧，为可怜之意，不当治产业，通宾客，有称誉。恽宰相子，少显朝廷，一朝晻昧语言见废，内怀不服，报会宗书曰：

恽材朽行秽，文质无所底[1]，幸赖先人余业，得备宿卫。遭遇时变[2]，以获爵位，终非其任，卒与祸会。足下哀其愚，蒙赐书教督以所不及，殷勤甚厚。然窃恨足下不深惟其终始，而猥随俗之毁誉也[3]。言鄙陋之愚心，若逆指而文过；默而息乎，恐违孔氏各言尔志之义，故敢略陈其愚，惟君子察焉。

恽家方隆盛时，乘朱轮者十人[4]，位在列卿，爵为通侯，总领从官，与闻政事。曾不能以此时有所建明，以宣德化，又不能与群僚同心并力，陪辅朝廷之遗忘，已负窃位素餐之责久矣[5]。怀禄贪

杨恽丢了职位在家，治理产业，建造房宅，以经营家财为乐。过了一年多，他的朋友安定太守、西河人孙会宗，是一位有智谋的士人，他给杨恽写了一封信，对他加以劝告，说大臣被撤职后，应该闭门思过博取同情，而不该治理家业，结交宾客，得到赞誉。杨恽是丞相的儿子，年轻时就在朝廷扬名。由于一时糊涂说错话而被罢免官职，心里不服气，他给孙会宗回信说：

我不是一块好材料，行为卑劣，外在表现和内在品质都未修养到家，幸而依靠先人留下的功绩，才得以充任皇帝的侍从。由于遇到事变，因而被封为侯爵，但这终究不是我所能胜任的，结果遭遇灾祸。你哀怜我的愚昧无知，特地来信教育和纠正我不够检点的地方，情意诚恳深切。但我内心遗憾你没有深入了解事情的原委，而只是轻率地跟着世俗的舆论来褒贬我。如果我说出自己浅陋的心里话，那好像与你来信的宗旨唱反调，在掩饰自己的过错；沉默不说吧，又恐怕违背了孔子"各言尔志"的教诲。所以我才敢简略地谈谈我的愚见，希望你能明察。

当初我家兴盛时，乘坐朱轮车的有十人，我也在九卿之列，爵封通侯，总管侍从官员，参与国家政事。我竟不能在这个时候有所建树，来宣扬道德教化，又不能与同僚们一起努力，辅佐朝廷，补救缺失，受到窃据

[1] 底：引致，到达。 [2] 时变：指汉宣帝地节四年（公元前66年），霍光子孙霍禹等欲谋反事。 [3] 猥（wěi）：轻率，随便。 [4] 朱轮：车轮漆成红色。汉制，公卿列侯以及俸禄在二千石以上的官员才能乘坐朱轮车。 [5] 素餐：不劳而食，无功受禄。语出《诗经·魏风·伐檀》："彼君子兮，不素餐兮。"

势，不能自退，遂遭变故，横被口语，身幽北阙，妻子满狱。当此之时，自以夷灭不足以塞责，岂意得全首领，复奉先人之丘墓乎？伏惟圣主之恩不可胜量，君子游道，乐以忘忧，小人全躯，说以忘罪。窃自念过已大矣，行已亏矣，长为农夫以没世矣。是故身率妻子，勠力耕桑，灌园治产，以给公上，不意当复用此为讥议也。

夫人情所不能止者，圣人弗禁。故君父至尊亲，送其终也，有时而既。臣之得罪，已三年矣。田家作苦，岁时伏腊，烹羊炰羔，斗酒自劳。家本秦也，能为秦声。妇赵女也，雅善鼓瑟。奴婢歌者数人，酒后耳热，仰天拊缶，而呼乌乌❻。其诗曰："田彼南山，芜秽不治。种一顷豆，落而为萁。人生行乐耳，须富贵何时！"是日也，拂衣而喜，奋褎❼低昂，顿足起舞，诚淫荒无度，不知其不可也。恽幸有余禄，方籴贱贩贵❽，逐什一之利。此贾竖之事，污辱之处，恽

高位、白吃俸禄的指责已经很久了。我又因为贪恋禄位和权势，不能自动退职，于是遭到意外的变故，又被人横加诬告，囚禁于宫殿北面的楼观内，妻子儿女也都被关押在牢里。在这个时候，自以为受到杀戮也不足以抵偿罪责，哪里想到还会保住脑袋，再去供奉祖先的坟墓呢？我低头想着圣主的恩德，真是无法计量，君子沉浸在道义之中，愉快地忘记忧愁，小人保全了性命，高兴得忘掉了自身的罪过。我暗自思量，自己的过失已经很大了，德行也已经有了亏缺，那就长期去当农夫度过余生算了。所以我亲自率领妻子儿女，努力耕田种粮，植桑养蚕，灌溉果园，经营产业，来供给官府的赋税，想不到又因为这样做而被人挑刺议论。

人情所不能限制的事情，圣人也不会禁止。所以即使是最尊贵的君王和最亲近的父亲，为他们送终服丧，也有结束的时候。从我获罪以来，距今已经有三年了。农家耕作非常辛苦，一年中遇上伏日、腊日的祭祀，就烧羊肉、烤羊羔，斟上一壶酒自我慰劳一番。我的老家本在秦地，因此我能唱秦地的民歌。妻子是赵地的女子，擅长鼓瑟。奴婢中又有几个会唱歌的，喝酒以后，耳根发热，昂首面对苍天，信手敲击瓦缶，唱出呜呜秦声。歌词是："在南山上种田辛勤，荆棘野草多得没法除清。种一顷地的豆子，只收到一片无用的豆茎。

注释

❻ 乌乌：唱歌声。可能是歌曲中的一种和声。　❼ 褎（xiù）：同"袖"。　❽ 籴（dí）：买进谷物。

亲行之。下流之人，众毁所归，不寒而
栗。虽雅知恽者，犹随风而靡，尚何称
誉之有？董生不云乎："明明求仁义❾，
常恐不能化民者，卿大夫意也；明明求
财利，尚恐困乏者，庶人之事也。"故
道不同，不相为谋。今子尚安得以卿大
夫之制而责仆哉？

夫西河魏土，文侯所兴，有段干木、
田子方之遗风，漂然皆有节概❿，知去就
之分。顷者足下离旧土，临安定，安定
山谷之间，昆戎旧壤⓫，子弟贪鄙，岂习
俗之移人哉？于今乃睹子之志矣。方当
盛汉之隆，愿勉旃⓬，毋多谈。

注释

❾ "明明求仁义"六句：引自董仲舒《对贤良策》三，《汉书·董
仲舒传》原文作："夫皇皇求财利，常恐乏匮者，庶人之意也。
皇皇求仁义，常恐不能化民者，大夫之意也。"皇皇，即"遑遑"，
急急。❿ 漂然：高远的样子。⓫ 昆戎：古代西夷的一支，即
殷周时的西戎。⓬ 旃（zhān）：文言助词，相当于"之"或
"之焉"。

人生不过是为了行乐，富贵等到哪一
天！"碰上这样的日子，我兴奋得抖
动衣服，上上下下地甩着袖子，两脚
使劲蹬地任意起舞，的确是纵情玩乐
而不加节制，但我不懂这有什么过
错。我幸而还有积余的俸禄，正在经
营贱买贵卖的生意，追求十分之一的
薄利。这只是小贩们干的事情，备受
轻视耻辱，我却亲自去做了。地位卑
贱的人，是众人诽谤的对象，令人不
寒而栗。即使是了解我的人，也随风
倒地讥刺我，哪里还会有人替我说好
话呢？董仲舒不是说过："急迫地追
求仁义，常担心不能教化百姓的，这
是卿大夫的心意。急迫地追求财利
的，常担心贫困匮乏，这是百姓的事
情。"所以，信仰不同的人，互相之
间没有什么好商量的。现在你怎能用
卿大夫的要求来责备我呢！

西河郡原是魏国的所在地，魏
文侯在那里兴起，贤人段干木、田子
方在那里留传了好的风气，他们都有
高远的志向和气节，懂得去留进退的
道理。近来，你离开了故乡，去到安
定郡任太守。安定郡位于山谷中间，
是昆夷族人的旧地，那里的人贪婪卑
鄙，难道是当地的习俗改变了你的品
性吗？直到今天我才看清了你的志
向。如今正当大汉朝隆盛之时，祝你
飞黄腾达，不宜多说了！

光武帝临淄劳耿弇
— 《后汉书》 —

背景介绍

时　　间：约公元 29 年

人　　物：刘季、耿弇

事件起因：公元 29 年，耿弇战胜了割据青州的张步，光武帝十分高兴。

简介

　　本文写光武帝刘秀表彰大将军耿弇的一段话。光武帝首先表彰耿弇的功劳，肯定了耿弇的战功，然后再用励志的话语激励他继续努力。

　　车驾至临淄❶自劳军，群臣大会。帝谓弇曰："昔韩信破历下以开基，今将军攻祝阿❷以发迹，此皆齐之西界❸，功足相方。而韩信袭击已降，将军独拔勍敌❹，其功乃难于信也。又田横烹郦生❺，及田横降，高帝诏卫尉❻，不听为仇。张步前亦杀伏隆，若步来归命，吾当诏大司徒释其怨。又事尤相类也。将军前在南阳，建此大策，常以为落落难合，有志者事竟成也！"

　　光武帝来到临淄，亲自慰劳军队，群臣都在这里集会。光武帝对耿弇说："以前韩信因为攻破了历下而开创汉朝基业，现在您攻取祝阿而扬名。历下和祝阿都是齐国的西界，你的功劳足以与韩信的功绩相比。韩信袭击的是已经投降的敌人，而将军却是独自战胜强大的敌人，能取得这个功绩，确实比韩信难得多。再说田横烹杀了郦生，等到田横投降时，汉高帝诏告卫尉郦商，不让他与田横结仇。张步也曾杀过伏隆，如果张步前来归降的话，我也会下诏给司徒伏湛，让他放下与张步的仇怨。这两件事又更像了。将军在南阳时就提出了这项重要的策略，我原以为脱离了实际不容易实现，现在看来，确实是有志者事竟成啊！"

❶ 临淄：原春秋战国时齐国的都城，在今山东淄博西北。❷ 祝阿：地名，在今山东长清县。❸ 西界：祝阿是古时齐，鲁的分界，在齐国的西部。❹ 勍（qíng）敌：劲敌。实力强大的敌人。❺ 田横烹郦生：当韩信袭历下时，田横以为郦生出卖了自己，便将郦生烹杀。❻ 卫尉：官名。这里指郦生的弟弟郦商。

马援诫兄子严敦书

—《后汉书》—

背景介绍

时　　间：约公元 28 年

人　　物：马援、马严、马敦

事件起因：马严、马敦兄弟俩是马援二哥马余的儿子。兄弟俩爱讥讽和议论别人的事，且与轻浮的侠客相交。

简介

本文是马援任伏波将军，在交趾率兵镇压征侧、征贰反抗势力时写给侄子们的信，信中对两个侄子爱议论人是非、结交轻薄侠客的不良行为，作了谆谆的训诫。

援兄子严、敦，并喜讥议，而通轻侠客①。援前在交趾，还书诫之曰：

"吾欲汝曹闻人过失，如闻父母之名，耳可得闻，口不可得言也。好议论人长短，妄是非正法②，此吾所大恶也，宁死不愿闻子孙有此行也。汝曹知吾恶之甚矣，所以复言者，施衿结缡③，申父母之戒，欲使汝曹不忘之耳。

"龙伯高敦厚周慎，口无择言，谦约节俭，廉公有威。吾爱之重之，愿汝曹效之。杜季良豪侠好义，忧人之忧，乐人之乐，清浊无所失④。父丧致客，数郡毕至⑤。吾爱之重之，不愿汝曹效也。效伯高不得，犹为谨敕之士，所谓刻鹄不成尚类鹜⑥者也；效季良不得，陷为天下轻薄子，所谓画虎不成反类狗⑦者也。讫今季良尚未可知，郡将下车辄切齿⑧，州郡以为言，吾常为寒心，是以不愿子孙效也。"

马援的侄子马严、马敦都喜欢讥讽和议论别人，并且还和一些轻浮的侠士结交。马援以前在交趾时，就写信告诫他们说：

"我希望你们听到别人的过失，如同听到父母的名字一样：耳朵可以听，但嘴不可以说。喜欢议论他人长短，随意评论褒贬朝廷的法度，这是我最厌恶的。我宁死也不愿意听见自己的子孙有这样的行为。你们知道我对上述行径有多么的厌恶，我之所以一再强调，就像女儿出嫁时父母为女儿系上衣带和佩巾，重申她到夫家不要出差错一样，是想让你们不要忘记而已。

"龙伯高为人敦厚周到又谨慎，口无恶言，谦虚节俭，廉洁公正，待人又不失威严。我非常喜欢他，敬重他，希望你们可以向他学习。杜季良豪放侠义，把别人的忧愁当作自己的忧愁，把别人的快乐当作自己的快乐，与人交往，不分善恶，都不疏远。为父亲办丧事的时候，数郡的客人全都赶来了。我虽然喜欢他，敬重他，但不希望你们向他学习。学习龙伯高不成功，还可以做谨慎谦虚的人，正所谓'刻画天鹅不成还像鸭子'。而学习杜季良不成功，就会堕落为世上的轻薄子弟，正所谓'描画老虎不成反而像狗'。如今，杜季良的未来还不可预料，新郡县官刚上任就已经对他咬牙切齿，州郡的官员将情况告诉我，我常替他感到寒心，所以我不希望子孙效仿他。"

① 通轻：通，结交。轻，轻薄。 ② 妄是非：妄，胡乱。是非，讨论好坏。 ③ 施衿（jīn）结缡（lí）：衿，佩带。缡，古代女子出嫁时系的佩巾。 ④ 清浊无所失：与人交往，不分善恶，都不疏远。 ⑤ 数郡毕至：数郡的客人全都赶来了。 ⑥ 鹄（hú）：天鹅。鹜（wù）：家鸭。此句比喻虽仿效不及，尚不失其大概。 ⑦ 画虎不成反类狗：比喻弄巧成拙。 ⑧ 下车：指官员初到任。

前出师表[1]

— 诸葛亮 —

背景介绍

时　　间: 公元 227 年

人　　物: 诸葛亮、刘备、刘禅

事件起因: 诸葛亮率大军北伐魏国，临行前写了这封奏章给后主刘禅，劝说刘禅继承先帝遗志，广开言路，严明赏罚，亲贤臣，远小人，完成兴复汉室的大业。

简介

　　《前出师表》是诸葛亮北伐之前写给刘禅的奏章。奏章里表达了诸葛亮的嘱托和期盼，希望刘禅能发奋图强，继承父亲刘备的遗志，兴复汉室，还于旧都。

注释

1 表：古代向帝王上书陈情言事的一种文体。

臣亮言：先帝❷创业未半而中道崩殂❸，今天下三分，益州疲敝❹，此诚危急存亡之秋也。然侍卫之臣不懈于内❺，忠志之士忘身于外❻者，盖追先帝之殊遇，欲报之于陛下也。诚宜❼开张圣听❽，以光先帝遗德，恢弘❾志士之气❿，不宜妄自菲薄⓫，引喻失义⓬，以塞忠谏之路也。

宫中⓭府中⓮，俱⓯为一体，陟⓰罚臧否⓱，不宜异同⓲。若有作奸犯科及为忠善者，宜付有司论其刑赏，以昭陛下平明之理，不宜偏私，使内外异法也。

臣诸葛亮上表进言：先帝开创的大业未完成一半却中途去世了。现在天下分为三部分，益州国力薄弱，处境艰难，这确实是国家危急存亡的时期啊。不过宫廷里侍从护卫的官员不懈怠，战场上忠诚有志的将士们奋不顾身，他们追念先帝对他们的知遇之恩，想要报答恩情在陛下您身上。陛下实在应该广开言路听取群臣意见，来发扬光大先帝遗留下来的美德，振奋有远大志向的人的志气，不应当随便看轻自己，说不恰当的话，以致于堵塞人们忠诚进谏的言路。

皇宫中内臣和丞相府里的大臣，都是一个整体，升赏惩罚，赞扬批评，标准不应该不同。如有作恶违法的人，或行为忠善的人，都应该交给主管官吏评定对他们的惩奖，以显示陛下处理国事的公正严明，而不应当有偏袒和私心，让宫中和朝廷奖罚方法不同。

注释

❷ 先帝：这里指刘备。❸ 崩殂（cú）：死。崩，古代称帝王、皇后之死。殂，死亡。❹ 疲敝：困乏。❺ 内：朝廷。❻ 外：朝廷外，指战场上。❼ 宜：应该。❽ 开张圣听：扩大圣明的听闻，意思是要后主广泛地听取别人的意见。张，扩大。圣，圣明。❾ 恢弘：这里是动词，形作动，意思是发扬扩大。也作"恢宏"。恢，大。弘，大、宽。❿ 气：志气。⓫ 妄自菲薄：过分看轻自己。妄，随便，胡乱，轻率。菲薄，微薄。⓬ 引喻失义：说话不恰当。引喻，引用、称引、譬喻。义，适宜，恰当。⓭ 宫中：指皇宫中。⓮ 府中：丞相府。⓯ 俱：全，都。⓰ 陟（zhì）：提升，提拔。⓱ 臧否（zāngpǐ）：善恶，这里形容词用作动词。意思是"评论人物的好坏"。⓲ 异同：这里偏重在异。

原文

　　侍中⑲、侍郎郭攸之、费祎、董允等，此皆良实，志虑忠纯，是以先帝简拔⑳以遗㉑陛下。愚以为宫中之事，事无大小，悉以咨之㉒，然后施行，必能裨㉓补阙漏，有所广益。

　　将军向宠，性行淑㉔均，晓畅军事，试用于昔日，先帝称之曰能，是以众议举宠为督。愚以为营中之事，悉以咨之，必能使行阵和睦，优劣得所。

　　亲贤臣，远小人，此先汉所以兴隆也；亲小人，远贤臣，此后汉所以倾颓也。先帝在时，每与臣论此事，未尝不叹息㉕痛恨㉖于桓、灵㉗也。侍中、尚书、长史、参军㉘，此悉㉙贞㉚良㉛死节㉜之臣，愿陛下亲之信之，则汉室之隆，可计日而待也。

　　臣本布衣，躬耕于南阳㉝，苟全性命于乱世，不求闻达于诸侯。先帝不以臣

译文

　　侍中、侍郎郭攸之、费祎、董允等，都是善良诚实、心志忠贞纯洁的人，他们的志向和心思忠诚无二。因此先帝选拔他们来留给陛下。我认为宫中之事，无论事情大小，都要征询他们的意见然后再去实施，一定能够弥补缺点和疏漏之处。得到更多的好处。

　　将军向宠，性格和品行善良公正，精通军事，以前任用时，先帝称赞他很有才能，因此众人商议推举他做中部督。我认为军营中的事，都征询他的意见，就一定能使军队团结一心，不同才能的人各得其所。

　　亲近贤臣，疏远小人，这是西汉兴盛的原因；亲近小人，疏远贤臣，这是东汉之所以衰败的原因。先帝在世的时候，每次跟我谈论这些事情，未尝不叹息而对桓帝、灵帝时的腐败感到痛心和憾恨。侍中、尚书、长史、参军，这些都是忠贞善良、守节不逾的大臣，望陛下亲近他们，信任他们，那么汉朝的复兴，就指日可待了。

　　我本来是平民，在南阳亲自耕种，在乱世中苟且保全性命，不奢求在诸侯之中出名。先帝不因为我身份卑微，见识浅陋，屈尊下驾，三次去

注释

⑲ 侍中：侍奉皇帝左右，以备应对顾问的官员。⑳ 简拔：选拔。简，挑选。拔，选拔。㉑ 遗：给予。
㉒ 悉以咨之：都拿来问问他们。悉，副词，都、全。咨，询问，征求意见。㉓ 裨：弥补，补救。阙，通"缺"，缺点。㉔ 淑：善。㉕ 叹息：感叹惋惜。㉖ 痛恨：感到痛心遗憾。㉗ 桓、灵：东汉末年的桓帝和灵帝。他们都因信任宦官，加深了政治的腐败。㉘ 尚书、长史、参军：都是官名。尚书指陈震，长史指张裔，参军指蒋琬。㉙ 悉：全、都。㉚ 贞：坚贞。㉛ 良：忠诚坦白。㉜ 死节：能够以死报国。死，为……而死。
㉝ 南阳：东汉郡名。即今河南省南阳市。

卑鄙[34]，猥自枉屈，三顾臣于草庐之中，咨臣以当世之事，由是感激，遂许先帝以驱驰[35]。后值倾覆[36]，受任于败军之际，奉命于危难之间，尔来二十有[37]一年矣。

先帝知臣谨慎，故临崩寄[38]臣以大事也。受命以来，夙夜忧叹[39]，恐托付不效，以伤先帝之明，故五月渡泸[40]，深入不毛[41]。今南方已定，兵甲已足，当奖率三军，北定中原，庶竭驽钝[42]，攘除[43]奸凶，兴复汉室，还于旧都[44]。此臣所以报先帝而忠陛下之职分也。至于斟酌损益[45]，进尽忠言，则攸之、祎、允之任也。

愿陛下托臣以讨贼兴复之效；不效，则治臣之罪，以告先帝之灵。若无兴德之言，则责攸之、祎、允等之慢，以彰其咎。陛下亦宜自谋，以咨诹善道[46]，察纳雅言，深追先帝遗诏。臣不胜受恩感激。今当远离，临表涕零，不知所云。

我的茅庐拜访我，征询我对时局大事的意见，因此我十分感动，就答应为先帝奔走效劳。后来遇到兵败，在兵败的时候接受任务，形势危急艰难之时奉命出使，自那时以来二十一年了。先帝知道我做事小心谨慎，所以临终时把国家大事托付给我。我接受遗命以来，日夜忧虑叹息，就怕先帝托付的大任不能实现，以致损伤先帝的贤明，所以我五月渡过泸水，深入到不长草木的地方。现在南方已经平定，兵员装备已经充足，应当鼓励和统率将领士兵，平定中原，希望用尽我平庸的才能，铲除奸邪凶恶的敌人，复兴汉室，返还旧都，这是我报答先帝、尽忠陛下的职责。至于处理事务，斟酌情理，毫无保留地贡献忠言，那是郭攸之、费祎、董允的责任。希望陛下把讨伐曹魏，振兴恢复汉室的任务托付给我，若不能完成，就治我的罪，用来告慰先帝的在天之灵。如果没有振兴圣德的建议，那就责备郭攸之、费祎、董允等人的疏忽，来揭示他们的过失。陛下也应自行谋划，征询治理国家的好方法，采纳正确的言论，深切追念先帝临终留下的教诲。我接受恩宠感激不尽。今天将要告别陛下远行了，面对这份奏表禁不住热泪纵横，不知说了些什么。

[34] 卑鄙：身份低微，见识短浅。卑，身份低下。鄙，见识短浅。与今义不同。 [35] 驱驰：驱车追赶。这里是奔走效劳的意思。 [36] 后值倾覆：后来遇到兵败。汉献帝建安十三年（公元208年）曹操追击刘备，在当阳长坂大败刘军；诸葛亮奉命出使东吴，联合孙权打败曹操于赤壁才转危为安。 [37] 有：通"又"，用在整数与零数之间。 [38] 寄：托付。 [39] 夙夜忧叹：整天担忧叹息。夙，清晨。忧，忧愁焦虑。夙夜，早晚。 [40] 泸：水名，即金沙江。 [41] 不毛：不长庄稼。毛，庄稼，苗。 [42] 驽钝：比喻才能平庸，这是诸葛亮自谦的话。 [43] 攘除：排除，铲除。 [44] 旧都：指东汉都城洛阳。 [45] 损益：增减，兴革。 [46] 咨诹善道：询问（治国的）好道理。诹，询问。

后出师表

— 诸葛亮 —

背景介绍

时　　间：公元 228 年

人　　物：刘备、刘邦、曹操等

事件起因：诸葛亮想趁魏军主力东下，关中虚弱时起兵。

简介

本表旨在说明蜀汉和曹魏的实力悬殊，指出敌强我弱的严峻现实，阐明北伐的必要性和迫切性，表达自己的决心，用来坚定后主北伐的信念，希望后主抓住战机，不要受当时非议者的影响而动摇意志。

原文

先帝虑汉、贼不两立，王业不偏安，故托臣以讨贼也。以先帝之明，量臣之才，固知臣伐贼，才弱敌强也。然不伐贼，王业亦亡。惟坐而待亡，孰与伐之？是故托臣而弗疑也[1]。

臣受命之日，寝不安席，食不甘味。思惟北征，宜先入南。故五月渡泸，深入

注释

[1] 弗疑：毫不迟疑。

译文

先帝考虑到汉朝和曹魏不能同时存在，帝王的事业不能偏据一地，所以把讨伐曹魏的重任托付于臣。依照先帝的圣明，衡量臣的才能，本来就知道让臣下去讨伐曹魏，是能力微薄而敌人实力强大。但是不去讨伐曹魏，汉朝的大业也是要衰亡的，是坐以待毙，还是主动去讨伐他们呢？所以先帝就毫不迟疑地把讨伐曹魏的重任托付给臣下。

臣下自从接受委任以后，睡不安稳，食无滋味。想到要去征伐北方的敌人，就应该先平定南方，所以五月渡过泸水，深入不毛之地，两天只吃一日的粮食。臣不是不爱惜自己，只是考虑到汉王室不可偏处于蜀地，

不毛，并日而食。臣非不自惜也，顾王业不可偏安于蜀都，故冒危难以奉先帝之遗意，而议者谓为非计。今贼适疲于西，又务于东，兵法乘劳❷，此进趋之时也❸。谨陈其事如左：

高帝明并日月，谋臣渊深，然涉险被创，危然后安。今陛下未及高帝，谋臣不如良、平，而欲以长策取胜，坐定天下，此臣之未解一也。刘繇、王朗各据州郡，论安言计，动引圣人，群疑满腹，众难塞胸。今岁不战，明年不征，使孙策坐大❹，遂并江东，此臣之未解二也。曹操智计，殊绝于人❺，其用兵也，仿佛孙、吴，然困于南阳，险于乌巢，危于祁连，逼于黎阳，几败北山，殆死潼关，然后伪定一时耳，况臣才弱，而欲以不危而定之，此臣之未解三也。曹操五攻昌霸不下，四越巢湖不成，任用李服而李服图之，委任夏侯而夏侯败亡。先帝每称操为能，犹有此失，况臣驽下，何能必胜？此臣之未解四也。自臣到汉

❷ 乘：趁机。劳：劳累，疲惫。❸ 进趋：出兵进攻。❹ 坐大：安然强大。❺ 殊绝：远远超过。

所以冒着艰难危险，来奉行先帝的遗愿。可是朝中争议的人却认为这样做并不是上策。目前曹魏在西边正打得疲惫不堪，又要在东边作战。兵法要求趁敌军疲惫之时发动进攻，当前正是讨伐曹魏的好时机。现在把讨伐的事恭敬地陈述如下：

高祖皇帝的明智，可以和日月相比，他的谋臣见识广博、智谋深远，但还是要经历艰险，身受创伤，遭遇许多危险后才能得到安定。如今陛下的圣明比不上高祖皇帝，谋臣也不如张良、陈平，而想用长期相持的战略来取得胜利，安然平定天下。这是臣不能理解的第一点。刘繇、王朗各自占据州郡，在谈论安守的计策时，动不动就引用古代圣贤的话，大家疑虑满腹，畏首畏尾，今年不出战，明年不出征，使得孙策安然强大起来，吞并了江东。这是臣不能理解的第二点。曹操的智谋心计，远远超过常人，他用兵就如同孙膑、吴起，可是他却曾在南阳被困，在乌巢遇险，在祁连受危，被困逼于黎阳，几乎在北山失败，差点死在潼关，然后才取得了暂时的稳定。何况臣的才能薄弱，想不冒危险来平定天下，这是臣不能理解的第三点。曹操五次攻打昌霸没有攻下，四次想渡过巢湖没有获得成功，任用李服，而李服却谋害他，委任夏侯渊，而夏侯渊却战败身亡。先帝常常称赞曹操是个有才能的人，他还有这些挫败，何况臣下才能薄弱，怎么保证一定能取胜呢？这是臣不能理解的第四点。自从臣下进驻汉

中，中间期年耳，然丧赵云、阳群、马玉、阎芝、丁立、白寿、刘郃、邓铜等及曲长、屯将七十余人，突将、无前⑥、賨叟、青羌、散骑、武骑一千余人，此皆数十年之内所纠合四方之精锐，非一州之所有；若复数年，则损三分之二也，当何以图敌⑦？此臣之未解五也。今民穷兵疲，而事不可息⑧，事不可息；则住⑨与行劳费正等，而不及今图之，欲以一州之地，与贼持久，此臣之未解六也。

夫难平者⑩，事也。昔先帝败军于楚，当此时，曹操拊手⑪，谓天下已定。然后先帝东连吴越，西取巴蜀，举兵北征，夏侯授首，此操之失计而汉事将成也。然后吴更违盟，关羽毁败，秭归蹉跌，曹丕称帝。凡事如是，难可逆见。臣鞠躬尽瘁，死而后已，至于成败利钝⑫，非臣之明所能逆睹也。

中，不过一年的时间，期间已失去了赵云、阳群、马玉、阎芝、丁立、白寿、刘郃、邓铜等将领以及部曲长、屯兵将等七十多人，突将、无前、賨叟、青羌、散骑、武骑等士卒一千多人。这些都是几十年内从四方积聚起来的精锐力量，不是我蜀地一州所能拥有的；如果再过几年，就会损失三分之二，那时再拿什么去对付敌人呢？这是臣不能理解的第五点。现在百姓贫困，兵士疲惫，可是战争不能停止，战争不能停止，军队驻扎下来和去攻打敌人所消耗的人力和物力是相等的。如果不趁此时攻打敌人，想凭一州之地和敌人长久相持，这是臣不能理解的第六点。

最难预测的就是战事。当初先帝在楚地打了败仗，这时曹操拍手称快，以为天下局势已定。但是，后来先帝在东边联合吴越，向西攻取了巴蜀，举兵北伐，杀死了夏侯渊，这是曹操的失算，眼看着兴复汉室的大业快要成功了。但后来孙权又违背了盟约，关羽战败身亡，先帝在秭归遭到挫败，曹丕就此称帝。所有的事都是这样，难以预料。臣下只能小心谨慎，为国献出一切力量，到死为止。至于伐魏兴汉是成功还是失败，是顺利还是困难，那绝不是臣的智力所能预见的。

注释

⑥ 突将、无前：冲锋在前的勇士。⑦ 图：攻打、讨伐。⑧ 事：这里指战事。⑨ 住：指坐等敌人的进攻。⑩ 平：平衡，这里是"预测"的意思。⑪ 拊手：拍手称快。⑫ 利钝：顺利或困难。

陈情表

— 李密 —

背景介绍

时　　间：公元 267 年
人　　物：李密、祖母刘氏
事件起因：晋灭蜀后，晋武帝召李密任职，但李密祖母年老多病，无人奉养。

简介

　　蜀汉灭亡后，晋武帝任命李密为太子洗（xiǎn）马。本文李密以奉养年迈的祖母为由拒绝出仕，本文说明了自己无法应诏的原因。

臣密言：臣以险衅❶，夙遭闵凶。生孩六月，慈父见背❷；行年四岁，舅夺母志。祖母刘愍❸臣孤弱，躬亲抚养。臣少多疾病，九岁不行，零丁孤苦，至于成立。既无伯叔，终鲜兄弟，门衰祚薄，晚有儿息。外无期功强近之亲，内无应门五尺之僮，茕茕孑立❹，形影相吊。而刘夙婴疾病，常在床蓐，臣侍汤药，未曾废离。

逮奉圣朝❺，沐浴清化。前太守臣逵察❻臣孝廉，后刺史臣荣举臣秀才。臣以供养无主，辞不赴命。诏书特下，拜臣郎中，寻蒙国恩，除臣洗马。猥以微贱，当侍东宫，非臣陨首❼所能上报。臣具以表闻，辞不就职。诏书切峻，责臣逋慢❽；郡县逼迫，催臣上道；州司临门，急于星火。臣欲奉诏奔驰，则刘病日笃；欲苟顺私情，则告诉不许。臣之进退，实为狼狈。

臣李密呈言：我因为命运坎坷，很早就遭受不幸。刚出生六个月，父亲就离开了人世。四岁的时候，舅舅就逼迫母亲改变守节心愿而改嫁。我的祖母刘氏可怜我孤单弱小又多病，于是亲自抚养我。臣小时候经常病魔缠身，九岁还不能走路，始终孤独无依靠，直到长大成人。既没有叔伯，也没有兄弟，家门衰落，缺少福气，到了晚年才有了儿子。外面没有关系亲近的亲戚，家里也没有看管门户的童仆，一个人无依无靠独立地生活，只有和自己的影子相伴。而祖母刘氏很早就被疾病缠身，经常躺卧在床不能起身；我侍奉饮食汤药，从来没有离开过。

等到晋朝建立以后，我享受着清明的政治教化。先有逵太守举荐我为孝廉，后有荣刺史举荐我为秀才。臣因为家中无人赡养祖母，所以推辞没有遵命。陛下特地颁下诏书，任命我为郎中，不久又蒙受国恩，任命我为太子的侍从。以我这样微贱的人去侍奉太子，就是杀身捐躯也不能回报皇上。对此，我将以上苦衷上表报告，推辞不去就职。如今诏书急切严厉，责备我拖延怠慢；郡县官吏不停地催我上路；州官也亲自登门督促，显得比星火还要急。我也想接受命令马上就职，可是祖母的病日见加重，想迁就自己的私情，但是报告申诉依然得不到允许。我现在进退两难，实在窘迫。

❶ 险衅：灾难祸患，指命运坎坷。❷ 见背：背我，弃我而去。指去世。❸ 愍：同"悯"，怜悯。❹ 茕茕（qióng）孑（jié）立：生活孤单无靠。茕，孤单。孑，孤身独立。❺ 逮：到了。圣朝：对当时晋的美称。❻ 察：考察，举荐。❼ 陨首：掉头颅。比喻誓死报效。❽ 逋（bū）慢：拖延怠慢。逋，迟延，拖延。

伏惟圣朝以孝治天下，凡在故老，犹蒙矜育，况臣孤苦，特为尤甚。且臣少仕伪朝，历职郎署，本图宦达，不矜名节。今臣亡国贱俘，至微至陋，过蒙拔擢❾，宠命优渥，岂敢盘桓，有所希冀❿。但以刘日薄西山⓫，气息奄奄，人命危浅，朝不虑夕。臣无祖母，无以至今日；祖母无臣，无以终余年。母、孙二人，更相为命，是以区区不能废远。

臣密今年四十有四，祖母今年九十有六，是臣尽节于陛下之日长，报养刘之日短也。乌鸟私情⓬，愿乞终养。臣之辛苦，非独蜀之人士及二州牧伯所见明知，皇天后土实所共鉴。愿陛下矜愍愚诚，听臣微志，庶⓭刘侥幸，卒保余年。臣生当陨首，死当结草。臣不胜犬马怖惧之情，谨拜表以闻。

圣明的朝代是用孝道来治理天下的，凡是老年人，尚且受到怜悯赡养，何况我的孤苦情况特别严重呢。况且，我年轻的时候在蜀汉任过职，做过郎官，图的就是高官厚禄，不计较名气节操。如今我只是一个亡国之奴，实在渺小鄙陋，却承蒙超常的提拔，赏赐的官禄又是如此丰厚，我怎么还敢犹豫彷徨，有其他非分的希望呢？只是因为祖母刘氏已经如同迫近西山的落日，奄奄一息，现在生命已经是危在旦夕。如果没有祖母的抚养，我就不可能活到今天，祖母如果没有我的照顾，也就不可能度过她剩下的岁月。我们祖孙二人，互相依靠而维持生命，正是出于这种内心的私情，我不愿停止侍养祖母而远离做官。

我今年四十四岁，祖母刘氏今年九十六岁，我能效力于陛下的日子还多，而向祖母尽孝的日子却很短了。乌鸦尚且能够反哺，我也希望能够侍奉祖母直到她终老。我的苦衷，不仅是蜀地人士和二州长官有目共睹，而且天地神明也看得清清楚楚。希望陛下能怜悯我的愚昧诚心，满足我这个卑微的心愿，祖母刘氏最终能侥幸地安享余年。我活着定当杀身捐躯报效朝廷，死后也愿意结草来报答陛下的恩惠，我怀着像犬马在主人面前的恐惧心情，谨此上表禀告陛下。

❾ 过蒙拔擢：过，超出常规。拔擢，提升。
❿ 有所希冀：指有其他非分的希望。⓫ 日薄西山：太阳快要落山，比喻人年老将死。
⓬ 乌鸟私情：相传乌鸦是孝鸟，长大后反哺其母，比喻为人子者能孝养其亲。⓭ 庶：庶几，或许。

兰亭集序

— 王羲之 —

背景介绍

时　　间：公元 353 年
事件起因：王羲之等人在会稽郡山阴县的兰亭，举行修禊活动。

简介

　　三月初三，王羲之和友人谢安、孙绰等四十一人在兰亭举行宴会。参加宴会的人饮酒赋诗，事后并将它们结为诗集。王羲之为此诗集写了这篇序言，记下了宴会的盛况与观感。此序被称为"天下第一行书"。

原文

　　永和九年，岁在癸丑，暮春之初，会于会稽山阴之兰亭，修禊事也❶。群贤毕至，少长咸集。此地有崇山峻岭，茂林修竹，又有清流激湍，映带左右，引以为流觞❷曲水，列坐其次❸。虽无丝竹管

译文

　　永和九年，时在癸丑年。暮春三月初，我们在会稽郡山阴县的兰亭，举行修禊活动。许多有名望的贤士都到了，老的少的聚在这里。这里有高山峻岭，有茂密的树林和高挺的翠竹，又有清澈的溪水湍急流淌，辉映环绕在兰亭两侧，引溪水为漂流酒杯的曲折水道，人们在曲水旁边依次就

注释

❶ 修禊：古代习俗每年阴历三月三日，人们临水洗濯嬉游，以祛除不祥。　❷ 流觞：修禊时将盛酒的杯子放在回环的水溪上，任其漂浮，而人们列坐水边，酒杯停在谁面前谁就取杯喝酒。　❸ 次：处所，地方，指曲水边。

弦之盛，一觞一咏，亦足以畅叙幽情。

是日也，天朗气清，惠风和畅。仰观宇宙之大，俯察品类之盛，所以游目骋怀，足以极视听之娱，信可乐也。

夫人之相与，俯仰❹一世。或取诸怀抱，晤言一室之内；或因寄所托，放浪形骸❺之外。虽趣舍万殊，静躁不同，当其欣于所遇，暂得于己，快然自足，不知老之将至；及其所之既倦，情随事迁，感慨系之矣。向之所欣，俯仰之间，已为陈迹，犹不能不以之兴怀，况修短随化❻，终期于尽！古人云："死生亦大矣。"岂不痛哉！

每览昔人兴感之由，若合一契，未尝不临文嗟悼，不能喻之于怀❼。固知一死生为虚诞，齐彭殇为妄作❽。后之视今，亦犹今之视昔，悲夫！故列叙时人，录其所述，虽世殊事异，所以兴怀，其致一也。后之览者，亦将有感于斯文❾。

注释

❹ 俯仰：低头和抬头，比喻短暂的时间。❺ 形骸（hái）：指身体。❻ 修短：指人的寿命长短。化：造化，自然。❼ 喻之于怀：从心里理解明白。❽ 齐：等同。彭：彭祖，相传为古代的长寿者。❾ 斯文：此文。

座，虽然没有管弦齐奏的繁盛场面，但一边饮酒，一边咏诗，也足以让人畅抒情怀。

这一天，天气晴朗，空气清新，清风徐徐，抬头，天空广大无边，低头，地上事物如此兴盛繁茂，这样来放眼纵览，开阔胸怀，足以尽情享受眼观和耳听的无穷乐趣，真的是很快乐啊。

人们相互交往，俯仰之间度过一生。有人喜欢在室内敞开胸怀，与知己倾谈；有人喜欢把情怀寄托在自己爱好的事物之上，不受约束，放纵游乐。虽然人们的爱好不一样，沉静、浮躁也各不相同，但当他们碰到自己喜欢的事物，自己暂有所得，感到欣喜万分自我满足时，竟忘记了衰老即将到来。等到对他们的所得感到厌倦时，情怀就会随着事物的变化而变化，无限的感慨也就油然而生了。曾经所喜欢的东西，在顷刻之间，已经成为往昔，对此尚且不能不为之感念伤怀，更何况生命长短不一，完全听由天命，而最后终将化为乌有呢！古人说："生死毕竟是人生的一件大事啊！"这怎么能不令人悲痛呢？

每当看到古人兴怀伤感的缘由，与我所感叹的好像符契一样相合，我总是对着他们的文章不断悲叹，心里却很难说出原因。本知把生和死等同起来是虚妄荒诞的，把长寿和短命等同起来也是矫妄做作的。后代看待今人，就像今人看待古人，可悲啊！所以，我一一记录下今天在兰亭聚会的人，并抄录他们所作的诗赋。尽管时代不同，情况也不同，但是人们所发的感慨还是相同的。后世的读者，也将对这次集会的诗文有所感慨。

归去来兮辞

— 陶渊明 —

背景介绍

时　间：公元 405 年

事件起因：东晋安帝义熙元年（405 年）的仲秋，陶渊明担任彭泽县令，但仅仅八十多天后，他便辞官回乡，归隐田园。

简介

　　本文是陶渊明辞去彭泽令归隐后的作品，文中重点讲述了作者归隐后所感受到的田园乐趣，表达了作者的高洁志趣和不苟于世俗的情操，同时也流露出作者任随自然、乐天知命的消极思想。

原文

　　归去来兮，田园将芜胡不归❶？既自以心为形役，奚惆怅而独悲？悟已往之不谏，知来者之可追❷。实迷途其未远，觉今是而昨非。舟遥遥以轻飏，风飘飘而吹衣。问征夫以前路，恨晨光之熹微❸。

　　乃瞻衡宇，载欣载奔。僮仆欢迎，稚子候门。三径就荒，松菊犹存。携幼入室，有酒盈樽。引壶觞以自酌，眄庭

译文

　　回去吧，田园快要荒芜了，为什么还不回去？既然自己的心迫于生活而失去自由，为什么还要胸怀惆怅独自悲哀？我意识到过去已经不可挽回，而未来的事还来得及弥补。实际上我走错的路还不太远，已经觉悟到今天所做正确而曾经的行为是错误的。船儿在水中轻轻地摇荡，清风在徐徐地吹拂着我的衣服。向行人探询前去的道路，遗憾晨光还是这样朦胧不明。

　　一看到我那简陋的房子，我高兴得往前奔跑起来。童仆出来欢迎我，

柯以怡颜④。倚南窗以寄傲，审容膝⑤之易安。园日涉以成趣，门虽设而常关。策扶老以流憩⑥，时矫首而遐观。云无心以出岫⑦，鸟倦飞而知还。景翳翳以将入⑧，抚孤松而盘桓。

归去来兮，请息交以绝游⑨。世与我而相违，复驾言兮焉求？悦亲戚之情话，乐琴书以消忧。农人告余以春及，将有事于西畴。或命巾车⑩，或棹孤舟。既窈窕以寻壑，亦崎岖而经丘。木欣欣以向荣，泉涓涓而始流。善万物之得时，感吾生之行休⑪。

已矣乎！寓形宇内复几时？曷不委心任去留⑫？胡为乎遑遑欲何之？富贵非吾愿，帝乡不可期。怀良辰以孤往，或植杖而耘籽⑬。登东皋以舒啸⑭，临清流而赋诗。聊乘化以归尽，乐夫天命复奚疑！

幼子在门口等候我。院中的小路长满了荒草，松树和菊花还生长着。拉着幼子的手进入内室，屋里摆着已装满了酒的酒樽。举起酒壶和酒杯自斟自饮，看着庭院中松枝露出了微笑。倚靠在南面的窗子上寄托自己的志向，心想这狭小之地容易使我安心。每天在庭园内散步自然养成乐趣，虽然安了家门却常常关着。我拉着拐杖悠闲地散步，还不时地抬头望着远方的天空。白云自然而然地从山穴里漂浮而出，而飞累了的鸟儿也知道飞回山林休息。日光渐渐暗了下来，太阳也快要落山了，我抚摸着孤松，徘徊着不愿意离开。

回去吧！我要断绝与世俗交往。既然世俗与我的志趣不同，我驾车出去追求什么呢？跟亲戚故人谈谈心里话是何等快乐，弹琴读书能使我忘掉忧愁。农夫告诉我春天已经来临了，我将要到西边的田里去耕耘。有时驾着小车，有时划着小船。有时沿着蜿蜒的溪水进入山谷，有时沿着崎岖的小路经过小山。只见树木欣欣向荣，只见细细的泉水缓缓流动。我羡慕万物得到了大好时光，感叹自己的一生即将结束。

算了吧！人寄生在世上还有多久呢，为什么不将心放下来顺其自然呢？为什么还要心神不宁地想要到什么地方去呢？富贵并不是我所求，也没有升入仙界的希望。我只盼望有一个好时光独自出去游览，要么扶杖锄草耕种，要么登上东面的山坡放声长啸，要么面对清清的溪流吟唱诗歌。姑且顺应造化了结一生，乐安天命，还有什么疑虑的呢！

注释

❶ 胡：何，为什么。 ❷ 追：补救，挽回。 ❸ 熹微：晨光微弱，朦胧。 ❹ 眄（miǎn）：闲散地观看。柯：树枝。 ❺ 审：知晓、明白。容膝：形容屋小只能容下双膝。 ❻ 策：持，拿着。流憩：到了哪里就到哪里休息。 ❼ 出岫（xiù）：谓云彩从山间飘出。岫：峰峦。 ❽ 翳翳：昏暗的样子。 ❾ 息交：停止与世交往。 ❿ 巾车：有帷幕的小车。 ⓫ 行休：即将结束。 ⓬ 委心：随心如意。 ⓭ 植杖：把拐杖插在田边。耘：除草。 ⓮ 皋：水边高地。舒啸：舒气长啸。

桃花源记

— 陶渊明 —

背景介绍

时　　间：约公元 421 年

人　　物：渔人、刘子骥

事件起因：元熙二年（420 年），刘裕废晋恭帝。次年刘裕用棉被闷死晋恭帝。这使陶渊明对刘裕政权产生不满，对现实社会充满了憎恨。

简介

　　作者在这里描绘了一个没有战乱，没有压迫，安宁和平的理想社会。尽管知道这种社会在当时不可能存在，但从中透露出作者对当时社会的不满与否定，同时也表达了作者对美好生活的向往。"世外桃源"一直被人们视为人间天堂。

晋太元中，武陵人捕鱼为业。缘溪行，忘路之远近。忽逢桃花林，夹岸数百步，中无杂树，芳草鲜美，落英①缤纷。渔人甚异之，复前行，欲穷其林。

林尽水源，便得一山，山有小口，仿佛若有光。便舍船，从口入。初极狭，才通人。复行数十步，豁然开朗。土地平旷，屋舍俨然②，有良田、美池、桑竹之属。阡陌交通，鸡犬相闻。其中往来种作，男女衣着，悉如外人。黄发垂髫，并怡然自乐。

见渔人，乃大惊，问所从来。具答之。便要③还家，设酒杀鸡作食。村中闻有此人，咸来问讯④。自云先世避秦时乱，率妻子邑人来此绝境，不复出焉，遂与外人间隔。问今是何世，乃不知有汉，无论魏晋。此人一一为具言所闻，皆叹惋。余人各复延至其家，皆出酒食。停数日，辞去。此中人语云："不足为外人道也。"

东晋太元年间，武陵人以捕鱼为业。一天，渔人沿着一条山间小溪前行，一时忘记了路的远近。忽然看到一片桃花林，在小溪的两岸绵延数百步，中间没有一棵其他的树，花草遍地，鲜艳美丽，落花繁多。渔人见了非常惊奇，于是继续前行，想要找到林子的尽头。

桃林的尽头在溪水发源的地方，那里还有一座小山。山上有个小洞口，看上去好像还有光亮，渔人跳下船，从洞口走了进去。起初洞口非常狭窄，仅能通过一个人。再往前走了几十步，由狭窄幽暗突然变得宽阔明亮。只见那里土地平整广阔，房屋整齐排列。有肥沃的土地、美丽的池塘，茂密的桑树和竹子等。田间小道纵横贯通，鸡鸣狗叫此起彼伏。人们在田间往来耕作，男女的服饰和外面的人完全一样；老老少少都无忧无虑，逍遥自在。

他们见了渔人，都很吃惊，就问渔人是从哪里来的，渔人都一一作了回答。那人便邀请渔人到他家里，杀鸡摆酒款待他。村中听说来了一位渔人，都赶来向渔人询问情况。他们自称祖先为了逃避秦时的战乱，便带着妻子、儿女和邻居来到这个与世隔绝的地方，从此再也没出去过。于是，他们和外面的人断绝了来往。他们询问现在是什么朝代，竟然连汉朝都不知道，更不用说魏、晋两朝了。渔人把自己知道的都告诉了他们，大家都感慨万分。其他人又各自邀请渔人到他们家去作客，都拿酒菜热情招待。渔人在那儿过了几天，便告辞回家。村中的人们嘱咐他说："您在这里的一切都不要告诉外面的人。"

① 落英：落花，一说初开的花朵。② 俨然：整齐的样子。③ 要：同"邀"，约请。④ 咸来问讯：咸，都。问询，询问，问候。

既出，得其船，便扶向路⑤，处处志⑥之。及郡下，诣太守，说如此。太守即遣人随其往，寻向所志，遂迷，不复得路。

南阳刘子骥，高尚士也，闻之，欣然规⑥往。未果，寻病终。后遂无问津者。

注释

⑤扶向路：沿着来时的路。⑥志：记，这里指做标记。⑦规：规划，打算的意思。

译文

渔人出来以后，找到了自己的船，便沿着来时的路回去，一路上到处做了标记。到了武陵郡下，渔人就对太守说了这一经历。太守立即派人跟他一同前往，寻找先前做下的记号，然而却迷失了方向，再找不到通向桃花源的那条路了。

南阳的刘子骥，是一个高雅的隐士，他听说了这件事后，很高兴地准备前往寻找桃花源，但最终没有实现，不久便生病去世了。从此以后，再也没有人去寻访桃花源了。

五柳先生传

—— 陶渊明 ——

背景介绍

时　　间：陶渊明辞官（405年）归隐后创作，一说为其年轻时作品
事件起因：陶渊明自称"五柳先生"，他借写五柳先生写自己的性格志向。

简介

　　本文是陶渊明以"五柳先生"之名而作的一篇自传。陶渊明在隐居田园后写了大量优秀的诗篇，或赞美劳动生活，或描绘恬静的大自然，文笔质朴而清新。描写了一个性格旷达率直，品德廉洁高尚，不慕富贵名利，安心读书写作的知识分子形象。

先生不知何许人也，亦不详其姓字，宅边有五柳树，因以为号焉。闲静少言，不慕荣利。好读书，不求甚解[1]；每有会意，便欣然忘食。性嗜酒，家贫不能常得。亲旧知其如此，或置酒而招之；造[2]饮辄尽，期在必醉。既醉而退，曾不吝情去留。环堵萧然[3]，不蔽风日；短褐穿结，箪瓢屡空，晏如[4]也。常著文章自娱，颇示己志。忘怀得失，以此自终。

赞[5]曰：黔娄有言："不戚戚[6]于贫贱，不汲汲于富贵[7]。"其言兹若人之俦乎？衔觞赋诗，以乐其志，无怀氏之民欤？葛天氏之民欤[8]？

先生不知道是什么地方的人，也不知道他的姓名和字号。他的屋边有五棵柳树，因此就用来作为自己的名号。他为人闲静，寡言少语，不贪慕荣华富贵和功名利禄。喜欢读书，但只求领会要旨，不在一字一句的解释上过分探究。每当读到会意的地方，便兴奋得忘了吃饭。他爱好喝酒，但因家境贫寒不能经常喝。亲戚朋友了解他这种情况，有时就准备了酒席邀请他来喝。他只要去喝酒就会喝个尽兴，以求每次必醉。喝醉后就自己回去，去留随心，从来不掩饰自己的真实感情。他家里冷冷清清，不能遮蔽风吹日晒。穿的粗布衣也是破烂不堪，盛饭的箪和舀水的瓢经常是空的，但他却安然自在。他经常用写文章来消遣时光，以此透露自己的志向。他能够忘却世俗的利弊得失，愿意这样度过自己的一生。

赞论说：黔娄曾经说过："不为贫贱而忧愁悲伤，也不为贪图富贵而四处奔波。"这大概说的就是五柳先生这样的人吧！他一边喝酒一边作诗，为自己的志向感到快乐，他是无怀氏时代的人？还是葛天氏时代的人呢？

[1] 不求甚解：不求有深刻的理解。 [2] 造：至，到达。 [3] 环堵：房屋的四壁。萧然：形容空空无物。 [4] 晏如：形容安然自得。 [5] 赞：史传评论文字的名称。本文为《五柳先生传》，故有"赞"。 [6] 戚（qī）戚：悲伤忧怨的样子。 [7] 汲（jí）汲：迫切忙碌的样子。 [8] 无怀氏、葛天氏：都是传说中上古时代的氏族首领。据说在他们的时代，风俗淳厚朴实。

北山移文

— 孔稚珪 —

背景介绍

时　　间：公元 480 年

事件起因：当时，隐居成为一种社会风尚，然而，许多人选择隐居，并非真心追求超俗的
精神境界，而是将其作为一种策略，以谋求更高的社会地位。

简介

　　"移"是古代一种官府文书，一般用来颁布命令、晓谕民众。本文借北山神灵的口吻，
揭露和讽刺那些伪装隐居以求取功名利禄的人。

钟山之英①，草堂之灵，驰烟驿路，勒移山庭②。

夫以耿介拔俗之标，潇洒出尘之想，度白雪以方洁，干青云而直上，吾方知之矣。若其亭亭物表，皎皎霞外，芥千金而不眄，屣万乘其如脱，闻凤吹于洛浦③，值薪歌于延濑，固亦有焉。岂期终始参差，苍黄反复，泪翟子之悲，恸朱公之哭。乍回迹以心染，或先贞而后黩④，何其谬哉！呜呼，尚生不存，仲氏既往，山阿寂寥，千载谁赏？

世有周子，隽俗之士，既文既博，亦玄亦史。然而学遁东鲁，习隐南郭，偶吹草堂，滥巾北岳。诱我松桂，欺我云壑。虽假容于江皋，乃缨情于好爵。

其始至也，将欲排巢父，拉许由，傲百氏，蔑王侯。风情张日，霜气横秋。

紫金山的山神，草堂寺的神灵，腾云驾雾般地奔驰在驿路上，把这篇讥讽假隐士的移文镌刻在山前。

有些隐士，自以为有光明正大、超脱流俗的风度，那不拘无束、超出尘世的态度，像白雪一样，人格高尚，可与青云比肩。我知道这样的隐士是存在的。至于亭亭玉立、超然物外，光洁灿烂、胜过云霞，视千金如芥草，不屑一顾，视帝位如草鞋，随手抛弃，听到王子乔在洛水边吹笙作凤鸣声，在长河畔听采薪人引吭高歌，这种隐士固然也是存在的。但怎么也想不到有人前后不一，就像青黄般反复无常，如墨子面对白丝般悲伤不已，如杨朱面对岔路般伤心痛哭。因为那个人刚到山中来隐居，内心却恋着尘世的名利，或许他开始非常贞洁，后来却变得十分虚伪，这是多么荒谬啊！唉！尚子平、仲长统都已不在人世，这寂寥空旷的山林已没有真正的隐士，千秋万年，还有谁值得我们欣赏？

世界上有一位姓周先生，是一个出类拔萃的俊才，他既有文采，又很博学，既通哲学，又懂史学。但是他偏偏学习颜阖遁世东鲁，效仿南郭子綦隐居，在草堂里滥竽充数，居住在北岳山里冒充隐士，哄诱我们山中的青松丹桂，欺骗山中的白云幽壑，他虽然假装在长江边紫金山里隐居，但是心里却牵挂着高官厚禄。

他刚刚隐居的时候，似乎把巢父、许由都不放在眼里，傲视诸子百家，蔑视王侯将相。他的风度之高胜于太阳，志气之凛盛如秋霜。有时感慨当今没有幽居的隐士，有时又抱怨贵族子弟不来山林交游。他能谈四大皆空的佛学，也能聊道家的玄之又玄，就连上古

① 钟山：即紫金山，又名北山，山的南面有草堂寺。② 勒：刻石。③ 凤吹：相传周灵王时太子晋不愿继承王位，善吹箫，如凤鸣，常游于伊水、洛水之间。浦：水边。④ 黩（dú）：污染。

或叹幽人长往，或怨王孙不游。谈空空于释部❺，核玄玄于道流。务光何足比，涓子不能俦。

及其鸣驺入谷❻，鹤书赴陇，形驰魄散，志变神动。尔乃眉轩席次，袂耸筵上，焚芰制而裂荷衣❼，抗尘容而走俗状。风云凄其带愤，石泉咽而下怆，望林峦而有失，顾草木而如丧。

至其钮金章，绾墨绶，跨属城之雄，冠百里之首。张英风于海甸，驰妙誉于浙右。道帙长摈，法筵久埋。敲扑喧嚣犯其虑，牒诉倥偬装其怀❽。琴歌既断，

的务光、涓子之辈，都不能和他相比。

等到朝廷征聘使者的马车进入山谷，捧了征召的诏书送来到山中，这时他立刻得意忘形、魂飞魄散，改变志向，心潮涌动。在宴请使者的筵席上，忍不住扬眉挥袖，得意洋洋，将隐居时用芰荷做成的衣服撕破烧掉，完全显示出尘世的面目，表现出庸俗的举止。山中的风云悲凄含愤，石上的清泉幽咽悲怆，回望这树林和山峦，似乎若有所失，回顾百草和树木，就像死了亲人那样悲伤。

到他佩戴官印，系着墨黑的绶带，掌管一个郡中最大的县，成了一郡之中所属各县令之首，威风遍及四海，美名传到浙东。道家的书籍被长期抛在一边，讲佛法的坐席也早已尘封。鞭打囚犯的喧嚣之声扰乱了他的心思，文书诉讼之类急迫的公务装

注释

❺ 释部：佛经。 ❻ 鸣驺（zōu）：指征召周颙的使者所乘的马。 ❼ 芰（jì）制：用荷叶做成的衣服。语出《离骚》，"制芰荷以为衣"，代指隐士的衣服。 ❽ 牒诉：文书及诉讼。倥偬（kǒngzǒng）：事情纷繁迫促。

酒赋无续。常绸缪于结课，每纷纭于折
狱。笼张赵于往图，架卓鲁于前箓。希
踪三辅豪，驰声九州牧。使其高霞孤映，
明月独举，青松落荫，白云谁侣？硐户
摧绝无与归，石径荒凉徒延伫。至于还
飙入幕，写雾出楹，蕙帐空兮夜鹤怨，
山人去兮晓猿惊。昔闻投簪❾逸海岸，今
见解兰缚尘缨。

于是南岳献嘲，北陇腾笑，列壑争
讥，攒峰竦诮。慨游子之我欺，悲无人
以赴吊。故其林惭无尽，涧愧不歇，秋
桂遣风，春萝摆月。骋西山之逸议，驰
东皋之素谒。

❾ 投簪：指脱下官帽，弃官归隐。

满了胸怀。琴歌之声既已断绝，酒赋
之事也无法继续，经常被考核官吏的
事情纠缠，忙碌于审问各种案件。既
想拥有张敞、赵广汉的才干，又想有
超过卓茂、鲁恭的政绩，希望追随三
辅贤豪的足迹，让自己的名声传遍天
下。这使得山中的朝霞孤零零地映照
在天空，明月孤独地悬挂在夜幕，青
松落寞地投下浓荫，白云有谁和它做
伴？房屋坍塌毁坏，不见有人归来，
石径一片荒凉，白白地久立等待。以
至于旋风吹进了帷幕，云雾从屋柱之
间泻出，夜空中的飞鹤好像是怨恨人
去帐空，清晨的山猿也感到吃惊。过
去听说有人脱去官服逃往海边隐居，
今天却见到有人解下了隐士的佩兰而
戴上俗世的冠带。

于是南岳送来嘲讽，北岭传出耻
笑，深谷争相讥讽，座座山峰挺身斥
责，都慨叹被那位周先生所欺骗，又
悲伤没有人为此前来慰问。所以，山
林中的林木感到羞耻不已，山涧也怀
愧莫及，秋桂不飘香风，春萝也不笼
月色。我们只有赶快传布伯夷、叔齐
的隐居言论和阮籍安贫乐道的话，谴
责周先生的背叛行为。

今又促装下邑，浪枻⑩上京。虽情殷于魏阙，或假步于山扃。岂可使芳杜厚颜，薜荔蒙耻，碧岭再辱，丹崖重滓⑪，尘游躅⑫于蕙路，污渌池以洗耳？宜扃岫幌⑬，掩云关，敛轻雾，藏鸣湍。截来辕于谷口，杜妄辔于郊端。于是丛条瞋胆⑭，叠颖怒魄，或飞柯以折轮，乍低枝而扫迹。请回俗士驾，为君谢逋客。

注释

⑩ 浪枻（yì）：划动船桨。浪，鼓动，划动。枻，桨。⑪ 滓：污浊。⑫ 游躅（zhuó）：隐者留下的足迹。⑬ 扃（jiōng）：关闭。岫幌：指山的门户。⑭ 瞋胆：使肝胆发怒。

现在听说周先生正在县里忙于置办行装，准备乘船到京城。虽然他心中向往的是朝廷，但或许也会到山里来借住。岂能让我们山里的芳草承受厚颜的名声，让薜荔遭受羞耻，让碧岭再次受侮辱，让丹崖重遭玷污，让芳草路遭受世俗尘游的践踏，听了他说话的声音赶快去洗耳，因而弄脏我们的清水池塘吗？所以，我们应该拉紧山间云气的帷帐，掩上云门，收敛轻雾，藏匿好叮咚的山泉。到各路口去拦截他的车子，到山外去堵住他的马。于是山中的树丛和重叠的草芒勃然大怒，有的用飞落的枝条打折他的车轮，有的用低垂枝叶扫去车痕。它们对我们山神和草堂守护神说：请这个凡夫俗子的车驾转回去吧，我们谢绝他这位逋客的再次到来。

谏太宗十思疏

— 魏征 —

背景介绍

时　　间：公元 637 年

人　　物：唐太宗、魏征

事件起因：这个时期唐朝经济得到了显著发展，百姓生活逐渐富裕。然而，随着国力增强，唐太宗开始大兴土木修建庙宇和宫殿，广泛搜集珍宝，这些行为不仅劳民伤财，也逐渐远离了初期的朴素治国理念。

简介

　　本文是魏征为规劝唐太宗所上的奏疏，谏疏的目的是希望唐太宗接受自己的建议，以保唐王朝的长治久安。

　　臣闻求木之长者，必固其根本；欲流之远者，必浚①其泉源；思国之安者，必积其德义。源不深而望流之远，根不固而求木之长，德不厚而思国之理，臣虽下愚，知其不可，而况于明哲乎！人君当神器②之重，居域中之大③，将崇极天之峻，永保无疆之休。不念居安思危，戒奢以俭，德不处其厚，情不胜其欲，斯亦伐根以求木茂，塞源而欲流长者也。

　　凡百元首，承天景命④，莫不殷忧而道著，功成而德衰。有善始者实繁，能克终者盖寡。岂取之易而守之难乎？昔取之而有余，今守之而不足，何也？夫在殷忧⑤必竭诚以待下，既得志则纵情以傲物。竭诚则吴越为一体，傲物则骨肉为行路。虽董⑥之以严刑，振之以威怒，终苟免而不怀仁，貌恭而不心服。怨不在大，可畏惟人；载舟覆舟⑦，所宜深慎；奔车朽索，其可忽乎！

❶ 浚（jùn）：疏通水道。❷ 神器：老子称天下为神器，指帝位。❸ 域中之大：天地间的重要位置。域中，天地间。❹ 景命：上天授予帝王君位的大命。景，大。❺ 殷忧：深重的忧虑。殷，深。❻ 董：监督。❼ 载舟覆舟：比喻统治者和人民的关系如舟与水，水能载舟，也能颠覆之。

　　我听说，要想使树木长得高大，一定要使它的根稳固；要想使水流得远，一定要疏通它的源头；要想使国家安定，一定要厚积恩德和仁义。没疏通水源却希望水流得远，根不稳固却希望树木长得高大，道德不厚实却希望国家安定，我虽然是极其愚蠢的人，但也知道这是不可能的，更何况是您这样英明智慧的人呢？君主掌握帝王的重权，身处天下最高的地位，如果不能居安思危，戒除奢侈，厉行节俭，不重视德行，不克制情欲，那就如同砍断树根想使树木茂盛，堵塞源泉想使泉水流得长远啊。

　　历代所有的帝王，承受了上天的重大使命，无不在烦忧中光大天道，在成功后道德滑坡。他们的帝业具有良好开端的确实很多，但能有好结果的实在很少。难道是取得天下容易，巩固天下困难的缘故吗？从前创业得心应手，现在守业能力不足，为什么呢？是他们在创业的时候遇到深重的忧虑，一定竭尽诚心来对待臣民，得到天下之后，便放纵自己的情欲傲视他人。竭尽诚心，就可以使胡人、越人等天南地北的人结成一体；傲视他人，就是亲人也会关系僵得像毫不相干的陌生人。虽然可以用严刑来责罚他们，用威势来震慑他们，但最终仍然是使人苟且地躲避刑罚，而心里却不会向往仁德，他们表面上恭敬但内心并不服气。怨恨不在事情大小，可怕的是百姓心怀怨恨。国君像船，百姓像水，水可以承载船，也可以颠覆船，这是应当特别谨慎对待的啊。用腐烂的缰绳驾驭马车奔驰，翻车的危险难道可以忽视吗！

君人者，诚能见可欲则思知足以自戒，将有作则思知止以安人，念高危则思谦冲而自牧，惧满溢则思江海下百川，乐盘游则思三驱以为度，忧懈怠则思慎始而敬终，虑壅蔽则思虚心以纳下，想谗邪则思正身以黜恶，恩所加则思无因喜以谬赏，罚所及则思无因怒而滥刑。总此十思，弘兹九德，简能而任之，择善而从之，则智者尽其谋，勇者竭其力，仁者播其惠，信者效其忠。文武争驰，在君无事，可以尽豫游之乐，可以养松、乔之寿，鸣琴垂拱，不言而化。何必劳神苦思，代下司职，役聪明之耳目，亏无为之大道哉！

译文

统治天下的人，假如真的能够见到自己想要的东西，就想一想知足不辱的古训来警戒自己，想要兴师动众时，就想一想知止不殆的箴言来安定民心；想到身居高位时常有危险，就应该考虑保持谦虚平和以加强自我管理；害怕自己骄傲自满，就要想到虚心待人，像江海那样居于百川之下；喜欢田猎取乐就应想到设网三面，留一面不设作为限度；担心意志懈怠，就想到做事必须始终谨慎；忧虑自己受蒙蔽，就要想到虚心采纳臣下的建议；害怕谗言奸邪，就要想到端正自己的品德来斥退奸恶小人；施恩于他人时，就要想到不要因为一时高兴而不恰当地奖赏；施行刑罚时，就要想到不要因为一时之恼而滥施刑罚。要完全做到上面的十个用心之处，弘扬九种美德，选拔有才能的人加以任用，选择好的意见加以听从，那么有智慧的人就会献出他们的谋略，勇敢的人就会完全使出他们的力量，仁爱的人就会广施他们的恩惠，诚信的人就会献出他们的忠诚。文臣武将争先恐后来效力，君主就可以安享太平，尽情享受出游的快乐，可以颐养得像仙人赤松子、王子乔那样长寿，皇上弹着琴垂衣拱手就能治理好天下，不用再说什么，天下人就已经教化了。为什么一定要自己苦思冥想，代替臣下管理职事，役使自己灵敏、明亮的耳目，违背顺其自然就能治理好天下的大道理呢！

为徐敬业讨武曌檄

— 骆宾王 —

背景介绍

时　　间：公元 684 年

人　　物：徐敬业、武曌

事件起因：嗣圣元年（684 年），武则天废掉刚登基的唐中宗李显，另立李旦为帝，她临朝称制。徐敬业在扬州起兵伐武氏。

简介

本文开篇就说了武则天的种种罪恶，层层揭露并点明武氏乃亡国的根源，从而讲出讨伐武氏的必要性，最后号召天下人一起讨伐武氏。

原文

伪临朝武氏❶者，性非和顺，地❷实寒微。昔充太宗下陈❸，曾以更衣❹入侍。洎❺乎晚节，秽乱春宫❻。潜隐先帝之私，阴图后房之嬖❼。入门见嫉，蛾眉不肯让人；掩袖工谗，狐媚偏能惑主。践元

译文

非法当朝执政的武则天，她的本性就不善良温顺，而且出身卑下。以前充当太宗的才人，利用侍奉太宗更衣的机会亲近太宗，后来不顾伦常又在太子宫中淫乱。她隐瞒太宗对她的宠幸，背地里谋取高宗的宠幸。进宫的妃嫔都会遭到她的嫉妒，不愿意跟别人分享皇帝的宠幸；像郑袖一样喜

注释

❶ 武氏：指武则天。❷ 地：指家庭、家族的社会地位。❸ 下陈：古人宾主之间馈赠礼物，陈列在堂下，称为"下陈"。后代指侍妾一类的女性。❹ 更衣：换衣。也代指上厕所。❺ 洎（jì）：及，到。❻ 春宫：是太子居住的地方，后人常借指太子。❼ 嬖（bì）：宠爱。

后于翚翟⁸，陷吾君于聚麀⁹。加以虺蜴为心，豺狼成性，近狎邪僻，残害忠良，杀姊屠兄，弑君鸩母❿。人神之所同嫉，天地之所不容。犹复包藏祸心，窥窃神器。君之爱子，幽之于别宫；贼之宗盟，委之以重任。呜呼！霍子孟之不作，朱虚侯之已亡。燕啄皇孙，知汉祚之将尽；龙漦⓫帝后，识夏庭之遽⓬衰。

敬业皇唐旧臣，公侯冢子⓭。奉先君之成业，荷本朝之厚恩。宋微子之兴悲，良有以也⓮；袁君山之流涕，岂徒然哉！是用气愤风云，志安社稷。因天下之失望，顺宇内之推心，爰⓯举义旗，以清妖孽。南连百越，北尽三河，铁骑成群，玉轴⓰相接。海陵红粟，仓储之积靡穷；江浦黄旗，匡复之功何远？班声动而北风起，剑气冲而南斗平。喑呜则山岳崩颓，叱咤则风云变色。以此制敌，何敌不摧；以此图功，何功不克！

欢挑拨离间害别人，像狐狸般迷惑君主。她窃取了皇后的名位，陷害皇帝败坏人伦。加上她有毒蛇一般的心肠，凶残的本性，亲近奸佞，残害忠臣；杀姐害兄，谋杀君王，毒死国母。百姓神灵都痛恨她这样的人，连天地都不能容忍。她还包藏祸心，谋划篡夺皇位。皇上的爱子，被她囚禁在别处；而武氏的同姓族人却被委派重要的职位。唉！像霍光那样的忠臣不再出现，朱虚侯刘章那样强悍的宗室也没有了。赵飞燕杀害皇子，预示着汉朝即将灭亡；龙的口水化为帝后褒姒，预示着夏朝快要衰亡。

徐敬业是大唐的老臣，公侯的长子。继承先辈的功业，承受本朝的厚恩。宋微子为故国的灭亡而感到悲伤，是有道理的；袁安说到外戚专权时流泪，难道没有原因吗？因此，我发愤图强要干一番事业，目的是安定大唐江山。趁着天下人对武氏正失望，顺应举国百姓的心愿，于是高举正义之旗，清除妖孽之人。南到百越，北到三河诸郡，战马成群，战车相连。海陵红米非常充足，仓库的军粮也无穷无尽；江浦旌旗高扬，光复大唐的伟大功业还远吗？战马嘶鸣，北风骤起；剑气冲天，战士的怒吼使得山岳崩塌，云天变色。用这样的军队去制服敌人，什么样的敌人不被打败；用这样的军队谋求功业，什么样的功业不能完成！

⑧ 翚：五彩雉鸡。翟：长尾山鸡。⑨ 聚麀：多匹牡鹿共有一匹牝鹿。⑩ 鸩：传说中的一种鸟，用羽毛浸酒能毒死人。母，此指国母，即王皇后。⑪ 龙漦：龙的涎沫。⑫ 遽：急速。⑬ 冢子：嫡长子。⑭ 良：确实、真的。⑮ 爰：于是。⑯ 玉轴：战车的美称。

公等或家传汉爵，或地协周亲⑰，或膺重寄于爪牙⑱，或受顾命于宣室。言犹在耳，忠岂忘心？一抔之土未干，六尺之孤何托？倘能转祸为福，送往事居⑲，共立勤王之勋，无废旧君之命，凡诸爵赏，同指山河。若其眷恋穷城，徘徊歧路，坐昧⑳先几之兆，必贻后至之诛。请看今日之域中，竟是谁家之天下！移檄州郡，咸使知闻。

诸位有的是被朝廷封爵的异姓侯王，有的是皇室的姻亲，有的是承受重托在外领兵的将军，有的是接受先帝遗命的大臣。先帝留下的遗言还在耳边回想，你们忠诚的心意怎么会忘记！先帝坟上的土还没有干透，我们年幼的君主却不知被贬到哪里去了！如果能改变当前的祸患成为福祉，送别先帝高宗，辅立年幼的君主，一起树立勤王的功勋，不忘先帝的遗命，那么，一切封爵赏赐，都可以指着泰山黄河发誓。如果有人留恋孤立无援的城池，在歧路上犹豫不决，看不清形势的征兆，一定会因为错失时机而被惩罚。请看明当今的社会，到底是谁的天下！这道檄文颁布到各州郡，让大家都知晓。

注释

⑰ 周亲：至亲。⑱ 膺（yīng）：承受。爪牙：喻武将。⑲ 往：死者，指高宗。居：生者，指中宗。⑳ 昧：不分明。

滕王阁序

— 王勃 —

背景介绍

时　　间：公元 675 年

事件起因：王勃 27 岁时准备前往交趾探望父亲，途经洪州，正赶上洪都府知府阎公重修滕王阁。王勃被邀去赴宴，即作成此文。

简介

　　文章首先叙述洪州地势雄伟、人才杰出、宾客尊贵；其次写滕王阁景色之美妙，构筑之宏丽，显出作者非凡的文笔；接着由眼前的美景转入对人生的思考和感慨，由壮写到悲，表达了作者的抱负和自强振作的意志；最后自叙遭遇，并说明自己有幸参加这次聚会。

豫章故郡，洪都新府。星分翼轸，地接衡庐。襟三江而带五湖，控蛮荆而引瓯越。物华天宝❶，龙光射牛斗之墟❷；人杰地灵，徐孺下陈蕃之榻。雄州雾列，俊彩星驰❸。台隍枕夷夏之交，宾主尽东南之美。都督阎公之雅望❹，棨戟遥临；宇文新州之懿范，襜帷暂驻。十旬休暇，胜友如云；千里逢迎，高朋满座。腾蛟起凤，孟学士之词宗；紫电清霜，王将军之武库。家君作宰，路出名区；童子何知，躬逢胜饯。

时维九月，序属三秋。潦水❺尽而寒潭清，烟光凝而暮山紫。俨骖𬴂于上路❻，访风景于崇阿；临帝子之长洲，得天人之旧馆。层峦耸翠，上出重霄；飞阁流丹，下临无地。鹤汀凫渚❼，穷岛屿之萦回；桂殿兰宫，即冈峦之体势。

这里是豫章郡的古城，如今称为洪州都督府。它处在翼、轸二星的分野，与衡、庐二山相连接。以三江为衣襟，五湖为衣带，西边控制着荆楚，东边牵制着闽越。这里万物的精华焕发为天上的宝气，宝剑的光芒直射牛、斗二星之间；人有俊才，地有灵秀，太守陈蕃专门为徐孺设置卧榻。雄伟的洪州城像雾一样涌起，杰出的人才像繁星一样放射光芒。城池坐落于中原与夷夏相交的要害之地，主人和宾客集中了东南地区的俊杰。洪州都督阎公名望崇高，远道来到洪州坐镇；新州刺史宇文公品行高洁，赴任途中路过这里，车驾暂驻。正好赶上十天一次的假日，才华出众的朋友像白云一样聚集。有人不远千里赶来，尊贵的宾客坐满了席位。蛟龙腾空、凤凰飞起，那是文词宗主孟学士；像紫电清霜一样锋利的宝剑，出自王将军的武库里。由于父亲在交趾做县令，我探亲路过这座名城；在下年幼无知，却荣幸地遇到这样盛大的宴会。

时当九月，秋高气爽，潦水消尽，潭水寒冷清澈，烟光雾气弥漫，傍晚的山峦呈现淡淡的紫色。在山路上驾着马车出游，到高大的丘陵中寻访美景。来到滕王营建的长洲，看见了当年他居住过的殿阁。高高的楼台如青峰耸立，直达云霄；凌空架起的阁宇好像在天空飞翔，从高处往下看，好像感觉不到地面的存在。仙鹤野鸭栖息的水边平地和水中小洲，岛屿极尽曲折回环的景致；桂树与木兰建成的宫殿，依傍山峦高低起伏之势排列。

❶ 物华天宝：指人世诸物的光华化为天上的宝气。❷ 龙光：此指宝剑的光芒。牛斗之墟：二十八星宿中牛、斗二星所在方位。墟，指星座。❸ 俊彩星驰：俊彩，俊才。星驰，如星流动飞驰。❹ 雅望：崇高的名望。❺ 潦水：下雨后的积水。❻ 骖（cān）：驾车的辕马旁边，左骖右骓，此指马车。上路：地势高的路。❼ 鹤汀（tīng）：活动着仙鹤的水边平地。

披绣闼，俯雕甍❽，山原旷其盈视，川泽纡其骇瞩。闾阎扑地，钟鸣鼎食之家❾；舸舰弥津，青雀黄龙之舳。云销雨霁，彩彻区明❿。落霞与孤鹜齐飞，秋水共长天一色。渔舟唱晚，响穷彭蠡之滨；雁阵惊寒，声断衡阳之浦。

遥襟甫畅，逸兴遄飞⓫。爽籁发而清风生⓬，纤歌凝而白云遏⓭。睢园绿竹，气凌彭泽之樽；邺水朱华，光照临川之笔。四美俱，二难并。穷睇眄于中天，极娱游于暇日。天高地迥，觉宇宙之无穷；兴尽悲来，识盈虚⓮之有数。望长安于日下，目吴会于云间。地势极而南溟深，天柱高而北辰远。关山难越，谁悲失路之人？萍水相逢，尽是他乡之客。怀帝阍而不见，奉宣室以何年？

嗟乎！时运不齐，命途多舛。冯唐易老，李广难封。屈贾谊于长沙，非无圣主；窜梁鸿于海曲，岂乏明时？所赖君子

推开精致的大门，俯视雕饰的屋脊，山野辽阔眺望无极，河流、湖泊曲折浩茫，令人惊叹。房屋排满地面，都是官宦之家；船只舶满渡口，尽是雕上青雀黄龙花纹的大船。乌云消散，雨过天晴，阳光普照，天空晴朗。落霞与孤寂的野鸭一起在天际飞舞，秋天的江水和蔚蓝的天空浑然一色。晚上渔船的歌声，响遍了鄱阳湖畔；群雁被寒气惊扰，叫声消失在衡阳的水边。

思家的胸怀顿时舒畅，超逸的兴致油然而生。排箫发出清脆的声音引来阵阵清风，纤细的歌声又阻止了白云的飘动。这盛宴如同睢园中的竹林聚会，贵客们狂饮的气概胜过了陶渊明；又有邺水咏荷花那样的才气，文采超过了谢灵运。良辰美景，赏心乐事，四美齐备，贤主、嘉宾，难得相逢。极目远眺，在闲暇的日子里尽情欢乐。天高地远，宇宙无边无际；欢乐消尽，悲从中来，我知道事物变化、盛衰成败都有定数。远望长安在夕阳下，遥看吴越在云海间。地处南极，南海深不可测，天柱高耸，北斗星如此遥远。关山阻隔，难以逾越，又有谁会同情不得志的人？今天偶然相聚，都是漂泊他乡的人。一心怀念朝廷却不能被召见，什么时候才能像贾谊那样被奉召宣室去侍奉君王呢？

呵！个人的机遇不同，命运坎坷不平！冯唐有了重用的机会时已经老了，李广功无数最终也没被封侯。贾谊蒙受委屈被贬到长沙，并非没有圣明的君主；梁鸿被迫隐匿到齐鲁海滨，难道不是在政治昌明的时代吗？只不过君子能够安于贫贱，通达事理的人能接受自己的命运。年纪虽高，

❽ 甍（méng）：有雕饰的屋脊。❾ 钟鸣鼎食：这里指官宦之家。❿ 区明：指天空。⓫ 逸兴：超逸的兴致。遄飞：飞速地抒发。⓬ 爽籁：参差不齐的排箫。籁，一种由竹制的管乐器。⓭ 白云遏：形容歌声的美妙。⓮ 盈虚：指兴衰、贵贱、穷通等。

见机，达人⑮知命。老当益壮⑯，宁移白首之心？穷且益坚，不坠青云之志⑰。酌贪泉而觉爽，处涸辙以犹欢。北海虽赊，扶摇可接；东隅已逝⑱，桑榆非晚⑲。孟尝高洁，空余报国之情；阮籍猖狂，岂效穷途之哭？

勃，三尺微命⑳，一介书生。无路请缨，等终军之弱冠；有怀投笔，慕宗悫之长风。舍簪笏㉑于百龄，奉晨昏于万里㉒。非谢家之宝树，接孟氏之芳邻。他日趋庭，叨陪鲤对㉓；今兹捧袂，喜托龙门。杨意不逢，抚凌云而自惜；钟期既遇，奏流水以何惭？

呜呼！胜地不常，盛筵难再，兰亭已矣，梓泽丘墟。临别赠言，幸承恩于伟饯；登高作赋，是所望于群公。敢竭鄙怀，恭疏短引㉔，一言均赋，四韵俱成㉕。请洒潘江，各倾陆海云尔：

但志气更旺，忠贞到白头的初心岂能改变？处境艰难，精神更加坚强，不放弃凌云壮志。廉洁的人喝了贪泉的水心境依然清爽，有德行的人即使处在困境也能保持乐观开朗。北海虽然遥远，但是凭借大风也能到达；日出的时光已经消逝，日暮的期间也可利用。孟尝品德高洁，却空有一腔报国的热情；阮籍放纵不羁，何必效仿他在穷途末路时痛哭流涕？

我王勃，身份卑微，只是一个文弱书生。虽然与终军一样已经成年，却没有请缨报国的机会；我也有班超那样投笔从戎的胸怀，也仰慕宗悫"乘长风破万里浪"的雄心。如今我宁愿舍弃一生的功名富贵，跋涉万里去侍奉我的父亲。我不敢自称是谢玄那样的俊才，却非常幸运能够见到与会的宾客。不久，我将到父亲身边聆听教诲；今天我能在宴会上拜见各位长者，荣幸得如登龙门。假如司马相如碰不上杨得意引荐他给汉武帝，就只有抚摸着自己写的《大人赋》而叹息。今天既然遇到了钟子期那样的知音，我弹奏一曲高山流水又有什么羞愧呢？

呵！名胜之地不能常存，盛大的宴会也难以再遇。兰亭宴集的盛况已成过去，石崇的梓泽也变成废墟。我侥幸在盛大的宴会上承蒙恩情，临别时写几句话作纪念，至于登高赋诗，只有指望在座的诸位了。我穷尽思虑，作了短短的序言，按分到的韵字赋诗，我的一首四韵八句也已写成。请诸位施展潘岳、陆机那样的才华，谱写瑰丽的诗篇吧：

⑮ 达人：通达事理的人。 ⑯ 老当益壮：年纪虽高，志气应该更旺。益，更加。 ⑰ 青云之志：比喻远大的志向。 ⑱ 东隅(yú)：东方日出处，指早晨。比喻早年时光。 ⑲ 桑榆：日落处，指黄昏。比喻人的晚年。 ⑳ 三尺微命：身份卑微。三尺：指衣带下垂部分，是当时士大夫中最低一级绅的衣带长度。 ㉑ 簪笏：簪，是古人束发戴冠时用以固定冠的长针，笏，是官吏朝见皇帝时所捧的手版。此代指俸禄。 ㉒ 奉晨昏：这里指侍奉父亲。晨昏，古人早晚向父母请安。 ㉓ 鲤对：指接受长辈的教诲。 ㉔ 恭疏短引：疏，分条陈述，这里指写作。引，引言，即序文。 ㉕ 一言均赋，四韵俱成：即"均赋一言，俱成四韵"的倒装。

滕王高阁临江渚，佩玉鸣鸾罢歌舞。
画栋朝飞南浦云，珠帘暮卷西山雨。
闲云潭影日悠悠，物换星移几度秋。
阁中帝子今何在？槛外长江空自流。

　　巍峨高耸的滕王阁俯临着江心的沙洲，想当初佩玉、鸾铃鸣响的豪华歌舞已经停止了。早晨，南浦的云掠过滕王阁的画栋，傍晚，西山的雨卷起了滕王阁的珠帘。天上的闲云、潭水中的倒影，每天悠悠来去，时光易逝，人事变迁，不知已经度过几个春秋。昔日游赏于高阁中的滕王如今已不知去了哪里？只有那栏杆外的滔滔江水空自向远方奔流。

孩子一读就喜欢的

古文观止 ④

[清]吴楚材 [清]吴调侯◎选编
小行星工作室◎译注

北京时代华文书局

图书在版编目 (CIP) 数据

孩子一读就喜欢的古文观止 . 4 / (清) 吴楚材，(清) 吴调侯选编；
小行星工作室译注 . -- 北京 : 北京时代华文书局，2024.6
ISBN 978-7-5699-5491-3

Ⅰ . ①孩… Ⅱ . ①吴… ②吴… ③小… Ⅲ . ①《古文观止》—青少年读物 Ⅳ .
① H194.1-49

中国国家版本馆 CIP 数据核字 (2024) 第 096585 号

HAIZI YI DU JIU XIHUAN DE GUWEN GUANZHI 4

出版人：陈　涛
责任编辑：刘显芳
装帧设计：彭明军
责任印制：訾　敬

出版发行：北京时代华文书局 http://www.bjsdsj.com.cn
　　　　　北京市东城区安定门外大街 138 号皇城国际大厦 A 座 8 层
　　　　　邮编：100011　电话：010-64263661 64261528
印　　刷：三河市祥达印刷包装有限公司
开　　本：710 mm × 1000 mm　1/16　　　成品尺寸：170 mm × 240 mm
印　　张：8　　　　　　　　　　　　　　字　　数：205 千字
版　　次：2024 年 6 月第 1 版　　　　　印　　次：2024 年 6 月第 1 次印刷
定　　价：199.00 元（全 6 册）

版权所有，侵权必究
本书如有印刷、装订等质量问题，本社负责调换，电话：010-64267955

目录

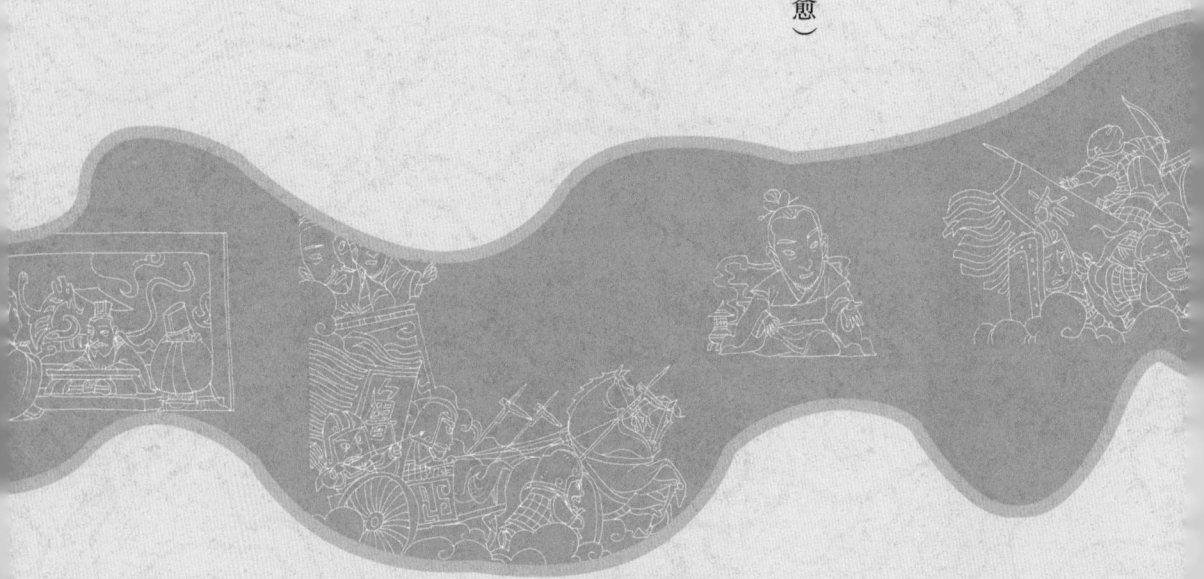

与韩荆州书

— 李白 —

背景介绍

时　　间：公元 734 年

人　　物：韩朝宗（686-750），唐睿宗、唐玄宗的大臣，官至京北尹

事件起因：本篇是李白初见韩朝宗时的一封自荐书。文章开头赞美韩朝宗识拔人才。接着毛遂自荐，介绍自己的经历、才能和气节。

简介

　　李白抱负宏大，但他不想经由常规考试进入仕途，而企图一朝蒙受帝王赏识，获得重用。作此文前，他已经多次上书和谒见地方长官，又曾入京谋求出路，但是都没有结果。当时韩朝宗担任荆州长史兼襄州刺史，山南东道采访史，所以李白尊称他"韩荆州"。

白闻天下谈士相聚而言曰："生不用封万户侯，但愿一识韩荆州。"何令人之景慕一至于此！岂不以周公之风，躬❶吐握之事，使海内豪俊，奔走而归之，一登龙门，则声价十倍！所以龙蟠凤逸❷之士，皆欲收名定价于君侯。愿君侯不以富贵而骄之，寒贱而忽之，则三千之中有毛遂，使白得颖脱而出，即其人焉。

白，陇西布衣，流落楚汉。十五好剑术，遍干❸诸侯。三十成文章，历抵卿相。虽长不满七尺，而心雄万夫。皆王公大人许与❹气义。此畴曩❺心迹，安敢不尽于君侯哉？君侯制作侔神明，德行动天地，笔参造化，学究天人。幸愿开张心颜，不以长揖见拒。必若接之以高宴，纵之以清谈，请日试万言，倚马可待。今天下以君侯为文章之司命，人物之权衡，一经品题，便作佳士。而君侯何惜阶前盈尺之地，不使白扬眉吐气，激昂青云耶？

❶ 躬：亲身实行。❷ 龙蟠凤逸：比喻贤士尚未发迹。蟠，盘伏。逸，隐逸。❸ 干：求。❹ 许与：称许。❺ 畴曩（nǎng）：往昔。

我听说天下言谈之士相聚时议论说："人生宁愿不封万户侯，只愿结识一下韩荆州。"怎么使人敬仰爱慕到这个程度！岂不是因为您具有周公那样的风范，身体力行"三握""三吐"之事，才使天下的豪杰俊秀之士都争先恐后地投奔到您的门下，士人一经您的接待就像鲤鱼跃过龙门，声名大增！所以，尚未得志的英杰之士，都想在您那里获得美名、奠定声望。希望您不以自己地位的尊贵而傲视他们，也不以他们寒贱的出身而轻视他们，那么在您的三千门客之中，必然会有毛遂那样的奇才，如果能给我展示才华的机会，我就是你门下的毛遂啊。

我是陇西的平民，流落在楚地汉水一带。十五岁时爱好剑术，曾到处拜见地方长官；三十岁时精通写文章，多次拜谒朝中公卿。我虽身长不满七尺，但志气雄壮，胜于万人。王公大人称赞我的节操和义气。这些我从前的抱负与行事，怎敢不向您尽情表露呢？您的著作同神明相等，德行感天动地。文笔阐明自然化育的大道，学识透彻地探究了天道与人类社会的奥秘。希望您度量宽宏，和颜悦色，不因为我拱手相见就拒绝我的谒见。假如必定如同在盛大的宴会上纵情畅论才算才华横溢，请您以一天写一万字的文章试我，我肯定能够一挥而就。如今天下文士把您看作评定文章的权威，衡量人物的标准，一经您的品评，就成了德才兼备的人才。那您又何必客惜庭阶前边那一尺之地，而不容纳我为您的门下士，让我扬眉吐气、振奋于青云之上呢？

昔王子师为豫州，未下车即辟⑥荀慈明，既下车又辟孔文举，山涛作冀州，甄拔三十余人，或为侍中、尚书，先代所美。而君侯亦一荐严协律，入为秘书郎。中间崔宗之、房习祖、黎昕、许莹之徒，或以才名见知，或以清白见赏。白每观其衔恩抚躬⑦，忠义奋发。白以此感激，知君侯推赤心于诸贤之腹中，所以不归他人，而愿委身国士。倘急难有用，敢效微躯。

且人非尧舜，谁能尽善？白谟猷⑧筹画，安能自矜？至于制作，积成卷轴，则欲尘秽视听。恐雕虫小技，不合大人。若赐观刍荛⑨，请给纸笔，兼之书人，然后退扫闲轩，缮写呈上。庶青萍、结绿，长价于薛、卞之门。幸推下流⑩，大开奖饰，惟君侯图之。

过去，王子师到豫州做刺史，尚未到任，就征用了荀慈明，到任后又征召孔文举。山涛任冀州刺史，考察提拔了三十多人，其中有的人被任命为侍中，有的被任命为尚书。这些行为都受到了前代人的赞美。而您也曾推荐过位严协律进入朝廷做秘书郎，又引荐过崔宗之、房习祖、黎昕、许莹等人，他们有的因才干名声被您知晓，有的因操行清白受您赏识。我看到他们感恩、自勉，以忠义奋发图强，因此我感动激励，知道君侯您对他们推心置腹，所以我不去依附他人，而愿意托身于您。假如您有什么紧急艰难而有需要我的地方，我当献身效命。

一般人都不是尧、舜那样的圣人，谁能十全十美？我在运筹谋划方面，哪敢自夸？至于诗文创作，则已积累成卷轴，想要请您过目，只怕这些雕虫小技，不能受到大人的赏识。如果您愿意赏阅草野之人的这些文章，那便请给以纸墨，还有抄写的人手。我将退而洒扫静室，誊清呈上。希望这些诗赋像青萍宝剑和结绿宝石那样，能够在薛烛、卞和的门下提高身价。希望君侯举荐我这个地位低下的人，大力嘉奖和鼓励，我的恳求请您加以考虑。

⑥ 下车：指官吏到任。辟：征召。⑦ 衔恩：感恩。抚躬：省察自己。⑧ 谟猷（móyóu）：谋划。⑨ 刍荛：割草打柴的人，多指草野之民。⑩ 下流：指地位低的人。

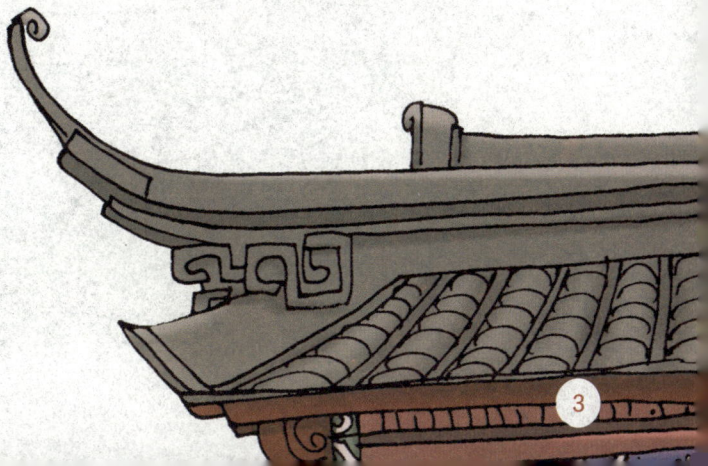

春夜宴桃李园序

— 李白 —

背景介绍

时　　间：约公元 733 年
人　　物：李白和李白的堂弟们
事件起因：李白与堂弟们在春夜宴饮时赋诗。

简介

　　文章记叙了李白在春夜，与堂弟在桃李芬芳的名园聚会时，饮酒赋诗、高谈阔论、畅述天伦之乐的盛况。是李白与堂弟聚会作诗时，为他们的诗集而写的序文。这是一篇脍炙人口的抒情散文，从中可见李白师法自然的创作主张。

夫天地者，万物之逆旅⁺；光阴者，百代之过客。而浮生若梦，为欢几何？古人秉烛夜游，良有以也❷。况阳春召我以烟景，大块假我以文章❸。会桃李之芳园，序❹天伦之乐事。群季俊秀，皆为惠连；吾人咏歌，独惭康乐。幽赏未已，高谈转清。开琼筵以坐花，飞羽觞❺而醉月。不有佳咏，何伸雅怀？如诗不成，罚依金谷酒数。

天地，是万物暂时歇息的旅舍，光阴，是古往今来的过客。而人生如梦，聚首的乐事能有多少呢？古人秉烛夜游，确实有他的道理。何况温暖和煦的春天以秀美的景色召唤着我们，大自然又将锦绣风光赐给我们。我们相会于桃李芬芳的园里，畅谈天伦间的乐事。诸位贤弟英俊秀才，都有谢惠连一样的才华。而我咏诗、颂歌确实自愧不能和谢灵运相比。对幽雅景色的欣赏还没完毕，高谈阔论又转入了玄清妙雅。在花间摆出豪华的筵席，在月下与众人不断地传递杯盏，全都沉醉在皎洁的月光之下。如果没有好诗，怎能抒发我们高雅的情怀？如果有人吟不出诗来，就依照金谷园的宴饮规矩，罚酒三杯。

注释

❶ 逆旅：旅舍。逆，迎。 ❷ 良有以也：确实有原因。 ❸ 大块：指天地，大自然。假：借，提供。文章：指锦绣似的美景。 ❹ 序：通"叙"，叙说，畅谈。 ❺ 飞羽觞（shāng）：比喻传杯递盏，开怀痛饮。羽觞，古代的一种双耳酒杯。

吊古战场文

— 李华 —

背景介绍

时　　间：公元 752 年

事件起因：唐天宝年间，由于唐玄宗好大喜功，导致了大规模的不必要的战争。在战争期间，李华亲眼看见战士在冰雪中的艰难情景，感慨万千，特写此文发出反战的呼声。

简介

　　本篇生动描写了古战场的荒凉、凄惨和战争给百姓带来的灾难。该篇以凭吊古战场起兴，中心是主张实行王道，以仁德礼义服远定边，达到天下一统。在对待战争的观点上，主张兴仁义之师，有征无战，反对侵略战争。

原文

　　浩浩乎，平沙无垠，敻❶不见人。河水萦带，群山纠纷。黯兮惨悴，风悲日曛。蓬断草枯，凛若霜晨。鸟飞不下，兽铤亡群。亭长告余曰："此古战场也，常覆三军❷。往往鬼哭，天阴则闻。"伤心哉！秦欤汉欤？将近代欤？

译文

　　无边无际的旷野啊，极目远望不见一人。河水萦绕如带，群山交错纵横。天空暗淡凄惨，风声悲号，日色昏黄。蓬根折断，野草枯萎，寒气凛冽像是下霜的清晨。飞鸟在空中盘旋而不肯落下，离群的野兽奔窜而过。亭长告诉我说："这里是古战场，曾经有军队在这里覆没。往往在阴天的时候就可以听到有鬼的哭声。"多么令人痛心啊！这是秦朝汉朝还是近代的事情呢？

注释

❶ 敻（xiòng）：远。❷ 常：通"尝"。三军：春秋时诸侯国多设左、中、右三军，后指军队。

吾闻夫齐魏徭戍③，荆韩召募。万里奔走，连年暴露。沙草晨牧，河冰夜渡。地阔天长，不知归路。寄身锋刃，腷臆④谁想？秦、汉而还，多事四夷，中州耗斁，无世无之。古称戎夏，不抗王师。文教失宣，武臣用奇。奇兵有异于仁义，王道迂阔而莫为。呜呼噫嘻！

吾想夫北风振漠，胡兵伺便，主将骄敌，期门⑤受战。野竖旌旗，川回组练⑥。法重心骇，威尊命贱。利镞穿骨，惊沙入面，主客相搏，山川震眩。声析江河，势崩雷电。至若穷阴凝闭，凛冽海隅，积雪没胫，坚冰在须。鸷鸟休巢，征马踟蹰，缯纩⑦无温，堕指裂肤。当此苦寒，天假强胡，凭陵⑧杀气，以相剪屠。径截辎重，横攻士卒。都尉新降，将军复没。尸踣巨港之岸，血满长城之窟。无贵无贱，同为枯骨。可胜言哉！鼓衰兮力尽，矢竭兮弦绝，白刃交兮宝刀折，两军蹙兮生死决。降矣哉，终身夷狄；

我听说齐国、魏国征发士卒，楚国、韩国招募兵丁役夫去戍守边塞，从事征战。戍卒们跋涉于万里征途，连年日晒、雨淋。早晨在荒漠的草原上放牧，夜晚从结冰的黄河上渡过。地远天长，不知道哪里是归家的路。性命寄托刀枪之间，满怀愁闷又能向谁诉说？秦汉以来，边境战事不断，致使中原凋敝，没有哪个朝代不是这样。古人说，外夷中夏，都不和帝王的军队为敌。后来礼乐教化废驰，武将擅用奇兵妙计。阴谋诡计与仁义教化不同，王道被认为是迂阔不合时宜，谁也不去执行。可叹呀！

我能想象到，当北风席卷沙漠的时候，胡兵乘机来袭，主将骄傲轻敌，敌人到了营门才被迫应战。在原野上竖立起军旗，河岸边奔驰着全副武装的士兵。军令严格让人心惊惶恐惧；当官的威权重大，士兵的性命微贱。利箭穿骨，飞沙扑面。敌我激烈搏斗，山川被震得头昏眼花。声势之大，足以使江河分裂，攻势迅猛崩裂了霹雳闪电。天气阴沉、彤云密布，严寒笼罩着边地，积雪没过小腿，坚冰冻住胡须，鹰鹯藏进窝里，战马徘徊不前，士卒的棉衣冰冷，冻断了手指，冻裂了皮肤。在这酷寒的时节，老天假借强大的胡兵之手，凭借这肃杀之气，前来抢掠杀戮。他们直接截取我们的军备物资，拦截冲杀我们的部队。都尉刚投降，将军又战死。将士的尸身堆积在大港沿岸，鲜血流满了长城洞窟。无论高贵或是卑贱，同样成为枯骨。此情此景，岂是语言所能描述！鼓声渐弱了啊力气用尽，箭矢用光了啊弓弦断绝。白刃拼杀啊宝刀折断，两军肉搏啊生死相决。投降吧？终身将沦为夷狄；战斗

③ 徭：劳役。戍：守卫边疆。 ④ 腷（bì）臆：郁闷的心情。
⑤ 期门：军营的门。 ⑥ 组练：战士穿的两种衣甲。这里指军队。
⑦ 缯纩：指丝、绵做成的衣服。缯，丝织品。纩，绵絮。 ⑧ 凭陵：倚仗，凭借。

战矣哉，骨暴沙砾。鸟无声兮山寂寂，夜正长兮风淅淅。魂魄结兮天沉沉，鬼神聚兮云幂幂。日光寒兮草短，月色苦兮霜白。伤心惨目，有如是耶！

吾闻之：牧用赵卒，大破林胡，开地千里，遁逃匈奴。汉倾天下，财殚力痡⑨。任人而已，其在多乎！周逐猃狁，北至太原。既城朔方，全师而还。饮至策勋，和乐且闲，穆穆棣棣⑩，君臣之间。秦起长城，竟海为关。荼毒生灵，万里朱殷。汉击匈奴，虽得阴山，枕骸遍野，功不补患。

苍苍蒸⑪民，谁无父母？提携捧负，畏其不寿。谁无兄弟？如足如手。谁无夫妇？如宾如友。生也何恩，杀之何咎？其存其没，家莫闻知。人或有言，将信将疑。悁悁⑫心目，寝寐见之。布奠倾觞，哭望天涯。天地为愁，草木凄悲。吊祭不至，精魂何依。必有凶年，人其流离。呜呼噫嘻！时耶命耶？从古如斯！为之奈何？守在四夷。

⑨痡：疲弱。⑩穆穆：仪表美好，容止庄敬，多用以形容天子。棣棣：仪态文雅安和。⑪蒸：通"烝"，众。⑫悁悁（yuān）：忧郁的样子。

吧？尸骨将暴露沙砾。鸟无声啊群山寂寂，夜正长啊风声凄厉。魂魄凝结啊天色昏沉，鬼神聚集啊阴云森森。日光暗淡啊百草短，月色凄苦啊霜惨白。人间还有像这样令人伤心惨目的景况吗？

我听说，战国时良将李牧率领赵国的军队，一举大败林胡，开辟千里疆土，匈奴望风远逃。汉朝倾全国之力抗击匈奴，却导致人疲财枯。戍守边疆，关键在于用人得当，岂在于兵力的多少？周朝驱逐猃狁，把他们赶到北面的大原，在北方筑城防御，保全军队凯旋。回到京师，祭祀宴饮，庆功授勋，和睦安适，君臣之间，恭敬有礼。秦朝修筑长城，关塞东达海边，残害百姓，鲜血把万里大地染成了赤黑。汉武帝北击匈奴，虽然夺取了阴山，但阵亡将士的尸骨遍布原野，功绩抵不上灾难。

天下众多的百姓，谁没有父母？尽心供养，就担心他们不能长寿。谁没有兄弟？谁没有相敬如宾的妻子？他们活着受到过什么恩惠？为何残杀他们，他们究竟犯了什么错？他们的生死存亡，家中无从知道。偶尔听到些传言，也将信将疑。他们内心充满了忧愁疑虑、触目伤心，只能在梦中相聚。亲人们洒酒祭奠，泪眼遥望天涯。天地为之哀愁，草木为之悲泣。边塞遥远，吊祭之情难以到达，他们的孤魂将归依何处？大战之后，必有灾荒，百姓又要背井离乡到处逃亡。唉！多么可悲啊！这是时势造成，还是命运造成的？自古以来就是如此！怎么办呢？惟有宣扬教化，施行仁义，才能使中国的周边民族安居乐业，保障四境安宁。

陋室铭

— 刘禹锡 —

背景介绍

时　　间：约公元 824 年—826 年间
事件起因：和州知县强迫刘禹锡搬了三次家，
　　　　　最后一次只给刘禹锡留了一间能容
　　　　　下一床、一桌、一椅的小屋。

简介

　　本文是一篇骈体铭文。铭是古代刻在器物上用来警戒自己或者称述功德的文字，后成为一种文体。文章通过对陋室的描写和赞颂，表明自己安贫乐道、不同流俗的生活态度。

原文

　　山不在高，有仙则名；水不在深，有龙则灵。斯是陋室，惟吾德馨❶。苔痕上阶绿，草色入帘青。谈笑有鸿儒❷，往来无白丁❸。可以调素琴❹，阅金经。无丝竹❺之乱耳，无案牍之劳形。南阳诸葛庐，西蜀子云亭。孔子云："何陋之有？"

译文

　　山不一定要高，有神仙居住就会有名气；水不一定要深，有龙居住就会有灵气。这是一间简陋的房子，只要我的德行好就感觉不到简陋了。翠绿青苔长在台阶上，青葱芳草映入帘子中。与我谈笑的都是博学多才之士，往来结交的没有不学无术之辈。可以弹奏素朴的古琴，研读金字书写的佛经。没有嘈杂的音乐扰乱清静，也没有公事文书来劳累身心。这小屋如同南阳诸葛亮的茅庐，又如同西蜀扬雄的子云亭。正如孔子所说："有什么简陋的呢？"

注释

❶ 馨：香，指德行美好。　❷ 鸿儒：博学多才之士。鸿，大。　❸ 白丁：白衣，平民。这里指不学无术之辈。
❹ 素琴：不加装饰的琴。　❺ 丝竹：丝指弦乐器，竹指管乐器，泛指音乐。

阿房宫赋

— 杜牧 —

背景介绍

时　　间：公元 825 年

事件起因：当时唐王朝政治腐败，阶级矛盾尖锐，人民生活困苦，国家处于崩溃边缘。

简介

据传，阿房宫是秦始皇兴建的宫室，以奢靡宏丽著称。文中揭露了秦始皇骄奢淫逸的生活，指出了秦朝灭亡的必然性，从而警戒统治者要吸取历史教训，勿蹈秦亡覆辙。

六王毕，四海一，蜀山兀①，阿房出。覆压三百余里，隔离天日。骊山北构而西折，直走咸阳。二川溶溶，流入宫墙。五步一楼，十步一阁；廊腰缦回②，檐牙高啄；各抱地势，钩心斗角③。盘盘焉，囷囷焉，蜂房水涡，蜂不知其几千万落。长桥卧波，未云何龙？复道行空，不霁何虹？高低冥迷④，不知西东。歌台暖响，春光融融；舞殿冷袖，风雨凄凄。一日之内，一宫之间，而气候不齐。

妃嫔媵嫱，王子皇孙，辞楼下殿，辇来于秦。朝歌夜弦，为秦宫人。明星荧荧⑤，开妆镜也；绿云扰扰⑥，梳晓鬟也；渭流涨腻，弃脂水也；烟斜雾横，焚椒兰也。雷霆乍惊，宫车过也；辘辘远听，杳不知其所之也。一肌一容，尽态极妍，缦立⑦远视，而望幸焉。有不见者，三十六年。燕赵之收藏，韩魏之经营，齐楚之精英，几世几年，剽掠其人，倚叠如山。一旦不能有，输来其间。鼎

六国灭亡，秦王统一了天下。蜀地的树木被砍光了，建造起了阿房宫。它覆盖地面三百多里，高耸的楼阁似乎要遮蔽天地。它从骊山北面建起，延伸向西转折，一直通到咸阳。渭水和樊川两条河流，缓缓流入宫墙。五步一座高楼，十步一座亭阁。走廊像缦带一样迂回曲折，屋檐像鸟雀一样在高处啄食，楼阁随着地势高低而搭建，四方向核心辐辏，屋角互相对峙。盘旋着、曲折着，既像蜂房，又似水涡，高高耸立着，不知有几千万座。长桥横卧在水波上，天空没有起云，怎么会出现龙呢？那么多的道路横空穿过，没有雨过天晴，怎么会出现彩虹呢？房屋高低错落，让人迷糊，分不清东西。台上歌声嘹亮，洋溢着春天般的欢乐；宫殿上舞袖飘浮，充满着风雨交加般的寒冷。一天之内，同一座宫殿之中，气候竟会如此不同。

六国的妃嫔宫女、王子皇孙，离开了自己国家的楼阁宫殿，坐着辇车来到秦国。她们日夜唱歌弹琴，成了秦王的后宫之人。明星闪亮，原来是她们打开了梳妆镜；绿云纷乱，原来是她们一早梳理头发；渭水上涨起了一层油腻，那是她们倾倒的胭脂水；轻烟弥漫，那是她们在焚烧香料；雷声鸣令人一惊，那是皇帝的公车驰过；车声越来越小，也不知驶向何处去了，宫女们的肌肤姿容，都打扮得艳丽娇艳。她们久久地站着，远远地望着，希望皇帝能够有幸驾临。有的

① 兀：光秃，形容山上树林已被砍尽。② 廊腰缦回：游廊像缦带一样地环绕曲折。③ 钩心斗角：房屋和中心区相钩连即钩心。屋角对凑，状如兵戈相斗，故称"斗角"。④ 冥迷：分辨不清。⑤ 荧荧：光亮闪动的样子。⑥ 绿云：比喻妇女黑润而稠密的头发。扰扰：纷乱的样子。⑦ 缦（màn）立：长时间站立。

原文

锱玉石，金块珠砾，弃掷逦迤❽，秦人视之，亦不甚惜。

嗟呼！一人之心，千万人之心也。秦爱纷奢，人亦念其家。奈何取之尽锱铢，用之如泥沙？使负栋之柱，多于南亩之农夫；架梁之椽，多于机上之工女；钉头磷磷❾，多于在庾❿之粟粒；瓦缝参差，多于周身之帛缕；直栏横槛，多于九土之城郭；管弦呕哑⓫，多于市人之言语。使天下之人，不敢言而敢怒。独夫之心，日益骄固。戍卒叫，函谷举，楚人一炬，可怜焦土！

呜呼！灭六国者六国也，非秦也；族秦者⓬秦也，非天下也。嗟夫！使六国各爱其人，则足以拒秦；使秦复爱六国之人，则递三世可至万世而为君，谁得而族灭也？秦人不暇自哀，而后人哀之；后人哀之而不鉴之，亦使后人而复哀后人也。

注释

❽ 逦迤（lǐyǐ）：绵延不断，这里指"到处都是"的意思。
❾ 磷磷：有棱角的样子，这里形容砖木结构建筑物上钉头突出。❿ 庾：露天的粮仓。⓫ 呕哑：乐声。⓬ 族：作动词用，这里指灭族。

译文

宫女等了三十六年也未见过皇帝一面。燕、赵收藏的财宝，韩、魏营求的珠玉，齐、楚搜罗的奇珍，这都是多少世代、多少年月以来，从他们百姓手中掠夺来的，堆积如山。一旦国家灭亡，就不能继续占有了，都被运送到阿房宫。秦王把宝鼎当做铁锅，把美玉当做石头，把黄金当做土块，把珍珠当做沙石，随意丢弃，秦人看见了也不觉得可惜。

唉！一个人的心愿，与千万个人的心愿相同。秦王喜欢穷奢极侈，百姓也都顾念自己的家业。为什么搜刮百姓的财物分毫都不放过，挥霍时却如同泥沙一样毫不珍惜呢？阿房宫里支承屋梁的柱子，多于田野里的农夫；架在梁上的椽子，多于织布机上的妇女；房屋上的钉头，多于粮仓中的粟米；参差交错的瓦缝，多于衣服上的缝线；纵横交错的栏杆，多于天下的城池；管弦音乐的声音，多于集市上人的说话声。使天下的人们敢怒而不敢言，而专断的秦王，思想却越来越骄傲顽固。等到陈胜、吴广揭竿而起，刘邦攻下函谷关，楚兵一把火，可惜阿房宫就成了一片灰烬。

唉！使六国灭亡的是六国自己，而不是秦国。使秦国灭亡的，是秦国自己，而不是天下人。唉！如果六国诸侯各自爱护自己的百姓，那么就有足够的力量抗秦。如果秦国同样爱护六国的百姓，那么皇位就可以传到三世，甚至可以传到万世，有谁还能够消灭秦国呢？秦国诸侯来不及为自取灭亡而哀叹，只好留给后人替他们哀叹。如果后人仅仅替他们哀叹而没有引以为鉴，那么又要让更后来的人来为他们哀叹！

原道

— 韩愈 —

背景介绍

时　　间：公元 804 年
事件起因：隋唐时佛教盛行，儒学在思想学术界的影响日渐衰微。韩愈在政治上排斥佛教的同时，作下此文，以维护儒学的基本观念，扫除佛教的思想影响。

简介

本篇从历史发展、社会生活等方面，层层剖析，驳斥佛、道两家，论述儒学之是，总结到应该恢复儒家道统。

原文

　　博爱之谓仁，行而宜之之谓义，由是而之焉之谓道，足乎己而无待于外之谓德。仁与义为定名，道与德为虚位。故道有君子小人，而德有凶有吉。老子之小仁义，非毁之也，其见者小也。坐井而观天，曰天小者，非天小也。彼以

译文

　　广泛地关爱所有人叫做"仁"，恰当地去实现"仁"就是"义"，循此而达到仁义的境界便为"道"，使自己具备完美的修养，不去依靠外界的力量就是德。仁与义是内容具体、意义确定的概念，道与德是内容不具体、意义不确定的名词。所以道有君子之道、小人之道，而德有凶德和吉德。老子轻视仁义，并不是诋毁仁义，而是他的眼界狭小。好比坐在井里看天，说天小，并不是天真的小。

煦煦❶为仁，孑孑❷为义，其小之也则宜。其所谓道，道其所道，非吾所谓道也；其所谓德，德其所德，非吾所谓德也。凡吾所谓道德云者，合仁与义言之也，天下之公言也。老子之所谓道德云者，去仁与义言之也，一人之私言也。

周道衰，孔子没❸，火于秦，黄老于汉，佛于晋、魏、梁、隋之间。其言道德仁义者，不入于杨，则归于墨；不入于老，则归于佛。入于彼，必出于此。入者主之，出者奴之；入者附之，出者污之。噫！后之人其欲闻仁义道德之说，孰从而听之？老者曰："孔子，吾师之弟子也。"佛者曰："孔子，吾师之弟子也。"为孔子者，习闻其说，乐其诞而自小也，亦曰"吾师亦尝师之"云尔。不惟举之于口，而又笔之于其书。噫！后之人虽欲闻仁义道德之说，其孰从而求之？

甚矣，人之好怪也，不求其端，不讯其末，惟怪之欲闻。古之为民者四，

老子把小恩小惠当做仁，把谨小慎微看成义，他轻视仁义就是很自然的了。老子所说的道，是将他所认为的道当做道，不是我所说的道。他所说的德，是将他所认为的德当做德，不是我所说的德。凡是我所说的道德，都是结合仁和义说的，是天下的公论。老子所说的道德，是抛开了仁与义而谈论的，只是他个人的说法。

自从周道衰微，孔子逝世以后，秦始皇焚烧诗书，汉朝盛行黄老学说，佛教流行于晋、魏、梁、隋之间。那时谈论道德仁义的人，不归入杨朱学派，就归入墨翟学派；不归入老子的道学，就归入佛学。归入一家，必然背离另一家。归入哪家就尊崇哪家为主，背离哪家就贬低哪家；归入哪家就附和它，背离哪家就污蔑它。唉！后人想知道仁义道德的学说，该听从谁的呢？道家说："孔子，是我们老师的学生。"佛家也说："孔子，是我们老师的学生。"信奉孔子学说的人，听惯了那些说法，乐于接受他们的荒诞言论而轻视自己，也说："我们的老师也曾向他们学习呢。"不仅口头上说，而且还写进自己的书里。唉！后人即使想了解关于仁义道德学说，又该向谁去请教呢？

人们喜欢新奇古怪之说真是太过分了！他们不探求事情的起源，不考察事情的结果，只喜欢听怪诞的言论。古代民众有四类，当今的民众

注释

❶ 煦煦：和颜悦色。 ❷ 孑孑：谨小慎微。 ❸ 没（mò）：通"殁"，死。

今之为民者六。古之教者处其一，今之教者处其三。农之家一，而食粟之家六；工之家一，而用器之家六；贾之家一，而资焉④之家六。奈之何民不穷且盗也？

古之时，人之害多矣。有圣人者立，然后教之以相生相养之道，为之君，为之师。驱其虫蛇禽兽，而处之中土。寒然后为之衣，饥然后为之食。木处而颠，土处而病也，然后为之宫室。为之工以赡⑤其器用，为之贾以通其有无，为之医药以济其夭死，为之葬埋祭祀以长其恩爱，为之礼以次其先后，为之乐以宣其湮郁，为之政以率⑥其怠倦，为之刑以锄其强梗。相欺也，为之符玺、斗斛、权衡以信之。相夺也，为之城郭、甲兵以守之。害至而为之备，患生而为之防。今其言曰："圣人不死，大盗不止。剖斗折衡，而民不争。"呜呼！其亦不思而已矣。如古之无圣人，人之类灭久矣。何也？无羽毛鳞介以居寒热也，无爪牙以争食也。

有了六类，古代负有教育人民的任务的，只占四类中的一类，今天却有三类。务农的一家，而吃粮食的有六家；做工的一家，而使用器具的有六家；经商的一家，而需要商品供应的有六家。又怎么能使人民不因穷困而去偷盗呢？

古时候，人民的灾害很多。有圣人出来，这才把互相供给生活资料、提供生活条件的道理教给民众，做他们的君主或老师。驱走那些蛇虫禽兽，把人们安顿在中原。天气冷了，就教他们做衣服以御寒，肚子饿了，就教他们种庄稼以获食，巢居在树上会坠落，穴居在洞里易生病，就教导他们建造房屋。教他们做工以供给生活器具，教他们经商以互通有无，教他们医药知识以拯救那些短命夭折者，为他们制定埋葬、祭祀的制度以增长人与人之间的恩爱之情，为他们制定礼节，以分清尊卑先后的次序，为他们制作音乐，以宣泄人们的烦闷，为他们制定政令以督促那些怠惰懒散的人，为他们设立刑法以铲除那些强悍不驯之徒。因为有人弄虚作假，就为他们制作符节、印玺、量器、秤尺以作遵守的凭信。因为有争夺抢劫的事，就为他们设置城池、甲衣、兵器以供守卫。有灾害将要来临，就给他们做好防备；有祸患即将发生，就给他们做好防范。如今道家说："假如圣人不死，大盗就不会止息；砸碎量具，折断秤尺，民众就不会争夺。"唉！这都是不加思考的话罢了！如果古代没有圣人，人类早已灭亡了。为什么呢？因为人类没有羽毛鳞甲来应付严寒酷暑，也没有强硬的爪牙来夺取食物。

④ 资焉：取资于此。　⑤ 赡：供给，满足需要。　⑥ 率：督促。

是故君者，出令者也；臣者，行君之令而致之民者也；民者，出粟米麻丝、作器皿、通货财，以事其上者也。君不出令，则失其所以为君；臣不行君之令而致之民，则失其所以为臣；民不出粟米麻丝、作器皿、通货财，以事其上，则诛。今其法曰："必弃而❼君臣，去而父子，禁而相生相养之道。"以求其所谓清净寂灭者。呜呼！其亦幸而出于三代之后，不见黜于禹、汤、文、武、周公、孔子也。其亦不幸而不出于三代之前，不见正于禹、汤、文、武、周公、孔子也。

帝之与王，其号虽殊，其所以为圣一也。夏葛而冬裘，渴饮而饥食，其事虽殊，其所以为智一也。今其言曰："曷不为太古之无事？"是亦责冬之裘者曰："曷不为葛之之易也？"责饥之食者曰："曷不为饮之之易也？"传曰："古之欲明明德于天下者，先治其国；欲治其国者，先齐其家；欲齐其家者，先修其身；欲修其身者，先正其心；欲正其心者，先诚其

因此，君主是发布政令的；臣子是执行君主的政令而将它们推行给民众的；民众，是生产粟米丝麻、制作器皿、流通财货，来供奉居于其上、统治他们的人的。君主不发布政令，就丧失了作为君主的权利；臣子不推行君主之令而将它们实施于民众，就丧失了作为臣子的职责；民众不生产粟米丝麻、制作器皿、流通财货用以供奉在上统治的人，就会受到惩处。如今佛家却说："必须抛弃你们的君臣之义，舍去你们的父子之亲，禁止你们的相生相养之道。"以便追求那些所谓清净、寂灭的境界。唉呀！他们也幸亏出现在三代之后，才没有被夏禹、商汤、周文王、周武王、周公、孔子所贬斥。他们又不幸没有出现在三代之前，没有得到夏禹、商汤、周文王、周武王、周公、孔子的教导。

五帝与三王，他们的名号虽然不同，但他们之所以成为圣人的原因是相同的。夏天穿葛布衣裳，冬天穿皮毛衣服，渴了就喝水，饿了就吃饭，这些事情虽然各不相同，但它们同样是人类的智慧。如今道家说："为什么不实行远古时代的无为而治呢？"这也就等于责怪冬天穿皮衣的人说："为什么不过穿葛衣那样简便的生活？"责怪饿了吃饭的人说："为什么不过只喝水那样简易的生活？"《礼记·大学》篇说："在古代，想要发扬他的光辉道德于天下的人，先要治理好他的国家；想要治理好他的国家的，先要整顿好他的家庭；想要整

❼ 而：你，你的。

<table>
<tr>
<td>

原文

意。"然则古之所谓正心而诚意者，将以有为也。今也欲治其心而外天下国家，灭其天常，子焉而不父其父，臣焉而不君其君，民焉而不事其事。孔子之作《春秋》也，诸侯用夷礼则夷之，进于中国[8]则中国之。经曰："夷狄之有君，不如诸夏之亡。"《诗》曰："戎狄是膺，荆舒是惩。"今也举夷狄之法，而加之先王之教之上，几何其不胥而为夷也？

夫所谓先王之教者，何也？博爱之谓仁，行而宜之之谓义，由是而之焉之谓道。足乎己无待于外之谓德。其文：《诗》《书》《易》《春秋》；其法：礼、乐、刑、政；其民：士、农、工、贾；其位：君臣、父子、师友、宾主、昆弟、夫妇；其服：麻、丝；其居：宫、室；其食：粟米、果蔬、鱼肉。其为道易明，而其为教易行也。是故以之为己，则顺而祥；以之为人，则爱而公；以之为心，则和而平；以之为天下国家，无所处而不当。是故生则得其情[9]，死则尽其常[10]。效焉而天神

</td>
<td>

译文

顿好他的家庭的，先要修养自己身心；想要修养自己身心的，先要端正他的心志；想要端正其心志的，先要自己具有诚意。"可见古人所谓正心和诚意，都是为了要有所作为。现在想要修养自己身心的人，却将天下国家置之度外，灭绝天伦，儿子不把他的父亲当做父亲，臣子不把他的君主当做君主，民众不做他们该做的事情。孔子写《春秋》时，对于采用夷狄礼俗的诸侯，就把他们列入夷狄；进步到用中原之礼就承认他们是中国人。《论语》说："夷狄即使有君主，也不如华夏的没有君主。"《诗经》说："戎狄应该打击，荆舒应当惩治。"如今，高举夷狄之法，并放在先王政教之上，那么我们不是全都要沦为夷狄了？

我所谓先王的教化，是什么呢？就是广泛地关爱所有人叫做仁，实行仁道而合宜叫做义，从仁义再向前进就是道，自身具有而不依赖外界的叫做德。讲仁义道德的书有《诗经》《尚书》《周易》《春秋》，其方法是礼仪、音乐、刑法、政令，其民众是士人、农民、工匠、商人，其人伦关系是君臣、父子、师友、宾主、兄弟、夫妇，其衣服是麻布、丝绸，其居处是房屋，其食物是粟米、果蔬、鱼肉。它们作为理论是很容易明白的，而作为教化是容易施行的。因此，用它修身，则和顺而吉祥；用它对人，则恩爱而公正；用它治心，则

</td>
</tr>
</table>

注释

8 中国：指中原的诸侯国。 9 得其情：合乎情理。 10 尽其常：指按伦常以礼丧葬。

假⑪，庙焉而人鬼飨⑫。曰："斯道也，何道也？"曰："斯吾所谓道也，非向所谓老与佛之道也。尧以是传之舜，舜以是传之禹，禹以是传之汤，汤以是传之文、武、周公，文、武、周公传之孔子，孔子传之孟轲，轲之死，不得其传焉。荀与扬也，择焉而不精，语焉而不详。由周公而上，上而为君，故其事行。由周公而下，下而为臣，故其说长。"然则如之何而可也？曰："不塞不流，不止不行。人其人，火其书，庐其居，明先王之道以道之，鳏寡孤独废疾者有养也。其亦庶乎其可也！"

⑪ 郊：祭天。假：通"格"，到。⑫ 庙：祭祖。飨：通"享"，享用。

和谐而平静；用它治理天下国家，就没有不恰当的。因此，人们活着能够合乎情理地生活，死了就能得到合乎礼法的安葬，祭天就能使天神降临，祭祖就能使祖先的灵魂前来享用。若有人问："这个道，是什么道呢？"回答说："这是我所说的道，不是刚才说的道家与佛家的道。这个道是尧将它传给舜，舜将它传给禹，禹将它传给汤，汤将它传给文王、武王、周公，文王、武王、周公传给孔子，孔子传给孟轲，孟轲死后，这个道就没有继承的人。只有荀况与扬雄，从中选取过一些但选得不精，论述过一些但不全面。自周公以上，继承道统的都是居上位做君主的人，所以儒道能够实行。自周公以下，传道统的是处下位做臣子的人，所以其学说得以长久流传。"既然如此，怎么才能使儒道获得实行呢？我认为："不堵塞佛老之道，儒道就不能流传。不禁止佛老之道，儒道就不能推行。让那些僧道还俗为民，将他们的经籍焚毁，将他们的寺观改作民房，发扬先王之道作为治理天下的标准，使鳏夫、寡妇、孤儿、孤老、残疾和病人，都能得到供给赡养。这样做大概就可以了！"

原毁

— 韩愈 —

背景介绍

时　　间：公元 792 年韩愈考中进士之后

事件起因：唐代中期，压制人才的现象很严重，韩愈本人就多次被攻击、诽谤。

简介

　　本篇探究了毁谤产生的原因，文章先从正面开导，说明一个人应该如何正确对待自己和对待别人才符合君子之德、君子之风，然后将不合这个准则的行为拿来对照，最后指出其根源及危害性。

原文

　　古之君子，其责己也重以周，其待人也轻以约。重以周，故不怠；轻以约，故人乐为善。

　　闻古之人有舜者，其为人也，仁义人也。求其所以为舜者，责于己曰："彼，人也；予，人也。彼能是，而我乃不能是！"早夜以思，去其不如舜者，就其如舜者。闻古之人有周公者，其为人也，

译文

　　古时候的君子，他们严格要求自己，对待别人宽容而简约。对自己要求严格全面，所以不会松懈地进行道德修养；对他人宽容简约，所以人们高兴做好事。

　　听说古代有个叫舜的人，从为人行事看，是个大仁大义的人。探求舜之所以成为舜的缘由，君子责问自己说："舜是个人，我也是个人。他能做到的，我怎么就做不到！"早也想，晚也想，去掉那些不如舜的方面，靠拢那些近似舜的方面。听说古代有个周公，从为人行事看，是个多

多才与艺人也。求其所以为周公者，责于己曰："彼，人也；予，人也。彼能是，而我乃不能是！"早夜以思，去其不如周公者，就其如周公者。舜，大圣人也，后世无及焉；周公，大圣人也，后世无及焉。是人也，乃曰："不如舜，不如周公，吾之病❶也。"是不亦责于身者重以周乎！其于人也，曰："彼人也，能有是，是足为良人矣，能善是，是足为艺人❷矣。"取其一，不责其二；即其新，不究其旧：恐恐然惟惧其人之不得为善之利❸。一善易修也。一艺易能也。其于人也，乃曰："能有是，是亦足矣。"曰："能善是，是亦足矣。"不亦待于人者轻以约乎？

今之君子则不然。其责人也详，其待己也廉❹。详，故人难于为善，廉，故自取也少。己未有善，曰："我善是，是亦足矣。"己未有能，曰："我能是，是亦足矣。"外以欺于人，内以欺于心，未少有得而止矣，不亦待其身者已廉乎？

才多艺的人。探求周公之所以成为周公的缘由，责问自己说："周公是人，我也是人。他能做到的，我怎么就做不到！"早晚都在思考，去掉那些不如周公的方面，靠拢那些类似周公的方面。舜是个伟大的圣人，后代没有人赶得上他；周公也是个伟大的圣人，后代没有人赶得上他。所以这位古代的君子便说："我不如舜，不如周公，这是我的缺陷。"这不就是要求自己既严格又全面吗？可是他对别人，却说："那个人，能做到这样，就够得上是个善良的人了，能擅长这些事，就称得上是个有才能的人了。"肯定别人一个方面，而不苛求其他方面；只看今日的进步，而不计较他的过去。小心翼翼地唯恐别人得不着做好事应得的好处。做一件好事，是容易办到的；精熟一种技能，也是容易办到的。而古代的君子对于这样的人，说："能做到这样，也就足够了。"又说："能擅长这些事，也就足够了。"这不就是他对待别人既宽容又简约吗？

现在的君子却不是这样，他要求别人很多很全，要求自己倒很少很低。要求别人既多又全，所以人们很难做好事；要求自己又少又低，所以自己的收获就少。自己没有什么优点，却说："我有这点优点，也就足够了。"自己并没有什么才能，却说："我有这点才能，也就足够了。"对外欺骗别人，对内欺骗自己的良心，还没有一点收获就停止了。这不是现今君子要求自己很少很低吗？他

❶ 病：过错，缺点。❷ 艺人：有才能的人。❸ 恐恐然：谨慎小心的样子。不得为善之利：得不到做好人好事的益处。❹ 廉：少，指不严格。

其于人也，曰："彼虽能是，其人不足称也；彼虽善是，其用不足称也。"举其一，不计其十；究其旧，不图其新：恐恐然惟惧其人之有闻❺也。是不亦责于人者已详乎？夫是之谓不以众人待其身❻，而以圣人望于人，吾未见其尊己也。

虽然，为是者，有本有原❼，怠与忌之谓也。怠者不能修，而忌者畏人修。吾尝试之矣，尝试语于众曰："某良士，某良士。"其应者，必其人之与也；不然，则其所疏远不与同其利者也；不然，则其畏也。不若是，强者必怒于言，懦者必怒于色矣。又尝语于众曰："某非良士，某非良士。"其不应者，必其人之与也，不然，则其所疏远不与同其利者也，不然，则其畏也。不若是，强者必说于言，懦者必说❽于色矣。是故事修而谤兴，德高而毁来。呜呼！士之处此世，而望名誉之光、道德之行，难已！

将有作于上者，得吾说而存之，其国家可几而理欤！

❺ 闻：声誉，名望。❻ 众人：普通人，一般人。待其身：要求自己。❼ 原：同"源"，根源。❽ 说：同"悦"，高兴。

对于别人，就说："那个人虽然有这个才能，但他的为人不值得称赞。那个人虽然擅长做这个，但他的本领不值得赞扬。"抓住别人某个方面的问题进行批评，根本不考虑他多方面的长处；追究别人以往的缺点，完全不考虑他当前新的变化。提心吊胆地只怕他人有了名望。这不就是君子要求别人太全面吗？这就叫不用普通人的标准来要求自身，却用圣人的标准去要求别人，我看不出他是在尊重自己。

尽管如此，这样做的人有他的思想根源，那就是所谓的懒惰和妒忌。懒惰，就不能提高自身修养，而妒忌，就害怕别人修养的提高。我曾经试验过，曾试着对众人说："某某是个贤良之士，某某是个贤良之士。"那些附和的人，必定是这个人的伙伴好友，否则，便是跟他疏远与他没有利害冲突的人，要不，就是畏惧他的人。倘若不是这样，性格强硬的人必定用言语表示愤怒，性格软弱的人也必定在脸色上显露出不满。我又曾试着在众人面前说："某某不是好人，某某不是好人。"那些不同意的人，必定是某某的伙伴好友，否则，便是跟他疏远与他没有利害冲突的人，要不，就是畏惧他的人。倘若不是这样，那么性格强硬的人必定用言语表示高兴，性格软弱的人也必定在脸色上显露出喜悦。因此，随着事业的成功，诽谤也就跟着来了，随着德望提高，攻讦也就随之来了。唉！一个读书人生活在当今时代，希望名誉昭著、道德畅行，太难了！

身居高位的人想有所作为，听到我说的这些道理而牢牢记取，大概那国家可以治理好了吧！

获麟解

— 韩愈 —

背景介绍

时　　间：约公元812年

事件起因：唐元和七年（812年），麒麟又出现在东川，韩愈由此做了这篇文章，用来抒发己见。

简介

作者在文中通过对麒麟的述说，委婉地表达了对封建社会人才不被赏识和理解的感慨，以及对圣明之主的幻想。

麟之为灵，昭昭也❶。咏于《诗》，书于《春秋》，杂出于传记百家之书。虽妇人小子皆知其为祥也。

然麟之为物，不畜于家，不恒❷有于天下。其为形也不类❸，非若马牛犬豕豺狼麋鹿然。然则虽有麟，不可知其为麟也。

角者，吾知其为牛；鬣者，吾知其为马；犬豕豺狼麋鹿，吾知其为犬豕豺狼麋鹿。惟麟也，不可知。不可知，则其谓之不祥也亦宜❹。虽然，麟之出，必有圣人在乎位，麟为圣人出也。圣人者，必知麟，麟之果不为不祥也。

又曰：麟之所以为麟者，以德不以形。若麟之出不待圣人，则谓之不祥也亦宜。

麒麟象征灵异、祥瑞的动物，这是众人皆知的事。《诗经》里有歌颂，《春秋》里有记载，它还出现在一些传记和百家之书中。即使是妇女和小孩，也都知道它是吉祥的象征。

但是，麒麟作为一种动物，不能在家里畜养，世上也不常见。麒麟的外形也不同于其他动物，不像马、狗、猪、豺狼、麋鹿那样。既然这样，即使有麒麟出现，人们也不知道它就是麒麟。

看到长角的，就知道它是牛；看到颈上长毛的，就知道它是马；狗、猪、豺狼、麋鹿，就知道它是狗、猪、豺狼、麋鹿，唯有麒麟我不能辨识。因为不能辨识，所以看见麒麟时把它视为不祥之物也是自然的。尽管如此，麒麟的出现，必定有圣人在位掌权，麒麟是为圣人而出现的。圣人一定能够辨识麒麟。这样看来，麒麟并非不祥之物啊。

又有人说：麒麟之所以是麒麟，是因为它的德行而不是外形。如果麒麟出现在圣人不在的时候，那么麒麟被视为不祥之物也是可以的。

注释

❶ 昭昭：知道，明白的意思。 ❷ 恒：常。 ❸ 不类：不好归类，不伦不类。 ❹ 宜：应该，可以。

杂说一

— 韩愈 —

背景介绍

时　　间：约公元 803 年—813 年间
事件起因：韩愈在仕途上屡屡受挫，郁郁
　　　　　不得志。

简介

　　此文用云、龙之间的关系来喻指君臣之间的关系，阐明了君臣遇合才能有所作为的道理。

龙嘘气成云，云固弗灵于龙也。然龙乘是气，茫洋穷乎玄间❶，薄日月❷，伏光景，感震电❸，神变化，水下土，汩陵谷。云亦灵怪矣哉！

云，龙之所能使为灵也；若龙之灵，则非云之所能使为灵也。然龙弗得云，无以神其灵矣。失其所凭依，信不可欤❹！异哉！其所凭依，乃其所自为也。《易》曰："云从龙。"既曰龙，云从之矣。

龙吐出来的气形成云，云原来并不比龙灵异。然而，龙乘着这气形成的云，可以在辽阔无际的宇宙中四处遨游，靠近日月，遮盖光辉，使雷电震动，变化神奇莫测，雨水浸润大地，淹没了山谷，这云也真是灵妙奇异啊！

云，是龙使它具有灵异的，至于龙那样的灵异，却不是云能够使它变成的。但是，龙如果没有云，就不能表现出它的灵异。失去它所凭借依靠的云，确实是不行的啊！多奇妙啊！龙所凭借依靠的，竟然是它自己创造出来的云。《易经》中说："云是跟随着龙的。"既然叫做龙，就应该有云跟随着它啊！

注释

❶ 茫洋：辽阔无边际的样子。玄间：指大空。 ❷ 薄：通"迫"，靠近。 ❸ 感：感应。 ❹ 信：确实。

杂说四

— 韩愈 —

背景介绍

时　　间：约公元 795 年—800 年间
事件起因：韩愈刚进入仕途，很不得志。

简介

　　这是一篇托物寓意之作，作者借千里马不被赏识，来比喻贤能之人不受重用，同时也抒发了自己怀才不遇，受到压抑和委屈以及郁郁不得志的思想感情。

世有伯乐，然后有千里马❶。千里马常有，而伯乐不常有。故虽有名马，祇辱于奴隶人之手，骈死于槽枥之间❷，不以千里称也。

马之千里者，一食或尽粟一石。食马者不知其能千里而食也❸。是马也，虽有千里之能，食不饱，力不足，才美不外见，且欲与常马等不可得，安求其能千里也？

策之不以其道❹，食之不能尽其材，鸣之而不能通其意，执策而临之，曰："天下无马！"呜呼！其真无马邪？其真不知马也！

世上先有了伯乐，然后才会有千里马。能日行千里的马常有，然而伯乐却不常有。因此，即使有了名马，也只能辱没于养马人之手，和普通马一同死在马厩里，却不能因为他是千里马而称名于世。

能日行千里的马，一顿往往要吃掉一石粮食。可是，养马的人不知道它能日行千里，而按普通马的标准去喂养它。这匹马，虽然具备日行千里的才能，却因为吃不饱，力不足，才能和特长就不能表现出来，即使想要它达到普通马的标准也是不可能的，哪里还能要求它日行千里呢？

那些养马的人，驾驭它时不用正确的方法，喂养它时又不能给足它需要的饲料，听到它的嘶鸣又不能通晓它的意思，却拿着马鞭指着它，说："天下没有千里马！"唉，难道真的没有千里马吗？大概是不能识别千里马吧！

注释

❶ 千里马：具有日行千里之能的好马。❷ 骈死：即相比连而死，一并死。槽：盛马饲料的器具。枥（lì）：马厩。❸ 食：同"饲"，喂养。❹ 策：驾驭。不以其道：不用正确的方法。

师说

— 韩愈 —

背景介绍

时　　间：公元 802 年
事件起因：当时社会"耻学于师"的不良风气盛行，韩愈为纠正这种风气而作此文。

简介

　　韩愈在文中抨击了当时士大夫以从师学习为耻的坏作风，阐述了师的作用和择师的原则，具有进步意义。

古之学者必有师。师者，所以传道受业解惑也。人非生而知之者，孰能无惑？惑而不从师，其为惑也，终不解矣。生乎吾前，其闻道也固先乎吾，吾从而师之[1]；生乎吾后，其闻道也亦先乎吾，吾从而师之。吾师道也，夫庸知其[2]年之先后生于吾乎？是故无贵无贱，无长无少，道之所存，师之所存也。

嗟乎！师道[3]之不传也久矣！欲人之无惑也难矣！古之圣人，其出人[4]也远矣，犹且从师而问焉；今之众人，其下圣人也亦远矣，而耻学于师。是故圣益圣，愚益愚。圣人之所以为圣，愚人之所以为愚，其皆出于此乎。爱其子，择师而教之；于其身也，则耻师焉，惑矣。彼童子之师，授之书而习其句读者，非吾所谓传其道解其惑者也。句读之不知，惑之不解，或师焉，或不焉，小学而大遗[5]，吾未见其明也。巫医乐师百工之

古代求学的人一定有老师。老师，是传授道理、讲授学业、释疑解惑的人。不是一生下来就懂道理、有知识的人，谁没有疑惑呢？有疑惑而不向老师请教，那疑惑永远不能解开。比我年长的人，他懂得的道理肯定比我早，我要向他学习，拜他为师；出生在我后面的比我年少的人，如果他懂得的道理也比我早，我也要向他学习，拜他为师。我学习的是道理，怎还会考虑他比我年长还是年少呢？因此，无论地位的贵贱，也无论年龄的长幼，道理存在的地方，也就是老师所在的地方。

唉！从师学习的传统已经失传很久了，想要人们没有疑惑也是很难的。古代的圣人，他们远远超过一般人，尚且要拜师向人请教；而今天的普通人，他们远远不如圣人，却以向别人学习为耻。因此，圣人更加圣明，愚人更加愚昧。圣人之所以成为圣人，愚人之所以成为愚人，大概就是这个缘故吧。人们疼爱自己的孩子，就请老师来教导他们；但自己却耻于向老师学习，这真是令人大惑不解。那些孩子的老师，是教孩子们学习书本中的内容和文句，并不是我所说的传授道理、释疑解惑的老师。不会断句，就向老师请教，疑惑不能解开，却又不向老师请教，小事学习，而对大事却放弃不管，我真看不出他有什么明智的地方。巫医、乐师及各

[1] 师之：以他为师。师，名词用作动词。 [2] 庸知其：哪里管他。庸，岂，何必。 [3] 师道：从师学习的风尚、从师求学的道理。 [4] 出人：超出一般人。 [5] 小学而大遗：指学习了句读，而丢了解惑、学道。

人，不耻相师。士大夫之族，曰师曰弟子云者，则群聚而笑之。问之，则曰："彼与彼年相若也，道相似也，位卑则足羞，官盛则近谀⑥。"呜呼！师道之不复，可知矣。巫医乐师百工之人，君子不齿，今其智乃反不能及，其可怪也欤！

圣人无常师。孔子师郯子、苌弘、师襄、老聃。郯子之徒，其贤不及孔子。孔子曰：三人行，则必有我师。是故弟子不必不如师，师不必贤于弟子，闻道有先后，术业有专攻，如是而已。

李氏子蟠，年十七，好古文，六艺经传皆通习之⑦，不拘于时⑧，学于余。余嘉其能行古道⑨，作《师说》以贻之。

类工匠，他们并不以向别人学习为耻辱；而士大夫之类的人，一说起"老师""弟子"这类话题，就聚在一起讥笑人家。问他们为何讥笑，回答说："他和他年龄相仿，懂得的道理也差不多。称地位低的人为老师，实在令人难堪；称地位高的人为老师，又有点阿谀奉承。"唉！由此可知从师学习的传统不能得到恢复了！巫医、乐师和各类工匠，是那些士大夫一向看不起的人，而如今士大夫却不如他们，实在是奇怪啊！

圣人没有固定的老师。孔子曾经以郯子、苌弘、师襄、老聃等人为师。而这些人都比不上孔子的贤能。孔子曾经说："三个人走在一起，其中必定有可以做我老师的人。"所以，学生不一定不如老师，老师也不一定比学生贤明，懂得道理有先有后，学术、技艺也各有专长，如此而已。

有个叫李蟠的孩子，只有十七岁，爱好古文，六艺经传也全都学习了，但他不受时俗的束缚，在我这里求学。我赞赏他能继承古人从师学习的传统，所以写了这篇《师说》赠送给他。

⑥ 近谀：近，接近。谀，谄媚，奉承。 ⑦ 六艺：六经，就是《诗》《书》《礼》《乐》《易》《春秋》。经：六经的正文。传：解释经的著作。 ⑧ 不拘于时：不受时俗的束缚。 ⑨ 嘉：赞赏的意思。

进学解

— 韩愈 —

背景介绍

时　　间：公元813年
事件起因：本文是韩愈在长安（今陕西西安）任教
　　　　　时所写。

简介

　　本文主要讲的是国子先生勉励生徒、生徒对上述教诲提出质问、先生为生徒解答，实际上是感叹不遇、自抒愤懑之作。

原文

　　国子先生晨入太学，招诸生立馆下，诲之曰："业精于勤，荒于嬉❶；行成于思，毁于随❷。方今圣贤相逢，治具毕张，拔去凶邪，登崇畯❸良。占小善者率以录，名一艺者无不庸。爬罗剔抉，刮

译文

　　清晨，国子先生走进太学，让学生们集中站在学舍内，教导他们说："学业需要靠勤奋才能做到专业、精细，贪玩的话就容易荒废；德行靠独立思考才会成就，如果不加思考、随波逐流就会被毁掉。当今圣君与贤臣密切结合，法律制度也都逐步建立、完善，清除奸邪的小人，选拔优秀的人才。具备微小优点的人全部被录取，有一技之长的没有不被任用的。搜罗选拔人才，精心培养，去除思想污垢，把他们打磨得光彩照人。大概

注释

❶ 嬉：戏乐，游玩。❷ 随：因循随俗。❸ 畯（jùn）：通"俊"，才智出众。

31

垢磨光。盖有幸而获选，孰云多而不扬？诸生业患不能精，无患有司之不明；行患不能成，无患有司之不公。"

言未既，有笑于列者曰："先生欺余哉！弟子事先生，于兹有年矣❹。先生口不绝吟于六艺之文，手不停披于百家之编。纪事者必提其要，纂❺言者必钩其玄。贪多务得，细大不捐❻。焚膏油以继晷，恒兀兀❼以穷年。先生之业，可谓勤矣。觝排异端，攘斥佛老。补苴罅❽漏，张皇幽眇。寻坠绪之茫茫，独旁搜而远绍。障百川而东之，回狂澜于既倒。先生之于儒，可谓劳矣。沉浸酰郁，含英咀华，作为文章，其书满家❾。上规姚姒❿，浑浑无涯；周《诰》殷《盘》，佶屈聱牙；《春秋》谨严，《左氏》浮夸；《易》奇而法，《诗》正而葩⓫；下逮《庄》《骚》，太史所录，子云、相如，同工异曲。先生之于文，可谓闳其中而肆其外矣。少始知学，勇

也有侥幸被录用的，谁说人才多了就没有出头之日呢？各位同学只需要关心自己的学业不够精湛，不要担心主管部门的官吏不英明；只需要担心你们自己的德行不能有所成就，不要担心主管部门的官吏不公正。"

话还没说完，有人就在队列里笑着说："先生在骗我们吧？我们侍奉先生已经很多年了。先生经常诵读六经的文章，不停地阅读诸子百家的书。对于史学记事之文一定会总结其主要内容，对理论性的书，一定会探索其中的义理。无论多少，一定会有所收获，无论是否有意义都不会遗漏。夜以继日地、年复一年地学习和钻研，先生的学业可以说是很勤奋了。抵制异端的邪说，排斥佛教与道家的学说，补充儒学的缺漏，阐述微妙的义理，深入探寻失传已久儒家传统，独自四处钻研和继承。引导各家学说归于正统就像把洪水引入大海，挽回儒家学说的颓势就像挽回倒下的宏大波澜。先生对儒家可以说是立了功的。沉浸在古色古香的书里，细细品味，感受其精华，写起文章的时候屋子里堆满了书。向上学习虞、夏时代的文章，博大精深；周代的《诰书》和殷代的《盘庚》，读起来艰涩拗口；《春秋》的语言准确而精炼，《左传》语言夸大；《易经》语言奇妙且有法则，《诗经》内容思想端正而言辞优美；下到《庄子》《离骚》《史记》，扬雄、司马相如的著作，语言

❹ 有年：多年。 ❺ 纂：编集。纂言者，指言论集、理论著作。 ❻ 捐：放弃。 ❼ 兀兀：辛勤不懈的样子。 ❽ 苴（jū）：鞋底中垫的草，这里是填补的意思。罅（xià）：裂缝。 ❾ 满家：形容著作很多。 ❿ 姚：虞舜的姓；姒：夏禹的姓。 ⓫ 正而葩：内容纯正言词华美。

于敢为。长通于方⑫，左右具宜。先生之于为人，可谓成矣。然而公不见信于人，私不见助⑬于友。跋前疐⑭后，动辄得咎。暂为御史，遂窜⑮南夷。三年博士，冗不见治。命与仇谋，取败几时。冬暖而儿号寒，年丰而妻啼饥。头童齿豁，竟死何裨？不知虑此，反教人为？"

先生曰："吁，子来前！夫大木为杗，细木为桷，欂栌、侏儒，椳、闑、扂、楔，各得其宜，施以成室者，匠氏之工也。玉札、丹砂、赤箭⑯、青芝、牛溲、马勃，败鼓之皮，俱收并蓄，待用无遗者，医师之良也。登明选公，杂进巧拙，纡馀⑰为妍，卓荦为杰，校短量长，惟器是适者，宰相之方也。昔者孟轲好辩，孔道以明，辙环天下，卒老于行。荀卿守正，大论是宏，逃谗于楚，废死兰陵。是二儒者，吐辞为经，举足为法，绝类离⑱伦，优入圣域，其遇于世何如也？今

都很美妙，各有各的特色。先生的文章内容宏伟而壮大，气势波澜壮阔。先生从小好学，敢于践行真理，长大之后通情达理，举止得体。先生为人成熟、大气有格局。但在朝堂上不能被别人信任，私底下也得不到朋友的帮助。您的一举一动都会被指责，进退两难。当上御史没多久就被贬到南方边远地区。三年博士的职位也非常闲散，也不能从政治上出成绩。您的命运或许不太好，时不时就会遭受失败的打击。在暖冬的时候，您的儿女们依旧为缺衣穿而哭着喊冷，即使丰收的时候，您的夫人却因为粮食不足而说饿。您的头发掉光了，牙齿逐渐脱落了，就这样到老死，又能有什么好处呢？您怎么不想想这些，反而还教导别人做什么？"

国子先生说："唉，你到前面来！你们要知道，大的木材做屋梁，小的木材做瓦椽、斗栱、短椽、门臼、门槛、门闩、门柱，都是在量才使用，这都是工匠技巧啊。地榆、朱砂、天麻、龙芝、车前草、马屁菌，破鼓的皮等，全都保存起来，等到需要的时候再用，这是医师高明之处啊。选拔人才时公正贤明，灵巧的人和看似笨拙的人都要引进，委婉从容的人能体现他们的美好，超群出众的人可以表现突出，考核他们的优点和缺点，根据他们的才能安排合适的职位，这是宰相的用人之道啊！以前孟轲喜欢辩

⑫ 方：道术，道理。⑬ 见信、见助：被信任、被帮助。⑭ 跋：踩。疐（zhì）：绊。⑮ 窜：窜逐，贬谪。
⑯ 玉札：地榆。丹砂：朱砂。赤箭：天麻。以上都是名贵药材。⑰ 纡馀：迂回曲折。⑱ 离：超越的意思。

先生学虽勤而不繇其统，言虽多而不要其中，文虽奇而不济于用，行虽修而不显于众。犹且月费俸钱，岁靡廪粟[19]。子不知耕，妇不知织；乘马从徒，安坐而食。踵常途之役役，窥陈编以盗窃。然而圣主不加诛，宰臣不见斥，兹非其幸欤？动而得谤，名亦随之，投闲置散，乃分之宜。若夫商财贿之有亡，计班资之崇庳，忘己量之所称，指前人之瑕疵[20]，是所谓诘匠氏之不以杙为楹，而訾医师以昌阳引年，欲进其豨苓也。"

[19] 廪（lǐn）：粮仓。 [20] 瑕：玉石上的斑点。

论，孔子的言论才得已发扬光大，他周游列国，车辙遍布天下，最后死在途中。荀况遵循孔子学说，把孔子的学说发扬光大，最后因为谗言逃到楚国，被废了官职死在兰陵。这两位大儒的言论被当成经典，他们的行为成为法则，优秀到被列入圣人的行列，可是他们的遭遇又如何呢？现在先生学习虽然勤劳，却没完全顺随道统，言论多却没有切合要点，文章写得好却没实际的作用，行为有修养，却没有出众。何况每月还浪费国家的钱和粮食；孩子不会种地，妻子不会织布；坐马车出门后面还跟着仆人，安稳地坐着吃饭。拘谨局促地按常规做事，抄来抄去地做着学问。然而君主不加责罚，宰相大臣不予贬斥，难道不是很幸运吗？因为有举动而遭到毁谤，名誉也会受影响，被放在闲散的职位，是应该的啊。如果计算财产的有无，官职的高低，是忘记了自己有多大本事，指摘官长上司的缺点，这就相当于在责问工匠为什么不用小木桩做柱子，毁谤医师不该用菖蒲延年益寿，而推荐他的猪苓做长寿药！"

圬者王承福传

— 韩愈 —

背景介绍

时　　间：公元801年

人　　物：王承福

事件起因：当年韩愈到长安调选，被王承福立身处世的特异之处吸引，所以为他做了这篇传记。

简介

　　王承福，是长安的一名普普通通的泥瓦匠人，曾有过官勋，却认为自己没有能力治理百姓，放弃了俸禄回家做了个自食其力的泥瓦匠。在他的生活哲学中，独善其身才是最幸福的。韩愈采用传记形式，借王承福之自述，真实再现了当时的社会景象。

圬^❶之为技贱且劳者也。有业之，其色若自得者。听其言，约而尽。问之，王其姓。承福其名。世为京兆长安农夫。天宝之乱，发人为兵^❷。持弓矢十叁年，有官勋，弃之来归。丧其土田，手镘^❸衣食馀叁十年。舍于市之主人，而归其屋食之当焉。视时屋食之贵贱，而上下其圬之佣以偿之；有馀，则以与道路之废疾饿者焉。

又曰：粟，稼而生者也；若布与帛，必蚕绩而后成者也^❹；其他所以养生之具，皆待人力而后完也；吾皆赖之。然人不可遍为，宜乎各致其能以相生也^❺。故君者，理我所以生者也；而百官者，承君之化者也。任有大小，惟其所能，若器皿焉。食焉而怠其事，必有天殃，故吾不敢一日舍镘以嬉。夫镘易能，可力焉，又诚有功；取其直^❻虽劳无愧，吾心安焉。夫力易强而有功也；心难强而

泥瓦匠这种手艺，不仅卑贱，而且很辛苦。有一个以此为职业的人，他的神态好像是自得其乐似的。听他说话，简约又很透彻。询问他，知道他姓王，名承福，祖祖辈辈都是京兆长安的农民。天宝之乱时，朝廷征发民众当兵，于是，他手持弓箭在军队中待了十三年，还得到了官职与勋级，但他却放弃官职、勋级回家了。家里丧失了土地，他就拿起瓦刀来谋取生活已三十多年。他住在街市上雇他干活的主人的房屋，交付主人一定的房钱和伙食费。根据当时房钱与伙食费的涨落，来增减自己做泥水匠的工钱。如果有余钱，他就施舍给流落在道路上那些病残饥饿的人。

他又说：粮食，是经过种植后才生长出来的。至于布和绸，必须经过养蚕、纺织后才能制成。其他用来维持生活的物品，都是需要人力才能制成。这些都是我们赖以生存的东西。但是人们不可能全部都亲自去做，应该每个人都尽其所能去做他能做的工作，以此相互协作、相互供养。所以君王的责任是治理好国家使百姓得以生存，而各级官吏是辅佐君王来推行教化的。责任有大有小，要根据各人的能力去承担，就像器皿一样。如果只知道吃而懒怠做事，必遭天降的祸殃。所以，我一天也不敢丢下泥刀去

注释

❶ 圬（wū）：泥瓦匠。❷ 发：征调，招募。❸ 手镘（màn）：指当泥瓦匠。镘，泥瓦匠抹墙的工具。❹ 绩：纺织。❺ 相生：互相依赖，共同生存。❻ 直：同"值"，价值，此指工钱。

有智也。用力者使于人，用心者使人，亦其宜也。吾特择其易为无愧者取焉。

嘻！吾操镘以入富贵之家有年矣。有一至者焉，又往过之，则为墟矣；有再至、叁至者焉，而往过之，则为墟矣。问之其邻，或曰："噫！刑戮也。"或曰："身既死，而其子孙不能有也。"或曰："死而归之官也。"吾以是观之，非所谓食焉怠其事，而得天殃者邪？非强心以智而不足，不择其才之称❼否而冒之者邪？非多行可愧，知其不可而强为之者邪？将富贵难守，薄功而厚飨之者邪？抑丰悴❽有时，一去一来而不可常者邪？吾之心悯焉，是故择其力之可能者行焉。乐富贵而悲贫贱，我岂异于人哉？

又曰：功大者，其所以自奉也博。妻与子，皆养于我者也；吾能薄而功小，不有之可也。又吾所谓劳力者，若立吾家而力不足，则心又劳也。一身而二任焉，虽圣者不可为也。

❼ 称：适合。 ❽ 丰悴：指家境的兴盛、衰落。

玩乐。抹灰涂墙是比较容易学会的技能，只要凭力气就可以做到。如果确实有功效，就能取得工钱。虽然很辛苦，但却心安理得。力气是很容易使出来的，但心智却难以勉强拥有。因此，劳力者被人使用，劳心者使用别人，这也是理所当然的。我只是选择容易做到而又心安理得的活儿来获取报酬罢了！

唉！我拿着瓦刀在富贵人家进进出出有好多年了。有的去过一次，再次去的时候已经变成废墟了。有的去过两次三次的，再经过的时候也变为废墟了。问他们的邻居，有的说："唉！那房主已受到刑罚被处死了。"有的说："房主已经死了，他们的子孙不能保全家业啊。"也有的说："房主死后财产归公了。"由此看来，这不就是只知道吃而懒怠做事，遭到了天降的祸殃吗？这不就是勉强自己去做智力达不到的事，选择与自己才能不相适应的事而强行去做的结果吗？这不就是做了很多亏心事，明明知道不对却硬要去做的结果吗？也许是富贵贫贱都有定数，来来去去，不能经常保有吧？我对他们非常同情，所以选择自己能力能够达到的事情去做。喜爱富贵而厌恶贫贱，我怎么会与别人不同呢？

泥瓦匠又说：功劳大的人，享受的东西就多。妻子、儿女都要靠我来养活，我能力薄弱，功劳又小，没有妻子、儿女也是可以的。况且，我只是一个做体力活的人，如果我成家而又没有能力养活妻子、儿女，那么我的心也要受劳累了。一个人要肩负两种责任，即使是圣人也是做不到的啊！

愈始闻而惑之，又从而思之，盖所谓"独善其身"者也。然吾有讥焉；谓其自为也过多，其为人也过少。其学杨朱之道者邪？杨之道，不肯拔我一毛而利天下。而夫人以有家为劳心，不肯一动其心以畜⁹其妻子，其肯劳其心以为人乎哉？虽然，其贤于世者之患不得之而患失之者、以济其生之欲贪邪而亡道以丧其身者，其亦远矣！又其言，有可以警余者⑩，故余为之传而自鉴焉。

我起先听到他的话感到迷惑不解，后来又想想他说的话，觉得他大概就是那种独善其身的人。但是，我也要指责他，他为自己考虑得太多，为别人考虑得太少，难道他奉行的是杨朱之道吗？所谓杨朱之道，就是不肯拔掉自己身上的一根毫毛去做有利于天下的事。这个人认为，有家太劳心，不肯费一点心去养活自己的妻子、儿女，难道他还会因为别人而劳心吗？即使这样，他的贤德也许比那些患得患失的人，比那些为了满足自己的欲望、贪婪不止、没有王法、以致丢掉性命的人好多了。此外，他的话又有可以警戒我的地方，所以我替他写了这篇传记，自己引为借鉴。

注释

⑨ 畜（xù）：养育，养活。 ⑩ 警：警惕、警戒。

讳辩

— 韩愈 —

背景介绍

时　　间：公元810年

人　　物：李贺（790-816），字长吉，唐朝中期著名诗人

事件起因：诗人李贺由于避父亲的名讳而不能参加科举考试，以致前途受到影响。韩愈对这事非常气愤，于是写出这篇文章来论述此事。

简介

　　本文紧紧围绕一个"讳"字展开，由于韩愈要反驳的是世俗舆论，所以他通过对比手法列举了关于避讳的事例和依据，从而证明君子不应该避讳的道理。

原文

　　愈与李贺①书，劝贺举进士。贺举进士有名，与贺争名者毁之，曰贺父名晋肃，贺不举进士为是，劝之举者为非。听者不察也，和而倡之，同然一辞。皇甫湜曰："若不明白，子与贺且得罪。"愈曰："然。"

译文

　　我写信给李贺，劝他参加进士的考试。他要是去考试的话应该能考中，所以跟他争名的人就开始攻击他，说："李贺的父亲名晋肃，他不参加进士考试是对的，劝李贺去考试的人错了。"听到这话的人不根据实际情况就跟着附和。皇甫湜对我说："如果不把这事说清楚，你和李贺都将蒙受坏名声。"我说："是这样的。"

注释

❶ 李贺：字长吉，唐代著名诗人，因避父讳，不能应试，只能做小官。

39

律曰："二名不偏讳[2]。"释之者曰："谓若言'征'不称'在'，言'在'不称'征'是也。"律曰："不讳嫌名[3]。"释之者曰："谓若'禹'与'雨'、'丘'与'蓲'之类是也[4]。"今贺父名晋肃，贺举进士，为犯二名律乎？为犯嫌名律乎？父名晋肃，子不得举进士。若父名仁，子不得为人乎？

夫讳始于何时？作法制以教天下者，非周公孔子欤？周公作诗不讳，孔子不偏讳二名，《春秋》不讥不讳嫌名，康王钊之孙，实为昭王。曾参之父名皙，曾子不讳"昔"。周之时有骐期，汉之时有杜度[5]，此其子宜如何讳？将讳其嫌遂讳其姓乎？将不讳其嫌者乎？汉讳武帝名彻为通，不闻又讳车辙之辙为某字也；讳吕后[6]名雉为野鸡，不闻又讳治天下之治为某字也。今上章及诏，不闻讳浒

《礼记》上说："名字的两个字没必要都避讳。"解释的人说："比如说孔子的母亲名'征在'，孔子可以只说'征'不说'在'，也可以说'在'而不说'征'。"《礼记》上还说："人的名字音相近的字不避讳。"解释的人说："比如说'禹'和'雨'、'丘'和'蓲'等字就是这样。"李贺的父亲名晋肃，李贺参加进士考试，是违反了两个字只避讳其中一个字的规定呢？还是违反了不避讳名字声音相近的字的规定？父亲名字叫晋肃，儿子就不能参加进士考试，如果父亲名叫"仁"，儿子就不能做人吗？

避讳是从什么时候开始的？难道不是周公、孔子制定礼法制度来教化天下百姓的吗？周公作诗时不避讳，名字中的两个字，孔子只避讳其中的一个字。《春秋》对于与人名字的音相近的字不避讳的现象，也不批评。周康王钊，他孙子的谥号就是昭王。曾参的父亲名皙，曾子也没有避讳"昔"字。周朝有个人叫骐期，汉朝有个人叫杜度，这样一来，他们的儿子应该怎么避讳呢？为了避讳与名字同音，难道连姓都得改了吗？还是不用避讳和名字音相近的字？汉朝避讳汉武帝的名字，把"彻"改为"通"，但也没听说由于避讳把车辙的"辙"改成别的字；避讳吕后的名，将"雉"改为"野鸡"，但没

[2] 偏：一半。一说偏即徧（遍），全部、普遍的意思。[3] 嫌名：指与名字中所用字音相近的字。[4] 禹、雨，丘、蓲：都是同音字，禹即夏禹，丘为孔子名。[5] 杜度：东汉时人，字伯度，齐国丞相。[6] 吕后：名雉，当时为避讳，改雉鸟的称呼为"野鸡"。

势秉机也。惟宦官宫妾，乃不敢言谕[7]及机，以为触犯。士君子言语行事，宜何所法守也？今考之于经，质之于律，稽之以国家之典，贺举进士为可邪？为不可邪？

凡事父母，得如曾参，可以无讥矣；作人得如周公孔子，亦可以止矣。今世之士，不务行[8]曾参周公孔子之行，而讳亲之名，则务胜于曾参周公孔子，亦见其惑也。夫周公孔子曾参卒不可胜，胜周公、孔子、曾参，乃比[9]于宦者宫妾。则是宦者宫妾之孝于其亲，贤于周公孔子曾参者邪？

听说把治理天下的"治"改成别的字。现在上奏章和下诏谕，没听说避讳"浒""势""秉""机"字。只有宦官和宫女，才不敢说"谕"和"机"字，认为说了就是冒犯皇上。士人君子写书做事，应该遵守什么样的礼法呢？我们从经典的书籍中考察，对照规定，考核前代避讳的规定，李贺参加进士考试，是可以呢？还是不可以呢？

凡是伺候父母能像曾参那样，就没什么好指责的。做人能像周公、孔子那样，可以说是做到极致了。当今的读书人，不学习曾参、周公、孔子的品行，而在避讳亲人长辈的名字的事情上，还要超过他们，这种做法真是太糊涂了。周公、孔子、曾参，终究是不可能超越的。在避讳上超过周公、孔子、曾参，那就是把自己与宦官、宫女进行比较了。那么宦官、宫女孝顺父母，能比周公、孔子、曾参还好吗？

注释

[7] 谕：与代宗李豫的名字同音。 [8] 务行：致力于实行。 [9] 比：类似。

争臣论

— 韩愈 —

背景介绍

时　　间：公元 792 年
人　　物：阳城（736-805），字亢宗，唐朝大臣
事件起因：谏议大夫阳城，不认真履行自己的职务，不问政事的得失。

简介

　　本文用问答的形式，对阳城为人处事进行批判，指出阳城应当认真对待自己的官职，忠于职守，不能敷衍了事。

原文

　　或问谏议大夫阳城于愈可以为有道之士乎哉？学广而闻多，不求闻于人也。行古人之道，居于晋之鄙❶。晋之鄙人，熏❷其德而善良者几千人。大臣闻而荐之，天子以为谏议大夫。人皆以为华，阳子不色喜。居于位五年矣，视其德，如在野，彼岂以富贵移易其心哉？

译文

　　有人对我提到谏议大夫阳城可以算是有道之士吗？他学问广博，见识也多，却不求显身扬名。他奉行古人的道德，居住在晋地的边境。晋地边境受到他道德熏染因而从善的人有几千人。大臣听到了这件事便举荐了他，皇帝任命他为谏议大夫。人们都认为这是他的荣耀，他却没有欣喜的表情。他居于谏议大夫之位已经有五年了，行为操守仍和隐居时一样。他哪会因为富贵而改变自己的心志呢？

注释

❶ 鄙：边境地区。　❷ 熏：熏陶，影响。

愈应之曰：是《易》所谓"恒其德贞"，而"夫子凶"者也。恶得为有道之士乎哉？在《易·蛊》之上九云："不事王侯，高尚其事。"《蹇》之六二则曰："王臣蹇蹇❸，匪躬❹之故。"夫亦以所居之时不一，而所蹈❺之德不同也。若《蛊》之上九，居无用之地，而致匪躬之节，以《蹇》之六二，在王臣之位，而高不事之心，则冒进之患生，旷官之刺兴。志不可则，而尤不终无也。今阳子在位，不为不久矣；闻天下之得失，不为不熟矣；天子待之，不为不加矣。而未尝一言及于政。视政之得失，若越人视秦人之肥瘠，忽焉不加喜戚于其心。问其官，则曰谏议也；问其禄，则曰下大夫之秩也；问其政，则曰我不知也。有道之士，固如是乎哉？且吾闻之：有官守者，不得其职则去；有言责者，不得其言则去。今阳子以为得其言乎哉？得其言而不言，与不得其言而不去，无一可

❸ 蹇蹇（jiǎn）：忠心的样子。❹ 躬：自身。❺ 蹈：践，此处为履行、实行之意。

我回答说：这正是《周易》所说的，长久地保持一种德操而不知变通，对士大夫来说是危险的，怎能算是有道德的人呢？《周易》蛊卦上九爻辞说："不侍奉王侯，高尚自己的节操。"而蹇卦六二爻辞则说："君王有难，臣子应该奋不顾身地去救助。"这两种说法的不同是因为所处的时势不同，所以要奉行的准则也就不一样。如果像《蛊卦》的上九爻所说的处于没被任用的境地，却表现出奋不顾身的节操，像蹇卦六二爻所说的处于人臣的地位，却以不侍奉王侯为高尚，那么，前者就会产生钻营利禄的祸害，后者就会引来玩忽职守的指责。这两种做法都是不可效法的，而且这样做引来罪责也是在所难免。如今阳先生居官位不能说不久了，了解朝政的得失不能说不清楚，皇帝待他也不能说不优厚，而他却从没有说过一句涉及朝政的话。他看待朝政的得失，就像越国人看待秦国人的胖瘦一样，毫不在意，忧喜无动于衷。问他的官职，就说是谏议大夫；问他的俸禄，就说是下大夫的官俸；问他有关朝政的事情，则说我不知道。有道德的人，原本是这样的吗？况且我听说：有官职的人，不能忠于职守就应该辞去官职；有进谏规劝责任的人，不能进谏规劝则也应该辞官。现在阳先生尽到进谏规劝的责任了吗？有要进谏的言论而不说，与不能尽到进谏的职责，这两种态度都是不可取的。阳先生是为了俸禄而做官的吧？古人说过："做官不是因为贫穷，但也有因为贫穷而做官的。"这正是说的那些为了俸禄而做官的人。这样的人就应当辞高官而就卑职，辞

者也。阳子将为禄仕❻乎？古之人有云："仕不为贫，而有时乎为贫。"谓禄仕者也。宜乎辞尊而居卑，辞富而居贫，若抱关击柝❼者可也。盖孔子尝为委吏矣，尝为乘田矣，亦不敢旷其职，必曰"会计当而已矣"，必曰"牛羊遂而已矣"。若阳子之秩禄，不为卑且贫，章章明矣，而如此，其可乎哉？

或曰：否，非若此也。夫阳子恶讪上❽者，恶为人臣招其君之过而以为名者。故虽谏且议，使人不得而知焉。《书》曰："尔有嘉谟❾嘉猷❿，则人告尔后于内，尔乃顺之于外，曰：'斯谟斯猷，惟我后之德'"若阳子之用心，亦若此者。

愈应之曰：若阳子之用心如此，滋所谓惑者矣。入则谏其君，出不使人知者，大臣宰相者之事，非阳子之所宜行也。夫阳子，本以布衣隐于蓬蒿⓫之下，主上嘉其行谊，擢⓬在此位，官以谏为名，诚宜有以奉其职，使四方后代，知

富贵而守贫寒，做守门巡夜等差使就可以了。孔子曾做过管仓库的小吏，也当过管理畜场的贱职，然而还不敢玩忽职守，必说账目都清楚就行了，必说要使牛羊肥壮才行。像阳先生这样的官阶和俸禄，不低微也不贫苦，这是明摆着的，而他却如此行事，难道可以吗？

有人又说：不对，不是这样的。阳先生不爱讥讽君上，不喜欢身为臣子而以揭露君上的过错来成就自己的声名。所以他虽然进言了，并且议论了朝政得失，只是不愿让人知道而已。《尚书》上说：你有好的谋略建议，就进入后庭告诉你的君主，然后出来在外面附和着说：这些谋略都是出于主上的英明。阳子的用心，也是这样的。

韩愈回答说："如果阳先生的用心果真如此，那就更加使人迷惑不解了。进去对君主进谏，出来不让他人知道，这是大臣宰相的做法，不是阳先生所应该做的。阳先生本是平民，隐居在乡村草野之中，皇上赞赏他的品行，提拔他到这个位子上。官职的名称是谏议大夫，当然应该有与职位相称的行动，让天下之人、后世的子孙都知道朝廷有刚正不阿、敢于直言进谏的臣子，天子有不滥赏、从谏如流的美称。使得山林中的隐士，听到

注释

❻ 禄仕（lùshì）：为了俸禄而出仕。 ❼ 抱关：守关门。击柝：打更。 ❽ 讪（shàn）上：毁谤上司。 ❾ 嘉谟：高明的经国谋略。 ❿ 嘉猷（yóu）：治国的好规划。 ⓫ 蓬蒿：泛指草丛；草莽。 ⓬ 擢（zhuó）：提拔，提升。

朝廷有直言骨鲠之臣，天子有不僭赏⑬从谏如流之美。庶岩穴之士⑭，闻而慕之，束带结发，愿进于阙下而伸其辞说，致吾君于尧舜，熙鸿号⑮于无穷也。若《书》所谓，则大臣宰相之事，非阳子之所宜行也。且阳子之心，将使君人者恶闻其过乎？是启之也。

或曰：阳子之不求闻而人闻之，不求用而君用之。不得已而起，守其道而不变，何子过之深也？

愈曰：自古圣人贤士，皆非有求于闻用也。闵⑯其时之不平，人之不乂，得其道不敢独善其身⑰，而必以兼济天下也。孜孜矻矻⑱，死而后已。故禹过家门不入，孔席不暇暖⑲，而墨突不得黔。彼二圣一贤者，岂不知自安佚之为乐哉？诚畏天命而悲人穷也。夫天授人以贤圣才能，岂使自有余而已，诚欲以补其不足者也。耳目之于身也，耳司闻而目司见，听其是非，视其险易，然后身得安焉。

后产生仰慕之情，于是整理衣带，扎好头发，愿意奔赴朝廷而陈述自己的主张，使我们君主的圣明能比得上尧、舜那样的圣君，美名流传于千秋万世之后。至于《尚书》所说的，那是大臣宰相的事，不是阳先生所应该做的。况且阳先生那种用心，会使为人君者不喜欢听到自己的过失吧？这样就使得君主开始文过饰非啊！

又有人说：阳先生子不求名扬天下却有很多人知道他，不求被君主任用而君主却任用了他。他不得已才出来做了官，仍能坚持自己的操守而不变，您为什么要如此苛刻地去责备他呢？

韩愈说：自古圣人贤士都不是追求名扬天下和为君主所用。他们哀怜世道的不平，民事得不到治理，自己有了道德学问，不敢独善其身，而一定要让天下人也跟着受益。为此他们孜孜不倦，死而后已。所以大禹治水，三次路过家门口却不进去看一下；孔子回家，席子还没有坐暖就又离开了；墨子回家，饭还没有吃就又出门了。这两位圣人一位贤人，难道不知道自己享受闲逸是乐事吗？实在是因为敬畏天命，并且同情百姓的贫苦才如此奔波劳碌的。上天把贤德和才能赐给这些人，哪里是只让他们生活宽裕就算了，实在是想让他们以

⑬ 僭赏：谓无功受赏或赏过其功。⑭ 岩穴之士：指隐士。⑮ 鸿号：大名，美称。⑯ 闵：同"悯"，忧虑。⑰ 独：唯独。善：好，维护。⑱ 孜（zī）孜矻（kū）矻：勤勉不懈的样子。⑲ 暇：空闲。

圣贤者，时人之耳目也；时人者，圣贤之身也。且阳子之不贤，则将役于贤以奉其上矣；若果贤，则固畏天命而闵人穷也。恶得以自暇逸乎哉？

或曰：吾闻君子不欲加诸人，而恶讦[20]以为直者。若吾子之论，直则直矣，无乃伤于德而费于辞乎？好尽言以招人过，国武子之所以见杀于齐也，吾子其亦闻乎？

愈曰：君子居其位，则思死其官。未得位，则思修其辞以明其道。我将以明道也，非以为直而加人也。且国武子不能得善人，而好尽言于乱国，是以见杀。《传》曰："惟善人能受尽言。"谓其闻而能改之也。子告我曰："阳子可以为有道之士也。"今虽不能及已，阳子将不得为善人乎哉？

此来裨补别人的不足啊！耳目在身体上的用处，是耳朵负责听，眼睛负责看。听明了是与非，看清了安与险，然后身体才能得以平安。圣贤就是世人的耳目，世人就是圣贤的身体。假如阳先生不贤，就应当被贤人役使以侍奉君主；如果是贤人，就应当敬畏天命，而同情百姓的贫苦，怎能只图个人的安逸呢？

有人说：我听说，君子不会有凌驾于他人之上的念头，而且厌恶以揭露别人的短处作为耿直的表现。像您这样的议论，直率倒还直率，但是未免有损于道德，并且是空费口舌吧？国武子在齐国被杀的原由，您大概也听说过吧？

韩愈说：君子在他的官位上，就要准备以身殉职，没有得到官位的，就想着著书立说来阐明自己的主张。我要做的是阐明圣贤之道，并不是要自命耿直而凌驾于他人之上。况且国武子是因为没有遇到贤良的人，并且在政治混乱的国情下又喜好将肚子里的话全都说出来，因此才遭到杀身之祸。《国语》上说："只有贤良的人才能接受毫无保留的进言。"这是说那些贤良的人听到劝谏之后就能改正过失。你对我说："阳先生可以算得上是有道德之人了。"我看，他现在虽然还算不上，但以后不能做一个贤良的人吗？

[20] 讦（jié）：揭发别人的隐私或攻击别人的短处。

后十九日复上宰相书

— 韩愈 —

背景介绍

时　　间：公元 795 年

事件起因：这是韩愈第二次给宰相写信，之前十九日他曾给宰相写过第一封信，所以称其为《后十九日复上宰相书》。

简介

韩愈在信中以动人的文笔比喻自己的处境非常艰难，希望以此来打动宰相。本文反映了封建统治下压制人才的社会环境。

原文

二月十六日，前乡贡进士韩愈，谨再拜言相公阁下：

向①上书及所著文后，待命②凡十有九日，不得命。恐惧不敢逃遁③，不知所为，乃复敢自纳于不测之诛④，以求毕⑤其说，而请命于左右。

译文

二月十六日，前乡贡进士韩愈，恭敬地再次进言给宰相阁下：

前段时间我呈上过一封书信和我所作的文章，等候您的指示已十九天，没有得到您的回复。我感到惶恐但不敢离去，不知道怎么办才好。只能再次斗胆，领受不可预料的责备，来向您陈述我的意见，并向您请教。

注释

① 向：以前，此指上次、前次。② 待命：等待指示。③ 逃遁：逃走，此指离开。④ 复：再，又一次。诛：责备、责罚。⑤ 毕：完毕，尽。

愈闻之：蹈水火者之求免⑥于人也，不惟⑦其父兄子弟之慈爱，然后呼而望之也。将有介于其侧者，虽其所憎怨，苟⑧不至乎欲其死者，则将大其声疾呼⑨而望其仁之也。彼⑩介于其侧者，闻其声而见其事，不惟其父兄子弟之慈爱，然后往而全之也。虽有所憎怨，苟不至乎欲其死者，则将狂奔尽气，濡⑪手足，焦毛发，救之而不辞也。若是者何哉？其势诚急而其情诚可悲也。

愈之强学力行有年矣。愚不惟道之险夷⑫，行且不息⑬，以蹈于穷饿之水火，其既危且亟矣，大其声而疾呼矣。阁下其亦闻而见之矣，其将往而全之欤？抑将安而不救欤？有来言于阁下者曰："有观溺于水而爇⑭于火者，有可救之道⑮而终莫之救也。"阁下且以为仁人乎哉？不然，若愈者⑯，亦君子之所宜动心者也。

我听说：陷入水火之中的人请求别人帮忙，不是因为那个人和自己有亲近关系才去呼喊他们、指望他们。而是希望在他旁边的人，就算与自己有过深仇大恨，只要不至于盼着自己早点死的，就要赶快呼喊他们，希望他能够施行仁义。站在旁边的人，听见他的呼声、看见他处于危险之中，也不会因为和他是否有亲近关系才去救他。即使与他有怨恨，只要还不希望他死去的人，就会拼命奔跑竭尽全力，就算把自己的手脚弄湿，自己的头发被烧焦，也要把他救出来而不会去躲避。为什么要这样做呢？是因为那情形很危险，他的状况确实叫人可怜。

我努力学习，并且勉励实践好些年了。我没有考虑前进的道路的艰险和平坦，一直前行从未停止，以至于陷于贫困、饥饿的水深火热之中，那种情形既危险又急迫，我已经赶快呼喊了。阁下大概也听见和看见了，您是救我还是安稳坐着不救呢？有人向您说："有人看到落水的人和陷入火灾之中的人，虽然有办法救却没有去救。"阁下您认为他是仁义君子吗？如果不这样认为，那么像我这样的人，就是君子应该同情的了。

⑥ 蹈：践踏，此指遭遇。免：免除灾害。⑦ 惟：只，仅仅。⑧ 苟：假如。⑨ 疾呼：急速地喊叫。⑩ 彼：那个。⑪ 濡：沾湿。⑫ 险夷：危险和安全。⑬ 息：停止。⑭ 爇：点燃，焚烧。⑮ 道：办法，能力。⑯ 若：如，像。

或谓愈："子言则然⑰矣，宰相则知子矣，如时不可何？"愈窃⑱谓之不知言者，诚其材能不足当吾贤相之举耳；若所谓时者，固在上位者之为耳，非天之所为也。前五六年时，宰相荐闻⑲，尚有自布衣蒙抽擢⑳者，与今岂异时哉？且今节度、观察使及防御营田诸小使等，尚得自举判官，无间于已仕未仕者；况在宰相，吾君所尊敬者，而曰不可乎？古之进人者，或取于盗，或举于管库。今布衣虽贱，犹足以方乎此。情隘辞蹙㉑，不知所裁，亦惟少垂怜焉㉒。愈再拜。

有人对我说："你说得对，宰相是了解你的，只是时机不对，能有什么办法呢？"我认为他不会说话，只是他的才能不值得宰相推荐罢了。至于时机，本来就是高层的人所给予的，并不是上天安排的。五六年前，宰相向上推荐人才，尚且有从百姓中提拔的，难道是因为和现在时机不同吗？更何况节度使、观察使等大臣和防御使、营田使等较低的官员，还能自己选用判官，对他是否做过官都一视同仁。何况是宰相，君主所尊敬的人，能说不可以吗？古代推荐人才，有的从盗贼中选，有的从管理仓库的人中选。现在，我虽然地位卑贱，还是能和这些人相比的。我的处境很窘迫，言语急切，可能会用词不当，只希望您能稍微施以爱惜人才的心。

韩愈再拜。

注释

⑰ 然：对，正确。⑱ 窃：私自。⑲ 荐闻：向上推荐。闻，奏闻。⑳ 抽擢（zhuó）：选拔提升，提拔。㉑ 隘（ài）：窘迫。蹙（cù）：紧迫、急促。㉒ 垂怜：加以怜惜。

后廿九日复上宰相书

— 韩愈 —

背景介绍

时　　间：公元 795 年
事件起因：《后十九日复上宰相书》上呈宰相，没有得到回复，于是韩愈便在未得答复之后写了这第三封《上宰相书》。

简介

　　文中韩愈用古代周公求贤若渴的风范，与宰相对待人才的方式相比较，衬托出宰相的庸碌，有警诫的意义；同时，此文也寄托了作者报国无门的失望，在当时有着讽刺的意义。

三月十六日，前乡贡进士韩愈，谨再拜言相公阁下：

愈闻周公之为辅相①，其急于见贤也，方一食三吐其哺②，方一沐③三握其发。当是时，天下之贤才皆已举用，奸邪谗佞欺负④之徒皆已除去，四海皆已无虞⑤，九夷八蛮之在荒服之外者皆已宾贡⑥，天灾时变、昆虫草木之妖皆已销息，天下之所谓礼、乐、刑、政教化之具⑦皆已修理，风俗皆已敦厚，动植之物、风雨霜露之所沾被⑧者皆已得宜，休征嘉瑞、麟凤龟龙之属皆已备至，而周公以圣人之才，凭叔父之亲，其所辅理承化之功又尽章章⑨如是。其所求进见之士，岂复有贤于周公者哉？不惟不贤于周公而已，岂复有贤于时百执事⑩者哉？岂复有所计议、能补于周公之化者哉？然而周公求之如此其急，惟恐耳目有所不闻见，思虑有所未及，以负成王托周公之意，不得于天下之心。如周公之心，

三月十六日，前乡贡进士韩愈，恭敬地再次进言给宰相阁下：

韩愈听说周公担任宰相时，他为了着急地接见那些贤德的人，以致于吃一次饭吐出好几次饭菜，洗一次头，要几次用手把解开的头发挽住。就在那时，天下的贤才被选拔任用了，奸诈邪恶、说人坏话、巧言献媚、背信弃义的坏人，都已经清除了，天下也都太平了，九夷、八蛮等边远地区的人也都来朝拜进贡，天灾和不可预测的事情，还有草木昆虫的反常现象，都已经消失了，礼仪、音乐、刑法、政治法令等教化的制度都已经建立，民间风俗都已经朴实淳厚了，那些繁衍生长的动植物都已经各得其所，像麒麟、凤凰、灵龟、神龙等吉祥的事物征兆也出现了。以周公的聪明才智，借着身为天子的叔父的关系，他辅佐皇上、治理国家、教化百姓的功劳是那么显著。那些想见周公的人，难道还会比周公更加贤能吗？不仅是跟周公相比，就连周公手下办理事务的官吏们，他们能比得过吗？难道他们还有什么策略和建议能够对周公的教化有所补充吗？然而周公求贤还是非常急切，就怕自己的耳朵没听到，眼睛没看到，脑子没想到，从而辜负了周成王对他的一番信任，不能得到百姓的拥护。像周公这样用心，假使那辅佐、治理、教化的

①辅相：相当于后之宰相。②一食：一顿饭。哺：指口中所含的食物。③沐：洗头发。④欺负：欺诈背负。⑤虞：担忧。⑥宾贡：入朝进贡。宾，服从，归顺。⑦具：法令，方针。⑧沾被：浸润覆盖。⑨章章：显著的样子。⑩百执事：犹言百官。

设使⑪其时辅理承化之功未尽章章如是，而非圣人之才，而无叔父之亲，则将不暇食与沐矣，岂特⑫吐哺握发为勤而止哉？维其如是，故于今颂成王之德，而称周公之功不衰。

今阁下为辅相亦近耳。天下之贤才岂尽举用？奸邪谗佞欺负之徒岂尽除去？四海岂尽无虞？九夷八蛮之在荒服之外者岂尽宾贡？天灾时变、昆虫草木之妖岂尽销息？天下之所谓礼、乐、刑、政教化之具岂尽修理？风俗岂尽敦厚？动植之物、风雨霜露之所霑被者岂尽得宜？休征嘉瑞、麟凤龟龙之属岂尽备至？其所求进见之士，虽不足以希望盛德，至比于百执事，岂尽出其下哉？其所称说⑬，岂尽无所补哉？今虽不能如周公吐哺握发，亦宜引而进之，察其所以而去就之，不宜默默而已也。

愈之待命，四十馀日矣。书再上，而志不得通。足三及门，而阍人⑭辞焉。惟

功劳没有这么显著，他也没有圣人的才能和智慧，没有叔父的这层关系，那么，周公可能连吃饭、洗头的时间都没有，怎么可能只是吃饭时吐食物、洗头时握头发这么简单呢？正因为是这样，至今人们还不断地歌颂成王的美德和周公的功绩。

如今阁下做宰相的情形与周公也差不多。天下的贤才，难道都被推荐任用了吗？奸诈邪恶、好进谗言、巧言谄媚、背信弃义等一类人，难道都清除了吗？天下都太平了吗？处在极边远地方的蛮夷部族难道都已经归顺进贡？气候变化和昆虫草木异变导致的灾害，难道都没了吗？难道像礼仪、音乐、刑法、政令等制度都已经修补整治了吗？难道社会风俗都已经朴实淳厚了吗？难道动植物都已经得到了合适的生存环境了吗？像麒麟、凤凰、灵龟、神龙等吉祥的征兆，难道都出现了吗？那些请求进见的人，虽然算不上德才兼备，但是和百官们相比，难道他们都比不过百官吗？他们所提出的想法和写出的议论，难道对朝廷一点好处都没有吗？虽然不能像周公那样为求得贤人而吐哺握发，也应该召见他们并推荐，先考察他们的实力再决定用不用，不能这样不理不睬的。

韩愈等待您的回音已经四十多天了。上了两次书而心意却未能表达，三次到您的府门前，都被门卫挡

⑪ 设使：设、使都是"假设"的意思。⑫ 特：只是。⑬ 称说：主张。⑭ 阍（hūn）人：守门人。

其昏愚，不知逃遁，故复有周公之说焉。阁下其亦察之。古之士三月不仕则相吊⑮，故出疆必载质。然所以重于自进者，以其于周不可则去之鲁，于鲁不可则去之齐，于齐不可则去之宋，之郑，之秦，之楚也。今天下一君，四海一国，舍乎此则夷狄矣，去父母之邦矣。故士之行道者，不得于朝，则山林而已矣。山林者，士之所独善自养，而不忧天下者之所能安也。如有忧天下之心，则不能矣。故愈每自进而不知愧焉，书亟⑯上，足数及门，而不知止焉。宁独⑰如此而已，惴惴⑱焉惟不得出大贤之门下是惧，亦惟⑲少垂察焉。渎⑳冒威尊，惶恐无已。愈再拜。

了回来。只是我愚笨迟钝，不知道规避，所以又有了关于周公的一番议论，希望阁下明察！古代的读书人，三个月没有出仕做官就会相互询问，所以他们前往他国时，车上一定载着见面的礼品。他们重视自荐，如果在周朝没有被任用就会去鲁国，在鲁国没有被任用就会去齐国，齐国没有被任用就去宋国，去郑国，去秦国，去楚国。如今天下只有一个君主，四海之内只有一个国家，舍弃这里，也就得离开自己的国家了，到其他民族的土地了。所以想要施展自己抱负、主张的人士，如果不能被朝廷任用，就只能入山林隐居了。山林，是那些独善其身，从不为国计民生忧虑的士人安居的地方。如果还有为天下担忧的心思，就不会安心隐居。所以韩愈才多次自荐都不知羞愧，多次上书，不断地登门而不知止步。不仅如此，还担心不能出自像您这样的大贤的门下。希望您稍加体察。冒犯了您的威严，心中惶恐不已。韩愈再拜。

⑮ 吊：慰问。
⑯ 亟（qì）：多次，屡次。
⑰ 宁独：岂止。
⑱ 惴惴（zhuì）：惶恐不安。
⑲ 惟：希望。
⑳ 渎（dú）：没有礼貌。

与于襄阳书

— 韩愈 —

背景介绍

时　　间：公元 801 年

人　　物：于頔（dí），字允元，唐朝大臣，贞元十四年（798）调任襄州刺史、山南东道节度观察使

事件起因：公元 801 年，韩愈被任命国字监四门学博士。博士职位是闲职，有抱负而无法施展。七月三日，韩愈呈信与于頔，以作拜谒求推举。

简介

　　本文围绕"希望得到引荐"这一想法，开头阐述了先达之士与后进之士休戚相关的道理，接着称颂于頔这位先达之士杰出的才能功业，最后自荐，表达急于得到于襄阳的举荐。

原文

译文

　　七月三日，将仕郎❶守❷国子四门博士❸韩愈，谨奉书尚书❹阁下。

　　士之能享大名、显当世者，莫不有先达❺之士，负天下之望者为之前焉。士

　　七月三日，将仕郎守国子监四门博士韩愈，恭敬地把信呈给尚书阁下：

　　读书的人能有大名声，在当代威名远扬，都是受过德行高、学问深的前辈的指教。读书人能把他的优良美德传下来照耀后世的，也都是靠天下

注释

❶将仕郎：散官名。 ❷守：署理的意思。 ❸国子：国子监。 ❹尚书：指于頔。 ❺先达：有德行学问的前辈。

之能垂休光⑥照后世者，亦莫不有后进之士负天下之望者，为之后焉。莫为之前，虽美而不彰；莫为之后，虽盛而不传。是二人者，未始不相须⑦也。然而千百载乃一相遇焉。岂上之人无可援，下之人无可推欤？何其相须之殷而相遇之疏也？其故在下之人负其能⑧不肯谄⑨其上，上之人负其位不肯顾⑩其下。故高材多戚戚之穷，盛位无赫赫之光。是二人者之所为皆过也。未尝干⑪之，不可谓上无其人；未尝求之，不可谓下无其人。愈之诵此言久矣，未尝敢以闻于人。

　　侧闻阁下抱不世之才，特立而独行，道方而事实，卷舒⑫不随乎时，文武唯其所用，岂愈所谓其人哉？抑未闻后进之士，有遇知于左右，获礼于门下者，岂求之而未得邪？将志存乎立功，而事专乎报主，虽遇其人，未暇礼邪？何其宜闻而久不闻也？

有名的后辈给做他继承人。没有人引荐，即便是有优秀的才能也不会出名；没有人继承，即便有非常好的业绩和德行也不会广为流传。这两种人，都是互相需要的，然而千百年才能相逢一次。难道是上面没有可以施以援手的人，下面没有值得举荐的人吗？为什么他们相互需要是那么殷切，相逢的机会却很少呢？原因是在下面的人全凭自己的才能而不愿巴结地位高的人请求引荐，在上面的人凭着自己的地位不愿意照顾下面的人。所以很多优秀的人因为不得志而发愁，高地位的人也没有留名后世。这两种人的行为都是错的。自己没有去拜谒，就不能说上面没有人引荐；自己没有向下寻找，就不能说下面没有值得推荐的人。这样的话我念叨很久了，一直没敢说给别人听。

　　我从旁听说阁下有着非凡的才能，有独特的见识，不会随波逐流，做事实事求是，进退不随流俗，能量才任用文武官员，难道您就是我说的那种人吗？然而没有听后辈说过有得到您的赏识和待遇的，难道是因为您还没有寻求到吗？还是因为您一心想做一番事业来报答君主，就算遇到了人才，也没有时间推荐呢？为什么本应该听到您的美誉却一直没有听到呢？

注释

⑥ 休光：盛美的光华。 ⑦ 相须：相互需要、期待。 ⑧ 负其能：以他的才能而自负。 ⑨ 谄：奉承。 ⑩ 顾：关心照顾。 ⑪ 干：干谒、拜见。 ⑫ 卷舒：指仕途的进退。

愈虽不才，其自处⑬不敢后于恒人⑭，阁下将求之而未得欤？古人有言："请自隗始。"愈今者惟朝夕刍米仆赁之资是急，不过费阁下一朝之享而足也。如曰："吾志存乎立功，而事专乎报主。虽遇其人，未暇礼焉。"则非愈之所敢知⑮也。世之龊龊者⑯，既不足以语之；磊落奇伟⑰之人，又不能听焉。则信乎命之穷也！

谨献旧所为文一十八首，如赐览观，亦足知其志之所存。愈恐惧再拜。

韩愈的才能一般，但自我要求严格，不敢落后于常人。阁下要寻求的人是不是还没找到？古人说过："请从我郭隗开始。"我现在只为柴草、粮食、仆役的佣雇费用而着急，这些也只不过是您一顿早饭的费用就够了。如果您说："我的志愿在于建功立业，一心想报答君主，虽然遇到了可以举荐的人，还没有时间以礼相待。"那我就不理解了。世上那些小心谨慎的人，我不敢告诉他们这些话，而光明磊落、才识卓越的人，又不能听取我的话，那么我的命运确实当穷困！我恭敬地向您呈上我之前作的十八篇文章，还请您过目，让您了解我的志向所在。韩愈诚惶诚恐，再拜。

注释

⑬ 自处：处身立世，道德修养。⑭ 恒人：常人，一般的人。⑮ 知：赞成，理解。⑯ 龊（chuò）龊者：指只注意生活小节而缺乏道德修养的人。⑰ 磊落奇伟：心胸坦白，不同一般。

与陈给事书

— 韩愈 —

背景介绍

时　　间：公元 803 年

人　　物：陈京，字庆复，唐代宗大历元年（766）进士，公元 803 年（德宗贞元十九年）晋升为给事中

事件起因：韩愈与陈京有旧情，后来韩愈被贬当县令，陈京却得到了皇帝的欣赏，当韩愈回到京城后，陈京对韩愈爱答不理，俩人越来越疏远了。

简介

　　本文是韩愈给陈京写的一封信。信中写了与陈京的旧情以及疏远的原因，委婉地表达了对陈京冷落自己的不满，同时也希望与陈京恢复友情。

愈再拜：愈之获见于阁下有年矣。始者亦尝辱一言之誉。贫贱也，衣食于奔走，不得朝夕继见。其后阁下位益尊，伺候于门墙❶者日益进。夫位益尊，则贱者日隔；伺候于门墙者日益进，则爱博而情不专。愈也道不加修，而文日益有名。夫道不加修，则贤者❷不与；文日益有名，则同进者忌。始之以日隔之疏，加之以不专之望，以不与者之心，而听忌者之说。由是阁下之庭，无愈之迹矣。

去年春，亦尝一进谒❸于左右矣。温乎其容，若加其新也；属乎其言，若闵其穷也。退而喜也，以告于人。其后如东京取妻子，又不得朝夕继见。及其还也，亦尝一进谒于左右矣。邈❹乎其容，若不察其愚也；悄乎其言，若不接其情也。退而惧也，不敢复进。

韩愈再拜：认识您这么多年是我的荣幸，之前也曾受到过您的夸赞。后来我生活贫贱，为了生计而到处奔波，所以不能经常拜见。此后，您的地位越来越尊贵，依附您的人也一天天增多。地位越来越尊贵的人与贫贱的人就会慢慢疏远、有隔阂；守在您门前的人每天在增加，所以让您喜欢的人变多了，反而对于旧情就没那么专一了。我在道德品质方面没有加强，而写出来的文章却一天比一天出名。道德品质方面不完善，就不会得到贤人的赏识；文章越来越有名，那么就会遭到同路人的妒忌。一开始，您我之间由于见面少而疏远，后来我对您感情不专一而有怨气，而您对我的态度也变得没那么好了，加上听了妒忌者的闲言碎语等这些原因，您的门庭就没有我的足迹了。

去年的春天，我也曾去拜访过您一次。当时您态度温和，像是接待新结交的朋友；话语不断，像是在怜悯我穷困的处境。我回来后非常开心，把这事告诉了别人。此后，我回东京接妻子和孩子，不能早晚经常去拜见。我回来以后，又曾去拜访过您一次。当时您表情冷漠，好像不体察我的苦衷；沉默寡言，感觉是不理会我的情意。我回来后心中恐惧，不敢再登门拜见。

注释

❶ 伺候：等候、依附。门墙：此处指尊者的门下。　❷ 贤者：此处指陈给事。　❸ 进谒：前去拜见。
❹ 邈（miǎo）：远，此处形容脸上表情冷漠。

今则释然悟，翻然悔，曰："其邈也，乃所以怒其来之不继也；其悄也，乃所以示其意也。"不敏之诛⑤，无所逃避。不敢遂⑥进，辄自疏⑦其所以，并献近所为《复志赋》以下十首为一卷，卷有标轴⑧。《送孟郊序》一首，生纸⑨写，不加装饰，皆有揩⑩字注字处。急于自解而谢，不能俟⑪更写。阁下取其意而略其礼可也。愈恐惧⑫再拜。

现在我终于明白了，非常懊悔，心里想："您那冷漠的表情，是在怪我中间没有拜见的缘故；谈话很少，就是暗示这个意思。"责怪我愚钝，我是没办法逃避的。我不敢马上去拜访您，于是先写信陈述事情的来龙去脉，同时也献上最近写的《复志赋》等十篇文章编为一卷，卷轴上有标记。《送孟郊序》一文，用生纸写成，没有装饰，还有涂抹和修改的地方，由于我着急向您解释并表达歉意，所以来不及重新誊写清楚。希望您能理解，不计较我礼节上的不周到。韩愈诚惶诚恐，再拜。

注释

⑤ 诛：责备。⑥ 遂：就，立刻。⑦ 疏：分条陈述。⑧ 标轴：是卷轴上所作的标记。⑨ 生纸：未经煮捶或涂蜡的纸。⑩ 揩：涂抹。⑪ 俟（sì）：等待。⑫ 恐惧：小心谨慎到害怕不安的程度。

应科目时与人书

— 韩愈 —

背景介绍

时　　间：公元 793 年

事件起因：这是在韩愈考中进士（公元 792 年）后，参加博学宏词科考试前写给别人的信。

简介

　　这是一篇自荐书。韩愈写过不少给当政者的自荐信，本篇却写得别具特色，运用了比兴手法，有力地衬托出自己的不凡抱负与苦难处境，向人干求而又不失身份。

月、日，愈再拜：天池之滨，大江之濆①，曰有怪物焉，盖非常鳞凡介之品汇匹俦也②。其得水，变化风雨，上下于天不难也。其不及水，盖寻常尺寸之间耳。无高山、大陵、旷途、绝险为之关隔也，然其穷涸，不能自致乎水，为獱獭之笑者，盖十八九矣。如有力者，哀其穷而运转之，盖一举手、一投足之劳也。然是物也，负其异于众也，且曰："烂死于沙泥，吾宁乐之。若俯首帖耳，摇尾而乞怜者，非我之志也。"是以③有力者遇之，熟视之若无睹也。其死其生，固不可知也。

今又有有力者当其前矣。聊试仰首一鸣号焉，庸讵④知有力者不哀其穷，而忘一举手、一投足之劳，而转之清波乎？其哀之，命也；其不哀之，命也；知其在命，而且鸣号之者，亦命也。愈今者实有类于是。是以忘其疏愚之罪，而有是说焉。阁下其亦怜察之。

某月某日，韩愈再拜陈述：在南海的水滨，长江的岸边，传说有怪物存在，它不是一般鱼类龟鳖等动物可以比得上的。如果它得到了水，就能呼风唤雨，上天下地都很容易。如果它得不到水，就只能局限在短小狭窄的几尺几寸之地，尽管没有高山大岗、荒原路途、危绝险阻成为它的阻碍，然而它被困在没有水的地方，不能自己找到水，因此，它十有八九会被水獭之类低等水生动物所嘲笑。如果有力量的人同情它的困厄处境，而把它们转移到水中去，那只不过是举手之劳。可是这种怪物，仗恃自己与众不同，却说："就算烂死在沙泥里，也心甘情愿；如果俯首帖耳，摇尾乞怜，那不是我的志趣。"因此，有力量的人遇到它们，常常会熟视无睹。它是死是活，自然也无从知道了。

如今又有一个有力量的人出现在它的面前，姑且试着仰着头来鸣叫一声，哪里知道有力量的人不会同情它的窘境，而忘记举手之劳，把它转移到水中去呢？别人同情它，是它的命；不同情它，也是它的命；明明知道生死有命仍然鸣号求助的，也是它的命。韩愈现在的情况确实和它有相同之处。所以不顾自己疏阔愚笨的过错，而写下这些话，希望阁下您同情并谅察我的处境。

① 濆（fén）：水边。② 常鳞凡介：指普通的水生动物。匹俦：同类。③ 是以：因此。④ 庸讵（jù）：哪里，怎么。

送孟东野序

— 韩愈 —

背景介绍

时　　间：公元 802 年

人　　物：孟东野，名郊，字东野，是韩愈的学生和挚友

事件起因：孟郊（751—814），直到 46 岁才成进士，直到 50 岁才被任命为溧阳县尉。本篇是韩愈送孟郊去江南时的劝慰之言。

简介

本篇首先论述"物不平则鸣"的道理，其次列举自然界多种现象论证"不平则鸣"的观点，接着引出人也是如此，最后抒发对孟郊怀才不遇的感慨。

大凡物不得其平则鸣：草木之无声，风挠❶之鸣。水之无声，风荡之鸣。其跃也，或激❷之；其趋也，或梗❸之；其沸也，或炙❹之。金石之无声，或击之鸣。人之于言也亦然，有不得已者而后言。其歌也有思，其哭也有怀，凡出乎口而为声者，其皆有弗平者乎！

乐也者，郁于中而泄于外者也，择其善鸣者而假❺之鸣。金、石、丝、竹、匏、土、革、木八者，物之善鸣者也。维天之于时也亦然，择其善鸣者而假之鸣。是故以鸟鸣春，以雷鸣夏，以虫鸣秋，以风鸣冬。四时之相推敚❻，其必有不得其平者乎！其于人也亦然。人声之精者为言，文辞之于言，又其精也，尤择其善鸣者而假之鸣。

其在唐、虞，咎陶、禹，其善鸣者也，而假以鸣，夔弗能以文辞鸣，又自假于《韶》以鸣。夏之时，五子以其歌鸣。伊尹鸣殷，周公鸣周。凡载于《诗》《书》六艺，皆鸣之善者也。周之衰，孔

一般来说，事物受到外力冲击的时候就会发出鸣叫声：草木本没有声音，风摇动它就发出响声。水本没有声音，风震荡它就发出声响。水波腾涌，是因为有东西在阻遏它；水流湍急，是因为受到阻塞；水的沸腾，是因为有火在烧煮它。金属和石头本没有声音，有人敲击它就发出响声。人说话也是如此，有了不得不说的事才会说出来。唱歌是因为有了思虑，哭泣是因为有所怀念。凡是从口中发出声音的，那都是因为不能安定的缘故啊！

音乐，是人们将心中的郁闷抒发出来，选择善于发声的器物来借助它发声。金、石、丝、竹、匏、土、革、木这八种乐器，是器物中善于发声的。上天对于四季也是这样，选择善于发声的东西借助它来发声。于是，让鸟为春天歌唱，让雷为夏天轰鸣，让虫为秋天鸣叫，让风为冬天呼啸。四季推移变化，也一定有其不能安定的原因吧！对于人来说也是这样。人的声音中比较精华的是语言，文辞对于语言来说，又是语言中最精华的，所以尤其要选择善于表达的人，依靠他们来表达意见。

在唐、虞时代，咎陶、禹是最善于表达的，就借助他们来发表言论。夔不能用文辞来表达，便借助自己制作的乐曲《韶》来表达。夏朝时，太康的五个弟弟用他们歌声来表达。伊尹鸣于殷代，周公鸣于周

❶挠：摇动。❷激：阻遏水势。❸梗：阻塞。❹炙：烧煮。❺假：借助。❻推敚（duó）：推移变化。敚，同"夺"。

子之徒鸣之，其声大而远。传曰："天将以夫子为木铎。"其弗信矣乎！其末也，庄周以其荒唐之辞鸣。楚，大国也，其亡也以屈原鸣。臧孙辰、孟轲、荀卿，以道鸣者也。杨朱、墨翟、管夷吾、晏婴、老聃、申不害、韩非、慎到、田骈、邹衍、尸佼、孙武、张仪、苏秦之属，皆以其术鸣。秦之兴，李斯鸣之。汉之时，司马迁、相如、扬雄，最其善鸣者也。其下魏晋氏，鸣者不及于古，然亦未尝绝也。就其善者，其声清以浮，其节数[7]以急，其辞淫以哀，其志弛以肆；其为言也，乱杂而无章。将天丑其德莫之顾邪？何为乎不鸣其善鸣者也！

注释

[7] 数（shuò）：细密。

代。凡是记载在《诗经》《尚书》等儒家经典上的文字，都是文辞提炼得最好的。周朝衰败时，孔子师徒大声疾呼，他们的声音洪大而传播遥远。《论语》上说。"天将要把夫子当做木铎。"难道这不是真实的吗？周朝末年，庄周用他那广大无边的文辞来表达。楚，是大国，到它败亡时，通过屈原的诗歌来表达。臧孙辰、孟轲、荀卿，是用他们的学说来表达的。杨朱、墨翟、管夷吾、晏婴、老聃、申不害、韩非、慎到、田骈、邹衍、尸佼、孙武、张仪、苏秦这些人，都通过各自的主张来表达。秦朝兴起，李斯出来表达。汉代时，司马迁、司马相如、杨雄，是其中最善于表达的人。以后的魏晋时期，文辞上虽然无人赶得上古代，可是声音也并未绝响。就其中文辞比较好的来说，他们的声音清灵而高浮，节奏繁密而急促，文辞靡丽而哀伤，意志松驰而恣肆，他们的文章，杂乱而无章法。这大概是上天厌弃这个时代的丑德败行而不愿照顾他们吧？为什么不让他们当中善于文辞的来表达呢？

唐之有天下，陈子昂、苏源明、元结、李白、杜甫、李观，皆以其所能鸣。其存而在下者，孟郊东野始以其诗鸣。其高出魏晋，不懈[8]而及于古，其他浸淫[9]乎汉氏矣。从吾游者，李翱、张籍其尤也。三子者之鸣信善矣，抑不知天将和其声而使鸣国家之盛邪，抑将穷饿其身，思愁其心肠，而使自鸣其不幸邪？三子者之命，则悬乎天矣。其在上也奚以喜，其在下也奚以悲！东野之役于江南也，有若不释然者，故吾道其命于天者以解之。

唐建立政权以来，陈子昂、苏源明、元结、李白、杜甫、李观，都是借助他们各自的才能来表达心声。今天仍然健在却处于下位的人中，孟东野开始用他的诗歌来抒发感情。他的诗高出魏晋，无懈可击赶得上古人，其他作品也接近汉朝的水平了。跟我交往的人中，李翱和张籍是最出众的。这三位先生的文辞确实很好，但不知道上天将会使他们的声音和谐而歌唱国家的兴盛呢？还是想让他们的身子穷饿、让他们思虑哀愁而吟唱各自的不幸呢？他们三位的命运，就完全决定于上天了。即使身居高位又有什么可欢喜的，沉沦在下的又有什么可悲叹的！孟东野这次赴江南任职，好像有些难以释然的样子，所以我讲这些命运由天的道理来宽解他。

注释

⑧ 不懈：无懈可击，指文章精妙。⑨ 浸淫：逐渐接近。

送李愿归盘谷序

— 韩愈 —

背景介绍

时　　间：公元 801 年

人　　物：李愿，唐朝隐士，号盘谷子。其余生平不详

事件起因：这是韩愈写给友人李愿的一篇赠序。韩愈长期以来没有得到朝廷的重用，即使积极奔走也无济于事。他在送李愿回盘谷隐居之时写下这篇文章。

简介

　　本文是借作者朋友李愿归隐盘谷之事，来吐露心中的沉郁不平之情。进而对声势显赫、穷奢极欲的达官贵人作了辛辣的讽刺，对退隐山林的高洁之士给予由衷的赞美。

太行之阳有盘谷。盘谷之间，泉甘而土肥，草木藂茂，居民鲜少。或曰："谓其环两山之间，故曰盘。"或曰："是谷也，宅幽而势阻，隐者之所盘旋。"友人李愿居之。

愿之言曰："人之称大丈夫者，我知之矣。利泽施于人，名声昭于时。坐于庙朝，进退百官，而佐天子出令。其在外，则树旗旄❶，罗弓矢，武夫前呵，从者塞途，供给之人，各执其物，夹道而疾驰。喜有赏，怒有刑。才俊满前，道古今而誉盛德，入耳而不烦。曲眉丰颊，清声而便体❷，秀外而惠中，飘轻裾❸，翳长袖，粉白黛绿者❹，列屋而闲居。妒宠而负恃，争妍而取怜。大丈夫之遇知于天子，用力于当世者之所为也。吾非恶此而逃之，是有命焉，不可幸而致也。

"穷居而野处，升高而望远，坐茂树以终日，濯❺清泉以自洁。采于山，美可茹❻；钓于水，鲜可食。起居无时，惟

太行山的南面有一个盘谷。盘谷里面，泉水甜美而土地肥沃，草木茂盛，人烟稀少。有人说："因为山谷环绕在两座山之间，所以称盘谷。"也有人说："这个山谷，处于幽静而险阻的地方，是隐士们盘旋留恋的地方。"我的朋友李愿就住在这里。

李愿说："被人们称作大丈夫的人，我是了解的。他们施恩泽给别人，而名望声誉显赫传播于当世。他们在朝廷上参与政事，手握百官升降的大权，辅佐天子发号施令。他们出外时，树立旗帜，陈设弓箭，武夫在前面吆喝开道，侍从挤满了道路，负责供给的仆役各自拿着物品，在道路两旁飞快地奔跑。他们高兴的时候就赏赐，他们发怒的时候就处罚，许多才俊之士聚集在他面前，说古道今，赞扬他们的美德，这些话语他们百听不厌。那些眉毛弯弯，脸颊丰腴，声音清脆，体态美好，外貌秀美，内在聪慧，飘动着薄薄衣襟，掩饰着长长衣袖，脸搽白粉，眉画黛绿的美女们，在一排排房子里闲居着，嫉妒别人得宠而自恃貌美，以美丽的容颜博取主人的怜爱。这些就是被天子重用，在当世掌握大权的大丈夫的所作所为。我并非厌恶这些人才隐居，这是由命运安排的，是不能侥幸得到的呀。

"我在荒野之中过着贫寒的生活，登上高处眺望远方。闲坐在枝条茂盛

❶ 旗旄：古代大臣出使，大将出征，皇帝赐旗，旗上系旄牛尾或鸟羽，作为有指挥权的标志。❷ 便体：体态轻盈。❸ 裾：衣服的前襟。❹ 粉白黛绿：形容女子打扮得肤白眉黑。黛，女子画眉的颜料。❺ 濯：洗涤。❻ 美：味美。茹：食、吃。

适之安。与其有誉于前，孰若无毁于其后；与其有乐于身，孰若无忧于其心。车服不维，刀锯不加，理乱不知，黜陟不闻❼。大丈夫不遇于时者之所为也，我则行之。

"伺候于公卿之门，奔走于形势之途，足将进而趑趄❽，口将言而嗫嚅。处污秽而不羞，触刑辟而诛戮。侥幸于万一，老死而后止者，其于为人贤不肖何如也？"

昌黎韩愈闻其言而壮之，与之酒而为之歌曰："盘之中，维子之宫。盘之土，可以稼。盘之泉，可濯可沿。盘之阻，谁争子所？窈而深，廓其有容❾；缭而曲，如往而复。嗟盘之乐兮，乐且无央❿。虎豹远迹兮，蛟龙遁藏。鬼神守护兮，呵禁不祥。饮且食兮寿而康，无不足兮奚所望？膏吾车兮秣吾马，从子于盘兮，终吾生以徜徉。"

的树下度过整日，在清洌的泉水里洗涤使得自身洁净。从山上采来的果子，甜美可口；从水中钓来的鱼虾，鲜嫩味美。日常作息时间没有限制，只求安闲舒适。与其当面受到称赞，不如背后不受毁谤；与其身体享受快乐，不如心中没有忧虑。既不受官职的约束，也不受刑罚的惩处，既不去了解政局的治乱，也不去听百官升降的消息。这就是遭遇不合于时世的大丈夫的所作所为，我就这样去做。

"那些侍候在达官贵人门下，奔走在权势争斗之中的人，想要迈步却又迟疑不前，想要开口说话却又吞吐犹豫。处于卑贱低下的地位而不知羞耻，触犯了刑罚而受到诛杀。希图获得万分之一的侥幸机会，直到老死才罢休的人，这样做人到底是好还是不好呢？"

昌黎韩愈听了李愿的这番话，赞赏他的气魄豪壮。替他斟酒，并为他作一首歌说："盘谷之中，是你的居室。盘谷之地，可以耕种。盘谷的泉水，可以洗浴，也可以沿着游览。盘谷那么险阻，有谁来争夺你的居所。盘谷幽远而深邃，宽阔而有容量。盘谷回环曲折，仿佛走了进去又绕回。盘谷的乐趣啊，无穷无尽。虎豹远远离开，蛟龙也逃避躲藏。鬼神守卫保护，呵斥不祥之物。有吃有喝，长寿又安康。没有不满足的地方，还有什么奢望？给我的车轴加油，用草喂饱我的马，跟随你去盘谷隐居，终身自由自在地漫游。"

❼ 黜陟（chùzhì）：指官吏的进退或升降。 ❽ 趑趄（zījū）：迟疑不前的样子。 ❾ 窈（yǎo）：幽静。廓：空阔。有容：可以容纳许多东西。 ❿ 无央：无穷无尽。

送董邵南序

— 韩愈 —

背景介绍

时　　间：在公元 806 年—820 年间

人　　物：董邵南，寿州安丰人（今安徽寿县），怀才不遇后隐居家乡

事件起因：唐宪宗元和年间，董邵南参加科举考试屡试不第，准备投靠河北的藩镇。韩愈一直主张全国"大一统"，反对地方分裂主义。董邵南与韩愈交谊甚厚，董邵南投靠河北对韩愈来说，是一种"从贼"；可是董邵南又"不得志于有司"，因此，韩提笔写下了这篇赠序。

简介

本篇先赞美燕赵一带，接着怀疑这个地区的风俗可能已经发生变化，最后请董邵南凭吊一下望诸君乐毅的墓，意在提醒董生应注意藩镇和中央的关系。

燕赵古称多感慨悲歌之士。董生举进士，连不得志于有司，怀抱利器❶，郁郁适兹土，吾知其必有合也。董生勉乎哉！

夫以子之不遇时，苟慕义强❷仁者，皆爱惜焉，矧❸燕赵之士出乎其性者哉！然吾尝闻风俗与化移易，吾恶❹知其今不异于古所云邪？聊以吾子之行卜之也。董生勉乎哉！

吾因之有所感矣。为我吊望诸君之墓，而观于其市，复有昔时屠狗者乎？为我谢曰："明天子在上，可以出而仕矣！"

自古以来，燕赵一带，古代传说那里涌现出很多慷慨悲歌的壮士。董生参加进士科考，连着几年都没有被主考官录取，只好怀抱杰出的才能，心情抑郁地要到河北去，我想他在那里总该有比较好的际遇吧。董生你可要勉力啊！

像您这样怀才不遇，只要是思慕仁义勉行仁义的人，都会爱护您的。何况燕赵一带的豪杰之士，他们思慕仁义、勉行仁义是出于本性！但是我也曾听说社会风俗会随着教化而改变，我怎能知道今天和古代传说的没有差别呢？姑且通过您这次旅行来判断吧。董生啊，勉力啊！

我对您此行不禁有些感慨。请你为我到望诸君乐毅的墓上去凭吊一番，并且到集市上去看看，还有没有像古代那种靠卖狗肉度日的慷慨悲歌之士呢？请替我向他们致意："当今圣明的天子在位，可以出来做官了！"

注释

❶ 利器：锋利的兵器。此处比喻杰出的才能。❷ 强：勉力做到。❸ 矧（shěn）：况且。❹ 恶（wū）：怎么。

送杨少尹序

— 韩愈 —

背景介绍

时　　间：公元 824 年

人　　物：杨巨源，字景山，唐代诗人

事件起因：杨巨源是贞元五年（789 年）进士，有诗名，官国子司业，年满七十，便告老归乡。作者对此非常赞赏，于是作序相送，意在张扬其事，以振古风。

简介

文章开篇写汉代疏广、疏受因年老辞官回乡时朝野送行的盛况，借以烘托杨巨源令人景仰的美好才德，并进一步想象他离京时朝野送别的情形，赞扬其功成身退，不恋名利的节操。

昔疏广、受二子以年老，一朝辞位而去。于时公卿设供张❶，祖道❷都门外，车数百两❸；道路观者，多叹息泣下，共言其贤。汉史既传其事，而后世工画者，又图其迹❹，至今照人耳目，赫赫若前日事。

国子司业杨君巨源，方以能诗训后进，一旦以年满七十，亦白❺丞相去，归其乡。世常说古今人不相及，今杨与二疏，其意岂异也？

予忝❻在公卿后，遇病不能出，不知杨侯去时，城门外送者几人，车几两，马几匹；道边观者，亦有叹息知其为贤以否？而太史氏又能张大❼其事为传，继二疏踪迹否？不落莫否？见今世无工画者，而画与不画，固不论也。然吾闻杨侯之去，丞相有爱而惜之者，白以为其都少尹，不绝其禄。又为歌诗以劝之，京师之长于诗者，亦属而和❽之。又不知

古时候疏广、疏受叔侄二人，因为年老，同一天辞官回乡。朝廷中的公卿摆设宴席，在京都门外为他们饯行，车驾有几百辆。路边围观的人见此情景，多为他们叹息落泪，纷纷称道他们的贤德。汉代史书记载了他们的事迹，后世擅长绘画的人，又把当时的情景画成了图像，到今天依然光彩照人，就像发生在几天前的事情一样。

国子司业杨巨源，起先以自己精通诗学在国子监教授学生，到了七十岁那天，也禀告丞相请求辞官回归故乡。世人常说今人不能与古人相比，如今杨先生与二疏相比，他们的人生观难道有什么不同吗？

我的官职列在公卿后面，恰逢生病不能前去送行。不知道杨君离京的时候，城门外送别的，有多少人、多少辆车、多少匹马；路边围观的人，是不是也有知道他是贤人而赞叹的？而史官能不能铺张渲染他的事迹，为他立传以继承二疏的事迹呢？杨君不至于受到冷落吧？如今世上没有擅长绘画的人，画不画成图像，姑且不去管它。但是，我听说杨君离京时，有丞相曾表示敬重而怜惜他，上奏皇上让他担任他家乡河中府的少尹，以便不断绝他的俸禄。丞相还写诗勉励他，京城那些擅长写诗的

注释

❶ 供张：亦作"供帐"，陈设帷帐等用具。供，陈设。张，同"帐"。 ❷ 祖道：在道旁祭祀路神并设宴践行。 ❸ 两（liàng）：同"辆"，量词，用于车辆。 ❹ 工：擅长。图：画。 ❺ 白：报告。 ❻ 忝（tiǎn）：有愧，用作谦辞。 ❼ 张大：广泛宣扬。 ❽ 属（zhǔ）：做文章。和（hè）：应和。

当时二疏之去，有是事否？古今人同不同，未可知也。

中世士大夫，以官为家，罢则无所于归。杨侯始冠，举于其乡，歌《鹿鸣》而来也。今之归，指其树曰："某树，吾先人之所种也；某水、某丘，吾童子时所钓游也。"乡人莫不加敬，诫子孙以杨侯不去其乡为法❾。古之所谓乡先生没而可祭于社者，其在斯人欤！其在斯人欤！

注释

❾ 法：法式，楷模。

人，也都做诗应和。也不知道当年二疏离开京城的时候，有没有这样的事情？古人和今人相同还是不同，不得而知啊。

殷周以后的士大夫以官府为家，罢官之后就无归宿之处。杨君刚成年的时候，就通过乡试中举，家乡人歌唱《鹿鸣》之诗欢送他来京。现在他回家乡去，可以指着家乡的树木说："那棵树是我先人种的。那条河，那个山丘，是我童年时钓鱼玩耍的地方。"故乡的人没有不对他表示敬重的，告诫子孙以杨君不舍弃故土的美德作为学习的榜样。古人所说的死后可以在家乡土地庙里受祭的"乡先生"，就是杨君这样的人吧！就是杨君这样的人吧！

送石处士序

— 韩愈 —

背景介绍

时　　间：公元810年

人　　物：石洪，隐居不仕，故人称"石处士"

事件起因：乌重胤在元和年间担任河阳军节度使，其地处转运要道，责任重大，所以上任不久便访问贤人，渴望共济国事。石洪辞去黄州录事参军后，退居洛阳，十年不曾外出做官，他德高望重，颇具才略。当乌氏以国家大事相邀，石洪便欣然出山就任其幕府参军。

简介

本篇第一段写乌大夫与僚属讨论求贤之事，引出石先生这个人。第二段写石先生答应出山，众人饯行。文章的重点在一个"义"字上。

河阳军节度御史大夫乌公为节度之三月，求士❶于从事之贤者。有荐石先生者。公曰："先生何如？"曰："先生居嵩、邙、瀍、穀之间，冬一裘，夏一葛。食，朝夕饭一盂，蔬一盘。人与之钱，则辞❷；请与出游，未尝以事免❸；劝之仕，不应。坐一室，左右图书，与之语道理，辨古今事当否，论人高下，事后当成败，若河决下流而东注，若驷马驾轻车就熟路，而王良造父为之先后也，若烛照数计而龟卜也。"大夫曰："先生有以自老，无求于人，其肯为某来邪？"从事曰："大夫文武忠孝，求士为国，不私于家。方今寇聚于恒，师环其疆，农不耕收，财粟殚亡❹。吾所处地，归输之涂❺，治法征谋❻，宜有所出。先生仁且勇，若以义请而强委重焉，其何说之辞？"于是撰书词，具马币，卜日以授使者，求先生之庐而请焉。

河阳军节度使、御史大夫乌公担任节度使后的第三个月，就在贤能的僚属中访求人才。有人推荐石先生。乌公问："石先生为人怎么样？"回答说："石先生住在高、邙两山和瀍、穀两水之间，冬天穿一件毛皮大衣，夏天穿一身葛布衣服。早晚总是一碗饭、一盘蔬菜。别人送钱给他，他辞谢不收，邀请他一起出游，从不借故推脱，劝他出来做官，他不答应。他经常在一间房子里坐着，身旁全是图书。与他谈论道理，辨析古今事件正确与否，评论人品的高下，预测事情的成败，他说起话来滔滔不绝，就像河水决堤向东奔流而下那样，又好比四匹良马拉着轻便的马车行驶在熟悉的道路上，又像是王良、造父那样的驾车高手在前后驾驶着，又好比灯光照耀那样明察幽微，就如同数目计算一样清楚，或者像用龟甲占卜一样灵验。"乌大夫说："石先生志在隐居终老，不求于人，他肯为我出山吗？"那位僚属说："大夫您能文能武，忠孝两全，是为国家搜寻人才，不是为自己图谋私利。如今叛贼在恒州盘踞，军队在边界驻扎，农夫不能耕种收获，财空粮尽。我们所处的地方，是输送军需粮草的必经之路，如何治理、伐叛，确实应该有人出谋划策。石先生仁爱而又勇敢，若是用大义去聘请他，并执意委以重任，他还能用什么话来推辞呢？"于是写好礼聘的书信，准备了马匹和礼物，选了个黄道吉日交付使者，寻访石先生的住处，恳请他出山。

❶士：古时指有节操、有学问之人。❷辞：谢绝。❸免：这里指推脱。❹殚：尽。亡：无。❺涂：同"途"，道路。❻治法征谋：治兵之法，征讨之谋。

先生不告于妻子，不谋于朋友，冠带出见客，拜受书礼于门内。宵则沐浴，戒❼行李，载书册，问道所由，告行于常所来往。晨则毕至，张上东门外，酒三行，且起，有执爵❽而言者曰："大夫真能以义取人，先生真能以道自任，决去就。为先生别。"又酌而祝曰："凡去就出处何常，惟义之归。遂以为先生寿。"又酌而祝曰："使大夫恒无变其初，无务富其家而饥其师，无甘受佞人❾而外敬正士，无昧于谄言❿，惟先生是听，以能有成功，保天子之宠命。"又祝曰："使先生无图利于大夫，而私便其身图。"先生起拜祝辞曰："敢不敬早夜以求从祝规。"于是东都之人士咸知大夫与先生果能相与以有成也。遂各为歌诗六韵，遣愈为之序云。

石先生没有告诉妻子儿女，也没有跟朋友商量，就戴冠束带出来见客，在屋里恭恭敬敬地接受了书信和礼物。当夜就沐浴更衣，打点行李，装载书籍，问明道路怎么走，然后向常来往的朋友告别。第二天早上，朋友们都前来东门外为他设宴饯行，酒过三巡，石先生要动身的时候，有人举杯上前说："乌大夫真能以大义取人，石先生真能担当道义，决定自己的去留。这杯酒为先生您送别！"又有人斟酒祝福道："做不做官、走还是留，哪有什么一定的准则？唯有用'义'判断。我就用这杯酒祝先生长寿！"又有人斟酒祝愿道："希望乌大夫永远不要改变初衷，不要只顾发家致富而让士兵挨饿，不要内心喜欢花言巧语之徒，只在表面上敬重正直之士，不要被奉承的话所蒙蔽，而能一心听从石先生的意见，以求成功，保全天子所赐的恩宠。"又有人祝祷道："希望先生不要在乌大夫那里谋私利，假公济私满足个人的私欲。"石先生站起来答辞说："我怎敢不恭恭敬敬、无时无刻按照各位嘱咐的去做！"因此，东都洛阳的人都知道乌大夫与石先生一定能相互配合而有所成就。于是在座的人便各赋诗六韵，派我韩愈为他们写了这篇序文。

❼戒：准备。❽爵：酒器。❾佞(nìng)人：擅长以巧言献媚的人。❿昧：昏暗。谄言：奉承话。

送温处士赴河阳军序

— 韩愈 —

背景介绍

时　　间：公元 810 年

人　　物：温造（766—835），字简舆，号水南山人，唐朝大臣

事件起因：温造幼时喜欢读书，任寿州刺史张建封的参军，后隐居洛阳，河阳军节度使乌重胤上任后将温造聘到幕府。韩愈被乌氏的求贤若渴之情感动，为好友石洪、温造怀才得遇而欣喜，所以写下了这篇文章。

简介

　　该文与《送石处士序》是姊妹篇，开篇强调伯乐对千里马的重要性，接着指出东都洛阳，人才荟萃，引出乌大夫对石先生和温先生的重用。最后表达为朝廷得到人才而欣慰以及自己与友人分别的惋惜之情。

伯乐一过冀北之野，而马群遂空。夫冀北马多天下，伯乐虽善知马，安能空其郡邪？解之者曰："吾所谓空，非无马也，无良马也。伯乐知马，遇其良辄取之，群无留良焉。苟①无良，虽谓无马，不为虚语矣。"

东都，固士大夫之冀北也。恃才能深藏而不市②者，洛之北涯曰石生，其南涯曰温生。大夫乌公以铁钺镇河阳之三月，以石生为才，以礼为罗③，罗而致之幕下。未数月也，以温生为才，于是以石生为媒，以礼为罗，又罗而致之幕下。东都虽信④多才士，朝取一人焉，拔其尤，暮取一人焉，拔其尤⑤，自居守河南尹以及百司之执事，与吾辈二县之大夫，政有所不通，事有所可疑，奚所⑥谘而处焉？士大夫之去位而巷处者，谁与嬉游？小子后生于何考德而问业焉？缙绅之东西行过是都者，无所礼⑦于其庐。若是而称曰：大夫乌公一镇河阳，而东都处士之庐无人焉，岂不可也！

伯乐一经过冀北的原野，那里的马群就空了。冀北是天下产马最多的地方，伯乐虽然善于识马，怎能使马群空呢？解释的人说："我所讲的空，不是说没有马，是没有良马了。伯乐善于识马，一遇到良马，马上就把它挑走，马群中没有留下一匹良马了。假如没有一匹良马，就算说没有马，也不是虚夸的话。"

东都洛阳，原本是士大夫聚集的地方，犹如多产良马的"冀北"。怀有才能却隐居而不愿为官换取俸禄的人，住在洛水的北边叫石生，住在洛水的南边叫温生。御史大夫乌公凭节度使的身份镇守河阳的第三个月，认为石先生是个人才，就备办礼物，把他网罗到自己幕下。没过几月，乌公又认为温先生是个人才，于是通过石先生的介绍，准备礼物，又把他网罗到自己幕下。纵然东都确实有很多才能出众的人，但早上挑走一个，选拔了其中的顶尖人才，晚上挑走一个，又选拔了其中的顶尖人才。这样一来，从东都留守、河南尹起，直到各个部门的官员，和我们这两县的官员，如果处理政事碰到障碍，遇事有了疑难，又到哪里去咨询从而妥善处理呢？士大夫辞去官位而闲居里巷的人，同谁嬉戏交游呢？后辈晚学，到哪儿考核德行并请教学业呢？东西往来经过洛阳的官员，也无法登门拜访他们了。遇到类似的情况，就说：御史大夫乌公一镇守河阳，而东都隐居

① 苟：如果。② 市：做买卖。这里指出仕，求官。③ 罗：网罗。这里指招纳人才的手段。④ 信：确实。
⑤ 尤：突出的。⑥ 奚所：哪里。⑦ 礼：这里指谒见，拜访。

夫南面而听天下，其所托重而恃力者，惟相与将耳。相为天子得人于朝廷，将为天子得文武士于幕下，求内外无治，不可得也。愈縻⑧于兹，不能自引去，资⑨二生以待老。今皆为有力者夺之，其何能无介然⑩于怀邪？生既至，拜公于军门，其为吾以前所称为天下贺，以后所称为吾致私怨于尽取也。留守相公首为四韵诗歌其事，愈因推其意而序之。

⑧ 縻（mí）：羁留。⑨ 资：依赖。⑩ 介然：耿耿于怀。

者的住所就没有人才了，难道这样不行吗？

皇帝治理天下，他所托重和依靠的人，不过是宰相和将军罢了。宰相为皇帝搜罗人才到朝廷，将军为皇帝搜罗文人武士到幕下，这样的话，国家内外得不到治理，那是不可能的。我羁留在此做县令，不能自行引退，想依靠石、温二位先生的帮助而终老。现在他们都被有权力的人夺走了，怎能不使我耿耿于怀呢？温先生到后，在军门拜见乌公，用我前面说的话替天下人向乌公道贺；用我后面所说的话，替我抱怨本地的人才都被选空了。东都留守相公首先写了一首四韵诗颂扬这件事，我就顺着他的意思写了这篇序文。

祭十二郎文

— 韩愈 —

背景介绍

时　　间：公元 803 年
人　　物：十二郎：韩老成，韩愈的侄子
事件起因：此文是韩愈在长安任监察御史时，为祭悼和他从小·生活在一起且经历患难的侄子十二郎而写的一篇祭文。

简介

　　本文分为三部分：第一部分写两人之间的深厚情谊；第二部分写对侄儿病情的推测，沉痛的自责，初闻噩耗时将信将疑，不愿相信又不得不信的心理，尤其显得哀婉动人；第三部分写对十二郎及其遗孤的吊慰，交代迁葬及教养遗孤等事，透露出作者无处诉说、没有边际的不可遏止的伤痛。

年、月、日，季父愈闻没丧之七日，乃能衔哀❶致诚，使建中远具时羞❷之奠，告汝十二郎之灵：

呜呼！吾少孤，及长，不省所怙❸，惟兄嫂是依。中年兄殁南方，吾于汝俱幼，从嫂归葬河阳；既又与汝就食江南，零丁孤苦，未尝一日相离也。吾上有三兄，皆不幸早世。承先人后者，在孙惟汝，在子惟吾，两世一身，形单影只。嫂尝抚汝指吾而言曰："韩氏两世，惟此而已。"汝时尤小，当不复记忆；吾时虽能记忆，亦未知其言之悲也。

吾年十九，始来京城。其后四年，而归视汝。又四年，吾往河阳省坟墓，遇汝从嫂丧来葬。又二年吾佐董丞相于汴州，汝来省吾；止一岁，请归取其孥❹；明年，丞相薨❺，吾去汴州，汝不果来。是年，吾佐戎徐州，使取汝者始行，吾又罢去，汝又不果来。吾念汝从于东，东亦客也，不可以久；图久远者，莫如西归，将

某年某月某日，你小叔叔韩愈在听到你去世消息的第七天，才得以怀着悲哀向你表示赤诚的心意，派建中从远方给你带去美味的祭品，以祭告你十二郎的在天之灵：

唉！我幼年丧父，长大后早已不记得父亲的样子，只能和大哥大嫂相依为命。大哥中年时在南方去世，我和你当时还幼小，跟随着大嫂将大哥的遗体运回河阳下葬，随后又和你一起去江南度日，当时孤苦伶仃，我们没有一日分开过。我上面有三个哥哥，都不幸早逝了。继承先祖的后代，在孙辈里只有你，在儿辈里只有我，两代人都仅剩下一个人，真可谓形单影只。大嫂曾经抚摸着你，又指着我说："韩家两代，只剩下你们两个人了！"那时你还很小，恐怕已经不记得了；我那时虽然记住了，但却不了解大嫂话中的悲哀之意！

我十九岁那年，第一次来到京城。此后四年，我才回家看望你。又过了四年，我去河阳扫墓，碰到你送大嫂的灵柩来安葬。又过了两年，我在汴州辅佐董丞相，你来看望我，住了一年，你说要回家去接家眷。第二年，董丞相逝世，我离开了汴州，你也就没来成。那一年，我在徐州辅佐军事，派去接你的人刚要启程，我又罢职离开了徐州，你又没有来成。我想，如果你跟随我来到东边，东边也是异乡客地，不能够永久住下去。如

❶ 衔哀：心中怀着悲哀。❷ 时羞：应时的鲜美佳肴。羞，同"馐"。❸ 所怙（hù）：所依靠，此指父亲。
❹ 归取其孥（nú）：把家眷接来。孥，妻和子的统称。❺ 薨（hōng）：古时诸侯和二品以上大官的死亡称薨。

成家而致汝。呜呼！孰谓汝遽⑥去吾而殁乎！吾与汝俱少年，以为虽暂相别，终当久与相处，故舍汝而旅食京师，以求斗斛之禄；诚知其如此，虽万乘之公相，吾不以一日辍汝而就也⑦！

去年孟东野往，吾书与汝曰："吾年未四十，而视茫茫，而发苍苍，而齿牙动摇。念诸父与诸兄，皆康强而早世，如吾之衰者，其能久存乎！吾不可去，汝不肯来，恐旦暮死，而汝抱无涯之戚也⑧。"孰谓少者殁而长者存，强者夭而病者全乎！呜呼！其信然邪？其梦邪？其传之非其真邪？信也，吾兄之盛德而夭其嗣乎？汝之纯明而不克蒙其泽乎⑨？少者强者而夭殁，长者衰者而存全乎？未可以为信也。梦也，传之非其真也？东野之书，耿兰之报，何为而在吾侧也？呜呼！其信然矣！吾兄之盛德而夭其嗣矣！汝之纯明宜业其家者，不克蒙其泽矣！所谓天者诚难测，而神者诚难明矣！所谓理者不可推，而寿者不可知矣！

果为长远打算，不如西归河阳老家，安顿好家眷后再接你来。唉！谁料到你竟骤然去世离开了我！我和你当时都还很年轻，以为只是短暂别离，终究会长久地跟你在一起住的。所以才离开你到京师谋生，为了求得微薄的俸禄。如果料到事情发展成这样，就是有万乘之国的宰相职位，我也不会离开你一天前去就职啊！

去年，孟东野前往江南，我托他带信给你："我年龄还不到四十岁，但已经视力模糊，头发花白，牙齿松动。想到我的几位父辈和兄长，都是健康强壮的时候去世的，像我现在这样身体衰弱，怎么能长久地活着呢？我不能离开，你又不肯来，只怕我早晚死了，会让你怀有无穷的忧伤啊。"谁知道年少的去世，而年长的还活着，身强力壮的你会早死，而体弱多病的我却保全了性命？唉！难道这是真的吗？还是做梦呢？还是传来的消息不真实呢？如果是真的，我哥哥有那么美好的德行却丧失了后代？你的聪明纯真难道还不能蒙受先人的恩泽吗？为什么年轻身强的早死，而年长衰弱的却活着呢？我不能相信这是真的！这是在做梦吧，是传来的消息不真实吧，孟东野的信、耿兰的丧报，却又为什么在我的身边呢？唉！这是真的了！我哥哥有那么美好的德行而他的儿子却早死了！你聪明纯真应该继承家业的，竟不能够承受他的德泽啊！所谓天公啊，实在让人难

⑥遽（jù）：突然，骤然。⑦辍：中止，离开。就：就职上任。⑧无涯之戚：无穷的忧伤。戚，忧伤。
⑨克蒙：克，能够。蒙，承受。

虽然，吾自今年来，苍苍者或化而为白矣，动摇者或脱而落矣。毛血[10]日益衰，志气日益微，几何不从汝而死也！死而有知，其几何离[11]；其无知，悲不几时，而不悲者无穷期矣。汝之子始十岁，吾之子始五岁，少而强者不可保，如此孩提者，又可冀其成立邪？呜呼哀哉！呜呼哀哉！

汝去年书云："比[12]得软脚病，往往而剧。"吾曰："是疾也，江南之人，常常有之。"未始以为忧也。呜呼！其竟以此而殒其生乎！抑别有疾而致斯乎？汝之书，六月十七日也。东野云：汝殁以六月二日。耿兰之报无月日。盖东野之使者，不知问家人以月日，如耿兰之报，不知当言月日。东野与吾书，乃问使者，使者妄称以应之耳。其然乎？其不然乎？

今吾使建中祭汝，吊汝之孤与汝之乳母，彼有食可守以待终丧，则待终丧而取以来；如不能守以终丧，则遂取以

以推测，神明啊，实在让人难以明白！这真是天理不可推究，寿命不可预卜啊！

尽管如此，我从今年以来，花白的头发已经变成全白，松动的牙齿有的已经脱落，气血日益衰减，精神日益衰微，用不了多久就会随你而去了！如果人死后仍然有知觉，那我们分离的日子会有多久呢？如果人死后没有知觉，那我也悲伤不了多久了，而没有悲伤的日子倒是无穷无尽的。你的儿子才十岁，我的儿子才五岁，年少身强的人都不能保全，像这样大的孩子，又怎能希望他们长大成人呢？唉，悲哀啊！唉，悲哀啊！

你去年在信中说："近来得了软脚病，常常剧烈发作。"我说："这种病，江南人经常有。"我也未曾为你这种病而担忧。唉！难道就是因为这种病使你丧失了性命吗？还是也有别的疾病使你丧生呢？你的来信，写于去年六月十七日。孟东野说，你去世是今年六月二日；耿兰报丧时没有写你死的日期。大概是因为东野派来的送信使者，不知道向家里人问清楚月日，而耿兰报丧也不知道应当表明月日。或者东野在给我写信时，才问使者，使者就胡乱说了个日期应付他？是这样呢？还是不是这样呢？

现在我派建中来祭拜你，并慰问你的儿子和乳母，他们的生活供应可以守到你的丧期结束，那就等到丧期结束我再接他们前来；如果不能等到丧期结束，那我就立即接他们前来。其余的奴婢，都叫他们守你的丧。如果我有能力给你改葬迁葬，就一定把你迁进祖先的墓地，然后才算

[10] 毛血：此指身体。[11] 其几何离：分离会多久呢？意指死后仍可相会。[12] 比：近来。

来。其余奴婢，并令守汝丧。吾力能改葬，终葬汝于先人之兆⑬，然后惟其所愿。呜呼！汝病吾不知时，汝殁吾不知日。生不能相养以共居，殁不得抚汝以尽哀。敛不凭其棺，窆⑭不临其穴。吾行负神明，而使汝夭，不孝不慈，而不得与汝相养以生，相守以死。一在天之涯，一在地之角，生而影不与吾形相依，死而魂不与吾梦相接。吾实为之，其又何尤。彼苍者天，曷其有极！

自今已往，吾其无意于人世矣！当求数顷之田，于伊颍之上，以待余年，教吾子与汝子幸其成，长吾女与汝女待其嫁，如此而已。呜呼！言有穷而情不可终，汝其知也邪？其不知也邪？呜呼哀哉！尚飨⑮！

了却了我的心愿。唉！你患病我不知道时间，你去世我不知道日期，你活着的时候，我们不能互相供养、共同生活，你去世了又不能抚摸你的遗体尽情哀哭，你入殓时我不能在你的棺材旁边，你安葬时我不能亲临你的墓穴。我的所作所为背负了神明，而使你夭折。我对上不孝顺，对下不仁慈，因而不能和你互相照顾、维持生计。一个在天涯，一个在地角，活着的时候你的身影不能和我相依，死了以后你的灵魂又不在我的梦中与我相聚。这实在是我一手造成的，又能够怨谁呢？苍天啊，我的悲痛何时才是个尽头啊！

从今以后，我对于世上的事情再也没有心思考虑了！我将在伊水、颍河一带买数顷田地，来度过我的晚年。教导我的儿子和你的儿子，期盼他们长大成人；养育我的女儿和你的女儿，等待她们出嫁。我的心愿不过这样罢了。唉！言语有穷尽的时候，而哀痛之情却是永无终绝。这些你能够理解吗？还是你什么都不知道呢？唉，真悲哀啊！希望你的灵魂来享用这些祭品吧！

注释

⑬ 兆：墓地。⑭ 窆（biǎn）：落葬，下棺入土。⑮ 尚飨：也作"尚享"，旧时祭文常用作结尾。尚，庶几，希望。飨，泛指请享受。

祭鳄鱼文

— 韩愈 —

背景介绍

时　　间：公元819年

事件起因：作者在指责鳄鱼的背后，其实是想说有比鳄鱼更为凶残的丑类在。安史之乱以来那些拥兵割据的藩镇大帅，鱼肉百姓的贪官污吏，相比鳄鱼来说更为祸国殃民。

简介

　　该篇首先阐明鳄鱼得以长期肆虐的原因，接着说明自己是朝廷任命的刺史，应该为民除害，解除鳄鱼的威胁。

维年月日，潮州刺史韩愈使军事衙推秦济，以羊一、猪一，投恶溪之潭水，以与鳄鱼食，而告之曰：

昔先王既有天下，列①山泽，罔绳擉刃②，以除虫蛇恶物为民害者，驱而出之四海之外。及后王德薄，不能远有，则江汉之间，尚皆弃之以与蛮、夷、楚、越；况潮岭海之间，去京师万里哉！鳄鱼之涵淹③卵育于此，亦固其所。今天子嗣唐位，神圣慈武，四海之外，六合之内，皆抚而有之；况禹迹所掩④，扬州之近地，刺史、县令之所治，出贡赋以供天地宗庙百神之祀之壤者哉？鳄鱼其不可与刺史杂处此土也。

刺史受天子命，守此土，治此民，而鳄鱼睅然⑤不安溪潭，据处食民畜、熊、豕、鹿、獐，以肥其身，以种其子孙；与刺史亢⑥拒，争为长雄；刺史虽驽弱，亦安肯为鳄鱼低首下心，伈伈睍睍⑦，为民

某年某月某日，潮州刺史韩愈，派军事衙推官秦济，把一头羊、一头猪，投进恶溪的潭水里，送给鳄鱼吃，并对鳄鱼说：

古时候帝王拥有天下之后，封锁高山大泽，用绳索去网捉、用利刃去刺杀，来消除那些危害百姓的毒虫、毒蛇、凶兽，并把它们驱赶到四海之外。后代的帝王德行衰微，不能管辖远方，连长江、汉水一带都扔给蛮、夷、楚、越等族，何况潮州在五岭、南海之间，距离京城有万里之遥呢？鳄鱼潜伏在这里繁衍生息，也实在是合适的地方。如今的天子继承了大唐的帝位，神圣、仁慈、威武，四海之外，普天之下，全都在他安抚和统辖之下，何况潮州是大禹足迹所留、扬州之近邻、刺史县令所治理、交纳贡品和赋税来供应天地宗庙百神祭祀的地方呢！鳄鱼是一定不能和刺史一起居住在这片土地上啊！

刺史接受皇上的命令，镇守这里的土地，治理这里的人民，而鳄鱼却恶狠狠地瞪着眼睛，不安于溪水、潭水，盘踞在这里吞食百姓的畜、熊、豕、鹿、獐，来养肥自己，繁衍它的后代，与刺史相抗衡，争做一方之主。刺史虽然平庸懦弱，又怎肯在鳄鱼面前低头屈服、战战兢兢、给吏民丢脸，而在这里苟且偷生呢？况且刺

❶ 列：通"迾"，阻挡。 ❷ 罔：同"网"。此处用作动词。擉（chuò）：刺。 ❸ 涵淹：隐没，潜伏。 ❹ 掩（yǎn）：覆盖。 ❺ 睅然：凶狠的样子。睅，眼睛突出。 ❻ 亢：同"抗"，抗拒。 ❼ 伈伈（xīn）睍（xiàn）睍：恐惧不敢正视的样子。

吏羞，以偷活于此邪！且承天子命以来为吏，固其势不得不与鳄鱼辨。

鳄鱼有知，其听刺史言：潮之州，大海在其南，鲸、鹏之大，虾、蟹之细，无不归容，以生以食，鳄鱼朝发而夕至也。今与鳄鱼约：尽三日，其率丑类南徙[8]于海，以避天子之命吏；三日不能，至五日；五日不能，至七日；七日不能，是终不肯徙也。是不有刺史、听从其言也；不然，则是鳄鱼冥顽不灵，刺史虽有言，不闻不知也。夫傲天子之命吏，不听其言，不徙以避之，与冥顽不灵而为民物害者，皆可杀。刺史则选材技吏民，操强弓毒矢，以与鳄鱼从事[9]，必尽杀乃止。其无悔！

史是接受皇上的任命来这里当官的，这种情况下当然不得不跟鳄鱼辨明。

鳄鱼啊！如果你们真有灵性，就听刺史的话：潮州这地方，大海在它南边，大到鲸鱼、鹏鸟，小到虾子、螃蟹，无不容身、安居在大海里，依靠大海生长、吃喝，你们早晨出发，晚上就能到达那里。如今和鳄鱼约定：限你们三天之内，务必率领同类南迁到大海去，避开天子任命的刺史。三天不行的话，就五天。五天不行的话，就七天。如果七天还不行，这就表明最终不肯迁徙了，那就是眼里没有刺史、不听刺史的话了。否则那就是鳄鱼愚蠢顽固没有灵性，刺史虽然讲了不少话，你们却听不见、听不明白了。凡是蔑视皇上任命的刺史、不听刺史劝诫、不迁走回避刺史，和愚蠢顽劣、不通灵性危害百姓牲畜的东西，都可杀掉。刺史就要挑选有才干有技能的官吏和民众，拿着强弓毒箭，和鳄鱼较量，直到斩尽杀绝才停止。你们可别后悔啊！

注释

[8] 丑类：同义连文，种类，同类。徙：迁徙。[9] 从事：办理，处置。这里指战斗、较量。

柳子厚墓志铭

— 韩愈 —

背景介绍

时　　间：公元 802 年
人　　物：柳宗元（773—819），字子厚，唐代著名文学家
事件起因：柳子厚（柳宗元），是韩愈的好朋友。他去逝后柳宗元为他创作了墓志铭。

简介

　　文章通常分两部分：前一部分是"志"，用散文叙述死者的姓氏、爵位、世系和生平事迹；后一部分是"铭"，以韵文表示对死者的悼念和颂赞。文章着重论述其治理柳州的政绩和文学贡献，赞扬柳宗元的政治才能，称颂其勇于为人、刻苦自励的精神。

原文

子厚，讳宗元❶。七世祖庆，为拓跋魏侍中，封济阴公。曾伯祖奭，为唐宰相，与褚遂良、韩瑗俱得罪武后，死高宗朝。皇考❷讳镇，以事母弃太常博士，求为县令江南。其后以不能媚权贵，失御史。权贵人死，乃复拜侍御史，号为刚直，所与游皆当世名人。

子厚少精敏，无不通达。逮其父时，虽少年，已自成人，能取进士第，崭然见头角❸。众谓柳氏有子矣。其后以博学宏词，授集贤殿正字。俊杰廉悍，议论证据今古，出入❹经史百子，踔厉风发❺，率常屈其座人❻。名声大振，一时皆慕与之交。诸公要人，争欲令出我门下，交口荐誉之。

贞元十九年，由蓝田尉拜监察御史。顺宗即位，拜礼部员外郎。遇用事者得罪，例出为刺史。未至，又例贬永州司马。居闲，益自刻苦，务记览，为词章，

译文

柳子厚，名宗元。他的七世祖柳庆，曾经做过北魏的侍中，受封为济阴公。曾伯祖柳奭，担任唐朝的宰相，与褚遂良、韩瑗都因为得罪了武则天，在唐高宗时被处死。父亲名柳镇，因为要侍奉母亲而辞掉了太常博士的职位，请求到江南去做县官。后来因为他不肯讨好权贵，被免除了御史官。当权的大臣死后，才又被任命为侍御史。柳镇以刚毅正直著称，同他来往的，都是当代的知名人士。

子厚少年时就很精明能干，没有他不通晓的事物。当他父亲还在世的时候，他虽然很年轻，但却早已自立成才。能够考取进士，显露了超人的才能，大家都说柳家出了个好儿子。此后他因为考中博学宏词科，被任命为集贤殿正字。他英俊杰出，清廉刚正，讨论起问题来能够引古证今，精通经史典籍和诸子百家，议论纵横，言辞奋发，见高识远，常常使同座的人为之屈服，因此名声大振，当时人们都敬慕他而希望与他交往。那些公侯、士卿们都争着让他做自己的门生，并一致推荐他、赞誉他。

贞元十九年，子厚从蓝田尉升任监察御史。顺宗继承帝位之后，他又被升为礼部员外郎。逢遇当权人获罪，他也受到牵连被贬逐到潮州当刺史。还未曾到任，又依例被贬为永州司马。身居清闲之地，他更加刻苦用

注释

❶讳：名。古人尊敬死者，不直呼其名，故在其名前加一"讳"字，以表示不得已而称之。❷皇考：对死去父亲的尊称。❸崭然见头角：比喻青年人才华初显。崭然，突出的样子。见，同"现"，显露。❹出入：融会贯通，深入浅出。❺踔（chuō）厉风发：议论纵横，言辞奋发，见高识远。踔，远。厉，高。❻率常屈：率，每每。屈，使之屈服。

89

泛滥停蓄❼，为深博无涯涘❽，而自肆于山水间。元和中，尝例召至京师，又偕出为刺史，而子厚得柳州。既至，叹曰："是岂不足为政邪？"因其土俗，为设教禁，州人顺赖。其俗以男女质钱，约不时赎，子本相侔❾，则没为奴婢。子厚与设方计，悉令赎归。其尤贫力不能者，令书其佣，足相当，则使归其质。观察❿使下其法于他州，比一岁，免而归者且千人。衡湘以南为进士者，皆以子厚为师，其经承子厚口讲指画为文词者，悉有法度可观。

其召至京师而复为刺史也，中山刘梦得禹锡亦在遣中，当诣⓫播州。子厚泣曰："播州非人所居，而梦得亲在堂，吾不忍梦得之穷，无辞以白其大人；且万无母子俱往理。"请于朝，将拜疏，愿以柳易播，虽重得罪，死不恨。遇有以梦得事白上者，梦得于是改刺连州。呜

❼ 泛滥停蓄：形容学问文章的广博和深厚。❽ 涯涘（sì）：水的边际。❾ 子本相侔：子本，利息和本钱。相侔，相等。❿ 观察使：是唐朝中央派到各地区掌管监察的官，考察州县管理政绩。⓫ 诣：前往。

功，他专心记诵和阅览书籍，文笔汪洋恣肆，雄厚凝练，学问广博深厚。同时尽情地自我消遣在大自然的山光水色之间。元和年间，子厚曾按例被召回京师，又和同案人一起被派出做刺史，子厚被派到柳州。到任之后，他慨叹道："这里难道不值得我做出政绩吗？"然后，他按照当地的风俗民情，替他们设置教化措施并颁布禁令，全州百姓都服从并依赖他。这地方有个风俗就是穷人们借债时往往用儿女去抵押，约定如果到期不能赎回，等到利息和本钱相等时，债主就把人质没做奴婢。子厚为此替欠债人想方设法，让他们都能够把儿女赎回去。那些十分贫困实在没有能力赎回的，就让债主记下子女当奴婢的工钱，等到应得的工钱足够抵消债务时，就命令债主归还那些人质。观察使将这个法令推行到其他州，等到一年以后，被释放的人质将近一千人。衡山、湘水以南准备考进士的人，都把子厚当老师。那些经过子厚亲自教导指点的人所写的文章，都符合章法要求，值得欣赏。

当子厚被召回京师又被派出做刺史的时候，中山刘禹锡（字梦得）也在被派出之列，他应当前往播州。子厚泣不成声地说："播州这个地方不是中原人能居住的，而梦得还有母亲在家，我不忍心看他如此困窘，也无法将梦得去播州的事告诉他母亲，况且也没有母子一同前往的道理。"子厚向朝廷请求，准备递呈奏章，并愿意拿柳州换播州，表示即使罪上加罪，死也无憾。恰巧碰上有人把梦得的情况告知了皇上，梦得因此改做连

呼！士穷乃见节义。今夫平居里巷相慕悦，酒食游戏相征逐，诩诩强笑语以相取下⑫，握手出肺肝相示，指天日涕泣，誓生死不相背负，真若可信；一旦临小利害，仅如毛发比，反眼若不相识，落陷阱，不一引手救，反挤之，又下石焉者，皆是也。此宜禽兽夷狄所不忍为，而其人自视以为得计⑬。闻子厚之风，亦可以少愧矣。

子厚前时少年，勇于为人，不自贵重顾藉，谓功业可立就，故坐废退⑭。既退，又无相知有气力得位者推挽，故卒死于穷裔。材不为世用，道不行于时也。使子厚在台省时，自持其身，已能如司马刺史时，亦自不斥；斥时，有人力能举之，且必复用不穷。然子厚斥不久，穷不极，虽有出于人，其文学辞章，必不能自力⑮，以致必传于后如今，无疑也。虽使子厚得所愿，为将相于一时，以彼易此，孰得孰失，必有能辨之者。

州刺史。唉！士人在穷困中才能表现出气节道义。如今那些日常无事，共居街坊相互仰慕友好的人，一起吃喝玩乐来往频繁，夸夸其谈，强作笑脸，互相亲热尊重，手握手好像要挖出肺肝给对方看，又指天流泪，发誓不论生死都不辜负对方，简直像真的一样可信。有朝一日遇到小小的利害冲突，小得仅像汗毛头发一样，就翻脸不认人，对方落入陷阱之中，非但不肯伸一下手去救援，反倒借机排挤对方，再往下扔石头的人，到处都是。这种事情，恐怕连禽兽和野蛮人都不忍心做出来，然而那些人却自以为算路精。他们听了子厚的高风亮节，也该稍稍有点惭愧了吧。

子厚年轻时，勇于帮助别人，却不懂得珍重和顾惜自己，以为功名事业可以一蹴而就，结果受到牵连遭到贬官。被贬后，又没有熟识而有权有势的人推荐和提拔，为此最终死在荒僻边远的地方。才干不能被世人所重用，政治主张不能在当时推行。如果子厚在御史台、尚书省做官时，能谨慎约束自己，像在做司马、刺史的时候那样，自然就不会遭到贬斥。即使遭到贬斥，也有人能够推举他，也必定会被重用而不至于穷困。然而如果子厚被贬斥的时间不是那么久，困穷的处境未达到极点，那么他虽然能够在官场中出人头地，但他在文学创作方面必定不能自我努力，以达到像今天那样能够流传后世的水平，这是毫无疑问的。即使让子厚实现他的愿望，在一个时期内让他做了将相，拿功名事业来换文传后世，什么是得，什么是失，必定有能辨别二者的人。

⑫ 以相取下：互相谦虚，表示尊重。⑬ 得计：计谋成功。⑭ 坐废退：受牵连被贬黜。坐，因罪受牵连。⑮ 自力：自我努力。

厚以元和十四年十一月八日卒，年四十七。以十五年七月十日，归葬万年先人墓侧。子厚有子男二人：长曰周六，始四岁；季曰周七，子厚卒乃生。女子二人，皆幼。其得归葬也，费皆出观察使河东裴君行立。行立有节概，重然诺[16]，与子厚结交，子厚亦为之尽，竟赖其力。葬子厚于万年之墓者，舅弟卢遵。遵，涿人，性谨慎，学问不厌。自子厚之斥，遵从而家焉，逮其死不去。既往葬子厚，又将经纪其家[17]，庶几有始终者。

铭曰：是惟子厚之室，既固既安，以利其嗣人。

子厚在元和十四年十一月八日逝世，享年四十七岁。在元和十五年七月十日，他的灵柩被安葬在万年县他祖先的坟墓旁边。子厚有两个儿子，长子叫周六，刚四岁，次子叫周七，子厚去世后才出生的。两个女儿，都还幼小。他的灵柩能够回乡落葬，费用都是观察使河东裴行立先生资助的。裴行立为人有气节，重信用，与子厚交情很深，子厚也为他尽心尽力，最后竟依赖他办理了后事。把子厚安葬到万年县墓地的是他的表弟卢遵。卢遵是涿州人，性格谨慎，好学不倦。自从子厚被贬斥以后，卢遵就跟随他和他家人一起住，直到子厚去世也没有离开。他既送子厚灵柩回乡归葬，又代替子厚照料家人，可以称得上是一个有始有终的人。

铭文说：这是子厚的墓穴，既坚固又安静，有利于他的后代子孙。

[16] 重然诺：重信用。 [17] 经纪：照料，经营。

驳复仇议

— 柳宗元 —

背景介绍

时　　间：公元 805 年

事件起因：武则天当政时，徐元庆的父亲徐爽被赵师韫杀害。后来徐元庆在一个驿站当仆役，赵师韫恰好住在这个驿站中，徐元庆趁机杀了他，然后，投案自首。

简介

本篇批驳陈子昂提出的"既诛且旌"的论点，同时，作者表达对弱者的深切同情。

原文

臣伏见天后时，有同州下邽人徐元庆者，父爽为县尉赵师韫所杀，卒能手刃父仇，束身归罪。当时谏臣陈子昂建议诛之而旌[1]其间，且请"编之于令，永为国典"。臣窃独过之。

臣闻礼之大本，以防乱也。若曰无为贼虐，凡为子者杀无赦。刑之大本，亦

译文

微臣曾经见到武则天皇后时，同州下邽有个叫徐元庆的人，他的父亲徐爽被县尉赵师韫杀了，他最后能亲手杀死父亲的仇人，并自捆双手投案自首。当时的谏官陈子昂建议处死徐元庆，然后在他的家乡表彰他的行为，并请朝廷"将此建议编入律令，永远作为国家定法"。臣私下以为这样做是不对的。

臣听说礼的根本目的是防止动乱，意思是说，不能让杀人者逍遥法外，儿子为父报仇，杀了别人，依礼就应处死，决不赦免。刑的根本目的也是为了防乱，意思是说，不能让杀人者逍遥法外，官吏不依法律妄自杀人，

注释

[1] 旌：表彰。

以防乱也。若曰无为贼虐，凡为理者杀无赦。其本则合，其用则异，旌与诛莫得而并焉。诛其可旌，兹谓滥，黩刑甚矣。旌其可诛，兹谓僭❷，坏礼甚矣。果以是示于天下，传于后代，趋义者不知所向，违害者不知所立，以是为典可乎？

盖圣人之制，穷理以定赏罚，本情以正褒贬，统于一而已矣。向使刺谳❸其诚伪，考正其曲直，原始而求其端，则刑礼之用，判然❹离矣。何者？若元庆之父，不陷于公罪，师韫之诛，独以其私怨，奋其吏气，虐于非辜，州牧不知罪，刑官不知问，上下蒙冒，呼号不闻；而元庆能以戴天为大耻，枕戈为得礼，处心积虑，以冲仇人之胸，介然❺自克，即死无憾，是守礼而行义也。执事者宜有惭色，将谢之不暇，而又何诛焉？其或元庆之父，不免于罪，师韫之诛，不愆❻于法，是非死于吏也，是死于法也。法其可仇乎？仇天子之法，而戕❼奉法之

依法也应处死，决不赦免。礼和刑的根本目的是一致的，都是为了防止人们作乱，而实际应用却不一样，或受表彰，或被处死，二者不能兼施。处死该受表彰的人，这是滥杀，就是滥用刑法太过分了；表彰该处死的人，叫做僭越，就是破坏礼制太严重了。若真的把陈子昂的建议昭示天下传之后代，追求正义的人就不知道前进的方向，躲避祸患的人就不知道怎样立身行事，用它作为定法行吗？

圣人创作礼法制度，是透彻地研究了事物的道理来定赏罚，根据事实来定奖惩，不过是使礼和法归于一致罢了。假如弄清案情的真伪，明察是非曲直，探寻它的起始、缘由，则或依刑法，或守礼制，两者就判然分开了。为什么这样说呢？如果徐元庆的父亲不是因犯法而获罪，赵师韫杀他只是出于他个人的私怨，发泄当官的气焰，虐杀无罪的人，而上级州官却不予治罪，执法官吏不予追究审问，上下欺骗遮掩，面对百姓呼吁号喊却充耳不闻；而徐元庆能把与杀父仇人共存天下作为奇耻大辱，把枕戈而眠、不忘报仇看做合乎礼义，他处心积虑地想要戳穿仇人的胸膛，坚定不移地以礼制约束自己，即使死了也不遗憾，这是守礼行义的行为啊。对此主事官应该感到惭愧，连认错赔罪还来不及，又为什么处死他呢？如果徐元庆的父亲确实有罪不能赦免，赵师韫杀他便不违法，那么他的死并非死于官吏个人的私怨，而是死于王法了。法律难道是可以仇视的吗？与天子之法为仇，杀依法施刑的官吏，那就是狂悖傲慢、犯上作乱了。捉住他杀掉，是为了维护王法的尊严，又怎

注释

❷ 僭（jiàn）：越过。 ❸ 刺：探察。谳：审判定罪。 ❹ 判然：明白地。 ❺ 介然：坚贞的样子。 ❻ 愆（qiān）：失误。 ❼ 戕（qiāng）：残害。

吏，是悖骜而凌上也。执而诛之，所以正邦典，而又何旌焉？

且其议曰："人必有子，子必有亲，亲亲相仇，其乱谁救？"是惑于礼也甚矣。礼之所谓仇者，盖其冤抑沉痛而号无告也，非谓抵罪触法，陷于大戮⑧。而曰"彼杀之，我乃杀之"，不议曲直，暴寡胁弱而已，其非经背圣，不亦甚哉！《周礼》："调人，掌司万人之仇。凡杀人而义者，令勿仇，仇之则死。有反杀者，邦国交仇之。"又安得亲亲相仇也？《春秋公羊传》曰："父不受诛，子复仇可也。父受诛，子复仇，此推刃⑨之道，复仇不除害。"今若取此以断两下相杀，则合于礼矣。且夫不忘仇，孝也；不爱⑩死，义也。元庆能不越于礼，服孝死义，是必达理而闻道者也。夫达理闻道之人，岂其以王法为敌仇者哉？议者反以为戮，黩刑坏礼，其不可以为典，明矣。

请下臣议附于令。有断斯狱者，不宜以前议从事⑪。谨议。

⑧ 大戮：指死刑。 ⑨ 推刃：相互仇杀。 ⑩ 爱：吝惜。 ⑪ 从事：办事，处理。

能表彰他呢？

陈子昂的奏议还说："人必然有儿子，儿子必然有双亲，因为爱自己的亲人而互相仇杀，这种混乱局面谁能解救？"这是对礼的认识太模糊了。礼法上所说的仇，指的是遭受冤枉，压抑沉痛，呼号而无处申告，不是指犯法当罪而陷于死刑。而报仇者声称"他杀了我的亲人，我便杀了他"，这种"报仇"，就是不论是非曲直，侵害孤寡、威胁弱小罢了。其违背圣贤经传教导的程度，不是太严重了吗！《周礼》上说："调人，是负责调解众人仇怨的。凡是杀人而合乎礼义的，要告诫被杀者子弟不要报仇，如果报仇，就是死罪。有反过来再去杀人的，全国共同把他视作仇人。"这样，又怎么会"亲亲相仇"呢？《春秋公羊传》说："父亲无辜被杀，儿子复仇是可以的。父亲有罪当诛，儿子为父报仇，这是你来我往的报私仇。这样的报仇并不能消祸除害。"现在如果采取这些原则来决断两下相杀的案件，就合乎礼法了。况且不忘为亲报仇，这是孝；报仇不惜一死，这是义。徐元庆能不超出礼法，执守孝道、殉于节义，他一定是个通达事理、懂得圣贤之道的人。一个通达事理、懂得圣贤之道的人，难道会是把王法当做仇敌的？但上奏议的人反而认为应当处以死刑，这是滥用刑法、破坏礼义，不能作为法律制度，是很清楚明白的。

请朝廷将微臣此议颁下，附在法令之后，有断这类案件的，不应该再按过去的意见办事。谨此写下以上意见。

桐叶封弟辨

— 柳宗元 —

背景介绍

时　　间：公元 805 年

事件起因：永贞革新失败后，柳宗元阅读古今史书，对历史和现实问题进行深入的思考，指出其中的错误和失误，《桐叶封弟辨》就是当时所创作的。

简介

　　辨，即对传统的或流行的说法提出异议。本文针对古书记载的"桐叶封弟"故事进行辨析，表面上是对古书的记载持怀疑态度，实际上在批驳"天子不可戏"的观点。作为臣子，不能将君主的言论视为金科玉律，一味迎合，而应该用"道"加以引导。

古之传者有言：成王以桐叶与小弱弟戏，曰："以封汝。"周公入贺。王曰："戏也。"周公曰："天子不可戏。"乃封小弱弟于唐。

吾意①不然。王之弟当封邪，周公宜以时言于王，不待其戏而贺以成之也。不当封邪，周公乃成其不中②之戏，以地以人与小弱者为之主，其得为圣乎？且周公以王之言不可苟焉而已，必从而成之邪？设有不幸，王以桐叶戏妇寺，亦将举而从之乎？凡王者之德，在行之何若。设未得其当，虽十易③之不为病；要于其当，不可使易也，而况以其戏乎！若戏而必行之，是周公教王遂过也。

吾意周公辅成王，宜以道，从容优乐，要归之大中④而已，必不逢⑤其失而为之辞。又不当束缚之、驰骤之，使若牛马然，急则败矣。且家人父子尚不能以此自克，况号为君臣者邪！是直小丈夫缺缺⑥者之事，非周公所宜用，故不可信。

或曰：封唐叔，史佚成之⑦。

① 意：料想，认为。② 不中（zhòng）：不恰当。③ 十：改变十次。④ 大中：中道，不偏不倚。⑤ 逢：逢迎、迎合。
⑥ 缺缺（quē）：耍小聪明。⑦ 史佚：周武王时太史尹佚。太史，掌管祭祀和记事等。

古书记载说：周成王拿着一片梧桐叶子和幼小的弟弟开玩笑，说："把这个作为玉圭封给你。"周公听到这件事就入宫向成王表示祝贺。成王解释说："我那是开玩笑呀。"周公说："天子不可以开玩笑。"于是成王就把唐地封给了幼小的弟弟。

我对这件事有不同的看法。如果成王的弟弟应当受封，周公就应该及时对成王说，而不必等到成王开玩笑的时候才去祝贺，以促成此事。如果成王的弟弟不应当受封，那么周公让这样一个不恰当的玩笑变成了事实，把土地和百姓赐给年幼的弟弟，这样做能被称得上是圣人吗？况且，周公的意思不过是认为天子不可以随便罢了，难道一定要顺从并促成这件事吗？如果发生不幸的事，成王拿了梧桐叶子与妃嫔、太监开玩笑，难道也要顺从并执行吗？凡是帝王的恩德，在于他施教的成效怎样。如果不恰当，那么即使改变十次也不为过失，关键在于恰当，只要得当就不能轻易改变，更何况仅仅只是一句玩笑呢！如果开玩笑的话也要付诸行动，那么这就是周公在促成成王犯错啊。

我认为周公辅佐成王，应当按照适当的原则去教导他，使他的行为举止、嬉戏、娱乐都恰如其分，而不能迎合他的过失并替他巧言粉饰。也不能对他管束太严、催逼太紧，使他像牛马那样，急躁反而会坏事。即使家人父子之间也不能用这种方式来折腾自己，更何况是名分上还有君臣之别的人呢！这不过是那些识见不高而又爱耍小聪明的人所干的事，绝不是周公所应该做的，所以这件事不可相信。

也有的古书记载说：用梧桐叶封唐叔这件事，是太史尹佚促成的。

箕子碑

— 柳宗元 —

背景介绍

时　　间：在公元年 805 年之后

事件起因：柳宗元因参加王叔文集团实行政治革新而获罪，被贬到了荒远的边郡做官，他的遭遇与箕子的遭遇有类似之处。所以，这篇碑文是借赞美箕子来寄托自己的信念和抱负的。

简介

作者以伟大人物三个标准"正蒙难""法授圣""化及民"作为评价箕子的出发点，依次展开论述，赞美箕子的人品、功业。

凡大人之道有三：一曰正蒙难❶，二曰法授圣，三曰化及民。殷有仁人曰箕子，实具兹道以立于世。故孔子述六经之旨，尤殷勤焉。

当纣之时，大道悖乱，天威之动不能戒，圣人之言无所用。进死以并❷命，诚仁矣，无益吾祀，故不为。委身以存祀，诚仁矣，与亡吾国，故不忍。具是二道，有行之者矣。是用保其明哲，与之俯仰；晦是谟范❸，辱于囚奴；昏而无邪，陨❹而不息，故在《易》曰"箕子之明夷"，正蒙难也。及天命既改，生人以正，乃出大法，用为圣师。周人得以序彝伦❺而立大典，故在《书》曰"以箕子归作《洪范》"，法授圣也。及封朝鲜，推道训俗，惟德无陋，惟人无远，用广殷祀，俾夷为华，化及民也。率是大道，藂于厥躬❻，天地变化，我得其正，其大人欤？

凡是有高尚德行的人的立身处世之道有三条：一是蒙受患难而坚守正道，二是将正法大道传授给圣王，三是施教化及于万民。殷朝有个仁人名叫箕子，确实是具备了这些处世之道而立身于世。因而孔子在阐述"六经"的旨意时，对他特别致以崇敬之意。

在殷纣王之时，大道逆乱，上天的震怒不能引起他的警戒，圣人的教导也不起作用。在那时冒死进谏，把自己的生死置之度外，的确称得上仁人了，但无益于殷人宗祀的延续，所以箕子不这么做。委曲自己保全身体以求先人宗祀的留存，也的确称得上仁人，但等于是参与了灭自己国家的行动，所以箕子也不忍做。这两条路，都已经有人走过了。于是箕子便保持清醒头脑，跟着世俗浮沉，藏匿起胸中韬略，辱身于被囚禁的奴隶中间，虽然装糊涂，但也不肯乱来，虽然沦落，但也不颓废。所以《易经》上说道："箕子不敢显露自己的明智。"就是说他在蒙受患难时能隐忍以坚守正道。待到殷朝灭亡，周朝代兴，周朝以正道教化人民，箕子便拿出他的宏大法规，作为圣王的老师，而周人也才能借此规范社会伦常，创立国家典章。所以《尚书》上说："箕子回到镐京作了《洪范》。"这就是拿正法授予了圣王。再到箕子受封于朝鲜，在那里推行王道，训民化俗，只看德行而不在乎出身鄙陋，仁爱广施而不论关系远近，用以光大殷人的宗祀，使夷地变为华夏，这就是教化普及于万民。这些大道聚集于箕子一身，天地间变化万端，箕子却能坚持正道，他就是伟人了吧？

❶ 正蒙难：坚持正道，不惜遭受磨难。❷ 并：通"屏"，舍弃。❸ 晦：昏暗，隐蔽。谟：谋划，谋略。范：法，原则。❹ 陨（tuí）：跌倒。❺ 彝：常规。伦：人伦。❻ 藂（cóng）于厥躬：将好的品德集于一身。藂，聚集、丛生。厥，其。

於呼！当其周时未至，殷祀未殄，比干已死，微子已去，向使纣恶未稔[7]而自毙，武庚念乱以图存，国无其人，谁与兴理？是固人事之或然者也。然则先生隐忍而为此，其有志于斯乎？

唐某年，作庙汲郡，岁时致祀。嘉先生独列于《易》象，作是颂云。

[7] 稔：庄稼成熟。此指罪恶发展到极点。

唉！当那周王朝还没有建立、殷王朝还没有灭亡的时候，比干已死，微子离去，假如纣王的罪恶尚未满盈便已死去，武庚考虑怎么消除祸乱保存殷朝，这时国中若没有箕子这样的贤人，谁能辅佐武庚治理天下呢？这本来也是人事中可能会有的情况。那么，先生肯忍辱负重而这样做，大概对这个前景有所考虑期待吧？

大唐某年，在汲郡建立了箕子庙，每年按时祭祀。我敬佩先生独能列名于《易经》的卦象，特作此颂词。

捕蛇者说

— 柳宗元 —

背景介绍

时　　间：唐代

人　　物：蒋氏祖孙

事件起因：本文是柳宗元被贬永州以后所作。

简介

　　文章通过捕蛇者蒋氏对其祖孙三代为免交赋税而甘愿冒着死亡威胁捕捉毒蛇的自述，及其乡邻因捕蛇而招致的灾难为核心，揭露了当时农民的悲惨生活，抨击了统治者残害百姓、荼毒人民的行为，表达了作者对劳动人民的深切同情，进而指出了"苛政猛于虎"这一古老话题的现实意义。

永州之野产异蛇，黑质而白章，触草木，尽死；以啮人，无御之者。然得而腊之以为饵❶，可以已大风❷、挛踠、瘘、疠，去死肌，杀三虫。其始，太医以王命聚之，岁赋其二。募有能捕之者，当其租入，永之人争奔走焉。

有蒋氏者，专其利三世矣。问之，则曰："吾祖死于是，吾父死于是，今吾嗣为之十二年，几死者数矣。"言之，貌若甚戚者。

余悲之，且曰："若毒之乎？余将告于莅事者❸，更若役，复若赋，则何如？"蒋氏大戚，汪然出涕曰："君将哀而生之乎？则吾斯役之不幸，未若复吾赋不幸之甚也。向❹吾不为斯役，则久已病矣。自吾氏三世居是乡，积于今六十岁矣，而乡邻之生日蹙。殚其地之出，竭其庐之入；号呼而转徙，饥渴而顿踣❺；触风雨，犯寒暑，呼嘘毒疠，往往而死

❶腊（xī）：风干，这里作动词。饵：指药饵。❷已：止，治愈的意思。❸莅事者：管这事的官吏。莅，临，管理。❹向：如果。❺顿踣：因劳累而倒下。顿，困顿。踣，僵仆。

永州郊外出产一种奇怪的蛇，黑底白花。这种蛇碰到草木，草木就会枯死，咬到人，那就必死无疑。可是如果把它抓住后，将它风干做成药品，却可以治愈麻风、关节病、颈部肿痛、恶疮，还可以除掉死的肌肉，杀死人体内的寄生虫。当初，太医奉皇帝之命去征收这种毒蛇，每年征收两次。永州官府招募有能力捕捉这种蛇的人，交蛇可以抵税收。永州的百姓争先恐后地去捕捉这种蛇。

有个姓蒋的人，家中三代人都靠着捕蛇的差事不纳税。我问他这件事，他说："我祖父死于捕蛇，我父亲也死于捕蛇，如今我继承祖业捕蛇已经十二年了，有好几次都差点送命。"说着脸上露出很悲伤的神色。

我很同情他，就说："你怨恨捕蛇这差事吗？我去告诉管这事的官吏，更换你的差使，恢复你的赋税，你觉得怎么样？"姓蒋的一听越发悲伤，流着眼泪说："您是可怜我，想让我活下去吗？可是我做这个差事的不幸，还赶不上恢复我的赋税带来的不幸那样严重呢！如果当初我不做捕蛇的差事，恐怕早就已经困苦不堪了。自从我家三代定居在这里，算起来已经有六十年了，可是乡邻们的生活一天比一天窘迫。他们为了缴纳赋税，把他们田中生产出的物品都用尽了，把家中的收入也都拿出去上缴了，只好哭喊着四处迁徙，因又饥又渴倒卧在地。他们顶着狂风暴雨，冒着严寒酷暑，呼吸着毒气，常常因此而死亡的人横七竖八地躺在路边。从前和我祖父同住在一起的人，如今十户人家里剩不到一户了；和我父亲同住在一起的人，如今也是十户中难得有二三

者相藉也⑥。曩⑦与吾祖居者，今其室十无一焉；与吾父居者，今其室十无二三焉；与吾居十二年者，今其室十无四五焉：非死则徙尔。而吾以捕蛇独存。悍吏之来吾乡，叫嚣乎东西，隳突乎南北，哗然而骇者，虽鸡狗不得宁焉。吾恂恂而起，视其缶，而吾蛇尚存，则弛然而卧。谨食之，时而献焉。退而甘食其土之有，以尽吾齿。盖一岁之犯死者二焉，其余则熙熙而乐，岂若吾乡邻之旦旦有是哉！今虽死乎此，比吾乡邻之死则已后矣，又安敢毒邪？"

余闻而愈悲。孔子曰："苛政猛于虎也。"吾尝疑乎是。今以蒋氏观之，犹信。呜呼！孰知赋敛之毒，有甚是蛇者乎！故为之说，以俟夫观人风⑧者得焉。

户存在了；和我同住了十二年的人，如今十户也剩不到四五户了。他们不是死了，就是搬到其他地方去了。但我却因为捕蛇而仍然生活在这里。那些凶狠的差役来到我们乡里时，到处狂喊乱叫，到处骚扰，因此受惊吓的不仅是百姓，连鸡狗都不得安宁。我提心吊胆地爬起来，看看我那个装蛇的瓦器，看见蛇还在里面，才敢放心地睡去。我平时小心地喂养它，到规定的时候就把它交上去，回来就可以美美地享用自己田里收获的东西，度过我有生之年。我一年之中只有两次受到死亡的威胁，其余的时间就可以安乐地度过，哪会像我的乡邻天天担惊受怕呢！如今我即使被蛇咬死，与他们相比，我也是死在后面了，又怎么敢怨恨这个差事呢？"

我听了他的话后，越发悲伤。孔子说："苛刻的统治比老虎还凶恶。"我曾经怀疑这句话。如今拿姓蒋的遭遇来看，还真是可信。唉！谁能想到苛捐杂税比这种毒蛇更厉害呢！所以我写下这篇文章，等着给来观察民风的人。

⑥ 相藉：叠压，形容死人极多。⑦ 曩（nǎng）：从前，过去。⑧ 人风：即民风，民间情况。

种树郭橐驼传

— 柳宗元 —

背景介绍

时　　间：公元 805 年

人　　物：郭橐驼

事件起因：柳宗元在参加"永贞革新"前两年，曾任监察使，到各地检查工作，在此期间，发现地方官吏扰民、伤民的现象，因此创作了本文。

简介

本文讲述了种树育人、治国养民的道理。

　　郭橐驼[1]，不知始何名。病偻，隆然伏行[2]，有类橐驼者，故乡人号之"驼"。驼闻之曰："甚善。名我固当。"因舍其名[3]，亦自谓"橐驼"云。

　　其乡曰丰乐乡，在长安西。驼业种树，凡长安豪富人为[4]观游及卖果者，皆争迎取养。视驼所种树，或移徙，无不活；且硕茂[5]，早实以蕃[6]。他植者虽窥伺效慕[7]，莫能如也[8]。

　　有问之，对曰："橐驼非能使木寿且孳也[9]，能顺木之天，以致其性焉尔[10]。凡植木之性[11]，其本欲舒[12]，其培欲平，其土欲故，其筑欲密[13]。既然已，勿动勿虑[14]，去不复顾。其莳[15]也若子，其置也若弃，则其天者全而其性得矣。故吾不害其长而已，非有能硕茂之也；不抑耗其实而已，非有能早而蕃之也[16]。他植者则不然。根拳[17]而土易，其培之也，若不

　　郭橐驼，不知道他的原名叫什么。他患了佝偻病，背部凸起，弯着腰走路，好像骆驼，所以村民给他取个外号叫"橐驼"。橐驼听到后，说："挺好的。这个名字非常适合我。"于是他就放弃他原来的名字，也自称"橐驼"。他的家乡是丰乐乡，在长安城的西边。郭橐驼以种树为职业，长安有钱的人做树景以及树果生意的，都会争着迎接郭橐驼去种树，管吃管住。看橐驼种的树，栽的、移植的，都能活，而且非常茂盛，结果早并且多。其他种树的人悄悄地观察模仿，也没有谁能比得上。

　　有人问他种树的窍门，他回答说："我郭橐驼不能使树活得久且长得快，只不过顺应树木生长的自然规律，使它按照自己的习性生长罢了。种树的要点是，它的根需要舒展开，培育它的土要均匀，它的根需要原来带的土，并且土要紧密。这样做之后，就不要再动它了，暂时就先别管了。种树就像养育孩子一样，种完之后就放在那，让它顺其自然生长。所以我只是没有妨害它的生长罢了，并没有使它高大茂盛的窍门啊；我只是不抑制损害它的果实罢了，并没有能让它早结果、结果多的窍门。而其他种树的人却不是这样做的。树根弯曲

❶ 橐驼（tuó）：原指骆驼，这里指驼背。❷ 伏行：脊背突起而弯腰行走。❸ 舍：舍弃。其名：他原来的名字。❹ 为：从事，经营。❺ 硕茂：高大茂盛。❻ 蕃：多。❼ 窥伺效慕：暗中观察，羡慕效仿。❽ 莫：没有谁。如：比得上。❾ 寿且孳：活得长久而且繁殖茂盛。❿ 焉尔：罢了，句末语气词连用。⓫ 性：指树木固有的特点。⓬ 舒：舒展。⓭ 筑：捣土。密：结实。⓮ 勿虑：不要再担心它。⓯ 莳（shì）：栽种。⓰ 早而蕃：使动用法，使……（结实）早而且多。⓱ 根拳：树根蜷曲。

过焉则不及。苟有能反是者，则又爱之
太恩，忧之太勤⑱。旦视而暮抚，已去而
复顾。甚者，爪其肤以验其生枯，摇其
本以观其疏密⑲，而木之性日以离矣⑳。
虽曰爱之，其实害之，虽曰忧之，其实
仇之，故不我若也。吾又何能为哉！"

问者曰："以子之道㉑，移之官理，可
乎？"驼曰："我知种树而已，理㉒，非吾
业也。然吾居乡，见长人者好烦其令，
若甚怜焉，而卒以祸。旦暮吏来而呼曰：
'官命促尔耕，勖尔植㉓，督尔获，早缫
而绪㉔，早织而缕，字而幼孩，遂而鸡
豚㉕。'鸣鼓而聚之，击木而召之。吾
小人辍飧饔以劳吏者，且不得暇，又何
以蕃吾生而安吾性耶？故病且怠。若是，
则与吾业者其亦有类乎？"

问者曰："嘻，不亦善夫！吾问养树，
得养人术。"传其事以为官戒㉖也。

并且更换新土，给树培土不是过量就
是不够。如果不是这样做的，那么就
是爱它太深，忧它太多。早晚查看，
摸了又摸，都离开了还要回去看。严
重的有用指甲划破树皮来检查它是否
死了，用摇动树干的方式看培土是不
是松了，因而就违背了树木的本性
了。这不是爱它，还是害它，这不是
担心它，其实已经跟它为敌了，所以
他们种的树才不如我种的。我能有什
么特殊能耐呢？"

有人跟他说："把你种树的方法
用到当官治民上，可以吗？"橐驼说：
"我只是知道种树的方法而已，治理
百姓可不是我的职业。但是我住在乡
里，看见好多做官的都喜欢发布命
令，好像很怜爱百姓似的，其实却给
百姓带来很多灾难。早晚官吏都会过
来大喊上面命令你们赶紧种地，鼓励
你们种植，督促你们收割，早点抽你
们的丝和纺你们的线，养育好你们的
孩子，把鸡猪喂大。用打鼓和敲梆的
方式来召集大家。我们停止吃饭来招
待这些官吏都忙不过来，又拿什么来
增加人口、安定生活呢？所以我们才
困苦而倦怠。像这样治民，和我种树
大概也有相似的地方吧？"

问的人说："说得不是挺好的嘛！
我问植树的方法，却得到了养民的办
法。"我把郭的事记下来，作为官吏
的戒鉴。

⑱ 忧之太勤：担心它太过分。 ⑲ 疏密：指土的松与紧。 ⑳ 日以离：一天天地失去。 ㉑ 道：指种树的经验。
㉒ 理：治理百姓。 ㉓ 勖（xù）：勉励。植：栽种。 ㉔ 缫（sāo）：煮茧抽丝。而：通"尔"，你们。绪：丝头。
㉕ 遂：顺利地成长。豚：猪。 ㉖ 戒：鉴戒。

梓人传

— 柳宗元 —

背景介绍

时　　间：在公元 796 年—805 年间
人　　物：杨潜
事件起因：柳宗元作在在长安为官时期。他对当时朝廷政出多门、吏治混乱的状况有所觉察，感到不满。他认为要改变这种局面，关键是执政者须明为相之道，能够统揽全局，善于用人，所以作下此文以喻事。

简介

　　文章开始是对梓人的概括介绍，并怀疑梓人空有其表。接着写施工现场所见，明白梓人是集中所有智慧，掌握本行技术要领的人，并指出天下万事万物没有比这个更接近于宰相之道的了。

　　裴封叔之第，在光德里。有梓人款❶其门，愿佣隙宇❷而处焉。所职寻引、规矩、绳墨，家不居斲❸斫之器。问其能，曰：“吾善度材，视栋宇之制，高深圆方短长之宜，吾指使而群工役焉。舍我，众莫能就一宇。故食于官府，吾受禄三倍；作于私家，吾收其直❹大半焉。”他日，入其室，其床阙❺足而不能理，曰：“将求他工。”余甚笑之，谓其无能而贪禄嗜货❻者。

　　其后京兆尹将饰官署，余往过焉。委❼群材，会众工，或执斧斤，或执刀锯，皆环立向之。梓人左持引，右执杖，而中处焉。量栋宇之任，视木之能举，挥其杖曰：“斧！”彼执斧者奔而右；顾而指曰：“锯！”彼执锯者趋而左。俄而斤者斫，刀者削，皆视其色，俟其言，莫敢自断者。其不胜任者，怒而退之，亦莫敢愠焉。画宫于堵❽，盈尺而曲尽其制，计其毫厘而构大厦，无进退❾焉。既

　　裴封叔的家在长安城内光德里。有个木匠来敲他的门，希望租间空屋子居住。他负责度量长短、规划方圆和校正曲直，居室中不存放磨砺、砍削的工具。问他有什么本领，他说“我善于估算材料，根据房屋的规划，选用高深、圆方、短长适当的材料，分配指派工匠们干活。离了我，大家连一间房子也造不出来。所以我在官府做工，我得到的俸禄是一般工匠的三倍，如果在私人家做工，我收取工钱的一大半。”有一天，我走进他的房中，他的床缺了腿却不会修理，说：“要请其他工匠来修理。”我觉得他十分可笑，认为他是个没有能耐却贪图财物的家伙。

　　后来京兆尹将要整修官署，我去探望。在那里堆积了大量木材，集合了一群工匠，有的拿着斧头，有的拿着刀锯，都面向那个木匠围成一圈。木匠左手拿着长尺，右手拿着木杖，站在中间。他衡量梁柱的受力情况，审察木头的用场，然后举杖一挥说：“砍！”那些拿斧头的便跑到右边；又回头一指说：“锯！”那些拿锯子的便跑到左边。一会儿，拿斧头的忙着砍，拿刀的忙着削，全都看着他的脸色，等待他的发话，没有敢自作主张的。其中不能胜任工作的，他便愤怒地将他们撤下，也没有谁敢表露不满和怨恨。他在墙上画出房屋的

❶款：敲。 ❷佣：雇佣，指以劳力抵房租。隙宇：空屋。 ❸居：置备，积存。斲（lóng）：磨砺用的工具。 ❹直：同“值”。这里指报酬、工钱。 ❺阙（quē）：残缺。 ❻货：钱物。 ❼委：积聚，堆积。 ❽宫：房屋。这里指房屋的平面设计。堵：墙。 ❾进退：指增减，出入。

成，书于上栋曰："某年某月某日某建。"则其姓字也。凡执用之工不在列。余圜视大骇，然后知其术之工大矣。

继而叹曰：彼将舍其手艺，专其心智，而能知体要[10]者欤？吾闻劳心者役人，劳力者役于人。彼其劳心者欤？能者用而智者谋，彼其智者欤？是足为佐天子相天下法矣，物莫近乎此也。彼为天下者，本于人。其执役者，为徒隶、为乡师里胥，其上为下士，又其上为中士，为上士，又其上为大夫，为卿，为公。离而为六职，判[11]而为百役。外薄[12]四海，有方伯连率。郡有守，邑有宰，皆有佐政。其下有胥吏，又其下皆有啬夫版尹，以就役焉，犹众工之各有执技以食力也。彼佐天子相天下者，举而加焉，指而使焉，条其纲纪而盈缩[13]焉，齐其法制而整顿焉，犹梓人之有规矩绳墨以定制也。择天下之士，使称其职；居天下之人，使安其业。视都知野，视野知国，

图形，刚满一尺大小的图样却细致详尽地画出了它的建筑构造，计算出房子的一毫一厘，据此建成大厦竟然没有一点出入。房屋建成后，在屋梁上题字道："某年某月某日某人建。"原来是他的姓名。那些干活的工匠都不能列名其上。我绕着新房子看了一圈，大吃一惊，这才懂得他的技术真够精湛高超的。

接着，我就感叹地说：那个木匠大概是放弃了他的手艺，专门使用他的思想智慧，因而能够抓住事物关键的人吧！我听说用脑力的人指使别人，用体力的人被人使唤。那个木匠该是个用脑力的人吧！有技能的具体操作，有智慧的只管谋划，那个木匠该是个有智慧的人吧！这足可以作为辅佐天子，作天下宰相的人所效法学习的呀！天下的事情没有比这两者更相似的了。治理国家以人为根本。那些具体供职服役的人，是徒隶，是乡师里胥，级别稍微高一点的是下士，下士上面是中士、上士，再往上是大夫、卿、公。具体分工就是六部，再分工就是各种具体工作。四方边境有方伯连率等封疆大员。郡有郡守，邑有县宰，都有僚属助理。下面有胥吏，再往下还有啬夫版尹，这些人都是用来担当职役的，这就好像众工人各自靠自己的手艺吃饭。那辅佐天子治理国家的人，推荐人才，委任职责，指挥并使用他们，梳理纲纪而进行增减，规范法制而加以整顿，就像那位木匠用规矩、绳墨来确定格局、规模一样。他选择天下的人才，使他们能够称职；他安顿天下的百姓，使他们能够乐业。看了国都就了解了郊外，看了郊外就了解了方

[10] 体要：总体要领，指关键。 [11] 判：分。 [12] 薄：迫近，靠近。
[13] 盈缩：指调整增减。

109

视国知天下，其远迩细大，可手据其图而究焉，犹梓人画宫于堵而绩于成也。能者进而由⑭之，使无所德；不能者退而休之，亦莫敢愠。不衒⑮能，不矜名，不亲小劳，不侵众官，日与天下之英才讨论其大经，犹梓人之善运众工而不伐艺也。夫然后相道得而万国理矣。相道既得，万国既理，天下举首而望曰："吾相之功也。"后之人循迹而慕曰："彼相之才也。"士或谈殷周之理者，曰伊、傅、周、召，其百执事之勤劳，而不得纪焉，犹梓人自名其功，而执用者不列也。大哉相乎！通是道者，所谓相而已矣。其不知体要者反此，以恪勤为公，以簿书为尊，衒能矜名，亲小劳，侵众官，窃取六职百役之事，听听⑯于府庭，而遗其大者远者焉，所谓不通是道者也。犹梓人而不知绳墨之曲直、规矩之方圆、寻引之短长，姑夺众工之斧斤刀锯，以佐其艺，又不能备其工，以至败绩，用而无所成也，不亦谬欤？

⑭ 由：用。⑮ 衒：卖弄，夸耀。⑯ 听听：通"断断"，争辩的样子。

国，看了方国就了解了整个天下。那远近小大的事情，他都可以手拿地图考究出来，就像那位木匠在墙上画好房屋、按图建筑即可取得建成的功效一样。把有才能的人提拔上来，并充分发挥他们的本领，使他们不必感激谁的恩德，没有能力就把他罢免回乡，也没有谁敢怨恨。他不炫耀自己的才能、不夸大自己的名声、不亲自做琐碎的小事，不侵犯各级官员的分内职权，每天只是与天下的杰出人士讨论治国的重大方针，就像那位木匠善于指挥众工匠而不夸耀自己的手艺一样。这样才算是找到了做宰相的正道，整个天下也就得到了治理。做宰相的方法真正掌握好了，天下真正治理好了，天下百姓都会景仰地说："这是我们宰相的功劳啊！"后世人追念他的业绩而美慕地说："那宰相真有才能啊！"有些谈论殷、周之治的读书人只称赞伊尹、傅说、周公、召公，而那些从事各种具体事务的官员虽然终日辛劳，却在史书上没有记载，就像那位木匠在屋梁上写上自己的姓名表功，而那些干活的工匠却不能列名一样。宰相伟大啊，通晓这些道理的只有宰相而已。那些不识大体的人却与此相反，他们将恭谨劳苦当做一心为公，把处理公文作为重任，炫耀自己的能力，夸大自己的声名，亲自去干琐碎的小事，侵夺各级官员的职权，包揽各种差事，在政事厅堂上辩论、争吵，却忽略了重大长远的事业，这就是不了解做宰相方法的人啊。就像木匠不知绳墨的曲直、规矩的方圆、寻引的短长，姑且夺过工匠们的斧头刀锯来帮他们干活，活儿又干不好，以至于事情失败，使用了他

或曰："彼主为室者，傥或发其私智，牵制梓人之虑，夺其世守，而道谋⑰是用，虽不能成功，岂其罪邪？亦在任之而已。"余曰不然。夫绳墨诚陈，规矩诚设，高者不可抑而下也，狭者不可张而广也，由我则固，不由我则圮⑱。彼将乐去固而就圮也，则卷其术，默其智，悠尔而去，不屈吾道，是诚良梓人耳。其或嗜其货利，忍而不能舍也，丧其制量，屈而不能守也，栋桡⑲屋坏，则曰："非我罪也。"可乎哉？可乎哉？

余谓梓人之道类于相，故书而藏之。梓人盖古之审曲面势⑳者，今谓之都料匠㉑云。余所遇者杨氏，潜其名。

们却没有成功一样。这不也是错误的吗？

有人说："那建房的主人，如果为了表现自己的聪明，就牵制木匠的规划打算，不信任木匠的方案而同过路的人商量，结果导致屋子造不成，那么房子不能建成，难道是木匠的罪过吗？那是因为主人不信任木工师傅才造成的呀。"我说不是这样。如果经过绳墨、规矩的测量，长短尺寸已经确定，高的地方就不能压低，窄的地方就不能扩大。按照我的意见办，房子就能坚固，不按照我的意见办，房子就会倒塌。如果那个房主乐意放弃坚固而选择倒塌，那么木匠就该收回自己的方法，隐藏自己的智慧，悠然自得地离开，坚持自己的主张不妥协，这才是个真正的好木匠。如果他贪图财物，忍气吞声舍不得离去，那就丧失了原则，屈从他人而不能坚持自己的主张，结果屋梁被压弯，房子倒塌，却说："不是我的过错。"可以吗？可以吗？

我认为木匠师傅之道与宰相之道很类似，所以写下这篇文章来留存。木匠大概是古时审察材料曲直大小长短等势态的人，现在叫做"总工匠"。我遇到的那位木匠，姓杨名潜。

注释

⑰ 世守：固有的经验法则。道谋：即筑室道谋，意为造房子时请教往来过路之人，必因人多意见不一，房子也造不成。⑱ 圮：倒塌。⑲ 桡：弯曲变形。⑳ 审曲面势：审察木材的曲直形状。㉑ 都料匠：负责建筑的设计和指挥任务的总工匠。

愚溪诗序

— 柳宗元 —

背景介绍

时　　间：公元 810 年

事件起因：柳宗元被贬永州，只能与山水为伍，从山水中寻求慰藉，一切凄凉之感、愤激之情，也只能向山水倾诉。

简介

文中说明了他将溪以及附近的丘、泉、沟、池、堂、岛等命名为"愚"的原因。通过议论，反映出作者因"不合于俗"而被贬后所产生的愤懑之情，这是一篇借物刺人的小品文。

灌水之阳有溪焉，东流入于潇水。或曰：冉氏尝居也，故姓是溪曰冉溪。或曰：可以染也，名之以其能，故谓之染溪。余以愚触罪，谪潇水上。爱是溪，入二三里，得其尤绝者家焉❶。古有愚公谷，今余家是溪，而名莫能定，土之居者犹断断然❷不可以不更也，故更之为愚溪。

愚溪之上，买小丘，为愚丘。自愚丘东北行六十步，得泉焉，又买居之❸，为愚泉。愚泉凡六穴，皆出山下平地，盖上出也，合流屈曲而南，为愚沟。遂负土累石，塞其隘❹为愚池。愚池之东为愚堂，其南为愚亭，池中为愚岛。嘉木异石错置，皆山水之奇者，以余故，咸以愚辱焉。

夫水，智者乐也。今是溪独见辱于愚，何哉？盖其流甚下，不可以灌溉；又峻急，多坻石，大舟不可入也；幽邃浅狭，蛟龙不屑，不能兴云雨。无以利世，而适类于余，然则虽辱而愚之，可也。

灌水的北面有一条小溪，向东流入潇水。有人说：过去有个姓冉的在这里住过，所以这条小溪被人称为冉溪。还有人说：这溪里的水可以用来漂染丝帛，根据它的性能，所以称之为染溪。我因为愚昧而得罪，被贬到潇水边上。我喜爱这条溪水的景色，沿着它走了二三里，找到了一处环境优美的地方安家。古代有个愚公谷，现在我住在这条溪水旁，可是它的名字一直不确定，当地的居民还在为此争论不能不为它改个名字了，所以我给它改名叫愚溪。

我在愚溪边上买了座小山丘，称为愚丘。从愚丘往东北走六十步，发现一处泉水，也把它买了下来，称为愚泉。愚泉总共有六个泉眼，都是从山下平地冒出来的，属于上出泉。六股泉水汇合后弯弯曲曲地向南流去，所经之地就称为愚沟。于是堆土垒石，将愚沟一处狭窄的地方堵住，形成愚池。愚池的东面是愚堂，南面是愚亭，池中央是愚岛。在这些地方参差错落地点缀着美好的树木和奇异的石头，这都是山水中的出奇美景，只是因为我的缘故，它们都被一个愚字屈辱了。

水，是聪明人所喜爱的。唯独这条溪水今天竟被"愚"字玷辱，这是什么缘故呢？因为它的水流位置很低，不能用来灌溉。水流又很急湍，突出水面的石块很多，大船无法驶入。它幽深浅狭，蛟龙又不屑于住在此地，不能兴起云雨。它给世人没有带来什么益处，正好和我一样。那么，即使用愚来玷辱它也是可以的。

❶ 家：在此安家。作动词用。 ❷ 断断（yīn）然：争论不休的样子。 ❸ 居：储存。 ❹ 隘：狭窄的地方。

宁武子❺，邦无道则愚，智而为愚者也，颜子❻终日不违如愚，睿❼而为愚者也，皆不得为真愚。今余遭有道，而违于理，悖于事，故凡为愚者莫我若也。夫然，则天下莫能争是溪，余得专而名焉。

溪虽莫利于世，而善鉴万类，清莹秀澈，锵鸣金石，能使愚者喜笑眷慕，乐而不能去也。余虽不合于俗，亦颇以文墨自慰，漱涤万物，牢笼❽百态，而无所避之。以愚辞歌愚溪，则茫然而不违，昏然而同归，超鸿蒙❾，混希夷❿，寂寥而莫我知也。于是作《八愚诗》，记于溪石上。

宁武子在国家不太平时就表现得很愚蠢，是聪明人故意装糊涂。颜子从来不提相反的见解，像是很愚笨，也是智商很高的人故意表现得很愚笨。他们都不能算是真愚。而如今我在政治清明时却违背常理，犯了错误，所以再没有像我这么愚蠢的人了。因此，天下没有任何人能同我争这条溪，只有我可以单独占有它并给它取这个名字。

这条溪水虽然没有给世人带来什么益处，可它却能够映照万物，那清明澄澈的溪水，那敲金击石般的流水声，能使愚蠢的人笑逐颜开，留恋爱慕，不忍心离去。我虽然同世俗格格不入，也还颇能用文章来宽慰自己，我描写的万事万物如同用水洗涤过一样鲜明生动，概括事物的千姿百态，无论什么形状都逃不过我的笔端。我用愚辞歌唱愚溪，茫茫然与愚溪合而为一，昏昏然与愚溪融为一体，超越宇宙，融入玄虚静寂的苍穹之中，达到形神俱忘、空虚无我的境界。因此便写了《八愚诗》，刻在溪边的石壁上。

❺ 宁武子：名俞，春秋时卫国大夫，号"武"。❻ 颜子：颜回，孔子的得意弟子之一。❼ 睿：明智，有智慧。❽ 牢笼：作动词用，包罗、概括的意思。❾ 鸿蒙：古代指自然界的大气，这里指宇宙。❿ 希夷：指空虚寂静。

永州韦使君新堂记

— 柳宗元 —

背景介绍

时　　间：公元 812 年

事件起因：王叔文集团政治上遭到失败后，柳宗元被贬外迁，发配到当时的"南荒"之地永州（今湖南永州），做一个不得干预政务的闲职。在贬谪永州的十年间，柳氏游山玩水，抒发抑郁之情，留下多篇散记。

简介

本篇记述了韦刺史修建新堂的过程和前后的深刻变化，赞颂了他居高望远、顺应民情等政策。

将为穹谷、嵁岩、渊池于郊邑之中，则必辇❶山石，沟❷涧壑，陵❸绝险阻，疲极人力，乃可以有为也。然而求天作地生之状，咸无得焉。逸其人，因其地，全其天，昔之所难，今于是乎在。

永州实惟九疑之麓。其始度❹土者，环山为城。有石焉，翳于奥草❺；有泉焉，伏于土涂❻。蛇虺之所蟠，狸鼠之所游。茂树恶木，嘉葩毒卉，乱杂而争植，号为秽墟。

韦公之来，既逾月，理甚无事，望其地，且异之。始命芟❼其芜，行其涂，积之丘如，蠲之浏如❽，既焚既酾❾，奇势迭出，清浊辨质，美恶异位。视其植，则清秀敷舒；视其蓄，则溶漾纤余。怪石森然，周于四隅，或列或跪，或立或仆，窍穴逶邃❿，堆阜突怒⓫。乃作栋宇，以为观游。凡其物类，无不合形辅势，效伎于堂庑⓬之下；外之连山高原、林麓

如果要在郊邑之间人为建造深谷、峭壁和深池，那就必须用车子运载山石，开凿山涧沟壑，翻越险阻，耗尽人力，才能成功。但是要想有那种天造地设的景致，却是完全办不到的。不用耗费人力，因地制宜，且能保持天然的美，这在过去是很难做到的事情，如今却在永州实现了。

永州在九嶷山麓。最早来这里测度地势规划开发的人，环绕着山修建起了城。城里有一片地方，山石被遮蔽在深草丛中，山泉被掩埋在污泥下，成了一个毒蛇盘踞、野狸田鼠出没的地方。好树和恶木，鲜花和毒草，混杂一处，竞相疯长，因此这里被人称为垃圾堆。

韦公来到永州任刺史已有一个多月，政绩显著，没有多少事情。他视察这块地方，觉得不同寻常，才派人铲除荒草，疏通行道。铲下来的草堆积成山，疏通后的泉水晶莹清澈。烧掉了杂草，疏导了水流，奇特的景致层出不穷地涌现。清泉和污泥分别开来，美树恶草不再混杂。看那树木，则清秀挺拔，枝叶舒展；看那泉水，则微波荡漾，曲折萦回。怪石耸立，遍布在四周，有的排列成行，有的如同跪拜，有的站立，有的卧倒，洞穴曲折幽深，石山峥嵘耸立。于是在此建造厅堂，作为观赏游玩的地方。这

❶ 辇：原意为人拉的车。这里意思是运送。❷ 沟：名词用作动词，沟通，开凿。❸ 陵：跨越。❹ 度：测量。❺ 翳（yì）：遮蔽。奥：深。❻ 伏：遮掩。涂：污泥。❼ 芟（shān）：铲除。❽ 蠲（juān）：清洁。浏如：水流清澈的样子。❾ 酾（shī）：疏导。❿ 逶邃（wēisuì）：曲折幽深的样子。⓫ 突怒：形容石头突出耸立的样子。⓬ 庑（wǔ）：堂下四周的屋子。

之崖，间厕⑬显隐；迩延野绿，远混天碧，咸会于谯门之内。

已乃延客入观，继以宴娱。咸赞且贺曰："见公之作，知公之志。公之因土而得胜，岂不欲因俗以成化？公之择⑭恶而取美，岂不欲除残而佑仁？公之蠲浊而流清，岂不欲废贪而立廉？公之居高以望远，岂不欲家抚而户晓？夫然，则是堂也，岂独草木土石水泉之适欤？山原林麓之观欤？将使继公之理者，视⑮其细，知⑯其大也。"

宗元请志诸石，措⑰诸壁，编以为二千石楷法。

些美妙景物，无不以地势为依托，在堂屋廊檐前一展各自的风姿。新堂外的连接山岭的高原、林木覆盖的山崖，相互交错或隐或现，绿色的原野从近处伸向远方，跟碧蓝的天空连成了一体，仿佛一齐奔凑汇集到城内来了。

新堂建成后，韦公邀请客人们前来参观，接着又设宴娱乐。有人边赞美边祝贺说："看到韦公的新堂，便知道您的心志。您因地制宜开辟出优美的景观，难道不就意味着顺应当地习俗来推行教化吗？您铲除恶木毒草而选取嘉树鲜花，难道不就是想铲除凶暴而保护仁者吗？您挖除污泥而使清泉流淌，难道不就意味着惩办贪污提倡廉洁吗？您登高望远，难道不就是想让每个家庭都安定和富饶吗？果真如此，那么建这个新堂又何止是为了草木、土石、清泉令人惬意或是让山原林麓便于观赏呢？它将使继您之后来治理永州的人，能够通过这件小事，懂得治民的大道理啊。"

我请求将上述内容铭刻在石碑上，嵌在墙里，编入书中，作为后来刺史们学习的楷模。

⑬ 间厕：谓夹杂、交错。⑭ 择：舍弃，摈弃。⑮ 视：治理，处理。⑯ 知：主持，掌管。⑰ 措：安置。

钻鉧潭西小丘记

— 柳宗元 —

背景介绍

时　　间：在公元 805 年—815 年间
事件起因：柳宗元被贬到永州后发愤读书、寄情山
　　　　　水，创作了大量的诗歌散文。

简介

本篇先写小丘的基本情况，接着写小丘的遭遇和小丘带给自己的享受，在最后直抒胸臆，表达作者对自己被贬谪、遭受不公平待遇的气恼和忧伤之情。

原文

得西山后八日，寻❶山口西北道二百步，又得钻鉧潭。西二十五步，当湍而浚者为鱼梁❷。梁之上有丘焉，生竹树。其石之突怒偃蹇❸，负土而出，争为奇状者，殆不可数。其嵚然❹相累而下者，若

译文

找到西山以后的第八天，我沿着山口向西北走两百步，又发现了钻鉧潭。离潭向西二十五步，在流急水深处筑有一道拦水坝。坝上有个小土丘，丘上生长着竹子和树木。小丘上的石头突兀隆起，倾侧弯曲，破土而出，竞相形成奇特怪异的形状，几乎多得数不清。那些倾斜重叠俯伏向下

注释

❶ 寻：介词，沿。 ❷ 浚：水深。鱼梁：水中的小土堰，中间留有缺口放置捕鱼工具。 ❸ 突怒：形容石头凸起耸立的样子。偃蹇：形容山石错综盘踞的样子。 ❹ 嵚（qīn）然：倾斜的样子。

牛马之饮于溪；其冲然❺角列而上者，若熊罴之登于山。

丘之小不能一亩，可以笼而有之。问其主，曰："唐氏之弃地，货而不售❻。"问其价，曰："止四百。"余怜而售之。李深源、元克己时同游，皆大喜，出自意外。即更取器用，铲刈秽草，伐去恶木，烈火而焚之。嘉木立，美竹露，奇石显。由其中以望，则山之高，云之浮，溪之流，鸟兽之遨游，举熙熙然回巧献技❼，以效兹丘之下。枕席而卧，则清泠之状与目谋，潜潜之声与耳谋，悠然而虚者与神谋，渊然而静者与心谋。不匝❽旬而得异地者二，虽古好事之士，或未能至焉。

噫！以兹丘之胜，致❾之沣、镐、鄠、杜，则贵游之士争买者，日增千金而愈不可得。今弃是州也，农夫渔父，过而陋之❿，贾四百，连岁不能售。而我与深源、克己独喜得之，是其果有遭乎！书于石，所以贺兹丘之遭也。

的，就像牛马在溪边饮水；那些高耸突出、如兽角斜列争着往丘上冲的，好像是在山上攀登的熊。

小丘很小，不到一亩，可以包拢来据为己有。我问小丘的主人是谁，有人回答说："这是唐家废弃的土地，想卖掉却卖不出去。"我又问地价多少，答道："只要四百文。"我同情小丘的不遇而买下了它。李深源、元克己与我一起游览，都十分高兴，觉得这是意想不到的收获。于是就又取来了锄头镰刀等用具，铲除杂草，砍伐杂树，点起大火焚烧掉一切荒秽。美好的树木挺立起来，秀美的竹林也浮露出来，奇峭的山石也得以显现。站在小丘中间眺望，只见远山耸峙，云气飘荡，溪水淙淙，鸟兽自由自在地游玩，全都欢快地呈巧献技，来为这个小丘效力。枕石席地而卧，山水清凉明爽的景色使我双目舒适，汩汩的流水之声又分外悦耳，悠远空阔的天空与精神相通，深沉至静的大道与心灵相合。不满十天我就得到了两处风景胜地，即使古代爱好山水的人士，也许还没有到过这地方吧。

唉！凭着这小丘的美景，如果放到京城长安附近的沣、镐、鄠、杜等繁华之地，那么喜欢游赏的、争相购买的人每天增加几千文也不一定能买到。现在被弃置在这荒僻的永州，连农民、渔夫走过也鄙视它，售价仅四百文，却多年卖不出去。而我与深源、克己偏偏为获得了它而高兴，难道遇到这个小丘真的靠运气吗？我把这篇文章书写在石碑上，用来祝贺我和这小丘的遇合。

注释

❺冲然：突出向前的样子。❻货而不售：指卖而卖不出去。货，卖。售，卖出。❼举：全，都。熙熙然：快乐的样子。回巧献技：运用技巧，呈现绝技。回，运用。❽匝：周，满。❾致：搬到，放到。❿陋之：瞧不上它。

小石城山记

— 柳宗元 —

背景介绍

时　　间：公元 812 年

事件起因：柳宗元因参加王叔文革新运动，在改革失败后被贬到永州。到永州后，柳宗元的母亲病故，王叔文被处死，他自己也不断受到统治者的诋毁和攻击，心情压抑。永州山水幽奇雄险，柳宗元便到处游览，借以得到精神上的慰藉。

简介

该篇先是指出小石城山的方位，接着描述小石城山的奇貌，最后写作者由自然景观带来的联想和思索，抒发了作者的深沉感慨。

自西山道口径北，逾黄茅岭而下，有二道：其一西出，寻之无所得；其一少北而东，不过四十丈，土断而川分，有积石横当其垠[1]。其上为睥睨梁㰍[2]之形，其旁出堡坞，有若门焉。窥之正黑，投以小石，洞然有水声，其响之激越，良久乃已。环之可上，望甚远，无土壤而生嘉树美箭，益奇而坚，其疏数[3]偃仰，类智者所施设也。

噫！吾疑造物者之有无久矣。及是，愈以为诚有。又怪其不为之中州，而列是夷狄，更千百年不得一售其伎[4]，是固劳而无用。神者傥不宜如是，则其果无乎？或曰："以慰夫贤而辱于此者。"或曰："其气之灵，不为伟人，而独为是物。故楚之南少人而多石。"是二者，余未信之。

从西山路口一直向北走，越过黄茅岭往下走，有两条路：一条路向西，沿着这条路寻找风景，一无所获；另一条路稍微偏北朝东，往前走不过四十丈，路就被一条河流截断了，有积石横挡在这条路的尽头。石山顶部宛若城墙和房屋梁栋。旁边又凸出一块好像堡垒，那里似乎有一道门。朝里面看，黑乎乎的，扔一块小石头进去，传出"咚"的入水的声音，清亮激越，过了许久才消失。可以盘绕着登到山顶，站在上面望得很远。这里没有泥土，却生长着很好的树木和竹子，形状奇特质地坚硬，林竹分布疏密有致、高低错落，好像是智者特意布置的。

啊！我怀疑造物主的有无已经很久了。看到这里的景致，愈发相信造物主确实存在。但奇怪的是它不把这座小石城山布置在中原，却把它摆在这荒僻遥远的蛮夷之地，哪怕经历了千百年也没有显现自己奇异景色的机会，这实在是费力而无用。造物主好像不应当干这样的事，那么它真的不存在吗？有人说："这是用来安慰蒙受屈辱被贬谪到此的贤人的。"也有人说："这地方山川钟灵之气不孕育伟人，却独独钟情于物类。所以楚地以南少人而多奇峰怪石。"这两种说法，我都不相信。

[1] 垠：边界。 [2] 睥睨：城上的矮墙。梁㰍：房屋的栋梁。
[3] 数：密。 [4] 更：经历。伎：同"技"，技艺。

121

贺进士王参元失火书

— 柳宗元 —

背景介绍

时　间：公元806年

人　物：王参元

事件起因：这篇文章是柳宗元得知进士王参元家遭了火灾后，写给王参元的一封信，从而对当时官员选拔任用的黑暗以及清廉官员受到诬陷排挤的现实进行讽刺。

简介

作者先表达自己听到王家失火时的惊骇，继而安慰朋友，人们终于可以放心和他交往，而不用担心被诬陷，庆贺王参元将凭借优秀的学识，得到朝廷的重用。

原文

得杨八书，知足下遇火灾，家无馀储。仆始闻而骇，中而疑，终乃大喜。盖将吊❶而更以贺也。道远言略，犹未能究知其状，若果荡焉泯焉❷而悉无有，乃吾所以尤贺者也。

译文

收到杨八的信，得悉您家遭到火灾，家里烧得什么都没剩下。我开始听到很吃惊，接着又有些疑惑，最后则非常高兴，本来我准备慰问您，现在却改变了，要向您道喜。您家离此路远，书信言辞简略，我不能彻底了解您家的情形，如果真烧得精光，什么也没有剩下，我就更要因此向您道喜。

注释

❶ 吊：慰问遭遇不幸的人。　❷ 荡焉泯焉：荡然无存。

足下勤奉养，宁朝夕，惟恬安无事是望也。乃今有焚炀赫烈之虞❸，以震骇左右，而脂膏滫瀡❹之具，或以不给。吾是以始而骇也。

凡人之言，皆曰盈虚倚伏，去来之不可常。或将大有为也，乃始厄困震悸，于是有水火之孽，有群小之愠，劳苦变动，而后能光明，古之人皆然。斯道辽阔诞漫❺，虽圣人不能以是必信，是故中而疑也。

以足下读古人书，为文章，善小学❻，其为多能若是，而进不能出群士之上，以取显贵者，无他故焉。京城人多言足下家有积货，士之好廉名者，皆畏忌，不敢道足下之善，独自得之，心蓄之，衔忍而不出诸口。以公道之难明，而世之多嫌也。一出口，则嗤嗤者以为得重赂❼。

仆自贞元十五年见足下之文章，蓄之者盖六七年未尝言。是仆私一身而负公道久矣，非特负足下也。及为御史

您一向全心全意奉养双亲，早晚省视，只希望安宁平和过日子。如今却遭遇了大火肆虐的祸患，使您周围的人震惊不安，而油盐调料等日用品也许因此而缺乏，因此我听到失火消息十分吃惊。

常人总是说：盛衰祸福相互依存，相互转化，得失不会是一成不变的。也许将来大有作为，而开始会遭到种种困苦惊吓，于是有水火的灾难，有小人的怨怒，身心经受各种劳苦颠沛的磨炼，而后能有光明坦荡的前途。古代仁人志士都是这样的。我以为这种说法不着边际，荒诞不经，即使古代的圣人也不认为它是可信的，因此我接着不免有所疑惑。

像您这样读了很多古人的书，能写文章，对文字、音韵、训诂又有专长，具备如此众多才学的人，而在仕进上却不能高出于一般的士人，达到显赫的地位。这没有别的原因，只因为京城的人大多数说您有很多钱，那些爱好廉洁名声的士大夫因此害怕、忌讳，不敢称赞您的优点，只好自己看了藏在心里，忍住不说出口，加之公道不容易说清，世上的人很多是喜欢怀疑、妒忌的。一旦有人说出称赞您的话，那些喜欢讽刺攻击的小人就以为那人必定得到您的厚礼了。

我从贞元十五年就读到您的文章，把看法放在心里有六七年，从来没有向人谈起过。这是我只顾自己而

❸ 炀：焚烧。赫：火光、火势。虞：忧虑。 ❹ 滫：淘米水。瀡：起柔化作用的调料，指淀粉一类。 ❺ 诞漫：荒诞不经。 ❻ 小学：文字、音韵、训诂学方面的学问。 ❼ 嗤嗤者：好讥笑别人的人。赂：礼物。

尚书郎，自以幸为天子近臣，得奋其舌❽，思以发明足下之郁塞❾。然时称道于行列❿，犹有顾视而窃笑者。仆良恨修己之不亮，素誉之不立，而为世嫌之所加，常与孟几道言而痛之。

乃今幸为天火之所涤荡，凡众之疑虑，举为灰埃。黔⓫其庐，赭⓬其垣，以示其无有，而足下之才能乃可以显白而不污其实出矣，是祝融、回禄之相吾子也。则仆与几道十年之相知，不若兹火一夕之为足下誉也。宥而彰之，使夫蓄于心者，咸得开其喙⓭，发策决科者，授子而不慄，虽欲如向之蓄缩受侮，其可得乎？于兹吾有望乎尔！是以终乃大喜也。

古者列国有灾，同位者皆相吊；许不吊灾，君子恶之。今吾之所陈若是，有以异乎古，故将吊而更以贺也。颜、曾之养，其为乐也大矣，又何阙焉？

❽ 奋其舌：摇动其舌，指进言，劝谏。❾ 郁塞：指怀才不遇。
❿ 行列：同位者，同僚。⓫ 黔：黑色。这里指烧黑。⓬ 赭：红。这里指烧红。⓭ 喙：鸟兽的嘴。这里指借口。

对不起公道很久了，不止是对不起您个人。等我做监察御史后，又任尚书郎，自以为有幸能做皇帝身边的臣子，可以放胆说话，想利用这个机会来疏通足下不能上达的情况。但有时向同辈称道你的人品和文章，仍然有相视而暗笑我的。我实在是痛恨自己的品德修养还不足以使人亮察，平时的好名誉没有确立，才遭到世人的猜忌。我经常与友人孟几道谈起这件事，并对此痛心不已。

现在幸好您的家财被天火烧得精光，众人的疑虑也全部化为灰尘。烧黑了您的屋子，烧红了您的断垣残壁，显示您家已一无所有，然后您的才能得以干干净净地显示出来，这真是祝融、回禄在帮助您啊！这样看来，我和几道十年来对您的了解，还比不上这次火灾一个晚上给您传播名誉的效果好。这场大火解脱了你，露出了你的真貌，使得那些有话藏在心里的人，都能毫无顾忌地为您说话了，主考官能放心选拔您而不必担惊受怕。即使想像过去那样顾虑重重不敢出头，以致受到讥笑羞辱，还能做得到吗？对您今后的发展，我也就信心十足了！因此，最后我是很高兴的。

在古代，如果一个诸侯国遇到火灾，其他诸侯国总是要来慰问的。春秋时，许国不去吊慰遭火灾的邻国，君子对此十分不满。现在，我说明的事理和古代的有不同，所以把本来的慰问变成祝贺了。颜渊安于清贫、曾参孝以养亲，这里面的乐趣也真够多了，物质上的一点欠缺又有什么值得不满意的呢？

孩子一读就喜欢的

古文观止 ⑤

[清]吴楚材 [清]吴调侯◎选编
小行星工作室◎译注

北京时代华文书局

图书在版编目（CIP）数据

孩子一读就喜欢的古文观止 . 5 /（清）吴楚材,（清）吴调侯选编；
小行星工作室译注 . -- 北京：北京时代华文书局，2024.6
ISBN 978-7-5699-5491-3

Ⅰ.①孩… Ⅱ.①吴… ②吴… ③小… Ⅲ.①《古文观止》—青少年读物 Ⅳ.
① H194.1-49

中国国家版本馆 CIP 数据核字 (2024) 第 096584 号

HAIZI YI DU JIU XIHUAN DE GUWEN GUANZHI 5

出 版 人：陈　涛
责任编辑：刘显芳
装帧设计：彭明军
责任印制：訾　敬

出版发行：北京时代华文书局 http://www.bjsdsj.com.cn
　　　　　北京市东城区安定门外大街 138 号皇城国际大厦 A 座 8 层
　　　　　邮编：100011　电话：010-64263661 64261528
印　　刷：三河市祥达印刷包装有限公司
开　　本：710 mm×1000 mm　1/16　　成品尺寸：170 mm×240 mm
印　　张：7　　　　　　　　　　　　字　　数：180 千字
版　　次：2024 年 6 月第 1 版　　　　印　　次：2024 年 6 月第 1 次印刷
定　　价：199.00 元（全 6 册）

版权所有，侵权必究

本书如有印刷、装订等质量问题，本社负责调换，电话：010-64267955

目录

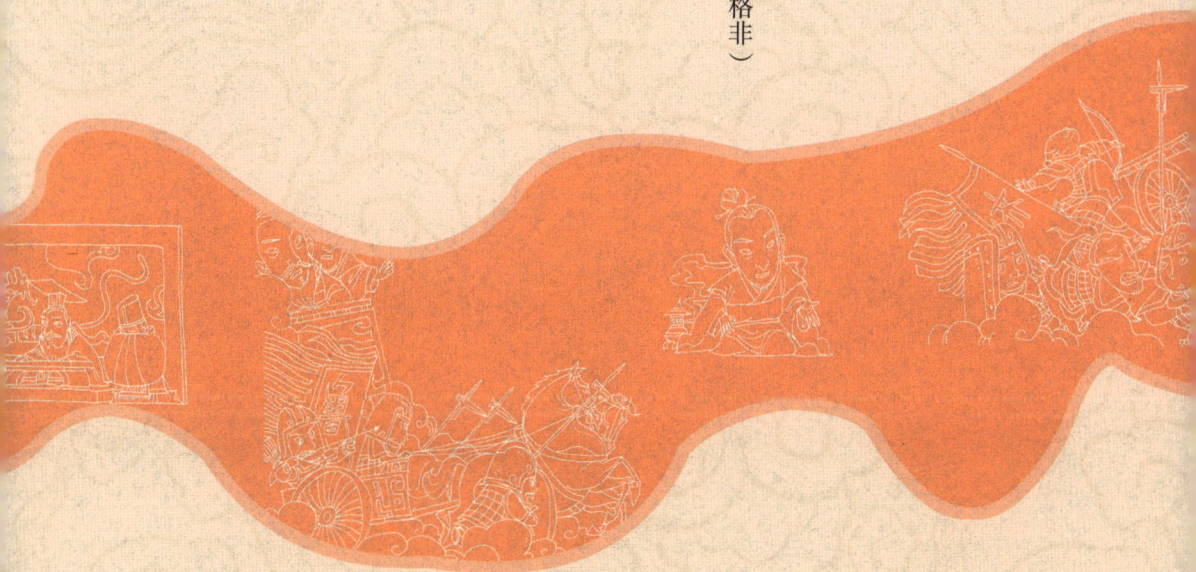

书褒城驿壁

— 孙樵 —

背景介绍

时　　间：约公元 855 年—880 年间
事件起因：晚唐时期吏治败坏，政治局势比较混乱。

简介

　　本文是一篇讽刺性杂文。作者借褒城驿由宏大壮丽变为荒芜残破的现实，抒发了作者对当时吏治败坏的感慨，从而揭露了地方官吏怠惰贪婪、不理政务的丑恶嘴脸。

褒城驿❶号天下第一。及得寓目，视其沼，则浅混而污，视其舟，则离败而胶，庭除甚芜，堂庑❷甚残，乌睹其所谓宏丽者？

讯于驿吏，则曰："忠穆公曾牧梁州，以褒城控二节度治所，龙节虎旗，驰驿奔轺❸，以去以来，毂交蹄劘❹，由是崇侈其驿，以示雄大。盖当时视他驿为壮。且一岁宾至者不下数百辈，苟夕得其庇，饥得其饱，皆暮至朝去，宁有顾惜心耶？至如棹舟，则必折篙破舵碎鹢❺而后止；渔钓，则必枯泉汩泥尽鱼而后止。至有饲马于轩，宿隼❻于堂。凡所以污败室庐，糜毁器用，官小者，其下虽气猛，可制，官大者，其下益暴横，难禁。由是日益破碎，不与曩类。某曹八九辈，虽以供馈之隙，一二力治之，其能补数十百人残暴乎？"

语未既，有老畊笑于旁，且曰："举

褒城驿号称天下第一。等我到实地一看，看其沼池，浅浊而肮脏，看其船只，残破而搁浅在池底，庭院台阶十分荒芜，堂房廊屋都很残破，哪里能看到它所谓的宏大壮丽呢？

向管理驿站的官吏询问，他们则说："忠穆公严震曾担任梁州州牧，因为褒城控制着通往两个节度使治所的要道，各式各样的旌节旗帜来来往往，传递公文的人员骑着马，出差的官吏乘着车，或来或去，车马往来络绎不绝，所以扩大驿馆建筑，以显其雄伟宏大。褒城驿在当时看上去是比其他驿站都壮观。而且一年中来的宾客也不下几百人，如果是夜间能够得到住宿，饿了能够吃饱饭，他们都是晚上到达早上离开，哪里还会有顾念爱惜之心呢？至于撑船，则一定要到篙折、舵破、头碎然后停止，捕鱼，一定要到水干、泥混、鱼尽才肯罢休，甚至还有人在靠窗的长廊或小屋里喂马，把驿馆的中堂作为猎鹰的栖息之地。对污损房屋、毁坏器物的客人，遇上职位低的官吏，他的下属虽然气性猛烈，但还可以制服，遇上职位高的官吏，他的下属则更加凶暴蛮横，难以阻止。因此褒城驿日益破败，不能和以前相比了。我们八九个人，虽然也曾在供给来往者膳食的余暇，尽力去修缮一二，但又怎能补救几十到上百人的破坏呢？"

管理驿站的官吏的话还没有讲完，有个老农在旁笑了，并说："现在整个州县都是驿站。"我听说唐玄

注释

❶ 褒（bāo）城：唐代属兴元府，即今陕西勉县。驿：古代递送公文或来往官员投宿、换马的处所。 ❷ 庭除：庭院和台阶。堂庑（wǔ）：中堂及堂下四周房屋。 ❸ 轺（yáo）：古代使者所乘轻便马车。 ❹ 毂（gǔ）交蹄劘：车毂交错，马蹄摩擦，极言车马之多。 ❺ 鹢（yì）：水鸟，古代多以画饰船头。此指船头。 ❻ 隼（sǔn）：鹰一类的猛禽，此指驯养的猎鹰。

今州县皆驿也。吾闻开元中，天下富蓄，号为理平，踵千里者不裹粮，长子孙者不知兵。今者天下无金革之声，而户口日益破，疆场无侵削之虞，而垦田日益寡，生民日益困，财力日益竭，其故何哉？凡与天子共治天下者，刺史县令而已，以其耳目接于民，而政令速于行也。今朝廷命官，既已轻任刺史县令，而又促数于更易。且刺史县令，远者三岁一更，近者一二岁再更。故州县之政，苟有不利于民，可以出意革去其甚者，在刺史则曰：'明日我即去，何用如此！'在县令亦曰：'明日我即去，何用如此！'当愁醉醲，当饥饱鲜，囊帛椟金，笑与秩终。"

呜呼！州县真驿耶？矧❼更代之隙，黠吏因缘恣为奸欺，以卖州县者乎！如此而欲望生民不困，财力不竭，户口不破，垦田不寡，难哉！予既揖退老甿，条其言，书于褒城驿屋壁。

宗开元年间，天下财物丰富，人口众多，号称太平，行走千里的人不用携带粮食，子孙们都不懂得兵器为何物。现在天下没有打制兵器和甲胄的声音，但有户籍的居民却一天天减少，边境没有被侵犯的忧虑，可是开垦的荒地日益减少。百姓生活日益穷苦，国家财力日益困难，这是什么原因呢？和皇帝一同治理天下的，是那些刺史县令罢了，因为他们直接接触人民，所以便于贯彻政令。现在政府委派官吏，既然已经轻率任命刺史和县令，而且又在短时间内一再更换。况且刺史和县令的任期，时间长的三年更换一次，时间短的一两年内更换两次。因此州县的政务，如果有不利于百姓的，应该出主意改掉那些严重的情况，但在任的刺史则说："明日我就要离职了，何必如此！"在任的县令也说："明日我也要卸任了，何必如此！"他们在愁闷的时候就喝浓烈的美酒，在饥饿的时候就吃精美的肉食，只等囊中放满了绸缎，柜中装足了金银，任期结束就志得意满地离去。

唉！州县真的是驿站吗？况且当新旧官员交替之时，狡猾的胥吏乘机放肆地做奸恶欺诈的事，用来欺骗州县的人！像这样下去，统治者希望百姓生活不穷苦，国家财力不困难，有户籍的居民不减少，开垦的土地不缺乏，这太困难了！我送走老农之后，把他的话整理了一下，写在褒城驿的屋壁上。

❼ 矧（shěn）：况且。

待漏院记
— 王禹偁 —

背景介绍

时　　间：约公元 989 年

事件起因：在唐宋两代的政治结构中，宰相的地位举足轻重。特别是在宋代，文人当政，宰相的权力更是尤为重要。王禹偁深感宰相人选对朝政的重要性，因此撰写了这篇文章。

简介

待漏院为朝臣上朝前等候的场所。本文作于作者担任大理寺评事期间，作者希望能把文章刻在待漏院的墙壁上，是为了告诫当权宰相要勤于国事，一心为公。文章反映了作者认为宰相在朝政中的重要作用，展现了作者对现实政治的忧虑与思考。

原文

天道不言，而品物亨❶、岁功成者，何谓也？四时之吏、五行之佐，宣其气❷矣。圣人不言，而百姓亲、万邦宁者，何谓也？三公❸论道，六卿❹分职，张其

译文

大自然不会说话，但万物都能顺利生长，每年都有收成，这是什么原因呢？这是因为掌管四季、五行的大神，疏通了那股自然之气。皇上不说话，百姓却能和睦相亲，天下安定，这又是什么原因呢？这是因为三公商

注释

❶亨：通达，这里指万物的顺利成长。❷宣其气：指天上的官吏使自然之气通畅顺达，风调雨顺。❸三公：泛指中央政府的最高长官。❹六卿：中央各部的长官。

教矣。是知君逸于上，臣劳于下，法乎天也。古之善相天下者，自咎、夔至房、魏，可数也。是不独有其德，亦皆务于勤耳。况夙兴夜寐，以事一人。卿大夫犹然，况宰相乎！

朝廷自国初因旧制，设宰相待漏院于丹凤门之右，示勤政也。至若北阙向曙，东方未明，相君启行，煌煌火城❺。相君至止，哕哕❻銮声。金门未辟，玉漏❼犹滴。撤盖下车，于焉以息。待漏之际，相君其有思乎？

其或兆民未安，思所泰之；四夷未附❽，思所来之；兵革未息，何以弭之；田畴多芜，何以辟之；贤人在野，我将进之；佞臣立朝，我将斥之；六气不和，灾眚荐至❾，愿避位以禳之；五刑未措，欺诈日生，请修德以釐❿之。忧心忡忡，待旦而入。九门既启，四聪甚迩⓫。相君言焉，时君纳焉。皇风于是乎清夷，苍

❺ 煌煌：明亮。火城：把整个城市照亮。 ❻ 哕哕（huì）：有节奏的铃声。 ❼ 漏：古代以滴水计时的一种器具。 ❽ 四夷：四境少数民族。❾ 灾眚（shěng）：灾祸。荐：连续，屡次。❿ 釐（lí）：治理。⓫ 四聪：能听到四方消息的人，此指君主。迩：近。

讨治国之道，六卿职责分明，弘扬了那种合理的教化。由此可知，君王在上清闲安逸，臣子在下勤劳国事，这就是取法于天道。古代善于辅佐君王治理天下的大臣，从皋陶、后夔到房玄龄、魏征，寥寥无几。这些人不但有高尚的品德，而且都勤于政务，早起晚睡，侍奉君王。连卿大夫都是这样，更何况宰相呢？

朝廷从建国初期就沿袭前朝旧制，在丹凤门的右边设立了宰相待漏院，以示崇尚勤政。当北面的宫阙映出一线曙光，东方还没有大亮的时候，宰相就起身上朝，灯笼的光将全城都照得通明。宰相驾到，马车铃声叮当作响，富有节奏。这时候宫门还没有打开，计时的玉壶里的水还在不停地往下滴，侍从撩开车盖，宰相下车，在此休息。在待漏院等候上朝的时候，宰相在想什么呢？

他们有的或许在想百姓尚未安居乐业，考虑怎样使他们平安富裕；四境的少数民族尚未归顺，怎样安抚他们；战事未停，用什么办法能使战事平息；土地荒芜，怎样才能开垦它；德才兼备之人尚未任用，我应该怎样推荐进用他们；奸邪小人在朝，我应该怎样贬斥他们；六种自然现象不协调，灾祸不断发生，我愿意引咎辞职来乞求上天驱除灾祸；五种刑法还没完备，欺诈行为日益严重，我将请求修养德行，加强治理。宰相深怀忧虑，等待天亮上朝。宫门打开以后，四方的消息顺利地送到了皇帝的耳中。善听各方意见的皇帝离得很近。宰相向君主说明了自己考虑的内容，君主采纳了他的建议。于是政府风气清明安定，苍生百姓因此而富裕。如

生以之而富庶。若然，则总百官，食万钱，非幸也，宜也。

其或私仇未复，思所逐之；旧恩未报，思所荣之；子女玉帛⑫，何以致之；车马玩器，何以取之；奸人附势，我将陟之⑬；直士抗言，我将黜之；三时告灾，上有忧也，构巧词以悦之；群吏弄法，君闻怨言，进谄容以媚之。私心慆慆⑭，假寐而坐。九门既开，重瞳屡回。相君言焉，时君惑焉。政柄于是乎隳哉，帝位以之而危矣。若然，则死下狱，投远方，非不幸也，亦宜也。

是知一国之政，万人之命，悬于宰相，可不慎欤？复有无毁无誉，旅进旅退⑮，窃位而苟禄，备员而全身者⑯，亦无所取焉。

棘寺小吏王禹偁为文⑰，请志院壁，用规于执政者。

果是这样，宰相总领百官，领取优厚俸禄，那就不是侥幸，而是应该得的。

而有的人或许想的是私仇未报，考虑怎样驱逐仇敌；有旧恩未报答，怎样使自己的恩人享受荣耀；金钱、美女，用什么手段才能得到；车马玩物，用什么方法才能为我所有；奸客的人依附我的权势，我要提拔重用他们；正直耿介之人直言谏诤，我要考虑贬斥他们；春、夏、秋三季都有报告灾情的，皇帝忧愁不安，我便编造花言巧语取悦他；官员贪赃枉法，皇帝听到怨言，我便奉承献媚以讨他的欢心。宰相为私事而内心起伏不安，坐在那里假睡。当宫门打开以后，皇帝屡屡顾视。金殿上龙目四顾，宰相提出了他的建议，皇帝被他蒙惑。政权由此而毁坏，政事因此而懈怠，皇位也因此岌岌可危。如果是这样，那么即使宰相被打入死牢，或流放到偏僻荒凉的地方，也并不是不幸，而是他应得的下场。

由此可知，一个国家的政权，数万百姓的生命，都系在宰相一人手里，难道宰相可以不谨慎从事吗？还有一类宰相，既没有恶名，也没有被人称颂，只是跟随众人进退，窃取高位，贪图俸禄，在朝廷也只是滥竽充数，保全自身，这种人也没有丝毫可取之处。

大理寺小吏王禹偁作了这篇文章，请求把它写在待漏院的壁上，用来劝谏执政的大臣。

注释

⑫ 子女玉帛：泛指声色财宝。⑬ 陟：进用、提拔。⑭ 慆慆：形容放纵无度，没完没了。⑮ 旅进旅退：随众人进退。旅，众。⑯ 备员：滥竽充数的意思。⑰ 棘寺：大理寺的别称，是宋朝中央政府掌刑狱的最高机关。

黄冈竹楼记

— 王禹偁 —

背景介绍

时　　间：公元 999 年
事件起因：该篇写于作者被贬黄州
期间。作者抒写屡次遭
遇贬谪的不满与无奈
之情。

简介

　　该篇先是写黄州多竹和用竹造
屋的好处，接着以声写楼，详写了
在楼中可以领略到在其他地方无法
领略的清韵雅趣，最后借竹楼的命
运表达了自己对前途的自信。

黄冈之地多竹，大者如椽。竹工破之，刳❶去其节，用代陶瓦，比屋❷皆然，以其价廉而工省也。

子城西北隅，雉堞圮毁❸，蓁莽❹荒秽。因作小楼二间，与月波楼通。远吞山光，平挹江瀨❺，幽阒辽夐❻，不可具状。夏宜急雨，有瀑布声；冬宜密雪，有碎玉声。宜鼓琴，琴调和畅；宜咏诗，诗韵清绝；宜围棋，子声丁丁然；宜投壶，矢声铮铮然。皆竹楼之所助也。

公退之暇，被鹤氅衣❼，戴华阳巾，手执《周易》一卷，焚香默坐，消遣世虑。江山之外，第❽见风帆沙鸟、烟云竹树而已。待其酒力醒，茶烟歇，送夕阳，迎素月，亦谪居之胜概也。

彼齐云、落星，高则高矣，井干、丽谯，华则华矣，止于贮妓女，藏歌舞❾，非骚人之事，吾所不取。

黄冈地区盛产竹子，大的像椽子，竹匠剖开它，挖去竹节的隔层，用来代替陶瓦，家家户户都是这样，因为竹瓦价格便宜又省工。

在月城的西北角，矮墙毁坏，杂草丛生，荒芜污秽。我在那里盖了两间小竹楼，与月波楼相接连。登上这座小楼眺望远山，山光尽收眼底，平视江中急流，清幽寂静，辽远开阔，无法一一描绘出来。这里夏天适宜听骤雨，人在楼中如闻瀑布声；冬天适宜听密雪，小楼上有碎玉落地的沙沙声。平时，适宜弹琴，琴声和谐流畅；适宜吟诗，诗韵清新绝俗；适宜下棋，棋盘上落子声丁丁悦耳；适宜投壶，箭投入壶里也铮铮动听。这些美妙的声音，都是竹楼所助成的。

公务办完后的空闲时间，我披着鹤氅衣，戴上华阳巾，手拿一卷《周易》，焚香默坐，排除世俗杂念。除了水色山光之外，只见风中白帆、沙洲鸥鸟、茫茫烟云、苍苍竹树罢了。等到醉意全消，煮茶的烟火已经熄灭，我送走夕阳，迎来皓月，这也是谪居生活中的一大乐事。

那齐云楼、落星楼，高确实是高了，井干楼、丽谯楼，华丽也确实是非常华丽。但它们只不过是用来安置一些美女和能歌善舞的人，这不是风雅之士应做的事，我是不欣赏的。

❶ 刳（kū）：挖。 ❷ 比屋：房屋连房屋，借指家家户户的意思。比，并着，连着。 ❸ 雉堞（dié）：城墙上呈齿状的矮墙，泛指城墙。圮毁：倒塌。 ❹ 蓁（zhēn）莽：杂草丛生。 ❺ 平挹：平视。挹，汲取，看取。江瀨：江滩上的急流。 ❻ 阒（qù）：寂静。夐（xiòng）：遥远。 ❼ 鹤氅（chǎng）衣：鸟羽编织的衣服，此处指道士服。 ❽ 第：只。 ❾ 歌舞：指能歌善舞的人。

原文

吾闻竹工云："竹之为瓦，仅十稔；若重覆之，得二十稔❿。"噫！吾以至道乙未岁，自翰林出滁上，丙申移广陵，丁酉又入西掖，戊戌岁除日有齐安之命，己亥闰三月到郡。四年之间，奔走不暇，未知明年又在何处，岂惧竹楼之易朽乎？后之人与我同志⓫，嗣而葺之⓬，庶斯楼之不朽也。

译文

我听竹匠说："用竹做瓦，只能用十年；如果铺两层，就可以管二十年。"唉！我在至道乙未年（公元995年），由翰林学士被贬到滁州；丙申年（公元996年）调到扬州；丁酉年（公元997年）又到中书省任职；戊戌年（公元998年）除夕又接到贬往齐安的调令；己亥年（公元999年）闰三月到了齐安郡城。四年之中，奔走不停，没有什么空闲，不知道明年又在何处，我难道还怕竹楼容易朽坏吗？希望后来的人跟我志趣相同，能继续修整它，或许这座竹楼就永远不会朽坏。

注释

❿ 稔（rěn）：谷熟为稔。古代一年收获一次，所以也称一年为一稔。⓫ 同志：志同道合。⓬ 嗣：继续。葺：修理。

书《洛阳名园记》后

— 李格非 —

背景介绍

时　　间：公元 1095 年

事件起因：李格非曾编过一部散文集《洛阳名园记》，描述北宋时期洛阳城里十多所园林的景物。按着又作了这篇"书信"，指出他记录这些名园具有讽喻当今官员在朝只知道放纵，满足私欲，想在退隐后享园林之乐。

简介

　　本篇首先写出了洛阳重要的地理位置，描述洛阳城里十多所园林的景物风貌。接着指出从洛阳的盛衰可以看出天下的盛衰，而从园林的盛衰可以看出洛阳的盛衰。

洛阳处天下之中，挟殽[1]、黾之阻，当秦、陇之襟喉，而赵、魏之走集，盖四方必争之地也。天下当无事则已，有事则洛阳必先受兵[2]。予故尝曰："洛阳之盛衰，天下治乱之候[3]也。"

唐贞观、开元之间，公卿贵戚开馆列第[4]于东都者，号千有余邸。及其乱离，继以五季之酷，其池塘竹树，兵车蹂蹴[5]，废而为丘墟，高亭大榭，烟火焚燎，化而为灰烬，与唐共灭而俱亡，无余处矣。予故尝曰："园圃之废兴，洛阳盛衰之候也。"

且天下之治乱，候于洛阳之盛衰而知，洛阳之盛衰，候于园圃之废兴而得，则《名园记》之作，予岂徒然哉？

呜呼！公卿大夫方进于朝，放乎一己之私自为之，而忘天下之治忽[6]，欲退享此得乎？唐之末路是已。

洛阳地处全国的中央，挟有崤山、黾池的险阻，算是秦川、陇地的咽喉，也是赵、魏的交通要道，是四方必争之地。如果天下太平无事也就罢了，假使发生动乱，则洛阳必定先受战祸。所以，我曾经说："洛阳的盛衰，是天下治乱的征兆啊。"

正当唐太宗观贞观至唐玄宗开元盛世时，公卿贵戚在东都洛阳营造的馆舍府邸，号称有一千余座。等到后来遭受动乱，人民流离失所，接下来又是五代的战祸，洛阳馆舍府第中的池塘竹树，被兵车践踏，荒废成为丘墟，高亭大榭，被战火焚烧，化成灰烬，园林与唐朝一同灭亡，没有剩余了。所以，我曾经说："园圃的兴废，就是洛阳兴旺或衰败的征兆啊。"

既然天下的太平和动乱，从洛阳的兴衰就可以看到征兆；洛阳的盛衰，可以从园林的兴废看到征兆，那么，我作《名园记》，岂是没有用处的吗？

唉！公卿大夫入仕朝廷，放纵一己私欲，大兴土木，而忘却天下治理的好坏，想以后退隐了再享受这种园林之乐，能办得到吗？唐朝的末期就是这样啊。

❶ 殽：通"崤"，崤山，在今河南省洛宁县北。❷ 受兵：遭遇兵事。❸ 候：征兆。❹ 开、列：建造，设置。第：宅第。❺ 蹴（cù）：用脚踢。❻ 治忽：这里指治乱。忽，怠忽，轻慢怠惰。

严先生祠堂记

— 范仲淹 —

背景介绍

时　　间：公元 1033 年

事件起因：范仲淹被贬居睦州。

简介

　　全篇以新建成的严先生祠堂为题，却是将先生与光武帝相对应来写，写出他期待着仁者能够欣逢盛世，明主能够体恤良臣的心情。

先生，光武之故人也。相尚以道。及帝握《赤符》，乘六龙，得圣人之时，臣妾①亿兆，天下孰加②焉，惟先生以节高之。既而动星象，归江湖，得圣人之清。泥涂轩冕，天下孰加焉，惟光武以礼下之。

在《蛊》之上九，众方有为，而独不事王侯，高尚其事，先生以之。在《屯》之初九，阳德方亨，而能以贵下贱，大得民也，光武以之。盖先生之心，出乎日月之上；光武之量，包乎天地之外。微③先生不能成光武之大，微光武岂能遂先生之高哉？而使贪夫廉，懦夫立，是大有功于名教④也。

仲淹来守是邦，始构堂而奠焉。乃复为其后⑤者四家，以奉祠事。又从而歌曰："云山苍苍，江水泱泱⑥。先生之风，山高水长！"

注释

① 臣妾：作动词用，统治，役使。 ② 加：超过。 ③ 微：如果没有，假如不是。 ④ 名教：正名的封建礼教。 ⑤ 复：免除徭役。后：后裔。 ⑥ 泱泱：水深广无边的样子。

先生是光武帝的老朋友，他们之间以道义互相推崇。后来光武帝掌握《赤符》，乘六龙的阳气，获得了做皇帝的时机，统治千千万万的臣民，普天之下有谁能超过他的尊贵？只有先生的节操在他之上。后来先生惊动星象，退隐江湖，达到了圣人自然清静的境界，视高官厚禄如粪土，普天之下又有谁超过他的谦下？只有光武帝能够用礼节恭敬对待他。

《周易·蛊》卦的上九一爻的象辞讲道：其他爻都在热衷于讲事功，这一爻却独能表示不事奉王侯，保持自己品德的高尚，这就是先生立身的依据；《屯》卦初九一爻的象辞讲道：阳刚之气正在发扬，因而能以尊贵之身礼敬卑贱之人，大得民心，这就是光武帝立身的依据。可以说先生的品质，比日月还高；光武帝的气量比天地还广阔。如果没有先生就不能成就光武帝气量的宏大，没有光武帝难道能促成先生志意的高超吗？先生的作为让贪婪者变得廉洁，怯懦者变得坚强，这对维护礼仪教化确实是很有帮助的。

仲淹来本州任职后，开始筑起祠堂祭奠先生。然后又免除先生后裔四家的劳役和赋税，让他们负责寺庙祭祀的事情。并作歌颂扬道："云雾缭绕的高山，郁郁苍苍，大江的水浩浩汤汤。先生的高风亮节，就像山一样崇高水一样长远！"

岳阳楼记

— 范仲淹 —

背景介绍

时　　间：公元 1046 年

事件起因：岳阳楼，在湖南岳阳城西门上，为著名风景地，始建于唐，北宋期间由巴陵郡守滕子京重修。

简介

　　本文是范仲淹的代表作。主要通过出色地描绘岳阳楼的景色及迁客骚人登楼览景后产生的不同感情，表达了自己"不以物喜，不以己悲"的生活态度和"先天下之忧而忧，后天下之乐而乐"的政治抱负。

庆历四年春，滕子京谪守巴陵郡。越明年，政通人和，百废具兴，乃重修岳阳楼，增其旧制❶，刻唐贤今人诗赋于其上，属❷予作文以记之。

予观夫巴陵胜状，在洞庭一湖。衔远山❸，吞长江，浩浩汤汤❹，横无际涯，朝晖夕阴，气象万千，此则岳阳楼之大观也，前人之述备矣。然则北通巫峡，南极潇湘，迁客骚人，多会于此，览物之情，得无异乎？

若夫淫雨霏霏❺，连月不开，阴风怒号，浊浪排空，日星隐曜，山岳潜形，商旅不行，樯倾楫摧❻，薄暮冥冥，虎啸猿啼。登斯楼也，则有去国怀乡，忧谗畏讥，满目萧然❼，感极而悲者矣。

至若春和景明❽，波澜不惊，上下天光❾，一碧万顷，沙鸥翔集，锦鳞游泳，

注释

❶ 增其旧制：扩大它原来的规模。制，规模。❷ 属：同"嘱"，嘱托。❸ 衔：这里是包含的意思。❹ 浩浩汤汤（shāng）：水势浩大的样子。❺ "淫雨"：连绵不断的雨。霏霏：雨下得细密的样子。❻ 樯倾楫（jí）摧：桅杆倒下，船桨断折。樯，桅杆。楫，船桨。❼ 萧然：萧条凄凉的样子。❽ 景：日光。❾ 上下天光：明净的天空倒映在水里，天水融为一色。"上"指天，"下"指水。

庆历四年的春天，滕子京被贬谪到巴陵郡做太守。到了第二年，巴陵郡的一切政务办得都很顺利，百姓和乐，各种荒废的事业都兴办起来了。于是重新修建岳阳楼，在原有的基础上扩大它的规模，在楼上刻了唐朝名人和当代名人的诗赋。太守嘱托我写一篇文章来记述这件事。

我观赏那巴陵的美景，全在洞庭湖上。这湖连接着远方的山，吞吐长江的水流，水势浩大，无边无际，一天里阴晴多变，气象千变万化。这就是岳阳楼壮丽的景色，前人对此的描述已经很详尽了。虽然如此，它北面通向巫峡，南边直到潇湘，那些降职远调的官吏和文人大多来这里聚会，他们观赏景物的心情，只怕因景物的不同也会有所不同吧？

像那阴雨连绵不断，接连几月不见阳光的日子里，阴森森的大风怒号，浑浊的浪头冲向天空；太阳和星星隐没了光辉，高山掩没了形体；商人和旅客不能通行，船桅倾倒，船桨摧折；傍晚时分天色昏暗，老虎怒吼，猿猴哀啼。这时候登上岳阳楼，就会觉得远离京城，怀念家乡，担心受到奸人的诽谤、害怕坏人的嘲笑，满眼都是萧条的景象，感慨不已，忍不住悲伤起来。

到了春光和煦、阳光明媚的时节，湖面风平浪静，天光水色相映，碧绿的水面广阔无边；成群的沙鸥，有时飞翔，有时停歇，美丽的鱼儿，时而浮游，时而潜游，岸上的芷草和水里的兰花，香气浓郁，繁茂青葱。有时候大片烟雾完全消散，明月照耀着千

岸芷汀兰，郁郁青青。而或长烟一空，皓月千里，浮光跃金⑩，静影沉璧⑪，渔歌互答，此乐何极！登斯楼也，则有心旷神怡，宠辱偕忘，把酒临风，其喜洋洋者矣。

嗟夫！予尝求古仁人之心⑫，或异二者之为，何哉？不以物喜，不以己悲⑬，居庙堂之高则忧其民，处江湖之远则忧其君。是进亦忧，退亦忧。然则何时而乐耶？其必曰"先天下之忧而忧，后天下之乐而乐"乎！噫！微斯人，吾谁与归⑭？时六年九月十五日。

里湖面，浮动的月色金光闪闪，静静的月影倒映在水中，犹如玉璧沉在水里，渔夫的歌声互相唱和，这样的快乐哪里会有尽头！这时候登上岳阳楼，就会感到心胸旷达，心情愉快，恩宠和耻辱都忘记了，迎风端起酒杯，那种心情真是舒畅极了。

唉！我曾经探求古代品德高尚之人的思想感情，他们或许不同于上述两种人的心情，这是什么原因呢？是由于不因别人的褒贬和自己处境的变化而或喜或悲。他们在朝廷做官，时时刻刻为老百姓操心；他们在偏远的民间，也为国君担忧。这样来说，进入朝廷也忧虑，辞官隐居也忧虑，那么什么时候才能快乐起来呢？大概一定会说："要忧在天下人之前，乐在天下人之后。"唉！如果没有这种人，我还能和谁志同道合呢！写于庆历六年九月十五日。

⑩ 浮光跃金：浮动的光像跳动的金子。这是写月光照耀下的水波。 ⑪ 沉璧：指月影犹如璧玉沉在水底。 ⑫ 求：探索，探求。 ⑬ 不以物喜，不以己悲：即"不以物悲喜，不以己悲喜"。物：他人。 ⑭ 谁与归：即"与谁归"。归，归向，同道。

谏院题名记

— 司马光 —

背景介绍

时　　间：公元1063年

事件起因：这篇文章是司马光在谏院任职时创作的。

简介

"谏院"是当时主管谏诤的机关，"题名"是指把谏官的名字刻在石头上。司马光想通过将谏官姓名刻在石头上一事对谏官提出告诫。本文叙述了谏官的来历，阐述了谏官的责任和应具备的品德，以及刻石留名的由来，告诫谏官们要恪尽职守。

古者谏无官，自公卿大夫至于工商，无不得谏者。汉兴以来，始置官❶。夫以天下之政，四海之众，得失利病，萃于一官使言之❷，其为任亦重矣。居是官者，当志其大，舍其细，先其急，后其缓，专利国家，而不为身谋。彼汲汲于名者❸，犹汲汲于利也。其间相去何远哉！

天禧初，真宗诏置谏官六员，责其职事。庆历中，钱君始书其名于版❹。光恐久而漫灭❺，嘉祐八年，刻著于石。后之人将历指其名而议之曰：某也忠，某也诈，某也直，某也曲。呜呼！可不惧哉？

古代，并没有专门设立规劝君王的官职，从公卿大夫到工匠、商人，没有谁不能向君王进谏的。直到汉朝开国后，才开始设立谏官。把国家的政务、百姓的民生，得与失、利与弊，都集中在谏官身上，让他们向朝廷陈述，谏官担负的责任重啊。做谏官的人，要把国家的大政方针牢记不忘，琐碎的事情可以舍弃，把情况紧急的事放在前面，把不紧急的放在后面，专心为国家谋取利益，而不给自己做打算。那些热衷于追求名声的人，如同追求私利的人一样，他们和谏官之间的距离是多么远啊！

天禧初年，真宗皇帝下诏设立六名谏官，令他们履行职责。庆历年间，钱君开始把谏官们的名字书写在木板上，我担心时间一长木板上的名字会磨灭掉，到嘉祐八年，又把谏官们的名字刻在石碑上。后人就可以指着他们的名字加以评论说：这个人是忠臣，这个人是奸臣，这个人耿介，这个人偏邪。唉，能不令人戒惧吗？

注释

❶ 置官：设谏官一职，名谏大夫。❷ 萃：集中，聚集。❸ 汲汲：形容心情急切。❹ 版：书字之木板。❺ 漫灭：漫漶消失。

义田记

— 钱公辅 —

背景介绍

时　　间：在公元 1052 年—1072 年间

人　　物：范仲淹

事件起因：范仲淹是北宋名臣，立身大节，但对于他的乐善好施及亲族与贤人之事，则知之者少。作者钱公辅与范仲淹同为吴人，同朝做官，故知之者深，于是作《义田记》以颂其高义，表达敬仰之情。

简介

本文讲述了范仲淹购置义田的经过，赞扬范仲淹通过自己的努力，去救济贫苦、贤才之人，同时斥责那些只知自肥的封建官吏。

原文

译文

范文正公❶，苏人也。平生好施与，择其亲而贫、疏而贤者，咸施之。方贵显时，置负郭常稔之田千亩，号曰义田，以养济群族之人。日有食，岁有衣，嫁娶凶葬皆有赡❷。择族之长而贤

范文正公范仲淹是苏州人。他平时乐于用钱财帮助别人，选择那关系亲近却贫穷、疏远却贤能的人，都予以帮助。当他显贵的时候，购置近城保收的良田一千亩，称作"义田"，用来赡养救济本家族的人，使他们天天有饭吃，年年有衣穿，嫁女、娶妻、受灾、丧葬都予以钱财。他选择家族中年长辈高而且贤德的人主管账

注释

❶ 范文正公：范仲淹，谥文正。　❷ 赡（shàn）：补助，供给。

者主其计，而时共出纳焉。日食人一升，岁衣人一缣❸。嫁女者五十千，再嫁者三十千。娶妇者三十千，再娶者十五千。葬者如再嫁之数，葬幼者十千。族之聚者九十口，岁入给稻八百斛❹。以其所入，给其所聚，沛然❺有余而无穷。屏❻而家居俟代者与焉，仕而居官者罢莫给。此其大较也。

初，公之未贵显也，尝有志于是矣，而力未逮❼者二十年。既而为西帅，及参大政，于是始有禄赐之入，而终其志。公既殁，后世子孙修其业，承其志，如公之存也。公虽位充❽禄厚，而贫终其身。殁之日，身无以为敛❾，子无以为丧。惟以施贫活族之义遗其子而已。

昔晏平仲敝车羸马，桓子曰："是隐君之赐也。"晏子曰："自臣之贵，父之族，无不乘车者，母之族，无不足于衣食者，妻之族，无冻馁者，齐国之士，待臣而举火❿者三百余人。如此而为隐君

目，定期公布收入和支出。每天的饭一人供给一升米，每年的衣服一人分给一匹绢。嫁女的，发给五十千钱，再嫁的发给三十千钱；娶媳妇的发给三十千钱，再娶的发给十五千钱；丧葬发给的费用和闺女再嫁的数目相同，葬小孩的发钱十千。族人聚居的九十口人，义田每年收入八百斛稻谷，用它所收入的粮食，来供应在这里聚居的族人，让他们生活过得宽裕，不会穷乏。那些罢官在家闲居、等待职务的人，就予以供给，出仕为官的人则停止供给。这就是义田的大致情况。

当初，范公还没有显达时，就曾有心办义田，而无力实现长达二十年之久。后来做了西部边境的统帅，又入朝参与主持朝政，才开始有了俸禄赏赐的收入，终于实现了自己的愿望。范公逝世之后，后代的子孙经管他的事业，继承他的遗志，和他在世的时候一样。范公虽地位高俸禄多，却终生过着清贫的生活。他逝世的时候，甚至没有钱财装殓，子女们也没有钱财为他举办像样的丧事，他只是把救济贫寒、养活亲族的道义，留传给子孙。

从前晏平仲乘破车、驾瘦马。陈桓子说："你装穷是隐瞒君主的赏赐。"晏子回答说："自从我显贵以后，父系的亲族，没有不坐车的人，母系的亲族，没有衣食不足的人，妻子的亲族，没有挨饿受冻的，齐国的士人，等待我的接济而维持生活的有三百多人。像这样，是隐瞒君主的赏

❸ 缣（jiān）：双丝细绢。这里指一匹丝织物。 ❹ 斛（hú）：古代计量单位。 ❺ 沛然：充裕的样子。 ❻ 屏（bǐng）：退隐。 ❼ 逮：达到。 ❽ 位充：职位高。 ❾ 敛（liàn）：通"殓"，殓藏。 ❿ 举火：生火做饭，喻指维持生活。

之赐乎？彰君之赐乎？"于是齐侯以晏子之觞⑪，而觞桓子。予尝爱晏子好仁，齐侯知贤，而桓子服义也。又爱晏子之仁有等级，而言有次第也。先父族，次母族，次妻族，而后及其疏远之贤。孟子曰："亲亲而仁民，仁民而爱物。"晏子为近之。今观文正公之义田，贤于平仲。其规模远举，又疑过之。

呜呼！世之都三公位，享万钟禄⑫，其邸第之雄，车舆之饰，声色之多，妻孥⑬之富，止乎一己而已。而族之人不得其门者，岂少也哉？况丁施贤乎！其下为卿，为大夫，为士，廪稍⑭之充，奉养之厚，止乎一己而已。而族之人，操壶瓢为沟中瘠者⑮，又岂少哉？况于它人乎！是皆公之罪人也。

公之忠义满朝廷，事业满边隅，功名满天下，后世必有史官书之者，予可无录也。独高其义，因以遗其世云。

赐呢？还是彰明君主的赏赐呢？"于是齐侯拿晏子的酒，罚陈桓子喝。我仰慕晏子好行仁德，齐侯赏识贤能，而桓子能认错服义。我又仰慕晏子的好仁而有亲疏层次之分，而言辞有井然的次序。他先说父系亲族，后说母系亲族，再说妻子的亲族，然后才提到关系疏远的贤者。孟子说："能够亲近亲人才能施仁德于民众，能施民众仁德才能爱惜世间万物。"晏子的作为接近于这一点。现在从范公购置义田这件事来看，比晏子还要贤明啊，义田规模之大和谋划之远，恐怕是要超过晏子的。

唉！当今世上那些身居三公职位，享受优越俸禄的人，宅第的雄伟，车驾的华丽，歌妓的众多，妻儿的富有，仅是为满足自己的私欲而已，而本族的亲人不能登门的，难道还少吗？何况要他帮助疏远的贤者呢！地位在他们以下的是卿、大夫、士，他们的禄米充足，享用着丰厚的待遇也仅是为满足自己的私欲而已。而本族的亲人拿着破碗讨饭，穷苦饿死沟中的难道少吗？何况对待非亲非故的其他人呢！这些人在范公面前都是罪人。

范公的忠义誉满朝廷，他的业绩流布边境，功名传遍天下，后代一定会有史官记载的，我可以不用写。只是敬仰推崇他的道义，因而作这篇文章以留给世人。

⑪ 觞（shāng）：酒器。⑫ 万钟禄：形容俸禄极多。⑬ 孥（nú）：子女。⑭ 廪稍（lǐnshāo）：官府给予的粮食。⑮ 沟中瘠（zì）者：因贫困而饿死沟中的人。瘠，通"胔"。尚存残肉的骨殖。

袁州州学记

— 李觏 —

背景介绍

时　　间：公元 1010 年

人　　物：祖无择

事件起因：本文详细记叙了袁州州学在官绅士民各方的合力协作下，最终得以建成的过程。

简介

　　祖无择任袁州知州，看到当地学宫破败、孔庙狭小，于是修建新学宫并祭礼。李觏听说此事后写了这篇文章，记叙了袁州州学创办的经过，从而批评了办学不力的地方官，指出了办学的重大意义。

皇帝二十有三年，制诏州县立学。惟时守令，有哲❶有愚。有屈力殚虑，祇❷顺德意；有假官借师❸，苟具文书。或连数城，亡诵弦声。倡而不和，教尼❹不行。

三十有二年，范阳祖君无择知袁州。始至，进诸生，知学宫阙状，大惧人材放失，儒效阔疏，亡❺以称上意旨。通判颍川陈君佹，闻而是之，议以克合❻。相旧夫子庙，狭隘不足改为，乃营治之东。厥土燥刚，厥位面阳，厥材孔❼良。殿堂门庑，黝垩丹漆举以法❽。故生师有舍，庖廪有次，百尔器备，并手偕作。工善吏勤，晨夜展力，越明年成。

舍菜❾且有日，旴江李觏谂于众曰：惟四代之学，考诸经可见矣。秦以山西鏖❿六国，欲帝万世，刘氏一呼，而关门不守，武夫健将，卖降恐后，何耶？

注释

❶ 哲：智。 ❷ 祇：恭敬。 ❸ 假官借师：虚设教官学师。 ❹ 尼（nǐ）：阻止。 ❺ 亡（wú）：没有，无。 ❻ 克合：指观点一致。 ❼ 孔：很。 ❽ 举以法：都按照规矩。 ❾ 舍菜：入学之初祭祀先圣先师的一种仪式。舍，通"释"，陈设。 ❿ 鏖（áo）：激战。

宋仁宗皇帝即位的第二十三年，颁布诏书，命令各州县都要设立学校。当时的知州县令，有的贤明，有的昏庸。有的尽力而为，恭恭敬敬地遵照皇帝的圣明旨意去执行；有的假借教官学师的名义，随便写一个奉命办学的文书上报。有的地方一连几个城邑都听不到读书的声音。皇帝倡导而地方官却不响应，教育事业受到阻碍而不能推行。

宋仁宗即位三十二年时，范阳人祖无择担任袁州的知州。刚上任，他就召见学生，了解到当地校舍残缺败坏的情况，十分担心人才会因此流失，儒学的教化成果会日益淡薄，无法符合皇帝要求办学的旨意。袁州的通判颍川人陈佹君听说后，很同意祖无泽的看法，两个人讨论重建学校的意见一致。他们一同察看了旧的夫子庙，觉得太狭窄，不适宜改建为学校，于是在县衙的东边建造新学校。那里的土地干燥坚实，地势朝南，选用了精良的建材。学宫的殿堂、大门、走廊，涂抹粉饰和油漆颜色，都按照前代的法度。所以，学生和老师都建有宿舍，厨房和库房都井然有序。一切材料、工具都准备好后，大家就齐心协力去干。由于工匠技艺高超，官吏工作勤奋，夜以继日地工作，过了一年学馆就建造好了。

学校开学祭祀孔子的日子已经选定，旴江人李觏规劝大家说：虞、夏、商、周四个朝代办学的情况，从经书上就可以知道了。秦国凭借崤山以西的实力，与六国进行激烈战斗，消灭了它们，原想称帝于万世，可是，刘邦一声呐喊，函谷关的门户就守不住了，秦国的许多武臣勇将都争着献关投降，这是为什么呢？这是由

《诗》《书》之道废，人惟见利而不闻义焉耳。孝武乘丰富，世祖出戎行，皆孳孳⑪学术。俗化之厚，延于灵、献。草茅危言者，折首而不悔。功烈震主者，闻命而释兵。群雄相视，不敢去臣位尚数十年。教道之结人心如此。今代遭圣神，尔袤得贤君，俾尔由庠序⑫，践古人之迹。天下治，则谭礼乐以陶吾民；一有不幸，尤当仗大节，为臣死忠，为子死孝。使人有所赖，且有所法，是惟朝家教学之意。若其弄笔墨以徼⑬利达而已，岂徒二三子之羞，抑亦为国者之忧。

注释

⑪ 孳孳（zīzī）：同"孜孜"，勤勉不懈。⑫ 庠（xiáng）序：古代地方所设的学校。殷代称庠，周代称序。⑬ 徼（yāo）：通"邀"，招致。

于秦朝把《诗经》《尚书》上的道理都废弃了，使得人们只看见眼前私利而听不到道义。西汉孝武帝在国强民富时登位，东汉光武帝出身行伍，他们都能认真提倡学术，不倦地推行儒道。汉朝的风俗教化的淳厚，一直延续到灵帝、献帝时。普通百姓敢于直言的人，掉了脑袋也不后悔；那些功绩显赫、威震天下的将领，一听到皇帝的命令就交出兵权。到了汉末群雄相争，谁也不敢称帝，这种政治局面尚且维持了数十年。儒家教化道德能维系人心的威力竟然如此巨大。现在国家有圣明的皇帝，你们袁州有贤明的长官，使得你们可以通过学校教育实践古代圣贤的遗训。在天下太平时，可以讲诵礼乐以感化百姓；一旦遇到社会动荡，人们尤其应该坚持大节，当臣子的要为忠而死，作为儿子要尽孝而死。使得人们在精神上有所寄托，在行为上有所效法，这就是朝廷办学的意图所在。如果办学只是为了舞文弄墨以谋取个人私利的话，岂止是诸位的羞耻，同样也是治理国家的人所担忧的。

朋党论

— 欧阳修 —

背景介绍

时　间：公元1044年
事件起因：北宋著名文学家欧阳修向宋仁宗上的一篇奏章。目的是驳斥保守派的攻击，证明自己并非"朋党"之派。

简介

"朋党"在中国传统政治中是一个常用的贬义词，政治上对立双方往往指斥对方引朋结党，皇帝出于巩固皇权和控制臣僚的目的，也常常予以打击抑制。

原文

臣闻朋党之说，自古有之，惟幸❶人君辨其君子小人而已。大凡君子与君子以同道为朋，小人与小人以同利为朋，此自然之理也。

译文

臣听说关于朋党的说法，自古就有，只希望君主能辨识他们是君子还是小人就可以了。大体说来，君子与君子，是以志趣相同结成朋党；小人与小人，以利益相同结成朋党。这是很自然的道理。

注释

❶ 幸：希望。

原文

然臣谓小人无朋，惟君子则有之，其故何哉？小人所好者，利禄也，所贪者，货财也。当其同利之时，暂相党引②以为朋者，伪也；及其见利而争先，或利尽而交疏，则反相贼害③，虽其兄弟亲戚不能自保。故臣谓小人无朋，其暂为朋者，伪也。君子则不然，所守者道义，所行者忠信，所惜者名节。以之修身，则同道而相益，以之事国，则同心而共济④，终始如一，此君子之朋也。故为人君者，但当退小人之伪朋，用君子之真朋，则天下治矣。

尧之时，小人共工、驩兜等四人为一朋，君子八元、八恺十六人为一朋。舜佐尧，退四凶小人之朋，而进元、恺君子之朋，尧之天下大治。及舜自为天子，而皋、夔、稷、契⑤等二十二人并立于朝，更相称美，更相推让，凡二十二人为一朋，而舜皆用之，天下亦大治。《书》曰："纣有臣亿万，惟亿万心；周有臣三千，惟一心。"纣之时，亿万人各

译文

然而臣认为小人没有朋党，只有君子才有。这是什么原因呢？小人所好的是利禄，所贪的是钱财。当他们利益一致的时候，暂时互相勾结而为朋党，这种朋党是虚伪的。等到他们见利而争先恐后，或者到了无利可图而交情日益疏远的时候，就会反过来互相残害，即使对其兄弟亲戚也不会互相保全。所以臣认为小人并无朋党，他们暂时结为朋党是虚伪的。君子就不是这样。他们所依据的是道义，所奉行的是忠信，所爱惜的是名誉气节。用它们来修养品德，彼此志趣相同又能够互相取长补短，用它们来效力国家，则能够和衷共济，把事办成，自始至终一贯如此，这就是君子的朋党。所以做君主的，只要能斥退小人的虚伪朋党，进用君子的真正朋党，那么天下就可以安定了。

唐尧的时候，小人共工、驩兜等四人结为一个朋党，君子则有八元、八恺等十六人结为一个朋党。舜辅佐尧，斥退四凶小人的朋党，而进用八元八恺君子的朋党，唐尧的天下因此非常太平。等到虞舜自己做了天子，皋陶、夔、稷、契等二十二人同时列位于朝廷。他们互相推举，互相谦让，共二十二人结为一个朋党，舜全都重用他们，天下也因此得到大治。《尚书》上说："商纣有亿万臣，便是亿万条心；周有三千臣，却只是一条心。"商纣王的时候，亿万人各存异心，可以说不成朋党了，但纣王

注释

② 党引：结成私党互相勾结。 ③ 贼害：伤害，残害。 ④ 济：救助。 ⑤ 皋（Gāo）、夔（Kuí）、稷（Jì）、契（Xiè）：传说都是舜时的贤臣。

异心，可谓不为朋矣。然纣以亡国。周武王之臣，三千人为一大朋，而周用❻以兴。后汉献帝时，尽取天下名士囚禁之，目为党人。及黄巾贼起，汉室大乱，后方悔悟，尽解党人而释之，然已无救矣。唐之晚年，渐起朋党之论，及昭宗❼时，尽杀朝之名士，或投之黄河，曰："此辈清流，可投浊流。"而唐遂亡矣。

夫前世之主，能使人人异心不为朋，莫如纣；能禁绝善人为朋，莫如汉献帝；能诛戮清流之朋，莫如唐昭宗之世。然皆乱亡其国。更相称美，推让而不自疑，莫如舜之二十二臣，舜亦不疑而皆用之。然而后世不诮❽舜为二十二人朋党所欺，而称舜为聪明之圣者，以能辨君子与小人也。周武之世，举其国之臣三千人共为一朋，自古为朋之多且大莫如周，然周用此以兴者，善人虽多而不厌❾也。

嗟呼！夫兴亡治乱之迹，为人君者可以鉴矣！

因此而亡国。周武王的臣子三千人结成一个大朋党，但周朝却因此而兴盛。东汉献帝的时候，把天下名士都关押起来，把他们视作同党之人，等到黄巾军来了，汉王朝大乱，然后才悔悟，把党人都释放了，可是已经无可挽救汉朝了。唐朝末期，又逐渐生出朋党的议论，到了唐昭宗时，把朝廷中的名士都杀害了，有的还被投入黄河，说什么"这些人自命为清流，应当把他们投到浊流中去"。唐朝也就随之灭亡了。

前代的君主，能使人人异心不结为朋党的，谁也不及商纣王；能禁绝好人结为朋党的，谁也不及汉献帝；能杀害清流朋党的，谁也不及唐昭宗之时。然而都因此而使他们亡国。互相推举谦让而不疑忌的，谁也不及虞舜的二十二位大臣，舜也毫不猜疑地重用他们。但是后世并不讥笑舜被二十二人的朋党所蒙骗，却赞美虞舜是聪明的圣主，在于他能区别君子和小人。周武王时，全国所有的臣下三千人结成一个朋党，自古以来作为朋党又多又大的，谁也不及周朝，可是周朝因此而兴盛，原因就在于贤士再多也不感到满足。

唉，历史上治乱兴亡的过程，君主可以引以为鉴啊！

❻ 用：因，因此。 ❼ 昭宗：唐朝末年的一个皇帝。
❽ 诮（qiào）：责备。 ❾ 厌：满足。

纵囚论

— 欧阳修 —

背景介绍

时　　间：在公元 1030 年—1072 年间

事件起因："纵囚"是指唐太宗释放国家监狱中的死囚，并与他们约好第二年回京接受刑罚。到规定期限后他们都如期回京，无一人逃亡。

简介

本文就唐太宗纵囚一事提出了质疑，认为此事不足为训，并明确地提出了"三王之治，必本于人情，不立异以为高，不逆情以干誉"这一论点。为了阐明自己的观点，欧阳修专门撰写了此篇文章。

信义行于君子，而刑戮施于小人❶。刑入于死者，乃罪大恶极，此又小人之尤甚者也。宁以义死，不苟幸生，而视死如归，此又君子之尤难者也。方唐太宗之六年，录大辟❷囚三百余人，纵使还家，约其自归以就死，是以君子之难能，期小人之尤者以必能也。其囚及期，而卒自归无后者，是君子之所难而小人之所易也。此岂近于人情哉？

或曰：罪大恶极，诚小人矣，及施恩德以临之，可使变而为君子。盖恩德入人之深而移人之速，有如是者矣。曰："太宗之为此，所以求此名也。然安知夫纵之去也，不意其必来以冀免❸，所以纵之乎？又安知夫被纵而去也，不意其自归而必获免，所以复来乎？夫意其必来而纵之，是上贼下之情也；意其必免而复来，是下贼上之心也。吾见上下交相贼❹以成此名也，乌❺有所谓施恩德与夫知信义者哉！不然，太宗施德于天下，

对君子要讲信用和礼义，对小人则要施用刑罚和诛戮。被判处死刑的人，一定罪大恶极，这种人又是小人中最坏的。宁愿为了坚持信义而死，也不愿苟且偷生，视死如归，这种人又是君子中最难得的。在唐太宗贞观六年，将被判处死罪的囚犯三百多人登录于册，然后释放他们回家，并与他们约定按期主动回来接受死刑。这样的事君子都难以做到，却期待小人中最坏的人一定做到。那些囚犯到了日期，都自觉地回来接受死刑，没有一个失约的人，这便是君子难以做到的事，而小人居然轻易地做到了。这种事难道合乎人之常情吗？

有人说：罪大恶极者的确是小人，如果把恩德施加到他们身上后，就可以使他们变成君子。因为恩德越深入人心，就能越快地改变小人的品质，才会出现这样的事情。我说："唐太宗之所以这样做，是为了得到一个好名声。然而谁又知道太宗释放囚犯回家，不是估计到他们一定会如约回到狱中，来求得皇帝的赦免，所以才放他们的呢？又怎么知道被释放回家的囚犯，不是估计到他们自动回来就会得到赦免，所以才回来的呢？如果估计到他们一定会回来而放他们走，那就是皇帝在算计民心；如果估计到会获赦免而回来，那就是犯人在算计皇帝的信任。在这件事中，我只看到皇帝和犯人互相算计才得到这种好名

❶ 刑戮（lù）：刑罚，杀戮。 ❷ 录：登记，审查。大辟（pì）：死刑。 ❸ 意：估计。冀：希望。 ❹ 贼：这里是暗中窥测、算计之意。 ❺ 乌：同"何"，哪里。

于兹六年矣，不能使小人不为极恶大罪，而一日之恩，能使视死如归而存信义，此又不通之论也。"

"然则何为而可？"曰："纵而来归，杀之无赦，而又纵之，而又来，则可知为恩德之致尔。然此必无之事也。若夫纵而来归而赦之，可偶一为之耳，若屡为之，则杀人者皆不死，是可为天下之常法乎？不可为常者，其圣人之法乎？是以尧、舜、三王之治❻，必本于人情，不立异以为高❼，不逆情以干誉❽。"

声，哪里有什么皇帝施恩德与囚犯懂信义的事情呢？如果不是这样，那么太宗在天下施行恩德，到这次释放囚犯回家的时候已经有六年了，仍然不能使小人不去犯极恶的大罪，然而一天的恩德，却能使犯人视死如归，坚守信义，这又是讲不通的道理。"

"那么，怎样做才行呢？"我认为："释放了能主动回来，照样杀头不予免罪，而后再释放一批囚犯，而他们依然回来，这才可以知道他们是受了恩德的感化后才回来的。但是这必定是不会发生的事。释放囚犯回家而回来后赦免他们，只能偶尔做做罢了。如果经常这样做，那么杀人的都可以不用死，这能够作为国家的常法吗？不能成为常法的，能称得上是圣人之法吗？所以，尧、舜和大禹、商汤、文王他们治理天下，必定以合乎人情为根本出发点，不标新立异来自称高明，不违背人情来求取名誉。"

❻ 尧、舜、三王：古代的圣明君主。三王，指夏禹、商汤、周文王。❼ 立异：指建立"不常之法"。❽ 逆情：违背人情。干：求取。

释秘演诗集序

—— 欧阳修 ——

背景介绍

时　　间：公元 1042 年

人　　物：石曼卿、释秘演

事件起因：释秘演和石曼卿都是欧阳修的知交好友，两人均因不合于世而或困顿或退隐，
欧阳修本文的重点即在于抒发这种怀才难遇的感慨，所以写出此文。

简介

　　文章开头作者先讲述自己结交天下贤士的愿望和行动，并通过石曼卿谈到了释秘演的
为人和做事风格。通过其人推想其诗，并结合这类士人的境遇，抒发他内心的感慨。

原文

予少以进士游京师，因得尽交当世之贤豪。然犹以谓国家臣一①四海，休兵革，养息天下以无事者四十年，而智谋雄伟非常之士，无所用其能者，往往伏而不出，山林屠贩，必有老死而世莫见者，欲从而求之不可得。

其后得吾亡友石曼卿。曼卿为人，廓然②有大志，时人不能用其材，曼卿亦不屈以求合。无所放③其意，则往往从布衣野老酣嬉，淋漓颠倒而不厌。予疑所谓伏而不见者，庶几④狎而得之，故尝⑤喜从曼卿游，欲因以阴求天下奇士。

浮屠⑥秘演者，与曼卿交最久，亦能遗外世俗，以气节相高。二人欢然无所间⑦。曼卿隐于酒，秘演隐于浮屠，皆奇男子也。然喜为歌诗以自娱，当其极饮大醉，歌吟笑呼，以适⑧天下之乐，何其壮也！一时贤士，皆愿从其游，予亦时至其室。十年之间，秘演北渡河，东之济、郓，无所合，困而归，曼卿已死，

译文

我年轻时因考进士寄居京城，因而有机会遍交当时的贤者豪杰。但是，我还认为国家统一了四方，停止了战争，休养生息以至天下太平了四十年，那些智谋雄伟的不寻常之人，没有机会施展才能，隐居山林，从事屠宰贩运的人，必定有老死其间而不被世人发现的，想要跟从访求他们，却无法办到。

后来却认识了我那亡友石曼卿。曼卿的为人，胸怀开阔，而有大志。当时掌权的人不能用他的才能，曼卿也不肯委屈自己迁就别人。因此他没有施展志向的地方，就往往跟布衣村民饮酒嬉戏，直至醉倒也不厌倦。我怀疑所谓隐居而不被发现的人，也许会在接近曼卿时找到，所以我常常喜欢跟曼卿在一起，想通过他来暗中寻访天下杰出的人物。

和尚秘演和曼卿交往最久，也能够将自己遗弃在世俗之外，以崇尚气节为高。两个人亲密无间。曼卿在酒店中隐身，秘演则在佛教中隐身，他们都是有奇才特行的男子，又都喜欢做诗自我娱乐。当他们狂饮大醉之时，又唱又吟又笑又叫，以共享天下的乐趣，这是多么豪迈啊！当时的贤士都愿意与他们交往，我也常常到他们住处去。十年之间，秘演北渡黄河，东到济州、郓州，没有遇上知音，困顿而归。如今曼卿已经死了，秘演也是年老多病。唉！这两个人，

注释

① 臣一：臣服统一。 ② 廓然：广阔的样子。 ③ 放：抒发。 ④ 庶几（jī）：也许可以。 ⑤ 尝：通"常"。
⑥ 浮屠：这里指和尚。 ⑦ 间：距离，隔阂。 ⑧ 适：达到，享受。

秘演亦老病。嗟夫！二人者，予乃见其盛衰，则予亦将老矣！

夫曼卿诗辞清绝，尤称秘演之作，以为雅健有诗人之意。秘演状貌雄杰，其胸中浩然。既习于佛，无所用，独其诗可行于世。而懒不自惜，已老，胠[9]其橐，尚得三四百篇，皆可喜者。

曼卿死，秘演漠然无所向。闻东南多山水，其巅崖崛嵂[10]，江涛汹涌，甚可壮也，欲往游焉。足以知其老而志在也。于其将行，为叙其诗，因道其盛时以悲其衰。庆历二年十二月二十八日庐陵欧阳修序。

注释

[9] 胠（qū）：打开。 [10] 崛嵂（lù）：高峻陡峭。

我竟看到了他们从壮年而至衰老，那么我自己也将衰老了。

曼卿的诗妙绝伦，可他更称道秘演的作品，认为其高雅劲健，真有诗人的意趣。秘演相貌英俊挺拔，胸襟开阔广大，做了和尚以后再没有施展才能的机会，唯独他的诗可以流传于世间，但他懒散不珍惜自己的作品。到了晚年，打开他的箱子，还能得到三四百首，都是值得玩味的好作品。

曼卿去世后，秘演深感寂寞无处可去。听说东南地区多山水美景，那儿奇峰突兀，悬崖陡峭，长江波涛汹涌，很是壮观。便想到那儿去游玩。足以了解他人虽老了可是志气尚在。在他临行之时，我为他的诗集写了序言，借此回顾他的壮年并为他的衰老而悲哀。庆历二年十二月二十八日庐陵欧阳修序。

梅圣俞诗集序

— 欧阳修 —

背景介绍

时　　间：公元 1061 年

人　　物：梅圣俞，名尧臣，世称宛陵先生，北宋著名诗人，有《宛陵集》。曾任国子监直讲，参与过《新唐书》的编写

事件起因：本文是欧阳修在梅圣俞逝世后一年整理其诗集时所作的序。世人将梅圣俞与欧阳修并称为"欧梅"，二人反对浮靡的诗风，主张质朴、清新的形式。

简介

　　本文以评述梅圣俞的诗作为中心，将叙事、议论、抒情糅合在一起，表达了对亡友的深厚感情。欧阳修还提出了"穷而后工"的创作理论，在文学史上产生了重要影响。

予闻世谓诗人少达而多穷❶，夫岂然哉？盖世所传诗者，多出于古穷人之辞也。凡士之蕴其所有❷，而不得施于世者，多喜自放于山巅水涯之外，见虫鱼草木风云鸟兽之状类，往往探其奇怪。内有忧思感愤之郁积，其兴于怨刺，以道羁臣寡妇之所叹，而写人情之难言，盖愈穷则愈工❸。然则非诗之能穷人，殆穷者而后工也。

予友梅圣俞，少以荫❹补为吏，累举进士，辄抑于有司❺，困于州县，凡十余年。年今五十，犹从辟书，为人之佐。郁其所积，不得奋见于事业。其家宛陵，幼习于诗。自为童子，出语已惊其长老。既长，学乎六经仁义之说。其为文章，简古纯粹，不求苟说于世。世之人徒知其诗而已。然时无贤愚，语诗者必求之圣俞。圣俞亦自以其不得志者，乐于诗而发之。故其平生所作，于诗尤多。世

我常听世人说，诗人中仕途畅顺的少，困厄潦倒的多，难道果真如此吗？大概是因为世上所流传的诗篇，多数是出自古代困厄的诗人之手吧。凡是怀抱才学和理想，而又不能充分施展于世的士人，大都喜欢寄情于山水之间，看见虫鱼草木、风云鸟兽等一类东西，往往探究它们中间的奇异形态，他们内心郁积着忧愁和愤慨，这些情感化为诗兴，就会寄托在怨恨讽刺之中，用来表达逐臣寡妇的慨叹，抒写人们难以说出的情怀。大概诗人越困厄越能写出精美的诗。如此说来，诗人并非是因为写诗才困厄潦倒，而应该是困厄后才能写出精美的诗来。

我的朋友梅圣俞，年轻时靠叔父的功勋而得官，屡次被推荐去参加进士科考试，却一直遭到主考官的压制，困在区区州县已经十多年了。如今他已五十岁，还要依靠别人下聘书，去当人家的幕僚。他郁积着自己心中的才学和理想，不能在事业上充分地表现出来。他家乡在宛陵，从小就学习诗歌，孩童时，写出的诗句就已使得当地的父老长辈感到惊异了。长大以后，又研习了六经仁义的学问，他写出的文章古朴自然，不以苟且迎合的态度去取悦世人。因此世人只知道他会写诗罢了。然而当时人

❶ 达：显达。穷：指仕途不得志，困厄。 ❷ 蕴其所有：这里指有才学、有抱负。蕴，蓄藏。 ❸ 工：好，精美。 ❹ 荫：指封建社会的一种承袭制度，因前辈功勋而得官。 ❺ 辄（zhé）：总是，一直。有司：这里指主考官。

既知之矣，而未有荐于上者。昔王文康公尝见而叹曰："二百年无此作矣！"虽知之深，亦不果荐也❻。若使其幸得用于朝廷，作为雅、颂，以歌咏大宋之功德，荐之清庙，而追商、周、鲁颂之作者，岂不伟欤？奈何使其老不得志而为穷者之诗，乃徒发于虫鱼物类、羁愁感叹之言？世徒喜其工，不知其穷之久而将老也，可不惜哉！

圣俞诗既多，不自收拾。其妻之兄子谢景初，惧其多而易失也，取其自洛阳至于吴兴以来所作，次为十卷❼。予尝嗜圣俞诗，而患不能尽得之，遽❽喜谢氏之能类次也，辄序而藏之。其后十五年，圣俞以疾卒于京师。余既哭而铭之，因索于其家，得其遗稿千余篇，并旧所藏，掇❾其尤者六百七十七篇，为一十五卷。呜呼！吾于圣俞诗，论之详矣，故不复云。庐陵欧阳修序。

不论贤愚，只要是谈论诗歌必然会向圣俞请教。圣俞也喜欢把自己不得志的地方通过诗歌发泄出来，所以他生平所写的东西，在诗歌方面尤多。世人已经知道他，却没有人向朝廷推荐他。从前王文康公曾读过他的作品，赞叹地说："二百年没有出现这样的作品了！"虽然对他深表赏识，可到底还是没有加以推荐。如果他有幸得到朝廷的任用，写出如《诗经》中雅、颂那样的作品，来歌颂大宋王朝的功业恩德，然后将这些诗作献给宗庙，以追随商颂、周颂、鲁颂的作者，这难道不是伟大的成就吗？为什么使他到老也不得志，只能写困厄不得志的诗歌，徒然去描述虫鱼之类、抒发穷苦愁闷的情怀？世人只喜爱他诗歌的精巧，却不知道他困厄潦倒已久，而且快要老死了，这能不叫人为之惋惜吗？

圣俞的诗写得很多，自己却没有搜集整理。他妻子的侄儿谢景初担心因为太多而容易散失，因此选取他从洛阳到吴兴这段时间所作的诗歌，编为十卷。我曾经酷爱圣俞的诗作，却担心不能全部读到，因此十分高兴谢氏将它们分类编排，就为它写了这篇序，并把它保存起来。从那以后，十五年又已过去，圣俞病死在京师，我痛哭着为他作了墓志铭后，便向他的家人索求诗篇，得到他一千多篇遗稿，连同我过去所保存的，从中选取了具有代表性的六百七十七篇，编为十五卷。唉！我对圣俞的诗歌已经评论得很详细了，所以在这里不再重复。庐陵欧阳修序。

注释

❻ 果荐：终于，到底。 ❼ 次：编。 ❽ 遽（jù）：立刻，顿时。
❾ 掇（duō）：选取。

送杨寘序

— 欧阳修 —

背景介绍

时　　间：公元 1047 年

人　　物：杨寘（zhì）

事件起因：作者对杨寘的仕途坎坷、生计多艰非常感慨，加上自己的心情也不好，在南方待不惯，于是写了这篇文章。

简介

　　本文是送别朋友杨寘的，其中着力描写的却是琴声陶冶感情的力量。作者从多方面展开比喻与联想，把音乐中传达出来的复杂情感与对友人的关心紧紧地融合在一起。

予尝有幽忧❶之疾，退而闲居，不能治也。既而学琴于友人孙道滋，受宫声数引，久而乐之，不知其疾之在体也。夫疾，生乎忧者也。药之毒者，能攻其疾之聚，不若声之至者，能和其心之所不平。心而平，不和者和，则疾之忘也宜哉。

夫琴之为技小矣。及其至也，大者为宫，细者为羽。操弦骤作，忽然变之，急者凄然以促，缓者舒然以和。如崩崖裂石，高山出泉，而风雨夜至也。如怨夫❷寡妇之叹息，雌雄雍雍❸之相鸣也。其忧深思远，则舜与文王、孔子之遗音也，悲愁感愤，则伯奇孤子、屈原忠臣之所叹也。喜怒哀乐，动人必深而纯古

我曾经得了忧劳的病症，退下来闲居，也没能医治好。后来跟着朋友孙道滋学习弹琴，学会了宫调的几支曲子，久而久之便爱上了它，也就不觉得自己疾病在身了。疾病，是忧虑造成的。药物毒性强的，能把疾病发作的部位治好，不如优美的声音，能中和病人心中的不平之气。心情平和了，思想通顺了，自然就把病忘掉了。

弹琴不过是小技艺，等这技艺到了高水平，从声音洪亮的宫声，到声音尖细的羽声，按着琴弦迅急弹奏，声调便随着情感的变化而变化，声音急促的，显得很凄惨，声音和缓的，显得很舒畅。有时好像山崩石裂，泉水从高山上涌出来，又好像夜晚发生了大风大雨，有时像旷夫、寡妇的叹息声，又好像和睦的雌鸟、雄鸟互相唱和。它的深沉的忧虑悠远的思绪，就是虞舜、周文王和孔子的遗音。它的悲惨、愁闷、感慨、愤激，就是孤儿伯奇、忠臣屈原所发出的叹息。喜、怒、哀、乐的情绪，既一定深深地打动听众的心弦，而纯厚、古

❶ 幽忧：过度忧伤。❷ 怨夫：成年无妻的男子。❸ 雍雍：鸟和鸣声。

38

淡泊，与夫尧舜三代之言语、孔子之文章、《易》之忧患、《诗》之怨刺无以异。其能听之以耳，应之以手，取其和者，道④其湮郁，写⑤其幽思，则感人之际，亦有至者焉。

予友杨君，好学有文，累以举进士，不得志。及从荫⑥调为尉于剑浦，区区在东南数千里外，是其心固有不平者。且少又多疾，而南方少医药，风俗饮食异宜⑦。以多疾之体，有不平之心，居异宜之俗，其能郁郁以久乎？然欲平其心以养其疾，于琴亦将有得焉。故予作琴说以赠其行，且邀道滋酌酒，进琴⑧以为别。

雅、淡泊的音色，又跟尧舜三代的语言、孔子的文章、《易经》所表现的忧患、《诗经》所包含的怨恨讽刺，没有什么区别。如果能用耳朵听出来，用手弹出来，选取与自己心境相协调的曲子以排解忧郁，宣泄幽思，那么它感动人的时候，也能使人悟得人生的真谛。

我的朋友杨君，喜欢研究学问，很会写文章，多次去应考进士，都未能如愿考中。等到依靠祖上的官勋，才调到剑浦做了县尉，小小的剑浦在东南面几千里路以外，在这种情况下，他心里确实有不满的地方。并且从小又多疾病，可是南方缺少名医良药，风俗饮食与中原非常不同。这样以他多病的身体，抱着不平的心思，却生活在风俗不同的地方，哪里能够长久地沉闷下去呢？然而要平静他的心思，疗养他的疾病，那么弹琴也能够收到一点好处吧。因此我写了这篇谈琴的文章来给他送行，并且邀请道滋为他斟酒，向其敬酒的同时奉上一张琴为他送别。

注释

④ 道（dǎo）：疏导。⑤ 写：同"泻"，倾吐，宣泄。⑥ 荫：子孙因先辈有功，享受恩典而被授以官爵。
⑦ 异宜：不适宜。⑧ 进琴：奉献琴曲。

五代史伶官传序

— 欧阳修 —

背景介绍

时　　间：在公元 1036 年—1053 年间

事件起因：欧阳修进入政界后，正是北宋王朝由盛到衰的时期，社会上的各种矛盾日趋尖锐，政治上的一些弊端也越发严重。此篇是为了告诫执政者要吸取历史教训，居安思危，不应满足表面的虚荣，以期引起统治者的警惕。

简介

本篇作者先称赞后唐庄宗成功时的意气之盛，然后感叹他失败时的形势之衰，兴与亡、盛与衰前后对照，最后再辅以《尚书》古训，为在世及后世君主提供借鉴。

原文

呜呼！盛衰之理，虽曰天命，岂非人事哉！原①庄宗之所以得天下，与其所以失之者，可以知之矣。

世言晋王之将终也，以三矢赐庄宗而告之曰："梁，吾仇也；燕王，吾所立，

注释

① 原：考察。

译文

唉！国家盛衰兴亡的道理，虽说是天命，难道不也是人力作用的缘故吗！探究后唐庄宗取得天下，又失掉它的原因，就可以知道了。

世人传言晋王李克用临死时，把三支箭赐给庄宗，并告诫他说："梁王朱温是我的仇敌，燕王是我扶持的，契丹与我订立盟约结为兄弟，可是他们都背叛了我而依附了梁。这三件事，是我遗留下的悔恨。给你三支箭，你不要忘记你父亲报仇的心愿啊！"庄宗领了箭，把它收藏在祖庙里。此后每逢打仗，便派属官用羊、猪各一头祭祀太庙，然后把箭取下来，

契丹与吾约为兄弟，而皆背晋以归梁。此三者，吾遗恨也。与尔三矢，尔其②无忘乃②父之志！"庄宗受而藏之于庙。其后用兵，则遣从事以一少牢③告庙，请其矢，盛以锦囊，负而前驱，及凯旋而纳之。

方其系燕父子以组④，函⑤梁君臣之首，入于太庙，还矢先王，而告以成功，其意气之盛，可谓壮哉！及仇雠⑥已灭，天下已定，一夫夜呼，乱者四应，仓皇东出，未及见贼而士卒离散，君臣相顾，不知所归，至于誓天断发，泣下沾襟，何其衰也！岂得之难而失之易欤？抑本⑦其成败之迹，而皆自⑧于人欤？

《书》曰："满招损，谦得益。"忧劳可以兴国，逸豫⑨可以亡身，自然之理也。故方其盛也，举天下之豪杰莫能与之争，及其衰也，数十伶人困之，而身死国灭，为天下笑。夫祸患常积于忽微⑩，而智勇多困于所溺，岂独伶人也哉？

用锦囊装着，背着它走在军队前面，等到凯旋时再把箭收藏在太庙。

当庄宗用绳子绑住燕王父子，用木匣装着梁国君臣的人头，进入太庙，把箭交还给先王灵位前，告诉他生前报仇的志向已经完成的时候，他精神气概是那样旺盛，真称得上是雄壮啊！等到仇敌已经消灭，天下平定，一名男子在夜里几声呼叫，叛乱者就四方响应，庄宗慌乱中带兵向东出逃，还没有见到敌人，将士就已溃散，君臣面面相觑，不知投奔何方，乃至于大臣割断自己的头发，对天发誓以死尽忠，君臣相泣，泪湿衣襟，又是何等凄惨衰弱！难道说是因为取得天下难，而失去天下容易才像这样的吗？还是推究他成功与失败的原因，其实都是由于人的作用呢？

《尚书》上说："骄傲自满会带来损害，谦虚谨慎使人受益。"忧劳可以使国家兴盛，安乐可以使自身灭亡，这是自然的规律。所以当他强大的的候，天下的英雄都不能和他对抗；到他衰败时，数十个乐官就把他困住，以致身死国亡，被天下人耻笑。祸患和危难，常常是由一些小事积累形成的，富有智慧勇气的人，也多半沉溺于某种爱好之中，受其迷惑而陷于困穷，这是普遍规律，难道仅仅是伶者的事吗？

② 其：语气副词，一定。乃：你。③ 从事：三公及州郡长官的僚属。这里泛指一般官员。少牢：古代祭祀，牛、羊、猪各一称太牢，只有羊、猪为少牢。④ 方：正当。系：捆绑。组：古代指丝带。这里指绳索。⑤ 函：匣，盒子。这里用作动词，用木盒子装。⑥ 仇雠（chóu）：仇人。⑦ 本：考察原因。⑧ 自：由于。⑨ 逸豫：安逸。⑩ 忽微：细小。

五代史宦者传论

— 欧阳修 —

背景介绍

时　　间：在公元 1036 年—1053 年间
事件起因：唐代中后期，宦官弄权，愈演愈烈，以致先后酿成亡国之祸。欧阳修有鉴于此，阐明其害之深，以作后世当国者之戒。

简介

本篇是《新五代史·宦者传》评论中的一部分，题目是作者后加的。主要是描述了宦官一步步把持朝政、危害政权的具体过程，从而警告后世君王不要渐积养祸。

原文

自古宦者❶乱人之国，其源深于女祸。女，色而已；宦者之害，非一端也。

盖其用事也近而习❷，其为心也专而忍。能以小善中❸人之意，小信固人之心，使人主必信而亲之。待其已信，然后惧以

译文

自古以来，宦官扰乱国家，其根源比女人造成的祸害更深。女人只不过是使君主沉溺于美色罢了，宦官的祸害可不止一桩。

宦官所担当的职责就是侍奉在君主身边，容易形成亲密的关系，这些人用心专一而且忍耐力强。他们能在小事上表现出善良来骗取君主的好印象，靠小信用抓牢君主的赏识，使君主信任他们，而且亲近他们。等到他们取得君主的信赖，然后就用祸福来恫吓君主，从而把持君主。这时候尽

注释

❶宦者：宦官。❷用事：所担任的事物。近：接近皇帝。习：亲狎，不正常的亲密关系。❸中（zhòng）：迎合。

祸福而把持之④。虽有忠臣硕士⑤列于朝廷，而人主以为去己疏远，不若起居饮食、前后左右之亲可恃也。故前后左右者日益亲，则忠臣硕士日益疏，而人主之势日益孤。势孤，则惧祸之心日益切，而把持者日益牢。安危出其喜怒，祸患伏于帷闼⑥，则向⑦之所谓可恃者，乃所以为患也。患已深而觉之，欲与疏远之臣图左右之亲近，缓之则养祸而益深，急之则挟人主以为质。虽有圣智，不能与谋。谋之而不可为，为之而不可成。至其甚，则俱伤而两败。故其大者亡国，其次亡身，而使奸豪得借以为资而起。至抉其种类⑧，尽杀以快天下之心而后已。此前史所载宦者之祸常如此者，非一世也。

夫为人主者，非欲养祸于内，而疏忠臣硕士于外，盖其渐积而势使之然也。夫女色之惑，不幸而不悟，则祸斯及矣。使其一悟，捽⑨而去之可也。宦者之为祸，虽欲悔悟，而势有不得而去也，唐昭宗之事是已。故曰"深于女祸"者，谓此也，可不戒哉？

管朝中有忠臣贤士和正人君子，君主以为他们和自己的关系比较疏远，不及侍奉他起居饮食、成天在左右侍奉的亲随那样可靠。所以君主与成天不离左右的宦官越来越亲密，就会跟忠臣、正人君子越来越疏远，君主的势力自然就越来越孤立。君主势单力孤，则惧怕发生祸患的心理就日益严重，因而把持权力的宦官们的地位也就越来越牢固。君主的安危决定于宦官的喜怒，祸患潜伏在皇宫帷帐和大门的左右，那么过去认为可靠的人，竟然是造成祸害的源。当发觉祸患严重的时候，想要与疏远的臣子设谋除掉左右的亲随，如果行动迟缓，祸患就会发展得更严重，要是操之过急，那些人就会挟持君主作为人质。这时候即使是智慧再高的人，也不能参与共商对策了。就是商议出了计谋，也没法实行，即使实行了也不能成功，到了最严重的地步就会两败俱伤。所以祸患大的可以亡国，小一点可以使个人送命，从而引发有权势的奸人乘机起事，直到全部挖出宦官及其党羽，把他们统统杀光以大快世人之心才算罢休。过去史书上记载的宦官之祸往往如此，并不是一个朝代。

作为帝王的，并不是故意要在宫中养成祸患，在宫外疏远忠臣和正人君子，而是宦官日积月累逐步形成的情势造成的。至于女色的蛊惑，君主不幸一直执迷不悟，祸患才会随之降临。只要君主一旦醒悟，把她们抓出来抛弃就可以了。宦者造成的祸患，即使君主想悔悟，有时也没有办法把他们铲除，唐昭宗的事就是这样。所以我说"宦官比女人造成的祸害更深"，就是指这种情况，作为君主怎能不有所戒惧呢？

④祸福：偏义复词，取"祸"字义。把持：控制。⑤硕士：品节高尚，学问渊博之士。⑥帷闼（tà）：比喻皇室之内。闼：指门内。⑦向：以前。⑧抉（jué）：挖出。种类：指宦官的同类。⑨捽（zuó）：揪。

相州昼锦堂记

— 欧阳修 —

背景介绍

时　　间：公元 1065 年

人　　物：魏国公，北宋大臣韩琦（1008—1075），字稚圭，号赣叟，封爵魏国公

事件起因：魏国公志向远大，不以昼锦为荣，并刻诗言志。欧阳修对此非常推崇。并且，他们都曾主张革新，有相同的抱负和政治见解。因此，欧阳修写了这篇文章。

简介

文章名为《昼锦堂记》，实际上主要写了魏国公非凡的志向和功绩，赞扬了他高勋卓节，必不从俗。

原文

　　仕宦而至将相，富贵而归故乡，此人情之所荣，而今昔之所同也。盖士方穷时，困厄闾里❶，庸人孺子皆得易❷而侮之，若季子不礼于其嫂，买臣见弃于其妻。一旦高车驷马，旌旄❸导前而骑卒拥后，夹道之人相与骈肩累迹❹，瞻望咨嗟❺，而所谓庸夫愚妇者，奔走骇汗，羞愧俯伏，以自悔罪于车尘马足之间，而莫敢仰视。此一介之士得志当时，而意气之盛，昔人比之衣锦之荣者也。

　　惟大丞相魏国公则不然。公，相人也。世有令德，为时名卿。自公少时，已擢❻高科、登显仕❼，海内之士闻下风而望余光者❽，盖亦有年矣。所谓将相而富贵，皆公所宜素有，非如穷厄之人侥幸得志于一时，出于庸夫愚妇之不意，以惊骇而夸耀之也。然则高牙大纛❾，不足为公荣，桓圭衮裳，不足为公贵，惟德被❿生民而功施社稷，勒⓫之金石，播

译文

　　做官做到大将军或宰相，富贵后回到故乡，这从人情上说是光荣的事情，从古到今都是这样啊。当读书人在失意时，窘于乡里，就连没有见识的平常人和小孩子，也敢轻视他，欺侮他，就像苏季子不被他的嫂嫂以礼相待，朱买臣也被妻子抛弃了。当他们一旦乘上四匹马拉着的高大车子，有旗帜在前面导引，而骑兵在后面簇拥，道路两边的人肩碰肩脚踩脚地争相观望喷喷称美，那些毫无见识的男男女女，恐惧奔跑，汗水淋漓，羞愧地跪在地上，表示懊悔。这是一个读书人得志于当时，因而盛气逼人的阵势，古人把这叫作衣锦还乡。

　　只有大丞相魏国公不是这样的。魏国公是相州人。先祖世代有美德，好几位祖先都是当时有名的大官。魏国公在年轻时便已高中进士，逐步担任显要的官职。全国的读书人听闻他传下的风貌，仰望他余下的光彩，大概有好多年了。所谓做将相而享有富贵，都是他本来拥有的，不像那些潦倒之辈一时侥幸得意，出乎没有见识的人的意料，便夸耀自己的声势吓唬他们。如此说来，高大的旗帜、喧赫的仪仗，不足以显示魏国公的光荣，不足以使魏国公感到荣耀，象征权力的桓圭和华贵的官服，也不足以使他感到高贵，只有将恩惠德行遍施于百姓，为国家建功立业，并将这些铭刻

注释

❶困厄：困苦危难。闾（lú）里：乡里。❷易：轻慢。❸旄（máo）：用牦牛尾做装饰的旗帜。❹骈肩：并肩。累迹：脚印压着脚印，形容人群拥挤。❺咨嗟：赞叹。❻擢（zhuó）：擢第，科举考试登第。❼显仕：显赫的官职。❽下风：风的下方。喻身处下位，钦服道德高尚的人。余光：（沾取）荣耀。❾高牙大纛（dào）：象牙羽毛装饰的大旗，用在军队或仪仗队中。❿被：施加。⓫勒：雕刻。

之声诗，以耀后世而垂❶❷无穷，此公之志，而士亦以此望于公也，岂止夸一时而荣一乡哉！

公在至和中，尝以武康之节来治于相，乃作昼锦之堂于后圃，既又刻诗于石，以遗❶❸相人。其言以快恩仇、矜名誉为可薄，盖不以昔人所夸者为荣，而以为戒。于此见公之视富贵为如何，而其志岂易量哉！故能出入将相，勤劳王家，而夷险一节❶❹。至于临大事，决大议，垂绅正笏❶❺，不动声气，而措❶❻天下于泰山之安，可谓社稷之臣矣。其丰功盛烈，所以铭彝鼎而被弦歌者❶❼，乃邦家之光，非闾里之荣也。

余虽不获登公之堂，幸尝窃诵公之诗，乐公之志有成，而喜为天下道也，于是乎书。

在金石上，以诗乐颂扬，光耀后代，流芳百世，才是魏国公的志向，读书人也希望魏国公能做到这些，何止是为了夸耀一时而荣耀一乡呢？

魏国公在仁宗至和年间，曾经以武康节度使的身份管理相州，就在后园修筑了昼锦堂。又在石碑上刻了诗，留给相州人民。诗中认为，那种以计较恩仇为快事，以炫耀自己名誉而自豪的行为是可耻的，魏国公并不把过去人们夸耀的事当作荣耀，反而以此为警戒。由此可见魏国公把荣华富贵看成怎么回事，他的志向哪能轻易衡量出来的啊！因此他能够出将入相，辛勤劳苦地为皇家办事，不论是处于天下太平或遭遇患难，都是一样。至于面临大事，决断大的议程，他也同样是垂着衣带，拿起笏板，不动声色，把国家治理得如同泰山般安稳，真可称得上是国家的重臣啊。魏国公的这些丰功伟绩，应当刻上彝鼎，谱入乐章中的，这是国家的光荣，而不是一乡一里的光荣啊。

我虽然没有机会到魏国公家里拜谒他，却曾经荣幸地私下诵读过他的诗歌，我深为他的志向得以实现而高兴，并且乐于向世人述说公的事迹，便写了这篇文章。

注释

❶❷垂：流传。❶❸遗（wèi）：赠给。❶❹夷：指平时。险：指处于危难之际。一节：一致。❶❺垂绅正笏（hù）：沉着稳重的样子。绅：束在外面的大带。笏：臣属上朝时所持的手板。❶❻措：安排。❶❼盛烈：大业。烈，功业。彝（yí）鼎：这里是古代青铜器的通称。被弦歌：谱入歌诗。

丰乐亭[1]记

— 欧阳修 —

背景介绍

时　　间：公元 1046 年

事件起因：欧阳修于庆历五年（1045）贬官任滁州知州，由于他三次遭贬，使他对当时冷酷的现实有了清醒的认知，决心摆脱世俗纷扰，向往恬静的归隐生活。这里山清水秀，远离政治争斗，大自然触发了他丰富的情感，因此做了此文。

简介

　　文章讲述了建丰乐亭的过程及和滁人共游之乐，还讲述了滁州的重大变迁，从而体现了滁州百姓生活安定的来之不易，体现了作者"与民同乐"的爱民思想。

注释

1 丰乐亭：在今安徽滁州城西丰山北，为欧阳修被贬滁州后建造的。

修既治滁之明年夏，始饮滁水而甘，问诸滁人❷，得于州南百步之近。其上丰山，耸然而特立，下则幽谷，窈然❸而深藏，中有清泉，滃然❹而仰出。俯仰❺左右，顾而乐之。于是疏泉凿石，辟地以为亭，而与滁人往游其间。

滁于五代❻干戈之际，用武之地也。昔太祖皇帝，尝以周师破李景兵十五万于清流山下，生擒其将皇甫晖、姚凤于滁东门之外，遂以平滁。修尝考其山川，按其图记❼，升高以望清流之关，欲求晖、凤就擒之所，而故老皆无在者。盖天下之平久矣。自唐失其政，海内分裂，豪杰并起而争，所在为敌国者❽，何可胜数！及宋受天命，圣人出而四海一。向之凭恃险阻，铲削消磨，百年之间，漠然徒见山高而水清。欲问其事，而遗老❾尽矣。今滁介江淮之间，舟车商贾、四方宾客之所不至，民生不见外事，而安

我担任滁州太守的第二年夏天，才喝到滁州的泉水，感觉甘甜，向滁州当地人询问泉水从哪来？他们说就在离滁州城南一百步的近处。它的上面是高耸的丰山，下面是幽暗的深谷，中间有一股水势汹涌的清泉向上涌出。我上下左右地看，喜欢这里的风景，然后就让人打通泉水，凿石拓地，建了一座亭子，和滁州人在这美景中开心游玩。

在五代战乱时，滁州是个很重要的地方。在清流山下，太祖皇帝曾经率领周兵击败李景的十五万军队，在滁州东门外面抓住他的大将皇甫晖、姚凤，就此平定了滁州。我曾考察滁州的山水，查过滁州的图籍，在高山上眺望清流关，想找一找皇甫晖、姚凤被捉的地方。只是，当时的人都不在了，因为天下安定的时间太长了。自从唐朝废弛了它的政局，国家开始四分五裂，英雄豪杰们都在争夺天下，处处都是敌对的政权，数都数不清！到了大宋接受天命时，圣人出现后全国就统一了。以前凭靠险要的割据势力都被削平消灭。经过一百年之间，只看到山高水清。想要了解当时的情景，可是那时候的老人已经不在了。如今，滁州在长江和淮河的中间，是商人和各个地方的旅客连坐船和坐车都到不了的地方，这里的百姓

注释

❷ 问诸滁人：向滁人打听泉水的出处。诸，之于。 ❸ 窈（yǎo）然：深幽的样子。 ❹ 滃（wěng）然：水势盛大的样子。 ❺ 俯仰：环顾的意思。 ❻ 五代：指后梁、后唐、后晋、后汉、后周。 ❼ 图记：指地图和文字记载。 ❽ 所在：到处。 ❾ 遗老：指经历战乱的老人。

于畎亩⑩衣食，以乐生送死，而孰知上之功德，休养生息，涵煦⑪于百年之深也？

修之来此，乐其地僻而事简⑫，又爱其俗之安闲。既得斯泉于山谷之间，乃日与滁人仰而望山，俯而听泉，掇幽芳而荫乔木，风霜冰雪，刻露清秀，四时之景无不可爱。又幸其民乐其岁物⑬之丰成，而喜与予游也。因为本其山川，道其风俗之美，使民知所以安此丰年之乐者，幸生无事之时也。

夫宣上恩德，以与民共乐，刺史之事也，遂书以名其亭焉。庆历丙戌六月日，右正言、知制诰、知滁州军州事欧阳修记

安心耕田、穿衣和吃饭，快乐地过日子，一直到死都不知道外面的世界。有谁能知道这是皇帝的功德，让百姓休养生息，滋润化育了百年呢！

我来到这里，喜欢它偏僻安静，而公事清简，风俗安恬闲适。在山谷里找到这样的甘泉后，经常都会同滁州的人一起来玩，抬头就能看到丰山，低头就能听到泉水的声音。春天能采摘鲜花，夏天能在乔木下乘凉，当刮风、落霜、结冰、飞雪的时候，更能显露出它的清肃秀美，一年四季都会非常漂亮的。这里的百姓为谷物的丰收而高兴，他们喜欢陪我游玩。最后，依据这里的山川河流，表述其美好的风俗，让老百姓知道能够安享丰年的快乐，有幸出生于这天下太平的时代。

宣扬皇上的恩德和民众共享的欢乐，这是刺史的本职工作。因此，我写下这篇文章来为这个亭子命名。庆历丙戌六月日，右正言、知制诰、知滁州军州事欧阳修记

注释

⑩ 畎（quǎn）亩：田地。　⑪ 涵煦（xù）：滋润教化。
⑫ 事简：公务简单。　⑬ 岁物：收成。

醉翁亭记

— 欧阳修 —

背景介绍

时　　间：公元 1046 年

事件起因：欧阳修曾追随范仲淹进行政治革新，革新失败后被贬到滁州。滁州地处偏远，交通闭塞，欧阳修虽然仕途失意，但却能够寄情山水，与民同乐。他在滁州时虽自号"醉翁"，但把这个地区整顿得吏治清明，百姓安居乐业。他的心思并不是只在山水间，更多的是放在了一方百姓身上。

简介

　　文章交代了醉翁亭的环境位置、名称由来和山间早晚四时的景色变幻，通过对优美的自然环境和社会风气的描写，表达了作者"与民同乐"的政治理想。然后写滁州百姓游览和太守宴饮的情景，百姓生活得欢乐而恬静，使自己置身于这种闲适的环境中。进而把山光、水色、人情、醉态等景象呈现在同一幅画卷上。

环滁[1]皆山也。其西南诸峰，林壑尤美[2]，望之蔚然而深秀者，琅琊也。山行六七里，渐闻水声潺潺，而泻出于两峰之间者，酿泉也。峰回路转，有亭翼然[3]临于泉上者，醉翁亭也。作亭者谁？山之僧智仙也。名之者谁？太守自谓也。太守与客来饮于此，饮少辄醉，而年又最高，故自号曰醉翁也。醉翁之意不在酒，在乎山水之间也。山水之乐，得之心而寓之酒也。

若夫[4]日出而林霏开，云归而岩穴暝，晦明变化者[5]，山间之朝暮也。野芳发而幽香，佳木秀而繁阴，风霜高洁，水落而石出者，山间之四时也。朝而往，暮而归，四时之景不同，而乐亦无穷也。

至于负者歌于涂，行者休于树，前者呼，后者应，伛偻提携[6]，往来而不绝者，滁人游也。临溪而渔，溪深而鱼肥，酿泉为酒，泉香而酒洌[7]。山肴野蔌，杂

环绕着滁州城的都是山。其中城西南方的几座山峰、树林和山谷尤其秀美。一眼望去，树木茂盛又幽深秀丽的那座，是琅琊山。沿着山林步行六七里，渐渐听到水缓缓流动的声音，而从两座山峰之间流淌而出的，是酿泉。峰峦重叠环绕，山路蜿蜒曲折，看见泉水的上方有座亭子四角翘起，像鸟儿张开翅膀一样，是醉翁亭。建造这座亭子的是谁呢？是山上的和尚智仙。给亭子取名的是谁呢？是太守用自己的雅号醉翁来命名的。太守和宾客们在这里饮酒，稍微喝一点就醉了，加上年纪又最大，所以自号为醉翁。醉翁的意趣不在于喝酒，而在于欣赏山水的美景。游山玩水的乐趣，是领会在心中又寄托在酒上的。

太阳升起后，树林里的雾气消散了，到傍晚时分，烟云聚拢，山石洞穴又是一片昏暗，这明暗的变化，就是山间的黎明和黄昏。春天野花开放发出清香，夏天树木枝繁叶茂，投下一片浓密的绿荫，秋天天高气爽，霜色洁白，冬天溪水低落，石块显露，这就是山间四季的景象。清晨进山，傍晚归来，四季的景象不同，而乐趣也无穷无尽。

至于那些背着东西的人在路上歌唱，行路的人在树下休息，前面的

1 环：环绕。滁：滁州。2 林壑（hè）：树林和山谷。3 翼然：指亭子四角翘起，像鸟展翅的样子。4 若夫：至于。5 晦明变化：或暗或明，变化不一。6 伛偻（yǔlǚ）：弯腰驼背的样子，指老年人。提携：牵扶，这里指被牵扶的人，即小孩。7 洌（liè）：极清，清醇。

然而前陈者，太守宴也。宴酣之乐，非丝非竹[8]，射者中，弈者胜，觥筹交错，起坐而喧哗者，众宾欢也。苍颜白发，颓然乎其中间者，太守醉也。

已而夕阳在山，人影散乱，太守归而宾客从也。树林阴翳，鸣声上下，游人去而禽鸟乐也。然而禽鸟知山林之乐，而不知人之乐；人知从太守游而乐，而不知太守之乐其乐也[9]。醉能同其乐，醒能述以文者，太守也。太守谓谁？庐陵欧阳修也。

[8] 非丝非竹：丝竹，泛指音乐。丝，为弦乐器。竹，为管乐器。
[9] "人知"二句：谓作者为山中人们的快乐而感到快乐。乐其乐，前一"乐"字作动词用。

人呼喊，后面的人回应，老人和小孩来来往往、络绎不绝，这是滁州的百姓出游的情形。到溪里捕鱼，溪水深而鱼儿肥；用酿泉酿酒，泉水香而酒色清，各种野味山菜，杂乱地摆在地上，这是太守在举行宴会。宴饮酣畅的乐趣，不在于动听的音乐，而是投壶的中了，下棋的胜了，还有酒杯酒筹交互错杂，宾主一时坐着，一时站起，大声喧闹，在尽情欢乐。那个容颜苍老、头发花白，醉倒在他们中间的，是太守喝醉了。

过了不久，太阳即将落山，人影散乱，这时太守回府而宾客们也跟着走了。树林逐渐变得昏暗，鸟鸣声上上下下响成一片，这是游人离去了，而鸟儿开始欢唱了。但是鸟儿知道山林的乐趣，却不知道游人的乐趣；游人知道跟着太守游山玩水的乐趣，却不知道太守是以游人的快乐为快乐。喝醉了能和大家一起享受这种欢乐，酒醒了能够用文章记述这些快乐的人，是太守。太守是谁呢？就是庐陵的欧阳修。

秋声赋

— 欧阳修 —

背景介绍

时　　间：公元 1059 年

事件起因：本文是欧阳修晚年的作品，当时他已身居高位，但回首坎坷的仕途，心中总会隐隐作痛，乃以"悲秋"为题，抒发人生的感叹。

简介

本文除了描绘自然界的秋景，还对世事艰难、人生不易的现状抒发了个人的无限感慨。

欧阳子方夜读书，闻有声自西南来者，悚然①而听之，曰：异哉！初淅沥以萧飒，忽奔腾而砰湃，如波涛夜惊，风雨骤至。其触于物也，铮铮铮铮②，金铁皆鸣。又如赴敌之兵，衔枚疾走③，不闻号令，但闻人马之行声。予谓童子："此何声也？汝出视之。"童子曰："星月皎洁，明河在天，四无人声，声在树间。"

予曰："噫嘻悲哉！此秋声也！胡为而来哉？盖夫秋之为状也，其色惨淡，烟霏云敛④，其容清明，天高日晶⑤，其气慄冽，砭人肌骨⑥，其意萧条，山川寂寥。故其为声也，凄凄切切，呼号愤发。丰草绿缛而争茂，佳木葱茏而可悦，草拂之而色变，木遭之而叶脱。其所以摧败零落者，乃一气之余烈⑦。

"夫秋，刑官也，于时为阴⑧。又兵象也，于行用金。是谓天地之义气，常

夜里，欧阳子正在读书，突然听到有声音从西南方传来，吃惊地侧耳倾听，自语说：奇怪啊！刚开始是淅沥的雨声夹杂着萧瑟的风声，忽然间就变得汹涌澎湃起来了，就好像波涛在夜里涌起，风雨骤然来临。当它撞到物体上，铮铮铮铮，好像金属之间互相撞击的声音，又好像赶赴战场杀敌的士兵，口衔短枚急速前进，听不到号令声，只听到人马行走的声音。我对书童说："这是什么声音啊？你出去看看。"书童回来说："外面星光月色，明亮皎洁，银河高高地悬挂在天空中，四周没有人声，那声音像是从树林里传来的。"

我叹道："唉！多么悲伤啊！这是秋天的声音啊。它为什么来世间呢？秋天的情景是这个样子的，它的色阴暗，烟云聚集，它的容貌清新明朗，天高气爽，阳光灿烂，它的气候寒冷凛冽，刺入肌骨，它的意境萧条，山水寂寞冷落。所以它发出的声音开始凄凄切切，到后来像是在怒吼一样。秋天没有来临的时候，绿草繁茂蓬勃生长，树木青翠茂盛，非常可爱。可是一旦秋风来临，草被秋风扫过颜色就变了，绿树遇到秋风叶子就落了。它之所以能吹败草木，就是因为秋气的余威啊。

秋天，是刑罚之官，在时令上属于阴；又是战争的象征，在五行上属于金。所以被称作天地间的正义

① 悚（sǒng）然：吃惊的样子。② 铮铮（cōng）铮铮：象声词，金属撞击声。③ 衔枚：古代行军时，常令士兵口里横衔一根像筷子的小棍，使他们不能讲话，保持部队肃静，以免被敌人发觉。衔：含。④ 烟霏云敛：指天气阴暗。霏，纷扬。敛，聚集。⑤ 日晶：阳光灿烂。⑥ 砭（biān）：古代用来治病的石针。这里是针刺的意思。⑦ 一气：指秋气。余烈，余威。⑧ 于时为阴：古人以阴阳配四季，春夏为阳，秋冬为阴。

以肃杀而为心。天之于物，春生秋实。故其在乐也，商声主西方之音，夷则为七月之律。商，伤也，物既老而悲伤，夷，戮也，物过盛而当杀。

"嗟呼！草木无情，有时飘零。人为动物，惟物之灵。百忧感其心，万事劳其形，有动于中，必摇其精。而况思其力之所不及，忧其智之所不能，宜其渥然丹者为槁木❾，黟然黑者为星星❿。奈何以非金石之质，欲与草木而争荣？念谁为之戕贼⓫，亦何恨乎秋声！"

童子莫对，垂头而睡，但闻四壁虫声唧唧，如助予之叹息。

❾ 渥（wò）然丹者：指红润的容貌，这里指年轻人。槁（gǎo）木：枯木，这里指衰老。❿ 黟（yī）然：黑色的样子。比喻年轻。星星：形容鬓发花白。⓫ 戕（qiāng）贼：残害。

之气，常常将肃杀作为主旨。自然界对于世上的万物，春天生长，秋天结实。所以秋天在音乐方面属于商声，商声代表西方的乐调，夷则是七月的律名。商，就是伤的意思，万物衰老之后就会有一种悲伤。夷，就是杀的意思，万物过于茂盛而必然走向衰败。

"唉！草木本是没有情感的东西，到了一定的时候就会飘零消亡。人是有感情的动物，是万物中最有灵性的。数不清的忧虑触及他的心灵，数不清的琐事劳累他的形体。费心劳神，必然会损伤他的精神。更何况要去妄想他力所不及的东西，忧愁那些他的智慧不能解决的事！这样，他红润的容貌就会变得衰老，乌黑的头发就会变得花白。为什么要用并不是金石的身躯去和草木争荣比胜呢？应该思考是什么给自己带来如此多的磨难，又何必去怨恨这凄凉的秋声呢！"

书童没有回答我的话，低头睡了。只听到墙壁四周虫子唧唧鸣叫，就像在附和我的叹息。

祭石曼卿文

— 欧阳修 —

背景介绍

时　　间：公元1067年

人　　物：石曼卿，名延年，北宋河南宋城（今
河南商丘）人。曾历任太常寺太祝、
大理寺丞、太子中允等

事件起因：《祭石曼卿文》是作者悼念诗友石
曼卿而作的一篇祭文。

简介

　　文章开头写祭文的缘起（祭文，都需在开始介绍时间与人物关系），接下来先是颂扬
石曼卿，又介绍荒冢的凄凉景象，最后作者控制不住自己的情感，凄然泪下。

原文

　　维治平四年七月日，具官欧阳修，谨
遣尚书都省令史李敭，至于太清❶，以清
酌庶羞❷之奠，致祭于亡友曼卿之墓下，
而吊之以文。曰：

译文

　　在英宗治平四年七月的某一天，
官员欧阳修差遣尚书都省令史李敭
到太清乡，以美酒佳肴作祭品，放
在亡友石曼卿的坟墓前，并写了一篇
文章悼念：

注释

❶ 太清：乡名，在今河南商丘东南，是石曼卿葬地。　❷ 清酌庶羞：清酌，祭奠时用的酒。庶，各种。羞，
通"馐"，这里指祭品。

56

鸣呼曼卿！生而为英，死而为灵。其同乎万物生死，而复归于无物者，暂聚之形❸；不与万物共尽，而卓然其不朽者，后世之名。此自古圣贤，莫不皆然。而著在简册❹者，昭如日星。

鸣呼曼卿！吾不见子久矣，犹能仿佛❺子之平生。其轩昂磊落，突兀峥嵘，而埋藏于地下者，意其不化为朽壤❻，而为金玉之精。不然，生长松之千尺，产灵芝而九茎。奈何荒烟野蔓，荆棘纵横，风凄露下，走磷❼飞萤。但见牧童樵叟，歌吟而上下。与夫惊禽骇兽，悲鸣踯躅而咿嘤。今固如此，更千秋而万岁兮，安知其不穴藏狐貉与鼯鼪❽？此自古圣贤亦皆然兮，独不见夫累累乎旷野与荒城！

鸣呼曼卿！盛衰之理，吾固知其如此，而感念畴昔❾，悲凉凄怆，不觉临风而陨涕❿者，有愧乎太上之忘情。尚飨！

唉！曼卿啊，你活着的时候是英雄，死后便成为神灵。那和万物一起生死，最后又回到无物的地方的，是暂时聚合的形体。而那不和万物一起灭亡的，是给后世留下了永垂不朽的英名。自古至今的圣贤都是这样的，他们的名字留在史册上，像日月星辰一样明亮。

唉！曼卿啊，我好久都没见你了，可是我仿佛还记得你生前的样子。你气质非凡，光明磊落，高大英俊，尽管埋在地下，我猜不会腐化为泥土，而会变成金玉的精华。否则，会长着千尺的松树，会长出九根茎的灵芝草。无奈荒郊野地，缠绕的藤蔓，纵横交错的荆棘，风和雨都很凄凉，霜和露也下降，磷火飘动着，飞萤明灭，只看到牧童和樵夫唱着歌，歌声此起彼伏，飞禽与野兽前后徘徊，发出悲惨的鸣叫。现在已经这样，再过了千秋万代，怎知墓穴里不藏着狐狸貉子、鼯鼠和黄鼠狼？自古以来，圣贤者都是这样，难道没看到颓败的旷野和荒城！

唉！曼卿啊，一个人从壮盛到老死的规律，我知道本来就是这样的，可是思念以前交往的光景，心里免不了悲凉而凄怆，不由得迎风而流泪的我啊，做不到圣人那样不为情感所动。请你能来享用这祭品！

❸ 暂聚之形：指肉体生命。❹ 简册：指史籍。❺ 仿佛：依稀想见。❻ 朽壤：腐朽的土壤。❼ 走磷：磷火，夜空中磷氧化而产生的青光。❽ 狐貉与鼯鼪（wúshēng）：狐貉，形似狐狸。鼯，亦称飞鼠。鼪，黄鼠狼。❾ 畴（chóu）昔：往昔，从前。❿ 陨（yǔn）涕：落泪。

泷冈[1]阡表[2]

— 欧阳修 —

背景介绍

时　　间：公元1070年
人　　物：欧阳观，欧阳修的父亲
事件起因：本文是欧阳修为追悼亡父所写的文章。

简介

《泷冈阡表》被誉为中国古代三大祭文之一。在文中，作者盛赞父亲的孝顺与仁厚，母亲的俭约与安于贫贱。

原文

嗚呼！惟我皇考崇公，卜吉于泷冈之六十年，其子修始克表于其阡，非敢缓也，盖有待也。

修不幸，生四岁而孤[3]。太夫人守节自誓，居穷，自力于衣食，以长以教，俾[4]至于成人。太夫人告之曰："汝父为吏廉，而好施与，喜宾客，其俸禄虽薄，

译文

唉！我的父亲崇国公择地在泷冈安葬六十年之后，他的儿子修才能给他立墓碑，这不是故意拖延，而是有所等待。

修不幸，四岁时父亲就去世了，母亲立誓守节，家里贫穷，她自食其力，边抚养我，边教育我，使我长大成人。母亲跟我说："你的父亲为官清廉，爱帮助别人，又爱结交朋友，他的薪酬虽然少，但常常不让它有余，他说：'不要让钱财成为我的

注释

❶ 泷（shuāng）冈：地名。在江西省永丰县沙溪南凤凰山上。❷ 阡（qiān）表：即墓碑。❸ 孤：古时候年幼就死了父亲称孤。❹ 俾（bǐ）：使达到某种程度。

常不使有余，曰'毋以是为我累'。故其亡也，无一瓦之覆、一垄之植，以庇而为生。吾何恃而能自守邪？吾于汝父，知其一二，以有待于汝也。自吾为汝家妇，不及事吾姑，然知汝父之能养也❺；汝孤而幼，吾不能知汝之必有立，然知汝父之必将有后也。吾之始归也❻，汝父免于母丧方逾年，岁时祭祀，则必涕泣曰：'祭而丰不如养之薄也。'间御酒食❼，则又涕泣曰：'昔常不足而今有余，其何及也！'吾始一二见之，以为新免于丧适然耳❽。既而其后常然，至其终身未尝不然。吾虽不及事姑，而以此知汝父之能养也。汝父为吏，尝夜烛治官书，屡废而叹。吾问之，则曰：'此死狱也，我求其生不得尔。'吾曰：'生可求乎？'曰：'求其生而不得，则死者与我皆无恨也，矧❾求而有得邪。以其有得，则知不求，而死者有恨也。夫常求其生，犹失之死，而世常求其死也。'回顾乳者抱汝而立于旁，因指而叹曰：'术者谓我岁

累赘！'所以他去世后，没留下任何家产让我们依赖它们来过活。我能依靠什么苦守呢？我了解你父亲一些事迹，希望你长大后能写出来。从我嫁到你家就没赶上伺候婆婆，但我知道你的父亲很孝顺。你从小便没了父亲，我不能想象你以后会有什么样的成就，但我能确定你父亲一定会后继有人。我刚嫁到你家时，你的父亲为他的母亲守孝刚过一年。每当过节祭祖时，他就会流泪说：'祭祀的物品再丰富，也不如在世的时候好好孝顺和奉养。'每当吃好的酒菜时他也会流泪说：'以前娘在的时候常常很拮据，现在富裕了，却没办法孝敬父母！'刚开始我还以为是娘刚去世不久他才这样悲痛，后来发现他经常这样悲痛欲绝，直到去世。虽然我没能来得及伺候婆婆，但从这一点能看出你父亲很孝顺。你父亲当官的时候，曾在半夜点蜡烛审案卷，在这过程中他多次叹气。我问他为什么，他说：'看到这个死罪的案子，想为他求得活路却没办法做到。'我问道：'他都犯了死罪了还能有生路吗？'他说：'我想帮他却没有办法，我尽力了，于是我和死者就没什么遗憾了，何况我想办法，有的犯人就能得到赦免呢。如果我能找到一条活路，却不去帮他争取，被处死的人可能会有遗憾啊。我经常为死囚求生路，还避免不了有人被误杀，何况世上的狱官总是想让犯人死的！'当时他看见奶娘抱着你站在身边，就指着你叹着

注释

❺养：奉养，指孝顺父母。❻始归：古时女子出嫁称归。意思是才嫁过来的时候。❼御：进用。❽适然：偶然这样。❾矧（shěn）：况且。

行在戌将死，使其言然，吾不及见儿之
立也，后当以我语告之。'其平居教他
子弟，常用此语，吾耳熟焉，故能详也。
其施于外事，吾不能知；其居于家无所
矜饰而所为如此，是真发于中者邪。呜
呼！其心厚于仁者邪！此吾知汝父之必
将有后也。汝其勉之！夫养不必丰，要
于孝；利虽不得博于物，要其心之厚于
仁。吾不能教汝，此汝父之志也。"修
泣而志之，不敢忘。

先公少孤力学，咸平三年，进士及
第，为道州判官，泗、绵二州推官⑩，又
为泰州判官。享年五十有九，葬沙溪之泷
冈。太夫人姓郑氏，考讳德仪⑪，世为江
南名族。太夫人恭俭仁爱而有礼，初封福
昌县太君，进封乐安、安康、彭城三郡太
君。自其家少微时，治其家以俭约，其后
常不使过之，曰："吾儿不能苟合于世，
俭薄所以居患难也。"其后修贬夷陵，太
夫人言笑自若，曰："汝家故贫贱也，吾
处之有素矣，汝能安之，吾亦安矣。"

气说：'算命的人说我戌年就会死去，
如果他说的话对了，我就不能看到儿
子长大成人了，等他长大了你要把我
说的这些话告诉他。'他经常用这样
的话教育其他晚辈，我听得多了所以
能讲给你听。我不知道他在外面怎么
样，但他在家里从来不会故意装出一
副姿态，他是发自内心的厚道！唉！
他心中的仁德纯厚啊！所以，我就知
道你父亲一定会后继有人。你要努力
啊！赡养父母不一定要非常丰厚，而
是孝顺；虽然不能遍施于所有的人，
重要的是心仁厚。我没什么可教给你
的，这些都是你父亲的遗愿。"修流
着泪记下了这些教导，从来不敢忘
记。

我的父亲从小就没了父亲，读书
非常刻苦。咸平三年中进士，曾相
继担任道州的判官，泗、绵二州推
官，又做过泰州的判官，享年五十九
岁，安葬在沙溪的泷冈。我的母亲姓
郑，她的父亲名德仪，家族一直是江
南的名门望族。母亲为人，恭敬、俭
约、仁爱又有修养，先被封为福昌县
太君，后来又封为乐安、安康、彭城
三郡太君。从我家贫困后，我的母亲
就节俭持家，后来富裕了，也省吃俭
用，她说："我的儿子不会迎合世人，
节俭才能适应多灾多难的日子。"后
来，修被贬到夷陵，母亲跟往常一
样微笑着说："你的家本来就很贫苦，
我习惯了这种生活。你能适应这种生

⑩ 推官：州郡长官的属官，专管刑事。 ⑪ 考：亡父。讳：名字。

自先公之亡二十年，修始得禄而养。又十有二年，列官于朝，始得赠封其亲。又十年，修为龙图阁直学士、尚书吏部郎中，留守南京，太夫人以疾终于官舍，享年七十有二。又八年，修以非才，入副枢密⑫，遂参政事。又七年而罢。自登二府，天子推恩，褒其三世。故自嘉祐以来，逢国大庆，必加宠锡。皇曾祖府君累赠金紫光禄大夫、太师、中书令。曾祖妣⑬，累封楚国太夫人。皇祖府君累赠金紫光禄大夫、太师、中书令兼尚书令。祖妣累封吴国太夫人。皇考崇公累赠金紫光禄大夫、太师、中书令兼尚书令。皇妣累封越国太夫人。今上初郊⑭，皇考赐爵为崇国公，太夫人进号魏国。

于是小子修泣而言曰："呜呼！为善无不报，而迟速有时，此理之常也。惟我祖考，积善成德，宜享其隆，虽不克有于其躬，而赐爵受封，显荣褒大，实有三朝之锡命。是足以表见于后世，而庇赖其子孙矣。"乃列其世谱，具刻于

活，我也能适应了。"

父亲死后二十年，我才能拿到俸禄赡养母亲。又过了十二年，我到朝廷做官，才获得双亲的赠封。后来又过了十年，我任龙图阁直学士、尚书吏部郎中的职位，留守南京。母亲因病在官邸去世，享年七十二岁。接着又过了八年，我凭着平庸的才能，蒙皇上恩德做了朝廷的副枢密使，后来为参知政事，七年后被免职。自从我进入枢密院和中书省当官后，皇上施加恩德，表扬并奖励我三代。自从仁宗嘉祐以来，每逢佳节，一定会对我加以封赏。曾祖父多次被赠封为金紫光禄大夫、太师、中书令，曾祖母连续被赠封到楚国太夫人。祖父多次被赠封为金紫光禄大夫、太师、中书令兼尚书令，祖母连续被赠封到吴国太夫人。先父连续被赠封为金紫光禄大夫、太师、中书令兼尚书令，先母连续被赠封到越国太夫人。当今皇上第一次举行祭祀大礼时，我的父亲被晋封为崇国公，先母晋封为魏国太夫人。

想到这里，我流着泪说："唉！做善事一定有回报，只是时候有早有迟，这是必然的道理。我的祖先和父亲积攒了很多善事，理所应当享有这种酬报。虽然他们活着时没能享受到，但是赐爵位、受封官的光荣，褒奖光大，又具有三朝恩赏诰封，足够使其德行照耀后世，庇荫子子孙孙。"于是我把家里族谱排列好并详

⑫ 枢密：枢密使，官名，中国最高军事长官。 ⑬ 妣（bǐ）：已故母亲。 ⑭ 郊：祭天。

碑。既又载我皇考崇公之遗训，太夫人之所以教而有待于修者，并揭于阡，俾知夫小子修之德薄能鲜，遭时窃位，而幸全大节，不辱其先者，其来有自。

熙宁三年，岁次庚戌，四月辛酉朔⑮，十有五日乙亥，男推诚保德崇仁翊戴功臣，观文殿学士、特进、行兵部尚书、知青州军州事兼管内劝农使、充京东路安抚使、上柱国、乐安郡开国公、食邑四千三百户、食实封一千二百户修表。

细刻在石碑上，接着又把先父的遗训以及先母的教育和对我的期待，都写在了阡表上，使后来的人知道我德行浅薄，能力有限，只是到了合适的时候才能得到高位，有幸保全大节，没有侮辱先祖，都是有原因的。

熙宁三年，庚戌年，四月初一辛酉日，十五日乙亥，儿子推诚保德崇仁翊戴功臣，观文殿学士，特进、兼兵部尚书，知青州军州事，兼管内劝农使、充京东路安抚使、上柱国、乐安郡开国公，食邑四千三百户，食实封一千二百户欧阳修谨撰墓表。

⑮ 辛酉（yǒu）：天干地支所记月份。朔：初一。

管仲论

— 苏洵 —

背景介绍

时　　间：在公元 1047 年—1066 年间

人　　物：管仲、齐桓公

事件起因：本文是作者针对当时的政治现状和国家需要有用的人才，给予权柄，改变积贫积弱的局面而创作的一篇人物评论。

简介

本文讲述了管仲在临死前没能推荐代替自己的贤人，以至于在他死后齐国发生内乱。作者想表达的是，培养选拔政治接班人是治国的根本。

管仲①相桓公，霸诸侯，攘②夷狄，终其身齐国富强，诸侯不敢叛。管仲死，竖刁、易牙、开方用，桓公薨③于乱，五公子争立。其祸蔓延，讫④简公，齐无宁岁。

夫功之成，非成于成之日，盖必有所由起；祸之作，不作于作之日，亦必有所由兆。故齐之治也，吾不曰管仲，而曰鲍叔⑤。及其乱也，吾不曰竖刁、易牙、开方，而曰管仲。何则？竖刁、易牙、开方三子，彼固乱人国者，顾其用之者，桓公也。夫有舜而后知放四凶，有仲尼而后知去少正卯。彼桓公何人也？顾其使桓公得用三子者，管仲也。仲之疾也，公问之相。当是时也，吾意以仲且举天下之贤者以对，而其言乃不过曰竖刁、易牙、开方三子非人情不可近而已。

注释

① 管仲：名夷吾，又名敬仲，颖上（今安徽颖上）人，春秋时期齐国的政治家、军事家。② 攘（rǎng）：排斥。③ 薨（hōng）：古代称诸侯死。④ 讫：直到。⑤ 鲍叔：姓鲍名叔牙，史称鲍叔，春秋时期齐国的大夫，善于知人善用。

译文

管仲做丞相辅佐齐桓公时，称霸诸侯，排斥夷、狄等少数民族，直到他死，齐国富强，诸侯不敢叛乱。管仲死后，竖刁、易牙、开方被桓公重用。桓公死在宫廷内乱中，五位公子争抢皇位，这样的祸乱一直蔓延到齐简公，齐国没有一年能得到安宁。

完成功业不是在成功的那一天，一定有它的起因；祸乱发生不是始于作乱的时候，一定有预兆及其根源。所以，齐国的安定和强盛，不是来自于管仲的功劳，而是来自鲍叔的功劳。齐国的祸乱，不是因为竖刁、易牙、开方的罪过，而是管仲的罪过。为什么这么说呢？因为竖刁、易牙、开方三个人本就是乱国者，但他们受齐桓公的重用。有舜才开始流放四凶，有仲尼才知道杀掉少正卯，那桓公是怎样的人呢？回头想一想，让桓公重用竖刁、易牙、开方的是管仲啊！管仲临终前，桓公询问谁担任丞相。这时候，我觉得管仲应当用推荐最贤能的人来作为回答，而他说的不过是竖刁、易牙、开方这三个人的表现不符合人情，不能信用罢了。

呜呼，仲以为桓公果能不用三子矣乎？仲与桓公处几年矣，亦知桓公之为人乎？桓公声不绝于耳，色不绝于目，而非三子者，则无以遂其欲。彼其初之所以不用者，徒以有仲焉耳。一日无仲，则三子者，可以弹冠而相庆矣。仲以为将死之言，可以縶❻桓公之手足耶！夫齐国不患有三子，而患无仲。有仲，则三子者，三匹夫耳。不然，天下岂少三子之徒哉？虽桓公幸而听仲，诛此三人，而其余者，仲能悉数而去之耶？呜呼，仲可谓不知本者矣。因桓公之问，举天下之贤者以自代，则仲虽死，而齐国未为无仲也，夫何患三子者？不言可也。

五伯莫盛于桓、文；文公之才，不过桓公，其臣又皆不及仲，灵公之虐，不如孝公之宽厚。文公死，诸侯不敢叛晋，晋袭文公之余威，犹得为诸侯之盟主百余年。何者？其君虽不肖，而尚有老成人焉。桓公之薨也，一败涂地，无惑也。彼独恃一管仲，而仲则死矣。

唉！管仲认为只要他一句话桓公真的会不用这三个人吗？他和桓公相处多年了，应该很清楚他的为人吧？桓公是个音乐不绝于耳，美色不绝于目的人。如果没有这三个人，就没办法满足他的欲望。齐桓公一开始不重用他们是因为管仲在，管仲一旦死后，这三个人就可以弹去帽子上的灰尘互相庆贺了。管仲以为自己的遗言就能管得住桓公吗？其实齐国不担心有这三个人，而是担心没有管仲。管仲在的话，这三个人就是普通人。否则，难道天下会缺他们这样的人吗？即使齐桓公听了管仲的话，把这三个人杀了，但剩下的跟他们一样的人，管仲能全都除掉吗？唉！管仲是不知道从根本上治理的人啊！如果他乘着桓公的询问，能推荐代替自己的贤人，齐国也不算失去了管仲。这三个人有什么可怕的呢？不提他们也可以！

春秋五霸，没有能比齐桓公和晋文公更强盛的了。晋文公和他的大臣都比不上齐桓公和管仲。晋灵公是个暴君，没有齐孝公宽厚。但当晋文公死后，诸侯没有敢背叛晋国的，晋国承袭了晋文公的威力，还称霸百年。为什么呢？是因为君主虽不够贤明，但还有老成可靠的大臣。齐桓公死了后，齐国却一败涂地，这没有什么值得疑惑的！主要是因为他只依靠管仲，而管仲却死了。

注释

❻ 縶（zhí）：束缚的意思。

65

夫天下未尝无贤者，盖有有臣而无君者矣。桓公在焉，而曰天下不复有管仲者，吾不信也。仲之书，有记其将死，论鲍叔、宾胥无之为人，且各疏其短。是其心以为数子者，皆不足以托国，而又逆知其将死，则其书诞谩❼不足信也。吾观史鳅❽以不能进蘧伯玉，而退弥子瑕，故有身后之谏。萧何且死，举曹参以自代。大臣之用心，固宜如此也。夫国以一人兴，以一人亡。贤者不能悲其身之死，而忧其国之衰。故必复有贤者而后可以死。彼管仲者，何以死哉？

天下并不是没有贤人，会有有贤臣而没有明君的情况。齐桓公在世的时候，就有说天底下再也没有管仲这样的贤才，我是不信的。《管子》记载，在管仲快死的时候，曾论及鲍叔牙和宾胥无的为人，分别指明了他们的短处。他心里认为这几个人都不能托以国家重任，而他又预料自己将会死去。可见这部书真的很荒诞，不值得相信。春秋时期的史鳅，因为不能荐用蘧伯玉和斥退弥子瑕，所以有死后尸谏之事；汉朝的萧何死之前推荐曹参代替自己。大臣本身就该有这样的用心啊。国家会因一个人而兴盛，也会因为一个人灭亡。贤人不为自己的死去悲哀而忧虑国家的衰败。所以，一定要再推选出贤能的继任者，才能安心地死去。那管仲呢，为什么没有推荐出代替自己的人就去世了呢？

❼ 诞（dàn）谩（màn）：荒诞无稽。 ❽ 史鳅（qiū）：字子鱼，也叫史鱼，春秋时期卫国大夫。

辨奸论

— 苏洵 —

背景介绍

时　　间：公元 1069 年

主要人物：王衍、卢杞

事件起因：相传本文是苏洵为了讥讽王安石的"不近人情"而作。

简介

　　文章首先将天象和人事进行比较，指出了人事比天象更难掌握。然后又类比王安石的穿着、饮食以及形象"不近人情"，进而推论出王安石得志必为奸臣、危害国家的结论。

事有必至，理有固然。惟天下之静者①，乃能见微而知著。月晕而风，础润②而雨，人人知之。人事之推移，理势之相因，其疏阔而难知，变化而不可测者，孰与天地阴阳之事③，而贤者有不知，其故何也？好恶乱其中，而利害夺其外也。

昔者，山巨源见王衍曰："误天下苍生者，必此人也！"郭汾阳见卢杞，曰："此人得志，吾子孙无遗类矣。"自今而言之，其理固有可见者。以吾观之，王衍之为人，容貌言语，固有以欺世而盗名者，然不忮④不求，与物浮沉，使晋无惠帝，仅得中主⑤，虽衍百千，何从而乱天下乎？卢杞之奸，固足以败国，然而不学无文，容貌不足以动人，言语不足以眩世⑥，非德宗之鄙暗，亦何从而用之？由是言之，二公之料二子，亦容有未必然也。

注释

① 静者：心态平静、思维冷静的人。② 础：房柱下的基石。润：潮湿。③ 天地阴阳之事：指自然界的一切现象。④ 忮（zhì）：嫉妒。⑤ 中主：中等才能的皇帝。⑥ 眩：同"炫"，蒙骗，迷惑。

事情的发展有它必定要达到的地步，情理有它本该如此的根源。只有天下那些心态平静，思维冷静的人，才能从细微的迹象中预见日后显著的结果。月亮周围出现光环，预示着天要刮风，柱底回潮湿润，预示着天要下雨，这是人人都知道的事情。至于人世间事情的发展变化，道理情势的因果关系，它们抽象渺茫而难以了解，变化多端而不可预测，怎么能和天地万物的阴阳变幻相比呢？就算是贤能的人对此也是不知道的，这是什么原因呢？这是因为喜爱或憎恶扰乱了他们的思想，而利害得失的考虑又左右着他们的行为啊。

从前，山巨源见到王衍，就说："日后给天下老百姓带来灾难的，一定是这个人。"郭汾阳见到卢杞，说："此人一旦得志，我的子孙就要被他杀光了。"就现在的情况而言，其中的道理固然有可以预见的地方。据我看来，王衍这个人，不论他的容貌还是谈吐，固然有欺世盗名的地方，但他不嫉妒，也不过分贪求，只是随波逐流而已。如果晋朝不是晋惠帝当朝，只要有一个才能中等的君主当权，就算有千百个像王衍这样的人，又怎么能扰乱天下呢？像卢杞那样的奸臣，固然足以使国家败亡，但是他不学无术，容貌不足以打动别人，言谈也不足以蒙骗天下，如果不是唐德宗的昏庸鄙陋，他又怎么能够受到重用呢？由此说来，山、郭二公对王、卢两个人的预言，或许未必一定如此吧。

今有人⑦口诵孔、老之言，身履夷、齐之行⑧，收召好名之士、不得志之人，相与造作言语，私立名字，以为颜渊、孟轲复出，而阴贼险狠，与人异趣，是王衍、卢杞合而为一人也，其祸岂可胜言哉？夫面垢不忘洗，衣垢不忘浣⑨，此人之至情也。今也不然，衣臣虏之衣，食犬彘之食，囚首丧面⑩，而谈《诗》《书》，此岂其情也哉？凡事之不近人情者，鲜不为大奸慝⑪，竖刁、易牙、开方是也。以盖世之名，而济其未形之患，虽有愿治之主，好贤之相，犹将举而用之，则其为天下患，必然而无疑者，非特二子之比也！

孙子曰："善用兵者，无赫赫之功。"使斯人而不用也，则吾言为过，而斯人有不遇之叹，孰知祸之至于此哉？不然，天下将被其祸，而吾获知言之名，悲夫！

现在有些人，嘴里吟诵着孔子、老子的话，行动像伯夷和叔齐一样高洁，收罗了一伙追求名声的士人和一些郁郁不得志的人，他们共同制造舆论，私下竞相标榜，自以为是颜渊再世、孟轲复生；然而他们内心阴险狠毒，志趣和普通人不同。这真是把王衍、卢杞集合于一身了，那将来造成的祸患难道能够用语言来形容吗？脸脏了而不忘记洗脸，衣服脏了而不忘记洗衣，这是人之常情。如今他却不是这样，穿着奴仆的衣服，吃猪狗一样的食物，头发乱得像囚犯一样，面孔像居丧者一样布满尘垢，可是他却大谈《诗经》《尚书》，这难道是一个人的真实性情吗？凡是办事不近人情的，很少不是大奸大恶之徒，竖刁、易牙、开方就是这一类的人。借助当世最崇高的名声，来掩盖没有呈现出来的祸患，虽然有励精图治的君主和推崇贤能的宰相，也还是会推举、任用这个人的。那么，他成为天下的祸患是必定无疑的了，这并非王衍、卢杞所能比的。

孙子说："善于用兵的人，并没有赫赫之功。"如果这个人没有被重用，那么我的话就会被认为是错的，而这个人也会发出不遇明主的慨叹。谁又能知道他造成的祸患将会达到这种地步呢？如果不是这样，那么天下人将遭受他的祸害，而我也会获得有远见的名声，那就太可悲了！

⑦ 今有人：指王安石。⑧ 夷、齐：伯夷，叔齐。两人都是商朝末年孤竹国国君的儿子，以忠正廉洁著称于世。⑨ 浣（huàn）：洗濯。⑩ 囚首丧面：形容不注意修饰。⑪ 奸慝（tè）：奸邪，邪恶。

心术

— 苏洵 —

背景介绍

时　　间：在公元1047年—1066年间

事件起因：宋代从开国之初直至覆灭，外患始终不断。作者所处的时代，北方有强大的辽国，西北又有西夏，都是劲敌。因此，当时的文人多喜欢撰文议论用兵之术。

简介

　　本文从治心、尚义、养士、智愚、知敌、自爱、出奇、守备八个方面论述用兵之道。文中所反映的大部分观点在今天仍有借鉴意义。

为将之道，当先治心，泰山崩于前而色不变，麋鹿兴于左而目不瞬❶，然后可以制利害，可以待敌。

凡兵上义❷，不义，虽利勿动。非一动之为利害，而他日将有所不可措手足也。夫惟义可以怒士，士以义怒，可与百战。

凡战之道，未战养其财，将战养其力，既战养其气，既胜养其心。谨烽燧❸，严斥堠❹，使耕者无所顾忌，所以养其财；丰犒而优游之，所以养其力；小胜益急，小挫益厉，所以养其气；用人不尽其所欲为，所以养其心。故士常蓄其怒、怀其欲而不尽。怒不尽则有馀勇，欲不尽则有馀贪。故虽并天下，而士不厌兵，此黄帝之所以七十战而兵不殆也。不养其心，一战而胜，不可用矣。

凡将欲智而严，凡士欲愚。智则不可测，严则不可犯，故士皆委己而听命，夫

做将领的原则，首先应当修养心性。即使泰山在眼前崩塌，也能做到面不改色，麋鹿突然从身边奔过，也能做到不眨眼睛，只有这样，才可以把握战争形势变化的利害关系，才可以对付敌人。

军事崇尚正义。如果不是出于正义，即使有利可图，也不要行动。并不是怕一行动就会造成失败，而是怕将来会落到手足无措的地步。只有正义才能激愤士卒，当士卒激起义愤时，就可以百战百胜了。

作战的措施大致是：战前要积蓄财力物力，临战时要养精蓄锐，战争开始后要培养士气，胜利后要修养心性。谨慎认真地做好警报工作，严密安排哨兵侦察瞭望，使种田的人没有顾忌，安心耕种，用这来积蓄财物；给予士兵丰厚的犒赏，使他们能够充分地放松修整，以此来养精蓄锐；打了小胜仗要振作精神，吃了小败仗更要给予激励，用这来培养士气；用人时不要完全满足他的所有要求，以此来修养心性。所以，用兵就是要使士兵常常胸怀义愤，有所希求而没有完全得到满足。义愤不能全部爆发就勇气十足，欲望没有完全得到满足就会继续追求。所以即使统一了天下，士兵们也不会厌恶战争。这就是黄帝的士兵经历了七十多次战争后，仍然不懈怠的原因。如果不修养心性，打了一次胜仗，这支军队也就不能继续作战了。

凡是做将帅的，必须足智多谋而又号令严明，士兵则应当愚昧一点。足智多谋，就会使人感到深不可测，号令严明，就会使人感到凛然不可侵犯，因此士兵都能不顾自己而听从号

❶ 左：附近，眼前。瞬：眨眼。❷ 上义：尊重道义。上，同"尚"，崇尚。❸ 烽燧（suì）：报警的烽火，白天称燧，晚上称烽。❹ 斥堠（hòu）：原指探望敌情的土堡，这里指瞭望。

安得不愚？夫惟士愚，而后可与之皆死。

凡兵之动，知敌之主，知敌之将，而后可以动于险。邓艾缒兵于蜀中⑤，非刘禅之庸，则百万之师可以坐缚，彼固有所侮而动也。故古之贤将，能以兵尝敌，而又以敌自尝，故去就可以决⑥。

凡主将之道，知理⑦而后可以举兵，知势⑧而后可以加兵，知节而后可以用兵。知理则不屈，知势则不沮，知节则不穷。见小利不动，见小患不避，小利小患，不足以辱吾技也，夫然后有以支⑨大利大患。夫惟养技而自爱者，无敌于天下。故一忍可以支百勇，一静可以制百动。

兵有长短，敌我一也。敢问："吾之所长，吾出而用之，彼将不与吾校；吾之所短，吾蔽而置之，彼将强与吾角，奈何？"曰："吾之所短，吾抗而暴之，

令，怎么能不愚昧呢？只有士兵愚昧，将帅才能够与他们同生共死。

凡是军事行动，必须了解敌方主帅和将领的情况，然后才可以采取冒险行动。三国时魏将邓艾用绳索挂着士兵翻山越岭，偷袭蜀汉，如果不是后主刘禅昏庸无能，那么邓艾的百万大军就会束手被擒，邓艾本来就是轻视他们才冒险行动的。所以，古时候贤明的将帅，既能以自己的兵力去试探敌方的虚实，又能根据敌方的强弱，准确地估计自己的力量，因此，他对是进攻还是避战撤退，都能作出自己的决断。

主将的治军原则，必须是在通晓事理后才可以起兵，了解敌我情势后才可以增兵，知道有所节制后才可以指挥战斗。通晓事理则理不亏，了解敌我情势则能保持不败，知道节制则不会陷入困境。见了小利不发兵，见了小患不避让，因为这些小利小患，不值得我施展才略，只有做到这一步，才可以应对大利大患。只有胸怀智慧谋略善于培养自己的各种本领，又能珍爱自己军队的人，才能无敌于天下。因此，一个"忍"字，可以应对上百次的无谋之勇，一个"静"字，可以制服上百次的轻举妄动。

军队各有长处和短处，这在敌方和我方都是一样的。那么请问："我军的长处，我拿出来利用它，但敌军不与我较量；我军的短处，我掩藏起来搁置一边，而敌军却偏要与我较量，该怎么办呢？"回答说："我军的短处，我故意显露出来，使敌军产生疑虑而退却；我军的长处，我暗中藏起来，让敌军疏忽大意而落入我

⑤ 邓艾：三国时魏将，曾领兵从深山险道进攻蜀汉，兵至成都城下，蜀汉后主刘禅投降，蜀汉灭亡。缒：系在绳子上从高处放下来。⑥ 去就：离开或者进攻。⑦ 理：这里指战争的基本规律。⑧ 势：这里指敌我双方的形势。⑨ 支：撑，对付，应对。

使之疑而却；吾之所长，吾阴而养之，使之狎而堕其中，此用长短之术也。"

善用兵者，使之无所顾，有所恃。无所顾，则知死之不足惜；有所恃，则知不至于必败。尺箠当猛虎，奋呼而操击，徒手遇蜥蜴，变色而却步，人之情也。知此者，可以将矣。袒裼⑩而案剑，则乌获⑪不敢逼；冠胄衣甲，据兵而寝，则童子弯弓杀之矣。故善用兵者以形固。夫能以形固，则力有馀矣。

注释

⑩ 袒裼（tǎn xī）：脱衣露体。⑪ 乌获：战国时秦国大力士。

译文

的圈套，这就是运用长处和短处的策略。"

善于用兵打仗的人，应该使士卒无所顾忌，又要使士卒有所依靠。无所顾忌，就明白战死不值得可惜；有所依靠，就知道不至于一定失败。一个人手中有了一尺长的鞭子，碰上猛虎，就会大声喊叫，拿起鞭子去攻击虎；可如果两手空空，遇到一条四脚蛇，也会吓得脸上变色而却步不前。这是人之常情。明白这个道理，就可以为将带兵了。如果袒胸露臂，而手执利剑，那么乌获那样的大力士也不敢逼近；如果戴着头盔，身穿战甲，却抱着武器睡大觉，那么小孩也可以拉弓射箭，将他杀死。所以善于用兵打仗的人，能利用形势来巩固军队的阵容。而那些能够利用形势来巩固自己的人，他的战斗力量就威力无穷了。

张益州画像记

— 苏洵 —

背景介绍

时　　间：公元 1054 年

人　　物：张方平

事件起因：宋仁宗至和元年，益州地区发生骚乱，朝廷委派张方平去处理这一事件，很快便稳定了局势，恢复了社会秩序。两年后，张方平奉召回京，当地人民非常感谢他，为之画像留念。

简介

全篇除了叙述张方平安定益州骚乱的事情始末，还强调了他在缓和朝廷与蜀中民众紧张关系方面的作为。

原文

至和元年秋，蜀人传言，有寇至边。边军夜呼，野无居人。妖言流闻，京师震惊。方命择帅，天子曰："毋养乱，毋助变，众言朋兴❶，朕志自定。外乱不作，变且❷中起。既不可以文令，又不可

注释

❶ 众言朋兴：各种说法同时兴起。 ❷ 且：将。

译文

至和元年秋天，有谣言从蜀地传过来，有强盗到边境上来了。边境防守军队夜里惊呼，郊外也没有人敢居住了。谣言四起，震动了京城。正当朝廷准备下令选派将帅时，皇帝说："不要姑息延误酿成祸乱，也不要轻率调兵致使变乱发生，尽管谣言蜂起，但朕的主意已经拿定。外患不能够解决，事变将会在内部引起来的。这事既不能用文书命令让他们遵守法度，也不能用武力去同他们较量，只需要一两个大臣。谁能兼用文的感召教化和武力较量两种方法，朕

以武竞，惟朕一二大吏。孰为能处兹文武之间，其命往抚朕师？"乃推曰："张公方平其人。"天子曰："然。"公以亲③辞，不可，遂行。冬十一月，至蜀。至之日，归屯军，撤守备，使谓郡县："寇来在吾，无尔劳苦。"明年正月朔旦，蜀人相庆如他日，遂以无事。又明年正月，相告留公像于净众寺，公不能禁。

眉阳苏洵言于众曰："未乱易治也，既乱易治也。有乱之萌，无乱之形，是谓将乱。将乱难治，不可以有乱急，亦不可以无乱弛。惟是元年之秋，如器之敧④，未坠于地。惟尔张公，安坐于其旁，颜色不变，徐起而正之。既正，油然而退，无矜容。为天子牧小民不倦，惟尔张公。尔繄以生⑤，惟尔父母。且公尝为我言：'民无常性，惟上所待。人皆曰蜀人多变，于是待之以待盗贼之意，而绳之以绳盗贼之法。重足屏息⑥之民，而以鑕斧⑦令，于是民始忍以其父母妻

就派谁去安抚军队。"大家推举说："张公方平就是这样的人。"天子说："可以。"张公却借口要奉养父母推辞，皇帝不允许，张公就奉命出行。冬天的十一月，张公到了蜀地。到达的那天，张公就下令让驻军回去，撤除了边境的守备，并派人到各郡县去告谕说："敌寇来了全由我负责，用不着你们劳累。"第二年的正月初一早上，蜀地百姓像往常一样相互庆贺新年，从此也就平安无事了。又过了一年的正月，百姓私下里商量在净众寺里摆放张公的画像。张公无法禁止大家。

眉阳人苏洵对众人说："没有发生祸乱，还是很容易控制的，即使变乱已经发生，也容易治理。有骚乱正在酝酿中，但还没有发生实际骚乱，这叫作将要骚乱。将要骚乱的状况是最难治理的，既不能因有骚乱的萌芽而操之过急，也不能因为骚乱还没发生就放松警惕。至和元年秋天蜀中的局势，好像是器物现在已经倾斜，可是还没有倒地的情形。只有你们的张公，安稳地坐在旁边，面不改色，慢慢地站起来，扶正了它。扶正之后，他又慢慢地坐下，而且没有骄矜自夸的神情。帮助皇帝治理百姓而不知疲倦的，只有你们的张公。你们全靠他才能生存下来，他就是你们的父母。而且张公曾经对我说过：'老百姓的性情是可以改变的，只是要看官吏怎么对待他们。人们都说蜀人多变，这

③ 亲：父母。④ 敧（qí）：倾侧，歪。⑤ 尔繄（yī）以生：即"尔以繄生"。繄，此。⑥ 重（chóng）足屏息：指因恐惧叠足而立不敢移动，不敢呼吸。重足，并起双脚。⑦ 鑕斧：指刑具。鑕，同"砧（zhēn）"。

子之所仰赖之身，而弃之于盗贼，故每每大乱。夫约之以礼，驱之以法，惟蜀人为易。至于急之而生变，虽齐鲁亦然。吾以齐鲁待蜀人，而蜀人亦自以齐鲁之人待其身。若夫肆意于法律之外，以威劫齐民❽，吾不忍为也。'呜呼，爱蜀人之深，待蜀人之厚，自公而前，吾未始见也。"皆再拜稽首❾曰："然。"

苏洵又曰："公之恩，在尔心；尔死，在尔子孙。其功业在史官，无以像为也。且公意不欲，如何？"皆曰："公则何事于斯？虽然，于我心有不释❿焉。今夫平居⓫闻一善，必问其人之姓名，与其邻里之所在，以至于其长短大小美恶之状，甚者或诘⓬其平生所嗜好，以想见其为人。而史官亦书之于其传，意使天下之人，思之于心，则存之于目。存之于目，故其思之于心也固。由此观之，像亦不为无助。"苏洵无以诘，遂为之记。

注释

❽ 齐民：指平民百姓。❾ 稽（qǐ）首：古时的一种跪拜礼，叩头至地，是九拜中最恭敬的。❿ 不释：放不下。⓫ 平居：平日，平素。⓬ 诘（jié）：追问。

样，就用对待盗贼的态度去对待他们，用处理盗贼的法令去惩罚他们。那些百姓本来就已经很害怕了，现在还用残酷的刑罚对待，这样，百姓才狠下心来抛弃父母妻儿，不顾性命，去投靠盗贼，所以往往酿成大乱。如果用礼义去约束他们，用法度去役使他们，蜀人是容易管理的。至于为政太苛逼迫他们而发生变乱，即使是在号称礼乐之邦的齐鲁之地，也会这样。我用对待齐鲁百姓的方法来对待他们，而蜀人也会用齐鲁地方百姓的标准来约束自己。假如任意胡来不按法律来办事，一味靠武力来威胁平民，我不忍心这样做呀！'唉！爱护蜀人如此深厚，对待蜀人如此仁慈，在张公以前的官员中，我不曾看见过呢。"大家听了，一齐重新行礼说："是这样的。"

苏洵又说："张公的恩德，一定要记在心里，将来你们死了，就铭记在你们子孙的心里。他的功绩将由史官来记载，不必画像了。况且张公不想这样做，你们看怎么办呢？"大家都说："张公怎么会在乎画像？虽然如此，我们的心里很是过意不去的。现在就是平时在家里听说有人做了一件好事，都必定要问一问那人的姓名和他所住的地方，以至于他身材的高矮、年岁的大小、容貌的美丑等，甚至有的人还要问到他的生平和嗜好，是为了更好地推测他的为人。史官也会把这些情况写在他的传记里，用意是让天下的人，不仅在心里都纪念着他的为人，而且在眼里也能看见他的事迹。在人们的眼睛中时常闪现他的事迹，所以心里对他的纪念之情也就牢固了。这样看来，画像也不是没有用。"苏洵再无追问的了，就为他们写了这篇画像记。

公南京人，为人慷慨有大节，以度量雄天下。天下有大事，公可属⑬。系之以诗曰："天子在祚⑭，岁在甲午。西人传言，有寇在垣⑮。庭有武臣，谋夫如云。天子曰嘻，命我张公。公来自东，旗纛舒舒⑯。西人聚观，于巷于涂。谓公暨暨⑰，公来于于⑱。公谓西人：'安尔室家，无敢或讹。讹言不祥，往即尔常。春尔条桑，秋尔涤场⑲。'西人稽首，公我父兄。公在西圃，草木骈骈⑳。公宴其僚，伐鼓渊渊㉑。西人来观，祝公万年。有女娟娟，闺闼㉒闲闲。有童哇哇，亦既能言。昔公未来，期汝弃捐。禾麻芃芃㉓，仓庾崇崇㉔。嗟我妇子，乐此岁丰。公在朝廷，天子股肱㉕。天子曰归，公敢不承？作堂严严，有庑㉖有庭。公像在中，朝服冠缨。西人相告，无敢逸荒。公归京师，公像在堂。"

张公是南京人，为人慷慨豪迈而又节操高尚，以器度宽广闻名于天下。国家有重大事情，是可以托付给他的。我在文章末尾附一首诗来记述他的事迹：大宋皇帝坐龙廷，甲午之年日月新。忽闻蜀人传谣言，道是敌寇犯边境。朝廷武将彬彬立，文臣谋士聚如云。皇帝有旨志自定，派我张公往抚平。张公方平来东方，西风猎猎大旗扬。蜀人争相观重臣，街巷填满无余空。皆言张公貌坚毅，神情镇静且从容。张公温言劝蜀人："各自还家且安顿，谣言莫传自安宁。语言本非吉祥物，料理生计农道正。春日采桑剪柔枝，秋高打谷实粮囤。"蜀人叩头拜张公：公似父母又如兄。公在蜀中西园里，草木茂盛都葱葱。公开筵席请同僚，奏乐击鼓响咚咚。蜀人庆贺来观望，共祝公寿万年长。蜀中少女多窈窕，闺阁娴静媚妖娆。蜀中婴儿话咿呀，如今已会学人语。当初张公未到时，心肝只怕要遗弃。如今庄稼多丰茂，宽阔粮仓立两道。妇女儿童生蜀中，丰年欢喜非常情。张公本是朝中臣，皇帝左右得力人。今有圣旨召回归，张公怎敢不遵命？建起殿堂真庄严，既有房廊又有庭。张公画像挂殿中，穿着朝服结冠缨。蜀人劝勉相告诫，不再急惰起逸心。张公放心回京城，像挂殿堂传美名。

⑬ 属（zhǔ）：托付。⑭ 祚（zuò）：帝位。⑮ 垣：墙。这里指边境。⑯ 纛（dào）：古代仪仗队或军队的大旗。舒舒：军旗飘扬的样子。⑰ 暨暨：果敢坚毅的样子。⑱ 于于：从容自信的样子。⑲ 条：修剪。涤场：打扫打谷场。⑳ 骈骈：草木繁茂的样子。㉑ 伐鼓：击鼓。渊渊：鼓声舒缓的样子。㉒ 闺闼（tà）：女子住的内屋。㉓ 芃芃（péng）：茂盛的样子。㉔ 庾（yǔ）：露天谷仓。崇崇：高耸的样子。㉕ 股肱（gōng）：比喻左右辅助得力的人。股，大腿。肱，肘臂到肩的部分。㉖ 庑（wǔ）：厅堂四周的廊屋。

刑赏忠厚之至论

— 苏轼 —

背景介绍

时　　间：公元 1057 年

事件起因：宋代王安石执政后，便对取士制度进行改革，改用经义，以发表政治见解的时务策作为考试的主要内容，来选拔一些通经致用的人才，为变法服务。本篇便是宋仁宗嘉祐二年苏轼参加礼部进士考试时创作的文章。

简介

该篇从刑罚和爵赏各自本来的功能出发，推究古代圣君无论赏罚均以爱民忧民为本，阐发了儒家的仁政思想，即"以君子长者之道待天下，使天下相率而归于君子长者之道"的主张。

原文

尧、舜、禹、汤、文、武、成、康之际，何其爱民之深，忧民之切，而待天下以君子长者之道也！有一善，从而赏之，又从而咏歌嗟叹之；所以乐其始而勉其终。有一不善，从而罚之，又从而哀矜惩创❶之，所以弃其旧而开其新。故其"吁""俞"之声❷，欢忻❸惨戚，见于虞、夏、商、周之书。成、康既没，穆王立而周道始衰，然犹命其臣吕侯而告之以祥刑❹。其言忧而不伤，威而不怒，慈爱而能断，恻然有哀怜无辜之心，故孔子犹有取焉。

"传"曰："赏疑从与，所以广恩也；罚疑从去，所以慎刑也。"当尧之时，皋陶为士，将杀人，皋陶曰"杀之"三，尧曰"宥❺之"三，故天下畏皋陶执法之坚，而乐尧用刑之宽。四岳曰鲧可用，尧曰："不可，鲧方命圮❻族。"既而曰："试之。"何尧之不听皋陶之杀人，而从四岳之用鲧也？然则圣人之意，盖亦可见矣。《书》曰："罪疑惟轻，功疑惟重。

译文

唐尧、虞舜、夏禹、商汤、周文王、武王、成王、康王的时候，他们爱护人民何其深厚，关心人民何其真切，用君子长者的态度来对待天下人！有人做了一件善事，就及时奖赏他，用唱歌赞美他，为他有一个好开始而高兴，并勉励他取得好结果。有人做了一件坏事，就及时处罚他，又对他表示同情并加以劝诫，这是帮助他摈弃旧日错误开始新生。所以那些表示同意和不同意的声音，欢喜和忧伤的感情，在虞、夏、商、周各代的文献中都可见到。成王和康王逝世后，周穆王即位，周王朝的王道开始衰微，但是穆王还吩咐臣子吕侯，告诉他谨慎地使用刑罚。他说的话忧愁而不悲伤，威严而不愤怒，慈爱而能决断，有哀怜无罪者的好心肠，所以孔子对此还有所肯定。

《尚书》中说："奖赏人，如果有怀疑也应该奖赏，为的是扩大恩泽；处罚人，如果有怀疑宁可赦免，为的是谨慎使用刑罚。"唐尧当政时，皋陶是掌管刑法的官，将要处死一个罪犯，皋陶说三次杀掉他，帝尧却接连三次说赦免他。所以天下人都害怕皋陶执法坚决，而赞美帝尧用刑宽大。四岳说鲧可以任用，帝尧说："不行，鲧违抗命令，残害族人。"过了一会儿又说："试试他吧。"为什么帝尧不听皋陶处死犯人的主张，却听四岳任用鲧的建议呢？圣人的心意，由此可以见到了。《尚书》中说："对罪

注释

❶ 哀矜（jīn）：怜悯。惩创：惩戒。❷ 吁（xū）：表示不以为然的叹息声。俞：表示应允的声音。❸ 忻：喜悦。❹ 祥刑：善于用刑。❺ 宥（yòu）：宽容，饶恕，赦免。❻ 方：违抗。圮（pǐ）：毁坏。

与其杀不辜，宁失不经⑦。"呜呼！尽⑧之矣。可以赏，可以无赏，赏之过乎仁；可以罚，可以无罚，罚之过乎义。过乎仁，不失为君子；过乎义，则流而入于忍人。故仁可过也，义不可过也。

古者赏不以爵禄，刑不以刀锯。赏以爵禄，是赏之道行于爵禄之所加，而不行于爵禄之所不加也；刑以刀锯，是刑之威施于刀锯之所及，而不施于刀锯之所不及也。先王知天下之善不胜赏，而爵禄不足以劝⑨也，知天下之恶不胜刑，而刀锯不足以裁也，是故疑则举而归之于仁，以君子长者之道待天下，使天下相率⑩而归于君子长者之道，故曰忠厚之至也。

《诗》曰："君子如祉，乱庶遄已。君子如怒，乱庶遄沮。"夫君子之已⑪乱，岂有异术哉？时其喜怒，而无失乎仁而已矣。《春秋》之义，立法贵严，而责人贵宽，因其褒贬之义，以制赏罚⑫，亦忠厚之至也。

行轻重拿不准，当从轻处理；对功劳大小拿不准，就从大赏赐；与其错杀一个无辜者，宁愿自己承担失刑的责任。"唉！这句话完全表现出忠厚之意。可以赏也可以不赏的，赏就是过于仁慈了；可以罚也可以不罚的，罚就是超出了道义边界。过于仁慈，还不失为一个君子；超出了道义边界，便成为残忍之人了。所以仁慈可以过度，道义边界则不容跨越。

古时不用爵位和俸禄来赏赐，不用刀锯执行刑罚。赏赐用爵位和俸禄，那么赏赐的作用便只局限在能够得到爵位和俸禄的那些功劳，而不能达到赐予爵位和俸禄的范围外。用刀锯作刑具，只对受这种刑的人起作用，对不受这种刑的人不起作用。先王知道天下的善行不可能一一赏赐，爵位和俸禄也不足以用来劝勉所有人行善，知道天下的恶行不可能一一施罚，而且刀锯之刑也不足以制裁惩罚他们，所以当赏罚有疑问时，就以仁爱之心调节，以君子长者的忠厚德行对待天下百姓，使天下百姓相互仿效君子长者的忠厚之道，所以说"疑则归仁"的原则最能体现君子的忠厚啊。

《诗经》说："君子如果欢喜，祸乱就会很快平息。君子如果恼怒，灾祸就会很快得到消弭。"君子制止祸乱，难道有什么特别的方法吗？他不过是适时地控制自己的喜怒，不偏离仁慈宽大的原则罢了。《春秋》一书的主旨，确定立法贵在严厉，而处罚贵在从宽。根据它的褒贬的意义来制定赏罚的标准及其方法，这也是忠厚到了极致啊。

⑦ 经：成规，原则。⑧ 尽：相近。⑨ 劝：劝勉，鼓励。⑩ 相率：相继，一个接一个。⑪ 已：平息。⑫ 因：依。制：控制，把握。

范增论
— 苏轼 —

背景介绍

时　　间：约公元 1057 年—1060 年间

人　　物：汉高祖（刘邦）、项羽、范增

事件起因：楚汉相争过程中，项羽摆下鸿门宴，范增劝说项羽在席间杀死刘邦，但项羽不听。后来刘邦的谋士陈平离间项羽与范增的关系，使得范增离开项羽。历史对范增的评价以同情叹息为主，苏轼以自己独特的见解就此事写了这篇文章。

简介

本篇首先简叙历史史实，接着反复分析项羽杀掉宋义之后，势必要谋害义帝，而范增必然力谏，两人的矛盾早已酿成。最后表达了对范增谋略、才干的肯定。

原文

汉用陈平计，间疏楚君臣。项羽疑范增与汉有私，稍❶夺其权。增大怒，曰："天下事大定矣，君王自为之。愿赐骸骨，归卒伍❷。"归未至彭城，疽❸发背死。苏子曰："增之去，善矣！不去，羽必杀增。独恨其不早耳。"

译文

汉高祖采用陈平的计策，离间疏远楚之君臣。项羽怀疑范增与汉刘邦暗中来住，逐渐削弱他的势力。范增大为恼火，说："天下的事情已经定局了，君王自己去治理它吧，希望您开恩准予我这把老骨头回到老家去。"范增回乡途中还没到彭城，背上就发毒疮死了。苏子说："范增走得对啊，如果不离去，项羽必定会杀死他。只遗憾他没有早些离开。"

注释

❶ 稍：渐渐。❷ 赐骸（hái）骨：准予辞官回家。骸骨：指身体。卒伍：秦代乡里基层组织，这里指家乡。

❸ 疽（jū）：恶疮。

81

然则当以何事去？增劝羽杀沛公，羽不听，终以此失天下。当于是去耶？曰：否。增之欲杀沛公，人臣之分也；羽之不杀，犹有君人之度也。增曷为以此去哉？《易》曰："知几④其神乎！"《诗》曰："相彼雨雪，先集维霰。"增之去，当于羽杀卿子冠军时也。陈涉之得民也，以项燕、扶苏；项氏之兴也，以立楚怀王孙心，而诸侯叛之也，以弑义帝。且义帝之立，增为谋主矣。义帝之存亡，岂独为楚之盛衰，亦增之所与同祸福也，未有义帝亡而增独能久存者也。羽之杀卿子冠军也，是弑义帝之兆也；其弑义帝，则疑增之本也，岂必待陈平哉？物必先腐也，而后虫生之；人必先疑也，而后谗人之。陈平虽智，安能间无疑之主哉？

吾尝论义帝，天下之贤主也。独遣沛公入关，而不遣项羽，识卿子冠军于稠人之中而擢⑤以为上将，不贤而能如是乎？羽既矫⑥杀卿子冠军，义帝必不

那么，范增应该借什么事情离开呢？范增劝项羽杀刘邦，项羽不听，结果因此失掉天下，范增应当在这个时候离去吗？我说：不对！范增建议杀刘邦，这是尽臣子的职责，项羽不杀刘邦，说明他还有君王的度量，范增为什么要借这件事离去呢？《周易》上说："能根据微小预兆知道事情的趋势，大概就是所谓神明吧！"《诗经》上说："就像下雪之前，先凝集降落的只是小雪屑。"范增离开应当在项羽杀宋义的时候。陈涉得到百姓拥护，是因为他借用了项燕和公子扶苏的名义。项氏的兴起，是因为拥立了楚怀王的孙子熊心（义帝），而后来诸侯反叛项羽，是因为项羽杀了义帝。并且立义帝一事，范增是主谋。义帝的存亡，何止关系到楚的盛衰，也和范增的祸福密切相关，不会有义帝死了，而范增却独能长久存活的道理。项羽杀宋义，是杀害义帝的前兆；他杀义帝，就是怀疑范增的根本，哪里一定要等陈平去离间呢？物体一定是先腐烂了，然后才生出虫来；人必定自己先有疑心，才会听别人的谗言。陈平虽然聪明，又怎能离间没有疑心的君主呢？

我曾经评论义帝是天下的贤明君主。他只派刘邦入关而不派遣项羽，他在众多将领中选拔重用了宋义，提拔他为上将，这样做不够贤明吗？项羽既然假托义帝的命令杀了宋义，义帝必然不能忍受。在这种情况下，不是项羽杀害义帝，就是义帝杀掉项羽，这用不着聪明人指点就可知道了。范增起初劝项梁拥立义帝，诸侯因此服从调度指挥，中途谋杀义帝，必不是范增的想法，岂但不是他的意

④几：微小。⑤擢（zhuó）：提拔。⑥矫：假托。

能堪❼，非羽弑帝，则帝杀羽，不待智者而后知也。增始劝项梁立义帝，诸侯以此服从，中道而弑之，非增之意也，夫岂独非其意，将必力争而不听也。不用其言，而杀其所立，羽之疑增，必自是始矣。

方羽杀卿子冠军，增与羽比肩❽而事义帝，君臣之分未定也。为增计者，力能诛羽则诛之，不能则去之，岂不毅然大丈夫也哉？增年已七十，合则留，不合则去，不以此时明去就之分，而欲依羽以成功名，陋❾矣！虽然，增，高帝之所畏也。增不去，项羽不亡。呜呼！增亦人杰也哉！

思，并且他必定是极力反对，而项羽不听从。不听他的话，杀害了他所拥立的义帝，项羽怀疑范增，必定是从此时开始的。

当项羽杀掉宋义时，范增和项羽都处在做义帝臣子的平等地位，还没有确定君臣名分。替范增考虑，有能力杀死项羽就杀他，不能就干脆离开他，岂不是很果断的大丈夫吗？范增的年纪已经七十岁，假使和项羽合得来就留，合不来就离开，不在此时弄清去留的分寸，却想依靠项羽而成就自己的功名，真是见识浅陋啊！虽然这样，范增毕竟是汉高祖畏惧的人。范增不离去，项羽也不会死。唉！范增也算是英雄豪杰了啊！

❼ 堪：忍受。 ❽ 比肩：并肩，意思是地位相当。 ❾ 陋：学识疏浅。

留侯论

— 苏轼 —

背景介绍

时　　间：约公元 1057 年—1060 年间

人　　物：留侯即张良，字子房

事件起因：张良家族五世相韩，韩为秦灭，张良力求为韩复仇，力图反秦。

简介

　　本文是从张良当初的"不忍"转变为"忍"的事实，说明能够忍受细小的怨恨，就能够成就远大的图谋的道理。

古之所谓豪杰之士，必有过人之节❶，人情有所不能忍者。匹夫见辱，拔剑而起，挺身而斗，此不足为勇也。天下有大勇者，卒然❷临之而不惊，无故加之而不怒，此其所挟持者甚大❸，而其志甚远也。

夫子房受书于圯上之老人也❹，其事甚怪。然亦安知其非秦之世有隐君子者出而试之？观其所以微见其意者，皆圣贤相与警戒之义，而世不察，以为鬼物，亦已过矣。且其意不在书。当韩之亡，秦之方盛也，以刀锯鼎镬❺待天下之士，其平居无事夷灭者，不可胜数。虽有贲、育，无所获施。夫持法太急者，其锋不可犯，而其势未可乘。子房不忍忿忿之心，以匹夫之力，而逞于一击之间。当此之时，子房之不死者，其间不能容发❻，盖亦危矣。千金之子，不死于盗贼，何哉？其身可爱，而盗贼之不足以

古代所谓的英雄豪杰人物，必定有超出凡人的气度，能容忍一般人无法容忍的事情。普通人一旦受到侮辱，便会拔出刀剑，挺身去搏斗，这称不上有勇德。天下那些真正勇敢的人，在面临意外时不会惊慌失措，无缘无故受到侮辱时也不会动怒，这是由于他们的抱负很伟大，而他们的志向又很高远。

张良从桥上老人那里得到兵书，这件事非常怪异。但是又怎能断定这位老人不是秦时隐居的高士，特意出来试探他的呢？观察老人含蓄地表达自己的意见，都是圣贤相互警告劝诫之意。但世人却不明白这些，以为那老人是鬼怪，这是不对的。况且老人的用意并不在那本兵书上。当韩国灭亡的时候，而秦国正强盛，秦国用各种酷刑迫害天下贤士，那些平白无故被杀戮的人，多不胜数。当时即使有孟贲、夏育这样的勇士，也都无能为力。凡是执法过分严厉的君王，他的锋芒是不能触犯的，他的威势是不可随便压制的。但张良忍耐不住愤怒之气，想凭借一个人的力量逞强于一次狙击之中。当时，张良与死亡的距离只有毫发之微，真的是太危险了。俗话说，拥有家财万贯的富家子弟，绝对不会死于盗贼之手。为什么呢？因为他们知道生命的可贵，而不值得为

❶ 过：超出。节：志节，指志向和气概。❷ 卒然：突然。卒，同"猝"。❸ 挟持：指志向，抱负。❹ 圯（yí）：即桥，古代楚方言称桥为圯。❺ 鼎镬（huò）：古代残酷的刑具，借喻以暴力待人。❻ 间不容发：比喻到了非常危险的境地。

原文

死也。子房以盖世之才，不为伊尹、太公之谋，而特出于荆轲、聂政之计，以侥幸于不死，此圯上老人所为深惜者也。是故倨傲鲜腆而深折之❼。彼其能有所忍也，然后可以就大事，故曰："孺子可教也。"

楚庄王伐郑，郑伯肉袒牵羊以迎❽。庄王曰："其主能下人，必能信用其民矣。"遂舍之。勾践之困于会稽，而归臣妾于吴者，三年而不倦。且夫有报人之志❾，而不能下人者，是匹夫之刚也。夫老人者，以为子房才有余而忧其度量之不足，故深折其少年刚锐之气，使之忍小忿而就大谋。何则？非有生平之素，卒然相遇于草野之间，而命以仆妾之役，油然❿而不怪者，此固秦皇之所不能惊，而项籍之所不能怒也。

观夫高祖之所以胜、项籍之所以败者，在能忍与不能忍之间而已矣。项籍

译文

盗贼之类的事而去死。张良凭着他超群的才干，不去策划像伊尹、太公等人的安邦定国的谋略，而只想采取荆轲、聂政这种行刺的小计策，完全因为侥幸才得以不死，这正是桥上老人为他深感惋惜的事。所以，老人在他面前故意摆出傲慢无礼的态度，狠狠地挫伤他。让他有忍耐之心，然后才可以去完成伟大的事业，所以老人说："这年轻人是可以教育的。"

楚庄王攻打郑国，郑伯袒露着胸脯，牵着羊去迎接他。楚庄王说："郑国的国君能够屈居人下，必定会得到百姓的信任并为他所用。"于是就撤兵而去。越王勾践被围困于会稽山上，就率臣下妻子投降吴国，做吴王的奴仆侍妾，长达三年也不敢懈怠。如果只有报仇的志向，却又不能屈居人下，那不过是普通人的刚烈。至于那桥上老人认为张良才华有余，又担忧他度量不足，所以才狠狠地挫伤他年轻人的刚强锐利之气，使他能够忍住小愤怒而成就大谋略。为什么这样说呢？老人与张良素昧平生，突然在乡野之间相遇，却又命令张良去做捡鞋穿鞋这种奴仆做的事情，而张良也自然而然地顺从去做而不以为怪，这也正是秦始皇不能使他惊慌，而项羽不能使他暴怒的原因。

考察汉高祖之所以取胜而项羽之所以失败的原因，就在他们能忍和不能忍的区别罢了。项羽正因为不能忍

注释

❼ 鲜腆（xiǎntiǎn）：这里指没有恭维的言辞。腆，丰厚，美好。 ❽ 肉袒（tǎn）：解开衣襟、露出肩头胸口的皮肤，表示情愿受责罚。 ❾ 报人：向人报仇。 ❿ 油然：顺从的样子。

原文

唯不能忍，是以百战百胜，而轻用其锋；高祖忍之，养其全锋而待其敝，此子房教之也。当淮阴破齐而欲自王，高祖发怒，见于词色，由是观之，犹有刚强不能忍之气，非子房其谁全之？

太史公疑子房以为魁梧奇伟，而其状貌乃如妇人女子，不称其志气。呜呼！此其所以为子房欤⑪！

译文

耐，所以百战百胜而轻易出兵；而汉高祖刘邦能够忍耐，善于保存实力，蓄养他的全部精锐等待对方疲惫之机，这正是张良教给他的。当淮阴侯韩信攻破齐国，想要自立为王时，刘邦大怒，表现在言词和神情上。由此看来，刘邦还有刚强而不能忍耐的习气，如果不是张良，又有谁能成全他呢？

太史公司马迁曾猜测张良一定是体材魁梧的人，但实际上他的体态、容貌竟像女子一般，与他的志气很不相称。唉，这就是张良之所以是张良的缘故吧！

注释

⑪ "此其"一句：意思是说，张良相貌柔弱，而志节过人，经桥上老人指点，能够忍人之所不能忍，这正是张良的长处。欤（yú）：句尾叹词。

贾谊论

— 苏轼 —

背景介绍

时　　间：约公元 1057 年—1060 年间
人　　物：贾谊（公元前 200 年—公元前 168 年），
　　　　　西汉前期政治思想家
事件起因：苏轼在嘉祐二年到嘉祐五年，4 年时间先
　　　　　后写有 25 篇《进策》、25 篇《进论》，这
　　　　　些策论基本上系统阐述了他的政治思想和
　　　　　主张。《贾谊论》是《进论》中的一篇。

简介

　　本篇首先写出一个人要有才能并不难，怎么使自己的才能获得发挥却是很难。接着指出贾谊不得汉文帝重用，是因为自身对政治的修养不够。全文紧扣贾谊失意而终展开，对贾谊的人格特质进行了深入分析。

原文

　　非才之难，所以自用❶者实难。惜乎！贾生王者之佐，而不能自用其才也。

　　夫君子之所取者远，则必有所待；所就者大，则必有所忍。古之贤人，皆负可致❷之才，而卒不能行其万一者，未

译文

　　有才能并不难，要使自己的才能施展出来实在不容易。可惜啊！贾谊有辅佐帝王的大才，却不善于使用自己的才能。

　　君子要想实现远大志向，就一定要等待时机；要想成就宏伟的事业，那就一定要有所忍耐。古代的贤人，都有建功立业的才能，最终却不能发挥它的万分之一，这未必都是当时

注释

❶ 自用：发挥自己的才能。 ❷ 致：成就功业。

必皆其时君之罪，或者其自取也。

愚观贾生之论，如其所言，虽三代何以远过？得君如汉文，犹且以不用死。然则是天下无尧舜，终不可有所为耶？仲尼圣人，历试于天下，苟非大无道之国，皆欲勉强扶持，庶几❸一日得行其道。将之荆，先之以冉有，申之以子夏。君子之欲得其君，如此其勤也。孟子去齐，三宿而后出昼，犹曰："王其庶几召我。"君子之不忍弃其君，如此其厚也。公孙丑问曰："夫子何为不豫❹？"孟子曰："方今天下，舍我其谁哉？而吾何为不豫？"君子之爱其身，如此其至也。夫如此而不用，然后知天下果不足与有为，而可以无憾矣。若贾生者，非汉文之不能用生，生之不能用汉文也。

夫绛侯亲握天子玺而授之文帝，灌婴连兵数十万，以决刘吕之雌雄，又皆高帝之旧将，此其君臣相得之分，岂特父子骨肉手足哉？贾生，洛阳之少年，欲使其一朝之间，尽弃其旧而谋其新，亦已难矣。为贾生者，上得其君，下得

君主的过错，也有可能是他们自己造成的。

我看贾谊的言论，如果真能按他所主张的那样治理，即使是夏、商、周三代又怎能远远超过他？贾谊遇上了汉文帝这种贤君，尚且因未能尽才而郁郁死去，那么天下没有尧、舜，就注定不能有所作为吗？孔子是个圣人，遍游天下各诸侯国以求一试自己的治国之道，只要不是极端无道的国家，他都想勉力扶助，希望有一天能实行他的治国之道。孔子将要到楚国去应聘，先让冉有去了解情况，再让子夏去了解情况，以表明自己的意向。君子想遇上信任自己的君主，是这样的辛勤不舍。孟子离开齐国时，在临淄住了三夜才走，还说："齐王也许还会召我。"君子不忍心舍弃他的国君，情意是如此的深厚。公孙丑问道："先生为什么不高兴？"孟子说："当今的天下，除了我还能有谁担当治理国家的重任呢？我为什么要不高兴？"君子爱惜自己是这样的无微不至。如果这样做了还不被任用，然后才断定天下确实不值得奋发有为，回去隐居也没有遗憾了。至于像贾谊这样，并不是汉文帝不用他，而是贾谊不能利用汉文帝来施展自己的政治抱负啊。

绛侯周勃亲自捧着皇帝的玉玺交给汉文帝，灌婴曾联合数十万兵力来决定刘、吕两大政治势力的胜负，他们都是汉高祖的老部将，其中君臣之间生死与共、相互投合的亲密情分，不是一般父子骨肉之间的感情所能比拟的。贾谊不过是洛阳城里的一个年轻后生，却想让皇帝在一朝一夕的短时间里，完全抛弃元老勋臣和定好的

❸ 庶几：也许可以。表示希望。 ❹ 豫：高兴。

其大臣，如绛灌之属，优游浸渍⑤而深交之，使天子不疑，大臣不忌，然后举天下而唯吾之所欲为，不过十年，可以得志。安有立谈之间，而遽⑥为人痛哭哉？观其过湘为赋以吊屈原，萦纡⑦郁闷，趯然有远举⑧之志。其后卒以自伤哭泣，至于夭绝，是亦不善处穷者也。夫谋之一不见用，则安知终不复用也？不知默默以待其变，而自残至此。呜呼！贾生志大而量小，才有余而识不足也。

古之人，有高世之才，必有遗俗之累。是故非聪明睿智⑨不惑之主，则不能全其用。古今称苻坚得王猛于草茅之中，一朝尽斥其旧臣而与之谋。彼其匹夫略⑩有天下之半，其以此哉！愚深悲生之志，故备论之。亦使人君得如贾生之臣，则知其有狷介⑪之操，一不见用，则忧伤病沮⑫，不能复振，而为贾生者，亦谨其所发⑬哉！

⑤优游：从容不迫的样子。浸渍：慢慢渗透。 ⑥遽（jù）：突然。 ⑦萦纡（yíngyū）：盘旋弯曲，回旋曲折。 ⑧趯（tì）然：心情激动或冲动的样子。远举：高飞。这里意思是退隐。 ⑨睿智：见识卓越，富有远见。 ⑩略：夺取。这里指占有。 ⑪狷（juàn）介：正直孤傲。 ⑫病沮（jǔ）：灰心丧气。 ⑬所发：所言。这里指立身处世。

国策，另搞新的一套，就太难了。作为贾谊这样的人，应该设法在上面取得皇帝的信任，在下面能够得到周勃、灌婴这班元老大臣的支持，跟他们搞好关系，逐渐同他们结成深交，使皇帝不猜疑他，大臣不忌恨他，这样，整个国家就会按自己的主张去治理了，不超过十年，就能实现自己的志向。哪有在刚见面站着交谈的顷刻之间，就突然与皇帝谈论值得痛哭流涕的天下形势呢？我见他经过湘水作赋凭吊屈原，心中忧郁愁闷，心情激荡不安，有高飞远举的退隐之意，后来终于因为自己怀才不遇、忧伤哭泣而过早去世，这正是不善于在困窘不得志的逆境中生存的表现啊。谋划一次没有被采用，怎么知道就永远不再被采用呢？不懂得默默地等待形势的变化，却自我摧残到这种地步。唉！贾谊是志向远大而器量狭小，才能有余而见识不足啊。

古代的人，有出类拔萃的才能，也一定有鄙弃世俗而导致的不利。因此没有英明智慧、不受蒙蔽的君主，就不能充分使用他们的才能。古往今来，人们都称赞前秦苻坚在草野百姓中得到王猛，短时间里全部撇开他的旧臣而跟王猛一人商议国事。像苻坚那样一个平常之辈而夺取了半个天下，大概就因为这一点吧！我深深地同情贾谊的志向，所以详尽地加以讨论，也是为了让做君主的知道，假如得到贾谊这种臣子，就应当了解这类人有孤傲不群的性格，一旦不被任用，就会忧郁伤感乃至沮丧颓废，不能重新振作起来，而作为贾谊这样的才子，也应谨慎地对待自己的立身处世啊！

晁错论

— 苏轼 —

背景介绍

时　　间：约公元 1056 年—1063 年间

人　　物：晁错，西汉杰出的政治家和政论家，曾担任汉景帝的御史大夫

事件起因：鉴于当时诸侯王的势力日益膨胀，他便向景帝提出"削藩"的建议，景帝采纳而实行，结果激起了吴、楚等七国借口诛杀晁错而发动的叛乱。景帝只好杀晁错"以谢天下"。

简介

本文是苏轼总结晁错削藩失败的教训，得出晁错被杀的根本原因在于自己，也就是"自祸"，而非景帝之过错。

天下之患，最不可为者，名为治平无事，而其实有不测之忧。坐观其变而不为之所❶，则恐至于不可救；起而强为之，则天下狃❷于治平之安而不吾信。惟仁人君子豪杰之士，为能出身为天下犯大难，以求成大功。此固非勉强期月之间，而苟以求名之所能也。天下治平，无故而发大难之端，吾发之，吾能收之，然后有辞于天下。事至而循循焉欲去之，使他人任其责，则天下之祸，必集于我。

昔者晁错尽忠为汉，谋弱山东之诸侯。山东诸侯并起，以诛错为名；而天子不之察，以错为之说。天下悲错之以忠而受祸，不知错有以取之也。

古之立大事者，不惟有超世之才，亦必有坚忍不拔之志。昔禹之治水，凿龙门，决大河，而放之海。方其功之未成也，盖亦有溃冒冲突❸可畏之患。惟能前知其当然，事至不惧，而徐❹为之图，是以得至于成功。夫以七国之强而骤削之，

天下的祸患，最难处理的是表面上太平无事，但实际上却隐藏着不可预测的危机。眼看着事情发生变化，却不去想办法解决，恐怕就会发展到不可收拾的局面。如果一开始就勉勉强强地解决这些隐患，那么天下的人由于习惯了社会表面的安定，而不会信任我。只有那些仁人志士、杰出的人物，才能不怕艰险挺身而出为国家效力，以求建立功勋。这本来就不是那些希望在短时期内获得名利的人所能做到的事情。天下安定太平，突然无缘无故引发灾难，要做到我能发起它，我又能解决它，才能在天下人面前有话可说。如果事到临头却想畏畏缩缩地避开它，让别人去承担责任，那么灾难的罪魁祸首就是自己了。

当年晁错忠心耿耿为汉朝出力，谋划削弱山东各国诸侯王的势力。山东诸侯王合力起兵，借诛杀晁错的名义反叛朝廷。皇帝不曾洞察到他们的险恶用心，就抛出晁错来向诸侯解释。天下人都替晁错惋惜，认为他尽忠朝廷反遭杀身之祸，却不知晁错被杀也是他咎由自取啊。

自古能够建立大功业的人，不仅有超出世俗的才能，同时也必须有坚忍不拔的意志。从前夏禹治理洪水，凿开龙门堤口，疏通大河，把黄河的水疏导到大海中去。当他的治水功业尚未完成时，也存在堤坝被冲毁、洪水横冲直闯那种可怕的灾难，只因他事先预料到这些可能发生的情况，灾难来了也不惊慌失措，而是从容不迫地规划解决，所以才获得了最后的成功。以七国诸侯这样强盛的势力，想骤然削弱他们的土地，他们起来反抗，这有什么奇怪的呢？晁错在这个时候不为国家捐躯，不为天下人站到

❶ 所：处所，这里指解决问题的措施。❷ 狃（niǔ）：习以为常。❸ 溃冒冲突：洪水冲破堤防，横冲直闯。突，水势奔腾。❹ 徐：缓慢，这里有从容之意。

其为变岂足怪哉？错不于此时捐其身，为天下当大难之冲，而制吴楚之命，乃为自全之计，欲使天子自将而己居守。且夫发七国之难者谁乎？己欲求其名，安所逃其患？以自将之至危，与居守之至安，己为难首，择其至安，而遣天子以其至危，此忠臣义士所以愤怨而不平者也。当此之时，虽无袁盎，亦未免于祸。何者？己欲居守，而使人主自将，以情而言，天子固已难之矣，而重违其议，是以袁盎之说，得行于其间。使吴楚反，错以身任其危，日夜淬砺❺，东向而待之，使不至于累其君，则天子将恃之以为无恐。虽有百盎，可得而间哉？

嗟夫！世之君子欲求非常之功，则无务为自全之计。使错自将而讨吴楚，未必无功。惟其欲自固其身，而天子不悦，奸臣得以乘其隙。错之所以自全者，乃其所以自祸欤！

抵挡大难的前列，消灭吴、楚等国的力量，却只为保全自己着想，怂恿皇帝亲自带兵出征，自己留守后方。那么引发七国叛乱的又是谁呢？自己既想求得名誉，又怎能逃避由此而来的祸患呢？亲自出征是极其危险的事情，而留守后方则是很安全的，你是引发这场祸乱的罪魁祸首，却选择留守后方，把极其危险的事推给皇上去做，这就是忠臣义士感到愤怒而无法忍受的原因。这个时候，即使没有袁盎这个人，晁错也不会幸免于难的。为什么呢？因为晁错想留守后方，却让皇帝亲自出征。从情理上说，皇帝对此已经很难忍受了，加上许多大臣屡次讨论晁错的错误，所以袁盎的谗言就发生了作用。如果吴、楚反叛，晁错挺身而出，承担危险的任务，昼夜练兵，做好防守东边的准备，也不至于使自己的君王受牵累，那么皇帝就会依赖晁错而不会畏惧。就算有一百个袁盎，他们能找到离间君臣的机会吗？

唉！世上的君子想要建立丰功伟绩，就不要为保全自己考虑。如果晁错自己率兵讨伐吴、楚，未必就不能成功，就因为他只想着保全自己，而使皇帝不高兴，奸臣这才能够乘隙而入。晁错保全自己的计策，正是他遭到杀身之祸的原因啊！

❺ 淬（cuì）砺：淬，把刀烧红放入水中使之坚硬。砺，把刀磨快。这里是操劳的意思。

上梅直讲[1]书

— 苏轼 —

背景介绍

时　　间：公元 1057 年

事件起因：苏轼在开封考试，主考官为欧阳修，参评官为梅尧臣，他们非常欣赏苏轼的《刑赏忠厚之至论》，苏轼非常感激，于是写了这封信给梅尧臣。

简介

　　作者在书信中把周公和孔子进行比较，说明了只有原则、思想相同的朋友才能相互取悦的道理。在文中，苏轼又用孔子和弟子对比欧、梅与自己的关系，表达出了遇到知心朋友的快乐以及自己内心的远大抱负。

注释

❶ 梅直讲：北宋著名诗人梅尧臣，时任国子监直讲。

轼每读《诗》至《鸱鸮》，读《书》至《君奭❷》，常窃悲周公之不遇❸。及观《史》，见孔子厄于陈、蔡之间，而弦歌之声不绝，颜渊、仲由之徒相与问答。夫子曰："'匪兕匪❹虎，率彼旷野'，吾道非邪？吾何为于此？"颜渊曰："夫子之道至大，故天下莫能容。虽然，不容何病❺？不容然后见君子。"夫子油然❻而笑曰："回，使❼尔多财，吾为尔宰❽。"夫天下虽不能容，而其徒自足以相乐如此。乃今知周公之富贵，有不如夫子之贫贱。夫以召公之贤，以管、蔡之亲而不知其心，则周公谁与乐其富贵？而夫子之所与共贫贱者，皆天下之贤才，则亦足与乐矣。

轼七八岁时，始知读书，闻今天下有欧阳公者❾，其为人如古孟轲、韩愈之徒；而又有梅公者从之游，而与之上下其议论。其后益壮，始能读其文词，想见其为人，意其飘然脱去世俗之乐，而

我每次读到《诗经》中的《鸱鸮》和《尚书》的《君奭》这两篇文章，经常暗自悲伤周公没有被世人理解。后来我读了《史记》，看到了孔子在陈国和蔡国的遭遇，然而弹琴唱歌的声音不断，颜渊、仲由等弟子和孔子相互交流。孔子说："'不是犀牛，不是老虎，却在荒野之上奔逃。'难道我推行的道义不对吗？为什么我落得如此下场？"颜渊说："您推行的道义太宏大了，天下没有人能接受。就算这样，道义没有被接受有什么好担心的呢？没有被接受，才更能凸显出您是君子。"孔子微笑着说："颜回，如果你有很多财产，我就来当你的管家。"虽然天下人不能接受孔子的道义，但他和他的弟子们仍然感到很满足，彼此相处融洽。我现在才明白周公的富贵不如孔子的贫贱。借着召公的圣明和管叔、蔡叔的血缘关系，还不能理解周公的用心，那么周公能跟谁共享那富贵的快乐呢？和孔子共同过贫贱生活的人，都是天下的贤才，这就足够快乐了！

我七八岁的时候，才知道读书。听说当今有位欧阳公，他的为人很像古代的孟轲、韩愈等人。还有一位梅公，和欧阳公经常往来并相互探讨文章。等我长大了一些才能理解他们的文章，想象他们的为人，认为他们因能够摆脱世俗的乐趣而自得其乐。当时我正在学习研究诗赋，想通过诗赋

注释

❷ 奭（shì）：召公，姓姬，名奭，是周文王的庶子。❸ 不遇：不为人所理解。❹ 匪：通"非"。兕（sì）：古代称犀牛一类的兽。❺ 病：担忧。❻ 油然：自然而然的样子。❼ 使：假使。❽ 宰：这里指家臣。❾ 欧阳公：指欧阳修。公：对人之尊称。

自乐其乐也。方学为对偶声律之文❿，求斗升之禄，自度无以进见于诸公之间。来京师逾年，未尝窥其门⓫。今年春，天下之士，群至于礼部，执事与欧阳公实亲试之。轼不自意，获在第二。既而闻之，执事爱其文，以为有孟轲之风，而欧阳公亦以其能不为世俗之文也而取，是以在此。非左右为之先容，非亲旧为之请属⓬，而向之十余年间，闻其名而不得见者，一朝为知己。退而思之，人不可以苟富贵，亦不可以徒贫贱。有大贤焉而为其徒，则亦足恃矣。苟其侥一时之幸，从车骑数十人，使闾巷小民，聚观而赞叹之，亦何以易此乐也。

《传》曰："不怨天，不尤人⓭。"盖"优哉游哉，可以卒岁"。执事名满天下，而位不过五品。其容色温然而不怒，其文章宽厚敦朴而无怨言，此必有所乐乎斯道也。轼愿与闻焉。

谋一些微薄的俸禄，我自认为没有拜见诸位先生前辈的资格，所以，到京城一年多了，还没有拜访过。今年春天，天下所有的读书人都集中在礼部，您与欧阳修亲自监考。没想到，我竟然得了第二名。后来我又听说，您非常喜欢我的文章，认为我的文章有孟轲的文风，而欧阳公也因为我不写流于世俗的文章而录取了我。所以，我能被录取，既不是被先生荐举，也不是亲朋好友的帮助，只在十几年之前听过名声而见不到的人，一夜之间成了我的知己。回来后我反复思考这件事，认为人不能贪图富贵也不能徒劳于贫贱的生活。有大贤人能成为他的门生，那么也值得依靠了。如果仅凭一时的侥幸做了大官，身后带着很多个乘着车马的侍从，让街坊邻居围观称赞，也不能代替与大贤人相知的快乐啊！

《论语》上说："不抱怨上天，不埋怨他人"，大概就是因为自己从容面对生活的挑战，享受生活的美好罢了。您的名声天下人都知道，而官衔却不到五品，脸色温和没有怒气，文章宽厚朴实没有怨言，这一定是从遵循君子之道中感到了快乐，我希望能够听到您的高见。

❿ 对偶声律之文：指诗赋。⓫ 窥其门：登门拜访。⓬ 属（zhǔ）：通"嘱"，托付。⓭ 尤：归咎。

喜雨亭记

— 苏轼 —

背景介绍

时　　间：公元 1062 年

事件起因：苏轼在公元 1061 年被任命为大理寺评事签书凤翔府的判官。第二年开始修建房屋，并建了一座供休息的亭子。苏轼刚建好亭子就下了一场大雨，他很欣喜，就给这个亭命名为"喜雨亭"，并写下了这篇文章。

简介

　　文章的前半部分主要讲了苏轼以"雨"为亭子命名的缘由，后半部分讲述了以"雨"命名的深刻含义，表达了作者的喜雨之情。

亭以雨名，志喜也。古者有喜，则以名物，志❶不忘也。周公得禾，以名其书；汉武得鼎，以名其年；叔孙胜敌，以名其子。其喜之大小不齐，其示不忘一也。

予至扶风❷之明年，始治❸官舍。为亭于堂之北，而凿池其南，引流种木，以为休息之所。是岁之春，雨麦❹于岐山之阳，其占为有年❺。既而弥❻月不雨，民方以为忧。越三月，乙卯❼乃雨，甲子❽又雨，民以为未足。丁卯❾大雨，三日乃止。官吏相与庆于庭，商贾❿相与歌于市，农夫相与忭⓫于野，忧者以喜，病者以愈，而吾亭适成。

于是举酒于亭上以属⓬客，而告之曰："五日不雨可乎？"曰："五日不雨则无麦。""十日不雨可乎？"曰："十日不雨则无禾。""无麦无禾，岁且荐饥，狱讼繁兴，而盗贼滋炽⓭。则吾与

这座亭子以"雨"来命名是为了记录一件喜事。在古代，有了喜事就用它来命名事物，表示永不忘记。周公得到周王赏赐的稻谷，就用"嘉禾"为他的文章命名；汉武帝得到宝鼎，就用"元鼎"作为年号；叔孙得臣打败了狄人，俘获侨如，就用"侨如"作为儿子的名字。虽然各种喜事有大有小，但表示不忘的意思是一样的。

我到凤翔府的第二年，才开始造房屋，在堂的北边建了一座亭子，在亭子南边凿开了一口池塘，把水引来种树，这个亭子就作为我平时休息的地方。这年的春天，在岐山的南边下了一场适合麦苗生长的雨，占卜的结果是今年将会有个好收成。后来却整月都没下雨，百姓开始担心起来。过了三月，在农历四月初二那天才下雨，四月十一日接着下雨，老百姓觉得下得还是不够。四月十四日又下了大雨，连下三天才停下来。官吏们在院子里庆祝，商人在集市上高声歌唱，农民们在地里欢声笑语，发愁的人因此高兴起来了，生病的人也因此痊愈，我的亭子也正好造成了。

于是我在亭子里摆上酒席，在劝客人喝酒时问他们："五天不下雨，可以吗？"他们说："五天不下雨，麦子就没法生长。"我又问："十天不下雨，可以吗？"他们回答说："十

❶ 志：记。 ❷ 扶风：指凤翔府。 ❸ 治：修建。 ❹ 雨麦：麦苗返青时正好下雨。 ❺ 有年：丰收之年。
❻ 弥（mí）：整、满。 ❼ 乙卯（mǎo）：农历四月初二。 ❽ 甲子：农历四月十一日。 ❾ 丁卯：农历四月十四日。
❿ 商贾（gǔ）：商人。 ⓫ 忭（biàn）：喜悦。 ⓬ 属（zhǔ）：同"嘱"，意为劝酒。 ⓭ 滋：增加。炽：旺盛。

二三子，虽欲优游以乐于此亭，其可得耶？今天不遗斯[14]民，始旱而赐之以雨，使吾与二三子得相与优游以乐于此亭者，皆雨之赐也。其又可忘耶？"

既以名亭，又从而歌之，曰："使天而雨珠，寒者不得以为襦[15]；使天而雨玉，饥者不得以为粟。一雨三日，伊谁之力？民曰太守。太守不有，归之天子。天子曰不然，归之造物。造物不自以为功，归之太空。太空冥冥，不可得而名。吾以名吾亭。"

注释

[14] 斯：这些。 [15] 襦：短袄。此处指衣服。

天不下雨，谷物也没办法生长。""没有麦子和谷物，会造成饥荒，诉讼的案件增加，并且偷盗的人也会更加猖狂。那么我们想在这亭子上吃喝玩乐，能实现吗？幸好有老天爷的眷顾，没有抛弃这里的百姓，有干旱的现象就开始下雨，我们才能在这亭子里游玩，这些都是来自雨的恩赐啊！因此，这样的事情怎么可以忘记呢？"

给这个亭子命名后，我又写了一首歌来赞颂这件事情。歌词是："如果天上下珍珠，挨冻的人不能把它当短袄；如果天上下宝玉，挨饿的人不能把它当粮食。一场雨连下三天，是谁的力量呢？老百姓说是太守给的力量，太守说没有这力量，这种力量应该归功于天子。天子也说没有这种力量，应该归功于造物主。但造物主也没有把它当作自己的功劳，造物主说应该归功于太空。而太空遥远而飘渺，不知道怎么用它来命名，于是我就用雨为亭子命名。"

凌虚台记

— 苏轼 —

背景介绍

时　　间：公元1063年

事件起因：本文作于苏轼担任凤翔签判之时，太守陈公为方便闲暇时登高远眺，建筑了一座土台，命名为"凌虚"。

简介

文中在记叙土台修建的经过时，联系到古往今来废兴成毁的历史，并由此感叹人事万物的变化无常，指出应该去探求真正可以永恒的东西。

国❶于南山之下，宜若起居饮食与山接也。四方之山，莫高于终南，而都邑之丽❷山者，莫近于扶风。以至近求最高，其势必得。而太守之居，未尝知有山焉。虽非事之所以损益❸，而物理❹有不当然者。此凌虚❺之所为筑也。

方其未筑也，太守陈公杖履逍遥❻于其下。见山之出于林木之上者，累累如人之旅行于墙外而见其髻也。曰："是必有异。"使工凿其前为方池，以其土筑台，高出于屋之檐而止。然后人之至于其上者，恍然不知台之高，而以为山之踊跃奋迅而出也。公曰："是宜名凌虚。"以告其从事苏轼，而求文以为记。

轼复于公曰："物之废兴成毁，不可得而知也。昔者荒草野田，霜露之所蒙翳❼，狐虺❽之所窜伏。方是时，岂知有凌虚台耶？废兴成毁，相寻❾于无穷，则台之复为荒草野田，皆不可知也。尝

在终南山下面修建城邑，自然人们的日常饮食起居都和山分不开。四周的山峰，没有比终南山更高的，而最靠近终南山的，莫过于凤翔了。从最近的地方去寻找山的最高处，在情理上讲是可以做到的。但是凤翔太守的住处，附近没有山。这虽然不会对政事产生什么影响，但是在情理上就不应该是这样。这就是修建凌虚台的原因。

当凌虚台还没建起来的时候，凤翔太守陈公拄着手杖，脚穿布鞋，悠然地出去漫步，看到高出树木之上的山峰，重重叠叠，好像有人在墙外行走却只看到他们的发髻一样，就说："这里一定有奇异的地方。"于是派工匠在山前开凿出一口池塘，用挖出的泥土修筑成一座高台，高出屋檐才停了。这样，人们登上高台，恍恍惚惚中忘记了高台有多高，却以为是山峦突然间从地面冒出而形成的。陈公说："这座高台应该叫'凌虚'。"他把这事告诉部下苏轼，要他写篇文章来记下此事。

苏轼答复陈公说："事物的废兴成毁，是无法预料的。先前这里是荒草丛生的野地，到处被霜露遮蔽，也是狐狸、毒蛇经常出没的地方。那个时候，有谁会知道有今天的凌虚台呢？事物总是废兴成毁，它们无穷无尽地相互转化循环，所以凌虚台是否再变

---

❶ 国：指城邑，这里用作动词，指建城邑。❷ 丽：附着，靠近。❸ 损益：损，减小；益，增加，这里是影响的意思。❹ 物理：事物的道理。❺ 凌虚：高耸入天空中。❻ 杖履（lǚ）：拄着手杖漫步。逍遥：怡然自得的样子。❼ 蒙翳（yì）：遮蔽。❽ 虺（huǐ）：毒蛇。❾ 相寻：互相牵连，周而复始。

试与公登台而望，其东则秦穆之祈年、
橐泉也，其南则汉武之长杨、五柞，而
其北则隋之仁寿、唐之九成也。计其一
时之盛，宏杰诡丽，坚固而不可动者，
岂特⑩百倍于台而已哉？然而数世之后，
欲求其仿佛，而破瓦颓垣，无复存者，
既已化为禾黍荆棘丘墟陇亩矣，而况于
此台欤！夫台犹不足恃以长久，而况于
人事之得丧，忽往而忽来者欤？而或者
欲以夸世而自足，则过矣。盖世有足恃
者，而不在乎台之存亡也。"既以言于
公，退而为之记。

回野草荒地，也是无法预料的。我曾
经与您一起登台远望，它的东面是秦
穆公时的祈年宫和橐泉宫，南面是汉
武帝时的长杨宫和五柞宫，北面是隋
炀帝时的仁寿宫、唐太宗时的九成
宫。回想当年的盛况，规模宏大，奇
异瑰丽，坚不可摧的气势，岂止超过
这个凌虚台一百倍呢？但数代以后，
即使还想看看它们旧的大致形貌，却
连破瓦断砖、倒塌的墙都不存在了，
都已经变成长满庄稼的田地和荆棘丛
生的荒丘了，更何况是这座凌虚台
呢！这凌虚台尚且不能保持它的长久
存在，更何况是人世的得失，来也匆
匆，去也匆匆呢？如果有人想以当时
的盛况而向世人夸耀，并自我满足，
那就错了。其实世界上确实有足以依
靠的东西，并不在于一个土台的存在
或消失。"我将这些话对陈公讲述之
后，回来就写下了这篇文章。

⑩ 特：仅仅，只。

超然台记

— 苏轼 —

背景介绍

时　　间：公元1075年

事件起因：苏轼反对王安石变法，被排挤出朝廷。宋神宗熙宁七年被调任密州太守。第二年，政局初定，他便修复了一座破旧的楼台。他的弟弟苏辙给这个台取名叫"超然"。因此，苏轼写了这篇《超然台记》。

简介

这篇文章以"乐"贯穿全文，把个人的宠辱、得失置之度外，与世无争，随遇而安，就不会有什么烦恼，能成为一个知足常乐的人。

原文

凡物皆有可观。苟有可观，皆有可乐，非必怪奇玮丽者也。餔糟啜醨❶，皆可以醉；果蔬草木，皆可以饱。推此类也，吾安往而不乐？

译文

任何事物都有可观赏的地方。只要值得观赏，就会使人快乐，不一定非要奇异壮美。吃酒糟，饮淡酒，都能使人醉倒；水果、蔬菜、草木，都可以充饥。以此类推，我到哪里找不到快乐？

注释

❶ 餔（bū）：吃。啜（chuò）：喝。醨（lí）：淡酒。

夫所谓求福而辞祸者，以福可喜而祸可悲也。人之所欲无穷，而物之可以足吾欲者有尽，美恶之辨战乎中❷，而去取之择交乎前，则可乐者常少，而可悲者常多，是谓求祸而辞❸福。夫求祸而辞福，岂人之情也哉？物有以盖❹之矣。彼游于物之内，而不游于物之外。物非有大小也，自其内而观之，未有不高且大者也。彼挟其高大以临我，则我常眩乱反覆，如隙中之观斗，又焉❺知胜负之所在？是以美恶横生，而忧乐出焉，可不大哀乎！

予自钱塘移守胶西，释舟楫之安，而服车马之劳，去雕墙之美，而蔽采椽❻之居，背湖山之观，而行桑麻之野。始至之日，岁比不登❼，盗贼满野，狱讼充斥，而斋厨索然❽，日食杞菊，人固疑予之不乐也。处之期年，而貌加丰，发之白者日以反黑。予既乐其风俗之淳，而其吏民亦安予之拙也。于是治其园圃，

那些追求幸福而躲避祸患的人，认为幸福可使人欢喜，而灾祸却使人悲伤。人的欲望没有止境，而能够满足我们欲望的外物却是有限的，如果美好和丑恶的区别在胸中激荡，舍弃和求取的抉择交替摆在面前，那么快乐的事往往会很少，可以悲哀的事常常会很多。这叫作追求祸患而辞避幸福。追求祸患而辞避幸福，难道是人们的心愿吗？这是外物对人心有所蒙蔽的缘故。那些人只游心于物之内，而不曾在物之外活动。万物本无大小之别，从它内部来观察，没有不高不大的。它以高大的形象出现在我们面前，常使我头晕目眩、颠三倒四，恰如透过小小的缝隙而观战，又哪里能知道谁胜谁负呢？因此美好与丑恶错杂产生，忧愁与欢乐也交替出现，这不令人非常悲哀吗？

我从杭州太守调任密州太守，放弃了乘船的舒适快乐，而忍受着坐车骑马的辛劳，离开了雕梁画栋的住宅，而栖身于粗朴简陋的房舍，远离杭州湖光山色的美景，而奔走在这遍地桑麻的荒郊野地。刚来的时候，农业连年歉收，盗贼到处都有，诉讼案件繁多，而厨房里也是空荡荡的，每天只以枸杞野菊充饥。人们一定都怀疑我会不快乐，我在这里住了一年，面容却更加丰腴，头上的白发一天天变黑。我已经喜欢这里淳朴的风俗，

注释

❷中：内心。❸辞：舍弃。❹盖：遮蔽。❺焉：怎么。❻采椽（chuán）：采伐的木椽未经修饰。此指房舍粗朴简陋。❼比：屡屡。登：收成，庄稼成熟。❽斋厨：指厨房。索然：空荡荡无物。

洁其庭宇，伐安邱、高密之木，以修补破败，为苟全之计。而园之北，因城以为台都旧矣；稍葺❾而新之，时相与登览，放意肆志焉。南望马耳、常山，出没隐见，若近若远，庶几❿有隐君子乎？而其东则庐山，秦人卢敖之所从遁也。西望穆陵，隐然如城郭，师尚父、齐桓公之遗烈，犹有存者。北俯潍水，慨然大息⓫，思淮阴之功，而吊其不终。台高而安，深而明，夏凉而冬温。雨雪之朝，风月之夕，予未尝不在，客未尝不从。撷⓬园蔬，取池鱼，酿秫酒，瀹脱粟⓭而食之。曰："乐哉游乎！"

方是时，予弟子由适在济南，闻而赋之，且名其台曰"超然"。以见予之无所往而不乐者，盖游于物之外也。

❾ 葺（qì）：修理。❿ 庶几：可能。⓫ 大（tài）息：太息，叹息。⓬ 撷（xié）：采摘。⓭ 瀹（yuè）：煮。脱粟：脱去皮壳，未曾精制的糙米。

而这里的官吏百姓也习惯了我的恩拙。于是我在这里修整花园菜圃，清理了庭院房舍，砍伐了安邱、高密两县的大树，用来修补破败的房屋，以便勉强度日。在园子的北面，原来靠城墙建成的一座高台已经破旧不堪，我就稍微修整，使它焕然一新。我经常与友人一起登台远眺，毫无顾忌地抒情言志。从台上向南眺望，马耳山、常山在云雾中时隐时现，似近若远，大概那里隐居着德才兼备的君子吧？高台的东面是庐山，秦人卢敖就是在那里隐遁的。站在台上向西望去，高高的穆陵关隐隐若现，宛如一座城堡，姜太公、齐桓公留下的赫赫功业，还有保存下来的。向北俯视潍水，不禁感叹万分，追思淮阴侯韩信当年的战功，哀叹他竟然未得善终。这座台子高大而稳固，深广而明亮，冬暖夏凉。无论是在雨落雪飞的早晨还是风清月明的夜晚，我没有不来这里的，宾客也没有不来陪伴的。我们采摘园中的蔬菜，捕捞池中的鲜鱼，酿造黄米美酒，煮食糙米粗饭，大家边品尝边赞叹："多么快乐啊！在这里畅游！"

在这时，我的胞弟子由刚好在济南做官，听说了这件事，写了一篇文章，并且为高台取名"超然"，表示我无论到哪里都不会不快乐的，大概就是在于我的心能超乎事物之外吧。

放鹤亭记

— 苏轼 —

背景介绍

时　　间：公元1078年

事件起因：隐士张天骥隐居于徐州云龙山，自号云龙山人。后来迁于东山之麓并在上面建了一个亭子，自驯二鹤，鹤朝放而暮归。

简介

　　本篇指出张天骥好鹤与纵酒这两种嗜好，描写了作者与隐士在亭中饮酒、欢娱的情景，以此引出南面为君不如隐居之乐，反映了作者在政治斗争失败后的消极情绪。

熙宁十年秋，彭城大水。云龙山人张君之草堂，水及其半扉。明年春，水落，迁于故居之东，东山之麓。升高而望，得异境焉，作亭于其上。彭城之山，冈岭四合，隐然如大环，独缺其西一面。而山人之亭，适当其缺。春夏之交，草木际天，秋冬雪月，千里一色。风雨晦明之间，俯仰百变。山人有二鹤，甚驯而善飞。旦则望西山之缺而放焉，纵其所如，或立于陂❶田，或翔于云表，暮则傃❷东山而归，故名之曰"放鹤亭"。

郡守苏轼，时从宾佐僚吏，往见山人。饮酒于斯亭而乐之，挹❸山人而告之，曰："子知隐居之乐乎？虽南面之君，未可与易也。《易》曰：'鸣鹤在阴，其子和之。'《诗》曰：'鹤鸣于九皋，声闻于天。'盖其为物，清远闲放，超然于尘垢之外。故《易》、诗人以比贤人君子、隐德之士，狎❹而玩之，宜若有益而无损者，然卫懿公好鹤则亡其国。周公作《酒诰》，卫武公作《抑》戒，以为

❶ 陂（bēi）：水边。 ❷ 傃（sù）：向。 ❸ 挹（yì）：酌酒。
❹ 狎（xiá）：亲近。

熙宁十年的秋天，彭城暴发洪水。云龙山人张天骥的草堂，水已没过他家门的一半。第二年春天，洪水退了，他就把家迁到故居东边、东山山脚下。登到高处远望，看到一个奇特的境地，就在上面建造了一座亭子。彭城县的山，岗岭四面围拢，隐约望去好像一个大环，只是在西面有一个缺口，而云龙山人的亭子正对着那个缺口。春夏两季交替的时候，草木茂盛，似与天际相接，秋冬时月光雪景，千里一片银白。刮风、下雨、阴暗、晴朗的天气变化多端，俯视、仰望山间的景象，更是变化万千。云龙山人养了两只鹤，非常温驯且善于飞翔，每当清晨，就向着西山的缺口处放出去，任其自由飞翔，有时落在水边田里，有时飞翔在万里云海之外，到傍晚便向东山归来，因此云龙山人把亭子叫作"放鹤亭"。

郡守苏轼时常带着宾客随从，前往拜见山人，在放鹤亭上喝酒，感到十分快乐。郡守向山人敬酒并对他说："您知道隐居的乐趣吗？即使是面南称尊的国君，也无法与之交换。《周易》上说：'鹤在隐蔽幽深的地方鸣叫，它的小鹤便会随声应和。'《诗经》上也曾说："鹤在沼泽深处鸣叫，它的声音会直接传到天上。'这是因为鹤的气质清高旷远、悠闲自在，超然于尘世之外，所以《周易》《诗经》中把它比作圣人君子。归隐山林而又道德高尚的贤人，亲近它、赏玩它，似乎是有益而无害的，但卫懿公喜欢鹤却使他的国家灭亡。周公作《酒诰》，卫武公作《抑》诗，都认为能使人事业荒废、性情迷惑、政治腐败、国家动乱的，没有比酒更可

荒惑败乱无若酒者，而刘伶、阮籍之徒，以此全其真而名后世。嗟夫！南面之君，虽清远闲放如鹤者，犹不得好；好之，则亡其国。而山林遁世之士，虽荒惑败乱如酒者，犹不能为害，而况于鹤乎？由此观之，其为乐未可以同日而语也。"

山人欣然而笑曰："有是哉！"乃作放鹤、招鹤之歌曰："鹤飞去兮西山之缺，高翔而下览兮择所适。翻然敛翼，宛将集兮，忽何所见，矫然而复击。独终日于涧谷之间兮，啄苍苔而履白石。鹤归来兮，东山之阴。其下有人兮，黄冠草履，葛衣而鼓琴。躬耕而食兮，其余以汝饱⑤。归来归来兮，西山不可以久留。"

怕的东西了，然而像刘伶、阮籍这些人，却凭借醉酒保全他们的真性，并闻名后世。唉！面南而坐的君主，即便是像鹤这样清高旷远、悠闲自在的飞禽也不能爱好，过分喜好就会使他的国家灭亡。而隐居山林、逃避尘世的人，纵使是酒这种能使人事业荒废、性情迷惑、政治腐败、国家动乱的东西，也不能伤害他，更何况是鹤呢？由此看来，君主的乐趣和隐士的乐趣是不可以相提并论的。"

云龙山人高兴地微笑着说："有这样的道理啊！"于是，我就作了放鹤、招鹤的歌，歌词是："鹤飞翔到西山的缺口，高高地飞翔而向下俯瞰，选择一个栖息的好地方。很快地回过身体，收敛羽翼，像是准备飞下来休息，忽然看到了什么，又矫健地凌空翻飞。独自终日飞翔在山涧峡谷之间啊，嘴啄青苔而脚踩白石。鹤归来了，到东山的北面。山下有一个人，头戴黄冠，脚穿草鞋，身穿葛衣正在坐着弹琴。他亲自种地自食其力，用剩下的粮食喂养你们。归来吧！归来吧！西山不可以久留。"

⑤ 汝饱：喂饱你。

108

孩子一读就喜欢的

古文观止 ⑥

[清]吴楚材 [清]吴调侯◎选编
小行星工作室◎译注

北京时代华文书局

图书在版编目（CIP）数据

孩子一读就喜欢的古文观止 . 6 /（清）吴楚材，（清）吴调侯选编；
小行星工作室译注 . -- 北京：北京时代华文书局，2024.6
ISBN 978-7-5699-5491-3

Ⅰ . ①孩… Ⅱ . ①吴… ②吴… ③小… Ⅲ . ①《古文观止》—青少年读物 Ⅳ .
① H194.1-49

中国国家版本馆 CIP 数据核字 (2024) 第 096544 号

HAIZI YI DU JIU XIHUAN DE GUWEN GUANZHI 6

出 版 人：陈　涛
责任编辑：刘显芳
装帧设计：彭明军
责任印制：訾　敬

出版发行：北京时代华文书局 http://www.bjsdsj.com.cn
　　　　　北京市东城区安定门外大街 138 号皇城国际大厦 A 座 8 层
　　　　　邮编：100011　电话：010-64263661 64261528
印　　刷：三河市祥达印刷包装有限公司
开　　本：710 mm×1000 mm　1/16　　　成品尺寸：170 mm×240 mm
印　　张：7　　　　　　　　　　　　　字　　数：180 千字
版　　次：2024 年 6 月第 1 版　　　　　印　　次：2024 年 6 月第 1 次印刷
定　　价：199.00 元（全 6 册）

版权所有，侵权必究
本书如有印刷、装订等质量问题，本社负责调换，电话：010-64267955

目录

石钟山记

— 苏轼 —

背景介绍

时　　间：公元1084年

事件起因：宋神宗元丰七年六月，苏轼由黄州团练副使调任汝州团练副使时，顺便送他的长子苏迈到饶州德兴县任县尉，途经湖口，游览了石钟山。

简介

本篇通过记叙探究石钟山得名由来的过程，说明要正确判断一个事物，必须要深入研究，认真调查的道理。

《水经》云:"彭蠡之口有石钟山焉。"郦元以为下临深潭,微风鼓浪,水石相搏,声如洪钟。是说也,人常疑之。今以钟磬①置水中,虽大风浪不能鸣也,而况石乎!至唐李渤始访其遗踪,得双石于潭上,扣而聆之,南声函胡②,北音清越,桴③止响腾,余韵徐歇。自以为得之矣。然是说也,余尤疑之。石之铿然有声者,所在皆是也,而此独以钟名,何哉?

元丰七年六月丁丑,余自齐安舟行适临汝,而长子迈将赴饶之德兴尉,送之至湖口,因得观所谓石钟者。寺僧使小童持斧,于乱石间择其一二扣之,硿硿焉。余固笑而不信也。至暮夜月明,独与迈乘小舟,至绝壁下。大石侧立千尺,如猛兽奇鬼,森然欲搏人;而山上栖鹘④,闻人声亦惊起,磔磔⑤云霄间;又有若老人咳且笑于山谷中者,或曰此鹳鹤⑥也。余方心动欲还,而大声发于水上,噌吰⑦如钟鼓不绝。舟人大恐。徐而察之,则

《水经》上说:"鄱阳湖的湖口有一座石钟山。"郦道元认为石钟山下面靠近深潭,微风吹动波浪,湖水和石头互相撞击,发出的声音好像大钟一样。这种说法,人们常常怀疑它的正确性。现在如果把钟和磬放置在水中,即使大风大浪也不能使它发出声响,何况是石头呢!到了唐代李渤,他开始循着郦道元到过的地方,在深潭边找到两块石头,敲击它们,听它们发出的声音,南边那座山石的声音厚重而模糊,北面的山石发出的声音清亮而高亢,鼓槌停止敲击,而响声还在升腾,余音慢慢地消失。李渤认为他找到了这个石钟山命名的原因。但这种说法,我更加怀疑。石块能发出铿铿声音的,到处都有,可唯独这座山用"钟"来命名。是什么缘故呢?

元丰七年六月初九,我从齐安坐船到临汝去,大儿子苏迈要到饶州的德兴县就任县尉,我送他到湖口,因而得以看到传说中的石钟山。庙里的和尚让小童拿着斧头,在乱石中挑选其中的一两块来敲击,发出硿硿的声响,我只是笑笑,但并不相信。到了晚上,月光明亮,我独自和苏迈坐着小船到绝壁下面。巨大的山石耸立在水边,高达千尺,形态就像凶猛的野兽和奇特的鬼怪,阴森森地要向人扑

注释

① 磬(qìng):古代石或玉制的打击乐器。 ② 函胡:同"含糊",模糊不清。这里指声音厚重模糊。
③ 桴(fú):鼓槌。 ④ 鹘(hú):隼的旧称。 ⑤ 磔(zhé)磔:鸟鸣声。 ⑥ 鹳鹤:水鸟,似鹤而顶不红、颈和嘴都比鹤长,夜宿高树。 ⑦ 噌吰(chēnghóng):形容钟鼓的声音。

山下皆石穴罅[8]，不知其浅深，微波入焉，涵澹[9]澎湃而为此也。舟回至两山间，将入港口[10]，有大石当中流，可坐百人，空中而多窍[11]，与风水相吞吐，有窾坎镗鞳之声，与向之噌吰者相应，如乐作焉。因笑谓迈曰："汝识之乎？噌吰者，周景王之无射也；窾坎镗鞳[12]者，魏庄子之歌钟也。古之人不余欺也！"

事不目见耳闻，而臆断其有无，可乎？郦元之所见闻，殆与余同，而言之不详；士大夫终不肯以小舟夜泊绝壁之下，故莫能知；而渔工水师[13]虽知而不能言。此世所以不传也。而陋者乃以斧斤考[14]击而求之，自以为得其实。余是以记之，盖叹郦元之简，而笑李渤之陋也。

[8] 罅（xià）：裂缝。 [9] 涵澹：水波动荡。 [10] 港口：水的分流处。 [11] 窍：窟窿。 [12] 窾（kuǎn）坎镗鞳（tāngtà）：窾坎，击物声。镗鞳，钟鼓声。 [13] 水师：水手。 [14] 斧斤：斧头之类的工具。考：敲打。

过来；栖息在上面的鹘鸟，听到人声也受惊飞起来，磔磔地怪叫着飞上云霄。又有像老人在山谷中边咳嗽边笑的声音，有人说这是鹳鹤。我正心惊想要回去，忽然巨大的声音从水上发出，响着像撞钟、敲鼓的噌吰声，响个不停。船夫十分害怕。我慢慢地观察，原来山下都是石穴和裂缝，不知到底有多深，细微的水波冲进去，在孔隙间激荡澎湃就发出这样的声音来。船绕到两山之间，将要进入湖水的分流处，有一块大石头横挡在水流中央，上面可坐大约百人，中间是空的，而且有很多小洞，清风卷着流水在石块的吞吐间灌了进去，于是发出窾坎镗鞳的声音，同先前噌吰的响声互相应和，好像音乐演奏。我因而笑着对苏迈说："你知道吗？噌吰的响声，像周景王的无射钟发出的声音；窾坎镗鞳的声音，像是魏庄子编钟发出的声音。古人没有欺骗我啊！"

任何的事情不用眼睛看不用耳朵听，只凭主观想象来判断它有没有，可以吗？郦道元的所见所闻大概和我相同，但是描述得不详细。士大夫又始终不愿像我一样乘着小船停在绝壁之下仔细观察，所以不能知道。而打鱼人和船夫，虽然知道石钟山命名的真相却不能用文字表达、记载。这就是石钟山用"石钟"命名的真实原因不能流传于世的缘故。而浅陋的人竟然用斧头敲打石块的方法来寻求"石钟"命名的原因，自以为找到了事情的真相。我因此记下这次游历的经过，既叹惜郦道元的解释过于简略，也嘲笑李渤的解释太浅陋了。

潮州韩文公庙碑

— 苏轼 —

背景介绍

时　　间: 公元 1092 年

人　　物: 韩愈

事件起因: 本文是苏轼在接受了潮州知州王涤的请求后，替潮州重新修建的韩愈庙所撰写的碑文。

简介

　　在文中，苏轼对韩愈的一生，尤其是对韩愈在思想文化上所起的重要作用，给予了极高的评价。苏轼认为韩愈的人格、思想、精神之所以不被人们所理解，甚至受到不公正的待遇，是因为他能替天行道，但不会媚世阿俗。

匹夫而为百世师，一言而为天下法，是皆有以参天地之化❶，关盛衰之运，其生也有自来，其逝也有所为。故申、吕自岳降，傅说为列星，古今所传，不可诬也。孟子曰："我善养吾浩然之气。"是气也，寓于寻常之中，而塞乎天地之间，卒然遇之，则王公失其贵，晋、楚失其富，良、平失其智，贲、育失其勇，仪、秦失其辩。是孰使之然哉？其必有不依形而立，不恃力而行，不待生而存，不随死而亡者矣。故在天为星辰，在地为河岳，幽❷则为鬼神，而明则复为人。此理之常，无足怪者。

自东汉以来，道丧文弊，异端并起，历唐贞观、开元之盛，辅以房、杜、姚、宋而不能救。独韩文公起布衣，谈笑而麾❸之，天下靡然从公，复归于正，盖三百年于此矣。文起八代之衰，而道济天下之溺❹，忠犯人主之怒，而勇夺三军之帅，此岂非参天地、关盛衰，浩然而

一个普通人能够成为百世宗师，一句话就能成为天下人学习的准则，这可以和天地化育万物相提并论，也关系到国家气运的盛衰。他的出生是有来历的，他的死亡是有作为的。所以申伯、吕侯是山神降世，传说死后化为天上的星辰，这些从古至今传诵的事，不可能都是捏造出来的。孟子说："我善于修养我的盛大正直之气。"这股气，存在于寻常的事物之中，而充溢在天地之间。突然遇到这种气，那么，王侯公卿就会失去他们的尊贵，晋、楚这样的大国会失去他们的富强，张良、陈平会失去他们的智慧，孟贲、夏育会失去他们的勇气，张仪、苏秦也会失去他们善辩的口才。是谁使他这样的呢？那一定有不凭借形体而站立，不依仗力量而运行，不依赖生命而存在，不跟随死亡而消逝的东西。所以，在天上就化为星辰，在地面是山川河流，在幽冥就是鬼神，在阳间就是人。这些都是很正常的现象，不足为怪。

自东汉以来，道德沦亡，文风凋敝，各种异端学说相继出现。经历了唐朝贞观、开元的盛世，依靠房玄龄、杜如晦、姚崇、宋璟等名臣辅佐，仍然不能扭转局面。只有韩文公以平民身份挺身而出，谈笑之间挥手号召，天下人纷纷跟随他，使思想和文风又回到正道上来，这距今有三百

❶ 参天地之化：指与天、地一齐化育万物，并立为三。 ❷ 幽：指幽冥之处。 ❸ 麾：同"挥"，指挥，号召。
❹ "道济"句：提倡儒道以拯济沉溺于佛道思想的人们。济，拯救。

5

独存者乎？盖尝论天人之辨，以谓人无所不至，惟天不容伪⑤，智可以欺王公，不可以欺豚鱼⑥，力可以得天下，不可以得匹夫匹妇之心。故公之精诚，能开衡山之云，而不能回宪宗之惑，能驯鳄鱼之暴，而不能弭皇甫镈、李逢吉之谤，能信于南海之民，庙食百世，而不能使其身一日安于朝廷之上。盖公之所能者天也，其所不能者人也。

始，潮人未知学，公命进士赵德为之师。自是潮之士，皆笃于⑦文行，延及齐民，至于今，号称易治。信乎孔子之言，"君子学道则爱人，小人学道则易使"⑧也。

潮人之事公也，饮食必祭，水旱疾疫，凡有求必祷焉。而庙在刺史公堂之后，民以出入为艰⑨。前太守欲请诸朝作新庙，不果。元祐五年，朝散郎王君涤来守是邦，凡所以养士治民者，一以公

年了。韩文公的文章振兴了八代衰颓的文风，他提倡的儒家道统拯救了沉溺于佛道的天下人，他的忠谏触怒了君主，他的勇气胜过三军主帅，这不就是与天地化育万物、与国家盛衰紧密相关而浩然独存的正气吗？我曾经谈论过天道和人事的分别，认为没有人不能做到的事情，只是天不容许人作伪，人的智慧可以用来欺骗王侯公卿，却不能欺骗纯真天性的猪、鱼，人的力量可以用来取得天下，却不能用它取得普通男女的真诚拥戴。所以，韩文公的精诚之心，能够拨开衡山重重的云雾，却不能挽回唐宪宗的执迷不悟，能够驯服残暴的鳄鱼，却不能制止皇甫镈、李逢吉的诽谤，能够取信于潮州的广大百姓，使得百代都享受庙堂祭祀，却不能使自己的身体在朝堂之上得到一天的安宁。这是因为韩文公所能够做到的是尽天道，而他所不能适应的是处理人事。

当初，潮州人不知道学习儒道，韩文公派进士赵德去做他们的老师。从此，潮州的学者们开始重视学习文章礼仪，逐渐影响了当地百姓，直到今天，潮州号称是最易治理的地方。孔子的话是可信的："君子学了礼仪道德就有仁爱之心，百姓学了礼仪道德就容易驱使。"

潮州百姓祭祀韩文公，吃喝时都要祭祀，遇到水旱灾害、疾病、瘟疫等有求于神灵的事情，一定会向他祷告。韩文公的庙宇建在太守公堂的后面，老百姓进出很不方便，前任太守想请求朝廷另建一座新庙，没有成为事实。元祐五年，朝散郎王涤来到这里做知州。他上任后，凡是用来培养

注释

⑤伪：人为的事物。⑥豚鱼：豚，指小猪，这里泛指猪。古人认为为人讲求诚信，即使对小动物也不能欺骗。⑦笃于：忠实于。⑧"君子学道则爱人"二句：表现了孔子提倡礼乐教化的政治目的。⑨艰：这里是不方便的意思。

为师。民既悦服，则出令曰："愿新公庙者，听。"民欢趋之，卜地于州城之南七里，期年而庙成。

或曰："公去国万里，而谪于潮，不能一岁而归，没而有知，其不眷恋于潮也，审矣。"轼曰："不然，公之神在天下者，如水之在地中，无所往而不在也。而潮人独信之深、思之至，焄蒿凄怆⑩，若或见之。譬如凿井得泉，而曰水专在是，岂理也哉？"

元丰元年，诏封公昌黎伯，故榜曰："昌黎伯韩文公之庙。"潮人请书其事于石，因作诗以遗之，使歌以祀公。其辞曰：公昔骑龙白云乡，手抉云汉分天章⑪，天孙为织云锦裳。飘然乘风来帝旁，下与浊世扫秕糠⑫，西游咸池略扶桑，草木衣被昭回光。追逐李杜参翱翔，汗流籍、湜走且僵，灭没倒影不能望⑬。作书诋佛讥君王，要观南海窥衡湘，历舜

⑩ 焄蒿凄怆：祭祀时引起悲伤的感情。焄蒿，指祭祀时香气缭绕的样子。⑪ 抉：分开。云汉：指银河。天章：天上的彩云。⑫ 下：降下，作动词用。秕糠：比喻异端邪说。⑬ "灭没"句：形容张籍、皇甫湜追赶韩愈是枉费心力。倒影：传说天有九层，其中一层为倒影。

世人、治理百姓的措施，一律以韩文公为榜样。在百姓们对他的治理心悦诚服后，他就发出号令说："愿意重建韩公庙的人听便。"百姓们都欢呼雀跃地去参加修庙。在州城南面七里选了一块好地方，一年内新庙就建成了。

有人说："韩文公离开京城万里之远而谪居潮州，不到一年就调任。如果他死后有知，明显是不会眷恋潮州的。"我说："不是这样的！韩文公的神灵在人间，就像水在地下一样，没有什么地方不能到达。而且潮州人信奉深切，思念无限，在祭奠时升腾的香雾中，人们悲怆凄凉，仿佛见到了他，就好像凿井时见到了泉水，却说泉水专门在这里的，哪有这种道理呢？"

元丰元年，皇帝下诏追封韩文公为昌黎伯，所以匾额上写着"昌黎伯韩文公之庙"。潮州人请求我把这件事写下来刻在石碑上，于是我又写了一首诗送给他们，让他们唱歌它来悼念韩文公。歌辞说：当年，公乘着飞龙遨游在白云乡，双手抉开银河裁开云彩，织女为公编织锦绣衣裳。公乘着清风飘游来到帝王身旁，下降到人间是为扫除混乱的俗世异端。公西游咸池，东过扶桑，连草木都享受着公的教化，像沐浴阳光。公追随李白、杜甫，同他们一起翱翔天空，张籍、皇甫湜汗流浃背赶不上，公的身影在天上若隐若现。公上书抨击佛学，讽劝君王，被贬潮州，中途观察了衡山、湘水，路过九嶷舜墓，凭吊了女英、娥皇。到了潮州，祝融替公开路，南海的怪物都藏匿起来了，管束蛟龙、鳄鱼，如同驱赶羔羊一样。天

九嶷吊英皇。祝融先驱海若藏❶，约束蛟鳄如驱羊。钧天无人帝悲伤，讴吟下招遣巫阳。犦牲鸡卜羞我觞，於粲荔丹与蕉黄。公不少留我涕滂，翩然被发下大荒❶。

庭少了人才，天帝心中悲伤，于是派遣巫阳高歌下凡招公回天堂。诚心的占卜，选了个好日子，杀牛宰鸡，献上美酒，请公品尝火红的荔枝和嫩黄的香蕉。文公啊，您不肯稍作停留，使我们泪下如雨，愿公披发飞到大荒享受祭品吧。

❶ 祝融：传说中的火神。先驱：早已逃走。海若：海神。❶ 翩然被发下大荒：韩愈曾有诗句："翩然下大荒，被发骑麒麟。"苏轼用此语，表示希望他下来享用祭品。被，同"披"。大荒，原指传说中极远的地方，这里指人世。

乞校正陆贽奏议进御札子

— 苏轼 —

背景介绍

时　　间：公元1093年

人　　物：陆贽（754—805），字敬舆，唐朝大臣

事件起因：该篇写于宋哲宗即位不久，当时旧党上台，而王安石推行的新法被弄得面目全非，弊端百出，新旧党之争依然激烈，国无宁日。苏轼呈上奏章，希望哲宗从中得到治国的启发。

简介

　　本篇列举了陆贽在政治、军事和经济等多方面向唐德宗提出的建议和劝谏，建议哲宗借鉴陆贽的奏议以成就功业。

臣等猥[1]以空疏，备员讲读。圣明天纵[2]，学问日新。臣等才有限而道无穷，心欲言而口不逮[3]，以此自愧，莫知所为。窃谓人臣之纳忠，譬如医者之用药，药虽进于医手，方多传于古人。若已经效于世间，不必皆从于己出。

伏见唐宰相陆贽，才本王佐，学为帝师，论深切于事情，言不离于道德。智如子房而文则过，辩如贾谊而术不疏。上以格[4]君心之非，下以通天下之志。但其不幸，仕不遇时。德宗以苛刻为能，而贽谏之以忠厚；德宗以猜忌为术，而贽劝之以推诚；德宗好用兵，而贽以消兵为先；德宗好聚财，而贽以散财为急。至于用人听言之法，治边驭将之方，罪己以收人心，改过以应天道，去小人以除民患，惜名器以待有功，如此之流，未易悉数，可谓进苦口之药石，针害身之膏肓[5]。使德宗尽用其言，则贞观可得而复。

[1] 猥：自谦辞。此处有玷辱职守之意。 [2] 天纵：天禀，用来称赞帝王。 [3] 逮：达到。 [4] 格：正，纠正。 [5] 针：治疗。膏肓：古代医学把心尖脂肪称为膏，心脏和隔膜之间称肓，认为是药物无法达到的地方。这里指严重的疾病。

臣等依凭空虚浅薄的才学，充任侍读和侍讲。陛下天赋圣明睿智，学问日益长进。臣等才学有限，然而圣贤之道没有穷尽，心里想讲解清楚，口头却不能表达。因此自觉惭愧，不知道该怎么办。臣等私下里以为，人臣向帝王进谏忠言，就像医生用药，药虽然经医生的手传过去，药方多是从古人那里传下来的。假如经过实践已经在世间产生了良好效果，那么就不一定要从自己手里创造出来。

臣等听说，唐朝宰相陆贽，以他才能可以辅助帝王，学识可以成为帝王的老师。他的议论深刻而切合事理人情，言论都不偏离道德规范，智慧如同张良，文才却超过了张良，他的才辩如同贾谊，有谋略却不粗疏。上可以纠正皇帝想法的错误，下能够贯通天下人的心志，但他很不幸运，出来做官没有遇到好时机。唐德宗待人以苛刻为能事，陆贽却劝他要忠厚；德宗以怀疑忌妒为手段，陆贽却劝他要诚恳；德宗喜欢用兵打仗，陆贽认为消除战事是当时首先要做的事；德宗喜欢敛财，陆贽却认为散财于民是迫切的事。对于任用官吏、听取意见的方法，安定边境、驾驭大将的策略，归罪于自身以收拢人心，勇于改过以顺应天道，罢斥奸臣为民解难，珍惜官爵以封赏功臣，如此等等合理的建议，无法全部列举。真可以说陆贽是进献了苦口的良药，治疗的是危害身体的重病。如果德宗都能采用陆贽的建议，那么"贞观之治"的盛况便会再一次出现。

臣等每退自西阁，即私相告言，以陛下圣明，必喜赞议论，但使圣贤之相契，即如臣主之同时。昔冯唐论颇、牧之贤，则汉文为之叹息。魏相条晁、董之对，则孝宣以致中兴。若陛下能自得师，则莫若近取诸贽。夫六经三史，诸子百家，非无可观，皆足为治。但圣言幽远，末学支离，譬如山海之崇深，难以一二而推择。如贽之论，开卷了然，聚古今之精英，实治乱之龟鉴❻。臣等欲取其奏议，稍加校正，缮写进呈。愿陛下置之坐❼隅，如见贽面。反复熟读，如与贽言。必能发圣性之高明，成治功于岁月。

臣等不胜区区❽之意。取进止❾。

❻龟鉴：借鉴。龟，古代用龟甲占卜，龟即卜卦。鉴，即镜子。
❼坐：同"座"。❽区区：诚挚。❾取进止：公文用语。意思是说这件事该如何办，请指示，以便行动。取，听取。进止，进退。

臣等每次从皇帝听讲的西阁退出，就私下里相互谈论，认为陛下您天赋聪明，一定会喜欢陆贽的意见。只要圣主和陆贽意见相合，就如同跟他生活在同一时代。从前冯唐评论廉颇、李牧的贤能，汉文帝因没能遇到这样的贤才而叹息。魏相上书列举晁错、董仲舒的治国对策，汉宣帝采纳后实现了西汉的中兴。如果陛下能自己寻求老师，那就没有比就近从唐朝选择陆贽更合适的了。六经三史、诸子百家，不是没有什么可看之处，都能用来治理国家。但是圣人的言论深邃奥妙，史书、诸子百家的议论又琐碎支离，这些理论和经验都如山一样高峻、海一样深沉，很难从中选出一二。而陆贽的议论，一打开书就非常明了清楚。它吸收了从古至今的政见精华，实在是治理国家的很好借鉴。臣等准备选取他的奏议，稍加校正，誊写清楚后献给陛下，希望陛下能把它放在座位旁边，如同亲见了陆贽的面一样，反复熟读他的奏议，好像与陆贽交谈一样，这样，一定能够启发陛下圣明的天性，在短时间内就完成治理国家的功业。

臣等诚恳的心意不能完全用言语表达出来，请陛下决定是否采用。

前赤壁赋

— 苏轼 —

背景介绍

时　　间：公元 1082 年

事件起因：苏轼处于一生中最困难的时期之一。他被贬为黄州团练副使，但"不得签署公事，不得擅去安置所"，过着"半犯人"被管制的生活。

简介

　　苏轼在文中借游览赤壁之事抒发被贬的苦闷。一方面感慨人生之无常，另一方面又阐明了变与不变的哲理，表现出作者豁达乐观的精神。

壬戌之秋，七月既望，苏子与客泛舟游于赤壁之下。清风徐来，水波不兴。举酒属客❶，诵明月之诗，歌窈窕之章。少焉，月出于东山之上，徘徊于斗牛之间。白露横江，水光接天。纵一苇之所如，凌万顷之茫然。浩浩乎如冯虚御风❷，而不知其所止；飘飘乎如遗世独立，羽化而登仙❸。

于是饮酒乐甚，扣舷❹而歌之。歌曰："桂棹❺兮兰桨，击空明兮溯流光。渺渺兮予怀，望美人兮天一方。"客有吹洞箫者，倚歌而和之。其声呜呜然，如怨如慕，如泣如诉，余音袅袅，不绝如缕。舞幽壑之潜蛟，泣孤舟之嫠妇❻。

苏子愀然❼，正襟危坐而问客曰："何为其然也？"客曰："'月明星稀，乌鹊南飞'，此非曹孟德之诗乎？西望夏口，东望武昌，山川相缪，郁乎苍苍，此非孟德之困于周郎者乎？方其破荆州，下江陵，顺流而东也，舳舻❽千里，旌旗蔽

元丰五年的秋天，七月十六日，我与朋友在赤壁之下的江面上划船游玩。清风缓缓地吹拂，江面上没有波澜。我高举着斟满的酒杯向朋友敬酒，朗诵起《诗经·陈风·月出》里"舒窈纠兮，劳心悄兮"的首章。一会儿，月亮从东山后升起，在北斗星和牵牛星之间徘徊着。白茫茫的雾气铺满江面，水光与夜空连成一片。我们听凭小船自由自在地漂流，越过茫茫无边的江面。江面浩大，我们像凌空御风，不知道它将要驶向何方才会停栖；清风飘摇仿佛远离尘世，无牵无挂，飞升仙境。

这时，我们喝得很欢畅，就敲着船舷唱起歌来。歌词是："桂木做的棹啊，兰木做的桨，拍打着清澈的江水，迎着浮动的月光逆流而上。遥远无尽的是我的思念，我思念的美人呀在天的另一方。"有一位朋友吹起洞箫，随着歌词的旋律进行伴奏。箫声呜呜，像怨恨又像思慕，像哭泣又似倾诉，余音婉转悠长，如同丝缕一样绵绵不断。引得潜伏在深渊中的蛟龙跳起舞来，惹得孤舟上的寡妇为之哭泣。我不禁悲怆起来，整整衣襟，端正地坐起，问朋友道："这箫声为什么会如此凄凉？"朋友说："'月明星稀，乌鹊南飞'，这不是曹操的诗句吗？从这里向西看到夏口，向东看到武昌，这儿山水环绕，一片苍翠，这不正是曹操被周瑜围困的古战场吗？当年曹操夺得荆州，攻下江陵，大军从上游顺长江向东奔流直下，战

❶ 属：劝酒的意思。❷ 冯虚御风：腾空驾风而行。冯，同"凭"。虚，指天空。❸ 羽化：道教把成仙叫作"羽化"认为成仙后能够飞升。登仙，飞入仙境。❹ 扣舷：敲打着船边。这里是打节拍的意思。❺ 棹（zhào）：划船的工具。前推的为桨，后推的为棹。❻ 嫠（lí）妇：寡妇。❼ 愀（qiǎo）然：容色改变的样子。❽ 舳舻（zhúlú）：舳指船尾，舻指船头。

空，酾酒⑨临江，横槊赋诗，固一世之雄也，而今安在哉？况吾与子渔樵于江渚之上，侣鱼虾而友麋鹿，驾一叶之扁舟，举匏樽以相属。寄蜉蝣于天地⑩，渺沧海之一粟。哀吾生之须臾，羡长江之无穷。挟飞仙以遨游，抱明月而长终。知不可乎骤得，托遗响于悲风⑪。"

苏子曰："客亦知夫水与月乎？逝者如斯，而未尝往也；盈虚者⑫如彼，而卒莫消长也。盖将自其变者而观之，则天地曾不能以一瞬；自其不变者而观之，则物与我皆无尽也。而又何羡乎！且夫天地之间，物各有主，苟非吾之所有，虽一毫而莫取。惟江上之清风，与山间之明月，耳得之而为声，目遇之而成色，取之无禁，用之不竭，是造物者之无尽藏也，而吾与子之所共适⑬。"

客喜而笑，洗盏更酌。肴核既尽，杯盘狼籍。相与枕藉⑭乎舟中，不知东方之既白。

船衔接，绵延千里，旌旗飘舞，遮天蔽日，他临江举杯痛饮，手拿长矛吟诗作赋，真是一代英雄人物，但如今他又在哪里呢？何况，我和你只是在江边沙洲捕鱼打柴，与鱼虾为伴、以麋鹿为友，乘着一叶扁舟，举起酒杯相互对饮。寄托我们像蜉蝣一样短暂的生命于天地之间，渺小得如同大海中的一颗谷粒，悲叹我们生命的短暂，羡慕长江奔流不息，希望与仙人一同遨游，更想抱着明月而万古长存。明知道这种想法不可能马上实现，所以只好寄箫声于悲凉的秋风中。"

我对朋友说："您了解那江水和月亮吗？江水奔流不息，但又可以说它没有流去；月亮时圆时缺，但也可以说它没有增减。如果从它们变化的一面来看，天地间的万物每一眨眼都会有变化；如果从不变的一面来看，万物和我们人类都是永恒不变的。您又何必羡慕它们呢？况且，天地之间，万物都有各自的主人。如果不是归我们所有，即使分毫我们也不能取用。唯有这江上的清风，山间的明月，我们耳朵能听到它的声音，眼睛能看到它的颜色，这是取之不尽，用之不竭的。这是造物主留给我们无穷无尽的宝藏，是我和您所能共同享用的。"

朋友听后高兴地笑了，大家洗了酒杯重新酌酒。菜肴和果品都已经吃光，杯盘杂乱无章地放着，大家在小船中互相枕着靠着睡觉，不知不觉间东方已经亮了。

注释

⑨ 酾（shī）酒：斟酒。这里是"洒酒"的意思。在江面上洒酒，表示对古代英雄豪杰的凭吊。 ⑩ 寄蜉蝣于天地：像蜉蝣那么短促地寄生在天地之间。蜉蝣（fúyóu），昆虫名，传说早晨生、晚上死，存活时间很短。
⑪ 遗响：箫的余音。悲风：秋天凄厉的风。 ⑫ 盈虚者：指月亮。 ⑬ 共适：共同享受。适：享受的意思。
⑭ 枕藉：互相枕着靠着睡觉。

后赤壁赋

— 苏轼 —

背景介绍

时　　间：公元 1082 年
事件起因：《后赤壁赋》是苏轼在被贬谪黄州时所作的一篇散文，是《前赤壁赋》的姐妹篇。

简介

　　本文写的是冬景，刻画的是肃杀恐怖的场面。与《前赤壁赋》同为泛游赤壁之赋，但是季节不同，氛围不一，作者的心情也迥异，寄托的思想感情也不同。

是岁十月之望，步自雪堂，将归于临皋。二客从予过黄泥之坂。霜露既降，木叶尽脱，人影在地，仰见明月，顾而乐之，行歌相答。已而叹曰："有客无酒，有酒无肴，月白风清，如此良夜何！"客曰："今者薄暮，举网得鱼，巨口细鳞，状如松江之鲈。顾❶安所得酒乎？"归而谋诸妇。妇曰："我有斗酒，藏之久矣，以待子不时❷之需。"

于是携酒与鱼，复游于赤壁之下。江流有声，断岸千尺；山高月小，水落石出。曾日月之几何，而江山不可复识矣。予乃摄衣而上，履巉岩❸，披蒙茸，踞虎豹，登虬龙，攀栖鹘之危巢，俯冯夷之幽宫❹。盖二客不能从焉。划然长啸，草木震动，山鸣谷应，风起水涌。予亦悄然而悲，肃然而恐，凛乎其不可留也。反而登舟，放乎中流，听其所止而休焉。时夜将半，四顾寂寥。适有孤

这一年十月十五日，我从雪堂出发，打算回临皋亭。有两位朋友跟随我，一起经过了黄泥坂。这时候霜露已经降下，树叶也已凋落。我们的身影倒映在地上，抬头仰望天上的明月，环顾四周清幽的景色，心情非常愉快，我们边走边唱，互相酬答应和。过了一会儿，我叹息地说："有客人却没有酒，有酒却没有菜，月色皎洁，清风吹拂，如此美好的夜晚，我们如何度过呢？"一位朋友说："今天傍晚的时候，我撒网捕到了一条鱼，大嘴巴，细鳞片，看样子很像是松江鲈。不过，从什么地方弄到酒呢？"我回家后，跟妻子商量，妻子说："我有一斗酒，保藏了好长时间，以备您临时之需。"

就这样，我们带着酒和鱼，再次到赤壁下游玩。长江的流水发出声响，江岸的峭壁高达千尺；山峰耸立，月亮显得很小；水位降低，岩石露出水面。才过了多少日子，江山的面貌，让人无法辨认！我提着衣襟走上岸，登上险峻的山崖，拨开杂乱的野草，蹲在虎豹形状的怪石上，又爬上状如虬龙的古树，攀援猛禽做窝的悬崖，俯视水神幽深的水宫。两位朋友都不能跟随我爬到山的高处了。我大声长啸，草木似乎都被震动了，山谷回响，风起浪涌。我也不禁感到寂

❶ 顾：表转折，但是的意思。安所：何处。 ❷ 子：古代对男子第二人称的尊称。不时：随时。 ❸ 巉（chán）岩：险峻的岩石。 ❹ 鹘：隼，一种猛禽。冯（píng）夷：古代传说中的水神名。

原文

鹤，横江东来。翅如车轮，玄裳缟衣⑤，戛然长鸣，掠予舟而西也。

须臾客去，予亦就睡。梦一道士，羽衣蹁跹⑥，过临皋之下，揖予而言曰："赤壁之游乐乎？"问其姓名，俯而不答。"呜呼噫嘻！我知之矣。畴昔之夜⑦，飞鸣而过我者，非子也邪？"道士顾笑，予亦惊寤。开户视之，不见其处。

注释

⑤ 玄裳缟衣：黑裙白衣。在此借人的服色来说鹤。裳，下服。缟，上衣。⑥ 蹁跹：比喻道士体态轻盈。⑦ 畴昔：畴，语首助词，没有实在的意思。昔，昨，这里指昨日。

译文

寞悲哀，甚至有些恐惧，这样恐惧的气氛让我不敢再停留在那里了。于是我返回船上，任凭小船飘荡到江心，漂到哪里，就在哪里停泊。这时已经是夜半时分，环视四周，寂寞空荡。恰好有一只鹤鸟，横过长江从东面飞来，翅膀张开像车轮一样大小，好像穿着黑裙白衣，它戛然一声长鸣，擦过我们的小船向西飞去。

一会儿朋友走了，我也入睡了。我梦见一位道士，穿着鸟羽制成的衣服轻快地走来，从临皋亭下经过，他向我拱手行礼，说："这次赤壁之游很愉快吧？"我问他的姓名，他低头不回答。"啊！我知道了，昨天夜里，一声长鸣从我船上飞过去的不就是你吗？"道士对我回头一笑，我也从梦中惊醒。打开门一看，却看不到他在什么地方。

三槐堂铭

— 苏轼 —

背景介绍

时　　间：公元1079年

事件起因：当时，苏轼在湖州为官，他的学生王巩请苏轼为自家"三槐堂"题铭。

简介

本文是苏轼为三槐堂写的铭文，歌颂了王祐及其子孙的功业、德行，并借此规劝世人多行善事。全文叙议结合，语言精练，堪称铭文中的上乘之作。

原文

天可必乎？贤者不必贵，仁者不必寿。天不可必乎？仁者必有后。二者将安取衷哉❶？吾闻之申包胥曰："人定者胜天，天定亦能胜人❷。"世之论天者，皆不待其定而求之，故以天为茫茫。善者以怠，恶者以肆。盗跖之寿，孔颜之

译文

天意能够决定人事吗？贤能的人不一定显贵，仁慈的人也不一定长寿。天意不能够决定人事吗？仁慈的人一定会有好的后代。这两种情况，该怎样权衡才是恰当的呢？我听申包胥曾经说过："人心团结可以改变天命，天意坚定也能胜过人力。"世上谈论天道的人，都不等天意完全表现出来就去研求对人事的影响，所以认

注释

❶ 衷：同"中"，取衷即折中、权衡之意。❷ "人定者"二句：语出《史记·伍子胥传》，原文为："人众者胜天，天定亦能破人。"人定，人心团结。天定，天意坚定。

厄，此皆天之未定者也。松柏生于山林，其始也困于蓬蒿，厄于牛羊，而其终也贯四时、阅千岁而不改者，其天定也。善恶之报，至于子孙，则其定也久矣。吾以所见所闻考之，而其可必也审矣。国之将兴，必有世德之臣，厚施而不食其报，然后其子孙能与守文太平之主共天下之福。

故兵部侍郎晋国王公，显于汉、周之际，历事太祖、太宗，文武忠孝，天下望以为相，而公卒以直道不容于时。盖尝手植三槐于庭，曰："吾子孙必有为三公者❸。"已而其子魏国文正公，相真宗皇帝于景德、祥符之间，朝廷清明，天下无事之时，享其福禄荣名者十有八年。今夫寓物于人，明日而取之，有得有否。而晋公修德于身，责报于天，取必于数十年之后，如持左契❹，交手相付。吾是以知天之果可必也。

为天意是渺茫不能捉摸的。善良的人因此而懈怠，邪恶的人因此而放纵。盗跖的长寿，孔子、颜回的困厄，这都是天意还没有完全表现出来的缘故。松柏生长在山林之中，开始时被围困在蓬蒿之下，遭受牛羊糟蹋，可结果是四季常青，经历千年挺立不变，这就是天意坚定的成效啊。人的善恶报应，要到子孙后代才表现出来，可见天意定下的事很久才显示结果。我以所见所闻的事实来验证，说天意所定的事一定能够发生是很明白的。国家将要兴盛时，一定有世代积德的大臣，做了很多善事而没有享受应有的福报，此后他的子孙却能够与遵守成法的君主共享天下的福禄。

已经去世的兵部侍郎、晋国公王祐，在后汉、后周的时候就已经显达，前后侍奉太祖、太宗两朝，文武忠孝，天下人都期盼他当宰相，可是最终由于他正直不阿，不被当世所容。他曾亲手在庭院里种了三棵槐树，说："我的子孙后代一定会有做到三公的。"后来他的儿子魏国公王旦，果然在真宗景德、祥符年间做了宰相。那时正值朝廷政治清明，天下太平，他享受了十八年的荣华富贵。假如把东西寄存在别人那里，到第二天去取，有的能取到，有的取不到了。晋国公自己修养德行，希望得到上天的福报，几十年之后，他真的得到了回报。就像手持契约，对方查验后相互交接一样。我由此知道天意是真正能够决定人事的。

❸ 三公：西汉时称丞相、太尉、御史大夫为三公，这里泛指朝廷的高级官员。 ❹ 左契：古代契约分为左右两联，立契双方各执一联。左契即左联，为索偿的凭证。

吾不及见魏公，而见其子懿敏公，以直谏事仁宗皇帝，出入侍从将帅三十余年，位不满其德。天将复兴王氏也欤？何其子孙之多贤也。世有以晋公比李栖筠者，其雄才直气，真不相上下；而栖筠之子吉甫，其孙德裕，功名富贵，略与王氏等，而忠恕仁厚，不及魏公父子。由此观之，王氏之福，盖未艾也。

懿敏公之子巩与吾游，好德而文，以世其家，吾是以铭之。铭曰：呜呼休哉❺！魏公之业，与槐俱萌，封植之勤，必世乃成。既相真宗，四方砥平❻；归视其家，槐阴满庭。吾侪小人，朝不及夕，相时射利，皇恤厥德❼？庶几侥幸，不种而获。不有君子，其何能国？王城之东，晋公所庐，郁郁三槐，惟德之符。呜呼休哉！

我来不及见到魏国公，却见到了他的儿子懿敏公，他以直言进谏事奉仁宗皇帝，在宫廷内外侍从、带兵三十多年，他的爵位不足以和他的德行相称。是上天要振兴王氏吗？为什么他的子孙中有这么多贤能之士呢？世上有人将晋国公与李栖筠相比，他们的才干杰出，性格刚直，确实不相上下。李栖筠的儿子李吉甫、孙子李德裕，虽然享有的功名富贵，和王氏差不多，但在忠诚、恕道、仁慈方面，则比不上魏公父子。由此看来，王氏的福分正旺盛不衰啊。

懿敏公的儿子王巩和我有交往，他注重品德修养而又善于诗文，以此继承他世代的家风，我因此做了铭记。铭文说：唉，好啊！魏国公的功德与槐树一起蓬勃生长。辛勤地浇灌培植，必定要经过世代才能长成。他做了宰相辅佐真宗，国家安定，回乡探家，槐荫笼庭。我们这些无才无德之辈，从早到晚，只知窥测时机追求名利，哪里还有时间考虑自己的品德修养？只希望有意外的机会，不种植就有收获。如果没有贤德的人，怎么能治理好国家？王城的东面，是晋国公的府第，葱郁茂密的三棵槐树，是王家世代积德的见证。啊，多么美好啊！

❺ 呜呼休哉：表示感叹、赞美的意思。
❻ 砥平：像磨刀石一样平稳。这里指国家安定。❼ 皇恤厥德：皇，同"遑"，闲暇。恤，忧念。厥，其。

方山子传

— 苏轼 —

背景介绍

时　　间：公元1081年

人　　物：方山子，即陈慥，字季常

事件起因：苏轼和陈慥是非常要好的朋友。后来，苏轼妻子死了，父亲逝世，他陷入了"乌台诗案"的文字之狱，被贬到黄州，而陈慥也父死无禄，心志无法伸展，隐身于异乡。陈慥听说苏轼被放逐，他前往途中迎接，再后来交往频繁。

简介

苏轼在文中介绍了与方山子的相遇与相交，介绍他的人生经历。作者通过对方山子的人生经历的描述，表达了对他性格和人生取向的欣赏和赞美。

方山子，光、黄❶间隐人也。少时慕朱家、郭解为人，闾里❷之侠皆宗之。稍壮，折节❸读书，欲以此驰骋当世❹，然终不遇。晚乃遁❺于光、黄间，曰岐亭❻。庵居蔬食，不与世相闻。弃车马，毁冠服，徒步往来山中，人莫识也。见其所著帽，方耸而高，曰："此岂古方山冠❼之遗象❽乎？"因谓之方山子。

余谪居于黄，过岐亭，适见焉，曰："呜呼！此吾故人陈慥季常也，何为而在此？"方山子亦矍然❾问余所以至此者，余告之故，俯而不答，仰而笑，呼余宿其家。环堵萧然，而妻子奴婢皆有自得之意。余既耸然异之。独念方山子少时，使酒❿好剑，用财如粪土。前十九年，余在岐山下，见方山子从两骑，挟二矢，游西山，鹊起于前，使骑逐而射之，不获；方山子怒马⓫独出，一发得之。因与余马上论用兵及古今成败，自谓一世豪

方山子是光州、黄州一带的隐士。他年轻的时非常敬仰游侠朱家和郭解的为人，家乡的游侠也都崇拜他。等他大一些就改变了志向和行为，开始发奋读书，想通过读书施展抱负，但始终没有被重用。到了晚年，他隐居在光州、黄州一带的岐亭，住着茅草屋，吃着粗茶淡饭，不与外界来往。他放弃了坐车骑马，撕坏了之前的衣帽，在山里走来走去，没有人认识他。有人见他戴的帽子上面是方形的，并且还很高，猜测说："这不是古代方山冠的样式吗？"因此，大家就称他为方山子。

我被贬官到黄州，路过岐亭时正好碰见了方山子。我说："哎呀，这是我的好朋友陈慥季常啊，为什么会在这里呢？"方山子也惊讶，问我来这里的原因。我给他说了来这的缘由，他却低头不回答，接着抬起头哈哈大笑，招待我去他家住。他家里很简陋，但他的妻子儿女以及奴仆都有一种怡然自得的神情。我看到后感到十分惊讶，就想起方山子年轻的时候，曾是个饮酒舞剑的游侠，对待金钱犹如粪土。十九年前，我在岐山见到方山子带着两个骑马的随从，身带弓箭在西山游猎，一只鹊鸟惊飞起就叫随从追赶射它，没有射中；方山子独自骑马奔向前方，一箭射中那只飞鹊。于

❶ 光、黄：光州、黄州，两州连界。 ❷ 闾里：乡里。 ❸ 折节：改变原来的志趣和行为。 ❹ 驰骋当世：在当代施展才学抱负。 ❺ 遁：遁世隐居。 ❻ 岐（qí）亭：宋时黄州的镇名，在今湖北麻城县西南。 ❼ 方山冠：唐宋时隐士戴的帽子。 ❽ 遗象：犹遗制。 ❾ 矍（jué）然：惊讶睁眼相视貌。 ❿ 使酒：喝醉酒后爱发脾气，任性而行。 ⓫ 怒马：强健的马。

士。今几日耳，精悍之色，犹见于眉间，而岂山中之人哉？

然方山子世有勋阀，当得官；使从事于其间，今已显闻。而其家在洛阳，园宅壮丽与公侯等；河北有田，岁得帛千匹，亦足以富乐。皆弃不取，独来穷山中⑫，此岂无得而然哉？

余闻光、黄间多异人⑬，往往佯狂垢污⑭，不可得而见，方山子傥⑮见之欤？

⑫ 穷山中：荒僻的山中。⑬ 异人：指特立独行的隐沦之士。
⑭ 佯狂：装疯。⑮ 傥：或者。

是，他就在马上与我探讨用兵的方法以及古今成败的道理，自认为是一代豪杰。已经过了这么久，那股英气勃勃的神情，至今还能在眉宇间看到，哪里像一位隐士呢？

方山子的身世显赫，他理所应当有个一官半职，如果他在官场，说不定现在已经名声远扬了。他原来的家在洛阳，宅院富丽堂皇，都可以跟公侯家相比了；在黄河北岸有大片田地，每年还能收入上千匹的丝帛，这些东西足以让他生活充裕，无忧无虑了。他都没有去享受这些，反而来到这偏僻的山林里，要不是他能自得其乐，他会这样做吗？

我听说光州、黄州一带有很多非同寻常的人，这些人经常装作疯颠、浑身脏兮兮的，没有办法见到他们的真面目。方山子或许见过他们吧。

23

六国论

— 苏辙 —

背景介绍

时　　间：约公元1057年—1112年间

人　　物：苏辙字子由，晚年自号"颍滨遗老"，他与父苏洵、兄苏轼号称"三苏"，并列名于唐宋八大家中

事件起因：本文是在宋王朝面临北方边境和西夏威胁的形势下写的。

简介

本文提出并论证了六国灭亡弊端主要在于用土地来贿赂秦国，告诫北宋统治者要吸取六国灭亡的教训，以免重蹈覆辙。

尝读六国世家❶，窃怪天下之诸侯，以五倍之地、十倍之众，发愤西向，以攻山西千里之秦，而不免于灭亡。常为之深思远虑，以为必有可以自安之计。盖未尝不咎其当时之士虑患之疏，而见利之浅，且不知天下之势也。

夫秦之所与诸侯争天下者，不在齐、楚、燕、赵也，而在韩、魏之郊❷；诸侯之所与秦争天下者，不在齐、楚、燕、赵也，而在韩、魏之野。秦之有韩、魏，譬如人之有腹心之疾也。韩、魏塞秦之冲❸，而蔽山东之诸侯，故夫天下之所重者，莫如韩、魏也。昔者范雎用于秦而收韩，商鞅用于秦而收魏。昭王未得韩、魏之心，而出兵以攻齐之刚、寿，而范雎以为忧，然则秦之所忌者，可以见矣。

秦之用兵于燕、赵，秦之危事也。越韩过魏而攻人之国都，燕、赵拒之于前，而韩、魏乘之于后，此危道也。而

我曾经读过《史记》中的六国世家，私下以为，当时的诸侯国凭着五倍于秦国的土地、十倍于秦国的民众，全力以赴向西攻打崤山以西、方圆千里的秦国，最终竟不能免于灭亡。我常常对这个问题深入思考，认为一定会有一个能让六国保全自己的策略。因而不得不责怪当时六国的谋士，他们考虑祸患疏忽大意，对利害的见识太浅薄，而且不了解天下的形势。

当时秦国同各诸侯争夺天下的地方，不在齐、楚、燕、赵等地，而在韩、魏的国土上；六国同秦国争夺天下关键的地方，同样也不在齐、楚、燕、赵等地，而在韩、魏的国土上。对秦国来说，韩、魏的存在就好像一个人有了心腹大患。韩、魏两国在地理位置上阻塞着秦国的要道，同时还掩蔽着崤山以东的四国，所以天下各国最重要的地方，都比不上韩、魏两国。当初，范雎在秦国受到重用时，曾经主张收服韩国，商鞅在秦国受到重用时，曾经主张收服魏国。秦昭王没有得到韩、魏的归附，就出兵攻打齐国的刚、寿地带，范雎认为这是值得担忧的，这样秦国最顾忌的事情就显而易见了。

秦国对燕、赵用兵，对秦国来说是一件危险的事情。因为要穿越韩、魏的领土而去进攻别国的国都，燕、赵将会在前面抵抗，而韩、魏又会从

❶ 六国：齐、楚、燕、赵、韩、魏。世家：西汉司马迁《史记》记载诸侯的传记称为世家。 ❷ 郊：与下文"韩、魏之野"的"野"同义，田野、国土的意思。 ❸ 塞：阻挡。冲：军事要道。

秦之攻燕、赵，未尝有韩、魏之忧，则韩、魏之附秦故也。夫韩、魏，诸侯之障，而使秦人得出入于其间，此岂知天下之势耶？委区区❹之韩、魏，以当虎狼之强秦，彼安得不折❺而入于秦哉？韩、魏折而入于秦，然后秦人得通其兵于东诸侯，而使天下遍受其祸。

夫韩、魏不能独当秦，而天下之诸侯，藉之以蔽其西，故莫知厚韩亲魏以摈秦❻。秦人不敢逾韩、魏以窥齐、楚、燕、赵之国，而齐、楚、燕、赵之国，因得以自完于其间矣。以四无事之国，佐当寇之韩、魏，使韩、魏无东顾之忧，而为天下出身以当秦兵。以二国委秦，而四国休息于内，以阴助其急，若此可以应夫无穷，彼秦者将何为哉？不知出此，而乃贪疆场尺寸之利❼，背盟败约，以自相屠灭。秦兵未出，而天下诸侯已自困矣。至于秦人得伺其隙，以取其国，可不悲哉！

背后趁机进攻，这是一条危险的道路。然而秦国攻打燕、赵两国时却未曾顾虑韩、魏从背后袭击，这是由于韩、魏已经归附了秦国。韩、魏两国是其他国家的屏障，却让秦国人能够往来其间，这难道是了解天下的形势吗？不支援小小的韩、魏两国去抵挡如虎狼一般强大的秦国，韩、魏两国怎能不屈服而归附于秦国呢？韩、魏屈服而归附秦国，从此以后秦国人就能够在东方各诸侯国畅行无阻地用兵，而且让整个天下都遭受战乱。

韩、魏两国无法独自抵挡秦国，可是天下的诸侯却要依靠它们来作为西方的屏障，所以不如以优厚的条件亲近韩、魏两国，从而抗拒秦国。这样，秦国人不敢跨越韩、魏来窥探齐、楚、燕、赵等国，那么，齐、楚、燕、赵等国就能依靠这种局面来保全自己了。以四个不受秦国直接冲击的国家，帮助面对强敌的韩、魏两国，使韩、魏没有对东边各国的忧虑，而替天下的诸侯挺身而出，抵抗秦国。用韩、魏两国来对付秦国，四国在后方休养生息，并且暗中帮助韩、魏解除患难，这样就可以应付一切情况，那秦国还能有什么作为呢？六国诸侯不这样考虑，却只贪图边境上尺寸土地的利益，背弃、毁坏契约，以致自相残杀。秦国还没有出兵，而天下的诸侯就已经让自己陷入困境了，结果使秦国有了可乘之机，来夺取他们的国家，这难道不令人悲叹吗！

❹委：托付，下文中的"委"是对付的意思。区区：小，少。❺折：挫折、屈服。❻摈（bìn）：排斥，弃绝。
❼疆场（yì）：边界。尺寸：形容数量很少。

上枢密韩太尉书

— 苏辙 —

背景介绍

时　　间：公元 1057 年

人　　物：枢密韩太尉，即韩琦，是北宋著名的军事家、政治家。他在宋仁宗嘉祐年间任枢密使，掌握国家军事大权，位高权重，所以被称为韩太尉

事件起因：19 岁的苏辙考取进士以后，想进一步谋求发展，因此写信给韩琦，希望得到他的接见和赏识，进而在仕途上对自己有所帮助。选自《栾城集》。

简介

　　文章的开头先从文和气的关系谈起，通过孟子和司马迁的例子作为佐证，然后写自己激发志气，离乡远游，遍览名山大川，以及京城的天子宫阙，不仅眼界大开，而且心胸也变得豁然开朗。作者在最后谈到对韩琦的仰慕之情时，重申想见韩琦的迫切愿望。

太尉执事❶：辙生好为文，思之至深。以为文者气之所形，然文不可以学而能，气可以养而致。孟子曰："吾善养吾浩然之气。"今观其文章，宽厚宏博，充乎天地之间，称其气之小大。太史公行天下，周览四海名山大川，与燕赵间豪俊交游，故其文疏荡❷，颇有奇气。此二子者，岂尝执笔学为如此之文哉？其气充乎其中，而溢乎其貌，动乎其言❸，而见乎其文，而不自知也。

辙生十有九年矣。其居家所与游者，不过其邻里乡党之人，所见不过数百里之间，无高山大野可登览以自广。百氏之书虽无所不读，然皆古人之陈迹，不足以激发其志气。恐遂汩没❹，故决然舍去，求天下奇闻壮观，以知天地之广大。过秦汉之故都，恣观终南、嵩、华之高，北顾黄河之奔流，慨然想见古之豪杰；至京师，仰观天子宫阙之壮，与仓廪府库城池苑囿之富且大也❺，而后知天下之巨丽。见翰

太尉执事：我生性喜好写作，对此思考也很深刻。认为文章是气质的外在体现，但是文章也并不是通过学习就能写好的，气质却可以通过加强修养而得到。孟子说："我善于修养我的浩然之气。"如今看他的文章，内容宽厚宏博，充溢于天地之间，同他浩然之气的大小完全相称。司马迁遍游天下，博览四海名山大川，与燕、赵地方的豪杰志士交游，所以他写的文章舒畅洒脱，颇有奇伟之气。这两个人难道只是靠执笔学习就能写出这种文章吗？这是因为他们的浩气充满在内心又溢露于形体之外，发于言语而表现在文章之中，而他们自己并没有觉察到。

我出生已经十九年了。在家里所交往的，不过是邻居同乡这一类人，所看到的不过是几百里以内的事物，没有高山旷野可以登临，以开阔自己的心胸。诸子百家的著作虽然无所不读，然而这都是古人遗留下来的陈旧思想和语言，不能激发自己的志气。我怕就此埋没了自己，所以断然离开家乡，去探访天下的奇闻壮观，以了解天地的广大。经过秦朝、汉朝的故都，尽情观赏终南山、嵩山、华山的崇高险峻，向北望黄河奔腾的急流，感慨地想象古代的豪杰志士。到了京城，瞻仰宏伟壮丽的皇帝宫殿，以及粮仓、府库、城池、苑囿的富丽和巨大，这才知道天下是如此宏伟秀丽。也拜访了翰林学士欧阳

❶ 执事：指侍从左右的人。旧时书信中常用"执事"或"左右"称对方，以示尊重。❷ 疏荡：形容文章的风格通畅奔放，富于变化。❸ 动乎其言：即发于言的意思。❹ 汩（gǔ）没：沉沦、埋没。引申为无所成就的意思。❺ 廪（lǐn）：粮仓。苑囿（yuànyòu）：园林。囿，古代帝王畜养禽兽的园林。

林欧阳公，听其议论之宏辩，观其容貌之秀伟，与其门人贤士大夫游，而后知天下之文章聚乎此也。太尉以才略冠天下，天下之所恃以无忧，四夷❻之所惮以不敢发，入则周公、召公，出则方叔、召虎。而辙也未之见焉。

且夫人之学也，不志其大，虽多而何为？辙之来也，于山见终南、嵩、华之高，于水见黄河之大且深，于人见欧阳公，而犹以为未见太尉也。故愿得观贤人之光耀，闻一言以自壮，然后可以尽天下之大观而无憾者矣。

辙年少，未能通习吏事。向之来❼，非有取于斗升之禄。偶然得之，非其所乐。然幸得赐归待选，使得优游数年之间，将以益治其文，且学为政，太尉苟以为可教而辱教之，又幸矣。

公，聆听了他宏大雄辩的议论，看到了他清秀俊伟的容貌，又同他的门生贤士大夫交游，这才知道天下出类拔萃的文章都汇集在这里。太尉的雄才大略为天下之冠，国家有所依靠而平安无忧，边境民族惧怕而不敢来犯，您在朝廷内，像周公、召公一样辅君，在领兵方面，您又像方叔、召虎一样御敌立功。可是我还未曾见到您。

况且一个人在学习方面，如果没有远大的志向，学得再多又有什么用呢？我这次来京城，对于山，看到过终南山、嵩山、华山的高峻；对于水，看到过黄河的宽大和深广；对于人，看到过欧阳公，但是仍然没有拜见您。所以我很希望能一睹您的风采，就是听到您的只言片语，也足以激发自己，这样就可以说是看遍了天下的重要的山川、人物，而没有什么遗憾了。

我年纪轻，没能够通晓做官的事情。先前来京应试，并非是为了谋取微薄的俸禄，即使偶然得到一官半职，也不是我的志趣所在。然而有幸得到朝廷恩赐，让我回家等待选拔，使我能够悠闲地过活几年，趁此继续研习写作，并且学习从政之道。太尉如果认为我还可以教诲，而屈尊教导我的话，那我就不胜荣幸了。

❻ 四夷：古代对边境各民族的蔑称。 ❼ 向之来：先前，前段时间。

黄州快哉亭记

— 苏辙 —

背景介绍

时　　间：公元1083年
事件起因：快哉亭是苏轼友人张梦得在黄州寓所西南修建的供游览用的亭子，"快哉"是
　　　　　苏轼命名的。当时苏辙正在河南做官，应张梦得的邀请写了本文。

简介

　　文章描述了快哉亭上所见的景物，赞扬了亭主人能够随遇而安的旷达胸怀，以及
豁达开阔的心境。

江出西陵，始得平地，其流奔放肆大❶，南合沅湘。北合汉沔，其势益张。至于赤壁之下，波流浸灌❷，与海相若。清河张君梦得，谪居齐安，即其庐之西南为亭，以览观江流之胜，而余兄子瞻名之曰"快哉"。

盖亭之所见，南北百里，东西一舍。涛澜汹涌，风云开阖❸。昼则舟楫出没于其前，夜则鱼龙悲啸于其下，变化倏忽❹，动心骇目，不可久视。今乃得玩之几席之上，举目而足。西望武昌诸山，冈陵起伏，草木行列，烟消日出，渔夫樵父之舍皆可指数。此其所以为"快哉"者也。至于长洲之滨，故城之墟，曹孟德、孙仲谋之所睥睨❺，周瑜、陆逊之所骋骛，其流风遗迹，亦足以称快世俗。

昔楚襄王从宋玉、景差于兰台之宫，有风飒然至者，王披襟当之，曰："快哉此风！寡人所与庶人共者耶？"宋玉

长江从西陵峡流出，开始进入平坦的地势，水势奔腾浩荡，在南面汇合了沅水、湘水，在北面汇合了汉水、沔水，水势显得愈发强大。流到赤壁之下，江水浩荡，犹如无际的海洋。清河人张梦得贬官后住在齐安，就在他住宅的西南方修建了一座亭子，用来观赏江流的胜景。而我的兄长子瞻给这座亭子取名叫"快哉"。

在亭子里能看到的，从南到北有上百里，从东到西有三十里，江面波涛汹涌起伏，风云时而合拢、时而消散。白天有船只在亭前出没，夜晚有鱼龙在亭下悲鸣。景色瞬息万变，使人惊心骇目，不敢长久地观赏。如今却可以在亭子里坐着欣赏这些景色，一抬眼皮就可以看个够了。向西眺望武昌一带的群山，只见山陵起伏，草木成行成列，烟云消散，阳光普照，渔翁和樵夫的房舍都可以一一数清。这就是取名"快哉"的原因。至于沙洲的岸边，古城的遗址，曾经是曹孟德、孙仲谋窥视谋夺的地方，是周瑜、陆逊纵横驰骋的疆场，他们遗留下来的传说和英雄事迹，也足以使世俗之人称为快事。

从前，楚襄王跟随着宋玉、景差在兰台宫游玩。一阵凉风吹来，飒飒作响，楚襄王敞开衣襟迎着风，说："痛快啊，这阵风！这是我和老百

❶ 奔放：水势迅急。肆大：江流不受阻遏而水势浩大。❷ 浸灌：浸透灌注。形容水势又大又猛。❸ 风云开阖（hé）：阖，同"合"，消失。形容云时而散开，时而聚合，变幻不定。❹ 倏（shū）忽：转眼之间，非常快的样子。❺ 睥睨：斜视的样子，引申为傲视。

曰："此独大王之雄风耳，庶人安得共之！"玉之言，盖有讽焉。夫风无雌雄之异，而人有遇不遇之变❻。楚王之所以为乐，与庶人之所以为忧，此则人之变也，而风何与焉？士生于世，使其中不自得，将何往而非病❼？使其中坦然，不以物伤性，将何适而非快？今张君不以谪为患，收❽会计之余功，而自放山水之间，此其中宜有以过人者。将蓬户瓮牖❾无所不快，而况乎濯长江之清流，揖西山之白云，穷耳目之胜以自适也哉！不然，连山绝壑，长林古木，振之以清风，照之以明月，此皆骚人思士之所以悲伤憔悴而不能胜者❿，乌睹其为快也哉？元丰六年十一月朔日，赵郡苏辙记。

姓共同享受的吧？"宋玉说："这只是大王的雄风，百姓怎么能共享它呢？"宋玉的话含有讽刺意味。风并没有雄雌之别，而人却有得意和不得意的区别。楚襄王之所以感到快乐，而百姓之所以感到忧愁，这就是人的境遇不同，跟风有什么关系呢？读书人生活在世间，如果他的内心不能自得其乐，那么到什么地方才能没有忧愁呢？如果他心中达观坦荡，不因外物的影响而伤害自己的情绪，那么走到哪里不是快乐的呢？如今，张君不因为被贬官而忧愁，在办完了公事之后，让自己放任于山水之间，这说明他心中有一个超过常人的地方。即使是用蓬草编门，用破瓮做窗，也没什么不愉快的，更何况是在长江的清流中洗涤，面对着西山的白云，尽情让耳目享受美妙的胜景，从而使自己舒畅呢！如果不是如此，连绵的峦峰，幽绝的沟壑，辽阔的森林，参天的古木，清风在其间回旋，明月高照，这些景色都会使失意的文人士子感到悲伤痛苦，以至难以忍受，哪里看得出它们是令人畅快的呢！元丰六年十一月一日，赵郡栾城人苏辙记。

❻ 变：演变，引申为境遇不同。❼ 病：这里指忧愁。❽ 收：这里是结束的意思。会计，指管理钱财、赋税等事务，这里泛指公务。❾ 蓬户瓮牖（yǒu）：用蓬草编门，用破瓮做窗，指贫苦人的住所。❿ 胜：经得起。

寄欧阳舍人书

— 曾巩 —

背景介绍

时　　间：公元 1047 年

人　　物：曾巩（1019—1093）字子固，世称"南丰先生"，北宋杰出的散文家。曾巩师从欧阳修，秉承了欧阳修"先道而后文"的古文创作理念

事件起因：本文是作者写给欧阳修的一封信，旨在感谢欧阳修为其祖父撰写墓志铭。

简介

　　文章从墓志铭的社会价值以及流传条件着手，论述了墓志铭存在的社会意义，表达了品德与文章兼有的向往和追求。同时，作者也批判了有些作者囿于人情、不能公正地评价死者的不良风气，还通过述说墓志铭的写作之难，将话题引到欧阳修身上，赞颂了欧阳修的品德和学识，也充分地抒发了自己的感激之情。

去秋人还❶，蒙赐书及所撰先大父墓碑铭。反复观诵，感与惭并。

夫铭志❷之著于世，义近于史，而亦有与史异者。盖史之于善恶，无所不书，而铭者，盖古之人有功德材行志义之美者，惧后世之不知，则必铭而见之。或纳于庙，或存于墓，一也。苟其人之恶，则于铭乎何有？此其所以与史异也。其辞之作，所以使死者无有所憾，生者得致其严。而善人喜于见传，则勇于自立；恶人无有所纪，则以愧而惧。至于通材达识❸，义烈节士，嘉言善状，皆见于篇，则足为后法。警劝之道，非近乎史，其将安近？

及世之衰，人之子孙者，一欲褒扬其亲，而不本乎理。故虽恶人，皆务勒铭❹以夸后世。立言者既莫之拒而不为，又以其子孙之请也，书其恶焉，则人情之所不得，于是乎铭始不实。后之作铭者，

去年秋天有人归来，承蒙您写信给我并为先祖父撰写了墓碑铭文。反复地诵读，真是感激、惭愧之情交织在一起。

墓志铭之所以能够著称后世，是因为它的意义与史传相近，但也有与史传不同的地方。这是因为史传对一个人的善恶都一一加以记载，而碑铭，则是古人的功德、才能、志向出众的事迹，恐怕后人不知道，所以一定要立碑刻铭来加以显扬。有的安置在祠堂，有的存放在墓地，其用意是一样的。如果是这个人的坏事，那么在铭文中有什么好记载的呢？这就是碑铭与史传不同的地方。铭文的撰写，为的是让死去的人没有什么可遗憾的地方，活着的人借此来表达他们的敬意。行善之人喜欢自己的生平事迹能流传后世，就会发奋有所建树；作恶之人没有什么可记载，就会因此感到惭愧和惶恐。至于那些博学多才、见识通达之人，忠义英烈、节操高尚之士，他们美好的言论和善良的行为，都能一一显示在碑铭里，这就足以成为后人的榜样。铭文警世劝诫的作用，不是和史传相近，那么又和什么相近呢？

等到社会风气败坏时，为人子孙的，一心只想褒扬他们死去的亲人而不顾事理。所以即使是恶人，也都一

注释

❶ 去秋人还：庆历六年夏，曾巩派人送信给欧阳修，求其为祖父写墓志铭。当年秋天，欧阳修写好后交给曾巩派的人带回。❷ 铭志：碑文最后的韵文部分称铭，记述死者事迹的散文部分称志。❸ 通材达识：博学多闻，见多识广的人。❹ 勒：镌刻，刻在石碑上。

当观其人。苟托之非人、书之非公与是⑤，则不足以行世而传后。故千百年来，公卿大夫至于里巷之士，莫不有铭，而传者盖少。其故非他，托之非人、书之非公与是故也。

然则孰为其人，而能尽公与是欤？非畜⑥道德而能文章者，无以为也。盖有道德者之于恶人，则不受而铭之，于众人则能辨焉。而人之行，有情善而迹非，有意奸而外淑，有善恶相悬而不可以实指，有实大于名，有名侈于实⑦。犹之用人，非畜道德者，恶能辨之不惑、议之不徇？不惑不徇，则公且是矣！而其辞之不工，则世犹不传，于是又在其文章兼胜焉。故曰非畜道德而能文章者无以为也，岂非然哉？

然畜道德而能文章者，虽或并世而有，亦或数十年或一二百年而有之。其传之难如此，其遇之难又如此。若先

定要立碑刻铭用来向后世夸耀。撰写铭文的人既不能推辞不写，又因为受其子孙的一再请托，如果直接写上死者的恶行，从人情道理上又不应该，于是，铭文就开始出现不实之词。后世想请人撰写碑铭的，应当观察一下作者的为人。如果请托的人不得当，那么他写的铭文既不公正又不符合事实，也就不足以流行于世，传之后代。所以千百年来，上自公卿大夫，下至里巷小民，死后都有碑铭，能流传于世的却很少。这里没有别的原因，正是因为请托了不适当的人，撰写的铭文不公正、不符合事实的缘故。

那么，怎样的人才能做到写得既公正又符合事实呢？不是道德高尚而且又擅长做文章的人是做不到的。因为那些道德高尚的人，对于恶人，是不会接受请托而撰写铭文的，对于众人是能够分辨他们的善恶。而人们的品行，有内心善良而事迹不好的，有内心奸恶而外表良善的，有善行恶行相差悬殊而不能具体指出的，有实际大过名声的，有名过其实的。这就好比用人，如果不是道德高尚的人，怎么能辨别清楚而不受迷惑、评价公正而不徇私情呢？假使不受迷惑、不徇私情，就会做到公正而符合事实了。但是如果铭文的文辞不够精美，那么依然不能流传于世，因此，写铭文的人还必须擅长做文章。所以说，不是道德高尚而又擅长写文章的人是写不好墓志铭文的，难道不是这样吗？

然而，道德高尚而又擅长作文章的人，虽然可能当代就有，但也许隔几十年甚至一二百年才有这样的人。铭文的流传是如此之难，而能遇上这种理想的铭文作者是加倍困难。像先

注释

⑤是：正确，符合事实。⑥畜：同"蓄"，积聚，怀藏。⑦侈：超过，过分。

生之道德文章，固所谓数百年而有者也。先祖之言行卓卓❽，幸遇而得铭其公与是，其传世行后无疑也。而世之学者，每观传记所书古人之事，至其所可感，则往往蠹然不知涕❾之流落也，况其子孙也哉？况巩也哉？其追晞祖德，而思所以传之之繇，则知先生推一赐于巩而及其三世。其感与报，宜若何而图之？抑又思，若巩之浅薄滞拙，而先生进之，先祖之屯蹶否塞❿以死，而先生显之，则世之魁闳豪杰不世出之士⓫，其谁不愿进于门？潜遁幽抑之士⓬，其谁不有望于世？善谁不为？而恶谁不愧以惧？为人之父祖者，孰不欲教其子孙？为人之子孙者，孰不欲宠荣其父祖？此数美者，一归于先生！

既拜赐之辱，且敢进其所以然。所谕世族之次，敢不承教而加详焉？愧甚，不宣。巩再拜。

生的道德文章，真正算得上是几百年中才有的。我先祖的言论和行为都很杰出，有幸遇上先生为其撰写公正而又符合事实的碑铭，这样的铭文能流传于当代，传诵至后世也是毫无疑问的。社会上的读书人，每阅读传记所载古人事迹的时候，看到感人的地方，就往往感伤痛苦得不觉流泪，何况是他们的子孙呢？又何况是我曾巩呢？我追怀仰慕先祖的高尚道德而想到碑铭能传后世的原因，就知道先生接受我一人请求惠赐铭文，而恩泽将推及至我家祖孙三代。我的感激与报答之情，应该怎样表示呢？我又进一步想到，像我这样学识浅薄、才能庸陋的人，而受到先生的提拔鼓励，我先祖这样命运多舛、穷愁潦倒而死的人，而先生却能使他显扬于后世，那么世上那些俊伟豪杰、世不经见之士，有谁不愿意投在您的门下呢？那些潜居山林、穷居退隐之士，有谁不对前途抱有希望呢？美好的事情谁不想做，丑恶的事情谁不羞愧恐惧呢？作为父亲、祖父的人，谁不想教育好自己的子孙？做为子孙的人，谁不想荣耀显扬自己的父祖？这种种美德，应当全归功于先生。

我荣幸地得到您的恩赐，并冒昧地向您陈述我之所以感激的道理。来信所说的关于我的家族世系，我怎敢不听从您的教诲而加以研究审核呢？惭愧万分，书不尽怀，曾巩再拜上。

❽ 卓卓：非常突出、卓越。❾ 蠹（xì）然：伤痛的样子。涕：眼泪。❿ 屯（zhūn）蹶（jué）否（pǐ）塞：不得志、不顺利。屯、否，是《易经》的卦名。《屯》卦表示艰难，《否》卦表示困顿。⓫ 魁闳（hóng）：超群的才能。不世出：不常出现，少有。⓬ 潜遁：避世隐居。幽抑：郁郁不得志。

赠黎安二生序

— 曾巩 —

背景介绍

时　　间：公元1067年

事件起因：安生和黎生从四川拿着自己的文章来到京师。不久后，黎生补任江陵府司法参军。行前，曾巩应黎生、安生之请，写下这篇文章。

简介

　　本篇首先叙述黎生和安生的来历，紧接着便写赠言的原因，并针对两位年轻人的问题，分析了不合时宜的利弊，鼓励他们要有勇气走自己的路。

原文

　　赵郡苏轼，予之同年友也。自蜀以书至京师遗予，称蜀之士曰黎生、安生者。既而黎生携其文数十万言，安生携其文亦数千言，辱以顾予[1]。读其文，诚闳壮[2]隽伟，善反复驰骋，穷尽事理。且其材力之放纵，若不可极者也。二生固

译文

　　赵郡人苏轼，是我同年中考的朋友。他从四川写了一封信托人带到京城送给我，称赞四川的读书人黎生和安生。不久，黎生携带着他的几十万字的文章，安生也带着自己数千字的文章，屈尊来拜访我。我读了他们的文章，觉得确实气势宏大、意味深长，善于上下反复、纵横驰骋，充分表达了事实和道理，他们才华的豪

注释

[1] 辱：谦辞，承蒙、屈驾的意思。顾：拜访。　[2] 闳（hóng）壮：宏伟壮丽。

可谓魁奇特起❸之士，而苏君固可谓善知人者也。

　　顷之❹，黎生补江陵府司法参军，将行，请予言以为赠。予曰："予之知生，既得之于心矣，乃❺将以言相求于外邪？"黎生曰："生与安生之学于斯文，里之人皆笑以为迂阔❻，今求子之言，盖将解惑于里人。"予闻之，自顾而笑。

　　夫世之迂阔，孰有甚于予乎？知信乎古，而不知合乎世，知志乎道，而不知同乎俗，此予所以困❼于今而不自知也。世之迂阔，孰有甚于予乎？今生之迂，特❽以文不近俗，迂之小者耳，患为笑于里之人。若予之迂大矣，使生持吾言而归，且重得罪，庸讵❾止于笑乎？然则若予之于生，将何言哉？谓予之迂为善，则其患若此；谓为不善，则有以合乎世，必违乎古，有以同乎俗，必离乎道矣。生其无急于解里人之惑，则于是焉必能择而取之。

　　遂书以赠二生，并示苏君以为何如也。

放纵逸，似乎没有尽头。这两位真可说是杰出的读书人，而苏君也可以说是善于识别人才的人。

　　不久，黎生补官做江陵府司法参军，即将到任上去，请我以言相赠。我说："我知道你，已经存在内心深处了，还需要用外在的语言表达出来吗？"黎生说："我和安生都学习这种骈文，同乡都讥笑我们不合时宜，脱离现实。现在请您赠言，是为了消除乡里人对我们的误解。"我听了他的话，连自己都控制不住地笑了。

　　要论世上不合时宜的人，还有比我更严重的吗？我只知道相信古人，而不知道适宜于今世，只知道记住圣贤之道，而不知道迎合当代的风气，这就是我现在遭受困厄而自己还不能领悟的原因。世间不切合实际的人，有谁能比我更严重呢？如今，你们二人的不合时宜，只是因为所写的文章不接近世俗，这只不过是不合时宜的小事罢了，所担心的不过是被乡里人讥笑。像我的不合时宜可就大了，假若你们把我的话带回家乡，将要重重地得罪他人，哪里还只是遭到讥笑呢？但是我对你们，将说些什么呢？如果认为我的不合时宜是好的，那么它就会有这样的害处；如果认为我的不合时宜是不好的，那么就会迎合当世，必定违背古人的信条，就会随同世俗，必定背离圣贤之道了。你如果不急于消除同乡的误解，那么在这方面，必定能够选择而取其正确的途径。

　　于是，我书写这些话来赠送给两位，也请给苏君看看，看他认为我的看法怎么样。

❸魁奇特起：非常非凡、杰出。❹顷之：不久。❺乃：反问词，难道。❻里之人：同乡的人。迂阔：迂腐，不切实际。❼困：不通达，窘迫。❽特：仅，只。❾庸讵（jù）：怎么。表反诘语气。

读孟尝君传

— 王安石 —

背景介绍

时　　间：北宋
人　　物：王安石，字介甫，号半山，人称半
　　　　　山居士。封为舒国公，后又改封荆
　　　　　国公。世人又称"王荆公"
事件起因：这篇文章是王安石读《史记·孟尝
　　　　　君传》之后的感想，也是历来传诵
　　　　　的翻案名篇。

简介

　　本篇首先说明世人对孟尝君的传统看法，然后直接了当地驳斥"孟尝君能得士"的传统观点，并且解释原因。

世皆称孟尝君能得士，士以故归之，而卒赖其力，以脱于虎豹之秦❶。

嗟乎！孟尝君特❷鸡鸣狗盗之雄耳，岂足以言得士？不然，擅齐之强，得一士焉，宜可以南面❸而制秦，尚何取鸡鸣狗盗之力哉？鸡鸣狗盗之出其门，此士之所以不至也。

世人都称孟尝君能够纳士，贤士也因此投奔在他的门下，而他也终因依靠这些贤士出力相助，从虎豹一样凶残的秦国脱逃出来。

唉！孟尝君只不过是那些鸡鸣狗盗之徒的首领罢了，哪里称得上得到了有真才实学的人呢？如果不是这样，那么他凭借齐国的强大的国力，即使得到一个真正的贤士，应该就可以依靠国力面向南方称王，制服秦国，哪还用依靠鸡鸣狗盗的力量呢？鸡鸣狗盗之流在他的门下出现，这正是真正的贤士不去投奔他的原因啊。

注释

❶ 卒：终于。虎豹之秦：不少封建史学家认为秦残暴，常称为"暴秦"。 ❷ 特：仅仅，只是。 ❸ 南面：面向南。古代面向南为尊位，帝王总是南面而坐。

同学一首别子固

— 王安石 —

背景介绍

时　　间：公元1043年

事件起因：北宋庆历元年，王安石与曾巩同时应礼部试。第二年，王安石得中，但是曾巩落第还乡。庆历三年三月，王安石从扬州签判任上还临川，他又去南丰见了曾巩。

简介

　　该篇通过叙述曾巩和孙侔言行的一致和志趣的相似，表现朋友之间的志同道合、情深意笃和互相慰勉，表达了作者想和友人建立共同进步的君子之谊。

原文

　　江之南有贤人焉，字子固，非今所谓贤人者，予慕而友之。淮之南有贤人焉，字正之，非今所谓贤人者，予慕而友之。二贤人者，足未尝相过也，口未尝相语也，辞币❶未尝相接也，其师若❷友，岂尽同哉？予考其言行，其不相似

译文

　　江南有一位贤人，字子固，他不是当今世俗所说的那种贤人，我仰慕他，并和他成了朋友。淮南有一位贤人，字正之，他也不是当今世俗所说的那种贤人，我也仰慕他并和他成了朋友。这两位贤人，不曾互相往来，不曾互相交谈，也没有互相交换过书信和礼品，他们的老师和朋友，难道都是这样吗？我观察过他们的言行，

注释

❶ 辞币：指相互交谈及来往的书信和礼物。　❷ 若：和，与。

者何其少也！曰：学圣人而已矣。学圣人，则其师若友，必学圣人者。圣人之言行，岂有二哉？其相似也适然③。

予在淮南，为正之道子固，正之不予疑也。还江南，为子固道正之，子固亦以为然。予又知所谓贤人者，既相似又相信不疑也。子固作《怀友》一首遗予，其大略欲相扳④以至乎中庸而后已。正之盖亦常云尔。夫安驱徐行，辎中庸之庭而造于其室⑤，舍二贤人者而谁哉？予昔非敢自必其有至也，亦愿从事于左右⑥焉尔，辅而进之其可也。

噫！官有守⑦，私有系⑧，会合不可以常也。作同学一首别子固，以相警⑨且相慰云。

他们之间的不同之处竟是那样少！我说：这是他们学习圣人的结果。他们学习圣人，那么他们的老师和朋友，也一定是学习圣人的。圣人的言行，难道会有什么不同吗？他们的言行相似也是必然的了。

我在淮南，向正之谈起子固，正之不怀疑我说的话。回到江南，向子固提起正之，子固也相信我说的话。于是，我知道这些被人们视为贤人的人，他们言行相似，又是互相信任不猜疑的。子固写了一篇《怀友》送给我，大意是说要互相援引，以便能达到中庸之道的境界，正之也经常这样说。像驾车缓慢地前行一样，通过中庸的门庭然后进入内室，除了这两位贤人还能有谁呢？我过去不敢肯定自己必能达到这种中庸的境界，却也愿意跟随着他们去做，在他们的帮助下朝着这个境界前进也是可能的。

唉，做官的各有自己的职守，个人也有私事牵制，朋友之间不能经常相聚。于是我写了《同学一首别子固》，用它来互相勉励，又互相安慰。

③ 适然：合适，适宜。④ 扳（pān）：援引。⑤ 辎（lìn）：车轮，这里指车轮碾过的意思。庭：堂前的院子。造于其室：指造诣深，得到圣人中庸学说的主旨。造，达到。⑥ 从事于左右：追随左右。⑦ 守：职守，工作岗位。⑧ 系：牵制。⑨ 警：警策，勉励。

游褒禅山记

— 王安石 —

背景介绍

时　　间：公元 1054 年

事件起因：褒禅山，在今安徽含山县北，是著名的风景区。本文是北宋的政治家、思想家王安石离任舒州通判赴京途中游览褒禅山而写的。选自《临川先生集》。

简介

　　名为游记，但重点不在展现山水之美，而是在记游的基础上用酣畅的笔墨进行议论，因事见理，夹叙夹议。其中阐述的诸多思想，在当今社会也具有极其深远的现实意义。

原文

　　褒禅山亦谓之华山，唐浮图慧褒始舍于其址①，而卒葬之，以故其后名之曰"褒禅"。今所谓慧空禅院者，褒之庐冢也②。距其院东五里，所谓华山洞者，以其乃华山之阳名之也。距洞百馀步，有碑仆道，其文漫灭，独其为文犹可识，曰"花山"。今言"华"，如"华实"之"华"者，盖音谬也。

　　其下平旷，有泉侧出，而记游者甚众，所谓"前洞"也。由山以上五六里，有穴窈然③，入之甚寒。问其深，则其好游者不能穷也，谓之"后洞"。予与四人拥火以入，入之愈深，其进愈难，而其见愈奇。有怠而欲出者，曰："不出，火且尽。"遂与之俱出。盖予所至，比好游者尚不能十一，然视其左右，来而记之者已少。盖其又深，则其至又加少矣。方是时④，予之力尚足以入，火尚足以明也。既其出，则或咎其欲出者，而予亦悔其随之，而不得极乎游之乐也。

注释

① 浮图：梵（fàn）语音译，有佛、塔、和尚等意思。址：山脚下。
② 庐冢：庐舍和坟墓。此指死后埋葬的地方。 ③ 窈（yǎo）然：深远幽暗的样子。 ④ 方是时：指当从洞里退出的时候。

译文

　　褒禅山，也叫华山，唐代和尚慧褒曾经在山脚下盖房居住，死后又葬在此地，因为这个缘故，后来人们就称这座山为褒禅山。现在人们所说的慧空禅院，就是慧褒和尚的居舍和坟墓所在地。距离禅院东边五里，有个叫华阳洞的，因为它在华山南面，所以这样命名。距离洞口一百多步，有一块石碑倒在路旁，那上面的碑文已经模糊不清，从它残存的字迹还可以辨识出"花山"的字样。现在将"花"念作"华实"的"华"，大概是读音错了。

　　华山洞下地势平坦而开阔，有一股山泉从侧壁涌出，游览、题记的人很多，这是人们所说的"前洞"。顺着山路往上走五六里，有个深远幽暗的洞穴，一进去便感到寒气逼人，问它的深度，就是那些喜好游玩的人也不能走到尽头，这是人们所说的"后洞"。我与同游的四个人打着火把走进去，越到深处，前进就越发困难，然而所见到的景象也越新奇。一个同游者疲倦了想退出去，说："再不出去，火把快要烧完了。"于是，大家都跟他一起退了出来。大概我们所到达的地方，比起那些喜欢游览的人来说，还不到十分之一，可是看看山洞左右的石壁，来到这里题记的人已经很少了。大概洞越深，到这里的游人就越少了。在决定从山洞中退出的时候，我还有足够的体力前进，火把也还足够继续照明。我们从洞内退出去以后，便有人埋怨那个要求退出的人，而我也后悔跟他们一起退出来，以至不能尽情享受游玩的乐趣。

于是予有叹焉。古人之观于天地、山川、草木、虫鱼、鸟兽，往往有得，以其求思之深，而无不在也。夫夷以近，则游者众；险以远，则至者少。而世之奇伟、瑰怪、非常之观，常在于险远，而人之所罕至焉。故非有志者，不能至也；有志矣，不随以止也，然力不足者，亦不能至也；有志与力而又不随以怠，至于幽暗昏惑，而无物以相之⑤，亦不能至也。然力足以至焉，于人为可讥，而在己为有悔；尽吾志也而不能至者，可以无悔矣，其孰能讥之乎？此予之所得也。

予于仆碑，又有悲夫古书之不存，后世之谬其传而莫能名者⑥，何可胜道也哉！此所以学者不可以不深思而慎取之也。

四人者：庐陵萧君圭君玉、长乐王回深父，予弟安国平父，安上纯父。

对这件事我深有感慨。古代的人观察天地、山川、草木、虫鱼、鸟兽，往往有心得体会，因为他们思考问题深刻，而且非常全面。平坦、广阔而近的地方，游览的人就多；地方险峻而远的地方，游览的人就少。然而世上奇妙雄伟、珍贵奇异而又非同寻常的景观，常常在那险阻遥远而人们很少去游览的地方，所以没有坚强意志的人是达不到的。有了坚强意志，也不随从别人而中止，然而力量不足的，也是不能达到的。有了坚强意志与充沛体力，也不随从别人而有所懈怠，到了那幽深昏暗、叫人迷乱的地方，却没有外物来支持他，也是不能达到的。但是体力足以达到而未能达到的，在别人来说是可以讥笑的，在自己来说也是有所悔恨的。尽了自己的势力仍然不能达到的，就没有什么悔恨的了，又有谁还能讥笑他呢？这就是我这次游山的心得。

对于那座倒在地上的石碑，我由此叹惜那古代书籍的失传，后代人讹传，没有人能够弄清其真相的事情，哪能说得完呢！这就是今天求学的人不能不深入思考、谨慎地选取的缘故。

同游的四个人是：庐陵人萧君圭，字君玉；长乐人王回，字深父；我的弟弟王安国，字平父；安上，字纯父。

⑤ 相：辅助的意思。⑥ 谬（miù）其传：把那些（有关的）传说弄错。谬，使……谬误，把……弄错。莫能名：不能说出真相（一说真名）。

泰州海陵县主簿许君墓志铭

— 王安石 —

背景介绍

时　　间：公元 1075 年

人　　物：许平

事件起因：许平是个终身不得志的普通官吏，本篇主要是王安石哀悼许平有才能但是屈在下位。

简介

该篇慨叹许平一生失意、大材小用的遭遇，感慨科举制度对人才的埋没，指出君子应贵于自守。

君讳①平，字秉之，姓许氏，余尝谱其世家②，所谓今泰州海陵县主簿者也。君既与兄元相友爱称天下，而自少卓荦不羁③，善辩说，与其兄俱以智略为当世大人所器④。宝元时，朝廷开方略之选，以招天下异能之士。而陕西大帅范文正公、郑文肃公争以君所为书以荐。于是得召试，为太庙斋郎，已而选泰州海陵县主簿。

贵人⑤多荐君有大才，可试以事，不宜弃之州县。君亦尝慨然自许⑥，欲有所为。然终不得一用其智能以卒。噫！其可哀也已。

士固有离世异俗⑦，独行其意，骂讥笑侮，困辱而不悔。彼皆无众人⑧之求，而有所待于后世者也，其龃龉⑨固宜。若夫智谋功名之士，窥时俯仰，以赴势利之会，而辄不遇者⑩，乃亦不可胜数。辩

这位墓主名平，字秉之，姓许。我曾经编过他的家谱，他就是家谱上所说的现在任泰州海陵县的主簿。许君和他的哥哥许元以互相友爱而被天下人称赞，而他从少年时就超出一般人，从不受约束，擅长辩论，和他的哥哥都是因为有智慧和谋略而受到当代大人物的器重。宝元年间，朝廷开设制举方略科，招纳天下具有特异才能的读书人，陕西大帅范文正公仲淹和郑文肃公戬争着将许君的文章推荐给朝廷，于是他被征召进京应试，被任命为太庙斋郎，不久又被任为泰州海陵县主簿。

朝中的大臣大多数推荐说许君有大才，应该任用做重要的事以考验他，不应该把他弃置埋没在州县小官任上。许君也曾意气风发，想要有所作为。可是他最终没能等到施展自己的智慧才能的机会就去世了。唉，真令人哀伤啊！

读书人当中本来就有那种远离尘世、超凡脱俗的人，按自己的意志行事，受到谩骂、讽刺、嘲笑、轻侮和困窘羞辱都不后悔。他们都没有一般人那种对名利的欲望和要求，却期待能流芳百世。这种人因为与世俗相抵触而不得志本来就是必然的。至于那些富有智慧谋略而热心功名的读书

① 讳：避讳。古人尊称死者，不直接称呼名字，而在名字前加"讳"字。② 世家：家庭世系。③ 卓荦（luò）：卓越、突出。不羁：不受拘束。④ 大人：指有地位、有声望的人。器：器重。⑤ 贵人：指达官要人。⑥ 尝：通"常"。自许：称许自己。既自负又自信。⑦ 固：本来。离世异俗：即超凡脱俗。⑧ 众人：一般人。⑨ 龃龉（jǔyǔ）：上下齿不相合。这里指不合时宜。⑩ 窥时俯仰：看准时机，随机应变。赴：奔走以从事。势利之会：权势和财利的场合。辄（zhé）：总是。

47

足以移⓫万物，而穷于用说之时，谋足以
夺三军，而辱于右武之国，此又何说哉？
嗟乎！彼有所待而不悔者，其知之矣。

君年五十九，以嘉祐某年某月某甲
子，葬真州之扬子县甘露乡某所之原。
夫人李氏。子男瑰，不仕；璋，真州司
户参军；琦，太庙斋郎；琳，进士。女
子五人，已嫁二人：进士周奉先，泰州
泰兴县令陶舜元。

铭曰：有拔而起之⓬，莫挤而止之⓭。
呜呼许君！而已于斯，谁或使之？

⓫辩：论辩。移：改变。⓬拔：提拔。
起：起用。⓭挤：排挤。止：阻止。

人，他们窥测时机，随机应变，奔走
追寻得到权势利禄的机会，却往往不
能得志的，竟然也多得数不过来。才
辩足以改变一切事物，却在用得着
游说之才的时代遭遇困厄，智谋足
以镇服三军，却在崇尚武力的国家
遭受屈辱，这种情况又怎么解释呢？
唉！他们是对现实有所期待而对于
遭遇不后悔的人，这么理解他们大概
差不多吧。

许君去世时五十九岁，于仁宗嘉
祐某年某月某日，葬于真州扬子县甘
露乡某地的原上。夫人姓李。儿子许
瑰，没有做官；许璋，任真州司户参
军；许琦，任太庙斋郎；许琳，是进
士。五个女儿，已经出嫁的有两个，
女婿是进士周奉先和泰州泰兴县令陶
舜元。

墓碑上的铭文说：有人提拔并起
用他，没有人排挤、阻碍他。唉！许
君却终止在这么小的官职上，是什么
人使他这样的呢？

送天台陈庭学序

— 宋濂 —

背景介绍

时　　间：元末明初

人　　物：陈庭学，字莼浚，亦字景鱼，宛平人，著有《塞垣吟草》

事件起因：本文是宋濂写给朋友陈庭学的一篇赠序文。陈庭学游历巴山蜀水以后，精神面貌焕然一新，宋濂写下此文送给他。

简介

　　文章的开头便紧密地结合了陈庭学的生活实际，具体地写出游川蜀的困难。接下来开始写陈庭学的经历，突出了陈庭学的才学和品德。接着，作者回顾了自己的一生由于种种原因，一直未能游览川蜀。最后，他列举颜回、原宪的事例，提出一种新的见解，进而劝谏陈庭学，不要把游览名山大川当做提高自己的唯一途径。

西南山水，惟川蜀最奇。然去中州万里，陆有剑阁栈道之险[1]，水有瞿唐滟滪之虞[2]。跨马行，则竹间山高者，累旬日不见其巅际。临上而俯视，绝壑万仞，杳莫测其所穷，肝胆为之悼栗[3]。水行则江石悍利[4]，波恶涡诡，舟一失势尺寸，辄糜碎土沉，下饱鱼鳖。其难至如此，故非仕有力者不可以游，非材有文者纵游无所得，非壮强者多老死于其地，嗜奇之士恨焉。

天台陈君庭学，能为诗，由中书左司掾屡从大将北征，有劳，擢四川都指挥司照磨[5]，由水道至成都。成都，川蜀之要地，扬子云、司马相如、诸葛武侯之所居，英雄俊杰战攻驻守之迹，诗人文士游眺饮射、赋咏歌呼之所[6]，庭学无不历览。既览必发为诗，以纪其景物时世之变，于是其诗益工。越三年，以例自免归。会予于京师，其气愈充，其语

我国西南地区的山水，唯独四川地区最为奇特。但是四川距离中原有万里之遥，陆路有剑阁、栈道那样的险阻，水路有瞿塘峡、滟滪堆那样的顾虑。骑着马行走在密密的竹林间，山势高峻，连续走十天都看不到山顶。登上山顶往下俯瞰，陡峭的山谷有几万尺深，幽深而看不到谷底，让人胆战心惊。从水路行走，长江中的礁石尖利，波涛险恶，漩涡变化不定，船只只要稍微偏离航道，就会被撞得粉碎，像泥土般沉入水中，船中人便成了鱼鳖之食。通往那个地区的道路竟然如此艰难！因此，除非是做官又有财力的人，否则是不能前往游览的；除非是博览全书又富有文才的人，否则游览也无所得；除非是身壮体强的人，否则去了也大多会老死在那里。爱好奇异山水的人往往对此望洋兴叹，遗憾不已。

天台陈庭学君，擅长写诗，任中书左司掾，屡次随从大将北征，并立下功劳，后被提升为四川都指挥司照磨，他便从水路赶去成都赴任。成都，是四川的要塞之地，是扬雄、司马相如、诸葛亮的居所之地，有英雄俊杰征战驻守的遗迹，也是诗人文士们游览登临、饮酒投壶、赋诗歌唱的处所，庭学没有一处没有观览过。游览之后，他必定会写诗抒发感慨，描

[1] 栈道：又称"阁道""复道"等。古代在川、陕、甘诸省境内峭岩陡壁上凿孔架桥连阁而成的一种道路。 [2] 滟滪（yànyù）：即滟滪堆，是旧时长江瞿塘峡口的一堆巨石。1959年整治长江航道时被炸掉。 [3] 悼栗（dàolì）：因恐惧而发抖。 [4] 悍利：坚硬而锐利。悍，本指强劲、凶横，此处形容石之险。 [5] 擢（zhuó）：提升。都指挥司：军事机构的通称。照磨：都指挥司下属官吏。 [6] 饮射：古代用文字隐写事物，令人猜度的一种行酒令的游戏。

愈壮，其志意愈高，盖得于山水之助者侈矣❼。

予甚自愧，方予少时，尝有志于出游天下，顾以学未成而不暇；及年壮可出，而四方兵起，无所投足；逮❽今圣主兴而宇内定，极海之际，合为一家，而予齿益加耄矣❾，欲如庭学之游，尚可得乎？

然吾闻古之贤士，若颜回、原宪，皆坐守陋室，蓬蒿没户，而志意常充然，有若囊括于天地者，此其故何也？得无有出于山水之外者乎？庭学其试归而求焉，苟有所得，则以告予，予将不一愧而已也！

写景物和时世的变迁，于是他的诗歌也日益精进。过了三年，庭学依照朝廷规定请求免官归家，在京城与我相见。他的精神更加饱满，言谈更加豪迈，志向更加高昂，这大概是得到了川蜀山水极大地滋养吧。

我感到非常惭愧，当年我年轻的时候，曾经有过游遍天下的志向，但因学业无成而没有闲暇的时间。一直等到壮年的时候才可以出游，这时却是四处战乱，连落脚的地方都没有。及至当今，圣明天子兴起，平息了战乱，四海之内合为一家，而我却更加衰老了。我想要学庭学君那样四处去游历，还能做到吗？

然而，我听说古代的贤士，如颜回、原宪等人，大都坐守在简陋的屋舍中，虽然蓬蒿杂草遮没了门户，他们的志向和意气却始终非常高昂，就像能囊括天地一样。这是什么原因呢？莫非他们的胸怀中有超出于山水之外的东西吗？庭学君归去之后是否会尝试探求一番呢？如果真的有所得，一定要告诉我，我将不仅仅因为不曾游川蜀这一点而惭愧了。

❼ 侈（chǐ）：极多之意。❽ 逮：及，到。❾ 耄（mào）：高龄，古代八十岁到九十岁曰耄。

阅江楼记

— 宋濂 —

背景介绍

时　　间：公元 1374 年

事件起因：阅江楼，在今天的南京狮子山上，是明代开国皇帝朱元璋诏令所建，建成后，朱元璋常登临其上览胜。本篇是宋濂奉诏为阅江楼所写的一篇应制文。

简介

本篇开篇叙述金陵山川王气，引出对当今皇上的歌功颂德，同时能援引历史，规劝皇上要以史为鉴，励精图治，勉励臣下要感恩戴德，忠君报上。

原文

　　金陵为帝王之州，自六朝迄于南唐，类皆偏据一方，无以应山川之王气。逮我皇帝，定鼎于兹，始足以当之。由是声教所暨❶，罔间朔南❷，存神穆清，与天同体，虽一豫一游❸，亦可为天下后世法。京城之西北有狮子山，自卢龙蜿蜒

译文

　　金陵是帝王建都的地方，从六朝到南唐，全都是偏安一方，没有与当地山川所呈现的王天下之气相适应。直到当今皇上在这里开国建都，才与山川王气相当。从此，王朝的声威教化遍及全国各地，不分南北，皇上修养身心，承受天地清和之气，与天地融为一体，即使一次巡游一次娱乐，也可以为天下后世效法。京城的西北

注释

❶ 暨（jì）：及，到。❷ 罔间朔南：南北无间隔。罔间，无间隔。朔，北方。❸ 豫、游：同义反复，即娱乐、巡游义。

而来，长江如虹贯，蟠绕其下。上以其地雄胜，诏建楼于巅，与民同游观之乐，遂锡嘉名为"阅江"云❹。

　　登览之顷，万象森列，千载之秘，一旦轩露❺，岂非天造地设，以俟❻夫一统之君而开千万世之伟观者欤？当风日清美，法驾幸临，升其崇椒❼，凭阑遥瞩，必悠然而动遐思。见江汉之朝宗❽，诸侯之述职，城池之高深，关阸❾之严固，必曰："此朕栉风沐雨❿，战胜攻取之所致也。"中夏之广，益思有以保之。见波涛之浩荡，风帆之上下，番⓫舶接迹而来庭，蛮琛⓬联肩而入贡，必曰："此朕德绥威服，覃⓭及内外之所及也。"四陲之远，益思所以柔之。见两岸之间、四郊之上，耕人有炙肤皲足之烦，农女有捋桑行馌⓮之勤，必曰："此朕拔诸水火⓯，而登于衽席⓰者也。"万方之民，益思有以安之。触类而思，不一而足。

　　有座狮子山，从卢龙山曲折延伸到这里，长江犹如一线长虹，盘绕着流过山脚下。皇上因为这一带江山雄伟壮丽，就下诏在山顶建筑高楼，与百姓同享游览观景的乐趣。于是赐给它一个美妙的名字叫"阅江"。

　　登楼极目四望，万千景象，依次呈现在眼前，一些隐藏千年的秘密，也一下子显露无遗。这难道不是天地有意造就了美景，专等那统一天下的圣明君主，展现千秋万世的奇观吗？每当风和日丽，皇上的车驾亲临，登上山顶，倚着栏杆远眺，一定会悠然心动，触动深思。看到长江、汉水滔滔东去，看到四方诸侯赴京禀奏政事，看到城池高深，严密固防的关隘，皇上一定会说："这大好江山，都是我当初顶风冒雨，历经艰难，战胜强敌，攻城略地所获得的。"因而想到整个华夏大地，幅员广阔，更想要怎样来保全它。皇帝看见波涛的浩荡起伏，看到无数风帆上下颠簸，看到番邦的船只接连不断来京朝见，四方珍宝争相进贡奉献，一定会说："这是我以恩德感化，以威力慑服，声望延及国内外才做到的。"因而想到四方的民族，更加考虑要设法安抚他们。看见长江两岸、四郊原野之上，耕田的农夫有被烈日烘烤皮肤、被寒风冻裂双足的辛劳，农女有采桑送饭

❹ 锡：赐。嘉名：美好的名字。云：句尾语气助词。　❺ 轩露：明显地显露出来。　❻ 俟（sì）：等待。　❼ 崇：高。椒：山巅。　❽ 朝宗：原指诸侯朝见天子。这里借指江河入海。　❾ 阸（ài）：险要的地方。　❿ 栉（zhì）风沐雨：风梳发，雨洗头。形容奔波劳苦。栉，梳头。　⓫ 番：指外国。　⓬ 蛮：古代对南方少数民族的泛称。琛（chēn）：珍宝。　⓭ 覃（tán）：延长。　⓮ 捋（luō）桑：采桑。行馌（yè）：给田间耕作的人送饭。　⓯ 拔诸水火：从水火中解救出来。　⓰ 衽（rèn）席：床席。

臣知斯楼之建，皇上所以发舒精神，因物兴感，无不寓其致治之思，奚止⑰阅夫长江而已哉！

彼临春结绮，非不华矣，齐云落星，非不高矣，不过乐管弦之淫声，藏燕赵之艳姬，一旋踵间⑱而感慨系之，臣不知其为何说也！虽然，长江发源岷山，委蛇⑲七千余里而入海，白涌碧翻，六朝之时，往往倚之为天堑。今则南北一家，视为安流，无所事乎战争矣。然则果谁之力欤？逢掖之士，有登斯楼而阅斯江者，当思圣德如天，荡荡难名，与神禹疏凿之功同一罔极⑳，忠君报上之心，其有不油然而兴耶？

臣不敏，奉旨撰记，欲上推宵旰㉑图治之功者，勒诸贞珉㉒。他若留连光景之辞，皆略而不陈，惧亵也。

⑰ 奚止：何止。⑱ 一旋踵间：转一下身的时间，形容时间过得极快。踵，脚后跟。⑲ 委蛇：同"逶迤"，形容弯弯曲曲，绵延不绝。⑳ 神禹：指夏禹。疏凿：疏通水道，开凿河道。这里指治水。罔（wǎng）极：无边。㉑ 宵旰（gàn）："宵衣旰食"的简称。天没亮就穿衣起床，晚上很晚才进食，意思是勤于政务。旰，晚。㉒ 珉（mín）：似玉的石头。

的辛勤，一定会说："是我把他们从水火之中拯救出来，他们才能够安睡于床席上的。"对于天下的黎民，更加考虑要让他们安居乐业。联系到相类的事物展开联想，真是不胜枚举。臣下我知道，这座高楼的兴建，皇上是想要借它来调剂精神，通过观赏景物抒发感想，所见所感无不寄予着皇上治理天下的思绪，何止是仅仅观赏长江的风景呢！

临春阁、结绮阁，不是不华美，齐云楼、落星楼，不是不高大，可它们都不过是演奏繁弦急管的淫曲艳调，或藏匿着燕赵的美女以供寻欢，但转瞬繁华尽逝，家破国亡，令人心生感慨，我真不知该怎样才能来解释它啊。虽然这样，长江发源于岷山，蜿蜒曲折流经七千余里才向东流大海，白浪滔滔，碧波翻腾，六朝时期，往往将它倚为天然险阻。如今天下统一，南北一家，长江被视作一条安宁的河流，不再用于战争了。那么，这到底是靠了谁的力量呢？那些穿着宽袍大袖的读书人，有登上此楼观看此江的，应当想到皇上有如苍天，浩荡无边，难以明言。这就如同当初圣明的大禹王凿山疏水、拯救万民的不朽功绩一样无边无际。想到这一点，忠君报国的心情，难道还有不油然而生的吗？

臣子我生性愚钝，奉皇上旨意撰写这篇记文。于是心中想着皇上昼夜辛劳、励精图治的功德，把它铭刻在石碑上。至于其他流连光景的言辞，都一概不讲，唯恐有所亵渎。

司马季主论卜

— 刘基 —

背景介绍

时　　间：元朝末年

人　　物：司马季主是西汉初年非常有名的占卜师

事件起因：刘基受到排挤，辞官归隐了。

简介

文章借汉初邵平与卜者司马季主之间的问答，表明其有关人生观的见解。他认为，乱世时人们难以掌握自己的命运，应顺应时势，而不可一味逞强追求功名利禄。

原文

东陵侯既废，过司马季主而卜焉。

季主曰："君侯何卜也？"东陵侯曰："久卧者思起，久蛰者思启❶，久懑者思嚏❷。吾闻之，蓄极则泄，闷极则达❸，热极则风，壅极则通。一冬一春，靡屈不伸❹；

译文

东陵侯邵平被朝廷废黜为平民之后，就去拜访司马季主，并请他占卜。

季主问道："您要占卜什么呢？"东陵侯说："躺卧时间久了的人想起来，闭门独居的人时间久了想出去，长久烦闷的人想打喷嚏。我听说：'积蓄得太多就要宣泄，关闭太久就要通风，热得过火就会刮风，阻塞得过分

注释

❶ 蛰（zhé）：虫类冬眠，也比喻人深藏不出。启：开，出来。　❷ 懑（mèn）：心中苦闷。嚏：打喷嚏。

❸ 闷（bì）：关闭的意思。　❹ 靡：无，没有。

55

一起一伏，无往不复。仆窃有疑，愿受教焉。"季主曰："若是，则君侯已喻之矣，又何卜为？"东陵侯曰："仆未究其奥也，愿先生卒教之。"

季主乃言曰："呜呼！天道何亲，惟德之亲；鬼神何灵，因人而灵。夫蓍[5]，枯草也，龟，枯骨也，物也。人，灵于物者也，何不自听而听于物乎？且君侯何不思昔者也？有昔者必有今日。是故碎瓦颓垣，昔日之歌楼舞馆也；荒榛断梗，昔日之琼蕤玉树也[6]；露蛩风蝉，昔日之凤笙龙笛也；鬼磷萤火，昔日之金缸华烛也；秋荼春荠，昔日之象白驼峰也；丹枫白荻，昔日之蜀锦齐纨也[7]。昔日之所无，今日有之不为过；昔日之所有，今日无之不为不足。是故一昼一夜，华开者谢；一春一秋，物故者新。激湍之下，必有深潭；高丘之下，必有浚谷。君侯亦知之矣，何以卜为？"

就会畅通。有冬天就有春天，阳气不会总是屈而不伸的，有起来就有伏下，天道没有往而不返的。'我现在遭遇厄运，将来有没有运气好转的时候呢？希望能得到您的指教。"季主说："照你这么说，那么您已经明白事理了，又何必来占卜呢？"东陵侯说："我还没有知晓其中深奥的道理，希望先生能彻底地开导我。"

于是，季主说："唉！天道和什么人亲近呢？它只亲近贤德之人；鬼神有什么灵验呢？它是根据不同的人来显灵的。蓍是枯草，龟壳是枯骨，都是没有知觉的东西。人比任何东西都灵慧聪明，为什么不相信自己，却相信无知之物呢？况且您为什么不想想过去呢？有过去也就一定有现在。因此，今天破碎的瓦片、倒塌的土墙，就是过去的歌楼舞馆；现在的枯树断枝，就是过去的琼花玉树；那露虫秋蝉的鸣叫，就是过去的凤箫龙笛声；现在的鬼火萤光，就是过去的辉煌灯烛；秋荼野荠，就是过去的美味佳肴；红枫白荻，就是过去的锦织玉帛。过去没有的，现在有了，这不算是什么过错；过去有的，现在没有了，这也不算是不足。所以，从白昼到黑夜，盛开的花朵凋谢了；从秋天到春天，凋萎的植物又重新焕发生机了。飞流的急湍下面，必定有深潭，高山下面，必定有深谷。您已经明白了这个道理，为什么还要占卜呢？"

[5] 蓍（shī）：一种古人用来占卜的草。

[6] 琼蕤（ruí）：美玉般的花木。蕤，花垂下的样子。

[7] 蜀锦齐纨（wán）：珍贵的丝织品。

卖柑者言

— 刘基 —

背景介绍

时　　间：元朝末年
事件起因：元朝末年，朝廷腐败，奸
　　　　　人当权，盗贼四起，百姓
　　　　　贫困，社会动荡不安。

简介

　　文章借卖柑者之口，揭露了元末那些文武大臣尸位素餐的丑恶嘴脸，讽刺了黑暗的社会现实。

原文

　　杭有卖果者，善藏柑，涉寒暑不溃①，出之烨然②，玉质而金色。剖其中，干若败絮。予怪而问之曰："若所市于人者，将以实笾豆③，奉祭祀，供宾客乎？将衒外以惑愚瞽乎④？甚矣哉，为欺也！"

译文

　　杭州有个卖水果的商贩，很会保存柑子，即使经历寒冬酷暑，柑子也不会腐烂，拿出来仍然色泽光鲜，如同玉石般的质地，黄金般的光泽。可是把它剖开一看，里面干枯得像破旧的棉絮。我感到奇怪，就责问他："你要卖给别人的柑子，是准备让人装在盘子里面，供奉祭祀或招待客人呢？还是只是炫耀它的外表，去迷惑、欺骗那些傻瓜或盲人呢？你这样欺骗人，实在太过分了！"

注释

❶ 涉：经历。溃：腐坏，腐烂。❷ 烨（yè）然：光彩鲜明的样子。❸ 笾（biān）豆：宴会和祭祀时盛食品或供品的器具。竹制的叫笾，木制的叫豆。❹ 衒（xuàn）：同"炫"，炫耀。瞽（gǔ）：瞎子。

卖者笑曰："吾业是有年矣。吾赖是以食吾躯。吾售之，人取之，未闻有言，而独不足子所乎？世之为欺者不寡矣，而独我也乎？吾子未之思也。今夫佩虎符、坐皋比者⑤，洸洸乎干城之具也⑥，果能授孙吴之略耶？峨大冠、拖长绅者，昂昂乎庙堂之器也，果能建伊皋之业耶？盗起而不知御，民困而不知救，吏奸而不知禁，法斁⑦而不知理，坐縻廪粟⑧而不知耻。观其坐高堂，骑大马，醉醇醴而饫肥鲜者⑨。孰不巍巍乎可畏、赫赫乎可象也？又何往而不金玉其外、败絮其中也哉！今子是之不察，而以察吾柑。"

予默然无以应。退而思其言，类东方生滑稽之流。岂其忿世嫉邪者耶？而托于柑以讽耶？

那个卖柑子的人却笑着说："我从事这种行业已经有多年了，我靠着它养活自己。我卖柑子，顾客买柑子，从来没听到过什么闲言碎语，为什么却偏偏不合您的心意呢？世上玩弄欺骗手段的人不少，难道就我一个吗？您没有考虑这些。如今那些佩戴着虎符、坐虎皮交椅的人，耀武扬威真像是保卫国家的人才，他们真的有孙武、吴起那样的谋略吗？那些头戴高帽，腰垂长带的人，神气十足真像是朝廷的栋梁之才，他们真的能建立伊尹、皋陶那样的功业吗？盗贼兴起却不知道抵御，百姓困苦却不知道解救，官吏使诈却不知道禁止，法纪败坏却不知道整顿，他们白白地耗费国家的俸禄却不知道羞耻。看他们坐在高堂之上，骑着大马，醇饮美酒，饱吃鱼肉的样子，哪个不是看起来仪表堂堂、令人敬畏、显赫威武、值得效仿的呢？然而他们哪个不是外表像金玉，而内心却是破棉败絮呢？如今你没有看到这些，却来挑剔我的柑子！"

我沉默了，无话可答。后来我仔细品味他的话，觉得他有些类似东方朔那样诙谐幽默能言善辩的人，难道他真是个愤世嫉俗的人，借柑子来讽刺时势吗？

⑤ 皋比（pí）：虎皮。这里指虎皮椅子。⑥ 洸洸（guāng）：威武的样子。干城：指保卫国家。干：盾牌。⑦ 斁（dù）：败坏。⑧ 縻（mí）：通"靡"，耗费。廪（lǐn）粟：国库的粮食，这里指俸禄。⑨ 醇醴（chún lǐ）：美酒。饫（yù）：饱食。

深虑论

— 方孝孺 —

背景介绍

时　　间：公元 1374 年

事件起因：朱元璋登基后，为了加强中央集权，进行了一系列的改革并且带来了全国经济的繁荣和生产的发展。但由于他为了加强朱氏势力而把军事大权交付诸王之手，又使明初盛世潜伏着战祸的危机。正是在这样的背景下，作者写了本篇给当政者提供历史教训。

简介

本篇作者列举历代兴亡的史实，指出历代君王仅仅片面地吸取前代灭亡的教训而忽略了另外一些被掩盖的问题，但却将原因归结为非人的智力能虑及的天意。

虑天下者，常图其所难而忽其所易，备其所可畏而遗其所不疑。然而祸常发于所忽之中，而乱常起于不足疑之事。岂其虑之未周与？盖虑之所能及者，人事之宜然，而出于智力之所不及者，天道也。

当秦之世，而灭诸侯，一❶天下，而其心以为周之亡，在乎诸侯之强耳，变封建而为郡县。方以为兵革不可复用，天子之位，可以世守，而不知汉帝起陇亩之中，而卒亡秦之社稷。汉惩❷秦之孤立，于是大建庶孽而为诸侯，以为同姓之亲可以相继而无变，而七国萌篡弑之谋。武宣以后，稍❸剖析之而分其势，以为无事矣，而王莽卒移汉祚。光武之惩哀、平，魏之惩汉，晋之惩魏，各惩其所由亡而为之备，而其亡也，皆出于所备之外。唐太宗闻武氏之杀其子孙，求人于疑似之际而除之，而武氏日侍其左右而不悟。宋太祖见五代方镇之足以制其君，尽释其兵权，使力弱而易制，而

筹划国家大事的人，常注重艰难危险的一面，而忽略那些容易解决的问题，防范随时会出现的可怕事件，而遗漏那些不被怀疑的事情。然而灾祸常常在疏忽之间发生，动乱常产生在不被怀疑的事情上。难道是他们考虑得不周到吗？这是由于人们能考虑到的，都是人世间本该如此的事情，而超出智力所能达到的范围，那便是天道的安排呀。

秦始皇剿灭诸侯，统一天下后，认为周朝灭亡的原因是诸侯的强大，于是改分封制为郡县制。正当他以为从此不用再进行战争，皇帝的宝座可以世代相传时，却不知汉高祖在乡野间崛起，最终推翻了秦朝的政权。汉朝建立后，鉴于秦朝的孤立无辅，大肆分封兄弟、子侄为诸侯，以为他们是同姓王，血亲关系可以使统治世代相传而不发生变故，不料吴楚七国却萌发了篡权弑君的阴谋。武帝、宣帝以后，逐渐分割诸侯王的土地，从而分散他们的力量，这样便以为平安无事了，不料外戚王莽最终夺取了汉朝的天下。光武帝对于西汉哀帝、平帝，曹魏对于东汉，晋朝对于曹魏，各自从前代失败的缘由中吸取教训，从而制定防范措施，可他们灭亡的根源，都在防范之外。唐太宗听到将会有姓武的人杀戮唐室子孙，就搜捕并杀掉有嫌疑的人，可武则天每天侍奉在他身边，却怎么也没想到是她。宋太祖见五代时期地方藩镇势力强大足

❶ 一：统一。 ❷ 惩：警戒，以过去的失败作为教训。 ❸ 稍：渐渐。

不知子孙卒困于敌国。此其人皆有出人之智、盖世之才，其于治乱存亡之几❹，思之详而备之审❺矣。虑切于此而祸兴于彼，终至乱亡者何哉？盖智可以谋人，而不可以谋天。良医之子，多死于病；良巫之子，多死于鬼。岂工于活❻人而拙于谋子也哉？乃工于谋人而拙于谋天也。

古之圣人，知天下后世之变，非智虑之所能周，非法术之所能制，不敢肆其私谋诡计，而唯积至诚用大德以结乎天心，使天眷其德，若慈母之保❼赤子而不忍释。故其子孙虽有至愚不肖者足以亡国，而天卒不忍遽❽亡之，此虑之远者也。夫苟不能自结于天，而欲以区区之智笼络❾当世之务，而必后世之无危亡，此理之所必无者也，而岂天道哉！

❹ 几：微妙关系。 ❺ 审：周密。 ❻ 工于：善于。活：使动用法，使……活，救活。 ❼ 保：养育，抚养。 ❽ 遽（jù）：马上，立即。 ❾ 笼络：指当权者用权术谋略驾驭、拉拢人。

以挟制他们的君主，便在统一天下后全部解除了武将的兵权，使其力量削弱，容易对付，却没有料到他的子孙反而因此受困于敌国。这些人都有着超人的智慧、盖世的才华，他们对于太平、动乱、生存、灭亡之微妙关系，考虑得非常详尽，也防备得很周密了。然而思虑的重心在这一面，祸患却从另一方面发生了，最后招致动乱甚至灭亡，这是什么缘故呢？或许智力谋划的只是人事的因素，却无法预测天道的安排。良医的子女大多死于疾病，高明巫师的子女大多死于鬼祟。难道是善于救助别人而不善于救自己的子女吗？实际上，他们在考虑人事上是聪明的，但在考虑天意上却是笨拙的。

古代的圣君，知道国家将来的变化不是人的智谋能考虑周全的，不是法术所能控制的，因此不敢滥用阴谋诡计，只是积累最大的诚意，运用最高的道德，来迎合天意，使上天眷顾他们的品德，像慈母保护初生婴儿那样不忍心舍弃。所以，他们的子孙中虽然有愚笨不贤良而足以使国家覆灭的，而上天却不忍心立即灭其家国，这才是思虑得深远呀。如果自己不能迎合天意，却想用微不足道的智谋去控制和驾驭当前事务，还想让国家一定不会有危难和覆灭，这从道理上是讲不通的，难道天意会如此安排吗！

豫让论

— 方孝孺 —

背景介绍

时　　间：明朝初期

人　　物：豫让

事件起因：豫让是自古以来公认的忠臣义士，方孝孺对豫让的评价则别有卓见。

简介

　　本篇从传统儒家思想出发，对豫让进行了批评，旨在说明"扶危于未乱，而捐躯于既败者，不足以当国士"的道理。

士君子立身事主，既名❶知己，则当竭尽智谋，忠告善道❷，销患于未形，保治于未然，俾❸身全而主安。生为名臣，死为上鬼，垂光百世，照耀简策❹，斯为美也。苟遇知己，不能扶危于未乱之先，而乃捐躯殒命于既败之后，钓名沽誉，眩世炫俗，由君子观之，皆所不取也。

盖尝因而论之。豫让臣事智伯，及赵襄子杀智伯，让为之报仇，声名烈烈，虽愚夫愚妇，莫不知其为忠臣义士也。呜呼！让之死固忠矣，惜乎处死之道有未忠者存焉。何也？观其漆身吞炭，谓其友曰："凡吾所为者极难，将以愧天下后世之为人臣而怀二心者也。"谓非忠可乎？及观斩衣三跃，襄子责以不死于中行氏，而独死于智伯。让应曰："中行氏以众人待我，我故以众人报之；智伯以国士待我，我故以国士报之。"即此而论，让有余憾矣。段规之事韩康，任章之事魏献，未闻以国士待之也，而规

士人君子树立自己的功名节操奉事君主，既然被称为知己，那就应当竭尽智谋，诚恳地劝告，善意地引导，在祸患还没有显露的时候就消除它，在动乱发生之前保住社会的平安，使自己的生命得以保全，君主没有危险。活着是著名的忠臣，死后为高尚的鬼魂，美名世世代代流传下去，照耀史册，这才是完美的士人。如果遇到了知己的君主，不能拯救危难于动乱之前，而在事情失败之后才去献身自尽，故意骗取好的名声，迷惑世俗之人，这在君子看来，都是不可取的。

我曾经因此评论豫让。豫让做智伯的家臣，等到赵襄子杀了智伯，豫让为智伯报仇，声名显赫，轰轰烈烈，即使是那些平民百姓，也没有一个不知道他是忠臣义士的。唉！豫让的死当然可以称为忠了，只可惜，他在处理死亡的方式上还有不忠的表现。为什么呢？看他用漆涂满全身，吞炭弄哑喉咙，改变容貌和声音，对他朋友说："我做的事情都特别难，我是想用这种做法来使天下后代做臣子而怀有二心的人感到羞愧。"这能说他不忠吗？等看到他连续三次跳起来，用剑来刺赵襄子的衣服，赵襄子责备他不为中行氏而死，却单单为智伯而死的时候，豫让回应说："中行氏像对待一般人那样对待我，所以我就要像一般人那样去报答他。智伯像

❶ 名：用作动词，声称。❷ 忠告善道：诚恳地劝告，善意地引导。道，先导，引导。❸ 俾（bǐ）：使。
❹ 简策：这里指史书。古代没有纸笔，把文字刻在竹片上称为简，把简连缀起来称为册。

也章也，力劝其主从智伯之请，与之地以骄其志，而速其亡也。郤疵之事智伯，亦未尝以国士待之也，而疵能察韩魏之情以谏智伯，虽不用其言以至灭亡，而疵之智谋忠告，已无愧于心也。让既自谓智伯待以国士矣，国士，济国之士也。当伯请地无厌❺之日，纵欲荒暴之时，为让者，正宜陈力就列❻，谆谆然而告之曰："诸侯大夫，各安分地，无相侵夺，古之制也。今无故而取地于人，人不与，而吾之忿心必生，与之，则吾骄心以起。忿必争，争必败；骄必傲，傲必亡。"谆切恳至，谏不从，再谏之，再谏不从，三谏之，三谏不从，移其伏剑之死，死于是日。伯虽顽冥不灵，感其至诚，庶几❼复悟，和韩魏，释赵围，保全智宗，守其祭祀。若然，则让虽死犹生也，岂不胜于斩衣而死乎？让于此时，曾无一语开悟主心，视伯之危亡，犹越人视秦人之肥瘠也。袖手旁观，坐待成败，国

对待国士那样对待我，所以我就要像国士那样去报答他。"就这一点来说，豫让就有不足之处了。段规侍奉韩康子，任章侍奉魏献子，并没有听说君主对待他们如同国士，而段规和任章都尽力劝说他们的君主应依从智伯的要求，把土地割让给他，使他志气骄盛，从而使他更快灭亡。郤疵侍奉智伯，智伯也没有对待他如同国士，而郤疵能够察觉韩、魏两家的意图来劝谏智伯，虽然智伯不采纳他的意见以至于灭亡，但是郤疵的智谋和忠告，已经是无愧于心了。豫让既然自认为智伯对待自己如同国士，国士应该是能济国安邦的人才。当智伯对土地贪得无厌的时候，当智伯放纵情欲、荒废政务、暴虐无道的时候，作为豫让，正应该竭力来尽自己的职责，于是恳切地劝告智伯说："诸侯大夫应各自守着分内的土地，不要互相侵夺，是自古以来的规定。如今，无缘无故地向别人索取土地，别人不给，就产生愤恨之心；别人给了，那么骄横的心情将因此而起。有忿恨，就必然会争斗；有争斗，就必然会失败；一骄横，就必然会变得傲慢；一傲慢，就必然会导致灭亡。"诚恳地劝谏忠告，如果不依从劝谏，就第二次劝谏，第二次劝谏还不依从，就第三次劝谏，如果第三次劝谏还不依从，再把那伏剑而死的行动安排在这

❺ 厌：满足。　❻ 陈力就列：施展才力，而胜任自己的职位。列，本职，职位。　❼ 庶几：也许可能。

士之报，曾若是乎？智伯既死，而乃不胜血气之悻悻[8]，甘自附于刺客之流，何足道哉？何足道哉？

虽然，以国士而论，豫让固不足以当矣。彼朝为仇敌，暮为君臣，靦然[9]而自得者，又让之罪人也。噫！

[8] 悻悻（xìng）：忿恨的样子。 [9] 靦（tiǎn）然：厚颜无耻的样子。

个时候。智伯虽然顽固愚昧，但被他这种至诚之心所感动，或许会重新醒悟过来，从而同韩、魏两家和好，解除赵国的围困，从而保全智氏的宗族，使智氏香火不断。假如能够这样，豫让即使死了也像活着一样，难道不胜过用剑斩赵襄子衣服然后自杀吗？豫让在那个时候，竟然没有一句话来开导家主，看着智伯的危亡就像是越人看着秦人的肥瘦一样。袖手旁观，坐等他的成功或失败，国士的报答竟然能像这个样子吗？直到智伯已经死了，才愤愤不平，情愿把自己归入刺客一流人的行列，这有什么值得称道的呢？这有什么值得称道的呢？

虽然这样，用国士来衡量豫让的确是不配的。但同那些早晨还是仇敌，到晚上就变成了君臣，还厚着脸皮自以为得意的人相比，他们算得上是豫让的罪人了。唉！

亲政^①篇

— 王鏊 —

背景介绍

时　　间：明武宗在位期间，公元 1505 年—1521 年

人　　物：王鏊（1450—1524），字济之，号守溪，晚号拙叟，学者称震泽先生，吴县人。
　　　　　明代名臣、文学家

事件起因：明代中期后的皇帝大多昏庸无能，朝纲沦失，大权旁落，尤以明武宗为甚。针
　　　　　对这一现象，作者以此文上奏武宗，希望皇帝亲自执政，革除种种弊端。

简介

　　本文开篇便引用《易经》中的卦辞，提出中心论点："君臣之间互相交流意见，志向就会一致。"和"君臣之间不能互相交流意见，有国家就如同没有国家。"讨论起当朝君臣之间的关系。接着，作者向皇帝提出解决问题的办法，希望皇帝能够效法远祖和孝宗，以此消除君臣之间的隔阂。

注释

❶ 亲政，即皇帝直接了解下情、亲自执政的意思。

《易》之《泰》曰："上下交而其志同。"其《否》曰："上下不交而天下无邦。"盖上之情达于下，下之情达于上，上下一体，所以为"泰"；下之情壅阏❷而不得上闻，上下间隔，虽有国而无国矣，所以为"否"也。交则泰，不交则否，自古皆然。而不交之弊，未有如近世之甚者。君臣相见，止于视朝数刻❸；上下之间，章奏批答相关接，刑名法度相维持而已。非独沿袭故事，亦其地势使然。何也？国家常朝于奉天门，未尝一日废，可谓勤矣。然堂陛悬绝，威仪赫奕，御史纠仪，鸿胪❹举不如法，通政司引奏，上特视之，谢恩见辞，惴惴而退。上何尝治一事，下何尝进一言哉？此无他，地势悬绝，所谓堂上远于万里，虽欲言无由言也。

愚以为欲上下之交，莫若复古内朝之法。盖周之时有三朝：库门❺之外为正朝，询谋大臣在焉；路门❻之外为治

《周易》的《泰卦》称："君臣之间互相交流意见，志向就会一致。"它的《否卦》称："君臣之间不能互相交流意见，有国家就如同没有国家。"上面的旨意能够传达到下面，下面的情况能够汇报给上面，君臣结为一体，这就是所谓的"泰"。相反，下面的情况因为被堵塞而不能够汇报到上面，君臣之间被隔绝，有邦国却如同没有邦国，这就是所谓的"否"。所以君臣相互交流国家就太平，君臣相互不交流国家就不太平，自古以来都是如此。然而，上下不沟通的弊病，从来没有像近代这样严重的。君臣相见，只是上朝听政那短短的时间，上下之间的关系，仅靠批答奏章相互联系，只凭法令和制度相互维持罢了。这不仅是承袭旧例，也是相互间的地位悬殊形成的。为什么这样说呢？国家总是在奉天门举行朝会，没有一天废止过，可以说很勤勉了。然而，殿堂前台阶高耸，典礼仪式威严显赫，有御史监察百官进退，鸿胪检举不遵礼仪的官员，通政使引领大家入朝上奏，皇上只是接见一下，而大臣则是谢恩告辞，诚惶诚恐地退出殿堂。皇上何曾办过一件事，臣下何曾当面说过一句话？这没有别的原因，只是因为上下地位悬殊造成的，这正如人们所说的宫殿之上远隔万里，臣下即使有意见想向皇上陈述也无从讲起啊。

我个人认为，想要使君臣互相沟通，不如恢复古代的内朝制度。周朝时，天子设有三种朝见的方式：库门之外为正朝，君主在这里向臣下咨询并商议朝制；路门之外为治朝，君主在这里举行每日的朝会；路门之内称为内朝，也称燕朝。《玉藻》中说："君主在日出之时接见百官，退

注释

❷ 阏（è）：堵塞。❸ 视朝：皇帝上朝接见臣属。刻：古代计时单位，一昼夜为一百刻。❹ 鸿胪（lú）：掌管礼仪的官员。❺ 库门：天子宫中最外面的一个门。❻ 路门：天子宫中最里面的一个门。

朝，日视朝在焉；路门之内为内朝，亦曰燕朝。《玉藻》云："君日出而视朝，退适路寝听政。"盖视朝而见群臣，所以正上下之分；听政而适路寝，所以通远近之情。汉制：大司马、左右前后将军、侍中、散骑诸吏为中朝；丞相以下至六百石[7]为外朝。唐皇城之北南三门曰承天，元正、冬至，受万国之朝贡则御焉，盖古之外朝也。其北曰太极门，其西曰太极殿，朔望则坐而视朝，盖古之正朝也。又北曰两仪殿，常日听朝而视事，盖古之内朝也。宋时常朝则文德殿，五日一起居则垂拱殿，正旦、冬至、圣节称贺则大庆殿，赐宴则紫宸殿或集英殿，试进士则崇政殿。侍从以下，五日一员上殿，谓之轮对，则必入陈时政利害。内殿引见，亦或赐坐，或免穿靴[8]，盖亦有三朝之遗意焉。盖天有三垣[9]，天子象之。正朝，象太极也；外朝，象天市也；内朝，象紫微也。自古然矣。

朝后到路寝处理政事。"上朝时要接见百官，以此来表明上下的名分；到路寝处理政事，以此来通晓远近的情况。汉朝的制度：皇帝接见大司马、左右前后将军、侍中、散骑等官员，称为中朝。接见丞相以下至六百石的官员，称为外朝。唐朝皇城北往南的第三座门称为承天门，每年元旦和冬至，皇帝到这里来接受各国使节的朝见和进贡，这大概就是古代的外朝。它的北面是太极门，西面是太极殿，每月初一、十五，皇帝在这里坐朝理事，接见百官，这大概就是古代的正朝。再往北面是两仪殿，皇帝平时在这里坐朝理事，这大概就是古代的内朝。宋朝的时候，皇帝平日在文德殿听朝，而臣下每五日在垂拱殿向皇帝请安。每年元旦、冬至和皇帝寿辰的庆典，则在大庆殿举行，皇帝赐宴招待群臣在紫宸殿或集英殿，皇帝面试进士在崇政殿。侍从以下的官员，每五日就有一位官员上殿朝见，称为"轮对"，此时一定要向皇帝陈述当前政事之得失利弊。皇帝在内殿引见臣下时，有时赏赐他们座位，有时免去他们穿朝靴的礼节。上述大概还保留着周、汉三朝制度的遗风吧。原来上天有三垣之分，皇帝在模仿上天行事：正朝象征太极，外朝象征天市，内朝象征紫微，自古以来就是如此了。

[7] 六百石：汉代的官员品级之一，为一般官员。二千石以上为高级官员。 [8] 穿靴：唐代臣属上朝必须穿朝靴。

[9] 三垣（yuán）：古代分周天恒星为三垣二十八宿。三垣即太微、紫微、天市。

　　国朝^⑩圣节、正旦、冬至大朝会则奉天殿，即古之正朝也；常日则奉天门，即古之外朝也；而内朝独缺。然非缺也，华盖、谨身、武英等殿，岂非内朝之遗制乎？洪武中如宋濂、刘基，永乐以来如杨士奇、杨荣等，日侍左右，大臣蹇义、夏元吉等，常奏对便殿。于斯时也，岂有壅隔之患哉？今内朝未复，临御常朝之后，人臣无复进见，三殿高闷，鲜或窥焉。故上下之情，壅而不通。天下之弊，由是而积。孝宗晚年，深有慨于斯，屡召大臣于便殿，讲论天下事。方将有为，而民之无禄^⑪，不及睹至治之美，天下至今以为恨矣。

　　惟陛下远法圣祖，近法孝宗，尽刬近世壅隔之弊。常朝之外，即文华、武英二殿，仿古内朝之意。大臣三日或五日一次起居，侍从、台谏^⑫各一员上殿轮对，诸司有事咨决，上据所见决之。有难决者，与大臣面议之。不时引见群臣，

　　本朝皇帝寿辰、元旦、冬至等大朝会，都在奉天殿举行，这就是古代的正朝。而平日皇帝在奉天门设朝，这就是古代的外朝。然而唯独缺少内朝。其实内朝并不是真缺，例如皇帝在华盖、谨身、武英等殿召见大臣，难道不是内朝的遗制吗？洪武年间的宋濂、刘基，永乐以来如杨士奇、杨荣等人，每日侍奉在皇上左右，大臣蹇义、夏元吉等人，常在便殿启奏政事或回答皇帝的询问。那时，难道会有上下阻隔的忧患吗？如今内朝没有恢复，皇上驾临日常的朝会后，臣下就不能再进见了。三座殿高大幽深，很少有人能够看见殿内情况。因而君臣上下思想堵塞，难以沟通，国家的弊病由此堆积。孝宗皇帝晚年时，对这一问题深为感慨，屡次在便殿召集大臣商议政事。孝宗正要有所作为之时，却去世了，天下百姓没有福气看到天下大治的美好光景，臣民至今对此感到遗憾。

　　但愿陛下远效圣明的先祖，近效孝宗皇帝，彻底铲除近世以来上下阻隔的弊病。除平时朝会之外，再到文华、武英二殿设立朝会，以仿照古代内朝之制，大臣们每隔三天或五天进宫问安一次，侍从官和台官谏官各选一人轮流上殿奏事或回答皇上的询问。各主管衙门有事请示，皇上就根据了解的情况决断。有些难以决断的，就跟大臣们当面商议。这样不

⑩ 国朝：指本朝，即大明朝。 ⑪ 民之无禄：在这里暗喻明孝宗的去世。这是一种委婉的表达方式。 ⑫ 台谏：台官和谏官。台官指御史台官员，谏官指谏议大夫、给事中等。

凡谢恩辞见之类，皆得上殿陈奏。虚心而问之，和颜色而道之[13]，如此，人人得以自尽。陛下虽身居九重[14]，而天下之事，灿然毕陈于前。外朝所以正上下之分，内朝所以通远近之情。如此，岂有近时壅隔之弊哉？唐虞之时，明目达聪[15]，嘉言罔伏，野无遗贤，亦不过是而已。

注释

[13] 道：同"导"，开导，引导。[14] 九重：泛指帝王居室，形容其处深邃幽深。[15] 聪：听力敏锐。

定期地引见群臣，凡属谢恩、辞别一类的事情，有关官员也都可以上殿陈述启奏。皇上虚心地询问他们，和颜悦色地开导他们。这样，人人都可以畅所欲言。陛下虽然深居在九重内宫，但天下大事都能鲜明地全部展现在眼前。外朝制度是用来端正君臣上下之分的，内朝制度是用来沟通远近情况的。这样做的话，难道还会发生近世上下堵塞隔绝的弊病吗？相传唐、虞的时代，人们歌颂尧、舜眼睛看得见，耳朵听得清，好的意见不会被埋没，偏僻的地方也没有被遗弃的贤才，也不过因为尧舜像我上面所说的那样做了罢了。

尊经阁记

— 王守仁 —

背景介绍

时　　间：明武宗在位期间

事件起因：明武宗时，山阴县令吴瀛在绍兴府知州南大吉的委派下，重新修整稽山书院，并且建了一座尊经阁，想要把人们引向圣贤的正道。

简介

　　本篇作者意在指明儒家经典是普遍的规范、法则，应该从自己的内心去认识、体会六经的经义。王守仁，字伯安，号阳明子，世称阳明先生，其学术思想在中国、日本、朝鲜半岛以及东南亚国家乃至全球都有重要而深远的影响。

经，常道也。其在于天谓之命，其赋于人谓之性，其主于身谓之心。心也、性也、命也，一也。

通人物，达四海，塞天地，亘❶古今，无有乎弗具，无有乎弗同，无有乎或变者也，是常道也。其应乎感也，则为恻隐，为羞恶，为辞让，为是非。其见于事也，则为父子之亲，为君臣之义，为夫妇之别，为长幼之序，为朋友之信。是恻隐也、羞恶也、辞让也、是非也，是亲也、义也、序也、别也、信也，一也，皆所谓心也、性也、命也。

通人物，达四海，塞天地，亘古今，无有乎弗具，无有乎弗同，无有乎或变者也，是常道也。以言其阴阳消息之行，则谓之《易》；以言其纪纲政事之施，则谓之《书》；以言其歌咏性情之发，则谓之《诗》；以言其条理节文❷之著，则谓之《礼》；以言其欣喜和平之生，则谓之《乐》；以言其诚伪邪正之辨，则谓之

经是永恒不变的真理。当它存在于天时就叫作"命"，赋予人时就叫作"性"，主宰人身时就叫作"心"。心、性、命三者是同一的。

沟通人与万物，遍及四海，充塞天地之间，贯穿古往今来，无处不在，无所不同，不会有任何改变的东西，就是那永恒的真理。当它表现在人的情感时，就化为恻隐之心、羞恶之心、谦让之心与是非之心。当它反映于伦理道德方面时，就表现为父子间的亲近、君臣间的忠义、夫妇间的区别、长幼间的次序以及朋友间的诚信。这恻隐之心、羞恶之心、谦让之心、是非之心，这亲、义、序、别、信，说起来是一回事，就是上面所说的心、性、命。

沟通人与万物，遍及四海，充塞天地之间，贯穿古往今来，无处不在，无所不同，不会有任何改变的东西，是永恒的真理。用它来说明自然界阴阳变化、生长消亡的运作，就称作《易》；用它来论述国家纪纲政事的举措，就称作《书》；用它来抒发情感发生的，就称作《诗》；用它来讲述礼仪制度的表征，就称作《礼》；

❶ 亘（gèn）：贯通。 ❷ 条理：指礼仪准则。节文：指礼仪制度。

《春秋》。是阴阳消息之行也，以至于诚伪邪正之辨也，一也，皆所谓心也、性也、命也。

通人物，达四海，塞天地，亘古今，无有乎弗具，无有乎弗同，无有乎或变者也，夫是之谓六经。六经者非他，吾心之常道也。是故《易》也者，志吾心之阴阳消息者也；《书》也者，志吾心之纪纲政事者也；《诗》也者，志吾心之歌咏性情者也；《礼》也者，志吾心之条理节文者也；《乐》也者，志吾心之欣喜和平者也；《春秋》也者，志吾心之诚伪邪正者也。君子之于六经也，求之吾心之阴阳消息而时行焉，所以尊《易》也；求之吾心之纪纲政事而时施焉，所以尊《书》也；求之吾心之歌咏性情而时发焉，所以尊《诗》也；求之吾心之条理节文而时著焉，所以尊《礼》也；求之吾心之欣喜和平而时生焉，所以尊《乐》也；求之吾心之诚伪邪正而时辨焉，所以尊《春秋》也。

用它来讲欣喜和平心理的产生，就称作《乐》；用它来讲真假邪正的区别，就称作《春秋》。这阴阳变化、生长消亡的运作直到真假邪正的区别，说起来是一回事，就是上面所说的心、性、命。

沟通人与万物，遍及四海，充塞天地之间，贯穿古往今来，无处不在，无所不同，不会有任何改变的东西，就叫做"六经"。六经并不是别的东西，是我等心中永恒不变的道理。所以《易》是记述我们心中的阴阳盛衰变化的，《书》是记录我们心中的纪纲政事的，《诗》是记录我们心中情感歌咏的，《礼》是记述我们心中的礼仪规章制度的，《乐》是记录我们心中欣喜和平的，《春秋》是记载我们心中真假邪正的。君子对于六经，能从自己心中的阴阳消长变化研求它的道理，然后按时推行，这就是尊崇《易》；能从自己心中探求纪纲政事，而适时实施的，这就是尊崇《书》；能从自己心中去寻求情感歌咏，而使之及时感发的，这就是尊崇《诗》；能从自己心中探求礼仪制度，及时表露，这就是重视《礼》；能从自己心中探求欢喜平和，并及时去抒发，这就是重视《乐》；能以自己心中探求真假邪正，并及时分辨的，这就是尊崇《春秋》。

盖昔者圣人之扶人极❸、忧后世，而述六经也，犹之富家者之父祖，虑其产业库藏之积，其子孙者或至于遗忘散失，卒困穷而无以自全也，而记籍❹其家之所有以贻之，使之世守其产业库藏之积而享用焉，以免于困穷之患。故六经者，吾心之记籍也。而六经之实，则具于吾心。犹之产业库藏之实积，种种色色，其存于其家，其记籍者，特❺名状数目而已。而世之学者，不知求六经之实于吾心，而徒考索于影响之间，牵制于文义之末，硁硁然❻以为是六经矣，是犹富家之子孙，不务守视享用其产业库藏之实积，日遗亡散失，至为窭人❼丐夫，而犹嚣嚣然❽指其记籍曰："斯吾产业库藏之积也。"何以异于是？

呜呼！六经之学，其不明于世，非一朝一夕之故矣。尚功利，崇邪说，是谓乱经；习训诂❾，传记诵，没溺于浅闻小见，以涂❿天下之耳目，是谓侮经；侈淫词，竞诡辩，饰奸心盗行，逐世垄断

古代圣人坚持做人的准则，担忧后世的颓败，因而著述六经，如同富家的上一辈，担心他的产业和积蓄到了子孙会被遗忘散失，以至于最后贫困到无法生存，因而将家产全部登记在册后再留给他们，让子孙世世代代守住这些产业和积蓄并得以享用，以避免穷困的忧患。所以六经是我们内心的账本，而六经的根本就存在于我们心中，这就好比资财储蓄，各种各样的具体物资，都存储于家中，而账本上登记的不过是它们的名称、品类和数目罢了。然而，社会上的一些读书人，不懂得从自己的心中去探求六经的实质，却只在一些注疏上去考证求索，拘守于文字训诂的细枝末节，浅薄而固执地认为这就是六经了，这种作为正像那些富家的子孙，不是设法守住和享用他们的产业与库藏积蓄，一天天将它们遗失流散，以至于终于变成穷人乞丐时，还得意地指着他们的账本说："这便是我们的产业与库藏积蓄。"上面所说的那些读书人，跟这种富家子弟的行径有什么不同呢？

唉！六经这门学问，不能为世人所理解，不是一朝一夕的事了。重视功利，崇尚邪说，这就叫做"乱经"；专注于训诂考据，讲求死记硬背，沉溺于浅薄的知识和琐屑的见解，并以此遮掩天下人的耳目，这就叫做"侮

❸ 人极：人世间的道德准则。❹ 记籍：原指登记用的簿子。这里用作动词，登记。❺ 特：只，不过。❻ 硁硁（kēng）然：浅薄固执的样子。❼ 窭（jù）人：贫穷的人。❽ 嚣嚣（xiāo）然：自鸣得意的样子。❾ 训诂（gǔ）：对汉字字义的解释。❿ 涂：蒙蔽，惑乱。

而犹自以为通经，是谓贼⑪经。若是者，是并其所谓记籍者而割裂弃毁之矣，宁复知所以为尊经也乎？

越城旧有稽山书院，在卧龙西冈，荒废久矣。郡守渭南南君大吉，既敷政⑫于民，则慨然悼末学之支离，将进之以圣贤之道，于是使山阴令吴君瀛拓书院而一新之，又为尊经之阁于其后，曰："经正则庶民兴，庶民兴斯无邪慝⑬矣。"阁成，请予一言以谂⑭多士。予既不获辞，则为记之若是。呜呼！世之学者，得吾说而求诸其心焉，则亦庶乎知所以为尊经也已。

⑪ 贼：伤残，残害。⑫ 敷政：施政。⑬ 邪慝（tè）：邪恶，指行为不正而又凶恶的人。⑭ 谂（shěn）：规劝。

经"；肆意发表放荡的论调，争相诡辩，掩饰奸邪之思与盗贼之行，驰骋世间以自高身价，而且还自以为博通经义，这就叫做"贼经"。像这样一些人，是连上面所说的账本都一起割裂毁弃掉了，哪里还懂得六经尊重的道理呢？

会稽原有一座稽山书院，在卧龙西岗，已经荒废很长时间了。会稽知府渭南人南大吉，在治理民政之暇，慨叹痛惜那种末流学术的支离破碎，计划用圣贤之道教化读书人，于是让山阴县令吴瀛扩大书院使之整修一新，又在书院后面修建了一座尊经阁，说："六经经义一旦正确领会，百姓就会振作起来；百姓振作起来，就没有邪恶之人了。"尊经阁建成后，南君请我写几句话，用来劝告那些读书人。我既然推辞不掉，就写了这样一篇记文。唉！世上的读书人，如果掌握我的主张而求理于内心，那么，也就差不多懂得怎样才是尊崇六经了。

象祠[1]记

— 王守仁 —

背景介绍

时　　间：约公元 1508 年

事件起因：明朝正德三年（1508 年）、贵州直宣慰使安贵荣应苗民的请求修建象祠，并请王守仁作文。

简介

　　文章借苗人翻修象祠一事，引出"为什么对象的祭祀在唐代就废除了而在苗地却仍兴盛"的议论。作者从具体的事实得出抽象的结论，借此阐述自己的哲学思想。

注释

① 象祠，为纪念虞舜的同父异母弟象而修建的祠堂。

灵博之山，有象祠焉。其下诸苗夷之居者，咸神而祠之。宣尉安君，因诸苗夷之请，新其祠屋，而请记于予。予曰："毁之乎，其新之也？"曰："新之。""新之者何居乎？"曰："斯祠之肇也，盖莫知其原。然吾诸蛮夷之居是者，自吾父吾祖溯曾高而上，皆尊奉而禋祀焉，举而不敢废也。"予曰："胡然乎？有鼻之祀，唐之人盖尝毁之。象之道，以为子则不孝，以为弟则傲。斥于唐，而犹存于今，坏于有鼻，而犹盛于兹土也，胡然乎？"

我知之矣：君子之爱若人也，推及于其屋之乌❷，而况于圣人之弟乎哉？然则祠者为舜，非为象也。意象之死❸，其在干羽既格之后乎❹？不然，古之鸷桀者岂少哉？而象之祠独延于世。吾于是益有以见舜德之至，入人之深，而流泽之远且久也。

灵鹫山和博南山有座供奉象的祠堂。山下居住的苗民都把象当作神来祭祀。宣尉使安先生根据苗民的请求，将祠堂重新修整一番，并请求我写一篇文章记述。我问他："是把它拆毁，还是重新修整呢？"宣慰使说："是重新修整。"我说："我们为什么要重新修整它呢？"宣尉使说："这座祠堂的来历，大概已经没有人知道了。但是我们这些居住在这里的苗民，从我的父辈、祖辈，一直追溯到曾高祖父以上，都尊奉它，祭祀它，按时举行祭典从来没有废止过。"我说："这是为什么呢？对有鼻氏的祭祀，唐朝人曾经把它毁掉。象的为人，作为人子可说是不孝，作为弟弟就是蔑视兄长。对象的祭祀在唐朝就已被废弃，然而今天还保留着，有鼻那里的祠堂已被拆毁，然而在这里却还兴盛，这是为什么呢？"

我明白了：君子要是喜欢一个人的时候，就会连这个人居住的屋子上的乌鸦也喜欢，更何况象是圣人舜的弟弟呢？既然这样，修祠祭祀的是舜，而不是象。我想，象的死去，大概是在苗民归顺之后吧？如果不是这样，那么古代凶暴乖戾的人难道还少吗？但是唯独对象的祠堂却能传到今世，我因此可以想象舜的德行是多么至高无上、深入人心，以至于他的德泽流传能够如此长久。

❷ 语出《尚书大传·大战》："爱人者，爱其屋上乌。"比喻因为爱一个人而推及到与之有关的人或物。成语有"爱屋及乌"。❸ 意：猜想，估计。❹ 干羽：都是古代舞人所执的舞具。干，盾。舞干羽，表示不再进行战争。

象之不仁，盖其始焉耳，又乌知其终之不见化于舜也？《书》不云乎："克谐以孝，烝烝乂⑤不格奸。瞽瞍亦允若。"则已化而为慈父。象犹不弟，不可以为谐。进治于善，则不至于恶。不底于奸，则必入于善。信乎象盖已化于舜矣。《孟子》曰："天子使吏治其国，象不得以有为也。"斯盖舜爱象之深而虑之详，所以扶持辅导之者之周也。不然，周公之圣，而管蔡不免焉。斯可以见象之见化于舜，故能任贤使能，而安于其位，泽加于其民，既死而人怀之也。诸侯之卿，命于天子，盖周官之制，其殆仿于舜之封象欤？

吾于是盖有以信人性之善，天下无不可化之人也。然则唐人之毁之也，据象之始也，今之诸苗之奉之也，承象之终也⑥。斯义也，吾将以表于世，使知人之不善，虽若象焉，犹可以改，而君子之修德，及其至也，虽若象之不仁，而犹可以化之也。

象的顽劣不仁，大概是他早年间的事，又怎见得他后来不被舜感化而改善从恶呢？《书》中不是说："舜能够用孝使全家和睦，使家人忠厚善良，不至于犯奸作恶。"舜的父亲被舜感化了，也已经变成慈父了。如果象不尊敬兄长，那么就不能说全家和睦。不断自我修行向善，他就不会走上邪恶的道路。不走上邪恶的道路，就一定会走向善道。象已经被舜感化了，确实是这样啊！孟子说："帝舜派官吏治理象的封地，象不能有实权。"这大概可以看出舜爱象爱得深，因而替它考虑得很周详，用来扶持辅导它的办法也是面面俱到。如果不是这样，周公那样的圣明，管叔和蔡叔最后却仍然不能免于被杀。这也可见象已经被舜感化，所以能够任用贤人，安守自己的职位，并把恩泽施给百姓，在他死了以后，人们才怀念他。诸侯的卿，都是由天子任命的，这是周朝的制度，这大概也是仿效舜封象的办法吧！

于是，我相信人的本性是善良的，天下没有不可以感化的人。那么由此看来，唐朝人拆毁象的祠堂，是根据象早年的作为，如今苗民祭祀他，是信奉象后来的品行。这个意义，我将把它揭示给世人，使人们知道人心不善良，即使跟象一样，也还可以改造，君子修养自己的品德如果到了至高无上的境界，即使遇上像象那样的不仁之徒，也可以感化他。

⑤ 烝烝（zhēng）：淳厚的样子。乂：治。 ⑥ 承：接受。这里有根据的意思。

瘗旅[1]文

— 王守仁 —

背景介绍

时　　间：公元 1509 年

事件起因：王守仁请求严惩阉宦触怒了炙手可热的太监刘瑾，被廷杖四十，贬到贵州做了龙场驿丞。在龙场做驿丞期间，王守仁亲眼看见掌管文书的吏目和他的儿子、仆人先后客死在蜈蚣坡下，写了这篇祭文。

简介

本文讲述了作者被贬贵州龙场驿期间，目睹了吏目和他的儿子、仆人先后客死在蜈蚣坡下。他与吏目主仆素昧平生，却深感痛苦。

注释

❶ 瘗（yì）旅：埋葬客死于外乡的人。瘗，掩埋、埋葬。

维正德四年秋月三日，有吏目云自京来者，不有其名氏，携一子一仆，将之任，过龙场②，投宿土苗家。予从篱落间望见之，阴雨昏黑，欲就问讯北来事，不果。明早，遣人觇③之，已行矣。薄④午，有人自蜈蚣坡来，云："一老人死坡下，傍两人哭之哀。"予曰："此必吏目死矣，伤哉！"薄暮，复有人来，云："坡下死者二人，傍一人坐哭。"询其状，则其子又死矣。明日，复有人来，云："见坡下积尸三焉。"则其仆又死矣，呜呼伤哉！

念其暴⑤骨无主，将二童子持畚⑥、锸往瘗之，二童子有难色然。予曰："噫！吾与尔犹彼也。"二童闵然涕下，请往。就其傍山麓为三坎，埋之。又以只鸡、饭三盂，嗟吁涕洟⑦而告之，曰：呜呼伤哉！繄⑧何人？繄何人？吾龙场驿丞余姚王守仁也。吾与尔皆中土之产，吾不知尔郡邑，尔乌乎来为兹山之鬼乎？古者重去其乡，游宦不逾千里，吾

正德四年某月三日，有一个自称是从京城里来的吏目，不知道他的姓名，带着一个儿子一个仆人，前去赴任，经过龙场的时候，投宿在当地的苗人家里。我从篱笆的缝隙中看到了他们，本想前去拜访，打听北方的情况，但这时阴雨绵绵，天色昏暗，等到第二天早晨，派人去看他，他们已经上路了。将近中午的时候，有人从蜈蚣坡来，说："有个老人死在坡下，旁边有两个人哭得很是悲痛。"我说："这一定是那个吏目死了，令人悲伤呀！"黄昏时分，又有人来说："坡下有两个死人，有一个人坐着在旁边哭泣。"探问情形，知道是那吏目的儿子也死了。隔了一天，又有人来说："看见蜈蚣坡下堆积着三具尸体。"是他的仆人又死了，哎，真令人悲伤啊！

我想到他们暴尸荒野，无人收殓，我就带了两个童子，拿着簸箕、铁锹前去埋葬他们。两个童子面露难色。我说："唉！我和你们就如他们三人一样的。"两个童子听得我的话，悲伤地落下眼泪，自愿请求同去。于是我们在尸体旁的山脚下挖了三个坑，埋葬了他们。又用一只鸡、三碗饭祭奠，叹息流泪，祭告他们说：唉，令人悲伤啊！你们是什么人？你们是什么人？我是龙场驿丞、余姚人王守仁

注释

② 龙场：在今贵州修文。③ 觇（chān）：察看，偷看。④ 薄：迫近。⑤ 暴：暴露。⑥ 畚（běn）：簸箕。
⑦ 涕洟：流泪。洟，同"涕"。⑧ 繄（yì）：句首语气词。

以窜逐⁹而来此，宜也。尔亦何辜乎？闻尔官吏目耳，俸不能五斗，尔率妻子躬耕可有也。胡为乎以五斗而易尔七尺之躯？又不足，而益以尔子与仆乎？呜呼伤哉！尔诚恋兹五斗而来，则宜欣然就道，胡为乎吾昨望见尔容，蹙然⑩盖不胜其忧者。夫冲冒霜露，扳援崖壁，行万峰之顶，饥渴劳顿，筋骨疲惫，而又瘴疠侵其外，忧郁攻其中，其能以无死乎？吾固知尔之必死，然不谓若是其速，又不谓尔子尔仆亦遽⑪然奄忽也。皆尔自取，谓之何哉！吾念尔三骨之无依而来瘗耳，乃使吾有无穷之怆也。呜呼伤哉！纵不尔瘗，幽崖之狐成群，阴壑之虺⑫如车轮，亦必能葬尔于腹，不致久暴尔。尔既已无知，然吾何能为心乎？自吾去父母乡国而来此，三年矣，历瘴毒而苟能自全，以吾未尝一日之戚戚也。今悲伤若此，是吾为尔者重，而自为者轻也，吾不宜复为尔悲矣。吾为尔歌，尔听之。

⑨ 窜逐：被流放。⑩ 蹙（cù）然：忧愁的样子。⑪ 遽（jù）：急速。⑫ 虺（huǐ）：毒蛇。

啊。我和你们都生长在中原。我不知道你们是哪里人，不知道你们为什么来做这荒山蛮地的鬼魂？古人不轻易离开家乡，即使外出做官也不超过千里。我因为贬官而被流放到这里，是应该的。你又有什么罪过呢？听说你的官位不过是个吏目，俸禄不足五斗米，你带领妻子儿女，亲自耕种，也是能够得到的，为什么要因为这五斗米的俸禄而换去了你堂堂七尺的身躯呢？这还不够，还要加上你的儿子和仆人呢？唉，令人悲伤呀！你要真是因为贪恋这五斗米而来，就该欢欢喜喜上任，为什么我昨天看见你满面愁容，像不胜忧伤的样子？你们冒着风霜寒露，在陡峭的山路上攀援，翻过无数的山峰，一路上又饥又渴，劳累困顿，身体疲惫，又有瘴气瘟疫在外侵扰，忧愁苦闷在心中郁积，这怎能不死去呢？我本来料道你一定会死，但没有料到你会死得这样快，更没料到你的儿子、仆人也都很快地相继死去。说来这都是你自找的，我又有什么话可说呢！我想到你们的尸骨无人收敛，所以前来埋葬，这使我产生了无穷的悲伤。唉，悲伤啊！即使我不埋葬你们，这荒僻山崖上的狐狸成群，阴暗山沟中粗如车轮的毒虫，也会将你们吞入腹中，不致让你们长久暴露于荒野。你们已经没有感觉了，可是我又于心何忍？自从我离开了父母家乡到这里已经三年了，经受了瘴疠毒气的侵扰却能苟且保全，是因为我不曾有一天的忧伤。今天如此悲伤，大半因为你们，很少是因为我自己——我不应当再替你们悲伤了。我为你们做了一首歌，请你来听。

歌曰：连峰际天兮飞鸟不通，游子怀乡兮莫知西东。莫知西东兮维天则同，异域殊方兮环海之中。达观随寓兮莫必予宫，魂兮魂兮无悲以恫⑬。

又歌以慰之曰：与尔皆乡土之离兮，蛮之人言语不相知兮。性命不可期，吾苟死于兹兮。率尔子仆，来从予兮。吾与尔遨以嬉兮，骖紫彪而乘文螭兮，登望故乡而嘘唏⑭兮。吾苟获生归兮，尔子尔仆尚尔随兮，无以无侣为悲兮！道傍之冢累累兮，多中土之流离兮，相与呼啸而徘徊兮。餐风饮露，无尔饥兮。朝友麋鹿，暮猿与栖兮。尔安尔居兮，无为厉⑮于兹墟兮。

歌词是：连绵的山峰与天相接，连飞鸟也不能通过；游子怀念故土啊，辨不清西和东。辨不清东和西啊，却顶着同样的一片天空；虽然是在他乡异地啊，也是环抱在四海之中。达观的人四海为家，不一定非要有固定的住处。游魂啊游魂，不要伤心，不要害怕！

再唱一支歌来安慰你，说：我和你都是远离故乡的人啊，蛮族的言语一点儿也听不懂。生死难料，或许我也会在此地丧生，那时你就带着儿子、仆人，前来跟随我吧，我和你邀游嬉戏啊。驾驭着紫彪，坐在蛟龙上面，登高眺望故乡的遥远啊，哽咽抽泣。我若能活着回去啊，你还有儿子和仆人跟随，不会因为孤独无伴而伤悲！当中掩埋的多是中原地区的流亡者，可以和他们一起唱唱歌，散散步。餐清风而饮甘露啊，你就不会饥饿。早晨与麋鹿交朋友，晚上与猿猴一同栖息。希望你可以安心地居住在这里，不要化为厉鬼危害这里的村落。

⑬恫（dòng）：害怕，恐惧。 ⑭嘘唏：哽咽，抽泣。 ⑮厉：厉鬼。

信陵君救赵论

— 唐顺之 —

背景介绍

时　　间：明世宗在位期间，公元 1521 年—1567 年
事件起因：明朝正德年间，宦官专权。明世宗即位后，对宦官势力进行整顿和限制，暂时
　　　　　加强了中央集权。但不久后明世宗开始沉迷道教，无心朝政。

简介

　　一直以来，人们对信陵君称颂有加，但本篇一反常论，立足于社稷，批驳以私义救人的错误。本文开篇首先肯定了信陵君救赵这一行动本身并没有过错，然后再逐步深入地对他进行批判。

论者以窃符为信陵君之罪，余以为此未足以罪信陵也。夫强秦之暴呕矣，今悉兵以临赵，赵必亡。赵，魏之障也。赵亡，则魏且为之后。赵、魏，又楚、燕、齐诸国之障也，赵、魏亡，则楚、燕、齐诸国为之后。天下之势，未有岌岌❶于此者也。故救赵者，亦以救魏；救一国者，亦以救六国也。窃魏之符以纾魏之患❷，借一国之师以分六国之灾，夫奚不可者？

然则信陵果无罪乎？曰：又不然也。余所诛者，信陵君之心也。

信陵，一公子耳。魏，固有王也。赵不请救于王，而谆谆❸焉请救于信陵，是赵知有信陵，不知有王也。平原君以婚姻激信陵，而信陵亦自以婚姻之故，欲急救赵，是信陵知有婚姻，不知有王也。其窃符也，非为魏也，非为六国也，为赵焉耳。非为赵也，为一平原君耳。使祸不在赵，而在他国，则虽撤魏之障、撤六国之障，信陵亦必不救。使赵无平原，或平原而非信陵之姻戚，虽赵亡，信陵亦必不救。则是赵王与社稷之轻重，不能当一平原公子，而魏之兵甲所恃以

评论史事的人把盗窃兵符一事看作是信陵君的罪过，我认为这不足以成为怪罪信陵君的理由。那强大的秦国已经暴虐到极点了，如今出动全国的兵力来进攻赵国，赵国必亡无疑。赵国是魏国的屏障，赵国灭亡了，魏国也会跟着灭亡。赵国与魏国，又是楚、燕、齐各国的屏障，赵、魏灭亡了，那么楚、燕、齐各国也将随之灭亡。天下的形势，没有比这更危险的了。因此，救了赵国也就是救了魏国；救了一个国家，也就是救了六个国家啊。盗窃魏国的兵符来解救魏国的危难，借用一国的军队去解除六国的灾难，这有什么不可以的呢？

那么，信陵君就当真无罪过了吗？我说：这并非如此。我所指责的是信陵君的用心。

信陵君不过是魏国的一个公子而已，魏国自有君王在啊。赵国不向魏王求救，而是反复恳切地向信陵君求救，这说明赵国只知晓有信陵君，不知道还有个魏王。赵国的平原君用姻亲的关系来激将信陵君，而信陵君也因为姻亲关系，急于救赵，这说明信陵君只知道有姻亲，也不知道还有个魏王。所以信陵君盗窃兵符的行为，不是为了魏国，更不是为了六国，而是为了赵国。其实也不是为了赵国，只是为了一个平原君罢了。假如灾难不发生在赵国，而发生在其他国家，那么，即使关系到失去魏国的屏障，失去六国的屏障，信陵君也必然不会去援救。假如赵国没有平原

❶ 岌岌（jí）：极其危险。 ❷ 纾（shū）：解除。 ❸ 谆谆（zhūn）：形容反复不休。

固其社稷者，只以供信陵君一姻戚之用。幸而战胜，可也；不幸战不胜，为虏于秦，是倾魏国数百年社稷以殉姻戚，吾不知信陵何以谢魏王也？

夫窃符之计，盖出于侯生，而如姬成之也。侯生教公子以窃符，如姬为公子窃符于王之卧内，是二人亦知有信陵，不知有王也。余以为信陵之自为计，曷若以唇齿之势④，激谏于王，不听，则以其欲死秦师者，而死于魏王之前，王必悟矣。侯生为信陵计，曷若见魏王而说之救赵，不听，则以其欲死信陵君者，而死于魏王之前，王亦必悟矣。如姬有意于报信陵，曷若乘王之隙，而日夜劝之救，不听，则以其欲为公子死者，而死于魏王之前，王亦必悟矣。如此，则信陵君不负魏，亦不负赵；二人不负王，亦不负信陵君。何为计不出此？信陵知有婚姻之赵，不知有王。内则幸姬，外则邻国，贱则夷门野人⑤，又皆知有公子，不知有王。则是魏仅有一孤王耳。

呜呼！自世之衰，人皆习于背公死

④ 曷（hé）若：哪里比得上，还不如。唇齿：比喻关系密切，利害相关。⑤ 夷门：指侯嬴，侯嬴本是管夷门（魏都大梁东门）的人。

君，或者平原君不是信陵君的姻亲，即使赵国要灭亡，信陵君也必然不会去援救。这就是说，赵王及其国家的重要性，还不如一个平原君，而且魏国赖以保卫国家安全的军队，如今只不过是供信陵君救援亲戚罢了。幸而打胜了，总算还可以交代；如果不幸打败了，做了秦国的俘虏，那就是毁灭魏国几百年来建立的基业去为姻亲殉葬，我不知道信陵君怎样去向魏王请罪？

盗窃兵符的计策，原来是由侯生提出，如姬完成的。侯生教魏公子去盗窃兵符，如姬替魏公子从魏王卧室内偷得兵符，可见这两人心目中也只知道有信陵君，而不知道还有个魏王啊。我认为，信陵君要是替自己打算，不如用赵、魏两国唇齿相依的利害关系，以激发劝谏魏王，如果魏王不听，就拿出跟秦国拼死的勇气，死在魏王面前，魏王一定会觉悟过来。侯生要是为信陵君打算，不如去朝见魏王，劝说魏王援救赵国，如果魏王不听，就拿出为信陵君而死的决心，死在魏王面前，魏王也一定会觉悟过来。如姬有意报答信陵君，不如寻找机会，日夜劝说魏王援救赵国，如果魏王不听，就拿出想为公子而死的心愿，死在魏王面前，魏王也一定会觉悟。这样，信陵君既不辜负魏国，也不辜负赵国，侯生和如姬两人不辜负魏王，也不辜负信陵君。为什么不用这样的计策呢？信陵君只知晓有姻亲关系的赵国，而不知道还有个魏王。宫内的宠妾，外面的邻国，卑贱的看守夷门的无知无识的人，又都心目中只有信陵君，却不知道还有个魏王。那么，魏王也仅仅是一个孤立的君王罢了。

唉！自从世道衰败以后，人们都

党之行，而忘守节奉公之道，有重相而无威君，有私仇而无义愤。如秦人知有穰侯，不知有秦王；虞卿知有布衣之交，不知有赵王。盖君若旒⑥，久矣。由此言之，信陵之罪，固不专系乎符之窃不窃也。其为魏也，为六国也，纵窃符犹可；其为赵也，为一亲戚也，纵求符于王而公然得之，亦罪也。

虽然，魏王亦不得为无罪也。兵符藏于卧内，信陵亦安得窃之？信陵不忌魏王，而径请之如姬，其素窥魏王之疏也。如姬不忌魏王，而敢于窃符，其素恃魏王之宠也。木朽而蛀生之矣，古者人君持权于上，而内外莫敢不肃。则信陵安得树私交于赵？赵安得私请救于信陵？如姬安得衔信陵之恩？信陵安得卖恩于如姬？履霜之渐⑦，岂一朝一夕也哉！由此言之，不特⑧众人不知有王，王亦自为赘旒也。

故信陵君可以为人臣植党之戒，魏王可以为人君失权之戒。《春秋》书葬原仲、翬帅师。嗟夫！圣人之为虑深矣。

⑥ 赘旒（zhuìliú）：旗帜上连缀附属的飘带。比喻君王被大臣挟制，实权旁落。⑦ 履霜之渐：踩到了霜就知道严冬就要来临。比喻事情的发生都有一个过程。履，踩踏。⑧ 不特：不只是，不但，不仅。

习惯于违背公益，而甘心为私党效力，却忘掉了坚守节操、奉行公事的原则，只有手握大权的宰相却没有威严的君王，只有一己私仇而没有正义的愤怒。就像秦国人只知道有穰侯魏冉，而不知道还有秦昭王；虞卿只知道贫贱之交，而不知道有赵孝成王。原来君王好像旗帜上的飘带一样被人把持着已经很久了。从这一点来说，信陵君的罪过，确实不仅在于兵符的盗窃与否。如果他是为了魏国，或者为了六国，纵然是盗了兵符，也还是可以说得过去。如果他是为了赵国，或者为了一个亲戚，纵然向魏王请求兵符并且正当地得到了它，也是有罪过的。

虽然是这样，谈论起魏王，也不能说是没有罪过。兵符藏在自己卧室之内，信陵君又怎么能偷得到呢？信陵君不害怕魏王，直接去请托如姬，说明他平日就窥察到魏王的疏忽了。如姬不害怕魏王，而敢于盗窃兵符，说明她素来仗恃魏王的宠爱。好比木头枯朽了蛀虫才会产生。古代的君王在上手握大权，而宫廷内外无不表示尊敬。假如这样，那么信陵君怎能与赵国有私交呢？赵国又怎能私下向信陵君请求救援呢？如姬怎能一直承受信陵君的恩惠图报呢？信陵君又怎能利用自己对如姬有恩而求助于她呢？冰冻三尺，岂是一朝一夕之寒所能结成的呢？由此说来，不仅是众人心目中没有魏王，连魏王也甘心把自己看作是旗帜上的附属品了。

因此，信陵君可以作为警戒臣子结党营私的反面榜样，魏王可以作为警戒君王丧失权柄的反面榜样。《春秋》上记载着季友私葬原仲、翬帅伐郑的事。唉！圣人考虑问题是非常深远的了。

报刘一丈书

— 宗臣 —

时　　间：严嵩父子掌权期间，公元 1542年—1562 年

事件起因：刘一丈与宗臣家是世交，与宗臣父亲厚交 40 余年。因宗、刘两家有这样亲密的关系，所以推心置腹地谈了自己对世俗的看法，写了《报刘一丈书》。

简介

　　作者塑造了一对"上下相孚"的典型，表面风光无限，私下里却受尽屈辱，大胆揭露了相府中的丑事，抨击了腐朽龌龊的封建官僚政治，深刻地表达了对刘一丈的深情厚意。

原文

译文

　　数千里外，得长者时赐一书，以慰长想，即亦甚幸矣；何至更辱馈遗❶，则不才❷益将何以报焉？书中情意甚殷，即长者之不忘老父，知老父之念长者深也。

　　在数千里以外，时常得到您老人家的来信，安慰我长久的想念，这就已经十分幸运了；何况又蒙您馈赠礼物，这让我用什么来报答您呢？您的来信中情真意切，可见您从不曾忘记我的父亲，也可以知道我老父亲深切想念您的缘故了。

注释

❶ 馈遗（kuìwèi）：赠送礼物。❷ 不才：我，谦辞。

至以"上下相孚❸，才德称位"语不才，则不才有深感焉。夫才德不称，固自知之矣。至于不孚之病，则尤不才为甚。

且今之所谓孚者何哉？日夕策马候权者之门，门者故不入，则甘言媚词，作妇人状，袖金以私之❹。即门者持刺❺入，而主人又不即出见，立厩中仆马之间，恶气袭衣袖，即饥寒毒热不可忍，不去也。抵暮，则前所受赠金者出，报客曰："相公倦，谢客矣，客请明日来。"即明日，又不敢不来。夜披衣坐，闻鸡鸣，即起盥栉❻，走马❼抵门。门者怒曰："为谁？"则曰："昨日之客来。"则又怒曰："何客之勤也！岂有相公此时出见客乎？"客心耻之，强忍而与言曰："亡❽奈何矣，姑容我入。"门者又得所赠金，则起而入之，又立向所立厩中。幸主者出，南面召见❾，则惊走匍匐阶下。主者曰："进！"则再拜，故迟不起，起则上

至于信中您用"上下级之间要互相信任，才能品德要与职位相称"的话来劝勉我，那我的确是深有感触的。我的才能品德与职位不相称，这我本来就知道。至于上下级不能相互信任的毛病，在我的身上表现得更厉害。

再说，现在所说的上下级之间互相信任究竟指的是什么事呢？某些人从早到晚骑马去权贵人家的门前，看门的人故意为难不肯让他进去，他就用甜言媚语装作妇人的姿态，把袖里藏着的金钱偷偷地塞给看门人。等到看门人拿着名帖禀报后，主人却又不马上接见，他便只好站在牲口棚里，混在仆人和马群中，臭气熏着衣服，即使饥饿寒冷或闷热得令人无法忍受，也不敢离去。一直到傍晚，那个接受他贿赂的看门人出来告诉客人说："相公累了，今天谢绝会客，请明天再来吧。"第二天又不敢不来。当天晚上披衣坐着，一听到鸡叫就起来洗脸梳头，骑着马跑到相府门口。守门人发怒地喊道："谁呀？"他便回答说："是昨天的那个客人又来了。"看门人怒气冲冲地说："客人怎么这样勤快！难道相公能在这个时候出来会客吗？"他内心感到羞辱，只有勉强忍耐着对守门人说："实在没办法呀，姑且让我见一次吧。"看门人又得到了他送的金

❸ 孚：信任。 ❹ 袖：动词，袖里藏着。私之：私下买通。 ❺ 刺：谒见时用的名片。古时是木片，上面刻写姓名。拜访时用以投递进去。明代时，名片改用红纸书写，称"名帖"。 ❻ 盥栉（guànzhì）：洗脸梳头。
❼ 走马：骑马快跑。走，跑。 ❽ 亡：同"无"。 ❾ 南面召见：古代以坐北朝南为尊，南面召见有轻视的意思。

所上寿金⑩。主者故不受，则又固请；主者故固不受，则又固请，然后命吏纳之。则又再拜，又故迟不起，起则五六揖，始出。出，揖门者曰："官人⑪幸顾我，他日来，幸无阻我也。"门者答揖。大喜，奔出。马上遇所交识，即扬鞭语曰："适自相公家来，相公厚我！厚我！"且虚言状。即所交识，亦心畏相公厚之矣。相公又稍稍⑫语人曰："某也贤，某也贤。"闻者亦心计⑬交赞之。此世所谓上下相孚也。长者谓仆能之乎？

前所谓权门者，自岁时伏腊⑭一刺之外，即经年不往也。间道经其门，则亦掩耳闭目，跃马疾走过之，若有所追逐者。斯则仆之褊衷⑮，以此长不见悦于长吏，仆则愈益不顾也。每大言曰："人生有命，吾惟守分而已。"长者闻之，得无厌其为迂乎？

钱，就起身开门放他进去，他又站在原来站过的牲口棚里等着。幸好主人出来了，朝南坐着唤他进去，他便诚惶诚恐地跑过去，趴在台阶下。主人说："进来！"他便拜了又拜，故意迟迟不起来，起来后就献上进见的礼物。主人故意不接受，他就一再请求，主人故意坚持不接受，他就再三请求，然后主人才叫手下人收下礼物。他便拜了又拜，故意迟迟不起，起来后连连作揖才退出来。出来后给出门人作揖说："多亏官人关照我！下次再来，希望不要阻拦我。"看门人还了礼，他就十分高兴地跑出来。他骑在马上碰到相识的朋友，就扬起马鞭，得意洋洋地对人说道："我刚从相公家出来，相公待我很好，待我很好！"并且夸张地描述接见他的情景。因此，与他相识的朋友也从心里敬佩他能得到相公的优待。相公偶尔随意地对人提起："某人有才干，某人有才干。"听到的人也都心领神会，一齐称赞他。这就是所说的上下级之间的信任，您老人家说我能这样做吗？

对于前面所说的权贵人家，我除了过年过节，例如伏日、腊日投一个名帖外，就整年不去。偶尔经过他的门口，我也是捂着耳朵，闭着眼睛，鞭策着马匹飞快地跑过去，就像后面有人追逐似的。这就是我狭隘的心胸，我因此长久以来得不到长官的欢心，但我更加不顾这一切了。我常口出狂言："人生自有命运，我只要守自己的本分就行了。"您老人家听了这番话，该不会讨厌我的迂腐吧！

⑩ 上寿金：拜见长官时所献的祝寿礼钱。⑪ 官人：对有官职的人的尊称。⑫ 稍稍：稍微、随意、轻描淡写。⑬ 心计：私心领会。⑭ 岁时伏腊：指一年中的年节日。岁时，每年一定的季节或时间。伏腊，指夏天的伏日和冬天的腊日。⑮ 褊(biǎn)衷：狭隘的心胸。

吴山图记

— 归有光 —

背景介绍

时　　间：在归有光 1540 年中举，至 1571
年去世期间

事件起因：《吴山图记》是归有光应同年
好友魏用晦请求所作的应酬文
章。作者的朋友魏用晦曾任吴
县县令，调离时，吴人赠了一
幅《吴山图》。三年后，魏用
晦向作者出示此图，请他作一
篇记，作者写下此文。

简介

本文通过吴县山河锦绣的壮丽景色，侧面写出魏用晦在吴县为百姓做了许多德政，以
及吴县百姓与魏县令相互思念的绵绵之情。

原文

　　吴、长洲二县，在郡治所，分境
而治。而郡西诸山，皆在吴县。其最高
者，穹窿、阳山、邓尉、西脊、铜井，而
灵岩，吴之故宫在焉，尚有西子❶之遗
迹。若虎丘、剑池，及天平、尚方、支

译文

　　吴县、长洲两县都在吴郡的郡
治所在地，两县分界而治。郡的西
面有许多山，都在吴县境内。其中
最高的山峰，有穹窿、阳山、邓尉、
西脊、铜井等山。而灵岩山曾是春
秋时吴国宫殿的故址，那里还有西
施的遗迹。像虎丘、剑池以及天平、
尚方、支硎等山，都是风景名胜。

注释

❶ 西子：即西施。

90

砌，皆胜地也。而太湖汪洋三万六千顷，七十二峰沉浸其间，则海内之奇观矣。

余同年❷友魏君用晦为吴县，未及三年，以高第❸召入为给事中。君之为县有惠爱，百姓扳留❹之不能得，而君亦不忍于其民，由是，好事者绘《吴山图》以为赠。

夫令之于民诚❺重矣。令诚贤也，其地之山川草木亦被其泽而有荣也；令诚不贤也，其地之山川草木亦被其殃而有辱也。君于吴之山川，盖增重矣。异时，吾民将择胜于岩峦之间，尸祝于浮屠老子之宫也，固宜。而君则亦既去矣，何复惓惓❻于此山哉？昔苏子瞻称韩魏公去黄州四十余年，而思之不忘，至以为思黄州诗，子瞻为黄人刻之于石。然后知贤者于其所至，不独使其人之不忍忘而已，亦不能自忘于其人也。

君今去❼县已三年矣，一日，与余同在内庭，出示此图，展玩太息❽，因命余记之。噫！君之于吾吴，有情如此，如之何而使吾民能忘之也？

太湖浩浩森森，面积有三万六千顷，七十二座山峰在湖中挺立，真可以算海内奇观了。

我的同年好友魏用晦任吴县县令未满三年，就因政绩优异被调入京城担任给事中。他担任吴县县令时推出不少利民的政策，他离任时，百姓设法挽留却未能成功，他也舍不得离开，于是有一位热心人描绘了一幅《吴山图》来送给他。

县令对于老百姓来说，确实是非常重要的，如果县令确实是贤良的，那么当地的山川草木也为蒙受他的恩泽而发光；如果县令不贤良，那么当地的山川草木也会遭殃，蒙受耻辱。魏君对于吴县的山河，可以说是增添了光彩。将来吴县的老百姓将会在青山秀岩间挑选一块名胜宝地，修建寺庙或道观来祭祀他，这完全是应该的。可是魏君已经离开了吴县，为什么对这里的名山那样眷恋呢？从前，苏东坡称赞韩琦离开了黄州四十多年，还念念不忘黄州，以至于写下了怀念黄州的诗，苏东坡为黄州人把这诗刻在石碑上。我才知道贤能之士到某一个地方，不单单会使那儿的百姓不忍心忘记他，连自己也不会忘记那儿的百姓。

现在，魏君离开吴县已经三年了，有一天，他与我同在内庭，他取出这幅《吴山图》给我看，一边欣赏一边叹息，就嘱咐我写篇文章记载这件事情。唉！魏君对于我们吴县有如此深厚的感情，我们吴县百姓怎会忘记他呢？

❷ 同年：科举制度中同榜考中的人互称同年。❸ 高第：指考试或官吏考核被列入较高的等第。❹ 扳留：挽留。
❺ 诚：实在，确实。❻ 惓惓（quán）：念念不忘。❼ 去：离去，离开。❽ 太息：大声叹息。

沧浪亭记

— 归有光 —

背景介绍

时　　间：在归有光 1540 年中举，至 1571 年去世期间

事件起因：沧浪亭是北宋著名文学家苏舜钦所建。原为五代时吴越广陵郡王钱元璙的花园（一说吴越王钱俶的妻弟孙承佑所建），不过到明朝时已经荒废。明朝僧人又在它的遗址上修建了沧浪亭，并请归有光撰文记载这件事。

简介

本文开门见山点出沧浪亭，并交代僧人文瑛请作者作此记的原因，即记叙其修复沧浪亭的原因，接着又写登临沧浪亭的种种感受，进而回顾沧浪亭演变史。文章得出结论：使士人千载垂名的不是兴建的建筑物，而是士人的品德和文章。

原文

浮图文瑛❶，居大云庵，环水，即苏子美沧浪亭之地也。呕求余作《沧浪亭记》，曰："昔子美之记，记亭之胜也，请子记吾所以为亭者。"

译文

文瑛和尚居住在大云庵，那里流水环绕，原来是宋朝苏子美建造沧浪亭的地方。他屡次请我写一篇《沧浪亭记》，说："过去苏子美的《沧浪亭记》，是记述沧浪亭的胜迹，我是请您记下我重新修建这个亭子的缘由。"

注释

❶ 浮图：即浮屠，梵语音译，指佛。这里指信奉佛教的僧人，也叫和尚。

余曰：昔吴越有国时，广陵王镇吴
中，治园于子城之西南。其外戚❷孙承
佑，亦治园于其偏。迨❸淮南纳土，此
园不废。苏子美始建沧浪亭，最后禅者
居之，此沧浪亭为大云庵也。有庵以来
二百年，文瑛寻古遗事，复子美之构于
荒残灭没之余，此大云庵为沧浪亭也。
夫古今之变，朝市改易。尝登姑苏之台，
望五湖之渺茫，群山之苍翠，太伯虞仲之
所建，阖闾夫差之所争，子胥种蠡之所经
营，今皆无有矣，庵与亭何为者哉？虽
然，钱镠因乱攘窃，保有吴越，国富兵
强，垂及四世。诸子姻戚，乘时奢僭❹，
宫馆苑囿❺，极一时之盛。而子美之亭，
乃为释子所钦重如此，可以见士之欲垂
名于千载，不与其澌然❻而俱尽者，则有
在矣。

文瑛读书喜诗，与吾徒游，呼之为
"沧浪僧"云。

我说：从前五代时期吴越建国时，
广陵王镇守吴中，在内城的西南面修
筑园林。他的儿女亲家孙承佑，也在
旁边修筑园林。到了南方成了宋朝的
土地后，这些园林也没有荒废。苏子
美开始在此建筑沧浪亭，后来一些僧
人居住在这里，这样沧浪亭变成了大
云庵。大云庵距今已有二百年的历史
了，文瑛寻访古代的遗迹，又在荒芜
残破的废墟上，按照以前的结构重新
修建沧浪亭，这是大云庵又变成沧浪
亭的过程。历史在变迁，就连朝廷和
集市也发生了变化。我曾经登上姑苏
台，远眺浩渺的五湖、苍翠的群山，
太伯、虞仲所建立的吴国，阖闾、夫
差所争夺的楚国和越国，子胥、文种
和范蠡所经营的吴国和越国，如今都
已荡然无存，大云庵和沧浪亭又算什
么呢？话虽如此，不过呢，钱镠趁天
下大乱，窃取权位，占据了吴越地
区，国富兵强，政权延续到四代，他
的子孙和姻戚趁机肆意挥霍，修造的
宫馆苑囿，盛极一时。但苏子美的沧
浪亭，却被一个佛家弟子如此看重。
由此可见，士人想要千载垂名，不像
冰块溶解那样与时俱尽，是有人实现
了的。

文瑛和尚爱好读书，又喜好诗
歌，时常同我们这些人交往，大家称
他为沧浪和尚。

❷ 外戚：帝王的母族和妻族。❸ 迨：到，等到。❹ 奢僭（jiàn）：奢侈豪华过度而不合礼制法度。僭，
超越本分，指冒用上一级的名义与器物。❺ 苑囿：畜养禽兽并种植林木的园林。❻ 澌（sī）然：冰块溶解
的样子。

青霞先生文集序

— 茅坤 —

背景介绍

时　　间：公元 1563 年

人　　物：青霞先生，即沈炼，字纯甫，别号青霞山人，明嘉靖年间曾官至锦衣卫经历

事件起因：当时皇帝昏庸，沈炼即沈青霞为人刚正不阿，因反对严嵩专权误国而被陷害至死，受到当时进步人士的同情与钦佩。

简介

　　茅坤在这篇序文中记叙了沈炼的事迹，将其与古代的志士屈原、伍子胥、贾谊等人相提并论，并从思想内容上高度肯定了沈炼的诗文。

青霞沈君，由锦衣经历❶上书诋宰执，宰执深疾之，方力构其罪，赖天子仁圣，特薄其谴，徙之塞上。当是时，君之直谏之名满天下。已而，君累然携妻子，出家塞上。会北敌数内犯，而帅府以下，束手闭垒，以恣敌之出没，不及飞一镞以相抗。甚且及敌之退，则割中土之战没者与野行者之馘❷以为功。而父之哭其子，妻之哭其夫，兄之哭其弟者，往往而是，无所控吁。君既上愤疆场之日弛，又下痛诸将士日菅刈❸我人民以蒙国家也，数呜咽欷歔❹，而以其所忧郁发之于诗歌文章，以泄其怀，即集中所载诸什是也。

君故以直谏为重于时，而其所著为诗歌文章又多所讥刺，稍稍传播，上下震恐，始出死力相煽构，而君之祸作矣。君既没，而一时阃寄❺所相与谗君者，寻且坐罪罢去。又未几，故宰执之仇君者

沈青霞先生，以锦衣卫经历的身份，向皇帝上书斥责宰相，宰相因此非常痛恨他，正当竭力捏造罪名陷害他时，幸亏皇帝仁慈圣明，特地减轻对他的处罚，只将他流放到边塞。那时，沈先生敢于直谏的声名传遍天下。不久，沈先生就心情郁闷地带着妻子儿女，离家迁居塞上。当时正逢北方敌人频频进犯，而帅府以下的各级官员都束手无策，闭关不战，任凭敌人进出侵扰，竟连抵抗敌人的一支箭都不敢放，甚至在等到敌人退兵之后，他们就割下自己队伍中阵亡者和在郊野行走百姓的耳朵邀功请赏。而百姓中父亲哭儿子，妻子哭丈夫，哥哥哭弟弟的惨状，到处都是，他们又无处诉告。沈先生对上既痛恨边疆防务的日益废弛，对下又痛恨众将士任意残杀人民，以蒙骗朝廷，他多次为此泣泪哀叹，于是将他的忧郁表现在诗歌文章之中，以抒发其情怀，他的文集中所载诸篇都是这类作品。

沈先生本来就因为敢于直谏而为世人敬重，而他所写的诗文又常有讥刺之言，稍稍传播，朝廷上下都感到震惊恐慌。于是他们开始拼命造谣、陷害沈先生，于是大祸也就落到了沈先生的身上。沈先生被害以后，当时那些一同陷害沈先生的领军在外的将领们，不久也都因罪罢免。又过

❶ 锦衣经历：即锦衣卫的经历官，负责文书往来。锦衣卫原是皇室亲军，明代起监管刑狱、巡捕，明中叶以后，和东厂、西厂同为特务机构。 ❷ 馘（guó）：被杀者的左耳。古代作战时割取对方战死者的左耳来统计杀敌人数，记战功。 ❸ 菅刈（jiānyì）：割草，这里指像割草似的滥杀无辜。 ❹ 欷歔（xīxū）：叹息。 ❺ 阃（kǔn）寄：本意为委以军事重任，此指身居边防要职的将官。阃，外城城门，表示远离国都在外。

亦报罢。而君之门人给谏俞君，于是裒辑❻其生平所著若干卷，刻而传之。而其子以敬，来请予序之首简。

茅子受读而题之曰：若君者，非古之志士之遗乎哉？孔子删《诗》，自《小弁》❼之怨亲、《巷伯》❽之刺谗以下，其忠臣、寡妇、幽人、怼士之什❾，并列之为"风"，疏之为"雅"，不可胜数。岂皆古之中声也哉？然孔子不遽遗之者，特悯其人，矜其志，犹曰"发乎情，止乎礼义"，"言之者无罪，闻之者足以为戒"焉耳。予尝按次春秋以来，屈原之《骚》疑

了不久，原来仇视沈先生的宰相也被罢官。于是沈先生的门人给事中兼谏议大夫俞君，收集编辑了沈先生一生的著述若干卷，并加以刊刻流传。沈先生的儿子沈襄，来请我写篇序言放在文集前面。

我拜读了沈先生的文集后写道：像沈先生这样的人，不就是古代那些有高尚节操的那一类志士吗？孔子删改《诗经》，从怨恨亲人的《小弁》、讥讽谗人的《巷伯》以下，那些忠臣、寡妇、隐士和愤世嫉俗之人的作品，一起被列入"国风"、分入"小雅"的数不胜数。难道这些作品都符合古音中正平和的标准吗？然而孔子不轻易删掉它们，原因就是怜悯这些人的不幸遭遇，推崇他们高洁的志向。他还说"这些诗歌都是发自内心，又能以礼和义加以约

❻ 裒（póu）辑：搜集汇辑。 ❼《小弁》：《诗经·小雅》中的一篇，描写一个被遗弃者的哀怨。 ❽《巷伯》：《诗经·小雅》中的一篇，描写一个遭受谗言而受到官刑处罚的人的悲愤。 ❾ 怼（duì）士：心怀愤懑的人。

于怨，伍胥之谏疑于胁，贾谊之《疏》疑于激，叔夜之诗疑于愤，刘蕡之对疑于亢，然推孔子删《诗》之旨而衰次之，当亦未必无录之者。君既没，而海内之荐绅大夫，至今言及君，无不酸鼻而流涕。呜呼！集中所载《鸣剑》《筹边》诸什，试令后之人读之，其足以寒贼臣之胆，而跃塞垣战士之马而作之忾也，固矣！他日国家采风⑩者之使出而览观焉，其能遗之也乎？予谨识之。

至于文词之工不工，及当古作者之旨与否，非所以论君之大者也，予故不著。

⑩ 采风：古代朝廷设采诗官到民间搜集歌谣以观风俗民情，称为"采风"。

来"，"说话的人没有罪，听的人完全可以把它作为鉴戒"。我曾依次考察春秋以来的作品，发现屈原的《离骚》，似乎有发泄怨恨之嫌，伍子胥的进谏，似乎有进行威胁之嫌，贾谊的《陈政事疏》，似乎有过于偏激之嫌，嵇康的诗歌，似乎有过分激愤之嫌，刘蕡的对策似乎有亢奋偏执之嫌。要是按照孔子删《诗经》的原则编纂它们，看来也未必不可取。沈先生虽已去世，但海内的士大夫一提到他，无不心酸落泪。唉！文集中所记载的《鸣剑》《筹边》等篇，如果让后代人读了，足以使奸臣胆寒，使边防战士马出征、鼓起杀敌的怒气，这是毫无疑问的！日后朝廷派遣了解民情、采集歌谣的使者看到这些诗篇，难道会把它们遗漏掉吗？我怀着恭谨的心情把它记述在这里。

至于文采辞藻是否精美，以及与古代作者的意旨是否相合，这些都与评论沈先生的大节无关，所以我就不加以论述了。

蔺相如完璧归赵论

— 王世贞 —

背景介绍

时　　间：在王世贞1547年考中进士，至1590年去世期间

事件起因：战国时期赵惠文王得到稀有的美玉和氏璧，秦昭王假借十五座城与赵交换，赵王派蔺相如持璧入秦，在交涉过程中发现秦王并没有诚意。蔺相如经过激烈交涉，终于带和氏璧返回了赵国。

简介

　　本文作者从情理两方面剖析秦、赵两国的外交，摆出事实，指出秦国的目的只在于威胁、恐吓诈取赵国的和氏璧。最后作者认为蔺相如之所以能保全自己的生命，而和氏璧和赵国也得以保全，全部都是侥幸。王世贞字元美，号凤州，又号弇州山人。江苏太仓人。明代文学家。

蔺相如之完璧，人皆称之，予未敢以为信也。

夫秦以十五城之空名，诈赵而胁其璧。是时言取璧者情也[1]，非欲以窥赵也。赵得其情则弗予，不得其情则予；得其情而畏之则予，得其情而弗畏之则弗予。此两言决耳，奈之何既畏而复挑其怒也？

且夫秦欲璧，赵弗予璧，两无所曲直[2]也。入璧而秦弗予城，曲在秦；秦出城而璧归，曲在赵。欲使曲在秦，则莫如弃璧。畏弃璧，则莫如弗予。夫秦王既按图以予城，又设九宾[3]，斋而受璧，其势不得不予城。璧入而城弗予，相如则前请曰："臣固知大王之弗予城也。夫璧非赵璧乎？而十五城，秦宝也。今使大王以璧故，而亡其十五城，十五城之子弟皆厚怨大王以弃我如草芥也[4]。大王弗予城，而绐赵璧[5]，以一璧故，而失信于天下，臣请就死于国，以明大王之失信。"秦王

蔺相如完璧归赵一事，人们都在称赞，但我却不敢苟同。

秦国用十五座城的空话，欺骗赵国并胁迫它交出和氏璧，此时秦国本意是想得到和氏璧，并不是想打赵国的主意。如果赵国了解秦国的真实意图就不给它，不了解秦国的实情就给它。如果了解秦国的真实意图而惧怕秦国就给它，了解秦国的真实意图不惧怕秦国就不给它。这件事只需两句话就可以解决了，为什么既怕它又要去激怒它呢？

况且，秦国想要得到和氏璧，但赵国不愿意给，双方都没有什么是非曲直可言。如果赵国把和氏璧送到了秦国，而秦王却不给十五城给赵国，这是秦国理亏；如果秦王拿出了十五城给赵国，而赵国却把和氏璧送回去了，这是赵国理亏。要想让秦国理亏，就不如放弃和氏璧，害怕失去和氏璧，就不如不给秦国。秦王既然按照地图明确告知将哪些城池送给赵国，又设了九宾的大礼，斋戒五天之后准备接受和氏璧，那形势明摆着不得不交出十五城了。如果秦王得到了和氏璧，却又不给赵国城，相如就可以上前去质问他："我本来就知道大王是不肯给十五城的。和氏璧不就是赵国的一块璧吗？那十五座城却是秦国的宝地。现在如果大王因为一块璧的缘故，而抛弃了这十五座城，十五

[1] 情：真情，实情。指秦国的真实意图。[2] 曲直：是非。[3] 九宾：即《周礼》中的九仪，是古代举行朝会大典用的极隆重的仪式。[4] 草芥：草和芥，比喻轻贱，引申以指轻微纤细的事物。[5] 绐（dài）：骗取。

未必不返璧也。今奈何使舍人❻怀而逃
之，而归直于秦？是时秦意未欲与赵绝
耳。令秦王怒，而僇相如于市❼，武安君
十万众压邯郸，而责璧与信，一胜而相
如族，再胜而璧终入秦矣。吾故曰：蔺
相如之获全于璧也，天也。若其劲渑池，
柔廉颇❽，则愈出而愈妙于用❾所以能完
赵者，天固曲全之哉！

注释

❻ 舍人：指蔺相如的门客。 ❼ 僇（lù）：同"戮"，杀戮。
市：市口，市集，指人众汇集的地方。古代处决犯人都在集市。
❽ 劲：强劲，有顽强坚决之意。柔：安抚，这里有忍让、团结
之意。 ❾ 愈出而愈妙于用：计策越来越巧妙高明。

城的百姓都会深深怨恨大王，认为
您把他们如草芥一般抛弃。秦王骗
走和氏璧却又不给赵国城池，为了
一块璧而失信于天下，那么我请求
死在这里，以死表明大王不守信用
的事实。"这样，秦王未必不归还
和氏璧。为什么要让人携璧逃回去
而让秦国理直气壮呢？幸而当时，
秦国还不想和赵国绝交啊。如果秦
王发了怒，当众杀死蔺相如，并派
武安君带领十万大军进攻邯郸，叫
赵王交出璧并谴责赵王的失信。那
么，秦国打一次胜仗就可使相如灭
族，打两次胜仗，和氏璧就会落入
秦国人之手。所以我说：蔺相如之
所以能够保全和氏璧，的确是天意
啊！他在渑池会上对秦国采取顽强
坚决的态度，对廉颇又采取忍让团
结的态度，说明蔺相如玩"赌运气"
来保全赵国的计策也越来越高明了。
他的确得到了上天的委曲成全啊！

徐文长传

— 袁宏道 —

背景介绍

时　　间：公元1599年

人　　物：徐渭，字文长，号青藤老人、天池山人、天池渔隐等，与解缙、杨慎并称"明代三才子"

事件起因：徐渭死后，名字便渐渐被世人忘了。袁宏道发现了他，为他刊布文集，并为他立传，使他终于大显于世，进而扬名后代。

简介

　　徐文长富有才华，但一生遭遇波折。他在世时，虽然不算无名之辈，还做出一番事业，但晚年装疯卖傻，伤害自己，最终抱憾而终。这不仅是简短的传记，更是袁宏道表达他对徐文长的欣赏。

徐渭，字文长，为山阴诸生，声名籍甚。薛公蕙校越时，奇其才，有国士之目❶。然数奇❷，屡试辄蹶。中丞胡公宗宪闻之，客诸幕。文长每见，则葛衣❸乌巾，纵谈天下事，胡公大喜。是时，公督数边兵，威镇东南，介❹胄之士，膝语蛇行，不敢举头，而文长以部下一诸生傲之，议者方之刘真长、杜少陵云。会得白鹿，属文长作表，表上，永陵喜。公以是益奇之，一切疏计❺，皆出其手。文长自负才略，好奇计，谈兵多中，视一世士无可当意者。然竟不偶❻。

文长既已不得志于有司❼，遂乃放浪曲蘖，恣情山水，走齐、鲁、燕、赵之地，穷览朔漠。其所见山奔海立，沙起雷行，风鸣树偃，幽谷大都，人物鱼鸟，一切可惊可愕之状，一一皆达之于诗。其胸中又有勃然不可磨灭之气，英雄失路托足无门之悲，故其为诗，如嗔如笑，如水鸣峡，如种出土，如寡妇之夜哭，

徐渭，字文长，是山阴县的秀才，名声很大。薛蕙主持绍兴府试时，很是赏识他的才华，把他看作国家的栋梁之才。然而，他命途多舛，屡次参加乡试都落第。中丞胡公宗宪听说后，聘他作幕僚。徐渭每次参见胡公，总是穿着葛布长衫，头戴乌巾，侃侃而谈天下大事，胡公十分赞赏。当时，胡公统率着多支军队，威镇东南，部下将士在他面前，总是跪下回话，像蛇一样爬着前进，不敢仰视，可是徐渭对胡公的态度却很高傲，评论者把他比作刘真长、杜少陵一样的人物。恰逢胡公获得一只白鹿，嘱托徐渭写贺表，表文呈上后，嘉靖皇帝很满意。胡公因此更加器重徐渭，所有疏奏计簿都交他写。徐渭自信才能过人，谋略出众，谈论军情往往切中要害，他觉得世间的事物没有一件合乎他的心意，然而却总是没有一展抱负的机会。

徐渭在官场不得志，不被看中，于是就放浪形骸，纵情山水，走遍了齐、鲁、燕、赵等地，又饱览了塞外大漠的风光。他所见的山峦起伏、海浪壁立、胡沙满天、风雨交加、树木倒伏、幽谷闹市以及奇人异士、珍稀鱼鸟，一切令人惊讶的情状，他都一一化入了诗中。他胸中郁结着强烈的抗争精神和报国无门的悲凉，所以他的诗，既像怒骂，又像嬉笑，如水奔流出峡谷，如春芽破土，像寡妇深

❶目：称，评价。❷数奇（shùjī）：运气不好。❸葛衣：粗布衣服。❹介：通"甲"，铠甲。❺疏：臣下给皇帝的奏疏。计：书信公文。❻不偶：不顺利。❼有司：官吏。

羁⑧人之寒起。虽其体格时有卑者，然匠心独出，有王者气，非彼巾帼⑨而事人者所敢望也。文有卓识，气沉而法严，不以模拟损才，不以议论伤格，韩、曾之流亚也。文长既雅⑩不与时调合，当时所谓骚坛主盟者，文长皆叱而怒之，故其名不出于越，悲夫！

喜作书，笔意奔放如其诗，苍劲中姿媚跃出，欧阳公所谓"妖韶女，老自有余态"者也。间⑪以其余，旁溢为花鸟，皆超逸有致。

卒以疑杀其继室，下狱论死。张太史元汴力解，乃得出。晚年愤益深，佯狂益甚，显者至门，或拒不纳；时携钱至酒肆，呼下隶与饮；或自持斧击破其头，血流被面，头骨皆折，揉之有声；或以利锥锥其两耳，深入寸余，竟不得死。周望言：晚岁诗文益奇，无刻本，集藏于家。余同年有官越者，托以抄录，今未至。余所见者，《徐文长集》《阙编》

夜的哭声，像旅人在寒夜起身徘徊。虽然他诗作的格调，有时不太高，但是匠心独运，有王者之气，不是那些如同女子专门事奉他人的诗人所能比的。徐渭在文章写作上有远见卓识，他的文章气势沉着、法度精严，他不用模拟别人的文章来压抑自己的才能，也不用庸腐的议论而损伤自己文章的风格，是如同韩愈、曾巩一类的人物。徐渭志趣高雅不与时俗苟合，对当时所谓的文坛领袖，他都加以抨击，所以他的文字只局限在浙江一带，令人感到悲哀！

徐渭喜好书法，笔意奔放就像他的诗作一样，在苍劲豪迈中又使妖媚的姿态跃然纸上，正是欧阳公所说的"妖艳女子，年纪老了也风韵犹存"。他有时以剩余的才力作花鸟画，都画的超出流俗，别有一番情致。

后来，徐渭因疑忌误杀了他的继室妻子，被判死罪。幸亏太史张元汴极力营救，方才得以出狱。晚年的他更加愤世嫉俗，装疯卖傻状态更厉害了，达官贵人登门拜访，常常拒而不见。时常带着钱到酒店，招呼下人一起喝酒。他曾拿斧头砍破自己的头颅，血流满面，头骨破碎，用手揉搓碎骨咔咔有声。他还曾用尖利的锥子锥入自己的双耳，一寸多深，竟然没死。陶望龄说徐渭的诗文到晚年愈加奇异，没有刻本，诗稿都藏在家中。我托我在越地做官的科举同年替我抄录徐渭的诗文，到现在还没送来。我所见到的，只有《徐文长集》和《阙

⑧羁人：谓漂泊于旅途的人。 ⑨巾帼：本为妇女的头巾和发饰，此处喻指那些故作卑屈，讨好权贵的人。

⑩雅：平素，向来。 ⑪间：有时，偶尔。

二种而已。然文长竟以不得志于时，抱愤而卒。

石公⑫曰：先生数奇不已，遂为狂疾；狂疾不已，遂为囹圄。古今文人牢骚困苦，未有若先生者也。虽然，胡公间世豪杰，永陵英主，幕中礼数异等，是胡公知有先生矣；表上，人主悦，是人主知有先生矣，独⑬身未贵耳。先生诗文崛起，一扫近代芜秽之习，百世而下，自有定论，胡为不遇哉？

梅客生尝寄予书曰："文长，吾老友，病奇于人，人奇于诗。"余谓文长无之而不奇者也。无之而不奇，斯无之而不奇⑭也。悲夫！

编》二种而已。而今徐渭竟因不合于时，抱恨长终。

我认为：先生的命途多艰，时运不济，致使他激愤疯狂；狂病持续发作，又导致他被抓入狱。古今文人的牢骚和苦难，没有超过徐渭先生的了。尽管如此，仍有胡公这样百年难遇的豪杰、世宗这样英明的君主赏识他。徐渭在胡公幕府中受到特殊礼遇，这是胡公对先生的赏识。上奏表文博得皇帝的欢心，表明皇帝也赏识他。只是先生没有得到要职罢了。先生诗文的崛起，一扫近代文坛荒秽污浊之气，百世之后，自会定论，又怎么说他生不逢时呢？

梅客生曾经写信给我说："徐渭是我的老朋友，他的病比他的为人更怪，而他的人又比他的诗更奇。"我认为徐渭没有一处不奇怪的。正因为没有一处不奇怪，这也就注定他到了哪里都不能得志。这真是可悲啊！

⑫ 石公：作者袁宏道自称。⑬ 独：只是，不过。⑭ 奇（jī）：数奇，命不好。

五人墓碑记

— 张溥 —

背景介绍

时　　间：公元1628年

事件起因：明末的政治极其腐败，大肆杀戮无辜百姓，冤狱遍布全国，处处怨声载道。

简介

本文是一篇碑记，记叙了宦官在追捕不满魏忠贤的退职官员周顺昌（字景文，号蓼洲）时激起民变的过程，高度赞扬了五位义士抗暴、至死不屈的英勇行为。

原文

五人者，盖当蓼洲周公之被逮，激于义而死焉者也。至于今，郡之贤士大夫请于当道❶，即除魏阉废祠之址以葬之，且立石于其墓之门，以旌其所为。呜呼，亦盛矣哉！

译文

这墓中的五个人，是在周蓼洲先生被捕时激于义愤而赴难的。到现在，苏州一些贤德的士大夫还向当局申请，清除宦官魏忠贤的废祠来安葬他们五个人，而且在他们的墓门前立了一块石碑，来表彰他们的事迹。唉！这也算荣耀了！

注释

❶ 当道：掌权者。这里指江苏巡抚、苏州知府。

夫五人之死，去今之墓而葬焉，其为时止十有一月耳。夫十有一月之中，凡富贵之子、慷慨得志之徒，其疾病而死，死而湮没不足道者，亦已众矣。况草野②之无闻者欤！独五人之皦皦③，何也？

予犹记周公之被逮，在丁卯三月之望。吾社之行为士先者，为之声义，敛资财以送其行，哭声震动天地。缇骑④按剑而前，问："谁为哀者？"众不能堪，抶⑤而仆之。是时以大中丞抚吴者，为魏之私人，周公之逮，所由使也。吴之民方痛心焉，于是乘其厉声以呵，则噪而相逐，中丞匿于溷藩以免⑥。既而以吴民之乱请于朝，按诛五人⑦，曰：颜佩韦、杨念如、马杰、沈扬、周文元，即今之傫然在墓者也。

然五人之当刑也，意气扬扬，呼中丞之名而詈之，谈笑以死。断头置城上，颜色不少变。有贤士大夫发五十金，买

这五个人的殉难，到现在修墓安葬他们，为时不过十一个月。在这十一个月里，那些富贵人家的子弟和志得意满、官运亨通的人，他们患病而死，死后无声无息、无足称道，也太多了，何况那些乡间默默无闻的人呢？唯独这五人死后声名显耀，这是为什么呢？

我还记得周先生被逮捕，是在丁卯年三月十五日。我们社里那些士大夫中的佼佼者，为他呼吁正义，募集财物，替他送行，一时间哭声惊天动地。差役手握宝剑跑上前来喝道："谁在为他哀哭？"众人再也无法忍受了，就把他们打倒在地。当时以大中丞职衔做吴郡巡抚的是魏忠贤的心腹，周先生被捕就是他指使的。吴地的百姓正对他恨之入骨，于是趁着他厉声喝问时，就呼叫着追赶他，这位大中丞吓得躲在厕所里，才免遭袭击。后来他就以吴地百姓暴乱的罪名向朝廷诬告，追究这件事，处死了五个人。他们是：颜佩韦、杨念如、马杰、沈扬、周文元，就是现在墓中躺着的五个人。

然而，这五个人临刑的时候，神情昂然自若，喊着中丞的名字痛骂他，谈笑自若，从容就义。断头挂在城墙上，脸色一点也没有改变。有贤明的士大夫拿出五十两银子，买下这

❷ 草野：原指乡野，此处指民间。❸ 皦皦（jiǎo）：洁白光亮，这里指五人死得光荣。❹ 缇骑（tíjì）：本指古代贵官的侍从，此处指明代专事侦查、逮捕人犯的差役。❺ 抶（chì）：鞭打。仆之：使缇骑倒下，打倒在地。❻ 溷（hùn）藩：厕所。藩，篱笆。❼ 按：追究，审查。

五人之脰而函之❸，卒与尸合。故今之墓中，全乎为五人也。

嗟夫！大阉之乱，缙绅而能不易其志者❾，四海之大，有几人欤？而五人生于编伍之间❿，素不闻诗书之训，激昂大义，蹈死之顾，亦曷故哉？且矫诏纷出⓫，钩党之捕遍于天下，卒以吾郡之发愤一击，不敢复有株治，大阉亦逡巡畏义，非常之谋，难于猝发。待圣人之出，而投缳道路，不可谓非五人之力也。

由是观之，则今之高爵显位，一旦抵罪，或脱身以逃，不能容于远近，而又有剪发杜门⓬，佯狂不知所之者。其辱人贱行，视五人之死，轻重固何如哉？是以蓼洲周公，忠义暴于朝廷，赠谥美显⓭，荣于身后；而五人亦得以加其土封，列其姓名于大堤之上。凡四方之士，无有不过而拜且泣者，斯固百世之遇也。不然，令五人者保其首领，以老于户牖⓮

五个人的头颅，并用木匣装起来，最终与他们的尸体合到了一起。所以现在墓里是五个人的全身。

唉！魏忠贤为非作歹的时候，做官的能不改变自己的节操的，天下之大，能有几个人呢？可是，这五个人生在平民之家，从来没有受过学校的教育，却能被正义激发，置生死于度外，这又是什么原因呢？况且，当时伪造的诏书纷纷下达，追捕朋党的人遍于天下，终究因为我们吴郡人的这一次奋起反抗，使他们不敢再株连治罪。魏忠贤也迟疑不决，畏惧正义，篡夺帝位的阴谋难以立刻发动，等到当今皇帝即位，他就遭到流放、在路上上吊自杀，这一切不能不说是这五个人的功绩。

由此看来，如今那些身居高官要职的人，一旦犯罪被罚，有的脱身逃跑，却无处可以容身；也有的剪去头发，关起门来，假装疯癫，不知逃到何处。他们这些人卑鄙无耻的行为，与这五个人相比，轻重到底如何呢？因此，周蓼洲先生的忠诚义节得到了朝廷褒扬，皇帝赐给他美好光荣的谥号，死后也荣耀无比。而这五个人也得以扩建了坟墓，并将他们的姓名刻在碑石上，所有来自四方的过路人经过此地，没有一个不下拜哭泣的。这真是百代难得的际遇啊。否则，倘使

❽ 脰（dòu）：脖颈。这里代指人头。函：匣子。此作动词，用匣子装起来。❾ 缙绅：古代官吏的装束，以缙绅代指做官。缙，同"搢"，插。绅，束衣的大带。❿ 编伍：平民。古时编制户口，以五户编为一"伍"。⓫ 矫诏：假托皇帝之名发布的诏书。⓬ 杜门：闭门不出。⓭ 谥（shì）：古代的帝王或官僚死后，按其生前事迹追赠的封号。⓮ 户牖（yǒu）：门窗，代指家中。

之下，则尽其天年，人皆得以隶使之，安能屈豪杰之流，扼腕墓道⑮，发其志士之悲哉？故予与同社诸君子，哀斯墓之徒有其石也，而为之记，亦以明死生之大，匹夫之有重于社稷也。

贤士大夫者，囧卿因之吴公、太史文起文公、孟长姚公也。

这五人保全他们的头颅，在家中一直生活到老，以终其天年，人人都能把他们当奴仆一样使唤，又怎么能让豪杰们屈身下拜，在墓前为他们扼腕叹息，抒发有识之士的悲愤之情呢？所以我和同社的几位仁人君子，惋惜这座墓只有一块空白的石碑，就替他们写了这篇碑记，也用以阐明正确对待生死的重大意义，普通百姓也能对国家安危起重大作用。

上面讲的几位贤明的士大夫是：太仆卿吴默先生，翰林院修撰文震孟先生和姚希孟先生。

注释

⑮ 扼腕：握住手腕，表示悲愤惋惜。